北京市金融年鉴

2016

ALMANAC
OF BEIJING FINANCE
AND BANKING

《北京市金融年鉴》编辑部

（总第30卷）

中国金融出版社

责任编辑：王慧荣
责任校对：孙　蕊
责任印制：丁淮宾

图书在版编目（CIP）数据

北京市金融年鉴2016（Beijingshi Jinrong Nianjian 2016）/《北京市金融年鉴》编辑部．—北京：中国金融出版社，2016.12
ISBN 978－7－5049－8808－9

Ⅰ．①北…　Ⅱ．①北…　Ⅲ．①地方金融事业—北京—2016—年鉴
Ⅳ．①F832.71－54

中国版本图书馆CIP数据核字（2016）第281584号

出版发行　中国金融出版社
社址　北京市丰台区益泽路2号
市场开发部　（010）63266347，63805472，63439533（传真）
网上书店　http：//www.chinafph.com
（010）63286832，63365686（传真）
读者服务部　（010）66070833，62568380
邮编　100071
经销　新华书店
印刷　北京市松源印刷有限公司
尺寸　185毫米×260毫米
印张　45.5
插页　10
字数　926千
版次　2016年12月第1版
印次　2016年12月第1次印刷
定价　100.00元
ISBN 978－7－5049－8808－9/F.8368

2015年11月27日，“第19届北京·香港经济合作研讨洽谈会——金融服务合作专题活动”中，北京市金融工作局与渣打银行（中国）有限公司签署《合作备忘录》。

2015年4月29日，北京银行与腾讯公司签署全面战略合作协议，双方将在“京医通”项目、第三方支付等领域开展合作。

2015年4月8日，北京农商银行与昌平区人民政府签署全面战略合作暨合作意向协议。

2015年4月8日，平安银行北京分行与北京中关村大街运营管理公司签署开发性金融合作协议，将为“中关村大街”改造升级工作提供充足的资金支持。

2015年10月22日，中国银行北京市分行与中国华能集团签署5亿人民币担保协议，双方将在存贷款及资金结算等方面开展合作。

2015年5月6日，招商银行北京分行与中民新能投资公司签署战略合作协议，助力新能源产业发展。

2015年9月1日，华泰保险公司与中国工艺艺术品交易所举行合作协议签约仪式，为中国艺交所及其所属各交易中心、分支机构提供保险方案制订、风险查勘、风控培训等综合服务。

2015年6月30日，中国太平洋财产保险公司北京分公司与华天饮食集团签署协议，为其提供总保额约1.8亿元的安全生产责任保险保障。

2015年11月20日，上海浦东发展银行北京分行与清华控股有限公司签署总对总战略合作协议。

2015年10月20日，北京市第四中级人民法院、北京保险行业协会联合召开“保险纠纷诉调对接、诉非衔接机制建设签约仪式暨新闻通报会”，双方签署了《关于建立保险纠纷诉调对接机制的实施意见》。

2015年10月23日，中国农业银行北京市分行“三农”事业部在密云支行正式挂牌成立。

2015年5月28日，中国进出口银行北京分行联合北京市发展和改革委员会、北京市商务委员会、中关村科技园区管理委员会等部门召开“一带一路”建设战略研讨会。

2015年5月15日，中国华融资产管理公司北京市分公司与德国康德瑞恩公司举行股权资产转让商务洽谈会。

北京银监局相关人员赴中关村国家自主创新示范区就金融服务科技企业发展情况进行专题调研。

2015年9月25日，中国工商银行北京市分行举办小微金融发展论坛，正式发布小微金融品牌——“工银融e贷”。

2015年12月10日，宁波银行北京分行举办“稳增长、促出口”企业发展交流会。

2015年5月7日，中信银行总行营业部与同方股份有限公司签署战略合作协议，并举行“中信银行–清华同方”联名借记卡揭幕仪式。

2015年11月20日，北京农商银行与农担公司及农户代表签订担保及借款合同，助推京郊乡村旅游蓬勃发展。

2015年9月8日，中国邮政储蓄银行北京分行成立邮益财富中心，为高端客户提供服务。

2015年10月，中国银行北京市分行首家中小企业SBU“中银中小企业知春路服务中心”揭牌。

2015年12月23日，中国银行业首家“创客中心”——北京银行中关村小巨人创客中心正式开业。

华夏银行北京分行客户经理深入田间地头，开展授信调查，支持涉农小微企业发展。

2015年10月15日，中国太平洋财产保险公司北京分公司向其承保的中粮肉食投资有限公司预付赔款5 000万元，帮助这家在“8·12天津爆炸事故”中遭受损失的企业尽快恢复生产。

中国银联北京分公司与北京银联商务公司联手7-Eleven便利店，在北京186家门店推出“小额免签免密”业务。

北京农商银行金融支持绿色农业种植户发展。

中国邮政储蓄银行北京分行加大信息科技建设，利用移动设备现场开展业务，提高了工作效率。

2015年6月30日，北京市木材厂发生火灾事故。中华联合财产保险公司北京分公司启动重大突发事件应急预案，成立应急响应小组，组织理赔人员第一时间赶赴现场处理事故理赔事宜。

北京农商银行开展“信用记录关爱日”活动。

杭州银行北京分行员工走进商铺为收银员讲解新版人民币识别技巧。

太平财产保险公司北京分公司参加北京保险协会举办的“保险相伴，呵护无限”公众宣传日活动。

华夏银行北京分行开展以“普及金融知识、增强金融意识”为主题的“送金融知识下乡”宣传活动。

中国太平洋财产保险公司北京分公司参加由北京保险行业协会主办的“保险让生活更美好——一键保险，呵护无限”宣传活动。

天津银行北京分行组织开展2015年“金融消费者权益日”宣传活动。

华夏银行北京分行参展第十一届北京国际金融博览会。

中国农业银行北京市分行参展第三届中国中小企业投融资交易会。

中华联合财产保险公司北京分公司在第十一届北京国际金融博览会上展示无人机等农业保险新技术设备。

中国建设银行北京市分行“刘艳快线”品牌被中国金融工会命名为“全国金融系统劳模创新工作室”。

上海浦东发展银行北京海淀园支行荣获“2015年度中国银行业文明规范服务百佳示范单位”称号。

包商银行北京分行营业部荣获“北京银行业‘金融知识进万家’示范点”称号，并被评为“2015年度北京市银行业特色服务示范单位”。

中国民生银行北京分行举办“核心价值观百场讲坛”走进民生银行暨“三严三实”专题教育活动。

中华联合财产保险公司北京分公司召开“共青团中华财险北京分公司委员会成立大会暨第一次团员大会”，选举并产生了第一届团委书记及团委委员。

中国进出口银行北京分行组织员工参观预防职务犯罪教育展览。

中国邮政储蓄银行北京分行组织党员参观中国人民抗日战争纪念馆。

北京农商银行开展共产党员献爱心捐款活动。

交通银行北京市分行向河北省阜平县捐赠20万元教育扶贫款。

华安财产保险公司北京分公司组织员工参观中国保险历史文化展览。

大连银行北京分行举办合规案防暨非法集资宣教知识竞赛。

中国邮政储蓄银行北京分行开展向员工赠送一本好书活动。

上海浦东发展银行北京分行举办“理财之星”大赛。

南京银行北京分行举办“最美南京银行人”服务礼仪大赛。

太平人寿保险公司北京分公司举办2015年“最美太平人”寿险销售专业技能大赛。

渤海银行北京分行员工参加2015“崇礼100超级天路”越野挑战赛。

北京农商银行举办第四届职工运动会。

平安银行北京分行举办“狼图腾”员工军训活动。

《北京市金融年鉴》编辑委员会

《北京市金融年鉴》编辑部

编辑说明

一、《北京市金融年鉴》（以下简称《年鉴》）是北京市金融行业年鉴，是全面反映北京市金融运行、发展情况的资料性工具书。由中国人民银行营业管理部牵头，北京银监局、北京证监局、北京保监局、北京市金融工作局，60多家银行业、证券业、保险业机构以及10余家协会、商会、学会共同参与编写，《北京市金融年鉴》编辑部组织编纂，逐年出版。

二、本卷《年鉴》为总第30卷，主要记述的是2015年北京市金融业运行与发展情况、重大事件、活动及各金融机构贯彻执行国家金融政策，依法合规经营，防范和化解金融风险，改进金融服务，加强精神文明建设，支持首都经济增长目标的实现等方面所做的大量工作和面临的问题。

三、本卷《年鉴》收录的北京主要经济社会指标摘自《北京市统计年鉴》，金融统计资料由中国人民银行营业管理部、北京银监局、北京证监局、北京保监局提供。在使用中请注意统计口径的差别和适用范围。

四、本卷《年鉴》中各金融机构的排列顺序名次无高低之分。

五、本卷《年鉴》在编纂过程中得到北京市金融系统各单位的大力支持，在此表示衷心的感谢。

六、由于编纂水平有限，书中难免有缺陷和疏漏之处，诚请广大读者批评指正。

《北京市金融年鉴》编辑部

2016年10月

目　录

一、形势综述

二、市场运行

三、发展与监管

四、服务与管理

五、机构业务综述

金融管理机构

金融机构

六、文件与规章

七、专题与调研

八、统计资料

（一）金融业务综合统计

（二）金融机构业务统计

（三）机构、人员统计

九、大事记

十、附　　录

（一）北京市金融机构名录

(二) 机构简介

（三）北京金融街协会、商会、学会活动简介

（四）2015年度北京市金融系统先进单位、先进个人名录

一、形势综述

北京市金融运行报告

中国人民银行营业管理部　货币政策分析小组

一、金融运行情况

2015 年，北京市金融运行整体平稳，信贷增速保持较快水平，信贷结构持续优化，金融机构改革继续稳步推进，金融服务水平显著提高，金融生态环境建设取得新成效。

（一）银行业运行平稳，信贷保持较快增速

1. 银行业金融机构平稳发展，收益水平进一步提高。2015 年，北京市银行业金融机构资产规模增速缓中趋稳，同比增长 13.5%，增速同比下降 2.1 个百分点；实现利润同比增长 9.6%，同比上升 4.5 个百分点；银行业金融机构数量快速增加，年末机构网点总数同比增长 5.5%；法人金融机构数量同比增长 38.6%（见表 1）。银行支付业务快速发展，年末银行卡发卡量累计达到 1.98 亿张，全年新增 1 300 万张。

表 1　2015 年北京市银行业金融机构情况

机构类别	营业网点			法人机构（个）
	机构个数（个）	从业人数（人）	资产总额（亿元）	
一、大型商业银行	1 811	52 711	76 672	0
二、国家开发银行和政策性银行	18	928	16 549	0
三、股份制商业银行	911	23 003	42 648	0
四、城市商业银行	350	10 487	19 246	1
五、城市信用社	—	—	—	—
六、小型农村金融机构	694	8 913	6 286	1
七、财务公司	70	4 404	22 838	70
八、信托公司	11	2 474	864	11
九、邮政储蓄银行	568	3 080	4 052	0
十、外资银行	121	4 575	3 224	9
十一、新型农村金融机构	37	731	196	11
十二、其他	12	3 778	4 028	12
合　计	4 603	115 084	196 601	115

注：营业网点机构数据不包括国家开发银行和政策性银行、大型商业银行、股份制银行金融机构总部；大型商业银行包括中国工商银行、中国农业银行、中国银行、中国建设银行和交通银行；小型农村金融机构指农村商业银行；新型农村金融机构包括村镇银行、贷款公司和农村资金互助社；"其他"包含金融租赁公司、汽车金融公司、货币经纪公司、消费金融公司等。

数据来源：中国人民银行营业管理部、中国银行业监督管理委员会北京监管局、北京市金融工作局。

2. 人民币存款增速先升后降，外币存款增速回落。2015 年末，北京市金融机构本外币各项存款余额同比增长 13%，比全国高 0.6 个百分点，比 2014 年低 2.7 个百分点。北京市金融机构人民币存款余额同比增长 13.7%，比全国高 1.3 个百分点，比 2014 年低 2 个百分点（见图 1），全年呈先升后降走势，增速自 1 月的 12.3% 升至 7 月的 20.2% 后回落；比年初新增额为近五年同期最高。2015 年以来，随着存款偏离度监管要求的强化，

存款季度末冲高的趋势明显减弱。外币存款受汇率波动影响先升后降。2015 年末，北京市金融机构外币存款余额同比减少 7.3%，2014 年同期为增长 16.1%。

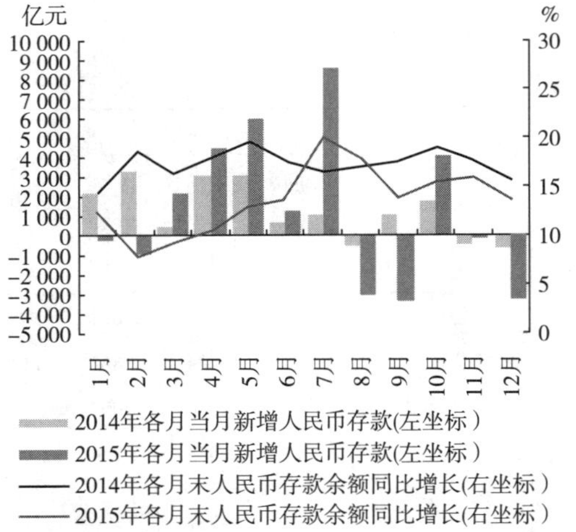

数据来源：中国人民银行营业管理部。

图 1　2014～2015 年北京市金融机构人民币存款增长

3. 本外币贷款继续保持较高增速，重点领域和薄弱环节金融支持进一步加强。2015 年末，北京市金融机构本外币贷款余额同比增长 9.1%，比全国低 4.3 个百分点，比 2014 年高 1.1 个百分点。其中，人民币贷款余额同比增长 11.2%，比全国低 3.1 个百分点，比 2014 年末高 3.7 个百分点（见图 2、图 3）。2015 年末，北京市金融机构外币贷款余额同比减少 8.1%，为近四年同期首次负增长，2014 年同期为增长 10.6%。

金融持续为重点领域和薄弱环节提供有效支持。2015 年末，北京市中资银行文化创意产业、高新技术产业人民币贷款余额同比分别增长 31.9%、5.6%。金融机构小微企业人民币贷款余额同比增长 21.5%，比大型企业和中型企业人民币贷款余额同比增速分别高 7.4 个百分点和 11.7 个百分点；本外币涉农贷款余额同比增长 2.5%。

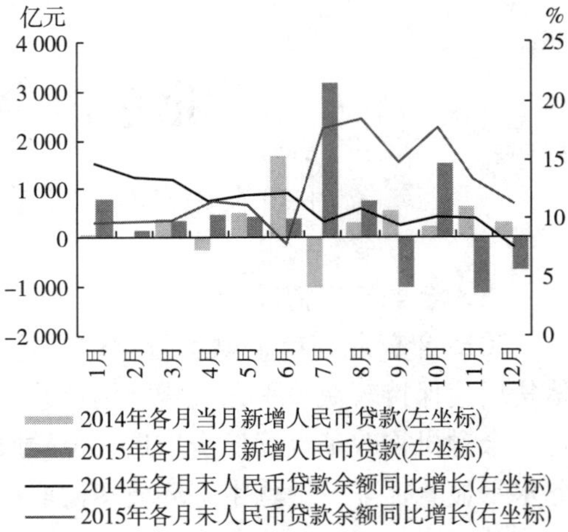

数据来源：中国人民银行营业管理部。

图 2　2014～2015 年北京市金融机构人民币贷款增长

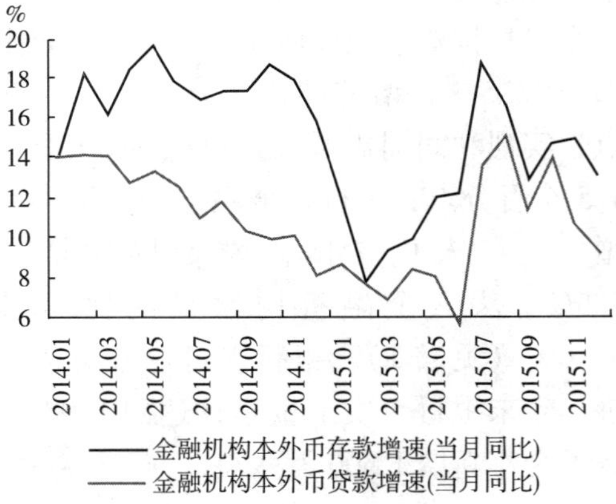

数据来源：中国人民银行营业管理部。

图 3　2014～2015 年北京市金融机构本外币存、贷款增速变化

4. 理财产品整体保持较快增长。2015 年末，北京地区银行理财产品存续 1.6 万只，本外币资金余额合计 26 549.8 亿元，同比增长 51.8%，比本外币各项存款余额增速高 38.8 个百分点。2015 年全年北京市银行理财产品累计募集资金占全国比重9.8%，与上年基本持平。

5. 人民币存贷款利率平稳下行，外币存贷款利率波动加大。2015年，人民币一般贷款加权平均利率水平在5.5%上下80个基点幅度内波动运行，较上一年下降明显。全年金融机构执行下浮利率的人民币贷款占比较2014年明显上升，年末升至五年来最高点（见表2）。人民币存款利率总体较为平稳，定期存款利率处于低位。受人民币汇率贬值压力增大、进出口贸易不景气及监管考核等影响，外币存贷款利率波动加大（见图4）。

表2　2015年北京市金融机构人民币贷款各利率区间占比情况　　单位：%

月份		1月	2月	3月	4月	5月	6月	7月	8月	9月	10月	11月	12月
合计		100.0	100.0	100.0	100.0	100.0	100.0	100.0	100.0	100.0	100.0	100.0	100.0
下浮		39.2	32.3	36.3	38.1	35.5	52.1	43.3	49.7	42.8	46.3	50.5	61.6
基准		20.4	27.0	25.8	24.2	21.4	17.4	21.0	16.6	21.1	20.3	19.4	12.8
上浮	小计	40.4	40.7	37.9	37.7	43.1	30.5	35.7	33.7	36.1	33.4	30.1	25.6
	(1.0，1.1]	13.6	13.3	13.5	13.0	10.7	9.6	11.9	8.1	10.2	8.7	6.6	6.8
	(1.1，1.3]	12.3	11.6	10.4	10.8	15.4	8.9	9.6	12.1	10.5	8.4	8.2	7.2
	(1.3，1.5]	8.0	8.8	7.7	5.8	6.5	5.3	4.9	4.9	4.6	5.1	4.0	3.4
	(1.5，2.0]	5.0	5.4	5.3	6.5	7.3	4.6	6.3	6.0	7.4	7.7	7.5	5.5
	2.0以上	1.5	1.6	1.0	1.6	3.2	2.1	3.0	2.6	3.4	3.5	3.8	2.7

数据来源：中国人民银行营业管理部。

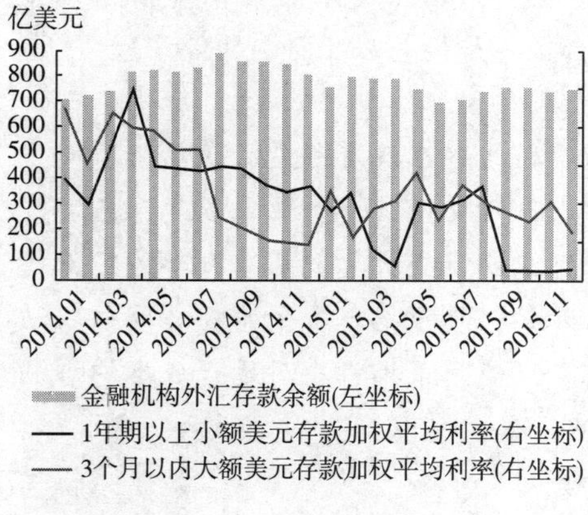

数据来源：中国人民银行营业管理部。

图4　2014～2015年北京市金融机构外币存款余额及外币存款利率

6. 银行类金融机构改革继续深入推进，金融服务水平不断提升。2015年，国家开发银行北京市分行大力支持首都棚户区改造项目建设，积极服务京津冀协同发展、非首都功能疏解工作及“行政副中心”建设。中国进出口银行北京分行加大对辖区进出口和企业“走出去”的支持力度。中国农业发展银行北京市分行充分发挥政策性银行职能，积极服务“三农”、支持首都新农村及水利设施建设。两家地方主要中资法人银行盈利水平进一步提高，风险防范能力增强。新设1家村镇银行和5家小额贷款公司，金融服务“三农”能力增强。

7. 不良贷款率保持低位，风险抵御能力较强。2015 年末，辖内银行业金融机构不良贷款率为 0.7%，同比上升 0.2 个百分点。2015 年末，辖内法人银行类金融机构拨备覆盖率 289.9%，远高于 150% 的监管要求；资本充足率 13.7%，比年初上升 0.5 个百分点；贷款损失准备充足率 451.1%，维持高位，信用风险抵补能力较强。

8. 跨境人民币业务规模进一步扩大。2015 年，北京地区 62 家银行办理跨境人民币结算 1.2 万亿元，同比增加 979 亿元；业务笔数 9.3 万笔，同比增加 2.2 万笔。2015 年末，跨境人民币收付涉及的国家和地区已达 187 个。2015 年，北京地区银行办理人民币外商直接投资人民币结算 3 659.7 亿元，同比增长 88.8%。已有 45 家跨国企业集团开立人民币双向资金池专用账户，归集跨境收入合计 435.2 亿元，银行已与境外 77 个国家和地区的 403 家银行建立了代理行关系，为境外机构开立人民币结算账户 751 个。北京地区银行与境外银行间的融资余额达到 2 万亿元。

专栏1　商业银行积极应对利率市场化改革 不断完善利率定价机制

一、商业银行利率定价机制现状

（一）定价策略差异化

中资银行在借鉴国际经验的基础上，主要采用包括成本加成定价法、价格领导定价法、客户盈利分析定价法和基于风险调整资本收益率的贷款定价法（RAROC）等方法进行贷款定价。中资大中型银行占有较高的市场份额，同时建设了比较完备的贷款定价管理系统和内部评级体系，普遍采用以成本加成法为基础、辅以客户综合贡献度、RAROC 计算的综合定价模型。中资小型银行主要采用市场跟随策略（价格领导定价法），其利率定价参照大中型商业银行，并在盈亏平衡基础上进行浮动。

（二）市场利率影响趋于明显

在实际贷款定价过程中，由于存贷款基准利率之间存在稳定利差且变动具有同步性，商业银行基于锁定利差、规避利率风险的考虑，以及银行、企业在多年业务实践中形成的相对固定的定价与核算习惯，贷款定价仍主要以央行贷款基准利率为定价基准并进行适当浮动。随着存款利率上限的逐步放开和信贷市场与资金市场之间的联动不断增强，商业银行负债中市场资金来源占比逐渐提高，市场利率对资产成本的影响逐渐加大，对信贷定价的影响也越来越明显。

（三）内部资金转移定价收益率曲线逐步完善

中资银行内部资金转移定价收益率曲线一般有两条：一是针对非市场化产品（主要指人民币存贷款业务），主要依据央行存贷款基准利率、本行发展战略、资产负债结构调整需要等拟合构建；二是针对市场化产品（主要是指同业业务、票据等业务），主要依据上海银行间同业拆放利率、短期回购利率、国债收益率等市场利率拟合构建。随着基于市场利率定价的主动负债在总体负债中占比持续提高，部分中资银行着手构建单一以市场利率为基础的内部资金转移定价收益率曲线。外资商业银行的内部资金转移定价收益率曲线主要参考上海银行间同业拆放利率、短期回购利率、国债收益率等市场利率，并辅以法定和超额准备金率利率、缴存准备金、市场利率掉期等指标综合确定。除部分产品以存贷款基准利率为基准外，主要以市场利率加点方式进行产品报价。

二、商业银行完善利率定价机制的探索和创新

（一）应用市场化定价基准

作为取消贷款利率管制的必要技术性准备，中国人民银行（以下简称人民银行）推出了贷款基础利率（LPR）作为商业银行新的贷款利率定价参考基准。部分银行已着手改造定价系统，修订定价制度和合同文本，并推出以 LPR 为定价基准的贷款，贷款定价方式从在央行基准利率基础上进行上下浮调整为在 LPR 基础上加减点，并通过客户范围、业务范围的不断扩大来提高 LPR 的社会影响力和认知度。

（二）探索存款利率差异化定价

存款利率浮动区间放开后，商业银行存款利率自主定价空间进一步扩大，存款差异化和精细化定价更显重要性。国有商业银行和部分股份制商业银行开始尝试开发存款定价模型，即对客户便利性需求、投资需求、借贷需求等进行归类，探索客户行为分析和客户利率敏感度分析。城市商业银行和农村金融机构研究制定了存款利率定价管理制度，明确了存款定价组织架构和职责分工，初步形成了基于存款挂牌利率、存款实际利率等多层次的存款利率定价体系。

（三）探索建立期限溢价曲线

在货币政策工具从数量型主导向价格型主导的转变过程中，商业银行的定价基准也将发生转变，未来将采用短端浮动利率加点的定价方式。对此，部分商业银行探索研究期限溢价测算，并建立期限溢价曲线，以期应对更高频率的价格调整，并按照客户偏好的期限品种，对每笔存贷款进行精细定价。

（四）探索运用利率风险缓释工具

利率市场化后，不同品种基准利率调整幅度可能不尽一致，且资金流动和利率变动将趋于频繁，不确定性加大，利率风险和流动性风险管理难度增大。多数银行丰富了利率风险计量手段，部分银行积极融入金融衍生品市场，参与利率衍生品交易，通过利率互换、利率掉期以及资产组合等方式缓释和对冲利率风险。

（二）证券业改革力度加大，“新三板”融资功能凸显

1. 证券机构资产规模稳步增长，市场活跃度显著提高。2015 年，辖内法人证券公司 18 家，较上年减少 1 家（见表 3）。法人证券资产总额 8 390.8 亿元，同比增长 59.5%；法人基金公司 17 家，年末净值 1.7 万亿元，同比增长 97.3%；2015 年股票市场大幅震荡，证券市场保持较高活跃度，辖内法人证券公司市场交

易额 68.7 万亿元，同比增长 135.7%，全年实现净利润 326.8 亿元，同比增长 142.1%。

2. 期货公司稳步发展，成交规模大幅增长。北京地区期货公司 20 家，与上年持平，年末总资产 619 亿元，同比增长 1%。受国际大宗商品价格持续走低和股票市场剧烈波动影响，北京辖区商品期货和金融期货市场受到一定影响，但随着原油期货和上证 50ETF 等重要期货品种上市，以及期货公司平稳转型，北京地区期货公司呈稳步发展态势并朝国际化方向迈进。

3. "新三板"挂牌公司数量迅猛增长，融资功能进一步凸显。2015 年末，北京地区境内上市公司 264 家，较上年增加 29 家。累计募集资金 1 738.5 亿元，同比增长 31.3%，其中中小板累计募集资金 212 亿元，同比增长 103.7%，创业板累计募集资金 345.8 亿元，同比增长 137.3%。2015 年北京地区 H 股上市公司 65 家，非 H 股海外上市公司 9 家，B 股上市公司 1 家（数据来自 Wind 资讯）。2015 年，北京辖内"新三板"挂牌公司共 763 家，较上年末增加 401 家，累计融资 442.4 亿元，同比增长 441.8%，"新三板"融资功能进一步凸显，有效缓解了辖内中小企业融资难问题。

表 3　2015 年北京市证券业基本情况

项　目	数量
总部设在辖内的证券公司数（家）	18
总部设在辖内的基金公司数（家）	25
总部设在辖内的期货公司数（家）	20
年末国内上市公司数（家）	264
当年国内股票（A 股）筹资（亿元）	1 739
当年发行 H 股筹资（亿元）	—
当年国内债券筹资（亿元）	7 180
其中：短期融资券筹资额（亿元）	1 950
中期票据筹资额（亿元）	2 830

注：当年国内股票（A 股）筹资额指非金融企业境内股票融资。

数据来源：中国人民银行营业管理部、中国证券监督管理委员会北京监管局。

（三）保险业保持平稳较快发展态势，社会服务功能进一步增强

1. 保险行业保持平稳较快发展。2015 年末，北京地区共有保险总公司 45 家，较年初增加 4 家，保险分公司 97 家，较年初增加 7 家（见表 4）。在京保险公司总资产较上年末增长 27.1%。原保险保费收入 1 403.9 亿元，同比增长 16.3%；累计赔付支出 506.6 亿元，同比增长 24.4%。其中，在京外资财产险公司 14 家，较 2014 年增加 1 家；保费收入 15.4 亿元，同比下降 5.5%；市场份额 4.3%，同比下降 0.7 个百分点。外资人身险公司 24 家，同比增加 2 家；保费收入 180.3 亿元，同比增长 23.7%；市场份额 17.3%，同比上升 0.7 个百分点。

2. 社会服务功能进一步增强。2015 年，北京地区保险深度 6.3%，同比上升 0.6 个百分点；保险密度 6 501.9 元/人，同比增加 842.6 元/人。北京市保险业协会推出了机动车交通事故在线处理系统手机客户端，助力北京治理交通拥堵；开展住房养老试点改革，共有 12 个家庭签约"老年人住房反向抵押养老保险"；农业险产品体系进一步完善，7 家政策性农业保险经营主体服务覆盖北京 13 个区县以及北京首都农业集团等龙头企业，实现保费收入 5.7 亿元，同比增长 27.1%；赔

款支出4.5亿元，同比增长8.2%。

3. 保险市场秩序继续好转。2015年，北京地区加强人身保险销售从业人员销售资质分类管理，全年共有3.1万人获得分红险和万能险销售资质，1 064人获得投连险和变额年金险销售资质。出台《关于进一步加强人身保险产品销售管理的通知》，首次明确销售保单利益不确定的人身保险产品和保险公司召开产品说明会时须全程录音或录像的监管要求和违规惩处措施。2015年，北京市保险业消费者投诉974件，同比下降81.1%。

4. 费率改革为保险产品创新提供政策支持。在2013年8月普通型人身险完成费率改革后，万能型人身险产、分红型人身险费率分别于2015年2月和2015年10月完成市场化费率改革，普通型、万能型人身险产品已呈现产品供给丰富、产品价格回落和业务快速增长的态势。另外，商业机动车险市场化改革也将于2016年在全国范围实施，为产品创新提供了基础。

表4　2015年北京市保险业基本情况

项　目	数量
总部设在辖内的保险公司数（家）	55
其中：财产险经营主体（家）	16
人身险经营主体（家）	29
保险公司分支机构（家）	97
其中：财产险公司分支机构（家）	41
人身险公司分支机构（家）	56
保费收入（中外资，亿元）	1 404
其中：财产险保费收入（中外资，亿元）	345
人身险保费收入（中外资，亿元）	1 059
各类赔款给付（中外资，亿元）	507
保险密度（元/人）	6 502
保险深度（%）	6

数据来源：中国保险监督管理委员会官方网站、中国保险监督管理委员会北京监管局。

（四）债券融资大幅增加，货币市场交易活跃，金融创新不断加快

1. 企业债券净融资占比大幅增加，人民币贷款占比继续下降，外币贷款负增长。2015年，北京地区社会融资规模为15 368.9亿元，其中，人民币贷款增加4 594.9亿元，占地区社会融资规模的比重为29.9%，比2014年同期低7.7个百分点；外币贷款减少1 161.2亿元；委托贷款、信托贷款和未贴现银行承兑汇票合计增加3 289.7亿元，占地区社会融资规模的21.4%，与2014年基本持平；北京地区企业债券净融资为7 179.9亿元，同比大幅增加3 863亿元，占地区社会融资规模的比重为46.7%，比2014年同期高21个百分点；全年企业股票发行额超过1 190.5亿元，同比增加290.1亿元（见图5）。

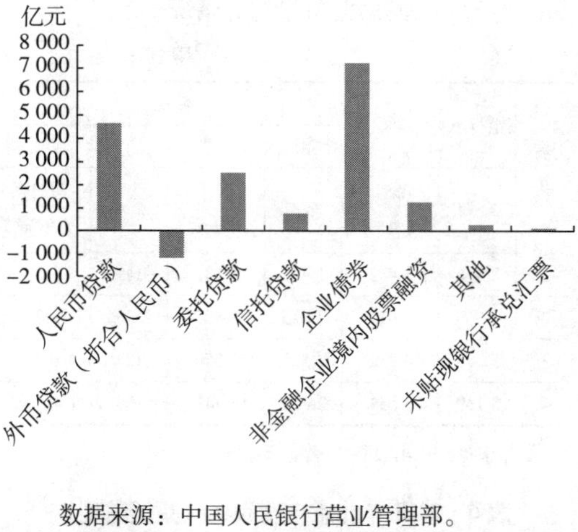

数据来源：中国人民银行营业管理部。

图5　2015年北京地区社会融资规模分布结构

2. 货币市场交易活跃，债券回购增势迅猛，货币市场利率大幅下降。2015年，北京地区金融机构同业拆借和债券回购累计成交444.4万亿元，同比增长126.5%，其中，债券回购成交381万亿

元，同比增长133.2%。2015年，人民银行加强价格型货币政策工具运用，引导货币市场利率大幅下降，信用拆借、质押式回购和买断式回购平均利率比2014年分别下降99.9个、102.9个和100.7个基点。

3. 票据市场运行平稳，票据贴现大幅增长，回购式转贴现明显回落。2015年，北京市金融机构累计签发银行承兑汇票同比增长6.9%，累计贴现票据金额同比增长111.9%，回购式转贴现累计转入票据金额同比下降44.2%。2015年末，银行承兑汇票余额同比增长17.6%，票据贴现余额同比增长25.7%，回购式转贴现转入余额同比下降43.3%。北京地区票据贴现利率震荡走低（见表5、表6）。

表5 2015年北京市金融机构票据业务量统计情况

单位：亿元

季度	银行承兑汇票承兑		贴现			
			银行承兑汇票		商业承兑汇票	
	余额	累计发生额	余额	累计发生额	余额	累计发生额
1	2 536	1 482	1 774	9 631	149	345
2	2 960	3 414	2 025	29 805	138	777
3	3 078	4 938	2 581	43 350	184	1 101
4	3 110	6 654	2 353	57 743	173	1 461

数据来源：中国人民银行营业管理部。

表6 2015年北京市金融机构票据贴现、转贴现利率情况 单位:%

季度	贴现		转贴现	
	银行承兑汇票	商业承兑汇票	票据买断	票据回购
1	4.9515	6.2069	5.1190	5.3074
2	3.8694	5.6226	2.8212	4.1313
3	4.3407	5.0074	3.3807	3.5242
4	3.1791	4.6699	3.5164	3.1650

数据来源：中国人民银行营业管理部。

4. 政府债务置换工作稳步推进。2015年，北京市共安排两批地方政府债券置换存量债务，总额度1 006亿元，其中，一般债券592.2亿元，专项债券413.8亿元。2015年，新增债券额度172亿元，其中，一般债券142亿元，专项债券30亿元。安排置换的存量债务包括2015年到期的市区政府债务和部分高融资成本项目的债务本金。按区域分布，市级、区级置换债券额度分别为315.7亿元、690.3亿元，新增债券市级、区级额度分别为95亿元、77亿元。债券发行方式分为定向发行和公开招标发行，额度分别为462.7亿元、716.1亿元。

5. 金融市场创新不断推进，资产管理业务发展迅速。2015年末，北京地区银行理财产品存续1.6万只，本外币资金余额合计2.7万亿元，同比增长51.8%。受证券市场异常波动影响，银行理财产品减少了股票及其他股权投资类资产的配置，现金及其他存款类资产占比上升。

（五）金融生态环境持续优化，各项工作取得积极成效

首都金融生态环境建设稳步推进。中国人民银行中关村国家自主创新示范区中心支行（国家外汇管理局中关村国家自主创新示范区中心支局）于2015年3月2日正式履职，致力打造国家科技金融新标杆。组建北京市科技金融专业委员会，开展金融支持创业创新、文化金融特色支行评选等专项活动，召开中国文化金融创新峰会，科技金融、文化金融服务体系进一步健全。在中关村核心区开展全国首批外债宏观审慎管理外汇改革试点，积极组织中关村境外并购外汇管理试点，优化跨国公司外汇资金集中运营管理政策，首都贸易投资便利化程度升级。大力推进普惠

金融，上线运行北京地区金融消费权益保护信息管理系统，金融消费权益保护工作全面推进。有序开展全额清分情况专项检查，从银行、公安、海关三个方面推进“假币防火墙”建设，净化首都人民币流通环境。在全国率先实现海关加入财税库银横向联网。制定企业征信机构监管实施细则，培育并规范征信市场。组织开展反假币、征信、国库、支付系统、移动金融等专题宣传，提高社会公众的金融意识。牵头开展北京地区打击利用离岸公司和地下钱庄转移赃款专项行动，严厉打击各类制贩假币、洗钱、银行卡犯罪、非法集资以及外汇违法违规行为，有力维护首都金融市场秩序。

二、经济运行情况

2015年，面对错综复杂的外部环境和改革发展的艰巨任务，北京市积极适应经济发展新常态，配合供给侧结构性改革，加快转变发展方式，大力推进京津冀协同发展，有序疏解非首都功能，加快培育“高精尖”经济结构，着力统筹稳增长、促改革、调结构、惠民生、防风险等各项工作，首都经济保持了平稳健康发展的良好态势。初步核算，2015年全市实现地区生产总值22 968.6亿元，按可比价格计算，同比增长6.9%（见图6）。

（一）三大需求协调发展，经济在新常态下平稳运行

2015年，国内外市场环境与支撑首都经济高速增长的要素条件发生了明显改变。在这一背景下，北京市主动适应经济发展新常态，促进新兴产业发展，对冲经济下行压力，积极扩大内需，弥补外需不足，引导经济在合理区间平稳运行。第一至第四季度的地区生产总值累计同比增速分别为6.8%、7.0%、6.7%和6.9%，

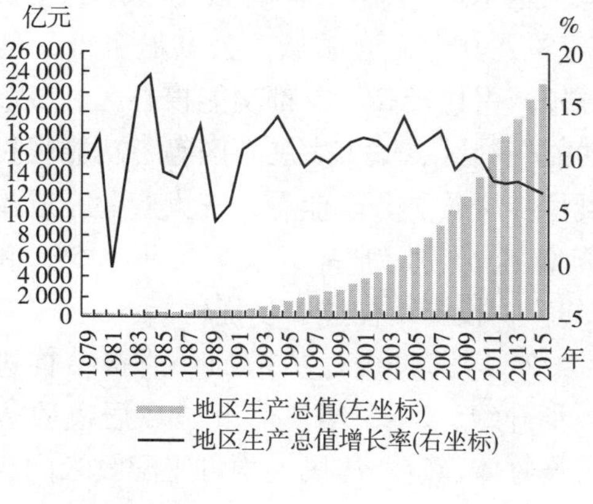

数据来源：北京市统计局。

图6 1979~2015年北京市地区生产总值及其增长率

全年地区生产总值增速比上年回落0.4个百分点。从三大需求看，北京市投资稳步增长，消费增速平稳，进出口规模略有收缩。

1. 投资低位回升，投资结构有所优化。2015年，全年完成全社会固定资产投资7 990.9亿元，同比增长5.7%（见图7），增速比上年回落1.8个百分点。从结构看，民间投资为投资增长注入了新的活力，增长25.8%，占全社会投资的比重为41.2%。房地产开发投资保持平

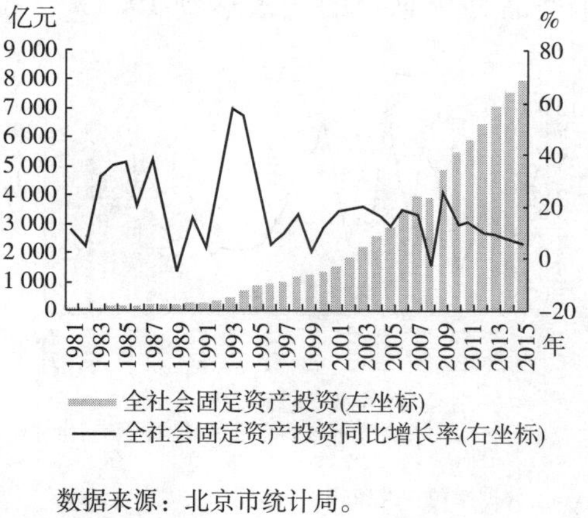

数据来源：北京市统计局。

图7 1981~2015年北京市固定资产投资（不含农户）及其增长率

稳，增长 8.1%。基础设施投资增长 7.7%，其中交通领域、公共服务业、能源领域占比较高。首都功能核心区、城市功能拓展区、城市发展新区等各功能区投资稳步增长。分产业看，三大产业完成投资增速分别为 -32.2%、-5.5% 和 7.8%，投资结构进一步优化。

2. 居民收入稳步增加，消费结构进一步升级。2015 年，全市城乡居民收入增长总体稳定，居民人均可支配收入同比增长 8.9%。其中，城镇居民人均可支配收入同比增长 20.4%；农村居民人均可支配收入同比增长 9.0%。全年实现市场消费总额 18 646 亿元，比上年增长 8.7%。其中，服务性消费额 8 308 亿元，增长 10.5%；社会消费品零售总额10 338 亿元，增长 7.3%（见图 8）。消费结构进一步升级。限额以上批发和零售企业中，汽车类、通讯器材类、中西药品类、文化办公用品类、家用电器和音像器材类实现零售额同比增速分别为 -4.7%、31.1%、5.6%、10.4% 和 15.6%，限额以上批发和零售企业实现网上零售额 2 016.9亿元，增长 40.2%，占全市社会消费品零售总额的比重达到 19.5%，拉

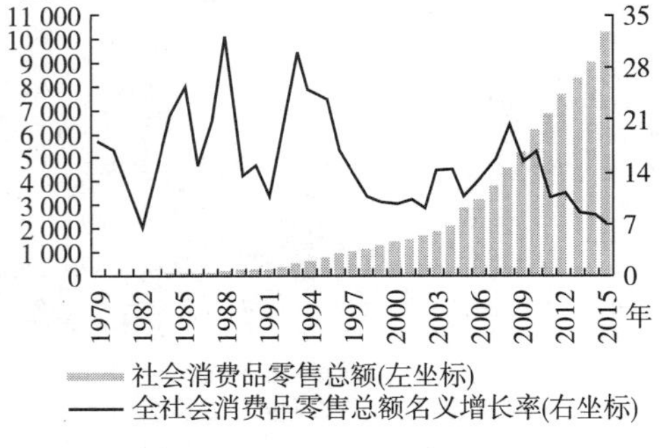

数据来源：北京市统计局。

图 8 1979～2015 年北京市社会消费品零售总额及其增长率

动全市零售额增长 6 个百分点，是零售额增长的主要带动力。

3. 进出口有所下降，外商直接投资持续增长。受世界经济复苏乏力的影响，北京地区进出口规模有所收缩。2015 年，北京地区进出口总额同比下降 23.1%。其中，进口同比下降 25%，出口同比下降 12.3%（见图 9）。外商直接投资额 130 亿美元，同比增长 43.8%，连续 14 年实现增长（见图 10）。作为全国首个服务业扩大开放综合试点城市，北京市科学技术服务、互联网和信息服务、文化教育服务、金融服务、商务和旅游服务、健康医疗服务六大领域服务业获得外资青睐，外商直接投资额 95.5 亿美元，增长 62.5%，占全市吸收外资总量的 73.5%。

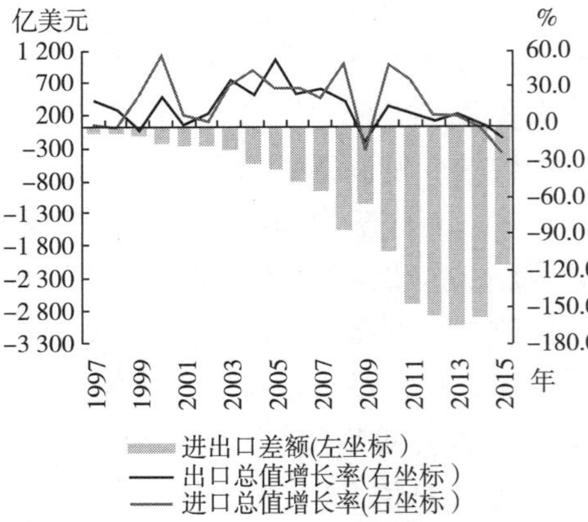

数据来源：北京市统计局。

图 9 1997～2015 年北京市外贸进出口变动情况

（二）产业结构调整深入推进，经济运行质量进一步提升

2015 年，北京市持续促进产业结构优化升级，第一产业、第二产业、第三产业增加值同比增速分别为 -9.6%、3.3% 和 8.1%。

1. 传统农业继续收缩，都市型农业

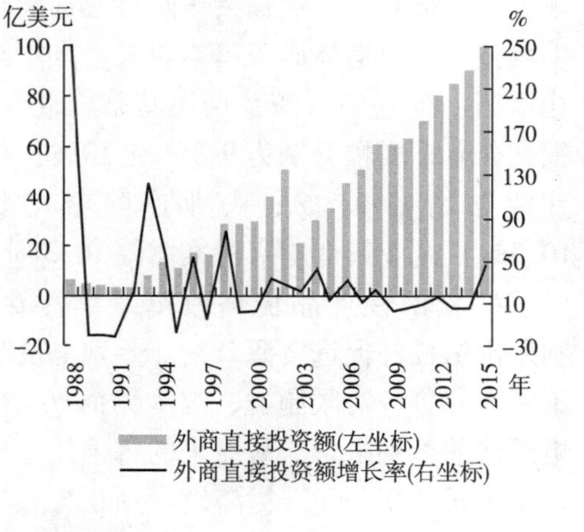

数据来源：北京市统计局。

图 10　1988 ~ 2015 年北京市外商直接投资额及其增长率

稳步发展。2015 年，北京市积极推进农业调结构、转方式、发展高效节水农业。传统农业规模进一步收缩，产量下降。农林牧渔业总产值 368.2 亿元，同比下降 12.3%。粮食播种面积减少，粮食总产量下降 2%。符合城市功能定位的观光休闲农业等都市型农业稳步发展。全年观光园实现收入同比增长 5.6%；民俗旅游实现收入同比增长 14.2%；设施农业实现收入增长 8.2%。

2. 工业生产缓中趋稳，企业利润有所提升。2015 年，全市实现工业增加值 3 662.9亿元，比上年增长 1%，其中规模以上工业增加值增长 1.0%。重点行业中，汽车制造业增加值增长 8.3%，计算机、通信和其他电子设备制造业增加值增长 7.3%，医药制造业增加值增长 7.2%。与此同时，产业结构进一步优化升级，高技术制造业、现代制造业、战略性新兴产业增加值分别增长 6.7%、6.3% 和 1.1%。2015 年，全市规模以上工业企业经济效益综合指数为 303.3，比上年提高 2.8 个点，实现利润1 580.3亿元，比上年增长 6.0%（见图 11）。

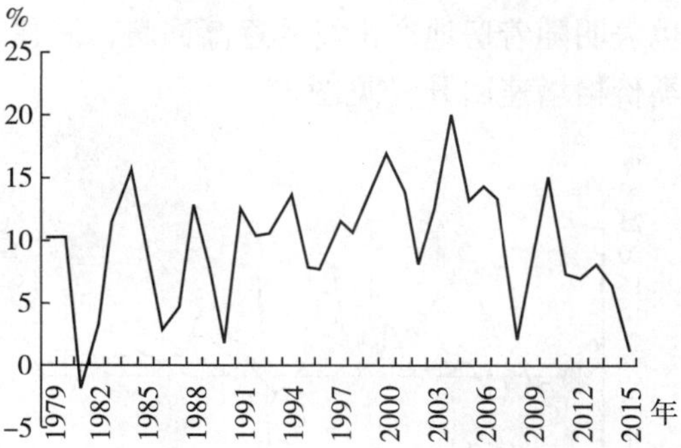

数据来源：北京市统计局。

图 11　1979 ~ 2015 年北京市工业增加值增长率

3. 服务业增势平稳，产业结构优化。2015 年，北京市服务业发展向好。其中，金融、信息、科技服务业等优势行业增长较快。金融业增长 18.1%；信息传输、软件和信息技术服务业增长 12%；科学研究和技术服务业增长 14.1%。此外，公共服务业虽规模较小，但增势较好。其中，卫生和社会工作增加值增长 13.7%，水利、环境和公共设施管理业增加值增长 13.3%，教育增加值增长 11.8%。

（三）价格涨幅基本稳定，工业生产者价格持续下降

1. 居民消费价格稳定，消费结构转变。2015 年，全市居民消费价格总水平同比上涨 1.8%，涨幅比上年提高 0.2 个百分点。八大类商品和服务项目价格“七升一降”：食品类价格上涨 1.6%，烟酒及用品类上涨 2%，衣着类上涨 3.6%，家庭设备用品及维修服务类下降 0.1%，医疗保健和个人用品类上涨 0.2%，交通和通信类上涨 2.8%，娱乐教育文化用品及服务类上涨 0.8%，居住类上涨 2.6%。与 2014 年食品类价格大幅增长不同，衣

着类、交通和通信类以及居住类上涨较快，这体现了居民消费结构的变化，同时也表明随着房地产市场的逐渐回暖，居住类价格增速回升（见图12）。

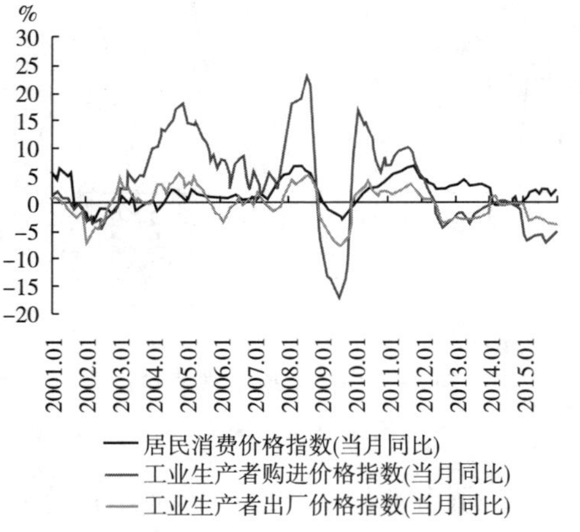

数据来源：北京市统计局。

图12　2001～2015年北京市居民消费价格和生产者价格变动趋势

2. 工业生产价格进一步回落，降幅有所增加。2015年，北京市工业生产者出厂和购进价格延续了2014年的回落态势，工业生产者出厂价格指数同比下降3.1%，降幅比上年扩大2.2个百分点，低于全国2.8个百分点。工业生产者购进价格指数同比下降6.3%，降幅比上年提高5.1个百分点，降幅低于全国0.5个百分点（见图12）。

3. 劳动力成本增长平稳，社会保障水平进一步提高。2015年，北京市居民人均工资性收入30 241元，同比增长9.7%，其中城镇居民人均工资性收入32 568元，同比增长9.8%；农村居民人均工资性收入15 491元，同比增长8.6%。就业形势保持稳定，城镇新增就业42.63万人，比上年减少0.02万人，城镇登记失业率为1.39%。社会保障水平进一步提高，六项社会保险待遇标准联动调整：企业退休职工基本养老金人均平均增幅10%左右；城乡居民基础养老金、福利养老金增幅分别为9.3%和10%；伤残津贴增幅9.8%；失业保险金增长10.3%；企业最低工资标准增幅10.3%。

4. 资源性产品价格改革继续深化，利用价格杠杆促进资源节约。差别电价政策逐步完善，对限制类、淘汰类企业执行更严格的差别电价，从原来的每千瓦时加价0.3元和0.1元，提高额度到0.5元和0.2元。单位能耗超过限额标准一倍以上或以内，将分别比照淘汰类或限制类加价标准执行。2015年4月1日起管道天然气非居民销售价格统一上调0.13元/立方米，相应地调整供热价格和热力出厂价。2015年11月20日降低非居民用天然气门站价格，规定城六区非居民气价每立方米降低0.62元，郊区非居民气价每立方米降低0.86元。这是北京市首次实施区域差别化资源能源价格政策，通过价格差异引导产业有序调整转移，促进区域协调发展。

（四）财政收支平稳增长，财政支出结构进一步优化

2015年，北京市财政收入保持平稳较快增长态势。地方公共财政预算收入4 723.9亿元，比上年同口径增长12.3%，财政收入运行保持在合理区间。从收入结构看，增值税、营业税、企业所得税、个人所得税四大主体税种分别增长10.7%、11.0%、11.9%和24.7%。全年地方公共财政预算支出5 751.4亿元，增长27.1%。公共服务重点领域投入力度加大，其中用于城乡社区、节能环保、交通运输、社会保障和就业的支出分别增长77.9%、42.1%、37.8%和37.6%（见

图 13）。

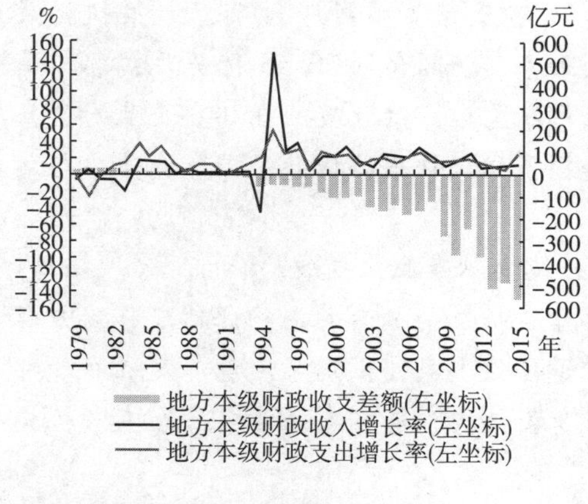

数据来源：北京市统计局。

图 13　1979～2015 年北京市财政收支状况

（五）生态建设大力推进，非首都功能疏解有序推进

2015 年，北京市全面提升生态文明建设。在节能环保方面，北京市利用再生水量 9.5 亿立方米，占到全市用水总量的四分之一，超过地表水，成为了全市稳定的“第二水源”。污水治理不断推进，城镇污水处理率为 87%，比上年提高 0.9 个百分点。垃圾无害化处理率提高，根据垃圾清运量计算的生活垃圾无害化处理率为 99.8%，比上年提高 0.2 个百分点。在大气污染防治方面，北京市细颗粒物（$PM_{2.5}$）和可吸入颗粒物（PM_{10}）年均浓度值分别比上年下降 6.2% 和 12.3%。二氧化氮和二氧化硫年均浓度值分别比上年下降 11.8% 和 38.1%。北京市林木绿化率达到 59%，比上年提高 0.6 个百分点。森林覆盖率达到 41.6%，比上年提高 0.6 个百分点。城市绿化覆盖率达到 48%，比上年提高 0.6 个百分点。在产业调整方面，坚持北京非首都功能有序疏解，修订发布 2015 年版新增产业的禁止和限制目录，全市禁限比例由 32% 提高至 55%。共关停退出一般制造业和污染企业 326 家，撤并清退 150 家相关市场。

专栏 2　人民银行中关村中心支行以创新树立区域金融新标杆

为顺应新常态背景下国家创新驱动发展战略要求，发挥中关村在全国创新发展中的示范引领作用，满足示范区内多样化的金融服务需求和金融监管要求，2015 年 3 月，中国人民银行中关村国家自主创新示范区中心支行（以下简称中关村中心支行）正式履职。这是人民银行成立的首家跨行政区域的功能性地市中心支行。

一、创新履职方式和管理模式，突出功能性职能定位

中关村中心支行突破人民银行和外汇局现有建立在行政区域基础上的业务系统、制度办法、统计框架、监管对象，在业务开展、科室设置、人员管理上立足于功能性职能定位，一人多岗、一岗多责。内部管理上依托营业管理部，实行集约化管理，突出对外履职。创新人才培养机制和考核体系，搭建内部导师制、行内专业知识培训制、行外专家培训制等复合培训机制，将专业能力和成果作为人才评价的重要标准，建立以业绩和成果为核心，由品德、知识、能力为要素构成的人才评价标准体系。

二、围绕科技金融工作主线，促进科技与金融深度融合

（一）实施先行先试政策，打破科技企业跨境投融资瓶颈

外债宏观审慎管理政策落地中关村核心区以来，中关村中心支行通过积极宣传、

优化流程、创新模式、优化升级、密切监测、及时反馈等多种手段确保政策执行效果。全年为44家试点企业办理67笔外债试点业务，金额合计20.43亿美元，参与试点业务企业1年可节约财务成本合计超过3亿元人民币。试点政策在拓宽企业资金来源、降低融资成本、改善投融资环境等方面起到了积极作用，提升了国际竞争力与地区软实力。

（二）以专营机构评估工作为抓手，推动科技金融专业化发展

中关村中心支行首次在中关村示范区探索开展科技金融专营机构评估工作，并以此为抓手，构建科技金融工作长效机制。制订了评估方案，设定了定量、定性和外部评价三类指标。2015年度，16家银行的47家专营机构参与首次评估，12家专营机构被评为A档。

（三）创新金融服务模式，打造良好的科技金融生态环境

寓管理于服务，不断提升金融服务的精细化和专业化水平。通过建立驻点培训机制、考核通报机制、定期约谈机制等，加强对辖内银行机构的业务指导；实行人民币和外汇柜台综合柜员制，通过一口接入、统一办理，实现柜台业务一站式服务，切实提高了服务效率，较好地发挥了央行金融服务的一线窗口作用。以核心企业为突破口，组织推动央企集团使用应收账款融资服务平台，盘活科技型中小企业应收账款等动产资源。推动园区信用环境建设，采取多种方式积极推动政府相关部门在行政管理中使用信用报告等征信产品，举办各类征信宣传活动，普及征信知识，提升信用意识，打造良好的信用环境。

（四）拓展科技金融视野，探索综合化的科技金融监测机制

中关村中心支行率先构建包括“跨行政区划的中微观金融统计监测框架”、“征信数据应用监测”、“科技金融专项监测和季度监测”、“本外币一体化监测”等在内的多维度综合化的科技金融监测体系，准确、全面、及时掌握中关村示范区内科技金融发展状况。

三、示范带动作用显著，优质科技金融资源进一步聚集

中关村中心支行自履职以来，已成为中关村示范区金融聚集新标杆，引导区域内金融资源聚集、促进辖区内金融机构整合升级。中国农业银行股份有限公司北京市分行调整中关村地区机构设置，设立了中关村分行；华夏银行股份有限公司北京分行和兴业银行股份有限公司北京分行分别设立中关村管理部；中国银行股份有限公司北京市分行调整其中关村支行的管辖范围，并在支行内部增设贸易金融部，统筹协调示范区相关业务；北京银行股份有限公司设立小巨人创客中心，为创新创业者提供多方位支持；另有多家银行表示，计划在中关村示范区内设立科技金融特色支行。中关村中心支行的履职，有助于推动示范区内金融机构科技金融组织、机制和产品创新，拓宽适合科技创新发展的多元化融资渠道。

（六）主要行业分析

1. 自住和改善性住房需求释放带动北京市房地产市场回暖。房地产开发投资同比增速逐月回落，开发企业资金来源压力缓解。2015 年，北京市完成房地产开发投资同比增长 8.1%，比 2014 年下降 4.2 个百分点，房地产开发投资同比增速整体呈逐月下降态势；占全社会固定资产投资的比重为 52.9%，比 2014 年提高 1.2 个百分点。房地产开发企业项目到位资金同比增长 8.2%，2014 年为减少 7.8%；其中，金融贷款同比减少 5.6%，定金及预收款、自筹资金同比分别增长 0.8%、20%。

商品住房未来供给指标均有所下降，保障性住房建设任务超额完成。2015 年，商品房新开工面积同比增加 11.5%，其中住宅新开工面积同比减少 8%；商品房竣工面积同比减少 13.8%，其中住宅竣工面积同比减少 23.6%；累计出让居住用地规划建筑面积同比减少 4.1%，土地购置面积同比减少 41.9%。2015 年，保障性住房新开工 10.8 万套、竣工 8.2 万套、完成投资 713.1 亿元，分别完成全年计划任务的 103.3%、102%、111.4%；2015 年末，北京共出让自住型商品住房用地 60 宗，规划建筑面积 570 万平方米，可建设约 6 万套自住房。

商品房销售额、销售面积同比由负转正，待售面积略有增长。2015 年，商品房销售额同比增长 28.4%，2014 年减少 22.4%；其中住宅销售额同比增长 19.5%，2014 年减少 13.6%。商品房销售面积同比增长 6.6%，2014 年为同比减少 23.3%；其中住宅销售面积同比减少 1.2%，降幅比 2014 年缩小 15.1 个百分点。2015 年末，商品房待售面积同比增长 5%，其中住宅待售面积同比增长 0.3%。8 月北京市进一步严格通州区住房限购政策，政策出台后效果明显，市场恢复常态（见图 14）。

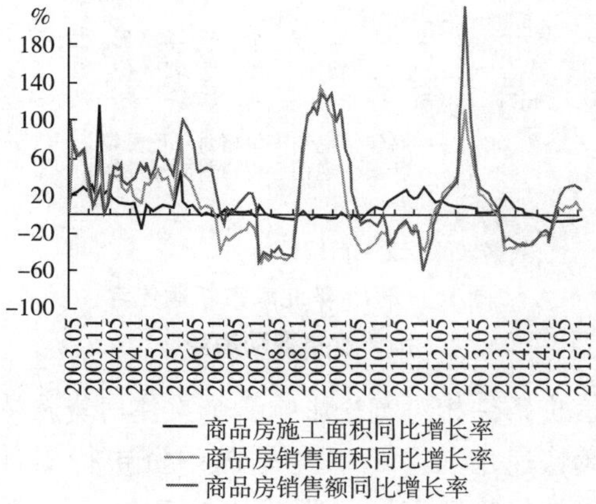

数据来源：北京市统计局。

图 14　2003～2015 年北京市商品房施工和销售变动趋势

商品住房价格稳中有升，租金水平涨幅放缓。2015 年，在一系列信贷和财税政策的支持下，居民家庭购买自住型、改善型住房的需求不断释放，商品住房成交量大幅回升，价格稳中有升。国家统计局公布的房价指数显示，北京市新建商品住房、二手住房价格环比从 3 月开始由负转正，连续 9 个月上涨，同比分别从 7 月、5 月开始由负转正。住房平均租金同比上涨 4.4%，比 2014 年回落 0.4 个百分点（见图 15）。

房地产贷款同比增速保持较快增长。2015 年末，北京市金融机构本外币房地产贷款同比增长 18%，比 2014 年提高 11.8 个百分点。房地产开发贷款同比增长 8.9%，2014 年为下降 1.4%，同比增速自 2015 年 2 月以来持续正增长。个人住房贷款余额同比增长 30.3%，比 2014 年提高 19 个百分点；受住房成交活跃及

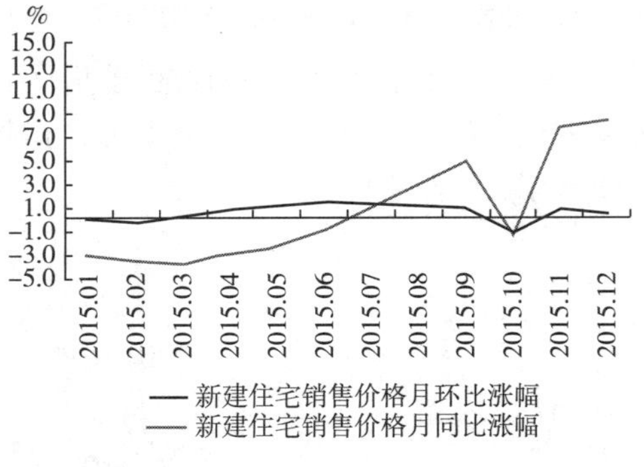

数据来源：北京市统计局。

图15　2015年北京市新建住宅销售价格变动趋势

信贷条件相对宽松影响，个人住房贷款持续快速增长。2015年辖内中资银行累计发放保障性安居工程贷款是2014年的两倍；人民银行通过抵押补充贷款支持国家开发银行加大棚户区改造贷款投放力度取得积极成效。

2. 文化创意产业作为北京市支柱性产业的地位进一步巩固。2015年，在宏观经济下行压力持续加大的背景下，文化创意产业增加值仍然实现8.7%的同比增速，占地区生产总值的比重为13.4%，比上年提高0.2个百分点。2015年末，北京市中资银行文化创意产业人民币贷款余额948.4亿元，同比增长31.9%；全年累计发放1 014.9亿元，同比增长23.3%。

3. 北京市建设全国科技创新中心迈向新征程。2015年，北京市高新技术产业增加值同比增长9.3%，占地区生产总值的比重为22.6%，比上年提高0.4个百分点。规模以上高新技术制造业工业增加值同比增长6.7%，占规模以上工业增加值的比重达到21.3%，比2014年提高0.5个百分点。全年新创办科技型企业突破4万家，累计超过36万家；其中国家高新技术企业突破1.2万家，数量继续居全国首位。中关村国家自主创新示范区2015年实现总收入4万亿元，“十二五”期间年均复合增长率超过20%。全市科技金融服务水平持续提升，科技金融服务体系不断完善。2015年末，北京市中资银行高新技术产业人民币贷款余额2 819.0亿元，同比增长5.6%；科技型上市企业总数达281家，“新三板”挂牌企业累计763家；天使投资、创业投资（VC）等的投资案例数和投资金额均居全国前列。

三、预测与展望

2016年是“十三五”规划的开局之年，也是北京市落实首都城市战略定位，推进结构性改革攻坚之年。

从总体看，2016年北京市经济发展面临不少困难和挑战，但也有许多有利条件。从国际环境看，世界经济仍将处于深度调整期，环境依然复杂多变。发达国家经济温和复苏有助于稳定我国出口，大宗商品价格回落有利于降低我国进口成本，但美、欧、日等主要发达经济体货币政策分化加剧，未来全球经济和金融市场动荡的可能性加大，而国际政策博弈的日趋加剧也会对我国对外贸易产生较大影响。从国内环境看，虽然新旧经济增长动力切换尚需时日，市场需求总体偏弱，下行压力仍然较大，但我国经济长期向好的基本面没有改变，全面推进改革必将释放新的发展活力，为首都经济发展提供有力支撑。

从自身发展看，北京市作为现代化国际大都市，发展优势更加明显、前景更加广阔，转型升级发展潜力巨大。围绕“十三五”规划战略部署，北京市将深入落实首都城市战略定位、推进京津冀协同发展、加强生态建设、加快创新驱动发展、提升城市治理能力、增进民生福祉。根据规划，2016 年北京市重点工程建设将迎来新的发展阶段，通州行政副中心、新机场项目、高速公路及轨道交通工程等一批突出首都城市战略定位、推动京津冀协同发展的战略项目的落地为首都经济发展提供了有力的外部保障；中关村国家自主创新示范区发挥首都科技智力优势，广泛吸引、集聚国内外高层次人才，提高自主创新能力，为首都经济发展提供了强大的内生性支持；以金融业为代表的首都现代服务业已经颇具规模，在全市国民经济中所占的比重越来越高，随着相关改革开放措施的进一步推进，现代服务业将为首都经济提供新的增长支撑点。

从需求动力看，作为“十三五”开局之年，规划中重大建设项目将逐步启动，项目储备较为丰富，全市良好的财政状况和较为丰富的金融资源也能够提供资金支持，2016 年北京市固定资产投资将继续保持较高水平。消费方面，居民收入增加使得消费稳定增长的基础更加坚实，在扩大服务型消费供给的基础上，社区消费、电商消费等新兴消费模式和旅游、休闲、文化、养老医疗等消费热点将持续升温。对外贸易方面，随着服务业扩大开放综合试点工作的全面推进和《北京市参与建设丝绸之路经济带和 21 世纪海上丝绸之路的实施方案》出台，预期外贸进出口形势将好于 2015 年。

从金融运行情况看，2016 年北京市金融业发展环境将进一步优化，各类金融机构在京发展空间将明显扩大，金融市场配置资源的功能将得到增强；首都良好的经济基础，将有利于地区社会融资规模保持适度增长，满足首都经济发展的合理资金需求；在信贷政策引导下，首都金融业将继续加大对高科技产业、文化产业和战略新兴产业发展的支持，大力发展绿色信贷，支持节能减排和淘汰落后产能，全面改进和完善对小微企业、“三农”的金融服务，严格落实差别化住房信贷政策，推动房地产市场健康发展。

2016 年，中国人民银行营业管理部将全面学习贯彻中央经济工作会议精神，认真落实人民银行工作会议各项部署，积极适应经济发展新常态，坚持稳中求进的工作总基调，紧紧围绕结构性改革五大任务，认真贯彻落实稳健的货币政策，引导资金更多投向实体经济，切实防范和化解金融风险，着力提升金融服务水平，促进首都经济金融更高质量、更有效率、更加公平、更可持续发展。

总　纂：周学东　严宝玉
统　稿：魏海滨　张　丹
执　笔：邓凯宏　王　凯　刘文权
李艳丽　赵晓英　王　瑞
孙　丹　苏乃芳　盖　静
李　森　张向军　吕潇潇
童怡华　王新宇　单　方
卢　静　张英男　周　翔
朱　睿
以下人员提供了相关材料：李海辉
周　丹
黄美娟
唐　均
张　煜
李晓闻

北京市金融稳定报告（摘编）

中国人民银行营业管理部　金融稳定分析小组

一、内容摘要

2015年，北京市金融业在经济运行新常态下经济增长总体保持平稳；产业结构更加高端化，服务型经济特征日趋明显；投资结构有所优化，民间投资占比持续提高；消费驱动型经济增长特征明显，网上销售增长迅猛；进出口总值降幅扩大，金融业成为外资首选领域；居民消费价格温和上涨，工业生产者价格维持降势；居民收入稳步增长，城乡收入差距有所缩小。

银行业资产负债规模增长平稳，利润保持较快增长；不良贷款快速反弹，但不良率总体保持较低水平，风险抵御能力依然较强。证券市场经历大起大落，市场主体不断扩容，规模迅速壮大。保险业保费规模位居全国前列，保险市场秩序持续好转，业务创新不断深入。

同时，经济金融领域还存在一些潜在风险因素。一是商业银行资产质量下行压力明显，劣变可能性加大，个别银行内控合规风险突出；二是资本市场杠杆融资加大市场波动风险，跨市场风险传染可能上升；三是保险业资产负债期限错配管理值得高度关注；四是非法集资呈高发态势，影响到金融市场秩序。

二、北京市经济运行情况

2015年，北京市经济增长总体保持稳定，经济结构优化升级，居民收入稳步提高，消费驱动型经济继续健康发展，为全市金融平稳运行提供了良好的经济环境。

（一）经济增长总体保持平稳

2015年，北京市实现地区生产总值22 968.6亿元，按可比价格计算，同比增长6.9%，增幅同比下降0.4个百分点。按常住人口计算，全市人均地区生产总值达到10.6万元（按年平均汇率折合17 064美元）。

（二）服务型经济特征日趋明显，产业结构更加高端化

2015年，北京市三次产业结构由上年的0.7∶21.4∶77.9变化为0.61∶19.71∶79.68，服务型经济特征日趋明显，产业结构更加高端化。全市规模以上工业增加值按可比价格计算，同比增长1%，增速比上年回落5.2个百分点。重点行业支撑作用增强，规模以上高新技术制造业增加值同比增长6.7%，占规模以上工业增加值的比重达到21.3%，比上年提高0.5个百分点。重点行业中，汽车制造业，计算机、通信和其他电子设备制造业，医药制造业增加值分别增长8.3%、7.3%和7.2%。全市规模以上工业企业实现利润1 580.3亿元，同比增长6%。

（三）投资结构继续优化，民间投资占比持续提高

2015年，全社会固定资产投资7 990.9亿元，同比增长5.7%。其中，民间投资3 296.2亿元，增长25.8%，增速高于全市投资平均水平20.1个百分点，成为拉动全市投资增长的主要力量；占全

市投资的比重达到41.2%，比上年提高6.5个百分点。基础设施投资2 174.5亿元，增长7.7%，占全市投资的27.2%，比上年提高0.5个百分点。分产业看，第一产业投资111亿元，同比下降32.2%；第二产业投资677.1亿元，同比下降5.5%；第三产业（含房地产开发）投资7 202.8亿元，同比增长7.8%。

（四）消费驱动型增长特征明显，网上销售增长迅猛

2015年，全市实现社会消费品零售总额10 338亿元，同比增长7.3%，增速比上年下降1.3个百分点。其中，服务性消费增长10.5%。线上与线下、传统企业与互联网企业双向融合趋势加快，网上零售额增长40.2%，占全市社会消费品零售总额的比重达到19.5%。消费成为北京市经济增长的主要驱动力。

（五）进出口总值降幅扩大，金融业成为外资首选领域

受大宗商品价格下降、国内外市场需求较弱、人民币汇率贬值等因素影响，2015年，北京地区实现进出口总值3 195.9亿美元，同比下降23.1%，降幅比上年扩大19.7个百分点。其中，进口总值2 649.2亿美元，下降25%，降幅扩大21.3个百分点；出口总值546.7亿美元，下降12.3%，降幅扩大11.1个百分点。全年合同外资323.8亿美元，比上年下降9.3%。实际利用外资130亿美元，增长43.8%。其中，金融业占比达56.4%。

（六）居民消费价格温和上涨，工业生产者价格维持降势

2015年，全市居民消费价格总水平同比上涨1.8%，涨幅为近5年较低水平。其中，衣着类、交通和通信类、居住类上涨、食品类等消费品价格保持小幅上涨，家庭设备用品及维修服务类小幅下降。2015年，全市工业生产者出厂和购进价格同比分别下降3.1%和6.3%。

（七）居民收入稳步增长，城乡收入差距有所缩小

2015年，全市居民人均可支配收入48 458元，同比增长8.9%，扣除价格因素，实际增长7%。其中，城镇居民人均可支配收入52 859元，增长8.9%；农村居民人均可支配收入20 569元，增长9%；扣除价格因素，城乡居民收入分别实际增长7%和7.1%，与经济增长同步。农村居民收入增速连续7年快于城镇居民，城乡收入差距有所缩小。

三、北京市金融业运行状况

2015年，北京市银行业金融机构运行总体稳健，证券期货行业活力显著增强，保险市场保持平稳较快发展。同时，银行业信用风险防控压力上升，资本市场风险跨行业传染，保险资金运用风险加大等，值得高度关注。

（一）银行业经营情况

2015年，北京辖内银行业金融机构资产负债规模平稳增长，本外币贷款增速下降，存款增速大幅提升，中间业务收入占比提高，利润增长较快，风险抵御能力较强；非银行金融机构经营总体稳健。

1. 资产、负债规模①平稳增长，增速稳中略降

2015年末，辖内银行业金融机构资产总额19.66万亿元，同比增长13.53%，增速同比下降2.13个百分点；较年初增加2.34万亿元，同比少增

① 本节数据除存、贷款指标外，均来源于中国银行业监督管理委员会北京监管局。

17.54亿元。负债总额18.93万亿元，同比增长13.32%，增速同比下降2.20个百分点；较年初增加2.22万亿元，同比少增201.65亿元。

2. 贷款①增速有所下降，金融支持经济结构调整力度增强

2015年末，辖内银行业金融机构本外币各项贷款余额58 559.40亿元，同比增长9.15%，增速同比下降2.90个百分点，较年初增加4 822.06亿元。从期限结构看，本外币短期贷款余额17 907.00亿元，与上年基本持平；本外币中长期贷款余额33 671.34亿元，同比增长9.03%。从币种结构看，人民币贷款余额50 559.52亿元，同比增长11.22%；外币贷款余额1 231.96亿美元，同比下降7.98%，增幅同比回落18.67个百分点。

贷款投向前五位行业依次是：交通运输仓储和邮政业、个人贷款、制造业、批发和零售业以及房地产业。其中，信息技术服务业、文体娱乐业、个人住房按揭贷款等增速较快，同比分别增长48.58%、67.12%、30.50%，增速分别提高39.41个百分点、64.61个百分点和18.90个百分点，金融支持北京市经济结构调整力度增强。

3. 人民币存款增速加快，期限结构活期化趋势明显

2015年末，辖内金融机构本外币存款余额128 572.96亿元，同比增长28.45%，增幅同比提高19.25个百分点。其中，人民币存款余额123 767.37亿元，同比增长29.78%，增速同比大幅提高21.39个百分点；外币存款余额740.05亿美元，同比下降4.16%。

受央行连续降息影响，定期、活期存款利差缩小，金融理财投资产品收益率下降，存款结构呈现活期化趋势。2015年末，单位活期存款和个人活期存款同比分别增长22.82%和16.88%；单位定期存款同比仅增长3.41%，个人定期存款同比负增长。

4. 中间业务收入占比提高，利润增长较快

2015年，辖内银行中间业务收入比率为17.12%，同比增加1.79个百分点；实现利润1 431.32亿元，同比增长8.88%；资产利润率为0.89%，同比下降0.03个百分点；成本收入比率为30.55%，同比下降0.48个百分点，经营成本略有节约。

5. 不良贷款延续“双升”势头，但风险抵御能力依然较强

2015年末，辖内银行不良贷款余额同比增长62.89%，增幅同比上升30.69个百分点；不良贷款率0.77%，同比增长0.27个百分点，延续2014年以来的“双升”势头。

2015年末，辖内法人银行拨备覆盖率289.88%，同比下降30.64个百分点，但仍高于150%的监管要求；资本充足率13.71%，比年初增长0.53个百分点；贷款损失准备充足率451.14%，仍维持高位，信用风险抵补水平充分。

---

① 存、贷款数据来源于中国人民银行营业管理部调查统计数据。

6. 非银行金融机构[1]资产负债规模继续扩张，经营总体稳健

2015 年末，辖内非银行金融机构资产总额 27 730.28 亿元。其中，财务公司、汽车金融公司和金融租赁公司资产规模分别为 22 838.37 亿元、2 061.64 亿元和 1 750.98 亿元，规模合计占比为 96.11%。负债总额 23 366.81 亿元，其中，财务公司、汽车金融公司和金融租赁公司负债规模合计占比 98.54%。实现利润 487.37 亿元，其中，财务公司、信托投资公司和汽车金融公司利润合计占比 95.79%。

（二）证券业经营情况

2015 年，北京辖内证券期货行业实力显著增强。证券公司资产总额稳步增长，盈利实现翻番，基金公司资产管理规模扩大，新发基金数量大幅增加，期货公司成交规模大幅增长，境内上市公司公开募集资金成效显著。

1. 证券公司资产总额[2]稳步增长，盈利实现翻番

2015 年末，辖内正常经营的法人证券公司 18 家，较上年减少 1 家；证券公司在京营业部 348 家，较上年增加 18 家。辖内法人证券资产总额 8 390.81 亿元，同比增长 59.49%。

2015 年股票市场大幅震荡，证券市场活跃度较高。辖内法人证券公司市场交易额为 68.69 万亿元，同比增长 135.74%；营业收入 825.21 亿元，同比增长 100.29%，其中，经纪业务手续费收入 392.81 亿元，同比增长 48.79%；全年净利润 326.8 亿元，同比增长 142.07%。

2. 基金管理公司资产管理规模扩大，新发基金数量大幅增加

2015 年末，北京地区共有基金管理公司 25 家，比上年增加 2 家；法人基金管理公司 17 家，比上年减少 1 家。北京辖内法人基金管理公司[3]共管理基金 384 只，基金规模 1.54 万亿元，同比增长 98.40%。其中，封闭式基金年末总规模 43.57 亿元，开放式基年末总规模 1.53 万亿元。2015 年，法人基金管理公司新发基金 134 只，数量大幅增加，同比增长 103.03%；新发基金首次募集规模 3 137.53亿份，同比增长 216.58%。

3. 期货公司稳步发展，成交规模大幅增长

2015 年末，辖内法人期货经纪公司 20 家，与上年持平；期货营业部较上年增加 4 家。辖内法人期货公司资产总额和净资产分别为 619 亿元和 134 亿元，同比分别增长 0.98% 和 15.52%；实现期货代理交易额 128.08 万亿元，同比增长 58.14%，实现净利润 10.42 亿元。受国际大宗商品市场持续走低和股票市场剧烈波动影响，辖内商品期货和金融期货市场均受到一定影响。但随着原油期货和上证 50ETF 等重要期货品种上市，以及期货公司平稳转型，辖内期货公司稳步发展并朝国际化水平迈进。

---

① 非银行金融机构合计口径包括信托投资公司、企业集团财务公司、金融租赁公司、汽车金融公司、货币经济公司和消费金融公司。2015 年 4 月，中国银行业监督管理委员会北京监管局修改统计口径，企业集团财务公司由原来的 46 家增加到 63 家，信托公司由原来的 3 家增加到 11 家，金融租赁公司由 2 家增加到 3 家，数据来源于北京银监局，因统计口径发生变化，故未做同比分析，其中信托公司只统计自身资产，信托资产未包括在内。

② 本节数据除“新三板”全国情况外，其余均来源于中国证券监督管理委员会北京监管局。

③ 不包含取得公募基金管理牌照的其他资产管理机构。

4. 上市公司融资规模大幅增长，有力支持实体经济

2015 年末，北京辖内境内上市公司264 家，较上年末增加 19 家；年内共有 29 家公司首次公开募股，其中主板公司 8 家，中小板公司 5 家，创业板公司 16 家。2015 年，辖内境内上市公司融资金额大幅增长，累计募集资金 1 738. 51 亿元，同比增长 31. 32%。其中，中小板累计募集资金 212 亿元，同比增长 103. 65%；创业板累计募集资金 345. 8 亿元，同比增长 137. 34%。2015 年末，辖内境内上市公司总市值 13. 31 万亿元，同比下降 15. 84%；流通市值 11. 55 万亿元，同比增长 6. 41%。

5. “新三板”挂牌公司数量增长迅速，融资功能继续凸显

2015 年末，全国中小企业股份转让系统挂牌公司总数[①]达 5 129 家，较上年末增加 3 557 家，增长 2. 26 倍。总股本和总市值分别为 2 959. 51 亿股和24 584. 42亿元，同比分别增长 349. 53% 和 435. 44%。2015 年挂牌公司共实现股票融资 1 216. 17 亿元，同比增长 820. 71%，“新三板”市场融资功能进一步凸显。2015 年，北京辖内“新三板”挂牌公司共 763 家，较上年末增加 401 家，累计融资 442. 41 亿元，同比增长 441. 84%，有效疏解了辖内中小企业融资难问题。

（三）保险业经营情况

2015 年，北京保险市场保持平稳较快发展态势，社会服务功能进一步增强，市场秩序明显好转。全年实现原保险保费收入[②]（以下简称保费收入）1 403. 9 亿元，同比增长 16. 3%；累计赔付支出 506. 6 亿元，同比增长 24. 4%；保险深度 6. 3%，同比上升 0. 6 个百分点，保险密度 6 501. 9 元/人，同比增加 842. 6 元/人。

1. 财产险公司保费收入稳步增长，承保利润率略降

2015 年，财产险公司实现保费收入 360. 7 亿元，同比增长 9. 6%，占辖区保费总规模的 25. 7%。其中，车险保费收入 243. 7 亿元，同比增长 8. 7%，占比 67. 6%。累计赔款支出 215. 7 亿元，同比增长 13. 5%。产险公司综合赔付率 62. 3%，同比下降 0. 1 个百分点；综合费用率 37. 3%，同比上升 1. 3 个百分点；承保利润率 0. 4%，同比下降 1. 2 个百分点。

2. 人身险公司保费收入快速增长，退保率微幅上升

2015 年，人身险公司实现保费收入 1 043. 2 亿元，同比增长 18. 8%。其中，寿险业务保费收入同比增长 9. 8%，健康险和意外险保费收入同比分别增长 64. 9% 和 9. 7%。寿险产品中，普通寿险保费收入 350 亿元，占比 45%；分红寿险 424 亿元，占比 54. 4%；投连险、万能寿险占比分别为 0. 1% 和 0. 5%。寿险新单期交率 24. 9%，同比上升 1. 4 个百分点；退保率 5. 4%，同比上升 0. 9 个百分点。

3. 外资财产险公司市场份额下降，人身险公司保费收入增长较快

2015 年末，在京外资财产险公司 14 家，较上年增加 1 家；保费收入 15. 4 亿元，同比下降 5. 5%；市场份额 4. 3%，

① 数据来源：全国中小企业股份转让系统官方网站。

② 数据来源：中国保险监督管理委员会北京监管局。

同比下降0.7个百分点。外资人身险公司24家，同比增加2家；保费收入180.3亿元，同比增长23.7%；市场份额17.3%，同比上升0.7个百分点。

4. 农业保险产品体系进一步丰富，社会服务功能增强

2015年末，北京地区7家政策性农业保险公司服务覆盖北京13个区县以及北京首都农业集团等龙头企业，形成了23个市统颁险种、11个创新险种在内的农险产品体系。全市农业保险实现保费收入5.7亿元，同比增长27.1%；参保农户10.6万户次。赔款支出4.5亿元，同比增长8.2%。为农业企业提供“农保贷”农业保险质押贷款项目，全年为农户提供贷款支持超过1 400万元。

5. 加强从业人员分类管理，保险市场秩序明显好转

2015年，北京地区开展人身保险销售从业人员销售资质分类管理试点工作。截至年末，共有3.1万人获得分红险和万能险销售资质，1 064人获得投连险和变额年金险销售资质。全年保险业消费者投诉974件，同比下降81.1%，保险市场秩序明显好转。

（四）需要关注的问题

1. 银行业资产质量持续下行，信用风险防控压力加大

受总部经济影响，金融风险在北京存在滞后反应，2015年，辖内银行业金融机构信用风险与全国相比仍处于较低水平，但不良贷款反弹压力也在加大。2015年，北京市银行业金融机构逾期贷款持续增长，年末逾期贷款较年初增长37.62%，逾期90天以上贷款与不良贷款比率较年初增加18%。同时，辖内法人银行关注类贷款迁徙率39.51%，同比提高31.89个百分点，资产质量劣变可能性加大。

2. 个别银行内控建设薄弱，内控合规风险突出

受利益驱动，个别银行与票据中介合作，违规开展票据代理、代持业务，内控合规风险突出。个别银行内控建设薄弱，员工管理存在不足，“飞单”、“私售”事件持续暴露。银行柜面业务审查不严格、管理存在疏漏、审核不到位等违规情况多发，存在一定的操作风险隐患。

3. 杠杆融资加大资本市场波动风险，跨市场风险可能上升

2015年，证券市场各类创新迭出，融资融券、股权质押融资等创新工具不断涌现，与此同时，银行理财和社会各类场外资金涌入市场，利用各种配资模式开展杠杆融资交易，助涨助跌，加大市场波动；在资本市场持续宽幅波动情况下，个别银行理财产品配资股票出现跌破预警线甚至无法平仓的情况，市场风险跨行业传染可能性上升，值得高度关注。

4. 保险业资产负债匹配问题突出，资金运用风险值得关注

长期以来，保险公司“长钱短投”期限错配问题突出，面临利差损失和投资收益成本错配风险。但与此同时，部分中小保险公司大力发展短期限、高成本负债用于股权等长期限投资，“短钱长投”期限错配，导致流动性风险上升，还要承受股权市场价格波动风险，甚至出现偿付能力不足。特别是随着保险公司投资范围扩大，债务信用风险、资本市场波动风险、不动产投资风险上升，值得高度关注。

5. 非法集资呈高发态势，金融市场秩序受到威胁

2015年，北京市非法集资案件呈多发态势，多集中于投资理财、私募股权投

资基金、网络借贷等高发领域，已经严重影响到正常的金融市场秩序。虽然私募基金已实施备案制改革，但存在备案门槛低、监管不足等问题，仍处于“底数不清、情况不明”状况。当前，借助互联网金融平台，利用私募基金从事非法集资活动，值得高度关注。

四、总体评估与政策建议

（一）总体评估和定量评价

2015 年，北京市经济平稳增长，银行业资产规模稳步增长，资本充足情况良好；证券公司经营平稳；保险业发展态势良好；金融市场整体运行平稳；社会融资结构继续优化，金融基础设施建设继续改善。

中国人民银行营业管理部金融稳定定量评估模型结果显示，北京市 2015 年金融稳定状况综合得分与去年基本持平，整体保持稳定。在选取的 29 项指标中，共有 10 项指标得到改善，11 项指标保持稳定，8 项指标相对恶化。其中，在 15 项金融指标中，5 项指标改善（银行业流动性比例、证券业净资产负债率、保费增长率、上证综合指数增幅、月拆入加权平均利率），2 项指标相对恶化（证券业资产利润率、寿险公司退保率）；在 13 项经济指标中，5 项指标改善（居民消费价格指数、企业部门利润增长率、收入成本比、房地产业贷款比率、房屋销售价格指数），4 项指标相对恶化（地区 GDP 增长率、工业生产者价格指数、主营业务收入增长率、房地产投资增速），4 项指标保持稳定；金融生态指标表现有所下降（见表 1）。

表 1　2015 年北京市金融稳定评估指标变化情况

一级分类	二级分类	指标数量	变化个数		
			改善	稳定	恶化
金融运行指标	银行业指标	7	1	5	1
	证券业指标	3	1	1	1
	保险业指标	3	1	1	1
	金融市场运行指标	2	2	0	0
	金融运行指标合计	15	5	7	3
经济运行指标	区域经济运行指标	6	1	3	2
	企业部门指标	3	2	0	1
	房地产部门指标	3	2	0	1
	住户部门指标	1	0	1	0
	经济运行指标合计	13	5	4	4
金融生态指标	融资结构指标	1	0	0	1
合计		29	10	11	8

（二）政策建议

1. 加强全面风险管理，防范风险因素相互叠加

辖内银行业金融机构应加强全面风险管理，既要高度重视资产质量劣变压力，也要防控银行理财资金等表外资产风险；

加强利率定价能力建设，完善投资限额管理，防控金融市场波动风险；加强员工管理，完善内部工作流程体系和责任追究机制，严控操作性风险和声誉风险，防止各种风险相互叠加。

2. 加强证券业创新风险识别，防止风险跨行业传递

加强对证券创新业务风险识别与监测，强化风险防控措施。提高对杠杆融资的监管力度，保持市场活力，防范过度投机；加强对银行理财等资金参与资本市场情况的监测与管控，防范风险交叉传染。

3. 完善资产负债匹配管理，防范保险公司投资风险

保险公司应进一步完善资产负债管理架构，促进资产端与负债端平衡配置；根据投资收益适当调节负债成本；按照偿付能力要求严格控制短期限产品发展，提高公司内部风险意识，加强风险识别和管理能力，保证保险资金安全运用。

4. 加强统筹协调，维护金融秩序

进一步加强政府管理部门统筹协调，形成监管合力，严厉打击金融诈骗、非法集资等金融犯罪。

总　纂：付喜国
统　稿：董洪福　项银涛
执　笔：刘文权　田　娟　李艳丽
张素敏　孙伊展　楼　丹

二、市场运行

金融市场

2015 年，北京地区金融市场运行总体平稳，流动性充裕水平适中。北京作为主要资金融出地区，货币市场交易大幅增长，中资银行以融出为主，其中政策性银行净融出量居首位。银行间外汇市场即期、掉期交易结汇量大幅增长。北京地区黄金交易显著增长，实际提货量上升。资本和外汇市场波动对货币市场流动性风险的影响，以及债券市场加快扩容和经济下行带来的信用风险值得关注。

一、金融市场运行特点

（一）货币市场各品种交易量显著增长，成交期限集中于隔夜交易

北京地区信用拆借交易量占全国近一半。2015 年，北京地区金融机构①网上信用拆借累计成交 63.4 万亿元，同比增长 93.2%，占全国交易量的 49.4%，较 2014 年上升 5.8 个百分点。

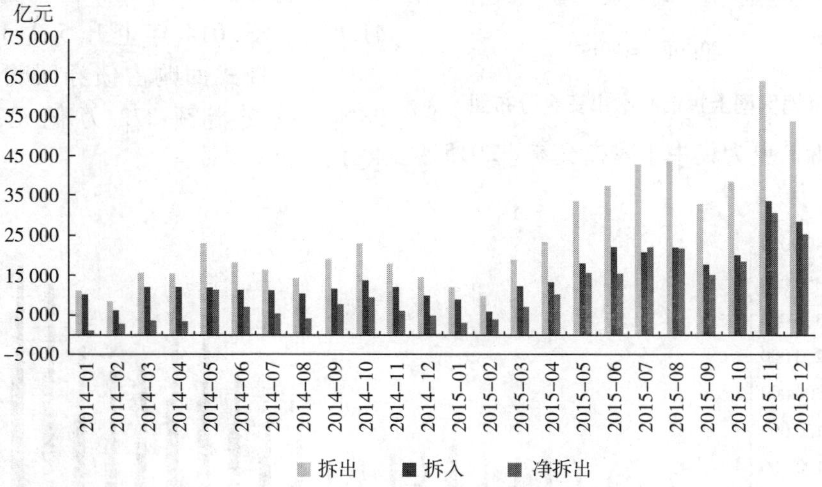

图 1　北京地区网上拆借变动趋势图

信用拆借净拆出增长近两倍。2015 年度，北京地区累计净拆出资金 18.87 万亿元，同比增长 186.7%，中资银行成为最主要拆借资金来源。国有银行净拆出增幅最大，金额为 7.9 万亿元，同比增长 4 倍；政策性银行净拆出规模最大，金额为

---

① 指在北京地区营业的所有金融市场成员，包括各政策性银行、各国有商业银行总行及北京市分行、各股份制商业银行总行及在京营业机构、北京银行、北京农商银行、中国邮政储蓄银行、各外资银行在京营业机构，在京各证券公司、财务公司、基金管理公司、保险公司、信托投资公司、资产管理公司、汽车金融公司、金融租赁公司等。

10.6 万亿元，同比增长 76.8%；其他银行①净拆出金额为 7.5 万亿元，同比增长 102.7%；其他机构净拆出资金 2 622.7 亿元，同比增长 17.24%；财务公司和证券公司是主要资金需求方，分别净拆入资金 3.8 万亿元和 3.5 万亿元，同比分别增长 66.9%和 24.4%；外资银行为净拆入，金额 251.3 亿元，2014 年为净拆出 2 448.2亿元。

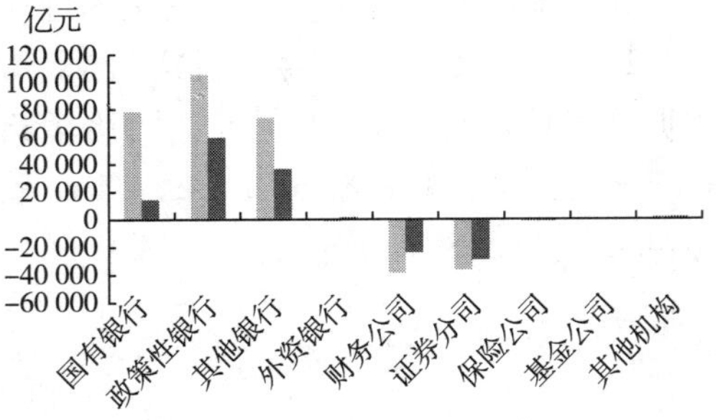

图 2　北京地区网上拆借净融出资金分布图

信用拆借更为集中于隔夜交易。2015 年度，隔夜拆借成交 52.77 万亿元，占全部交易量的 83.2%，比 2014 年提高 10.4 个百分点；7 天期限交易量仅次于隔夜，占比 12.7%，同比下降 7.5 个百分点。

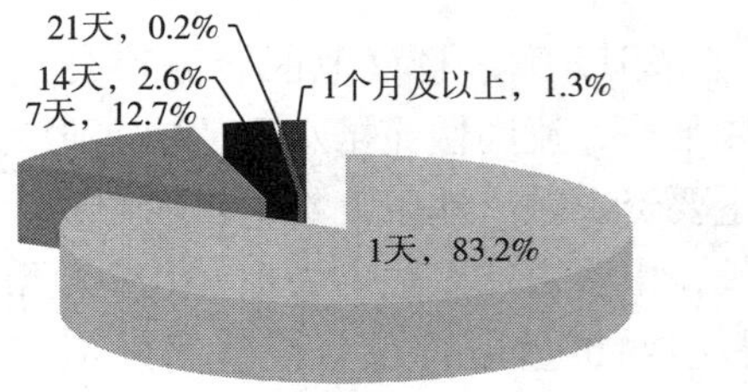

图 3　北京地区网上拆借期限分布图

债券回购成交量占比进一步提高，质押式回购占绝大部分比重。2015 年度，北京地区金融机构债券回购成交 381 万亿元，同比增长 133.2%，占全国交易量的 41.6%，较 2014 年上升 5.2 个百分点。其中，质押式回购占债券回购成交量的 98%，成交金额 372 万亿元，同比增长 135.9%。

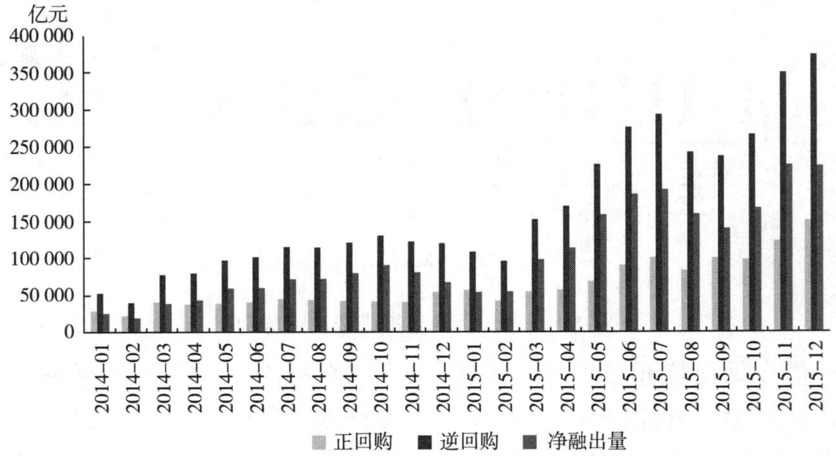

图 4　北京地区债券回购交易变动趋势图

① 指设立在北京地区的各股份制商业银行总行及在京营业机构、北京银行、北京农商银行、中国邮政储蓄银行。

政策性银行净融出居首，其他机构①净融入增长最快。2015 年度，北京地区金融机构债券回购净融出资金 176.8 万亿元，同比增长 150.9%。其中，国有银行、政策性银行、其他银行净融出分别为 91.3 万亿元、101.3 万亿元和 15.9 万亿元，同比分别增长 158%、144.7% 和 95.5%。净融入资金的机构中，其他机构净融入资金量居首位，金额 20.5 万亿元，同比增长 245.5%；其次是证券公司净融入资金 7 万亿元，同比增长 25%；财务公司净融入 3.1 万亿元，同比增长 145%；外资银行从净融出转为净融入，金额 3 348.77 亿元，2014 年同期为净融出 1 083 亿元。

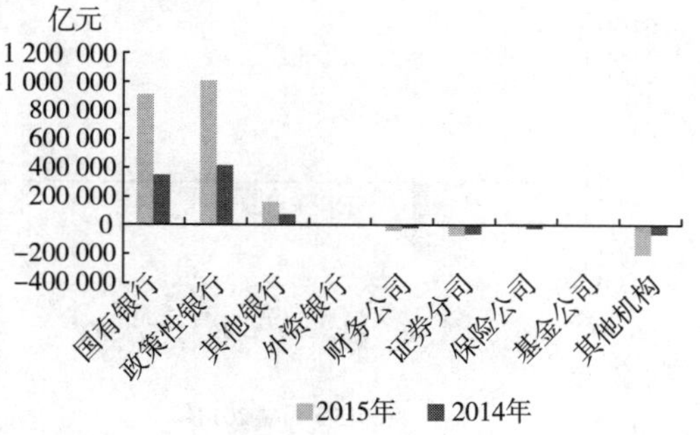

图 5　北京地区债券回购净融出资金分布图

隔夜债券回购交易量占比提高。2015 年度，隔夜回购成交 325 万亿元，占全部交易量的 85.3%，占比同比上升 11.28 个百分点；7 天、14 天回购交易占比分别为 11%、2.7%，同比分别下降 6 个百分点、3.1 个百分点。

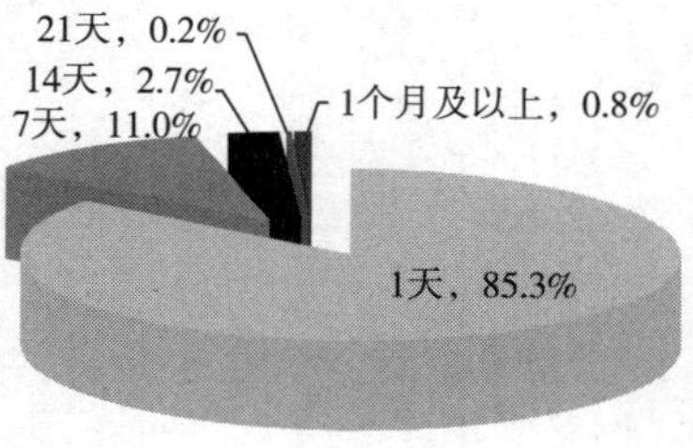

图 6　北京地区债券回购期限结构分布图

（二）债券市场证券机构和非法人投资产品现券交易活跃，创新债券品种成交大幅增长

债券市场现券交易银行类机构没有明显优势，非银行类机构成交量接近全部交易的五成，国有银行和政策性银行成交增长较快，证券公司和其他机构成交占比提高。2015 年度，北京地区金融机构现券买卖成交 26.8 万亿元，同比增长 80.7%，现券买卖成交量占全国交易量的 15.4%，较 2014 年下降 2.9 个百分点。其中，国有银行和政策性银行分别为 5.2 万亿元、7 823 亿元，同比分别增长 195.7%、18.7 倍；证券公司和其他机构成交量占比进一步提高，分别为 6.3 万亿元、5.8 万亿元，同比分别增长 110%、138%，两类机构合计占比 45%，比 2014 年占比提高 8.4 个百分点。现券交易品种中，政策性金融债成交量最大，成交 10 万亿元，同比增长 86%；其次是中期票据成交 3.9 万亿元，同比增长 39%。同业存单、财务公司债等新型债券成交分别为 2.3 万亿元、78.3 亿元，同比分别增

① 指在北京地区营业的各银行类金融机构、在京各证券公司、财务公司、基金管理公司、保险公司以外的金融机构，包括信托投资公司、资产管理公司、汽车金融公司、金融租赁公司及其他类货币市场成员单位等。

长14.5倍、3倍。

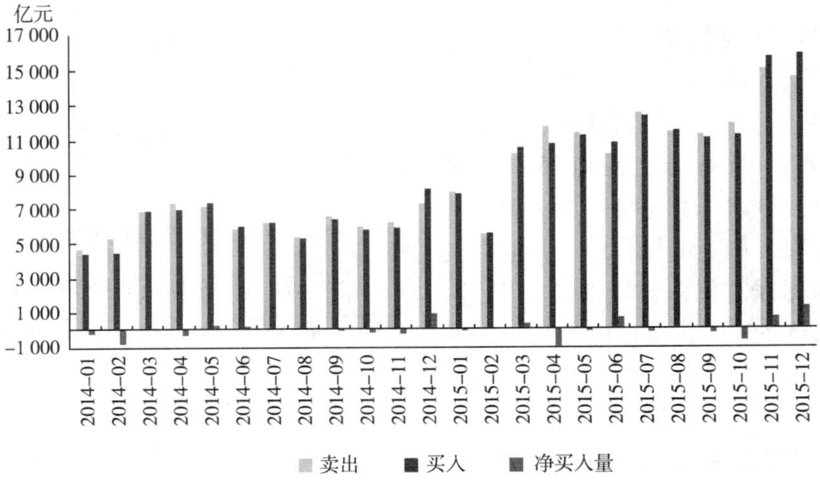

图7　北京地区现券交易变动趋势图

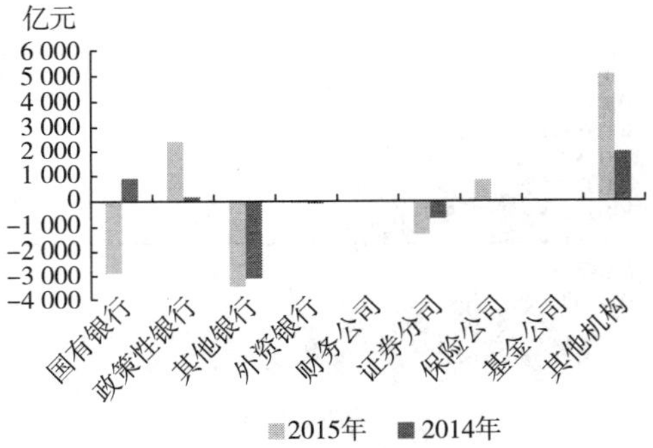

图8　北京地区各金融机构净买入债券分布图

债券投资增加，其他机构、政策性银行和保险公司债券投资增长较多，主要投资品种集中于同业存单、超短期融资券和政策性金融债券。2015年度，北京地区现券净买入718.7亿元，2014年度为净卖出821.8亿元。从机构类型看，净买入集中在其他机构、政策性银行和保险公司，金额分别为5 113亿元、2 441亿元和846亿元，同比分别增长154.4%、17倍和54倍。净卖出则集中在国有银行、其他银行和证券公司，其他银行和证券公司比2014年分别增长10.8%、81%，国有银行2014年为净买入903.4亿元。从交易现券品种看，净买入债券集中于同业存单、超短期融资券和政策性金融债，分别为1 580.5亿元、1 210.9亿元和344.6亿元。

（三）人民币汇率下行压力增大，银行间外汇市场掉期交易大幅增加

2015年，市场对美联储加息预期不断增强，资本外流压力加剧，国内经济增长增速放缓，使人民币贬值压力增大；8月11日，中国人民银行（以下简称人民银行）完善人民币汇率中间价形成机制，人民币兑美元中间价从8月10日的6.1162跌至8月14日的6.3975，跌幅为4.4%。12月16日，美联储宣布提高联邦基金利率25个基点后，人民币汇率进一步下行，12月人民币中间价下跌1.5%。人民币汇率的大幅波动引发银行间市场掉期交易增长尤为显著，结汇量增长迅猛。2015年度，外汇即期交易成交量折合4.6万亿美元，比2014年增长27.4%，其中，即期美元结汇成交2.4万

亿美元，比 2014 年增长 41.4%。外汇掉期交易累计成交折合 7.85 万亿美元，同比增长 107%，其中，掉期美元结汇累计成交折合 4.5 万亿美元，同比增长 109%。外汇远期交易累计成交量折合 337.4 亿美元，同比下降 35.7%。

外币对交易集中在欧元/美元、美元/港元、美元/日元，且增幅较大。消费增长带动美国经济复苏，美元走势平稳；欧洲经济保持温和态势；日本因投资低迷及消费增长放慢而陷入技术性衰退，欧元、日元汇率相对趋弱。2015 年度，外币对累计成交折合 835.93 亿美元，比 2014 年增长 101%。外币对交易集中在欧元/美元、美元/港元、美元/日元，分别比 2014 年增长 191%、43% 和 188%。

（四）黄金价格呈下行态势，市场交易量显著增长

黄金价格总体仍延续下行趋势。美元走强和大宗商品价格下跌，带动国际黄金价格下降。2015 年度，上海黄金交易所现货金价主力合约品种 AU9999 年初开盘价 240.6 元/克，12 月 31 日收于 222.86 元/克，本年度最高价格为 280 元/克，最低为 210.79 元/克，振幅为 32.8%，比 2014 年同期振幅扩大 11.1 个百分点。

北京地区黄金交易量大幅增长，买入量和自营交易增长更为显著，实际提货量增加。2015 年度，北京地区交易所会员黄金买卖累计成交 1.35 万吨，同比增长 107%。其中，黄金买入成交 6 871.4 吨，同比增长 112.4%；卖出成交 6 696.1 吨，同比增长 102%。自营交易成交 1 万吨，同比增长 152.3%；代理交易成交3 442.3 吨，同比增长 35.9%。实际提货量 705.65 吨，同比增长 50.7%。

二、金融市场运行的新变化

（一）银行体系流动性充裕，市场利率呈下行走势

2015 年度，在经济下行、外汇占款持续减少的背景下，人民银行综合运用多种货币政策工具，加大资金投放，保持流动性宽松，货币市场利率呈下行走势。2015 年末，隔夜、7 天 SHIBOR 分别为 1.9910%、2.355%，比年初分别下降 164.9 个 BP、252.8 个 BP。北京地区金融机构拆借、质押式回购及买断式回购加权平均利率同比分别下降 99.9 个 BP、102.9 个 BP 和 100.7 个 BP，现券买入和卖出到期收益率同比分别下降 126.3 个 BP 和 119.9 个 BP。

货币市场拆借和回购短期交易利率波动频繁，下降幅度低于 1 个月及以上长期限利率。拆借、质押式回购隔夜加权平均利率分别下降 89.72 个 BP、91.83 个 BP。拆借 21 天降幅最大，下降 117.8 个 BP；质押式回购 3 月降幅最大，下降 139.85 个 BP。

现券市场长短期限收益率利差缩小，非金融企业信用债收益率降幅更大，信用利差继续收窄。现券市场短期限品种收益率降幅缩小，长期限品种收益率降幅增大。2015 年 12 月 31 日，国债 1 年期与 10 年期到期收益率利差为 51.26 个 BP，比年初扩大 9.4 个 BP，比 9 月末缩小 38.1 个 BP。2015 年非金融企业债券收益率下降尤为显著，信用利差持续缩小。2015 年末，1 年期中期票据 2A 级与 3A 级收益率分别比年初下降 186 个 BP、194 个 BP，1 年期国债收益率比年初仅下降 89.6 个 BP。1 年期中期票据 2A 级与 1 年期国债到期收益率的利差为 136.94 个 BP，比 2015 年初缩小 104.43 个 BP，比 2015 年 9 月末缩小 10.1 个 BP。

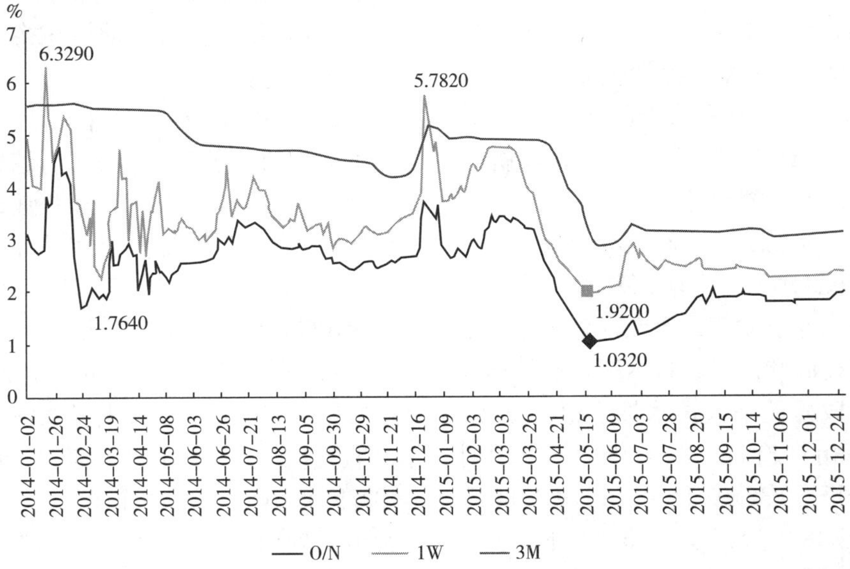

图9　隔夜、7天和3个月SHIBOR走势图

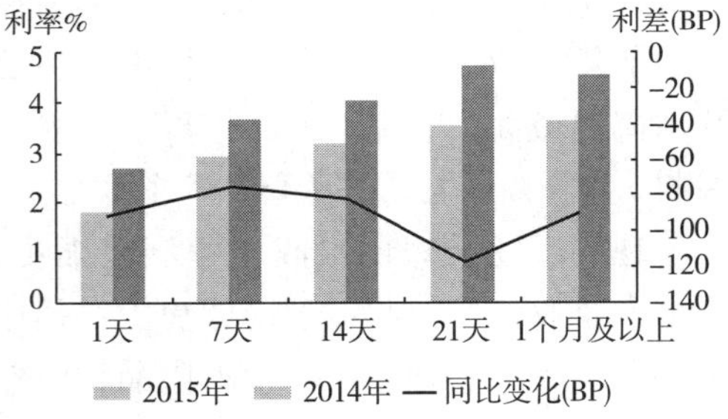

图10　2015年度同业拆借各期限加权平均利率及同比变化

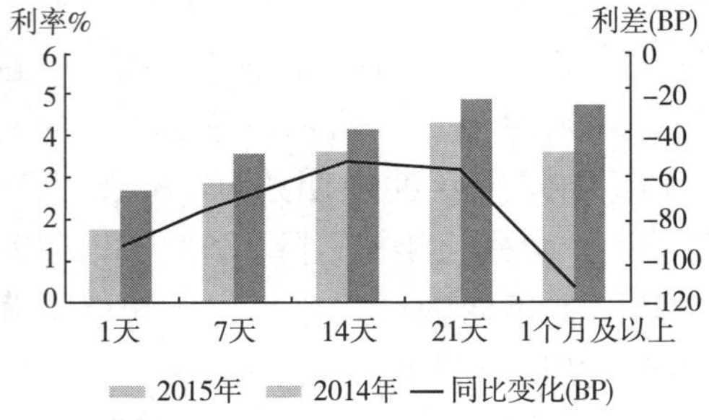

图11　2015年度质押式回购各期限加权平均利率及同比变化

（二）市场资金短期化趋势增强，市场波动加剧

2015年，货币市场拆借和债券回购交易集中在隔夜交易。隔夜交易增多是资金交易量增大的主要原因，与2014年相比，隔夜交易增长最快，隔夜交易量占比大幅上升。拆借、债券回购隔夜交易分别增长121%、168.7%，比各交易品种各期限平均增幅高27.7个百分点、35.5个百分点。拆借、债券回购隔夜交易占比分别为83.2%、85.3%，比2014年分别提高10.4个百分点、11.28个百分点。其他期限交易量变化不大，长期限交易量甚至减少，拆借1个月及以上期限交易比2014年仅增长1.9%，债券回购21天和1个月及以上期限成交量比2014年则分别下降44%、20%。隔夜交易的增加，增大了市场资金流动性，同时也加剧了隔夜资金利率的波动。2015年拆借隔夜、7天成交利率单日波幅平均为1.285个百分点、2.8406个百分点，均高于拆借其他

期限的单日内波幅。市场资金短期利率波动性增强，直接影响市场整体的稳定性，增加了市场主体对市场资金流向和资金价格走势预期的难度，也增加了市场交易风险。

（三）债券市场改革创新力度加大，债券市场扩张加快

2015 年，新增债券品种较多，保险公司资本补充债券、证券公司债券、资产管理公司金融债券、外国主权政府人民币债券、项目收益票据和项目收益债券等创新债券品种先后在市场推出并交易，增加了各类机构投融资渠道，扩大了债券交易基础，全年上述品种债券成交合计 182.22 亿元。地方政府债券、同业存单、超短期融资券和公司债券等债券发行规模大幅增长，带动二级市场成交量上升，全年地方政府债券、同业存单、超短期融资券和公司债券分别发行 3.8 万亿元、5.3 万亿元、2.3 万亿元和 9 930 亿元，分别比 2014 年增长 8.6 倍、4.9 倍、1.1 倍和 5.9 倍，地方政府债券、同业存单、超短期融资券成交额比 2014 年分别增长 1.5 倍、14.5 倍、1.2 倍。

2015 年，新增银行间债券市场的机构数量和机构种类都明显增加。全年新入市机构数为 729 家，比 2014 年增加 281 家。其中，期货公司、保险公司的资产管理公司，及保险资产管理公司的资产管理产品、基金管理公司特定客户资产管理业务、私募基金、信托公司金融产品和证券公司的证券资产管理业务等非法人投资产品均为 2015 年新增入市机构类型。非法人投资产品新增 718 个，比 2014 年多 292 个，基金管理公司的特定客户资产管理业务和证券公司的证券资产管理业务新增较多，分别新增 209 个、183 个。

（四）外资法人银行货币市场融入资金增加，中资地方法人银行资金来源渠道增多，净融出增加

外资法人银行货币市场融入资金大幅增加。2015 年度，外资法人银行货币市场交易合计 2.24 万亿元，同比增长 31%，其中融入资金 8 462 亿元，比 2014 年增长 132.9%，融出资金则比 2014 年下降 32%。外资法人银行资金来源以母行资金或集团内股东资金流入为主，2015 年末，9 家外资法人银行资产和负债总额合计分别比 2014 年末减少 266 亿元、291 亿元，外资银行整体业务量萎缩。同时，6 家外资法人银行因跨境资金流入减少和流出增加相伴发生，跨境资金净流出比例（均为负值）同比大幅上升。

中资地方法人银行（包括华夏银行、北京银行、北京农商银行）货币市场成交量和净融出均大幅增长。2015 年，3 家法人银行均有同业存单、金融债券、二级资本债的发行，资金来源渠道更为多样，资金期限结构明显改善，全年货币市场累计成交 41.9 万亿元，比 2014 年增长 2.7 倍，净融出资金 5.6 万亿元，2014 年为净融入 1.53 万亿元。

三、值得关注的问题

（一）应加强关注货币市场流动性风险

2015 年 6 月中旬后，国内资本市场发生异常波动，股市一度面临流动性危机。7 月入市的救市资金绝大多数从商业银行获得，此外还包括人民银行提供的流动性资金及银行间市场拆借、发债等方式获得的资金，对银行体系的流动性形成较大压力。

2015 年外汇占款持续减少，基础货币投放量相应减少，8 月人民币贬值带来

外汇市场异常波动，国有银行外汇交易占用资金增加，第三季度结售汇交易1.72万亿美元，同比增长95%，结汇同比增加2 169亿美元。8月下旬一周，国有银行在货币市场首次净融入资金，引起8月后期货币市场流动性持续紧张，并推动8月市场利率持续上扬。

（二）债券市场信用风险加大

利率下行趋势的延续，境外机构进入银行间债券市场的数量不断增加，债券需求上升，债券市场扩容加快及相关政策制度松绑，将助推债券市场行情进一步上行。但经济下行压力增大，企业盈利能力日益下降，债务率提高，企业违约风险也将随之上升。

2015年以来债券违约呈上升趋势。据Wind资讯统计，信用评级下调或评级展望为负面的发债主体达150家，其中不乏3A企业，主要为煤炭、化工等资源类大型企业。债项评级下调涉及61个主体的126个债项，主体评级、债项评级都下调的共涉及52家主体113个债项。

（单方）

票据市场

2015年，北京地区票据市场运行平稳，再贴现支农支小效果明显，银行承兑汇票签发量保持稳定，票据贴现大幅增长，回购式转贴现交易规模持续下降，票据市场利率震荡走低。

一、再贴现政策效果明显

2015年，北京辖内共有34家金融机构办理再贴现。其中，商业银行11家，财务公司23家。再贴现金额合计133.3亿元，涉及票据4 098张。12月末，再贴现余额10亿元。从总体来看，再贴现业务呈现以下特征：

一是中小金融机构是再贴现主力军。2015年，中小金融机构累计再贴现金额99.6亿元，占比为91.7%。中小金融机构资金面相对紧张，资金成本较高，再贴现资金吸引力仍然较大，成为其调节流动性和信贷结构的重要手段，再贴现需求稳定增长。

二是商业承兑汇票再贴现余额持续增长。2015年，商业承兑汇票累计再贴现金额24.6亿元，同比增长4.2%。年初以来，北京地区加大对商业承兑汇票再贴现支持力度，明确商业承兑汇票再贴现优先支持，推动其规模快速增长。

三是再贴现优化信贷结构效果明显。全年为小微、涉农、高新技术、文化创意等类型企业签发或收受的票据办理再贴现104.5亿元，在全部再贴现中占比78.4%，平均单张票据票面金额约为320万元。

四是再贴现降低企业融资成本效果显现。11月末，辖内金融机构每笔再贴现票据的贴现利率均低于其全部贴现的加权平均利率，再贴现票据的贴现加权平均利率低于同期贴现加权平均利率0.06个百分点至0.84个百分点。

二、票据市场运行平稳

一是银行承兑汇票签发量小幅上升。2015年，北京辖内金融机构累计签发银行承兑汇票 6 654.1 亿元，同比增长 6.9%。12 月末，银行承兑汇票余额 3 110.1亿元，同比增长 17.6%。签发银行承兑汇票可以稳定存款、营销贴现业务、增加承兑手续费收入，是银行拓展业务的重要手段，推动银行承兑汇票签发量稳步增长。

二是票据累计贴现额翻倍增长。2015 年，北京地区金融机构累计办理贴现 59 204.2亿元，同比增长 111.9%。12 月末，票据贴现余额 2 526.6 亿元，同比增长 25.7%。在经济增速换挡回落、信贷资产风险增加的背景下，金融机构将票据贴现作为调整信贷结构、创收增效的主要业务，带动贴现发生额显著增加。

从贴现结构来看，买断式回购是金融机构贴现的主导方式。12 月末，金融机构买断式转入票据余额 1 639.8 亿元，同比增长 24.7%，在全部贴现余额中占比 64.9%；从发生额来看，1～12 月，金融机构买断式转入票据 35 536.8 亿元，同比增长 88.5%，占全部贴现发生额的 60%。由于买断式转贴现在统计上计入贷款统计范围，成为金融机构调节贷款规模的重要工具，导致交易量显著增长。

三是回购式转贴现规模降幅超过四成。1～12 月，北京地区金融机构回购式转贴现累计发生 8 557.8 亿元，同比下降 44.2%。12 月末，回购式转贴现票据余额 1 238.5 亿元，同比下降 43.3%。4 月以来，市场资金较为充裕，票据市场利率走势平稳，票据利差空间收窄，转贴现交投清淡，导致金融机构票据转贴现规模明显下降。

四是商业承兑汇票规模有待提高。在积极发展商业承兑汇票的政策推动下，商业承兑汇票贴现规模明显增长，但是总量占比仍然较低。1～12 月，北京地区金融机构累计办理商业承兑汇票贴现 1 461.3 亿元，同比增长 29.7%，占全部贴现规模的 2.5%。12 月末，商业承兑汇票贴现余额 173.5 亿元，占比为 6.9%。

三、票据市场利率震荡下行

2015 年，北京票据市场利率呈现以下特征：

一是票据贴现利率震荡下行。第一季度，受新股发行加快 IPO 申购冻结资金持续攀升、春节保支付等因素影响，市场资金面较为紧张，银行承兑汇票贴现利率高企。1 月，北京辖内金融机构银行承兑汇票贴现利率 5.21%，为年内最高。4 月以来，央行降息、降准货币政策效果显现，市场资金面呈现宽松局面，货币市场利率出现明显、持续下降，票据市场利率稳步回落，5～8 月，银行承兑汇票贴现加权平均利率保持在 3.6% 左右。9 月，市场资金面再现紧张态势，票据市场利率有所抬升，银行承兑汇票贴现加权平均利率达到 4.65%，比 6 月高 1.03 个百分点。第四季度，市场资金再现宽松局面，票据贴现利率持续走低，12 月银行承兑汇票贴现加权平均利率降至 3%，达到全年低点。

二是商业承兑汇票贴现利率年底上行。同银行承兑汇票相比，商业承兑汇票信用度低，金融机构接受度较差，贴现利率相对较高。1～8 月，北京市金融机构银行承兑汇票和商业承兑汇票贴现利率利差在 1.02 个百分点至 2.18 个百分点。9 月，两者之间差距明显收窄，仅有 0.35 个百分点。12 月，商业承兑汇票贴现加权平均利率再次走高，高出银行承兑汇票贴现加权平均利率 1.8 个百分点，表明年底商业承兑汇票信用风险有所抬升。

三是买断式转贴现和回购式转贴现利率逐步趋同。第一季度，买断式转贴现和回购式转贴现利差较小，保持在0.42个百分点以内。4月开始，两者利差不断扩大，6月，回购式转贴现利率高出买断式转贴现利率1.67个百分点。8月，两者利差为0.03个百分点，9月，买断式转贴现利率高出回购式转贴现利率0.06个百分点。

四、值得关注的问题及相关建议

一是票据市场操作风险不容忽视。近年来，我国票据市场发展不断加快，参与主体呈现多样化，票据流转次数增加，交易模式趋于复杂化。同时，部分金融机构对票据业务关键风险点认识不足，制度建设不够完善，导致操作风险显著提升。建议加强对金融机构内控制度检查，要求金融机构不断完善票据业务内容制度建设，合理设置岗位职责，严格操作流程，强化岗位责任，加大员工队伍建设和培训，提高员工的合规和守法意识，有效防范操作风险。

二是再贴现利率水平长期不变制约了其作用的发挥。自2010年12月26日起，再贴现利率由1.80%上调至2.25%，截至目前，再贴现利率没有做过调整。再贴现期限也较为单一，规定为不超过4个月。金融机构普遍反映，长期不变的再贴现利率水平同市场整体资金状况不相适应，一定程度上制约了其引导信贷资金投向、调整信贷结构的积极作用。目前，电子票据期限长为1年，而且规模呈现快速发展态势，建议再贴现期限也应相应调整。借鉴目前再贷款期限档次划分情况，将再贴现期限由目前的不超过4个月调整为3个月、6个月和1年期三个档次。由于目前贴现利率主要参照SHIBOR，各档次再贴现利率水平也可参照同期限SHIBOR调整，由每日SHIBOR算数平均生成，每季度调整一次。

（朱睿）

证券市场

一、证券市场总体运行情况

2015年，证券市场经历了较大波动。上半年降准降息频繁，市场在经历大幅上涨后暴跌；下半年在货币政策宽松、国企改革总体方案及“十三五”规划的出台、供给侧改革的影响下，市场缓慢回升。年末上证指数收于3 539.18点，全年上涨304.5点，涨幅9.41%；深证成指收于12 664.89点，全年上涨1 650.27点，涨幅14.98%；沪深300指数收于3 731.00点，上涨197.29点，涨幅5.58%；创业板指数报收于2 714.05点，上涨1 242.29点，涨幅84.41%。

（一）证券行业总体情况

2015年末，证券行业总资产规模6.42万亿元，较年初增长56.97%；净资产规模1.45万亿元，较年初增长57.52%；净资本1.25万亿元，客户交易结算资金余额（含信用交易资金）2.06万亿元，托管证券市值33.63万亿元，受托管理资金本金总额11.88万亿元。证券行业整体的杠杆倍数3.2倍，高于2013年证券行业整体杠杆倍数2.0倍。

2015年，证券行业实现营业收入

5 751.55亿元。其中，代理买卖证券业务净收入2 690.96亿元；证券承销与保荐业务净收入393.52亿元；财务顾问业务净收入137.93亿元；投资咨询业务净收入44.78亿元；资产管理业务净收入274.88亿元；证券投资收益（含公允价值变动）1 413.54亿元；利息净收入591.25亿元。全年实现净利润2 447.63亿元。

2015年末，全国共有营业部8 170家，相比上年的7 199家，增加971家，增长13.5%。证券公司注册从业人员数296 257人。其中，一般从业人员178 306人；证券经纪业务营销人员2 258人；证券经纪人75 435人；证券投资咨询业务（分析师）2 142人；证券投资咨询业务（投资顾问）33 785人；保荐代表人2 990人；投资主办人1 341人。

（二）证券业务具体情况

1. 经纪业务情况

2015年，股票、基金交易量274.78万亿元，同比增长270.62%。其中，A股总成交额253.30万亿元，同比增长243.36%，日均成交额10 381.02亿元，同比增长244.76%（沪市成交131.57万亿元，深市成交121.73万亿元）；基金交易额15.27万亿元，同比增长233.29%。截至年末，持有A股、B股、信用账户、衍生品合约账户的一码通账户的投资者共9 910.54万人。其中，个人账户9 882.15万人；机构账户28.38万人。

2. 投行业务情况

2015年，共224家企业完成首发上市，募集资金总规模1 578.29亿元，同比增长135.96%；增发规模13 723.10亿元，同比增长101.16%。全年A股市场股权融资总额15 459.01亿元，同比增长102.44%。截至年末，沪深两市上市公司家数2 827家，A股总市值53.1万亿元，已上市流通市值41.8万亿元。

3. 资管业务情况

2015年末，开展资产管理业务的94家券商管理资产规模合计11.89万亿元，同比增长49.56%。其中，集合计划产品管理规模15 574.09亿元，占比13.09%，同比增长137.61%；定向资产计划管理规模101 580.23亿元，占比85.43%，同比增长40.03%；专项资产计划管理规模1 793.75亿元，占比1.51%，同比增长389.45%。

4. 两融业务情况

2015年末，沪深两市融资融券余额11 742.67亿元，同比增长14.49%。其中，融资余额11 713.07亿元，同比增长15.13%；融券余额29.60亿元，同比下降64.27%。全年沪深两市融资买入额占A股成交额的9.6%。转融通业务，年末转融资规模降至191.11亿元，同比下降81.6%；转融券余额500.35万元，转融券余量30万股。

5. “新三板”业务情况

2015年末，“新三板”市场挂牌公司家数从上年末的1 572家增加至5 129家，增长226%；总市值2.46万亿元，较上年末的4 591亿元增长335%。年内，“新三板”公司股票发行次数2 565次，融资金额1 216.17亿元，是上年132.09亿元的9.21倍。截至年末，“新三板”机构投资者数量2.27万户，个人投资者19.86万户，分别为上年末的4.84倍和4.52倍。

二、北京辖区证券市场总体情况

2015年，北京辖区证券市场继续保持稳健发展态势，实现安全平稳运行。

（一）辖区证券经营机构数量稳步上升

2015年，北京辖区证券经营机构数量持续增长。截至年末，北京辖区有证券公司18家（本年度迁出1家）、分公司67家、营业部380家。

（二）辖区证券经营机构盈利水平大幅增长

2015年，北京辖区18家证券公司共实现营业收入817.46亿元，净利润321.02亿元，较上年有较大增长。

（三）辖区证券交易量稳步提升

2015年，辖区营业部证券交易金额55.69万亿元，较上年增加32.97万亿元，增长145.11%。其中，股票交易额35.08万亿元；基金交易额2.40万亿元；其他交易额18.21万亿元。

（四）投资者数量持续增长

2015年，辖区投资者资金开户数从年初的619万人增至年末的850万人，全年持续增长。

（曾桂玲）

基金行业发展情况

一、北京辖区基金业基本情况

2015年末，北京辖区共有公募基金管理公司25家，管理基金360只，基金资产净值16 368.74亿元，基金份额规模14 861.69亿份。其中，封闭式基金8只，资产净值54.17亿元，份额规模43.57亿份；开放式基金352只，资产净值16 314.57亿元，份额规模14 818.12亿份。QDII基金资产净值85.1亿元，份额规模73.05亿份。全年北京辖区共发行基金193只。辖区公募基金管理规模2.3万亿元，基金公司专户规模1.4万亿元，基金子公司资产管理规模1.5万亿元，分别占全行业的28%、35%、17%。辖区共有私募管理人5 230家，管理基金7 257只，管理的基金规模19 599亿元。

二、主要特点

（一）行业结构不断优化

2015年，北京辖区基金管理公司、证券公司、期货公司和私募基金管理机构竞相发展，公私募产品不断丰富，专业化分工的链条不断完善。截至年末，北京辖区共有基金管理公司25家（北京注册19家），专户子公司18家，销售子公司4家，分公司54家，理财中心13家，获批开展公募业务的资产管理机构5家。

（二）市场功能日益显现

公募基金作为门槛较低的大众理财工具，已经成为中小投资者除了银行外第一大投资渠道，基金子公司的私募资管业务和私募基金进一步满足了居民多元化投资的需求，正在成为直接融资的重要渠道。

（赵建中）

期货市场

一、全国期货市场总体运行情况

2015 年，期货行业认真贯彻党的十八届三中、四中全会、中央经济工作会议、全国金融工作会议精神，坚持稳中求进，成功推出中证 500 股指期货，上证 50 股指期货，10 年期国债期货 3 个期货品种。截至年末，全国期货市场客户保证金 3 813 亿元，同比增长 40.70%；期货市场成交 71.53 亿手，同比增长 43.40%；成交金额 1 180 万亿元，同比增长 90.70%。

二、北京辖区期货市场总体情况

2015 年，北京辖区期货市场继续保持稳健发展态势，实现安全平稳运行。

（一）机构数量保持稳定，资本实力进一步增强

2015 年末，辖区共有 20 家期货公司、96 家分支机构，比上年增加 4 家分支机构。辖区 20 家公司的资产总额 618.95 亿元，同比增长 0.93%，净资本 95.81 亿元，同比增长 14.37%，资本实力进一步增强。

（二）客户数量增长较快，保证金规模略有下降

2015 年末，辖区公司共代理客户 54.46 万户。其中，法人客户 1.88 万户，同比增长 15.07%；自然人客户 52.58 万户，同比增长 21.35%。辖区公司共吸收客户保证金 467.90 亿元，同比下降 3.27%，占全国的 12.27%。

（三）市场交易规模大幅增长，手续费收入略有增加

2015 年，辖区期货公司代理交易量 9.50 亿手、代理交易额 128.08 万亿元，同比分别增长 29.25%、58.12%，市场交易规模保持良好上升势头。全年辖区公司手续费收入 18.36 亿元，同比增长 4.73%。

（谢兆辉）

保险市场

2015 年，北京保险业呈现平稳发展态势。财产险中，车险持续增长，但增速趋缓，非车险保持较好发展势头。人身险保持增长态势，业务结构持续调整。

一、保费规模平稳增长

2015 年，北京地区累计实现原保险保费收入 1 403.9 亿元，居全国第四位，同比增长 16.3%。其中，财产险业务 344.7 亿元，同比增长 9.5%；寿险业务 778.2 亿元，同比增长 9.8%；健康险业务 243.3 亿元，同比增长 63.1%；意外险业务 37.7 亿元，同比增长 8.9%。人

身险公司保户投资款和投连险独立账户新增交费1 003.9亿元。

二、行业实力稳步增强

2015年末，北京地区共有保险法人机构65家，较年初增加6家；保险分公司100家，较年初增加6家；专业中介法人机构389家，较年初增加2家。行业总资产6 104.2亿元，较年初增加1 301.4亿元；共管理保户储金及投资款1 420.4亿元，较年初增加400亿元。

三、业务结构持续调整

2015年，财产险公司非车险业务原保险保费收入117亿元，同比增长11.5%，超过车险业务增速2.8个百分点，其中，责任保险、农业保险和特殊风险保险分别实现原保险保费收入24.7亿元、5.7亿元和7.8亿元，同比分别增长31.4%、27.1%和19.3%。

人身险公司普通寿险原保险保费收入350亿元，同比增长42%，占寿险业务的45%，同比上升10.2个百分点；健康险原保险保费收入236.2亿元，同比增长64.9%，占全部人身险业务的22.6%，同比上升6.3个百分点。银邮渠道业务同比增长32%，占全部人身险业务的50.1%，同比上升5个百分点。

四、风险保障和社会服务能力进一步提高

2015年，全行业累计赔付支出506.6亿元，同比增长24.4%，高出保费增速8.1个百分点。其中，财产险业务赔付支出206.6亿元，同比增长13.1%；寿险业务赔付支出231.7亿元，同比增长40.7%；健康险业务赔付支出56.8亿元，同比增长12%；意外险业务赔付支出11.5亿元，同比增长25.2%。

2015年，北京地区保险深度6.3%，同比上升0.6个百分点，保险密度6 501.9元/人，同比增加842.6元/人。全年向全社会提供风险保障201.7万亿元，同比增长20.5%。其中，责任保险为全社会提供各类风险保障9.5万亿元；政策性农业保险为农业的生产和发展提供了保险保障258.5亿元；寿险和健康险为人民群众未来的养老和健康积累准备金4 327.3亿元。

（汪震龙）

要素市场

2015年，北京市要素市场的配置资源作用大幅提升，传统业务平稳运行，创新业务初见成效，管理工作扎实推进，为夯实“十二五”工作成果，并为“十三五”期间的整体协调和持续发展奠定了坚实基础。43家交易场所共实现交易额约7.80万亿元。其中，北京产权交易所及其控参股各交易平台累计成交额54 855.90亿元。北京金融资产交易所获得人民银行批准和中国银行间市场交易商协会授权，成为专门为银行间债券市场各类机构提供服务的债券簿记建档与交易平台，实现发行与成交金额25 173.1亿元。

中国技术交易所引入比亚迪股份有限

公司、中科院工程热物理研究所、广东海鸿网络工程有限公司等技术实力强的机构参与交易，全年共挂牌专利2 413件，同比增长68%；与首融在线合作，推出P2P金融产品“科创E贷”及“科展E贷”；优化升级专利技术价值评价指标体系，完成中国石油天然气公司炼化行业专利价值分析评估等5个项目；开展技术合同登记服务，完成合同登记2 105份，登记额140.03亿元；大力推广技E网，完成网站升级改版工作，建设48个地方及行业频道，覆盖全国23个省级行政区域，逐步成为行业内的主流信息化平台之一。

中国林业产权交易所全年完成林权流转4万亩，完成5万余亩林权流转的鉴证服务，累计交易金额1 600万元，积极打造我国示范性综合林业经济开发服务平台。

北京环境交易所顺利完成北京试点第二履约期相关工作，全年实现碳配额交易316.2万吨，同比增长49.5%，成交额1.31亿元，同比增长24.8%，市场成交价一直稳定在40～50元/吨，价格走势相对平稳，客观反映了较为平衡的市场供求关系；推出核证减排量交易平台，成交量超过510万吨，领跑全国同业机构。同时北京环境交易所积极推动京冀区域碳排放权交易，河北省承德市作为首个与北京开展碳排放权跨区域合作的地区，已成功完成碳排放权核算、碳配额管理及履约工作，京冀跨区域碳排放权交易工作取得实质性进展。

北京铁矿石交易中心通过扩大会员规模、创新定价和交易模式，制定标准合同，完善物流服务，拓宽外部合作，不断提升中国铁矿石现货交易平台交易量。全年共完成铁矿石现货交易256笔，总成交量3 084.93万吨，同比增长88%；交易金额约113.1亿元，同比增长19%，行业影响力进一步增强。

北京农村产权交易所以“集体土地流转起来、资产经营起来、农民组织起来”的政策要求为核心，在提高农村要素资源配置和利用效率方面发挥了积极作用。全年累计成交农村产权交易项目134笔，成交金额14.98亿元，流转土地面积4.41万亩，发展势头良好。

2015年12月，北京市国有文化资产监督管理办公室正式批复北京文化产权交易中心作为北京市国有文化产权交易指定平台，开展市属国有文化产权交易业务，致力于保障国有文化资产保值增值，助力国有文化企业规范、创新发展。北京文化产权交易中心已初步建设了以国有文化产权交易为基础，兼顾国有文化企业投融资服务的多元化服务体系。

（胡靖怡　翟浩志）

三、发展与监管

银行业发展与监管

▲政策性银行

一、基本情况和重大变更事项

（一）基本情况

2015年末，中国农业发展银行北京市分行（以下简称农发行北京市分行）、中国农业发展银行总行营业部（以下简称农发行总行营业部）和中国进出口银行北京分行（以下简称进出口银行北京分行）资产总额4 411.29亿元，比上年下降1.79%；贷款余额4 292.59亿元，比上年下降1.62%。负债总额4 405.78亿元，比上年下降0.76%。所有者权益5.50亿元，比上年下降89.46%。累计实现利润33.02亿元，比上年下降57.97%。

（二）重大变更事项

1. 机构变更情况

2015年2月27日，农发行北京市分行营业部获批准开业，地址为北京市西城区月坛北街甲2号南座北侧1层、2层。

2. 主要人事变动情况

原进出口银行北京分行行长助理刘宏彦调任中国进出口银行四川省分行副行长。

徐一丁担任农发行总行营业部总经理，欧阳平不再担任总经理；11月，王富君担任农发行总行营业部总经理，徐一丁不再担任总经理。

农发行北京市分行副行长陈武被免职。

3. 新业务开办情况

2015年，进出口银行北京分行共计新开办两个新贷款品种，农发行北京市分行开办对公理财业务。

二、金融产品创新和金融服务

农发行总行营业部积极配合支持棉、糖、肉等政策性商品国家宏观调控政策和计划的实施，加强异地库存商品监管的有效性和信贷基础管理，为中央直属企业提供结算、理财等综合性金融产品和服务。全年支持调运新疆棉404万吨、进口古巴糖40万吨，形成储备商品库存1 993万吨，承储库点463个，分布在全国30个省、自治区、直辖市。

农发行北京市分行重点支持农业物资储备、农业农村基础设施建设和产业化龙头企业，全年累计发放政策指令性储备短期贷款、政策指导性其他储备短期贷款、商业性其他储备短期贷款、粮棉油购销短期贷款32.13亿元，累计发放农民集中住房建设中长期贷款、农村基础设施建设中长期贷款、水利建设中长期贷款15.33亿元，累计发放产业化龙头企业短期贷款5.2亿元。

进出口银行北京分行立足自身定位，积极支持进出口贸易。2015年末，该行进口信贷和出口信贷余额分别占全部贷款余额的43.27%和28.22%。全年“走出去”贷款新签约项目11个，8个已实现放款，累计发放金额34.64亿元。“走出去”及国际产能合作类贷款年末余额121.92亿元，同比增长23.63%。“一带一路”贷款年末余额149.22亿元，同比增长107.37%；贷款占比15.30%，同比提高6.79个百分点。

三、存在的问题和风险

资产质量下行压力较大，资金风险不容忽视，对农业现代化建设及首都经济的支持方式有待升级，信贷管理有效性及精细化程度有待提高，信息科技系统建设滞后，内控管理有待进一步加强。

四、监管工作情况

（一）引导机构主动适应经济发展"新常态"，全力提升服务实体经济质效

中国银行业监督管理委员会北京监管局（以下简称北京银监局）督导各机构坚持政策性金融定位，充分发挥自身优势，加强对产业结构调整、保障和改善民生、维护国家粮食安全、提高对外开放水平等领域的信贷支持和金融服务。引导进出口银行北京分行牢牢把握支持进出口贸易和企业"走出去"、服务实体经济的本质要求，科学制定发展战略，提升服务"一带一路"、国际产能和装备制造合作等国家战略的能力。引导农发行两家在京营业机构在优先支持粮棉油收储，保障国家粮食安全和重要农产品有效供给的基础上，在风险可控的前提下，支持农业开发和农村基础设施建设。

（二）督导机构积极应对资产质量下行风险，全面提升风险管理的前瞻性

北京银监局针对信用风险、行业风险、异地和国别风险等重点风险领域加强风险监测和预警，督导机构切实提升风险敏感度，采取有效措施阻断风险通过企业资金链传导，并制订和完善风险防控预案。持续做好不良贷款清收处置和关注类贷款风险化解工作，严格授信评审和各类问题的跟踪整改，切实提升信贷管理水平。

（三）引导机构着力构建良好的运营机制，适应政策性银行改革发展需要

北京银监局督导各机构全面认清、准确把握自身在改革转型时期所面临的新形势、新特点，明确战略发展方向，继续加强内控机制建设，落实风险管理责任制，探索符合自身业务特点的激励约束机制，构建科学合理的问责机制。在守住风险底线和保持稳定发展的基础上，推进良好机制构建，为长期发展打下坚实基础。鼓励机构实施创新驱动发展战略，创新金融产品、服务和信用风险防控工具，不断提高资金优化配置能力和使用效率，在提升金融服务质效的同时提高业务发展的营利性、持续性。

（万昆）

▲商业银行（一）国家开发银行

一、基本情况和重大变更事项

（一）基本情况

2015年末，国家开发银行北京市分行、国家开发银行企业局资产总额本外币合计12 137.37亿元，比上年增长12.26%；各项贷款余额10 807.69亿元，比上年增长6.93%。负债总额12 079.39亿元，比上年增长12.80%。所有者权益57.98亿元，比上年下降43.55%。累计实现利润55.98亿元，比上年下降44.41%。

（二）重大变更事项

1. 营业地址变更情况

2015年，国家开发银行企业局办公地点由北京市西城区复兴门内大街158号远洋大厦迁至北京市西城区太平桥大街16号。

2. 高级管理人员变更情况

2015年3月，国家开发银行北京市分行原副行长蒋道振调任国银金融租赁有

限公司监事长。

3. 新业务开办情况

2015 年，国家开发银行企业局、国家开发银行北京市分行开办交易资金托管业务；国家开发银行北京市分行开办出口单保理、国际租赁保理、进口押汇业务。

二、金融产品创新和金融服务

国家开发银行北京市分行积极发挥开发性金融作用，主动适应和服务首都经济发展新常态，支持棚户区改造、京津冀协同发展、行政副中心建设、基础设施建设及在京企业“走出去”。全年发放贷款 1 732.24亿元，比上年增加 507.68 亿元。贷款主要投向其他仓储业 634.69 亿元，房地产业（主要为棚户区改造）416.78 亿元，巴西石油开采 306 亿元，钢铁业 166.81 亿元，航天设备制造 38 亿元。

国家开发银行企业局以服务国家战略和央企转型发展为重点，积极满足铁路、电力、水利、矿产能源储备等关系国计民生的重要领域贷款需求。累计发放铁路建设贷款 190 亿元，围绕莫喀高铁、巴基斯坦卡洛特水电站等多个重点项目持续开展各项贷前工作。全年累计发放外汇贷款 222.82 亿美元，外汇贷款年末余额 617.42 亿美元，有力地支持了矿产能源等国家战略储备项目。

三、存在的问题和风险

重点客户信用风险和资产质量下行压力突出，贷款集中度风险和行业风险值得关注。平台贷款、异地贷款和境外贷款管理水平有待进一步提升，业务及人员管理的复杂程度上升，内控管理有待细化。

四、监管工作情况

（一）引导机构着力构建良好运营机制，全面提升服务国家战略质效

北京银监局引导机构立足开发性金融定位，进一步明确战略发展方向，稳步推进运营体制机制建设，在守住风险底线的基础上探索创新，深入贯彻落实中央“调结构、稳增长”各项政策，加大对“两基一支”、重大项目建设等的支持力度，助力央企转型发展和“走出去”。

（二）督导机构妥善应对资产质量下行压力，全面提升风险管理的主动性

北京银监局督导机构进一步加强重点央企信贷风险的预警和监测力度，扎实做好拨备计提和风险分类管理；发挥自身专业优势，协助企业通过套期保值、商业保险等手段防范和对冲相关风险。

（三）督导机构切实改进信贷管理薄弱环节，持续完善内控管理

北京银监局督导机构持续开展指定内审检查，不断强化机构内审工作水平和自查纠错能力；以境外贷款和流动资金贷款为重点，加强信贷资金使用情况的动态监控，做细做实贷后管理；继续强化操作风险防范意识，加快人员队伍建设，加大案件风险防控力度。

（万昆）

▲商业银行（二）工、农、中、建、交 5 家银行

一、基本情况和重大变更事项

（一）基本情况

2015 年末，中国工商银行北京市分行、中国农业银行北京市分行、中国银行北京市分行、中国建设银行北京市分行和交通银行北京市分行（以下简称 5 家银行）资产总额 76 671.69 亿元，比上年增长 9.52%，其中各项贷款余额 20 854.68 亿元，比上年增长 6.61%。负债总额 75 994.01亿元，比上年增长 9.23%，其中各项存款余额 57 365.14 亿元，比上年

增长7.21%。所有者权益总额677.68亿元，比上年增长35.15%；累计净利润830.62亿元，比上年增长38.11%。不良贷款总额比年初上升51.23%，不良贷款率比年初上升0.31个百分点。

截至年末，上述5家银行共有机构网点1 812家（含分行），比上年增加29家。其中，分行7家，比上年增加1家；支行1 717家，比上年增加44家；分理处22家，比上年减少3家；储蓄所66家，比上年减少14家。共有纳入监管范围的高级管理人员195人，比上年减少2人。在职员工52 711人。其中，中国工商银行北京市分行18 702人，中国农业银行北京市分行7 835人，中国银行北京市分行9 958人，中国建设银行北京市分行11 640人，交通银行北京市分行4 576人。

（二）重大变更事项

1. 机构变更情况

2015年，中国农业银行北京市分行新设1家分行、2家支行；中国银行北京市分行新设2家支行；中国建设银行北京市分行新设14家支行；交通银行北京市分行新设26家支行。

2015年，5家银行分理处、储蓄所进一步减少。其中，中国农业银行北京市分行减少2家；中国建设银行北京市分行减少14家。

2. 分行级高级管理人员变更情况

崔勇、张展任中国工商银行北京市分行副行长，季爱东不再担任副行长。

郑志刚任中国农业银行北京市分行纪委书记、副行长，高松林不再任纪委书记、副行长，王希迎、李爱华、相阳、辛铭任副行长，陈英顺不再担任副行长。

田辉任中国银行北京市分行副行长，刘敏不再担任副行长。

廖林任中国建设银行北京市分行行长，余静波不再担任行长，吴泼伟任副行长。

刘树军任交通银行北京市分行副行长，周妍任纪委书记、副行长。

二、金融产品创新和金融服务

（一）支持中关村国家自主创新示范区建设

2015年，5家银行针对中关村科技园区管理委员会（以下简称中关村管委会）公布的高新技术企业、“十百千”企业和新“瞪羚”企业，积极进行信贷支持。截至年末，5家银行累计向这三类企业发放的贷款分别为1 773.23亿元、620.2亿元和260.51亿元。

（二）创新支持北京市城乡一体化改造项目

2015年，5家银行按照风险可控和商业可持续原则，创新金融产品，改善金融服务，积极支持北京“50个重点村”、西红门镇、大兴区旧宫镇城乡一体化改造等项目，为首都城市治理贡献力量。截至年末，5家银行“50个重点村”贷款余额63.86亿元，西红门镇、大兴区旧宫镇城乡一体化改造贷款余额分别为12.34亿元和10亿元。

（三）积极支持保障房建设工作

2015年，5家银行积极响应北京市人民政府（以下简称市政府）号召，调整房地产贷款结构，严格执行差别化住房信贷政策，积极支持保障性安居工程建设。截至年末，5家行保障性安居工程贷款余额108.55亿元。

（四）发放中小微企业贷款，加大对文化创意等产业的支持力度

2015年末，5家银行小微企业贷款余

额共计 1 776.99 亿元，比上年增长 20.34%，高于全部贷款增速 13.73 个百分点，总体实现“三个不低于”目标。继续加大对文化创意、高科技等产业的信贷支持力度，5 家银行文化创意产业贷款年末余额 216.97 亿元。

（五）加大对节能环保产业的支持力度，发展绿色信贷

2015 年，5 家银行继续贯彻落实中国银行业监督管理委员会（以下简称银监会）的各项政策要求，通过完善内控制度，调整信贷政策，细化操作流程，不断加大对节能环保产业的支持力度，发展绿色信贷。截至年末，5 家银行节能环保项目及服务贷款余额共计 3 916.67 亿元，比年初增加 431.82 亿元，增长 12.4%。

（六）发放涉农贷款，支持北京都市农业发展

2015 年，5 家银行继续加大对涉农产品的支持力度，农业银行北京市分行成立“三农”事业部，促进“三农”和远郊区域业务发展；中国银行北京市分行进一步优化网点资源配置，对中关村科技园、房山地区等 18 家分支机构的隶属关系进行调整，进一步提升对高科技企业和农村地区的金融服务效率。截至年末，5 家银行涉农贷款余额 956.61 亿元，比上年增长 10.15%，高于全部贷款增速 3.54 个百分点。

（七）积极探索网点转型，发展普惠金融

5 家银行面对市场的压力和挑战，以为客户提供方便快捷的金融服务为宗旨，探索网点转型发展，实现银行的资源整合和减员增效。截至年末，5 家银行已设立 67 家智能型网点、24 家特色网点、28 家普惠网点。

三、存在的问题和风险

不良贷款连续两年“双升”，信用风险防控形势不容乐观；员工行为管理亟待加强；消费者权益保护工作仍待加强；案件风险防控和合规文化建设任重道远。

四、监管工作情况

（一）多点着力，积极支持实体经济体质增效

一是推动辖内机构大力支持农村集体经营性建设用地入市改革试点工作。二是引导机构加强渠道建设，为国家科技创新中心提供专业服务。三是指导中国农业银行北京市分行成立“三农”事业部，加大“三农”金融支持力度。四是开展“推进银行业落实国家重大战略（7631 工程）”、北京市推进银行业“一带一路”战略实施、5 家银行支持京津冀一体化等课题调研，督导 5 家银行积极支持国家重大战略实施。五是督导 5 家银行实现小微企业贷款“三个不低于”持续达标，“三农”金融服务持续深化。

（二）多措并举，积极防控各类重点领域风险

一是推动 5 家银行有效防控信用风险。二是严查操作风险。三是全面开展“两个加强、两个遏制”及“回头看”专项检查工作，督导 5 家银行加强相关领域风险管控。四是开展内控评估，加强风险源头治理。

（三）多管齐下，推动 5 家银行服务升级和转型发展

一是严谨细致处理消费者投诉，有效维护消费者合法权益。二是督导 5 家银行建立健全覆盖各类风险的全面风险管理体系，提高风险防范的前瞻性和针对性。三是引导 5 家银行主动顺应互联网金融发展趋势，高度重视资产负债管理，不断提高

可持续发展能力。四是指导5家银行科学制定绩效考评办法。

（牛真真　李慧）

▲商业银行（三）其他商业银行

一、基本情况和重大变更事项

（一）基本情况

2015年末，中信银行总行营业部、中国民生银行北京分行、中国光大银行北京分行、华夏银行北京分行、招商银行北京分行、上海浦东发展银行北京分行、广发银行北京分行、兴业银行股份有限公司北京分行、平安银行北京分行、渤海银行北京分行、浙商银行北京分行、恒丰银行北京分行（以下简称12家银行）本外币资产总额42 647.85亿元，比上年增加4 214.24亿元，增长10.96%，其中，贷款余额11 606.75亿元，比上年增加863.88亿元，增长8.04%。负债总额42 304.83亿元，比上年增加4 220.49亿元，增长11.08%，其中，存款余额27 437.01亿元，比上年增加2 856.78亿元，增长11.62%。全年累计实现净利润274.90亿元，同比减少8.09亿元，下降2.86%。

截至年末，12家银行在京营业机构数共计910家，比上年增加123家。其中，分行12家；支行898家，比上年增加123家。从业人员共计23 003人，其中高管人员599名。

（二）重大变更事项

兴业银行北京分行原行长陈信健调总行工作，兴业银行济南分行原行长张霆任兴业银行北京分行行长。

华夏银行北京分行原行长樊燕明调总行工作，华夏银行昆明分行原行长杨伟任华夏银行北京分行行长。

刘树云任平安银行北京分行行长。

二、金融产品创新和金融服务

（一）多措并举，全力支持京津冀协同发展

12家银行紧密结合首都战略定位，积极支持京津冀协同发展，大力发展一体化金融产品。多家银行积极参与京津冀交通体系建设，为城际铁路、高速公路、城市道路、轨道交通等项目提供授信支持，并通过提供综合金融服务介入首都第二机场项目。华夏银行北京分行在北京、天津、石家庄三地同步首推“京津冀协同卡”，该卡除具备借记卡支付、结算、转账、理财、贷款、贵宾服务等功能并享受常规优惠外，在京津冀三地办理业务还可享受同城待遇，北京地区已累计发卡近30万张。中国光大银行北京分行年内正式启动“速通卡”项目，为签约客户提供优质便捷的通道畅行服务同时，给予客户大幅折扣优惠。

（二）股债联动，助力科技型中小企业成长

针对科技企业“轻资产、高成长”，以传统信贷方式较难获得银行信贷支持的问题，12家银行积极开展产品和服务创新，探索解决企业融资难题，取得一定成效。华夏银行北京分行创新研发了“科技金融贷”系列产品组合，主要包括科技创新质押贷贷和中小企业信用贷款，重点支持中关村“瞪羚”企业、“十百千工程”企业、百家创新企业、国家高新技术企业、中关村高新技术企业、“新三板”企业等，全年实现投放165户、12.7亿元。上海浦东发展银行北京分行开展直投基金试点工作，成立了浦银发展基金和浦银成长基金，投向以未上市的科技型、创新型、拥有“互联网+”等新技术的企业为主。招商银行北京分行面向成长期的高科技优秀企业，推出“选择权/小额股权直投业务”，在双方认可的估值前提下，通过签订选择权协议，约定该行以协议价格和投资额在未来购买企业非公开股权的权利。

（三）聚焦普惠，着力推进社区支行建设

12家银行借助社区支行这一新型载体聚焦普惠金融，积极转变发展方式，满足社区金融服务需求，实现特色化经营与可持续发展。截至年末，12家银行社区支行数量已达280家。社区支行普遍提供错时延时服务，并不断推出银行卡、理财、信贷等专属金融产品，组织金融知识普及、反假货币宣传等公益活动，多种便民惠民服务，有力地促进了社区和谐发展。

（四）践行责任，努力提升金融服务质效

12家银行在共建文明城市、关爱特殊群体等方面积极行动，努力提升金融服务的便利性和可获得性。为方便市民绿色出行，中信银行总行营业部在北京地区推出打车刷卡支付服务，为签约合作的出租车公司车辆免费配备迷你POS机，乘客只需持有银联标识的借记卡、信用卡或移动支付电子钱包，即可实现刷卡支付车费。兴业银行北京分行在北京地区（分行营业部和金融街支行）推出盲人取款机，为视障人士提供自行提款、余额查询等金融服务。

三、存在的问题和风险

资产质量下行压力加大，大型企业集团和小微企业“一大一小”信用风险和操作风险隐患值得关注；消费者权益保护工作力度仍需加强，架构设置和体制机制有待进一步健全，经营行为规范性和服务标准水平均有待进一步提升。

四、监管工作情况

（一）全面落实“双线”风险防控责任

一是严抓机构风险防控主体责任。建立监审联动机制，结合监管关注重点对审计工作安排提出意见建议，督导12家银行强化机构风险防控主体责任意识。二是加大专项风险排查力度。认真推进打击银行卡非法买卖、不规范服务收费清理等专项活动，督促12家银行建立打击非法集资和违规私售常态化工作机制，对各类违法违规行为形成高压态势。三是针对12家银行资产质量下行趋势，督促各行采取有效措施加大清收核销力度。四是印发柜面业务操作风险提示，指导12家银行严把高风险、易发风险的柜面业务环节“关口”，筑牢操作风险防线。五是稳妥处理信访投诉事项。

（二）全面服务首都经济发展和民生改善

一是引导12家银行积极支持京津冀协同发展战略和北京市“双轮驱动”发展战略实施。二是督导12家银行继续支持符合首都功能定位的小微企业发展。三是鼓励12家银行将物理网点下沉到社区，充分发挥人员、产品、渠道等优势，精心打造错时经营、亲民便民、公益宣传等特色，努力填补金融服务空白，为周边居民带来更多实惠和便利。

（三）全面提升监管效能

一是认真履行“贴身监管”职责。二是每半年召开风险座谈会，搭建银行间信息沟通平台。三是围绕京津冀协同发展、北京市科技文化创新“双轮驱动”以及疏解首都非核心功能等重大发展战略，对金融支持京津冀一体化、科技金融、投贷联动、商圈外迁效应等开展专题调研，进一步提升监管针对性和前瞻性。四是有序推进各项常规监管工作，进一步提升数据监测分析和风险动态评估能力。

（黄未）

▲城市商业银行（一）北京银行

一、基本情况和重大变更事项

（一）基本情况

2015年末，北京银行资产总额18 325.73亿元，比上年增长21.07%；负债总额17 161.08亿元，比上年增长21.08%；各项贷款余额7 510.75亿元，比上年增长13.15%；各项存款余额10 211.34亿元，比上年增长10.84%；实现利润167.82亿元，同比增长4.64%。

（二）重大变更事项

1. 对北京地区分支机构管理模式进行升级，将北京地区原三个管理部合并转型为北京分行。

2. 参与投资设立河北蠡州北银农村商业银行，持股比例30%。

3. 机构发展情况。2015年末，北京银行共有分支机构476家（含总行营业部）。其中，一级分行13家，分行级专营机构2家，二级分行4家，异地支行1家，同城支行456家。并在中国香港和荷兰阿姆斯特丹设立了代表处。从业人员13 776人，比上年增加1 093人。

二、金融产品创新和金融服务

北京银行继续推进科技金融、文化金融和普惠金融品牌建设，已累计为近8 000家科技型小微企业、2 000多家文化创意提供融资服务，累计发行“社会保障”卡1 694万张、“京医通”卡430多万张，实现小微企业金融服务“三个不低于”目标；年内共推出永续票据、公司客户大额存单等12个新产品上市销售。

三、存在的问题和风险

不良贷款较上年“双升”；流动性覆盖率指标波动较大，同业业务对流动性风险管理造成较大影响；媒体关注度上升，操作风险和声誉风险防控仍面临较大压力；信息科技风险管理水平需进一步提升。

四、监管工作情况

（一）督促提升公司治理水平

督导北京银行按照监管法规对公司章程、“三会一层”议事规则等进行完善；妥善处置突发事项；加大对村镇银行的支持力度；进一步完善并表管理和资本管理，认真执行新资本协议。

（二）督导加强信用风险防控

重点督导北京银行加强信用风险防控，做实五级分类管理，加大存量贷款风险化解力度。

（三）督促强化流动性风险和市场风险管理

推动北京银行强化流动性风险管理；提升主动负债能力；科学安排资产负债结构，确保监管指标达标；加强新市场环境下的市场风险研究工作，提前做好经营管理布局，防范相关风险。

（四）督导北京银行保持案防高压态势、严防操作风险

对北京银行开展“两个加强、两个遏制”专项检查，及案防工作评估、信用卡业务消费者信息保护专项督察等，督促北京银行切实完善对信息推送的事前、事中管理，严控推送内容的合规性。

（五）督导提升信息科技风险和声誉风险管理水平

督导北京银行稳健开展核心系统升级和灾备中心切换演练，做好工作预案；督

促北京银行加强业务创新过程中的信息科技风险。

（六）鼓励发挥创新转型引领作用

鼓励北京银行参加银监会城市银行部“领头羊”计划相关工作，在城商行中切实发挥“领头羊”作用。

（李海传）

▲城市商业银行（二）其他城市商业银行

一、基本经营情况

（一）基本情况

2015年末，北京辖内共有12家异地城市商业银行分行级机构。其中包含11家北京分行和1家国际业务结算中心，分别为天津银行北京分行、大连银行北京分行、杭州银行北京分行、南京银行北京分行、盛京银行北京分行、上海银行北京分行、江苏银行北京分行、宁波银行北京分行、包商银行北京分行、锦州银行北京分行、厦门国际银行北京分行和昆仑银行国际业务结算中心（以下简称12家城商行北京分行）。截至年末，12家城商行北京分行共有支行网点103家（以取得北京银监局开业批复为口径，不含未持牌分行营业部），从业人员3 934人（含派遣制员工）。

2015年，12家城商行北京分行实现平稳发展，资产规模略有收缩，各项贷款投放持续增长，总体资产质量有所下滑，盈利能力趋于平稳。截至年末，12家城商行北京分行资产总额6 046.26亿元，较年初下降3.85%，其中各项贷款余额1 898.63亿元，较年初增长17.09%。负债总额5 974.70亿元，较年初下降4%，其中各项存款余额3 980.86亿元，较年初增长7.93%。全年实现利润59.07亿元，较上年同期增长11.96%。

（二）重大经营事项

1. 机构发展情况

2015年，12家城商行北京分行共新设立11家支行，含1家社区支行、1家小微支行（以开业批复为准）。

2. 高管变动情况

韩勇任包商银行北京分行行长；郭瑜任杭州银行北京分行行长；庄灵君任宁波银行北京分行行长；陈力平任上海银行北京分行行长。

二、金融产品创新和金融服务

（一）突出特色，金融服务品牌初步形成

2015年，12家城商行北京分行不断契合北京地区经济特色，通过产品创新努力打造具有影响力的服务品牌。杭州银行北京分行顺应北京市“四个中心”定位和“双轮驱动”发展战略，通过实施垂直化的机构管理体制、差异化的内部管理机制和精准化的客户分层管理，积极提升科技金融和文化金融服务水平。截至年末，该行科技文创类客户数582户，较年初增加86户；贷款余额34.5亿元，较年初增加2.82亿元，增长8.9%。

（二）服务延伸，机构网点体系持续优化

2015年末，12家城商行北京分行网均个人存款余额1.97亿元，较上年增长16.57%。远郊区新设网点3家，延伸了金融服务半径。积极设立社区支行和小微支行，将服务重心向社区居民和小微企业聚集区倾斜。

三、存在的问题和风险

风险管控压力进一步加剧，信用风险集聚暴露，同业风险逐步显现，案件防控形势较为严峻。

四、监管工作情况

一是加强对重点业务信用风险的评估与管控，引导12家城商行北京分行加强对声誉风险的管控；筛选重点机构，针对重点业务和重点风险，开展走访督导工作。

二是加强对案防、合规等工作的督导力度，推动12家城商行北京分行提升准入工作合规性和外包业务风险管理水平。

三是督导12家城商行北京分行强化小微企业金融服务。

四是督导12家城商行北京分行提升实体经济金融服务水平，加强金融创新，积极探寻金融支持首都经济发展的新途径，助力北京市“双轮驱动”战略。

（王洪波）

▲农村商业银行——北京农商银行

一、基本情况和重大变更事项

（一）基本情况

2015年末，北京农商银行共有分支机构693家（临时停业167家），其中支行203家（含管辖支行26家），分理处490家。村镇银行2家，分别是青岛即墨京都村镇银行和湖北仙桃京都村镇银行。

2015年末，北京农商银行共有总行级高管人员13人，其中，董事长兼行长1人，监事长1人，副行长6人，行长助理2人；党委书记1人（兼职），党委副书记3人（1人兼职），纪委书记1人。支行级高管人员26人，总行各部门主要负责人33人，共有员工8 913人。

2015年末，北京农商银行资产总额6 285.97亿元，较年初增长20.02%；负债总额5 928.52亿元，较年初增长20.51%。各项贷款余额2 684亿元，较年初增加32.06亿元，增长1.2%。全年实现净利润52.08亿元，较上年增加2亿元，增长3.99%，增速较上年同期下降27.62个百分点；资产利润率0.90%，较上年同期下降0.11个百分点；净息差1.96%，较上年同期下降0.52个百分点；成本收入比38.18%，较年初下降0.8个百分点。同业负债688.59亿元，同业资产1 310.29亿元，分别占总负债和总资产的11.61%和20.84%，分别较年初上升2.68个百分点和6.89个百分点。投资业务余额1 368.5亿元，较年初增加476.51亿元，增长53.42%。理财业务余额217.21亿元，较年初增加64.2亿元，增长41.96%。

（二）重大变更事项

1. 人事变动情况

2015年，北京农商银行提任副行长2名，均从行长助理提任，致使副行长人数较上年增加2名，行长助理人数减少2名。

2. 股权变动情况

2015年末，北京农商银行所有者权益共计358.96亿元，较年初增加41.28亿元，增长12.99%。现有股份总数121.48亿股，其中法人股东持股比例78.01%（国有企业股42.51%，非国有企业股35.50%），自然人股东持股比例21.99%。

二、金融产品创新和金融服务

（一）持续扩大农村金融服务覆盖面

北京农商银行是北京地区唯一一家网点覆盖全市16个区182个乡镇的金融机构（其中有40个乡镇只有该行设立的网点），有效地支持了首都农村经济建设工作。2015年末，北京银行共建成“乡村便利店”264家、“乡村自助店”23家，在郊区设立“助农取款服务点”340个，累计布放 ATM 和 POS 机具 1 110 台和 1.59 万台，提高了京郊地区金融服务的便利性。

（二）积极支持京郊特色农业发展

一是持续开展 9 届“凤凰乡村游”活动，为特约商户安装 POS 机并开展培训，改善京郊地区支付环境，促进京郊游刷卡消费；通过网上商城、微信银行、“凤凰乡村游”移动端 APP 等电子渠道，帮助“凤凰乡村游”商户及京郊果农拓宽销售渠道，助力农民增产增收。

二是增加农户贷款投放，全年投放农户贷款 6.62 亿元（含“福农卡”3.06 亿元），较上年增加 1.35 亿元，超额完成经营计划。

（三）全方位做好民生金融服务

一是持续为市属重点民生项目提供信贷支持。全年支持融资北京市重点项目 26 个，投放金额 389.46 亿元。其中，棚户区改造项目 13 个，供水工程和水环境治理项目 5 个，减压燃煤与清洁能源项目 3 个，轨道交通项目 1 个，高端制造项目 1 个，垃圾处理项目 2 个。

二是持续推进北京市养老助残服务体系建设工作，截至年末，累计发放民政养老助残卡 51.08 万张，发放资金 4.32 亿元，发展养老助残服务商户 8 574 家，安装受理机具 10 766 台，受理养老券消费 703.63 万笔、金额 3.64 亿元。

三是辅助做好其他民生项目。启动代发机关事业单位养老保险项目，正式承接代发北京市机关事业养老保险及职业年金业务及失能特困补贴资金发放项目等。

（四）积极对接京津冀协同发展

率先出台《北京农商银行对接支持京津冀协同发展的战略行动计划》，以全面对接北京疏解非首都核心功能和京津冀协同发展的金融需求。与河北省农村信用社联合社、天津农商银行签订《战略合作框架协议》，结成战略合作伙伴。以柜面通业务为切入点，与津冀两地农合机构开展支付结算方面的业务对接，努力提高金融服务的便利度。对重点交通运输网络建设领域提供信贷资金支持，先后为京沪高铁、北京地铁等城市轨道交通运输项目累计授信 106.4 亿元。

（五）探索新型支农业务模式

一是研究农村集体资产权益的抵质押创新，已初步取得突破。

二是积极跟进大兴区集体经营性建设用地入市试点工作进展，初步研发推出与之配套的专项融资产品，用于解决集体经营性建设用地入市不同阶段的资金需求。

三是继续推动“棉 e 贷”业务的创新和落地，以中国棉花交易市场为依托，拟通过网络渠道解决全国棉花交易商融资问题的业务模式。

四是与北京市园林绿化局、北京农村产权交易所沟通合作，联合创新支持园林绿化企业资金需求的贷款产品和业务模式。

三、存在的风险和问题

资产质量下行压力增大，信贷资产质量控制面临较大压力；整体操作风险水平仍然偏高；信息科技基础较为薄弱，信息科技风险管理水平有待全方位提升。

四、监管工作情况

一是督促北京农商银行加大信用风险防控，妥善处置不良贷款，及时调整风险分类并足额计提拨备，强化抵（质）押物管理。

二是督促北京农商银行妥善处理案件风险，防范声誉风险和次生风险；加大内部排查力度，狠抓员工从业规范，杜绝侵害消费者权益的不当行为。

三是对北京农商银行开展“两加强、两遏制”、柜面和会计业务、大额信贷等专项现场检查，督促其切实加大操作风险防控力度。

四是督导北京农商银行完善内控组织架构，构建完善内控团队；加强与外部审计机构的联动，共同推动北京银行完善内控机制建设；加强监审联动，指导北京农商银行内审部门重点业务领域开展专项审计，提高内控纠错能力。

五是督导北京农商银行立足“三农”定位，紧跟北京市农村土地改革进程，深挖现代都市型农业发展需要，加大产品研发，加快贷款发放，切实加强对农村薄弱地区金融服务。

（于洋）

▲村镇银行

一、基本情况和重大变更事项

（一）基本情况

2015年末，北京地区共有11家村镇银行，分别为北京延庆村镇银行、北京密云汇丰村镇银行、北京怀柔融兴村镇银行、北京大兴九银村镇银行、北京昌平包商村镇银行、北京大兴华夏村镇银行、北京顺义银座村镇银行、北京通州国开村镇银行、北京门头沟珠江村镇银行、北京房山沪农商村镇银行和北京平谷新华村镇银行。截至年末，辖内11家村镇银行资产总额195.63亿元，负债总额181.80亿元，所有者权益13.84亿元，各项存款余额165.24亿元，各项贷款余额65.18亿元。全年实现净利润1.63亿元。

（二）重大变更事项

1. 机构发展情况

2015年11月，北京平谷新华村镇银行正式对外营业。

2015年末，北京地区11家村镇银行共有37家营业网点，年内新设支行4家；在册员工731人，比上年减少23人。

2. 主要人事变更情况

2015年7月，北京怀柔融兴村镇银行新任行长张晓涌任职资格获得核准，原任行长张士益离任。

8月，北京大兴华夏村镇银行新任董事长杨伟任职资格获得核准。

10月，北京怀柔融兴村镇银行新任董事长王铁军任职资格获得核准。

11月，北京平谷新华村镇银行新任董事长陈超、新任行长张国际任职资格获得核准。

12月，北京昌平包商村镇银行新任副行长李瑞任职资格获得核准。

此外，部分村镇银行的副行长及新设支行行长的任职资格也获得核准，正式开始履职。

3. 股权变动情况

2015年7月，北京昌平包商村镇银行股权变更事项获得北京银监局批复。

二、金融产品创新和金融服务

（一）营业网点实现全覆盖，存贷结构更趋小额分散

一是北京平谷新华村镇银行顺利开业，村镇银行开业支行数量总计26家，实现对首都远郊区的全覆盖。二是微贷业务技术推广和应用加快，业务结构进一步向小额、分散调整，小额贷款占比上升，户均贷款余额下降。

（二）深入基层客户群体，大力推广金融知识

持续开展金融知识和防范非法集资宣教活动，社会知名度有所提升，其中大兴华夏村镇银行被中央金融团工委、中国银

行业协会评为全国级“送金融知识下乡”宣传服务站。

（三）促进产品和服务创新，支持首都农村金融

结合区域产业特点，与当地大中型金融机构形成优势互补，坚持“错位竞争”的经营思路，根据客户的实际情况与融资需求，定向设计更加符合客户特性的产品，不断创新小额信贷产品，推出“七彩京西农游产业贷款”等特色业务品种。

三、存在的问题和风险

人力资源管理短板突出，绩效考核较为粗放，难以发挥激励约束作用。部分存量客户的潜在信用风险持续上升。部分村镇银行征信系统有待完善，部分村镇银行支行运营压力较大。存款业务发展面临瓶颈，主动负债能力有待加强。

四、监管工作情况

（一）以点带面，着力提升农村金融服务水平

北京银监局持续做好村镇银行准入工作，实现村镇银行对北京市远郊区的全覆盖；积极探索研究村镇银行未来业务发展方向，引领村镇银行向消费金融、供应链金融和社区金融方向发展，突破业务发展瓶颈。

（二）防范信用风险，推动不良贷款处置实现突破性进展

北京银监局密集走访各家村镇银行，督促化解不良贷款，控制信用风险；加强信用风险防控工作前瞻性，对信用风险较高行业及客户下发风险提示和监管意见并督促整改落实。

（三）紧盯流动性风险，提升监测预警和应急处置能力

北京银监局督促各村镇银行落实流动性风险防范主体责任，坐实基础管理工作；摸底排查各机构在流动性风险管理中的风险点和薄弱环节，下发风险提示和监管意见；督促各村镇银行与主发起行签订流动性支持协议，并要求主发起行进一步加强对村镇银行的流动性并表管理。

（四）做实联动监管机制，帮助机构化解风险

北京银监局建立分管局领导定期约谈村镇银行主发起行相关负责人制度，协调推动解决制约村镇银行发展的体制、机制性难题；加强与村镇银行主发起行并表监管部门、主发起行的联动，推动村镇银行妥善化解信贷风险及合规风险。

（朱云鹰）

▲邮政储蓄银行

一、基本情况和重大变更事项

（一）基本情况

2015 年末，中国邮政储蓄银行北京分行总资产 4 051.52 亿元，比上年增长 74.61%；总负债 4 036.27 亿元，比上年增长 74.75%。其中，各项贷款余额 929.11 亿元，比上年增长 43.87%；各项存款余额 2 150.84 亿元，比上年增长 37.32%。所有者权益 15.24 亿元，比上年增长 43.65%。全年实现税后利润 21.56 亿元，同比增长 27.36%。

2015 年末，中国邮政储蓄银行北京分行所辖支行及代理网点共 567 个，其中，银行自营网点 138 个，邮政代理营业机构 429 个（含名行实所 59 个）；所辖机构数比年初增加 3 个。员工共计 3 080 人，比年初减少 381 人。

（二）重大变更事项

1. 机构变更情况

中国邮政储蓄银行北京分行根据北京市行政区划和重点经济区域分布情况，将

原有6家城区一级支行增至9家。分别为东城区支行、西城区支行、金融街支行、朝阳区支行、望京支行、海淀区支行、中关村支行、丰台区支行、石景山区支行。原有10家郊区一级支行保持不变。按照相关改革工作要求，60家存量二类支行变更为代理营业机构。

2. 新业务开办情况

2015年，中国邮政储蓄银行北京分行新增高新技术企业信用贷款、速汇金汇款收汇、小企业快捷贷、小额流水贷、实物贵金属、黄金定投5项新业务品种。

二、金融产品创新和金融服务

2015年，中国邮政储蓄银行北京分行通过细分零售客户群体、创新产品服务，努力满足多层次金融需求。面向地铁沿线消费客群，推出地铁商圈主题卡——“DO”卡，为年轻上班族提供一揽子生活和金融服务；向高端财富客群，在东城区、西城区支行打造“邮益财富中心”，提供高端个人综合理财服务；面向养老金客户群体，以“金晖情”俱乐部为载体开展系列活动。加强总分支和业务条线联动，有效提高服务北京地区总部经济及机构客户能力。积极搭建银政、银担、银保合作平台，探索小微企业金融服务模式。大力推进基层网点主题化、特色化转型，基础金融服务电子化和便捷性稳步提高。积极调整城区一级支行机构设置，主动融入中关村、望京等重点新兴经济区域发展。完成3家二类支行迁址工作，有效填补城乡结合部和远郊区金融空白。

三、存在的问题和风险

资产质量下行风险持续加大，信贷业务管理存在薄弱环节，柜面业务操作风险管控力度有待提升，基层网点运营监测、信息科技系统建设、人才队伍储备培养等基础管理工作需进一步加强。

四、监管工作情况

（一）督导积极服务首都经济社会发展

北京银监局督导中国邮政储蓄银行北京分行主动对接国家重大战略和北京市重点领域重大项目，严格贯彻绿色信贷理念，努力优化信贷投放结构，积极助推北京地区产业结构优化升级；积极探索服务都市“三农”新领域，不断创新帮扶小微企业发展方式方法，提升“三农”和小微金融服务质效；继续推进银邮网点资源整合和服务转型，完善消费者权益保护工作机制，规范服务行为，持续提升客户满意度。

（二）督导着力强化信贷风险管理

北京银监局督导中国邮政储蓄银行北京分行加强对重点行业领域、业务产品和客户群体授信风险分析预警，应对信用风险暴露和风险传导；持续提升信贷业务“三查”工作的执行力和有效性；进一步完善细化不同客户群体和不同授信品种贷后管理标准要求。

（三）督导切实做好案件和操作风险管控

北京银监局督导中国邮政储蓄银行北京分行持续完善基层网点动态授权管理，认真评估基层网点业务发展、人员配备和风险状况。提升合规风险管控跟进意识，根据日常监测分析情况，对重点支行、重点业务、突出问题及时开展飞行检查。

（四）督导持续夯实业务稳健运营基础

北京银监局督导中国邮政储蓄银行北京分行进一步完善管理制度和业务流程，并注重强化信息系统控制能力；推动代理营业机构优化布局、下沉服务重心，将网点从核心城区向城乡结合部、远郊农村地区延伸；逐步改善软硬件基础设施，增强业务连续性应急保障能力；提升科技自主研发和自主解决问题能力，强化业务精细化管理的系统支撑。

（刘来成）

▲外资银行

一、基本情况和重大变更事项

（一）基本情况

1. 机构及人员情况

2015 年末，北京辖内共有外资银行营业性机构 121 家，较年初增加 7 家。其中，外资法人银行 9 家；外资法人银行分行 29 家；外国银行分行 17 家，较年初增加 4 家；支行 66 家，较年初增加 3 家。代表处 66 家。辖内外资银行营业性机构从业人员 5 651 人；辖内外国银行代表处共有正式员工 214 人。

2. 行业发展概况及特点

（1）资产规模收缩，占全国外资银行比例基本维持不变

2015 年末，辖内外资银行资产总额 5 018.49亿元，较年初下降 3.61%，占辖内银行业金融机构的 2.55%，占比较年初下降，占全国外资银行的 18.72%，略高于年初水平。从资产结构来看，以各项贷款和同业资产为主，占比分别为 38.09% 和 34.07%。各项贷款余额 1 910.95亿元，较年初下降 8.16%；同业资产 1 709.16 亿元，较年初下降 8.25%，其中，买入返售资产较年初减少 106.51 亿元，下降 69.58%。

（2）各项贷款呈现负增长，降幅高于全国外资银行平均水平

辖内外资银行各项贷款从变化趋势来看，2015 年第二季度、第三季度各项贷款增长缓慢，第四季度受贴现及贸易融资业务下降影响，各项贷款出现大幅下降。从各项贷款结构来看，以普通贷款为主，占比 72.38%；贴现和贸易融资分别占 14.16% 和 13.46%。各项贷款主要投向制造业和批发零售业，占比分别为 30.78% 和 20.06%。个人住房按揭贷款余额 173.59 亿元，较年初增长 27.92%。人民币贷款约 1 527.79 亿元，占比 79.95%，较年初增长 6.97%。

（3）负债规模下降，各项存款和理财余额明显减少

2015 年末，辖内外资银行负债余额 4 350.08亿元，较年初减少 252.07 亿元，下降 5.48%。其中，各项存款余额 3 211.21亿元，较年初减少 303.25 亿元，下降 8.63%。从变动趋势来看，各项存款全年基本呈波动下降态势，年末由于大企业客户资金回笼大幅增长主。各项存款中单位存款余额 2 759.97 亿元，占比 85.95%，较年初下降 8.15%。法人银行理财产品存续 412 款，余额 124.53 亿元，同比下降 38.04%，产品以机构专属理财和保本类为主，期限较短，资金主要投向他行存款。

（4）表外业务持续稳步增长，金融衍生品业务规模占比较高

2015 年末，辖内外资银行表外业务总体规模 16 960.63 亿元，较年初增长 20.73%。其中，金融衍生品 12 971.45 亿元，占整体表外业务 76.48%，较年初增长 20.99%，是中资银行的 3.97 倍，占全国外资银行的 13.76%。表外授信余额 2 544.28 亿元，较年初增长 25.22%。其中承诺 1 787.87 亿元，占表外授信 70.27%，较年初增长 55.03%。

（5）盈利较去年下滑，收入来源出

现分化

2015年，辖内外资银行实现净利润48.36亿元，较上年减少11.03亿元，下降18.57%。其中，2家外资法人银行出现亏损，较上年增加2家；3家外资法人分行和7家外国银行分行出现亏损，较上年分别减少1家和增加4家。受市场竞争加剧、基准利率不断下调以及人民币贬值等因素影响，辖内外资银行利息净收入89.57亿元，同比下降15.83%；净息差1.74%，同比下降0.65个百分点。中间业务和投资业务有所发展，手续费及佣金净收入19.14亿元，同比增长6.83%；投资收益14.20亿元，同比增长46.90%。

（二）重大变更事项

1. 机构变更情况

2015年，北京辖内外资银行代表处升格分行开业2家，分行筹建1家，支行筹建2家，支行开业3家；新设代表处4家，关闭1家。

2. 人事变更情况

2015年，北京辖内外资银行经核准或初审转报银监会高管任职资格75人。其中，总行级行长、副行长11人，董事22人，首席信息官1人、首席运营官1人；分行级行长5人、副行长10人；支行行长5人；外国银行代表处首席代表10人；合规负责人8人；内审负责人2人。

二、金融产品创新和金融服务

（一）积极配合推进人民币跨境支付系统上线

辖内外资银行积极配合中国人民银行（以下简称人民银行）新推出的人民币跨境支付系统（CIPS）上线，提高人民币跨境支付结算效率。德意志银行（中国）有限公司作为首批直接参与行，成立项目组，协同完成业务流程审定、操作流程确认、银行核心系统改造和CIPS接口系统开发。

（二）积极分享和推广母行先进经营管理经验

辖内外资银行积极响应北京银监局启动的“北京辖内外资银行及母行经营管理做法汇编”编撰工作，从不同维度分享母行、在华子行的经营特色、风险管控机制以及对中国经济发展、金融创新等方面的贡献，完成《走近外资银行——在京外资银行高管论经营管理》，推动中外资银行间的经验交流，便于本地企业了解外资银行的优势和特色产品。

（三）加快消费贷款产品创新，便捷居民消费用款需求

辖内韩资银行推出“易刷贷”、“薪享贷”等个人综合性消费贷款产品。客户通过在POS机上刷借记卡，在银行核定的额度内，快速获得贷款，并循环使用，极大地方便了客户的日常消费。

（四）积极发挥跨境优势，加强中外资金融联络

2015年，辖内外国银行代表处共计接待总部高级管理人员来华访问191批、374人次，邀请中方单位参加国内外考察、培训93批、895人次。累计协助总行在京发展了1 250家代理行关系，其中本年度新增代理行关系54家。各代表处总行及其分支机构共开展对中国内地贷款项目362个，金额合计656.09亿元；在华股权投资项目7个，金额合计22.71亿元。

三、存在的问题和风险

贷款质量下滑，信用风险呈上升趋势。利率汇率波动加大，市场风险内生水平上

升。流动性风险基本可控，跨境流动性存在潜在风险。科技风险管理水平、信息科技风险意识和外包风险主体责任意识有待提升和加强。操作风险管理水平有待提升。

四、监管工作情况

（一）加强监管引领，助力首都实体经济发展

北京银监局组织召开“辖内外资银行服务实体经济发展”座谈会，深化辖内银行业扩大开放，推进落实北京市服务业扩大开放综合试点工作。

（二）以风险监管为基石，多措并举严守底线

北京银监局督促辖内外资银行及时研判国内外经济形势，加强对存量不良贷款的处置和清收力度，力争实现不良贷款“双降”；参与外资法人的国际监管联席会，深入了解其母国监管政策和母行经营风险状况，展示中国监管机构的良好形象；组织召开在华韩资法人银行监管联动会。全面开展“两个加强、两个遏制”及“回头看”专项检查工作。

（三）加强监管服务，促进辖内机构更好发展

北京银监局结合“一带一路”战略，对接辖内外资机构，扩大政策辐射领域；开展《银行业金融机构外汇业务法规汇编》编撰工作，梳理并归纳外汇业务当前适用的法律法规，提升监管服务实效；加强政策指导，支持外资银行利用好扩大开放措施的政策红利。

（何龙）

▲金融资产管理公司

一、基本情况和重大变更事项

（一）基本情况

2015 年末，辖内中国华融资产北京市分公司、中国长城资产管理公司北京办事处、中国东方资产北京办事处、中国信达资产北京市分公司总资产 668.92 亿元，同比增加 210.05 亿元，增长 45.78%，其中，商业化资产 656.66 亿元，同比增加 213.45 亿元，增长 48.16%。商业化利润 28.86 亿元，比上年增加 6.12 亿元，增长 26.91%。全年新增商业化项目 63 个，年末余额 405.61 亿元。其中，商业化收购项目 302.17 亿元，占比 74.50%；投资项目 100.44 亿元，占比 24.76%；增信项目 3 亿元，占比 0.74%。

（二）重大变更事项

1. 高级管理人员变更情况

黄宪辉任职中国华融资产北京市分公司总经理，杨庆卫、景煜任总经理，王洁任总经理助理。

2. 机构变更情况

中国华融资产北京市分公司撤销业务二部，增设业务审查部，业务审查委员会秘书处职能及人员并入业务审查部，增设资产风险保全部。

中国东方资产北京办事处迁回东城区崇文门外大街 44 号大康大厦办公。

二、存在的风险和问题

信用风险值得关注，部分风险未真实转移。声誉风险不容忽视，消费者权益保护责任意识有待提升。内部控制不到位，创新业务合规和风险隐患并存。

三、监管工作情况

一是通过现场走访、非现场监测等方式密切关注辖内资产管理公司经营风险状况，就发现的违规问题下发监管意见书。

二是开展“两个加强、两个遏制”专项检查，密切跟踪问题整改情况。

三是督导辖内资产管理公司妥善应对信访舆情，落实主体责任，切实维护消费

者合法权益。

（高遐天）

▲信托、财务、汽车金融、金融租赁、金融消费、货币经纪公司

一、基本情况

2015年末，辖内共有信托公司、企业集团财务公司、汽车金融公司、金融租赁公司、消费金融公司和货币经纪公司六大类93家法人非银行金融机构，资产合计（本外币合计，其中包含信托公司信托资产28 471.79亿元）73 734.85亿元，比上年增加8 419.94亿元，增长12.89%。

（一）信托公司

2015年末，辖内11家信托公司资产合计29 335.74亿元，比上年增加1 659.29亿元，增长6%。其中，固有业务资产合计863.95亿元，比上年增加131.86亿元，增长18.01%；信托资产合计28 471.79亿元，比上年增加1 527.43亿元，增长5.67%。固有业务负债合计148.99亿元，比上年增加79.87亿元，增长115.56%。所有者权益合计714.96亿元，比上年增加51.98亿元，增长7.84%。全年累计实现净利润93.31亿元，同比增长5.54%。

截至年末，辖内11家信托公司存续管理的信托项目共计10 225个。其中，集合资金信托计划共计3 684个；单一资金信托项目共计5 607个；财产权信托项目共计934个。全年，11家信托公司共计清算交付（不包含部分到期的信托项目）3 068个信托项目，累计给付信托本金11 529.05亿元，累计分配信托收益1 503.6亿元。

（二）财务公司

2015年末，辖内70家企业集团财务公司资产总额40 371.15亿元，同比增加5 841.58亿元，增长16.92%；负债总额19 698.44亿元，同比增加4 672.05亿元，增长31.09%；所有者权益合计3 190.07亿元，同比增加640.16亿元，增长25.11%。全年累计实现净利润340.25亿元，比上年增加28.87亿元，增长9.27%。

（三）汽车金融公司

2015年末，辖内7家汽车金融公司资产总额2 061.64亿元，同比增加370.94亿元，增长21.94%；负债总额1 755.43亿元，同比增加305.67亿元，增长21.08%；所有者权益合计306.21亿元，同比增加65.27亿元，增长27.09%。全年累计实现净利润33.34亿元，比上年增加10.65亿元，增长46.97%。

（四）金融租赁公司

2015年末，辖内3家金融租赁公司资产总额1 750.98亿元，同比增加457.81亿元，增长35.40%；负债总额1 571.51亿元，同比增加409.07亿元，增长35.19%；所有者权益合计179.47亿元，同比增加48.74亿元，增长37.28%。全年累计实现净利润15.01亿元，比上年增加5.27亿元，增长54.11%。

（五）消费金融公司

2015年末，北银消费金融公司资产总额214.20亿元，同比增加89.99亿元，增长72.45%；负债总额192.15亿元，同比增加85.37亿元，增长79.95%；所有者权益合计22.05亿元，同比增加4.62亿元，增长26.51%。全年累计实现净利润5.27亿元，比上年增加2.08亿元，增长65.38%。

（六）货币经纪公司

2015 年末，中诚宝捷思货币经纪公司资产总额 1.14 亿元，同比增加 0.33 亿元，增长 39.99%；负债总额 0.40 亿元，同比增加 0.14 亿元，增长 52.83%；所有者权益合计 0.73 亿元，同比增加 0.19 亿元，增长 33.82%。全年累计实现净利润 0.23 亿元，比上年增加 0.05 亿元，增长 28.44%。

二、金融产品创新和金融服务

（一）积极支持“三农”发展

2015 年，中粮信托公司推出土地流转信托的升级版——农事服务一体化信托以及基于肉牛指数的肉牛养殖信托产品，发行成立了供应链 9～13 期小包装油、大米信托产品，有效地服务“三农”产业。

（二）满足中小企业融资需求

北京国际信托公司针对中小企业发展特点和融资需求，设计了“北京信托·中小企业系列信托”（以下简称中小企业系列信托）创新型金融产品。2015 年末，中小企业系列信托累计发放信托贷款 1 086笔，金额 106 亿元，其中，年内新增贷款笔数 267 笔，新增贷款发放规模 30 亿元，主要行业分布为高科技类、高端制造类、文化创意类、生物医药类等。

（三）探索 PPP 项目

2015 年，中信信托公司应对国家宏观调控和经济下行，发行了第一单唐山市世园会 PPP 项目，探索信托和 PPP 的结合。

（四）支持清洁能源发展

英大国际信托公司成立了“蓝天伟业”产业基金，搭建清洁能源投融资平台，助力风电、水电、光伏发电等清洁能源发展。同时有序推进供应链金融投资发展基金设立工作，服务电网上下游企业投融资需求。

（五）拓展国际化业务

中信信托公司设立的专业子公司——云南聚信海荣股权投资管理有限责任公司，于 2015 年 2 月获得人民银行及云南省人民政府金融办公室批准，承接“一带一路”有关产业，从事人民币境外直投、海外贷款业务，成为国内第一家可从事人民币国际投贷业务的信托公司。

（六）积极推进境外资金集中管理，不断提升服务实体经济能力

辖内财务公司积极开展跨国公司外汇资金集中试点业务，为集团“走出去”提供便利，并通过试点业务不断提升资金集中管理水平，强化服务实体经济能力。年内，辖内有 6 家财务公司获批开展上述试点业务。

（七）积极拓宽融资渠道，促进业务发展

辖内汽车金融公司针对资产负债期限结构严重错配、中长期资金不足问题，通过发行金融债、资产证券化等方式拓宽融资渠道，增强金融服务能力。年内，辖内 2 家汽车金融公司共发行 79.6 亿元的信贷资产支持证券。

（八）运用互联网等新兴渠道拓展业务，践行普惠金融

北银消费金融公司加快推进互联网和移动互联网业务平台及自助视频贷款机具网络建设，年末互联网渠道客户数量 11.6 万户，较上年增长 241.18%，贷款余额 5.1 亿元，较上年增长 164.25%；自助视频贷款机具渠道客户数量 1.4 万户，较上年增长 430.5%，贷款余额 4 亿元，较上年增长 241.88%。

北银消费金融公司设有 12 个异地分中心，在 30 余个省（市）开展业务，其

中年内新增石家庄和合肥两个分中心。截至年末，各分中心客户数量36万户，较上年增长197.52%；贷款余额35.8亿元，较上年增长97.03%。

三、存在的问题和风险

（一）信托公司

风险防控压力显著增大，信托项目兑付风险以及由此引发的声誉风险、流动性风险等问题较为突出；业务创新过程中可能出现同业违约风险、跨业传染风险等新问题。

（二）财务公司

公司治理有待进一步加强，“三会一层”的作用有待进一步发挥。内部控制有待进一步改善。财务公司传统经营方式受经济形势及政策环境的不确定性的影响逐渐加大。部分财务公司面临一定程度的市场风险；单一客户存贷行为对财务公司的影响较大。

（三）汽车金融公司

经销商贷款的信用风险较为突出。新增经销商资质、地区经济环境差异增大，风险管控能力有待进一步提升。个人汽车金融业务易引发客户投诉，声誉风险值得关注。

（四）金融租赁公司

租赁资产的信用风险显著上升。辖内租赁公司的风险抵补能力有待进一步加强。融资渠道单一，流动性风险值得关注。

（五）消费金融公司

经营管理理念有待完善。合作机构管理不够审慎。信用风险较为突出，资产质量向下迁徙压力较大。信访投诉多发，声誉风险隐患加大。公司治理有待完善，内控管理存在薄弱环节。

（六）货币经纪公司

单笔业务收益持续减少，经营压力较大。绩效考核、企业文化、内部控制管理等方面有待加强。在多种网络及时交流工具并存的情况下，操作风险隐患值得关注。

四、监管工作情况

（一）摸清风险底数，构建工作机制

一是成立专门处室负责信托监管工作，确保信托公司监管部门化、独立化、专业化。二是召集辖内信托公司主要负责人召开风险管理座谈会和发展转型创新座谈会，为信托监管定基调、指方向，传递监管理念和监管要求。三是针对信托公司特点，建立了全流程风险监管机制、日常监管走访机制、“绿色通道”审核机制、重点项目研讨机制四项基本工作机制。

（二）严守风险底线，加强风险监管

一是创新探索“风险预警、准备提取、资本压力测试”三步管理法，建立信托公司风险防控长效机制。二是摸底基本风险情况，全方位掌握机构风险合规情况。三是进一步规范个人信托贷款业务。

（三）引导机构做好支持实体经济工作

一是积极支持财务公司增强服务实体经济的能力。二是继续推动《关于促进金融租赁行业健康发展的指导意见》（国办发〔2015〕69号）精神的贯彻落实，助推实体经济发展。三是鼓励消费金融公司为促进人民生活改善和消费升级提供普惠金融服务。

（魏韫璐　高遐天）

证券业发展与监管

▲证券公司

一、行业发展概况

2015年，辖区证券市场继续保持稳健发展态势，实现安全平稳运行。2015年末，辖区18家证券公司总资产8 401.41亿元，净资产1 885.85亿元，净资本1 787.13亿元，注册资本577.33亿元；计算的各项风险资本准备248.43亿元，占净资本的13.90%。托管客户证券资产59 073.00亿元，客户交易结算资金2 541.90亿元，资产管理业务受托资产12 692.53亿元（其中定向资产管理业务11 585.69亿元）。与上年同期相比，总资产增加3 140.35亿元，增长59.69%；管理客户资产增加4 244.08亿元，增长50.24%（其中定向资产管理业务增加3 933.66亿元，增长51.41%）；净资产增加744.77亿元，增长65.27%；净资本增加780.81亿元，增长77.59%；注册资本增加91.39亿元，增长18.81%。

2015年，辖区18家证券公司累计营业收入817.46亿元，累计净利润321.02亿元，18家公司均盈利。与去年同期相比，营业收入增加405.37亿元，增长98.37%；净利润增加185.85亿元，增长137.49%。

2015年末，辖区正式开业的证券营业部380家，营业部从业人员10 494人。营业部资金账户开户数850.27万户，托管客户证券资产93 843.59亿元。全年，辖区营业部累计收入311.75亿元，累计净利润176.85亿元，交易量556 856.02亿元，A股平均佣金0.39‰。

2015年，在中国证券监督管理委员会（以下简称证监会）证券公司分类评价中，北京辖区14家公司参评。其中，8家公司被评为A类AA级，2家公司被评为A类A级，2家公司被评为B类BBB级，1家公司被评为B类BB级，1家公司被评为C类CCC级。AA级公司占到全行业的30%。

二、监管工作情况

2015年是证券监管转型的关键之年。在推动证券公司创新发展、推行“简政放权”机构监管转型过程中，中国证券监督管理委员会北京监管局（以下简称北京证监局）围绕“聚焦监管转型、提高监管效能”这条主线，立足辖区监管实际，转变工作思路，研判工作难点，调整工作重心，加强事中、事后监管，充分发挥了派出机构一线监管的前沿作用。

（一）放松管制，依法行政，探索非现场检查新机制

一是探讨建立事中、事后监管联动机制，调研非现场监管问题并提出相关建议。二是督促证券机构履行备案义务。三是依法行政确保审核工作履职尽责。四是多渠道强化非现场职责。构建多元、协同的日常监管体系；及时跟踪辖区热点问题，积极建言献策；以研究促监管，助力监管转型，提高监管效能。

（二）维护投资者权益，探索投诉举报处理的新举措

一是规范投诉处理流程。二是创新引入质证环节，降低重复投诉风险。三是借助各方力量，避免主观判断。四是严格行政执法，保护投资者权益。根据对投诉、举报反映的证券经营机构及人员的问题严格调查处理，甄别发现违法违规线索及机构重大风险隐患。

（三）合规风控到位，全面提高机构自我管控能力

要求辖内各公司提高合规风控履职的组织保障能力，提高合规总监、首席风险官和督察长的勤勉尽责能力，提高合规风控机制的有效性，提高合规风控报告的及时性和准确性。

（四）规范子公司管理，强化非持牌业务监管

针对一些机构无序设立分公司、子公司以至孙公司，大量涉足非持牌业务甚至非金融业务等现象，要求辖内各相关机构全面摸清情况，进行风险排查；规范利用子、孙公司开展非持牌业务活动；督促下属子公司不断提高规范运行的能力，以减少由于子公司业务发展与其内部管理、风控能力、资本约束不匹配而导致的各类风险发生。

（五）直面积弊陋习，及时清查处理投行和资管等领域的不良行为

针对投行和资管等条线存在的造假包装、私下投资、受赠股份、利益输送、内幕交易、设计复杂缺陷产品、老鼠仓等问题，要求辖内各机构建立健全制度，防范各种利益冲突；本着对机构自身和行业高度负责的精神，不回避问题，展开严密自查。

（六）规范投资咨询业务的运营，促进转型发展

针对证券投资咨询机构由于内控基础弱、资本人才积累少等原因，面临着发展转型的困境，要求辖内相关机构规范研究报告发布，提升合规管理能力，加大合规培训，依法规范在销售中的不当言行。

（曾桂玲）

▲基金管理公司

一、基本情况

2015年末，北京辖区共有基金管理公司25家（北京注册19家），专户子公司18家，销售子公司4家，分公司54家，理财中心13家，获批开展公募业务的资产管理机构5家，基金代销机构97家（其中商业银行29家、外资银行9家、证券公司14家、期货公司2家、保险机构4家、证券投资咨询机构3家、独立销售机构35家、独立销售机构北京分公司1家）。基金托管机构15家，资产类外资代表处21家。年内共新设2家基金管理公司，20家基金代销机构。

辖区有5家公司具有社保业务资格，4家公司具有企业年金业务资格，25家公司具有专户业务资格，7家公司具有QDII业务资格。共有4家公司拥有全牌照业务资格，18家公司成立了专户子公司。辖区有11家合资基金管理公司（北京注册8家），6家公司在香港设立子公司。在基金行业规模排名中，辖区有4家公司居前10名，华夏基金管理有限公司、工银瑞信基金管理有限公司、嘉实基金管理有限公司、建信基金管理有限公司分别列第二名、第三名、第四名和第九名。

2015年末，北京地区共有基金从业人员4 510人，其中基金经理294人。

二、存在的问题和风险

（一）同质化严重

目前，国内各家基金管理公司的投资

组合形式非常类似，基金风格也趋于雷同。有的基金公司发行的基金产品虽然名称不同，但各个基金的重仓股相差无几，操作策略也基本一致。同质化严重导致基金行业竞争异常激烈。

（二）人才流失严重

尽管辖区内各家基金管理公司陆续出台激励制度，力求确保管理层稳定，但是年内仍有300人次的高级管理人员变动，“公奔私”现象频发，导致基金管理公司的业绩出现大幅波动和治理结构不合规的情况出现。

三、监管工作情况

（一）严把准入关，扎实做好牌照审核工作

严谨履行准入监管职责，对监管原则和要求做到早明确、早告知，对缺陷和问题做到早发现、早提示，保证准入监管环节不走过场，并与后续监管做好衔接。

（二）聚焦深挖风险，积极开展现场检查工作

加强风险导向监管，通过检查洞察及研判风险，及时采取监管措施予以补漏纠偏。全年开展了6大类、48家次、112人次、106天的现场检查，出具检查报告18篇，采取监管措施19次。

（三）开展私募非法集资专项整治行动，探索私募监管机制

联合地方政府及行业协会开展打击以私募基金为名从事非法集资的专项整治行动，提议并推动失联私募机构公示制度出台，联合政府力量从源头防范私募基金从事非法集资的风险。

（四）强化非现场监管手段，不断加强监管的前瞻性和敏锐性

利用FIRST监管系统，督促基金投资规范运作。督促基金管理公司完善治理结构，提高内控管理水平。加强报告信息及备案材料审核，督促公司提高数据报送质量。充分利用下发调查问卷、数据统计分析等非现场方式，对辖区独立基金销售机构及基金子公司业务发展趋势和风险管理状况进行分析。

（五）贴近市场，完善产品线监管方式

加大对分级基金的风险监测，跟踪分析辖区分级基金在市场极端情况下暴露出的风险，围绕产品设计、客户适当性管理、市场风险监测、上市交易机制、产品流动性管理等问题进行研究。结合市场热点及风险点，对辖区基金管理公司运用程序化交易的产品类型、交易策略、交易规模、交易系统情况进行摸底分析。积极参与各项产品监管立法工作，主要包括FOF、基金投资“新三板”、资产管理业务八条底线、基金信息披露办法等产品运作法规。

（六）创新形式，切实保护投资者权益

克服困难，按时保质完成信访案件处理，不断提高投诉处理能力，并耐心做好投资者咨询的解释和答疑工作。对确有违法违规行为的公司，督促涉事公司补充信息披露、进行损失赔偿，切实维护基金持有人的合法权益。联合中国基金业协会通过官方网站、微信公众号等渠道发布《关于在北京市开展打击以私募投资基金为名从事非法集资专项整治行动的通告》，印制700份宣传海报下发各机构，联合北京市金融工作局（以下简称市金融局）在北京卫视录制“亮剑非法集资”系列宣传片，联合北京证券业协会、证券日报社召开北京地区基金管理公司投资者保护工作交流会，围绕“公平在身边”

投资者保护专项活动以及成立证券期货纠纷调解组织等内容进行讨论。

（赵建中）

▲期货公司

一、基本情况和重大变更事项

（一）基本情况

一是机构数量保持平稳，整合加快，资本实力增强。2015年，辖区新增11家分支机构，终止5家分支机构，已开业分支机构达到96家。辖区公司资产总额618.95亿元，同比增长0.93%；净资本95.81亿元，同比增长14.37%，抗风险能力进一步提高。

二是投资者群体扩大，机构投资者数量进一步增加。2015年末，辖区投资者数量54.46万人，比上年增长21.13%，其中机构客户1.88万户，增长15%。

三是交易规模增加，盈利水平持续提升。2015年末，辖区期货公司客户保证金467.90亿元，同比下降3.27%，占全行业的12.27%；利润总额7.38亿元，同比增长15.8%。全年代理交易量9.50亿手，代理交易额128.08万亿元，同比分别增长29.25%、58.12%。

四是公司合规运作，业务多元化发展。2015年，辖区共有17家公司具有投资咨询业务资格，收入1 230.8万元；有15家公司具有资产管理业务资格，管理资产规模53.28亿元，收入1 553万元；8家公司成立风险管理子公司。在2015年证监会期货公司分类评价中，北京共有A类AA级公司5家（全国20家），A类A级公司4家（全国24家），B类公司9家，C类公司2家。

（二）重大变更事项

2015年，安信期货有限公司被国投中谷期货有限公司吸收合并。截至年末，合并事项仍在进行中。

二、金融产品创新和金融服务

2015年，辖区共有8家期货公司成立了风险管理子公司，主要从事期现结合的风险管理业务，包括仓单服务、合作套保、定价服务、基差交易等。辖区个别风险管理子公司尝试开展场外衍生品业务。

三、存在的问题

一是期货公司金融属性不强，业务单一，规模较小，盈利能力较弱，人才匮乏。

二是期货资产管理业务以及期货风险管理子公司等创新业务处于起步阶段，资产管理一对多业务推出时间较短，无法形成有效的业务收入，难以满足市场需求，服务实体经济的功能有待进一步发挥。

三是随着金融混业趋势的不断加强，期货公司在激烈的市场竞争中处于弱势地位，发展受限。

四、监管工作情况

（一）做好各项后续衔接工作，将简政放权落到实处

为贯彻落实“放松管制、加强监管”的总体要求，切实推进简政放权，北京证监局向机构传达了“取消”、“下放”、“调整”各项行政许可、备案事项的最新政策要求。年内，取消5项行政许可审批事项，清理废止7项监管规范性文件。

（二）着力强化事中、事后监管，提升监管效能

一是认真高效开展“两个加强、两个遏制”专项检查，切实排查市场风险，促进市场健康发展。根据证监会“两个加强、两个遏制”专项检查工作安排，对辖区两家期货公司进行了专项检查。针对证监会稽查总队对辖区3家期货公司的

检查结果，下发整改通知，督促公司认真开展整改工作；针对某公司涉嫌利用关联公司账户变相自营和涉嫌利用关联公司为资管客户提供收益担保问题，进行现场调查核实。

二是创新技术手段开展分支机构现场检查，提升现场检查效能。根据证监会机构部2015年现场检查总体安排，结合北京辖区具体情况，选取29家营业部及1家分公司进行现场检查。结合营业部监管相关法规的废止和变化，重新修订现场检查底稿，对检查内容和侧重点进行了调整，将检查重点确定在机构展业行为的合规性以及内部控制的有效性上，重点排查违规代客理财、虚假居间、欺骗客户等风险；对检查程序进行优化和修改，探索通过计算机程序实现对材料和数据的自动验证、筛查，排查高风险客户、确定检查重点，提高检查的针对性和检查效率。

三是加大信息技术监管及检查力度，确保辖区信息系统安全稳定运行。落实证监会《关于做好商品现货市场非法期货交易活动认定有关工作的通知》的要求，做好非法期货交易活动认定工作。主动向证监会打非局、期货部汇报工作，并多次前往北京市工商行政管理局、中国人民银行营业管理部（以下简称人行营业管理部）座谈，就打击非法期货交易活动工作进行沟通、交换意见。2015年共接到5起地方公安、工商等部门的商品现货市场非法期货交易活动认定请求，并出具认定意见。

四是认真高效开展非现场监管工作，提高监管工作有效性和针对性。持续深入做好保证金安全存管工作。认真审核报表，关注期货公司风险监管指标达标情况。认真开展期货公司、期货营业部分类评价工作。加强公司治理结构和内控监管，推动创新业务发展过程中的风险管控。认真开展年报审核，加强年报信息披露质量。认真开展国有企业境外期货套期保值业务监管工作。撰写2015年上半年监管动态，及时传达监管政策、要求和有关精神。督促开展2015年度信息安全联合应急演练。

（三）探索建立投资者保护工作机制，加大对投资者的保护力度

一是认真做好信访投诉处理工作，切实保护投资者权益。坚持有投诉必核查，通过信访核查督促、约束和引导市场主体，强化市场主体保护投资者意识。全年共办理1件举报，37件投诉，指导商会协调办理63件“12386”热线信访事项，对问题较为突出的1家机构，进行了重点提示。通过编发《监管动态》，及时分析和通报信访投诉涉及的热点和共性问题，以点带面提高辖区投资者的保护水平。

二是联合各方力量，开展多层次投资者教育活动。制订2015年投资者保护工作计划，为有效开展投资者保护工作奠定基础。下发《关于开展“公平在身边”投资者保护专项活动的通知》（京证监发〔2015〕148号），要求各机构要高度重视，精心筹划投保专项活动实施方案；健全内控，扎实推进投资者保护各项工作；积极应对，不断提升对投资者诉求的处理能力；多措并举，深入开展投资者教育宣传工作。

三是借力协同监管机制，营造期货市场良性竞争环境。扎实推进非法期货交易活动认定工作，配合人行营业管理部、北京市公安局朝阳分局对5起商品现货市场非法期货交易活动进行认定，并出具认定意见。

四是指导期货商会培养和建立自我监督、自我完善的行业自律监管机制。

指导北京期货商会在“第十一届北京国际金融博览会”上举办期权投资者教育活动，为投资者讲解国外期权发展历程和期权交易基础知识。指导北京期货商会举办第十届中国（北京）期货暨衍生品市场论坛，就经济新常态下衍生品市场的发展与创新、中国宏观经济分析及热点问题解析和混业竞争下的资管创新与合作等论题进行主题发言和研讨。指导北京期货商会定期举办期货投资课堂、期货沙龙等多种形式的投资者教育活动，为期货投资者和机构间提供了一个交流研讨国内、国际宏观经济形势和期货品种、期货市场热点问题的平台。

五是加大对创新业务的关注力度，推动辖区机构通过创新发展提升核心竞争力。密切关注并积极开展对期货公司创新业务的日常监管，每月按时审核、报送资产管理业务报表和业务开展情况报告，及时分析和掌握期货公司资产管理业务开展情况。要求各期货公司风险管理子公司报送业务报表，及时掌握各风险管理子公司的业务开展和风控情况。举办北京辖区期货公司创新发展座谈会，对辖区公司创新发展及有关工作提出要求，对各公司开展创新业务遇到的问题与困惑，形成信息专报报证监会。

六是积极为行业发展献计献策。根据证监会要求，对《期货交易行为监督管理办法（草案)》、《〈中国证监会派出机构监管职责规定〉草案》等规章、完善行政监管措施实施制度的调查问卷、“三个清单”等组织开展讨论研究，提出反馈意见。其中，对《股指期货交易管理暂行办法》（现调整为《期货交易行为监督管理办法（草案)》）提出过3次共约20余条反馈意见，大部分均被采纳；对调整后的《期货交易行为监督管理办法（草案)》先后两次书面提交了10余条反馈意见，其中关于IB开户客服及管理要求、外接系统管理、处罚援引、个别文字表述等建议均被采纳。

（谢兆辉）

▲证券投资咨询公司

一、基本情况

2015年末，北京辖区共有19家证券投资咨询机构，7家异地公司在京分公司。辖区证券投资咨询公司总资产20.09亿元，净资产10.88亿元，营业收入13.65亿元，合计盈利3.19亿元。

二、主要问题与风险

一是投资咨询机构营销人员流动比较频繁，加之目前暂无备案或注册管理，监管机关缺乏有效抓手，对于人员的道德风险和执业行为难以实行有效管理。

二是辖区投资咨询机构客户以散户为主，多数为中小投资者，但机构在投资者教育及适当性管理等方面不足，易引发纠纷。

三是绝大部分机构基础薄弱、盈利模式单一。

三、监管工作

一是对辖区两家证券投资咨询机构开展了“两个加强、两个遏制”专项检查工作。根据检查发现问题，出具反馈意见函。

二是在取消咨询机构年检及相关备案事项的情况下，定期审阅月度报表、查看企业网站信息等非现场监管手段已成为新常态。

三是在取消分支机构设立备案的情况

下，以投诉、举报线索为抓手，及时处理违法违规问题已成为日常监管的重要抓手。

四是积极支持投资咨询机构转型发展，指导辖区投资咨询公司通过开展基金代销、与券商开户合作等方式赢取阳光、合法利润。

（施郁梅）

保险业发展与监管

▲财产保险公司

一、基本情况

2015 年末，北京地区在京经营财产保险业务的主体 46 家[①]，共有员工10 624人，其中产险营销员 1 699 人。全年累计实现原保险保费收入[②] 360.7 亿元，同比增长 9.6%；赔款支出 215.7 亿元，同比增长 13.5%；实现承保利润 1.2 亿元，同比下降 72.2%。资产总额 540 亿元，较年初增长 30.1%。所有者权益总额 137.3 亿元，较年初增长 32%。

1. 车险业务增速放缓。受北京地区机动车限购政策持续实施制约，可保机动车总量增长受限，增速持续放缓。2015 年，北京地区车险累计实现保费收入 243.6 亿元，同比增长 8.7%，增速较 2014 年、2013 年分别下降 0.4 个百分点和 3.5 个百分点。

2. 非车险业务平稳增长。2015 年，非车险业务实现保费收入 117 亿元，同比增长 11.5%，占总保费的 32.4%，其中企财险、责任险和货运险的保费收入合计占比 59.4%。受“新国十条”下发后政府和公众更加重视保险功能的影响，与国计民生密切相关的责任险、信用险、保证保险和农险等均实现快速增长，增速分别为 31.4%、29.2%、21.4% 和 27.1%。而企财险和货运险则因国家基础设施投资放缓、国际原油价格下跌等影响，增幅分别降至 2.9% 和 -9.9%，同比分别下降 7.8 个百分点和 4.5 个百分点。

3. 产险市场集中度高。2015 年，中国人民财产保险公司北京市分公司、中国太平洋财产保险公司北京分公司、中国平安财产保险公司北京分公司合计实现保费收入 255.4 亿元，占市场总量的 70.8%；实现承保利润 4.9 亿元，其余保险公司合计承保亏损 3.7 亿元。

二、金融产品创新和金融服务

（一）农业保险服务“三农”发展

2015 年，北京地区政策性农业保险经营主体共 7 家，经营区域全面覆盖北京 13 个郊区以及北京首都农业集团等龙头企业。经办险种范围进一步扩大，形成了 23 个市统颁险种、11 个创新险种以及森林保险在内的农险产品体系，涉及农、林、牧、渔业的各个方面。全年农业保险

① 包括 41 家分公司、5 家在京直接经营业务的总公司。

② 下文中“原保险保费收入”简称为“保费收入”。

实现保费收入 5.7 亿元，同比增长 27.1%；参保农户 10.6 万户次，提供风险保障 261.5 亿元，同比增长 10.6%。赔款支出 4.5 亿元，同比增长 8.2%，受益农户 9.9 万户次。同时农业保险充分发挥增信功能，支持新型农业经营主体发展，2015 年，北京市开展“农保贷”农业保险质押贷款业务，全年累计为 50 余户规模养殖场、蔬菜大棚种植户提供贷款支持超过 1 400 万元。

（二）保证保险支持中小微企业发展

截至年末，中关村小额贷款保证保险、海淀区履约保证保险以及知识产权质押贷款保证保险等试点项目，已累计为 24 家次企业提供贷款融资支持 1.16 亿元。积极探索缓解小微企业、科技企业融资难的新途径，中国太平洋财产保险公司北京分公司于 2015 年 9 月，与市金融局指导成立的北京市小微企业综合金融服务电子交易平台“首金网”签订合作协议，以履约还款保证保险形式为该平台提供多层次风险保障。

（三）责任保险辅助社会管理创新

2015 年，安全生产责任保险覆盖范围已扩展至烟花爆竹、餐饮、危险化学品等 12 个领域，提高了相关企业的风险管理和保障水平。投保企业累计 2 989 家，实现原保险保费收入 1 015 万元，提供风险保障 118.43 亿元。医疗责任保险承保医疗机构 1 038 家次，实现保费收入 1.1 亿元，提供风险保障 9.36 亿元；快速化解医患纠纷，累计处理纠纷 1 224 件，赔款支出 9 540.4 万元。公众责任保险促进政府机构管理创新，北京地区已有 13 个区县政府投保了行政区域公众责任保险、自然灾害责任保险和见义勇为保险，通过商业保险转移行政管理风险。全年实现保费收入 1 702.8 万元，提供风险保障 7.2 亿元。

三、存在的问题和风险

一是保险产品价格不断下降。受车险费率浮动机制持续、非车险市场竞争日趋激烈影响，主要险种费率呈现下降趋势，其中，车险、企财险、责任险、工程险、货运险等险种平均费率均有所下降。

二是各类经营成本不断攀升。受汽车配件成本、人伤赔偿持续攀升影响，案均赔款有所提高，理赔成本不断提高；同时随着市场竞争更加充分，手续费支出大幅度增加。

三是保险业与互联网融资平台的合作与融合发展，引起风险向业内的传导。目前已出现互联网平台虚假宣传或投资者错误理解产生的投诉和纠纷。

四、监管工作情况

（一）推进车险管理创新改革

一是 2015 年 11 月 20 日起，在北京地区实施使用手机客户端快速处理机动车交通事故。该系统运行平稳，案件处理顺畅，处理交通事故平均用时 13 分钟 51 秒，其中，从交通事故发生到当事人可将事故车辆挪移至不妨碍交通地点的平均用时 2 分 50 秒，事故当事人自行协商处理率 94.3%，较实施前增长近 30 个百分点。

二是积极推动北京地区车险电子保单试点。2015 年参加试点的公司由初期的 6 家增加至 10 家，行业累计签发商业车险电子保单 13 479 张。

（二）推动保险业服务经济社会发展

一是联合下发《安责险制度试点工作实施办法》和《事故预防专项费用提取使用办法》，将试点范围由初期的烟花爆竹销售领域，扩大至传统高危行业、城市运行维护保养作业活动以及可能导致群死群伤的行业，并建立了与安全生产状况挂钩的费率浮动机制，以及事故预防费制度。

二是下发《进一步推动首都知识产权金融服务工作的意见》，推动知识产权质押融资保证保险、专利保险发展，加强知识产权资源与金融资源融合。

（李响）

▲人寿保险公司

一、基本情况

（一）市场发展态势平稳

2015 年末，在京经营业务的人身险市场主体共 62 家，其中分公司 55 家，直接经营业务的总公司 7 家。按类型分中资公司 38 家，外资公司 24 家。全年累计实现保费收入 1 043.2 亿元，同比增长 18.8%，保费规模全国排名第 4 位。非保险合同业务年内新增交费 1 003.9 亿元，同比增长 127.4%，高于全国 26.9 个百分点。年末寿险责任准备金 3 710.1 亿元，同比增长 13.5%；长期健康险责任准备金 396.2 亿元，同比增长 42.7%。

（二）市场结构逐步优化

从市场结构看，整体呈现逐步优化趋势，寿险业逐渐回归保障，内涵价值进一步提升。

一是寿险业务大幅增长。2015 年北京地区普通寿险业务实现保费收入 350 亿元，同比增长 42%，占寿险公司全部保费收入的 45%，同比上升 5.2 个百分点。

二是新单业务结构不断优化。2015 年末，寿险业务新单期交率 24.9%，较上年提升 5.8 个百分点。北京寿险业在上年高速增长后已进入以结构调整为主的平稳增长阶段。

三是健康险、意外险保费收入持续增长。2015 年末，北京地区健康险保费收入 236.2 亿元，同比增长 64.9%；意外险实现保费收入 28.9 亿元，同比增长 9.7%。

二、保险产品创新和保险服务

（一）保险产品创新情况

一是意外保险方面。中国人寿保险公司北京市分公司自 2013 年底推出老年人意外伤害保险，并于 2014 年底推出 3 款升级产品，进一步丰富了项目的保障内涵。2015 年，该项目承保人数 44.2 万人，完成市政府确定的 8% 的覆盖目标；完成对 2 628 人的理赔服务，给付保险金 683.3 万元。

二是老年人住房反向抵押养老保险方面。2015 年，北京市被确定为全国老年人住房反向抵押养老保险首批试点地区之一，幸福人寿保险公司北京分公司积极承接该项目。年内，该公司共与 12 个家庭签约，占首批试点 4 个城市签约总量的 40.0%；完成对 10 个家庭（13 位老人）的承保工作，约占全国承保总户数的 37.0%。

三是长期护理保险方面。2015 年，中国人民人寿保险公司北京市分公司积极试水与海淀区民政局长期护理保险项目试点工作。目前，《海淀区长期护理保险实施办法》及相关配套实施与操作文件即将出台，预计于 2016 年正式开始实施。

四是疫苗不良反应保险方面。2015 年，北京市开展异常反应补偿保险保障项目试点工作。经过公开招标，中国人民健康保险公司北京分公司与北京市卫生和计划生育委员会签署合作协议，签约期限 3 年，该项目于 2016 年 1 月起正式实施。

（二）保险服务方面

一是积极参与“新农合”经办项目。

2015年末，平谷、密云、丰台等7个区的新农合项目由商业保险公司参与管理，服务的参合人群达119.7万人，占全市参合人群的一半以上。其中，中国人民健康保险公司北京分公司以“共保联办”模式参与平谷等6个区新农合经办；年内新增平安养老保险公司北京分公司以经办形式参与丰台新农合项目。

二是稳步推进大病保险业务规范发展。2015年，中国人民健康保险公司北京分公司与平谷区、顺义区政府签订合作协议，确定由商业保险公司以委托经办方式管理平谷区、顺义区农村居民大病保险业务；平安养老北京分公司经办管理丰台区农村居民大病保险业务。

三是积极参与养老社区建设。2015年，泰康人寿保险公司、新华人寿保险公司等陆续在京建设养老社区，其中“泰康之家·燕园”已正式投入运营。

三、存在的问题和风险

（一）退保风险与满期给付风险仍需密切关注

从退保、满期给付情况以及排查预测来看，2015年北京地区退保和满期给付金额仍将保持高位。考虑到2013年以来多家保险公司主推固定收益的高现价产品，未来一段时期退保金还将维持较高水平。退保和满期给付本身不存在风险，而一旦客户对收益不满、销售误导问题凸显，相关的集中退保、投诉纠纷等随时可能引发，行业风险防范处置将面临较大压力。

（二）金融综合经营和产品混合销售引发的金融风险交叉传递

随着保险和实体经济、其他金融行业相互融合的加深，各类隐性风险逐步显性化。部分理财产品的经营主体资质不健全、销售渠道多元、销售人员管理不到位、销售误导、资金托管不力等各类问题也逐步凸显，进一步推升了金融行业的交叉性风险，由此带来的负面社会影响和监管新课题也值得重点关注。

四、监管工作情况

（一）多措并举，提升市场行为规范性

一是明确监管重点、夯实制度基础。准确定位市场问题关键症结，及时出台《关于进一步加强人身保险产品销售管理的通知》。首次提出银邮类保险兼业代理机构销售保单利益不确定的人身保险产品应实施录音或录像；进一步严格对产品说明会的监管要求，明确违规惩处措施。

二是深入查处问题、全面规范秩序。按照中国保险监督管理委员会（以下简称保监会）统一部署和中国保险监督管理委员会北京监管局（以下简称北京保监局）现场检查计划，完成了12家次的现场检查工作。其中，根据保监会关于深入开展“两加强、两遏制”检查工作的要求，对辖内18家人身险公司进行专项督导。针对全年现场检查中发现的违法违规问题，依法进行行政处罚2次、下发监管函5次、监管谈话1次；并督促相关保险公司认真开展自查及整改。

三是推进行业自律、规范人员管理。着力推进北京人身险销售从业人员销售资质分类管理试点工作，重点指导行业协会开展工作方案制订、题库修订完善及自律公约调整等，并在此基础上及时开展舆情应对，确保试点工作的平稳有序进行。

（二）重点推进，牢筑风险防范底线

一是全面排查风险，准确摸清底数。北京保监局指导辖内人身保险公司开展了包括退保和满期给付风险排查在内的多个领域的排查工作，摸清了风险分布。

二是前移风险防线，做好重点防范。对排查中发现的风险较高的公司，及时下发风险提示函，明确其风险漏洞，并提出限期整改等监管要求。

三是有效落实规范、遏制外部风险。积极应对行业风险，在处置过程中不断完善处内突发事件应对机制、强化相关风险及舆情应对能力，稳定辖内人身险业发展的基本秩序。

（三）立足地区实际，推动人身险业服务经济社会发展全局

一是主动营造良好政策环境。起草《北京市人民政府办公厅关于加快发展商业健康保险的实施意见》。

二是统筹推进行业提升健康险经营水平。与行业协会、中国保险信息技术管理有限责任公司成立联合工作组，稳步推进建设北京商业健康险服务评价指标、优化健康险信息平台数据等在内的多项工作。

三是加强“新农合”经办项目的经验推广。鼓励辖内人身险公司充分在总结参与“新农合”和大病保险工作经验和成效的基础上，稳步扩大试点区县范围。年内新增平安养老北京分公司以经办形式参与丰台新农合项目。

四是持续推进民生保障类保险项目进展，指导保险公司扎实做好老年人意外险、政策性长期护理保险、老年人住房反向抵押养老保险等项目。

（秦琨）

▲保险中介机构

一、基本情况

（一）保险专业中介市场情况

2015 年末，北京地区共有保险专业中介法人机构 389 家。其中，专业代理机构 170 家（全国性代理 51 家），经纪机构 171 家，公估机构 48 家。在京保险专业中介机构所属从业人员 52 458 人。其中，专业代理机构 41 099 人，经纪机构 10 266 人、公估机构 1 093 人。

2015 年，北京地区保险专业代理机构实现代理保费收入 146. 89 亿元，同比增长 100. 39%。其中，代理财产险保费收入 71. 42 亿元，同比增长 40. 11%；代理人身险保费收入 75. 47 亿元，同比增长 238. 02%。保险经纪机构实现经纪保费收入 327. 4 亿元，同比增长 14. 51%。其中，财产险经纪保费收入 257. 3 亿元，同比增长 15. 26%；人身险经纪保费收入 44. 86 亿元，同比增长 10. 42 %；再保险经纪保费收入 25. 24 亿元，同比增长 14. 48%。保险公估机构实现业务收入 25 910. 22万元，同比增长 3. 47%。其中，理赔公估收入 22 568. 78 万元，承保公估收入 1 565. 22 万元，其他业务收入 1 776. 22万元。

（二）保险兼业代理市场情况

2015 年末，北京地区共有保险兼业代理机构 6 963 家，同比减少 147 家。

2015 年，北京地区保险兼业代理机构实现保费收入 721. 87 亿元，同比增长 23. 47%，占全市总保费收入的 51. 43%。其中，财产险公司通过保险兼业代理机构实现保费收入 186. 75 亿元，同比增长 5. 17%，渠道保费占比为 51. 82%；人身险公司通过保险兼业代理机构实现保费收入 535. 12 亿元，同比增长 31. 45%，渠道保费占比为 51. 29%。

（三）保险销售从业人员情况

2015 年末，北京地区保险公司共有保险销售从业人员 111 397 人，同比增长 36. 41%。北京地区人身险公司通过保险

销售从业人员实现保费收入346.7亿元，同比增长14.32%，渠道占比为24.7%。

二、存在的主要问题及风险

（一）经营行为不规范

部分保险中介机构存在利用渠道优势违规经营、扰乱市场秩序等行为。一些保险中介出于短期利益追求，为保险公司违法违规提供便利，通过与保险公司合谋，虚构保险中介业务套取佣金，造成了恶劣的社会影响。

（二）服务能力有待提高

部分保险中介机构服务内容单一，专业水平较低，仅能开展简单保险产品销售，提供风险管理等专业服务较少，提供增值服务能力不足。一些保险公估机构业务定位存在偏差，为得到保险公司业务委托，丧失第三方的公正立场，影响查勘定损的准确性。

（三）风险隐患不容忽视

根据现场检查及日常监管情况，部分保险中介机构在销售环节存在销售误导问题，容易引发退保等群体性事件。少数保险中介机构或保险销售从业人员以创新名义，从事非法集资等犯罪活动，部分机构参与销售非保险理财产品，增加了风险识别难度。

三、监管工作情况

（一）着力规范市场秩序，防范化解风险

一是组织开展保险中介机构“两加强、两遏制”工作。根据保监会工作部署，组织辖内387家保险专业中介机构开展自查，其中13家中介机构在自查中发现存在销售非保险金融产品、虚挂业务等问题，涉及金额35 591.46万元。并对英大长安保险经纪集团有限公司等6家机构进行了现场督导，对中盛国际经纪有限责任公司等2家机构开展了现场检查。

二是组织开展中介市场风险排查。落实国务院关于防范金融风险的决策部署，按照保监会中介部的风险排查要求，组织辖内保险专业中介机构围绕虚构中介业务等8项排查重点，对2015年中介业务合规性开展全面自查。同时，结合非现场监测指标，对大童保险销售服务有限公司等2家机构开展了现场检查。

（二）深化改革，加强保险中介监管

一是推进日常监管的简政放权工作。配合《保险法》《保险专业代理机构监管规定》和《保险经纪机构监管办法》修订工作，进一步简化机构准入、高管任职的审核材料要求，调整区域性代理变更为全国性代理机构的验收方式，着力简化行政审批流程。

二是建立保险公司中介渠道管控责任清单。梳理法律法规涉及保险中介业务管控相关内容，研究制订保险公司中介渠道管控责任清单，明确保险公司对合作中介机构在经营资质、内控管理、人员培训等方面的管理内容和手段，落实保险公司主体管控责任。

（三）加强保险销售从业人员管理，做好政策衔接

一是明确学历要求，提高保险销售从业人员准入门槛。2015年1月1日，将北京地区保险销售从业人员资格考试的学历要求提高到大专及以上。实施学历新政后，北京地区寿险销售队伍结构呈现积极变化，大专以上学历占比提高1个至5个百分点。

二是抓好政策衔接，确保队伍与市场稳定。2015年6月，保监会停止保险销售从业人员资格考试之后，为减少政策调整造成的市场影响，及时向北京保险行业

协会传达停考要求，明确资格证补发、换发、考生退费、空白证书盘点和印章封存等一系列工作要求，并指导协会做好政策解释工作，确保平稳过渡。

（赵春滨）

其他机构发展与监管

▲小额贷款公司

一、基本情况

（一）资本规模持续扩大

2015 年末，北京市小额贷款公司共批设 105 家，实现全市 16 个区全覆盖，注册资本金 158.83 亿元，从银行等机构融入资金余额 6.34 亿元，带动社会资金百余亿元，有力地支持了“三农”和小微企业，成为传统商业银行的有效补充。

（二）信贷规模不断增加

2015 年末，北京市小额贷款公司贷款余额 145.53 亿元，年内累计贷款 208.52 亿元。贷款以保证贷款和抵押贷款为主，贷款利率均严格控制在规定的利率区间。

（三）服务“三农”、小微企业能力进一步增强

北京市小额贷款公司贷款资金 100% 投向了“三农”、小微企业、个体工商户，涉及行业包括农业、林业、交通运输业、商业饮食业、居民服务业、技术服务业等。积极为“三农”客户提供小额贷款支持，最低单笔借款额度为 1 000 元。

（四）创新实践取得初步成效

2015 年，北京市小额贷款公司试点开展的信贷资产收益权转让业务发生 3 笔、7 000 万元，在一定程度上缓解了小额贷款公司的资金周转压力，提高了对客户融资需求的满足能力。

二、存在的问题和风险

一是相关法律法规不完善，司法环境上存在一定风险。二是小额贷款公司的贷款对象层次低、规模小、风险大，并且不能享受金融机构相关政策优惠，普遍感到税负较重，经营压力较大。三是小额贷款公司内部管理有待完善。四是小额贷款行业人力资源匮乏。

三、监管工作情况

（一）改进监管方式，加强风险防范

一是开展多层次多渠道监管，与人行营业管理部、北京银监局建立监管协作机制，并与区级金融主管部门对小额贷款公司实施市区两级监管，综合运用现场检查、非现场检查、外部审计和信息化监控等多种手段，加大监督管理力度。

二是督促小额贷款公司参照银行业信贷管理制度及流程，结合公司特点及本区实际，不断建立健全包括信贷管理、内部风险控制、财务稽核等在内的各项制度。

三是坚持“底线监管”原则，严厉杜绝非法集资、变相吸收公众存款、暴力收贷、洗钱等违法违规行为发生。

（二）开展征信评级，改善行业生态环境

稳步有序组织小额贷款公司接入征信

系统，已完成第一阶段33家小额贷款公司的接入准备工作，其中已开通个人征信查询功能的公司2家。积极开展小额贷款公司信用评级评价试点，目前首批20家小额贷款公司评级评价工作基本结束，级别最高AA级（2家），最低BB+级（1家）。

（三）加强从业人员培训，提高行业专业素质

加强对小额贷款公司从业人员的培训，提高行业整体队伍的执业水平和能力，推动小额贷款公司业务发展和提升风险控制能力。全年共召开2次小额贷款公司运行分析会，就新常态下小额贷款公司面临的经济形势及发展方向进行了培训。

（胡静怡）

▲融资担保机构

一、基本情况

2015年末，北京市获批经营许可证的融资担保机构120家，全部为5年期。融资担保机构总资产757.86亿元；实现担保业务收入36.83亿元，其中融资担保业务收入21.24亿元。

2015年，北京市融资担保公司的资本效能进一步提升。融资性担保责任年末余额2 261.31亿元，同比增长18.91%，放大倍数为3.98倍，其中债券发行担保业务在保余额1 152.66亿元，同比增长29.14%。非融资性担保在保年末余额446.31亿元，同比增长64.44%。当年融资担保行业总体代偿率1.34%，融资性担保代偿率1.95%，反映行业正处在风险暴露期和代偿高发期。

二、存在的问题和风险

总体来看，本市融资担保行业运行稳定，规范化程度较高，但部分融资担保机构存在备案登记手续办理不及时、违规使用非经营性资金、部分风险监管指标不合规等问题。

三、金融产品创新及金融服务

北京首金中小微企业金融服务公司与5家担保公司联合发起成立北京市小微企业综合金融服务电子交易平台融资性担保联盟，借助首金公司的电子交易平台，通过对小微企业融资信息抓取及撮合交易优势，实现小微企业真实融资需求、社会资本投资需求、融担公司担保功能的快速匹配，提高小微企业融资对接效率，降低企业融资成本。截至年末，申请加入该联盟的融资担保公司已达20多家。

中国投融资担保公司、北京中小企业信用再担保公司与北京银行、启迪科技服务集团达成投贷保联动支持小微发展全面战略合作协议，旨在充分发挥各方在债权融资、股权投资、融资担保等方面的优势，践行国家创新驱动发展战略，探索股权和债权结合的融资服务模式，共同支持科技型小微企业创新发展。

四、监管工作情况

（一）提高审批效率

市金融局继续坚持以依法、及时、公开透明为原则办理融资担保公司审批事项，进一步提高审批效率，撰写并印发了《北京市融资性担保公司设立、变更审批事项办理操作手册》及《北京市融资担保行业监管政策汇编》，以细化流程的方式夯实行政审批工作，提升监管能力。

（二）加强监督管理

市金融局以市区分级、属地检查的形式对全市融资担保公司进行了2015年度现场检查，启动北京市融资担保机构的经营许可证有效期届满换发工作，为59家融资担保机构换发经营许可证。

（三）完善监管制度体系

市金融局印发《北京市融资性担保机构担保业务风险分级指引（试行）》，规定融资担保公司可根据公司担保业务的风险级别及风险特征分类制定担保业务标准和审批流程。联合发布《北京市小微企业信用担保代偿补偿资金实施细则》，通过设计政府性担保资金、再担保机构、担保机构与银行等“政、银、担”多方风险分担机制，建立共同支持小微企业和“三农”融资、促进实体经济发展的重要融资创新模式。

（四）建立风险防范与处置机制

市金融局优化局内处室间协同机制，初步组建了风险处置的专业化人才队伍，通过加强资本金监管、开展信息披露、实行区监管员制度、运用在线监管平台、构建制度体系和规范化流程文件等措施，不断强化经营许可证管理及退出机制，逐步形成融资担保公司风险防范与处置的长效机制。

（胡靖怡）

四、服务与管理

货币金银管理

2015年，北京市货币金银管理工作有序开展，加强人民币业务管理，落实反假货币各项措施，强化北京立体库、代理发行库及黄金制品管理力度，合理调拨发行基金，完成2015年版第五套人民币100元纸币及普通纪念币、纪念钞发行工作，有效地保障了北京市的现金供应。

一、有效保障北京市现金供应

（一）坚持需求管理，科学调拨发行基金

坚持现金“需求管理”理念，根据全辖库存情况，对影响投放回笼的因素进行分析，科学进行发行基金投放和回笼工作，确保社会公众的兑换需求。全年，发行基金投放同比下降7.57%，回笼同比下降8.68%，净投放431.47亿元，同比下降1.81%。

（二）完成2015年版第五套人民币100元纸币发行工作

认真做好发行前的准备工作。完成对辖内18家银行637台点、验钞机和334台存取一体机的测试和验证工作；针对2015年版第五套人民币100元纸币的防伪特征开展业务培训，全市6万余名柜员和清分工作人员全部参训。

开展多样化宣传。发行期间，接受多家新闻媒体采访，详细讲解2015年版第五套人民币100元纸币的防伪知识和发行投放的相关问题；在首都机场、北京南站等人流密集区域投放宣传广告，在二环路、三环路主路及长安街两旁分别投放60块公交灯箱广告和20块公交指示牌灯箱广告，发放各类宣传资料近100万册，宣传光盘4 000张。

科学投放。要求各家银行将2015年版第五套人民币100元纸币的宣传与投放工作相结合，优先安排一定数量的投放，便于社会公众尽快接触到2015年版第五套人民币100元纸币，了解、掌握其票面特征和防伪特征。

（三）完成普通纪念币、纪念钞发行工作

采取网络预约与现场预约相结合的方式，扩宽兑换渠道，增加兑换网点数量；在网上公告全市参与发行的网点信息及分配数量，提高发行工作的透明度。发行期间，派出检查组对重点、热点地区的发行网点进行检查，确保现场发行工作平稳有序进行。全年完成2015年贺岁普通纪念币、中国人民抗日战争暨世界反法西斯战争胜利70周年纪念币、中国航天普通纪念币、中国航天纪念钞的发行工作。

二、推进人民币收付业务

（一）开展综合执法检查，提升监控效率

2015年，中国人民银行营业管理部（以下简称人行营业管理部）对北京银行、平安银行北京分行、摩根大通银行（中国）的31个网点开展了人民币收付业务和反假货币业务检查。与国内知名调查机构——零点公司合作，创新建立现金服务第三方评价机制，通过零点公司开展银行现金服务义务落实情况调查，全年共检查了58家银行的666个网点，提高了现金服务监管的强度、效率、覆盖面和公正性。

（二）开展“现金服务贴心工程”

持续推进硬币兑换自助服务网络建设，全市硬币兑换机增加至51台。强化对小面额人民币主办银行、主办网点的备付金准备及各券别小面额人民币兑换情况检查力度，定期通报小面额人民币投放增长情况，保证主办银行和主办网点每日营业前小面额人民币备付金数量符合要求。开展“千户定投”计划，加强对超市、医院、地铁、连锁餐饮企业等单位的小面额人民币供应，督促各家银行及时根据网点需求，安排小面额人民币取款。

（三）全面落实全额清分工作

采取银行交叉检查、下网点抽查、根据冠字号码倒查相结合的方式，对辖内银行落实全额清分要求情况进行检查，全年共检查银行14家、网点211个。

（四）推进人民币现钞跨境业务

与中国人民银行哈尔滨中心支行密切配合，探索制定人民币现钞跨境业务流程，为哈尔滨银行办理中俄间人民币现钞跨境调运证明。全年共办理3笔现钞跨境业务，金额3 500万元。

三、开展反假货币工作

（一）合力构建“假币防火墙”

从银行柜台入手，组织辖内银行1.1余万工作人员参加反假货币培训及考试，提升一线工作人员的识假、反假技能。与公安部门合力构建“假币防火墙”，在全市范围内开展为期半年的打击整治假货币违法犯罪专项行动；对出租车司机进行反假货币培训。与北京海关加强合作，召开现场座谈会，研讨加强出入境假货币堵截力度，并对海关一线工作人员开展反假货币及2015年版第五套人民币100元纸币防伪培训，提高其假货币堵截能力。

（二）推进冠字号码可查询工作

以2015年版第五套人民币100元纸币发行为契机，督促辖内银行加快机具升级，使各类机具能够具备记录冠字号码、识别2015年版第五套人民币100元纸币的性能。截至年末，全市的取款机、存取一体机和柜台均实现了冠字号码可查询。其中，取款机贴标率77%；存取款一体机贴标率94%；柜台贴标率91%。

（三）完成假货币收缴工作

2015年，全市各银行和公安部门共计收缴、没收假人民币17.56万余张，面额1 337.96万余元，与上年相比，张数和金额分别下降5.59%和17.71%。其中，来自银行系统的假人民币收缴量（包括人行营业管理部清分复点）为14.78万余张，面额1 154.70万余元，同比分别下降19.94%和28.36%；来自公安系统的假人民币没收量为2.78万余张，面额183.25万余元，同比分别增长1 866.78%和1 198.32%。

四、加强北京立体库、代理发行库及黄金制品管理

（一）保障北京立体库平稳运行

研究探索和完善北京立体库的管理思路和运行模式，着力提升实物和数据管理水平；及时处置北京立体库运行过程中的各类故障，全年共处置硬件故障435个、软件故障14个。北京立体库试运行基本稳定，发行基金出入库正常，北京现金供应得到有效保障。

（二）加强代理发行库管理

组织召开2015年北京市发行库管理工作会议，通报2014年代理发行库管理工作情况，表彰各代理发行库在开展精细化管理及“三严一争”活动中的先进集体和先进个人，部署2015年工作。举办两期代理发行库管理人员培训班，辖内各代理发行库及部分银行管理人员约150人参训。

（三）完成黄金进出口审批

全年黄金及其制品进出口审批业务共计1 320笔。

五、钞票处理业务

配合中国人民银行（以下简称人民银行）货币金银局对清分机进行测试3次，对清分机阈值调整、残损人民币夹杂率进行测试，协助挑选不宜流通人民币票样。完成2015年版第五套人民币100元纸币设备测试升级、人民银行要求的特定销毁任务的复点销毁工作。与到访的印度尼西亚中央银行官员交流探讨，展示我国央行货币发行现代化管理水平，学习借鉴国外同业先进管理理念。与到访的人民银行石家庄中心支行、厦门中心支行交流探讨，学习借鉴同业的成功经验。

全面梳理各项规章制度共计43项，进一步完善《中国人民银行营业管理部钞票处理中心管理实施细则（试行）》和《中国人民银行营业管理部残损人民币销毁管理实施细则（试行）》。建立制度建议月度征集、“销号式”风险点动态管理、风险点实情测试三个常态化机制，排查各类新增风险点34项，提升风险防控能力。制定标准化检查手册。组织开展6次知识与技能培训，以及设备操作和维护专项培训，提升人员业务素质。

2015年，清分设备累计运行16 109.86小时，清分人民币回笼券1 132 901千张，联机销毁残损人民币458 077.61千张；大型机械销毁设备累计运行487.75小时，销毁残损人民币668 328千张，重量613.76吨；复点残损人民币635 376千张。

（胡月　康小宇）

国家金库业务

2015年，国家金库北京市分库认真贯彻落实全国国库工作会议精神，认真履行国库职责，扎实推进国库信息化建设，及时、准确地做好国库收支核算，加强国库监督管理职能，稳妥推进地方国库现金管理试点，提高信息调研工作水平，在首都经济社会发展中发挥了重要的支持和保障作用。

一、以新《预算法》[①] 实施及央行经理国库30周年为契机，开展国库普惠宣传及履职总结

一是分管领导高度重视。收到总库通知文件及任务分解表后，分管行领导组织召开专题工作会议，将国库宣传工作列为全年重点工作予以认真研究和部署，并撰写《落实人民银行经理国库制度》，在《中国金融》上发表。

二是配合总库做好宣传工作。参与总库宣传片摄制，参加国库宣传演讲比赛。发动全辖国库人员及人行营业管理部网络舆论引导员参与人民网国库宣传在线访谈节目互动及《预算法实施条例》阅提意见，共145人收看访谈节目、84人参与

① 《中华人民共和国预算法》（2015年修订）简称新《预算法》。

互动交流，上报问题359条，评论268条；约200余人参与阅提意见，提交意见520余条。结合横向联网与百姓生活的业务交叉点，向人民银行报送信息《“联”出来的改变》，总结横向联网工程对北京市公共服务和行政效能的促进作用。

三是以宣传为契机进行履职总结。梳理国家金库北京市分库成立29年来的历史沿革及发展变化，撰写《人行营业管理部经理国库30周年回顾与展望》，并在《金融时报》上刊载。联合财政部驻北京市财政监察专员办事处、北京市财政局（以下简称市财政局）、北京市国家税务局、北京市地方税务局、北京海关召开国库工作联席会，就新形势下如何进一步做好国库工作进行深入探讨与研究。

四是开展形式多样的宣传活动。开展国库知识在线答题、有奖征文、“国库知识进社区、进军营、进街道”等活动，利用互联网电子平台发布宣传图文及视频材料，在商业银行营业网点摆设宣传资料、电子门楣上滚动播放宣传口号，向社会公众普及央行国库基础知识，提升国库宣传深度及广度。

二、以信息化建设为抓手，构建现代化服务型国库

一是在全国率先实现海关加入财税关库银横向联网系统（TIPS系统）。2015年9月28日，财税关库银横向联网系统在北京成功上线运行。截至年末，已有18家商业银行接入该系统，75%的海关业务通过该系统实现无纸化处理。至此，北京市财政、税务、海关、国库全面实现跨部门实时作业和数据共享，财政收支业务均可通过该系统办理。

二是在全国首创自助缴税机一站式服务新模式。2015年6月23日，在通州区税务部门纳税服务大厅布设自助缴税机具，试点纳税人通过自助机具缴纳税款的一站式服务。有效缓解银行柜面压力，解决纳税人缴税往来部门多、耗时长的问题，提升税收征缴整体效率，

三是进一步扩大国库信息化建设覆盖范围。年内，TIPS系统累计新增10家商业银行加入。截至年末，本市共50家银行纳入该系统，其中外资银行12家，数量居全国首位。6月开始全市残疾人就业保障金实现电子化征收，由此本市电子化缴税比例提高近2个百分点，每年可减少使用约230万张纸质缴款凭证，国库业务无纸化水平进一步提升。

三、以制度执行力为准绳，夯实国库会计核算基础工作

一是认真完成国库会计核算基础工作。2015年，全辖各级国库共完成财政预算收入（不含转移性收入及债务收入）14 677.28亿元。其中，中央收入7 864.15亿元，同比增长3.36%；地方收入6 813.13亿元，同比下降5.55%。办理省级财政支出（不含现金管理）5 160.13亿元，同比增长29.63%；为市级财政计付国库存款利息1.42亿元，为区（县）级财政计付国库存款利息3.68亿元。继续开展国库代收工会经费业务，全年累计代收工会经费49.22亿元，同比增长12%。

二是以制度约束督促风险防范。充分利用“两个加强、两个遏制”专项检查、人行营业管理部主任离任审计、审计署审计小组外部检查、年终决算前系统应急演练及业务自查等工作机遇，强化制度建设完善体制机制，梳理业务流程堵塞管理漏洞，及时落实整改防范操作风险。建立国库制度集体学习例会制度，加强业务人员

培训，切实把各项制度落到实处，提升国库风险防控能力，为国库资金安全及系统稳定提供有力保障。

三是扎实开展国库会计分析工作。设计数据采集方法、细化分析标准、构建分析指标体系，编制《填报说明书》，对全辖区业务人员开展相关培训。设立咨询专线及微信交流群，成立分析工作指导小组。与货币信贷、金融研究等部门建立数据共享和报告交流机制，提升国库会计分析报告与货币市场分析报告的联动性。当资金流动出现异常时，及时与财税部门交流，深挖形成原因，提升会计分析报告深度，实现了对全市国库会计数据的集中统计、整理、分类及利用。

四、以科学规范管理为手段，深化国库监督管理职能

一是组织开展北京市地方集中收付代理银行资格认定工作。根据业务发展情况对资格认定工作流程进行标准化管理，成立专家评审小组，对245家申请银行进行综合评价，最终认定18家具备市级、227家具备区县级国库集中收付代理银行资格。

二是继续加强对代理支库的监管。年初完成对全辖18家代理支库2014年度的资格年审及达标升级考核工作，提出年审意见和整改要求。4月组织开展2015年代理支库从业人员资格考试。年末完成对9家代理支库的国库会计管理现场检查，并根据检查及非现场监管情况，开展2015年度代理支库达标升级考核工作。

三是参加综合执法检查。根据人行营业管理部2015年综合执法检查有关工作部署，对北京银行、平安银行北京分行、摩根大通银行（中国）代理国库业务情况进行现场检查，针对发现的问题提出整改建议，督促被查银行切实规范代理国库业务行为。

四是配合人民银行开展全市财政专户情况摸底调研。汇总全辖47家银行材料，形成《北京市财政专户摸底调研工作报告》及相关统计表上报总库。

五、以提升服务水平为目标，国债管理工作迈上新台阶

一是创新开展凭证式国债到期催兑。设计凭证式国债专项调查表，向26家承、分销机构开展专项调查；在全辖开展凭证式国债到期催兑工作，累计兑付到期凭证式国债本金1.83亿元，催兑率达21.20%。

二是强化管理促进国债销售。在每期国债发售首日抽取部分银行网点进行实地检查，定期开展国债知识宣传，全力保障每一期国债销势良好。全年共组织发售凭证式国债4期，金额186.99亿元；储蓄国债（电子式）10期，金额335.21亿元。组织开展无记名国债兑付工作，共兑付本金32 582元，利息14 035.11元。

六、加强内、外部沟通协调，稳妥推进地方国库现金管理

一是认真做好地方国库现金管理相关工作。与市财政局联合制定并下发《北京市市级国库现金管理实施细则》；合理设计相关指标体系，公平、公正分配商业银行定期存款额度。全年共完成市级国库现金管理操作8期。其中，划出操作6期，资金1 400亿元；划回操作2期、资金700亿元。

二是完成人民银行部署的相关工作。参与撰写《国库库存资金目标余额管理实施方案》，参加国库现金管理理论与实务培训班，并就北京市国库现金管理工作开展情况做汇报交流。拟写的《国库现金管理质押流程》被总库下发至各试点省市作为参考标准，也为本市国库现金管理相关工作奠定了良好的基础。与总库组成联合调查组，对全市5家国库现金管理参与商业银行总行、4家分行开展现场调研，并协助撰写《2015年国库现金管理参与银行调研报告》。

七、强化统计分析，提高调研水平

从统计分析基础工作入手，及时总结和反馈国库工作开展情况及热点、难点问题，加强与财税等外部单位的信息共享与交流，培育有利于统计分析工作良性发展的内外部条件和环境。密切关注国库资金动态，建立资金运行异动信息快速反应、上报制度，提高数据的及时性和准确性。做好国库现金流量预测，建立日常现金流预测模型和滚动预测机制，提升预测报告质量。

（陈永波）

支付结算清算管理

2015年，人行营业管理部大力推进支付清算基础设施建设，进一步强化支付服务市场监管，不断完善人民币银行结算账户管理，持续优化非现金支付环境，推进农村支付环境建设，金融服务首都实体经济的能力有效提升。

一、大力推进支付清算基础设施建设

（一）完成人民币跨境支付系统（一期）建设。落实党中央、国务院关于加快人民币跨境支付系统（CIPS）建设的指示，参加人民银行业务验收工作组，对中国银行、中国农业银行、中国民生银行、华夏银行的上线准备工作进行业务验收，2015年10月8日系统正式投产运行，推进了人民币国际化的进程。

（二）完成第二代支付系统推广工作。2015年4月末，北京辖内81家第一代支付系统直接参与者已全部切换为第二代支付系统报文标准，圆满地完成了第二代支付系统的推广工作，实现了银行机构以法人为单位在支付系统“一点清算”，提高了支付清算效率。

（三）中央银行会计核算数据集中系统（ACS）子系统推广取得重大进展。成功组织北京银行、北京农村商业银行股份有限公司间连接入ACS综合前置子系统，接收4家间连接入ACS综合前置子系统的银行机构变更为直连接入申请；为辖内6家法人银行机构开通资金归集业务，提升了资金使用效率；2015年11月2日，ACS外汇存款准备金业务功能正式启用。

（四）支付清算系统业务增长显著。

2015年，大额支付系统处理业务8 989.96万笔，金额1 473.79万亿元，比上年分别增长20.43%和20.48%；小额支付系统处理业务20 717.89万笔，金额4.23万亿元，比上年分别增长39.15%和31.78%；网上支付跨行清算系统处理业务36.36亿笔，金额21.40万亿元，比上年分别增长76.40%和54.86%。

二、进一步强化支付服务市场监管

（一）规范非银行支付机构市场准入

本着“总量控制，结构优化，提高质量，有序发展”的原则，审慎实施非银行支付机构的市场准入，通过调整工作中心和节奏，严格、审慎对待非金融机构支付服务许可工作，重点做好对现有机构的规范和引导工作。12 月，开展非银行支付机构《支付业务许可证》续展工作。

（二）创新非现场监管手段

组织辖内 56 家法人支付机构和 19 家外地法人支付机构在京分公司撰写上报 2014 年度自我评估报告及附表，如期完成北京市支付机构综合监管报告和 7 家重点支付机构监管报告；每季度汇总统计《北京市辖内非金融机构支付业务数据统计表》，执行预付卡机构业务数据月度报送制度，对于非现场监管发现的问题制定分类监管措施；进一步细化分公司备案材料要求和审核反馈流程；建立高风险预付卡机构备付金防控日监测机制；启动北京市支付机构监管信息系统优化需求书的编制工作。

（三）加大对客户备付金监督检查力度

组织开展对辖内 29 家预付卡支付机构的备付金现场核查和 2 家预付卡支付机构的非现场核查工作，根据现场核查结果和风险因素分值等，将 8 家预付卡支付机构判定为存在高或较高风险，采取分类监管措施，加大对高风险机构的非现场监管；组织开展对辖区内 31 家预付卡支付机构和 22 家备付金银行的备付金管理的现场检查工作，加强对违规机构的监管和处罚力度。

（四）加大违规处罚力度，清理整顿市场秩序

对无证经营支付业务的机构进行清理整顿，在北京市人民政府（以下简称市政府）和相关委办局支持下，成立北京市支付行业风险防范处置工作协调小组，为应对支付行业风险防范处置做好组织准备，并结合北京市非法集资风险专项排查工作，会同有关部门对无证机构进行分类处置；对引发重大负面舆情的机构采取停业整顿、限期整改等监管措施；按照“先退出市场再申请备案”的原则，要求辖内未备案违规开展业务的非银行支付机构退出北京市场；向辖内收单机构下发《业务风险提示》，并就清退二清机构、防范利用银行卡预授权套现等事项提出监管要求，向涉及二清问题的收单机构下发通知要求机构认真全面开展自查整改，并开展后续验收。

（五）开展支付服务业务检查，提升服务主体业务合规性水平

开展辖内银行卡收单外包业务抽查工作，对辖内三家非银行支付机构和一家商业银行开展银行卡收单业务外包检查；对辖内三家商业银行的账户管理、支付清算纪律执行等方面的现场检查工作；对辖内一家非银行支付机构开展全业务检查，涉及备付金管理、支付业务开展、支付业务设施、反洗钱措施及金融消费权益保护等工作。

（六）开展联合整治银行卡网上非法买卖专项行动

2014 年 12 月至 2015 年 7 月，人行营业管理部联合北京市公安局（以下简称市公安局）等相关部门开展整治银行卡网上非法买卖专项行动，共计破获银行卡网上非法买卖案件 82 起，抓获犯罪嫌疑人 47 人，开展可疑线索报送工作两轮，报送信息几百万条，其中可疑线索 10 万余条。

三、不断完善人民币银行结算账户管理

（一）强化账户实名制管理

对辖内 13 家银行开展了存量个人账

户身份核实现场验收工作，抽查银行营业网点151家，查阅账户70 563户，抽查账户涵盖了各类核实结果、身份证件、开户证明文件及核实途径，全力保障账户实名制工作落实到位；对辖内一家非银行支付机构开展支付账户实名制落实情况核查，推动机构分类监管措施和账户实名制的规范落实。

（二）做好“三证合一”工商登记制度改革下的账户管理工作

配合工商营业执照、组织机构代码证和税务登记证“三证合一”登记制度改革，完善“三证合一”后账户资料报送流程等具体业务的办理操作流程，指导商业银行做好账户管理工作。

（三）完成中国人民银行中关村中心支行账户审批业务剥离工作

2015年4月，中国人民银行中关村国家自主创新示范区中心支行（以下简称中关村中心支行）正式成立，海淀区内银行机构的核准类人民币银行结算账户审批工作全部剥离至中关村中心支行。人行营业管理部组织完成了账户电子化审批系统优化和改造工作，通过多轮业务测试验证，确保衔接期内账户审批业务的平稳有序运转。

四、持续加强非现金支付工具的规范应用，支付环境不断优化

（一）开展预授权违规机构的整改验收工作

针对银行卡预授权风险事件停新机构，配合人民银行完成辖内两家非银行支付机构的业务验收工作，抽查商户入网档案2 000余份，调阅商户交易明细3 000余条。

（二）大力推广电子商业汇票

简化电子商业汇票系统接入审核流程，支持和引导电子商业汇票系统的推广应用。2015年，北京市电子商业汇票系统业务量迅猛增长，其中，承兑67 146笔，同比增长87.91%；金额3 295.06亿元，同比增长113.03%；贴现118 035笔，同比增长9.44%，金额5 696.81亿元，同比增长14.92%。

（三）银行卡的支付工具功能不断增强

2015年，银行卡转账和消费业务量之和达到银行卡资金业务量的80.58%，比上年增加16.66个百分点；银行卡业转账和消费业务金额之和达到银行卡资金业务金额的92.02%，比上年增加15.66个百分点。

（四）新型电子支付业务发展势头强劲

2015年，北京市银行口径统计的电子支付业务量61.73亿笔、金额184.29万亿元，比上年分别增长65.42%和51.96%。

五、农村支付环境建设取得新进展

（一）建立农村支付环境建设报表报送制度

对辖内银行及支付机构在北京辖内城六区之外业务开展情况进行了摸底调查；组织50家银行及支付机构完成了全年农村支付环境建设业务指标统计报表汇总报送工作。

（二）农村支付环境持续改善

按照人民银行手机支付试点工作文件要求，推进北京辖内两家试点机构的手机支付业务，进一步督导银行及支付机构深化首都农村支付环境建设工作；截至年末，北京远郊区接入人民银行支付系统的银行网点共计964个，接入农信银支付清算系统的银行网点共计409个，助农取款服务点共计1 541个，城乡支付服务一体化进程大大加快。

（盖静）

征信系统建设与征信管理

2015年，人行营业管理部认真贯彻落实人民银行征信工作会议精神，清廉履职、务实高效。积极培育和规范辖内征信市场；大力开展以“加强征信宣传教育，提升国民信用水平”为主题的征信专题宣传教育活动，切实做好消费者权益保护工作；优化信用评级的事中、事后管理，推广两类机构信用评级工作；依法加强对金融机构的征信业务管理；以试验区建设为重点，推进首都社会信用体系建设；努力开展征信研究，稳步推进征信法制及文化建设，推动辖内征信管理工作再上新台阶。

一、积极规范与培育辖内征信市场

准确把握市场进入的松紧度，完善备案和初审的认定条件，完善材料审核和现场核查要素，严格把关，扶优限劣，道义劝退不符合准入条件的机构，引导符合条件的征信机构进入。全年累计接收22家企业征信机构的备案申请材料，为14家机构办理了企业征信机构备案，截至年末，北京地区已累计备案企业征信机构40家，获得开展个人征信业务准备工作资格的个人征信机构4家，征信机构数量居全国首位；将信息披露和业务报备作为重要监管手段，在全国率先制定发布《北京地区企业征信机构监管细则（试行)》，总结可在全国推广复制的监管操作经验。要求辖内企业征信机构上报2014年度征信业务开展情况；建立辖内征信机构统计报告制度，定期监测征信机构存在的风险；撰写年度监管报告。组织开展辖内企业征信机构的自查工作，在此基础上开展现场检查。高度关注互联网征信的发展，加强对互联网征信的引导，培育和扶植专业机构成长。对北京地区外资征信机构进行调研，研究外资征信机构市场准入和日常监管等问题。指导召开北京地区征信机构总经理联席会议，引导发挥自律组织的作用，加强行业自律。

二、持续开展征信宣传教育与维权工作

精心组织“6·14全国信用记录关爱日”走进北京大学专场宣传活动，活动当天，邀请人民银行征信管理局王煜局长在北京大学光华大讲堂向近两百名北大师生做专题演讲并举行《现代征信学》赠书仪式，《人民日报》、新华网、《金融时报》等知名媒体对活动进行了报道。借助“全国信用教育联盟”的平台，面向全国50余所高校征信授课老师开展《现代征信学》的宣传培训，推进征信选修课和必修课在高校的开展和普及。作为指导单位，参与发起“火种计划——全国大学生信用认知调研项目”活动，共有全国180所院校的5万余名在校大学生参与。开展“2015年校园普信行”，走进北京师范大学、中国科学院大学、首都师范大学等知名高校，举办信用专题讲座。邀请中国人民大学信用管理专业学生到征信服务大厅体验个人征信查询服务。组织督

导辖内各机构积极开展“加强征信宣传教育，提升国民信用水平”专项宣传，参与宣传的机构网点近3 000余家，参与宣传的工作人员近8万人，累计开展现场活动200余场，发放宣传品300余万份，200余家新闻媒体参与报道。切实保护征信消费者权益，及时化解纠纷、防止矛盾激化，协调辖内机构积极配合处理异地投诉，6家机构的2起投诉均以申请人撤销投诉了结，协调处理辖内2起投诉，办结异议申请480笔。

三、优化信用评级市场的事中、事后管理

加强对信用评级机构事中、事后管理，组织评级机构报送各类统计报表和业务资料，完成信用评级机构存量业务数据核查补报工作，对34 589条数据进行核对。分阶段向辖内10家评级机构通报2014年信用评级违约率检验结果，跟踪监测辖内2起银行间债券市场违约事件，充分发挥信用评级机构总经理联席会的自律监管作用。参与《信用评级管理暂行办法》的制定和意见反馈工作。加强两类机构评级工作的宣传引导和推广应用，完成对20家小额贷款公司和92家融资性担保公司的评级工作。

四、加强对金融机构的征信业务管理，完善金融信用信息基础数据库建设

继续构建首都征信风险防控体系，加强用户管理，严防违规查询和信息泄露，加强非现场监管，充分利用征信系统异常查询监测提供的线索，排查异常查询记录15.77万条，形成全面、高效的动态管控体系。对平安银行北京分行、中国农业银行、中国民生银行、摩根大通银行（中国）和北京银行进行现场检查，共发现139个问题，填写事实确认书19份，对其中存在违规查询的3家金融机构进行行政处罚。对5家信用卡中心、2家商业银行进行数据质量核查。完成22家财务公司接入征信系统任务，补报信贷业务1 889亿元。积极推动3家大型国有保险公司接入征信系统，在全国率先探索保险公司接入征信系统模式。编撰全国首本征信系统管理及操作专业书籍，对辖内11类共计123家机构进行全要素培训。推动报数程序老旧的67家征信系统接入机构进行程序改造，并严格验收，从源头确保征信数据准确。将机构自查、异常核查、定期考察相结合，事前、事中、事后对征信数据质量进行精细化管理，北京地区征信数据质量综合评分提升至99分以上。征信系统各项新产品、新服务在辖内全面推广应用。探索构建了具有北京特色“全流程、多层面、上下联动”的征信系统运行管理体系。继续提升征信服务水平，在全辖16个区设立了30处查询点，便捷高效的个人信用报告查询服务网络，极大地便利了公众查询信用报告，2015年累计提供个人信用报告查询服务60余万次，日均查询量2 384次，其中，自助查询约50万次，约占总查询量的82%，企业信用报告查询近9 000次，提供国家机关查询2 666份。

五、大力推进首都社会信用体系建设

全面贯彻落实《社会信用体系建设规划纲要（2014～2020年）》任务分工和三年重点工作的各项要求，参与制定出台《北京市人民政府关于加快社会信用体系建设的实施意见》、《北京市社会信用体系建设三年行动计划》。配合召开2015年北京市社会信用体系联席会议第一次会议，配合办理北京市服务业扩大开放综合试点相关事项，参与举办“2015 年首届信用中关村暨京津冀信用体系合作共建研讨会”，参与“信用中国”网站北京宣传周相关工作。参与制定《关于进一步加强中关村国家自主示范区小微企业信用体系试验区建设的意见》，继续推进海淀区、西城区中小企业信用体系试验区建设，力争在信用记录和信用报告使用、建立“褒扬诚信，惩戒失信”机制等领域取得重点突破，截至年末，中关村示范区累计有近1 万家企业使用各类信用产品 1.9 万余份。积极推进农村信用体系建设，不断扩大“三信工程”覆盖面。全面部署北京地区应收账款融资服务平台推广应用工作，截至目前，平台注册用户 391 个，成交金额约64 亿元。继续做好机构信用代码工作，全年累计新发证13 万余户。

六、努力开展征信研究，稳步推进征信法制及文化建设

组织研究力量，参与重点调研课题《信用产品应用研究》和联合调研课题《新常态下金融服务支持小微企业发展研究》的研究工作。完成《北京地区征信市场发展现状、问题及建议》、《美国个人信用修复的做法及启示》、《IOSCO 的信用评级监管改革及对我国的启示》等20 余篇调研报告和政务信息。研究京津冀征信文化建设框架，大力推进文明服务标准化试点工作，更换征信文化宣传长廊主题，加强柜台服务人员的培训教育，打造北京地区征信文化教育示范阵地。

（杨兵）

金融信息化建设

2015 年，北京市金融信息化建设工作以科技基础运维与服务创新为中心，充分发挥技术创新对金融创新的助推作用，认真做好科技基础运维工作，强化科技管理，积极服务实体经济发展，有效提升首都金融信息化服务普惠水平。

一、积极探索、全力创新、努力开展特色工作

一是创新系统建设，实施账户系统完善优化工程，完成高端存储集成部署、定时数据备份存储、虚拟带库备份手段研究、灾备系统建设等，确保了北京地区账户系统安全高效稳定运行。二是大力开展移动金融推广、宣传创新，在中关村重点金融IC 卡非接触式受理（以下简称非接）商圈内组织开展移动金融支付宣传活动，打造了以中关村创业大街为主的“非接示范街区”，得到了商户及用户的认可。

二、全力以赴做好系统推广和网络建设工作

一是圆满完成国库区县财政无纸化、ACS 档案子系统推广部署和 AMIS 信息管理子系统数据验证工作。二是顺利实现网管监控系统升级部署、版本更新、调试及配置完善工作；研究挖掘系统功能，实现对财税库银横向联网系统 MQ 中间件的实时监测监控。三是开展省级金融城域网外联机构备份通信线路检查验证和分析评估工作。

三、信息安全保障及管理工作有效开展

（一）加强人行营业管理部内部信息安全建设

一是以“安全运维”为核心，督促各部门做好日常运维管理，加强重要时期的信息安全保障。二是组织开展办公网分级保护测评准备工作。三是完成办公网、业务网防病毒系统升级和安全管控系统测试等工作。四是指导建立集中备份管理系统，提高数据备份的安全性。

（二）稳步推进辖内银行机构信息安全管理工作

一是全面落实辖内金融业信息技术产品自主可控建设及国密算法改造应用工作，建立自主可控产品应用统计监测机制，上线自主可控产品应用统计监测系统，推动辖内商业银行使用北斗卫星定位系统的授时功能，提升了辖区内金融业网络安全自主可控能力。二是指导农信银资金清算中心有限责任公司完成信息安全等级保护定级评审。三是对辖内3家银行开展金融标准化及金融业信息安全管理综合执法检查，提升了对辖区商业银行信息安全管理水平，首都金融业信息安全保障体系得以加强。

四、积极协调、全力督导，充分发挥科技行业管理职能

（一）金融IC卡及移动金融应用工作深入开展

一是推动金融IC卡业务快速发展。全年，北京地区金融IC卡累计发行6 182余万张。二是利用市场约束机制，加大受理环境建设力度，每季度对辖内商业银行开展现场检查和考核评比工作，推动北京市金融IC卡发卡量增长及受理环境建设。三是规范开展首发卡审核工作，年内完成1家银行首发卡审核工作。四是大力推动移动金融技术创新健康发展，与北京市金融工作局（以下简称市金融局）、中国银联北京分公司、商业银行等相关部门成立专项工作组，拟定北京市移动金融创新工作规划，并选取试点银行，共同探索开展金融IC卡及移动支付创新应用。截至年末，北京地区实现移动金融发卡上万张。辖内5家商业银行也分别开展了SD卡模式、SIM卡模式及HCE模式的移动金融项目试点。

（二）遵循“统一领导，规范实施”及“属地化管理”原则，规范开展非银行支付机构技术管理工作

加强北京辖区获牌支付机构的技术管理工作，推动开展非银行支付机构风险管控，督促支付机构安全生产、合规经营。全年完成对辖区内56家获牌支付机构支付业务系统漏洞风险排查、持续督导网络安全问题整改，推动提升支付机构整体技术水平。

（三）规范开展金融业机构信息管理工作，研究探索金融机构编码在辖内的普及落地

积极寻找创新手段，将其纳入“两管理、两综合”，进一步强化金融业机构信息管理。组织完成北京地区银行业金融机构及全国性商业银行代码证发放工作，完成对辖内4 222家金融机构年检工作。

五、人行营业管理部信息化建设工作不断推进

（一）扎实开展各项网络运维及管理工作

一是完成中关村中心支行网络建设、多项业务系统测试开通及技术支持保障工作，确保中关村中心支行顺利开业。二是开展北京金融城域网联网机构接入网络现场检查工作，确保网络及数据传输的安全及业务系统的稳定运行。三是加强、规范网络管理，圆满完成业务网局域网网络结构调整实施工作，使网络结构更加稳固可

靠，各安全域的边界更加清晰。

（二）进一步完善基础设施建设工作

一是顺利完成备份中心网络结构调整，提高网络的可靠性和稳定性。二是完成机房环境监控系统的在线升级改造工作，实施机房维护维修工程项目，保障机房各基础设施的安全稳定运行。三是进一步完善电视会议系统建设，完成中关村中心支行等办公地点电视会议系统的建设以及改造工作，实现辖内自主召开电视会议功能，提升办公效率。

（三）规范管理、高效实施、支持服务业务创新

充分发挥科技服务业务创新的职责，稳步推进各项信息化项目建设工作。年内，完成账户电子审批系统中关村中心支行业务的分拆改造，实现了海淀区相关账户业务的自动分配和分别处理；完成空头支票处罚系统的测试、部署和验收；启动业务网OA系统升级改造工作；完成统一数据分析平台一期建设，并开始二期建设工作；纪念币预约系统建设完成投入使用；合同管理系统完成立项并启动建设；推动“12363”平台与消费者权益保护系统的对接。

（四）夯实运维、加强保障、确保各系统安全稳定运行

落实运维岗位制度，加强电子设备运维管理，运用技术手段对重要业务系统、网络设备和网络线路状况进行严格运维，保障网络通信畅通和系统安全稳定运行，全年度未发生重大事故。

（薛静）

金融法制建设

▲中国人民银行营业管理部法制工作

2015年，人行营业管理部围绕“服务总行，服务北京”的工作宗旨，以保障依法履行央行职责、规范行政执法行为为工作重点，不断提高各项金融法制工作的积极性和主动性，提升行政效能，狠抓制度落实，强化行政监督，成效显著。

一、全力完成金融法治重点工作

一是认真落实党的十八届四中全会精神。根据《中国人民银行贯彻落实党的十八届四中全会精神的指导意见》工作要求，结合人行营业管理部工作实际，在深入调研座谈的基础上，向行内处室发出《关于深入推进营业管理部依法行政工作的通知》，从贯彻精神、科学立法、依法行政、法律服务、法治宣传和队伍建设六个方面，对人行营业管理部的依法行政和法治建设工作提出了24项具体工作内容，并于年底前完成。

二是全力部署开展“专项行动”。根据《打击利用离岸公司和地下钱庄转移赃款专项行动工作方案》要求，联合公检法部门成立“专项行动”领导小组，并负责领导小组办公室日常事务；结合北京市实际情况制定并下发工作实施方案，建立沟通联络机制、信息报送和共享机制、案件协作配合机制以及情况通报机制；召开六次跨部门工作会议，协调公安

部门解决账户查询、案件线索梳理等问题。“专项行动”期间，共组织实施4次专项打击行动，刑事拘留犯罪嫌疑人18名，冻结涉案账户230余个，查扣资金1 200余万元，涉案金额2 100余亿元。

三是协助人民银行完成其他临时性重点难点工作。完成11项2015年“两会”代表（委员）建议和提案的回复工作、“人民银行法治工作信息系统”需求书拟写和中央银行制度讨论、数字货币研究、行政处罚程序修改、执法证制度改革等十余项立法调研与座谈工作。

二、稳步提升金融立法水准

一是认真制定规范性文件。严格执行《营业管理部规范性文件制定规程》，印发《营业管理部2015年规范性文件制定规划》，及《中国人民银行营业管理部黄金制品进出口管理实施细则》、《〈中国人民银行营业管理部银行业金融机构综合评价暂行办法〉操作规程》、《北京地区企业征信机构监管实施细则（试行）》和《北京市支付机构监管信息系统管理办法（试行）》5项规范性文件。

二是积极参与地方立法工作。结合人行营业管理部工作实际和北京市金融工作特点，对市政府法制办公室和其他市属机关提交的《融资担保公司管理条例（征求意见稿）》、《北京市促进互联网金融健康发展的实施办法》、《中关村国家自主创新示范区开展互联网金融综合试点的总体方案》等地方立法提出书面修改意见与建议。

三是开展规范性文件的废改释工作。开展规范性文件评估清理工作，最终确定人行营业管理部现有规范性文件共70件，其中继续有效的55件，应予以废止的12件，部分条款应修改的3件。

三、以创新为驱动积极推进依法行政工作

一是以合同管理为抓手，推进依法行政规范化、标准化与信息化水平。总结近三年合同管理整体情况，组织召开人行营业管理部合同管理工作通报会议；牵头拟定《营业管理部合同管理办法》，实行示范合同文本制度，从事前防范、事中审核、事后监督三个层面，多角度防控合同法律风险，强化合同管理的责任追究和事后监督机制；启动人行营业管理部合同管理系统建设工作，实现合同起草、审核、用印、付款、履行、纠纷解决全流程的线上流转和有序衔接，有效解决遗漏审查、审查意见落实不到位等线下环节难以杜绝的问题。

二是建立健全依法行政工作制度与机制，完善依法履职的制度基础。调研律师事务所工作方式，结合工作需求，组织起草人行营业管理部外聘法律顾问工作规定；修改人行营业管理部执法证管理制度，严格实行行政执法人员执证上岗和资格考试制度，健全行政执法人员岗位培训制度；构建人行营业管理部执法信息公示制度；设计执法检查随机抽查工作方案；借助“专项行动”契机，与市公安局建立沟通联络机制、信息报送和共享机制、案件协作配合机制以及情况通报机制。

三是严格执法监督检查，提升行政执法质效。充分发挥法律与纪检、内审等部门的监督合力，采取发放调查问卷、查阅档案、现场检查、询问等方式，对人行营业管理部行政许可、行政处罚、工作情况依法开展行政专项审计，发现多项问题并要求相关处室认真整改；定期组织开展行政执法案卷评查活动，切实增强执法部门及行政执法人员公正执法、严格执法、廉洁执法、文明执法的意识和水平。

四是积极提高金融法律服务质量和效率，妥善应对处理内外部事件。以提出法律建议、参加谈判、提交专项报告等方式，为人行营业管理部的各项业务提供法律顾问服务。全年审查各类民事合同246件、集中采购类文件43件；完成政务公开保密审核事项34件，审核对外发文172件；参加案审会3次，审查行政处罚告知书16件，决定书26件；出具法律意见书12份，参与谈判8次，对内对外接待来访、答复法律咨询数百次；颁发《人行营业管理部执法证》11件；妥善处置与某公司相邻关系和北京重点库交通事故赔偿纠纷；承办某公司复议人行营业管理部信息公开行政诉讼案件。

四、深入开展金融法制宣传培训

一是根据工作需求和受众群体差异，开展有重点有层次的专业法律知识学习培训活动。全年共组织党委中心组法律知识学习3次，在处级干部培训班中开设依法行政知识专题培训，对基层员工、新入行员工及合同制员工开展各类形式的普法专题培训，法律事务部门建立内部月度培训制度。

二是保持和发扬传统普法项目。开展学雷锋义务法律咨询、“金融消费权益普法宣传”活动，重点宣传维权知识；组织金融消保知识答卷、普法调查问卷、金融知识普及月优秀口号征集等活动；深入推进“法律六进”活动，开展各类法治宣传及业务普及宣传活动30余次。

三是创新宣传手段，加强金融法治和央行业务的对外宣传。充分利用“央行服务一点通”电子书、“央行北京青联”微信公众号等新兴网络形式开展金融普法宣传；开展“法律与道德”模拟法庭活动，以“扶老”现象为切入点，组建模拟法庭，重现2006年南京市“彭宇案”的一审庭审过程，充分展示案件的争议焦点并邀请在场人员进行互动评议，取得良好效果；开设宪法知识热线，通过电话、内网邮件或现场咨询等方式为全行提供服务，累计解答行内员工相关问题及咨询30余次；播映法治教育系列影片，在营业管理部四个办公区进行播映，近半数在职员工感受影片的法治教育；创新宣传形式，联合北京人民广播电台，制作“金融你我他”专题节目。

五、强化内部管理与信息调研工作

一是狠抓信息调研工作。从人民银行对口司局的研究课题为着手，以政务信息为载体，紧扣人民银行监管和服务职责，为提升人行营业管理部依法行政水平建言献策，累计上报动态类和综合类信息26篇，内容涵盖各类依法行政热点问题。

二是调研成果的工作推动效果显著。年内进行的关于内部合同管理、政府信息公开审核等多类问题的调研成果，已被相关业务部门所采纳，并应用于具体工作实践中，对人行营业管理部依法行政、支付机构监管、金融消费权益保护等具体工作起到了良好的推动作用。

（董英超）

▲银行业监管法制建设

2015年，中国银行业监督管理委员会北京监管局（以下简称北京银监局）深入落实《中国银监会党委关于贯彻落实〈中共中央关于全面推进依法治国若干重大问题的决定〉的指导意见》（银监党发〔2015〕5号）有关要求，积极推进银行业法治建设，大力提升监管法治水平和监管有效性，取得了积极成效。

一、监管执法流程机制进一步完善

2015年，北京银监局密切联系监管实际，深入落实《中国银监会行政处罚办法》（中国银监会令2015年第8号）关于“行政处罚委员会制”、“票决制”、“双罚制”等新规定和新要求，印发实施《北京银监局行政处罚操作规程（试行）》（京银监办发〔2015〕47号）和《北京银监局办公室关于调整行政处罚委员会组成人员的通知》（京银监办发〔2015〕29号），及时调整行政处罚委员会人员组成和议事规则，配套印发《北京银监局行政处罚流程图》、《行政处罚文书式样》等执法适用材料，监管执法程序和监管运行机制进一步完善。

二、法律人才队伍建设和全员法治教育培训有序推进

自2011年成为北京市首批公职律师试点单位以来，北京银监局积极发挥现有3名执业公职律师的专业作用，以“全面提升法律技能，切实服务监管工作，深度参与重大决策，独立发表专业意见”为主线积极推进公职律师试点工作。依托局内“专业大讲堂”培训平台开设监管法规系列培训子板块，邀请最高人民法院民二庭、中国证券监督管理委员会（以下简称证监会）稽查总队、北京市高级人民法院及下辖法院有关专家为监管人员授课辅导，持续营造全员学法、知法、懂法、守法的良好氛围。

三、协助防范打击电信诈骗和核查处置重大案件

2015年4月，北京银监局会同市公安局联合印发《关于协助做好管控涉案账户和提供涉案线索有关工作的通知》（京公刑侦字〔2015〕413号），督导在京中资商业银行积极配合北京市打击电信网络诈骗犯罪专项行动，要求涉案银行采取协查措施，积极推动对电信网络诈骗案件资金活动的动态监控和源头治理，有力地配合了公安司法机关的刑事调查和案件处置工作。

四、集中开展防范打击非法集资宣教活动

2015年6~8月，北京银监局组织97家中外资银行、11家信托公司开展银行业防范打击非法集资宣教活动。活动覆盖3 687家基层营业网点，出动2.04万名一线从业人员，分发《十问十答》等宣传折页171.27万份，通过电视、广播等媒体发布刊登宣教材料774次，开通运行宣教活动微信公众号，北京银监局牵头制作的《北京银行业防范私售理财产品专题宣教片》下载浏览数量达15.22万次，在《北京青年报》、《北京晨报》、《新京报》滚动刊发近百期防范非法集资客户提示，从一线员工中选拔出4 613名社会金融风险监督员，为市政府“百千万工程”输送了大批专业性师资力量，针对私人银行客户、中老年人等重点客户群体组织沙龙教育、公益讲座等现场宣教活动7 363次，直接覆盖金融消费者48.76万人次，获得了广大市民的高度认可和新闻媒体的广泛报道。

（陈森）

▲证券业监管法制建设

2015年，中国证券监督管理委员会北京监管局（以下简称北京证监局）不断加强制度建设，夯实证券监管法制基础，确保各项监管工作有法可依。坚持依法行政，做到严格执法、规范执法，维护首都地区金融安全稳定。加强辖区内法制宣传教育工作，培养辖区主体诚信意识，维护投资者合法权益，为首都地区证券业发展营造良好的法制环境。

一、制度建设，夯实证券监管法制基础

（一）健全外部监管工作指引

2015 年，北京证监局联合市金融局、北京市工商行政管理局（以下简称市工商局）发布《关于防范私募股权投资类企业从事非法集资活动的意见》，对防范北京地区私募基金从事非法集资活动进行原则规定。联合北京市知识产权局出台《关于进一步推动首都知识产权金融服务工作的意见》，加强与北京市各相关部门的合作。

（二）完善内部工作机制

制定并完善《中国证监会北京监管局信访、举报、投诉处理工作规程（试行）》、《北京证监局行政处罚案件审理工作规程（试行）》、《关于进一步规范北京证监局监管措施和行政处罚法律文书格式的通知》等制度，推动内部管理的制度化、流程化和高效化。

（三）参与市场监管规则制定

代为起草《中国证监会派出机构监管工作职责》和《中国证监会行政处罚办法》。对《期货交易行为监督管理办法》、《公开募集基金信息披露管理办法》等市场监管规则提出反馈意见建议。对《刑法》修订、《公司法司法解释》、《北京市税收保障办法》等规则草案研提意见。认真承办证券从业人员买卖股票法律修订、人民代表大会代表建议答复等法律问题。

二、严格执法，化解证券行业潜在风险

2015 年，北京证监局加大执法力度，依法完成案件调查、整非打非、清理整顿、案件协查等工作。全年共办理各类案件 92 件，办结 80 件，结案率 82%。

（一）多方协作，合力规范市场

牵头召开北京地区资本市场执法协作座谈会，邀请北京市公检法部门、市金融局、市工商局等单位参加，就新形势下北京地区打非形式、执法协作达成共识；组织召开北京市打击非法证券活动工作小组工作会议；对西城区人民检察院进行打非专题培训；与市金融局联合开展“防范打击非法集资宣传月”活动，累计发送宣传短信 30 万条，发放宣传资料 20 万份；联合市公安局经侦总队，开展打非宣传教育进社区工作，印制 1.5 万份宣传海报。

（二）重点突出，严打非法集资

配合市政府开展打击非法集资专项整治行动。此次行动对 2 267 家私募机构进行专项整治，根据前期掌握的线索对其中 26 家风险较高的私募机构开展现场排查。经排查，4 家机构被公安机关立案侦破，7 家机构被公安机关立案侦查，9 家机构高度疑似或存在非法集资特征，3 家机构运营不规范，3 家机构尚需补充核查。

（三）清理整顿，化解潜在风险

根据中国证券监督管理委员会（以下简称证监会）统一部署，稳步推进辖区证券公司信息系统外部接入的自查清理工作，包括证券公司自查、非现场核查、有针对性地现场检查、清理整顿等多个阶段，完成对辖区证券公司 401 个涉嫌违规账户的清理。配合参与对北京市区域性股权交易市场和北京市各类交易场所的专项检查工作，支持北京市清理整顿各类交易场所并提供专业意见。

（四）强化监管，跟进投诉举报

强化对投诉举报事项的监管跟进，根

据调查结果对部分机构下发监管措施，对个别从业人员申请立案稽查。全年办理信访举报投诉事项991件，“12386”热线事项1 178件。

三、规范执法，遵循依法行政法治先行

（一）加强培训，提高干部依法行政理念

通过邀请专家学者、法院法官、部门业务负责人等，进行行政法理论基础、行政监管措施、政府信息公开等问题的交流授课，提升监管干部的法律素养。通过编发《法制工作通讯》，分享处罚案例，交流执法经验。全年共编发11期《法制工作通讯》。为监管干部购买发放《公民宪法知识读本》，印制《法制工作通讯摘编》等资料。统筹法制专业处室、法律工作小组等专业优势，探讨法律问题，为日常监管难题提供法治化解决方案。

（二）严格会签，内部严控行政执法行为

充分重视行政执法的合法性，加强对重大行政行为的法律会签制度，全年累计对207项行政行为进行法律会签，主要针对行政监管措施、信访举报处理答复等行为开展合法性审查工作；并就会签过程中出现的热点、难点问题整理形成会签专报，全年共编制4份会签专报。针对信访举报受理要件审查、证据充分性、法律适用等典型性问题，揭示风险，提出改进建议，从内部把控行政执法行为。

（三）查审分离，扎实推进案件审理

2015年，北京证监局共有6起自立案件进入行政处罚的审理程序。审理过程中，在遵循查审分离的前提下，就案件事实和证据采集同稽查人员进行充分沟通；按照工作规则的要求，有序开展案件合议、补充调查、预先告知、陈述申辩、听证、送达等工作；结合个案审理，推动审理人员对证券期货违法违规案件进行类型化研究总结，形成后续案件指导思路。

四、组织普法，营造辖区合法合规氛围

在北京证监局外网“普法园地”栏目上挂违法违规案例分析、资本市场相关规则索引、优秀辖区主体普法宣传专稿等信息，向辖区主体进行监管理念、监管法规的解读与宣导，通过违法违规案例分析来引导辖区主体合法合规经营。全年上挂普法信息30条。根据《北京证监局2015年普法工作计划》安排，以“创新守法并举，规范发展共进”为主题，组织辖区市场主体结合自身实际自主开展普法宣传活动。

五、诚信建设，培养辖区主体诚信理念

（一）积极协作，搭建诚信信息共享机制

参与北京市信用体系建设，与市工商局、北京市经济和信息化委员会搭建企业和个人诚信信息共享机制。根据证监会的部署要求，积极参与资本市场诚信数据库的扩容更新工作。

（二）服务为先，协助市场主体查询更正信用报告

根据证监会的授权和相关工作要求，北京证监局设立诚信报告查询、更正服务窗口，通过外网网站下发《关于办理证券期货市场诚信档案查询使用等相关事项的通知》，明确查询、更正所需的资料及工作时间，为市场主体查询诚信报告提供方便。全年共收到23家主体提出资本市场诚信数据库查询申请，查询对象共560个。

（三）多措并举，营造辖区诚信氛围

大力开展诚信建设宣传教育，告诫辖区公司依法合规经营，诚实守信；要求辖区市场主体对自身诚信问题进行自查自纠，发现问题及时整改；以“诚信是资本市场持续发展的基础”为主题，开展宣传教育活动；汇总违法失信案例，撰写诚信建设宣传文稿，印制《证券期货市场诚信建设知识手册》，营造辖区诚信氛围。

六、创新手段，多渠道开展投资者教育

联合市金融局，中国证券基金业协会在北京卫视录制“亮剑非法集资”系列宣传片，向广大投资者介绍以私募名义开展非法集资活动的社会危害、典型形式及监管政策，教育投资者有效的识别方法和应对手段以维护自身合法权益。将投资知识上挂北京证监局外网“投资者保护园地”栏目，普及产品知识，向投资者进行风险提示。做好投资者咨询的解释、答疑工作，及时安排有经验的监管人员进行分类处理并及时回应，在解释答疑过程中，对投资者进行宣传教育。

（张娜）

▲保险业监管法制建设

2015年，中国保险监督管理委员会北京监管局（以下简称北京保监局）深入贯彻中国保险监督管理委员会（以下简称保监会）“抓服务、严监管、防风险、促发展”的工作要求，坚持以保护保险消费者合法权益为根本目标，提升依法行政能力，持续规范市场秩序，防范化解行业风险，积极服务首都经济社会发展。

一、加强自身建设，提升依法行政能力水平

一是着力提高规范性文件质量。在前期制度清理工作的基础上，不断深化规范性文件的有效性研究，持续推进监管制度的废、改、立工作，力争做到规范性文件内容不缺位、不越位、有依据、有实效。二是根据监管工作的实际需要和发展，完善现场检查、行政处罚、法律审核及信访投诉等内部流程和规程，提高法制工作的规范性和有效性；建立双人复核、合议决策等法律审核制度和问题总结等研究制度，增强自身的依法行政能力。三是加强法制培训，营造“学法、懂法、用法”氛围。开展行政执法风险防范培训；利用《法制观点》、《内部信息交流》等，刊发相关法律研究报告10篇；组织参加行政诉讼庭审旁听，提高全员风险防范意识和水平。四是建立法律顾问制度。聘请北京君合律师事务所的律师担任法律顾问，以“旁观者清”的角度为北京保监局处罚、诉讼、信息公开等行政工作提供全面、专业的法律意见，促进依法行政能力和水平的提高。

二、加强市场行为监管，营造健康有序的市场环境

一是坚持“标本兼治、重在治本”的工作方针，以现场检查为重点规范市场秩序。持续加大现场检查力度，注重系统内部联动形成检查合力，扩大检查覆盖面；综合性检查和专项检查同时推进，提高现场检查的针对性；对车险理赔服务、寿险销售行为、农业保险、意外险、寿险专业经代等进行专项检查。二是加大查处力度，促进市场规范。全年处罚保险机构15家，处罚责任人9人，罚款217万元。三是加强高管培训，促进合规经营。对北京地区保险高级管理人员进行培训，提高其个人能力和素质，增强合规经营意识。四是坚持风险提示。以“3·15消费者权益保护日”、“全国保险公众宣传日”活动为契机，与电台、报纸等媒体合作专题节目或专栏，从车险、银保产品等多角度，开展消费者风险提示。全年共发布各类消费者提示16篇。

三、积极开展法律研究，服务全局监管重点

一是建立法制研究小组，发挥专业合力。选取有法律背景的业务骨干作为小组成员，通过讨论研究、交流共享，解决监管中的法律疑难问题。二是开展务实研究，解决法律实践问题。全年针对世纪保网相关投诉特点、新《行政诉讼法》和《保险法》的实践影响、信息公开等问题撰写各类研究报告15篇，会签各类法律意见110余次；针对行政诉讼高发态势，在研究中大量参考诉讼判决案例和司法观点，借鉴司法标准，加大行政行为合法性审查。三是加强沟通交流，提供专业支持。全年向保监会、北京市相关政府部门、法院反馈保险法修改、行政处罚裁量标准、车险“小额快赔”等各类意见建议共计26次。

四、深入推动诉调对接，维护消费者合法权益

2015年，北京保监局指导行业协会办理诉调对接案件60件，涉案金额875万元。一是推动北京保险行业协会与北京市第四中级人民法院签订诉调对接协议，实现了北京85%的保险纠纷案件一审、二审的两级联动，有利于统一裁判尺度的形成和保险经营行为的规范。二是加强宣传，扩大影响。在保监会《值班要情》中刊发诉调对接相关信息3篇，《北京商报》刊发新闻稿1篇；指导行业协会在《京华时报》建立保险调解室栏目，已刊发案例19篇，在《中国保险报》刊发新闻稿1篇。三是开展调研，关注诉调对接新变化。调研发现，多家保险公司分别与海淀区人民法院建立道路交通事故纠纷诉调对接工作机制，撤诉率从15%升至70%左右。诉调对接从行业统一对接形式逐步扩大到公司与法院单独对接，形式更灵活，有利于保护消费者利益，提高司法效率。2015年9月，北京保监局被最高人民法院和保监会评选为全国保险纠纷诉调对接示范单位。

（李丹）

▲反洗钱工作

2015年，人行营业管理部综合运用现场检查、监管走访、反洗钱评价等多种措施，不断提升监管的针对性和有效性；加强重点可疑交易分析调查力度，深入挖掘案件线索；完善洗钱类型分析工作，积极开展反洗钱宣传培训，反洗钱各项工作取得新的进展。

一、综合运用多种监管措施，提高监管针对性和有效性

一是大力开展监管走访。充分运用监管走访扩大反洗钱监管范围，了解掌握机构风险薄弱环节，有针对性地指导机构改进反洗钱工作。全年共对辖内14家金融机构开展了监管走访，范围涵盖银行、证券、保险、基金、期货等行业，形成了对现场检查的有效补充。

二是以问题为导向开展现场检查。全年共对4家银行、1家支付机构进行了反洗钱现场检查，督促机构识别风险及成因，实现由形式合规向实质有效的转变。

三是广泛开展现场调研。全年共对4

家中资商业银行、4家村镇银行、6家非银行机构开展了反洗钱业务专项调研，引导各机构不断完善可疑交易分析机制，将监管要求贯穿于机构业务发展的各个环节。

四是科学开展反洗钱评价工作。全面修订银行机构反洗钱综合评价标准，提高重点可疑交易报告分值权重，降低内控制度、组织机构等指标权重，减少不可量化内容的分值比重，通过指标权重的调整传递监管重点和风险导向信息。

二、加强重点可疑交易监督指导与分析调查力度，反洗钱监测调查成效显著

2015年，人行营业管理部以重点可疑交易报告作为深化反洗钱监管的重要抓手，综合采取“强化考核力度、强化辅导力度、严把报送质量关口”三项措施，激励督促机构切实提升反洗钱机制的有效性。全年共接收、分析金融机构重点可疑交易报告60余份，向侦查机关移送涉嫌地下钱庄、腐败犯罪、恐怖融资、诈骗等线索10余起，与市公安局、北京市人民检察院会商线索10余起。自主开展或协助公安机关等部门开展反洗钱行政调查20余起，协助破获多起有较大社会影响力的重点案件，反洗钱在维护金融稳定、反腐败等领域的积极作用更加凸显。

三、不断完善洗钱类型分析工作，督促机构将风险提示内容落到实处

一是完善洗钱类型分析工作。总结分析可疑资金交易类型、特征及风险趋势，完成北京地区年度洗钱类型分析报告，并将洗钱风险情况及时通报全辖，为金融机构准确识别风险、有效防范风险提供指引。

二是多渠道进行洗钱风险预警。通过编发6期《北京市反洗钱工作简报》、转发《洗钱风险提示》、组织座谈和召开培训等方式，提示机构密切关注地下钱庄、非法集资、恐怖融资等风险，帮助机构进一步提高风险管理水平。

四、广泛开展反洗钱培训和宣传，营造良好的反洗钱环境和氛围

一是举办北京市金融机构反洗钱实务培训。9月，人行营业管理部分别举办了北京市银行业、证券业、保险业金融机构反洗钱业务培训，辖内190家机构、240余名反洗钱部门负责人和相关工作人员参加了培训。

二是开展反洗钱系列宣传活动。9月，人行营业管理部走进中关村开展了“反洗钱宣传进商圈活动”，在创业商圈讲解反洗钱基本知识，宣传身份实名制政策和出租、出借身份证或银行账户的危害性及承担的法律责任；全年共向辖内金融机构发放反洗钱宣传材料4万余册，进一步提升社会公众对反洗钱工作的认知。

（孙小娟）

▲跨境人民币业务

2015年，人行营业管理部牢牢把握“稳中求进”的工作基调，认真贯彻落实各项跨境人民币试点政策。简政放权，优化业务备案流程，便利银行和企业开展业务。开拓创新，推动跨境电子商务人民币结算，促进北京地区跨境人民币业务向纵深发展。转变思想，业务推动和风险防控两手抓，从央行履职角度出发，建立跨境人民币非现场预警监测体系，夯实人民币国际化基础。

一、稳步扩大跨境人民币使用，促进首都金融业对外开放

跨境人民币业务进一步扩大，帮助企业通过人民币国际使用规避汇率风险和拓宽投融资渠道。2015 年，经常项目人民币收付 6 958.92 亿元，同比增加 223.38 亿元，其中货物贸易人民币结算占地区进出口额的 26.89%，同比提升 5.66 个百分点。资本与金融项目人民币收付 5 299.63亿元，同比增加 754.09 亿元，其中直接投资人民币结算 3 659.67 亿元，同比增长88.78%。跨境人民币收付额占本外币跨境收付总额的 21.09%，同比上升 1.7 个百分点。跨境人民币收付涉及的国家和地区已达 187 个。

与境外银行、境外机构的合作日益加深，首都银行业使用人民币进行国际结算的能力不断增强。2015 年，北京地区共 62 家银行办理跨境人民币结算。截至年末，北京地区银行已与境外 77 个国家和地区的 403 家银行建立了代理行关系，为境外机构开立人民币结算账户 751 个；北京地区银行与境外银行间的融资余额达到 1.97 万亿元。

二、激活市场需求，积极支持贸易和投资便利化

（一）简政放权，推动人民币资金池业务发展

针对跨国企业集团开展双向人民币资金池业务的复杂性，加强对银行的辅导，支持企业在全球范围内优化配置资源。截至年末，共 58 家跨国企业集团完成跨境双向人民币资金池业务备案，支持境内外 2 150 家成员企业拓宽融资渠道。结合北京业务特点和实际操作情况，制定北京地区备案细则，进一步明确和简化银行备案程序和内容，方便银行和企业操作。提升管理水平，合并备案事项，减少材料反复环节，形成简明完备的内部工作流程，提高工作效率，降低操作风险。

（二）探索开展新型业务，支持北京地区跨境电子商务人民币结算业务

在充分调研和广泛听取意见的基础上，人行营业管理部为在京银行、支付机构支持电商跨境人民币结算打开大门，激发市场活力，推动政策“落地”。本着便利化原则，进一步优化银行和企业操作，简化业务流程，银行和支付机构可以同步完成备案，减少相互协调，降低银行和企业的操作成本，鼓励新业务健康快速发展。截至年末，共 5 家支付机构完成跨境电商人民币结算业务备案。

（三）加强政策宣传和指导，形成政策实施与市场主体的良性互动

一是建立辖内重点银行跨境人民币业务季度座谈例会机制，通报北京地区业务最新发展情况，了解银行在业务推动和发展中的问题，并就银行所关注的问题进行政策辅导和解答。二是举办北京地区银行跨境人民币业务政策培训会，参加“北京地区进出口企业业务咨询会”和“金融知识普及月”等活动，多层次、多角度开展政策宣传和培训工作。三是及时传达人民银行最新政策文件，指导并监督辖内金融机构认真贯彻落实。

（四）业务管理有序开展，推进业务稳健运转

一是加强业务管理，进一步规范辖内银行办理外商直接投资人民币结算和人民币同业往来账户业务，做好风险防范基础工作，保证业务合规有效运转。二是加强与北京市商务委员会等 5 个部门沟通协调，完成2015 年北京地区跨境人民币货物贸易出口重点监管企业名单遴选工作，在风险可控的前提下，推动出口跨境人民币结算业务稳健发展。（李淼）

五、机构业务综述

金融管理机构

中国人民银行营业管理部

2015年，中国人民银行营业管理部（以下简称人行营业管理部）认真贯彻执行稳健的货币政策，扎实推进各项金融改革，着力维护首都金融安全与稳定，不断提升金融服务水平，在促进首都经济社会全面发展中，实现了央行履职水平的进一步提升，荣获第四届“全国文明单位”荣誉称号。

一、贯彻落实稳健的货币政策，有力支持首都经济发展方式转变

（一）稳健货币政策有效落实

认真传导降息降准政策，密切监测辖内流动性水平。进一步完善信贷政策导向效果评估机制，不断提升激励约束的针对性和有效性。试行差别存款准备金动态调整工作管理办法，适度增强合意贷款进度弹性，引导金融机构根据实际需要合理把握贷款投放节奏。建立存款准备金违法行为分级处理机制，辖内欠交机构数量减少近四成。认真做好中国人民银行（以下简称人民银行）货币政策工具账务核算，保持零差错。

（二）信贷政策引导作用有效发挥

牵头组建北京市科技金融专业委员会，与相关部门共同推动金融支持创业创新、文化金融特色支行评选等专项活动，进一步健全科技金融、文化金融服务体系。中国人民银行中关村国家自主创新示范区中心支行（国家外汇管理局中关村国家自主创新示范区中心支局）正式履职，积极探求科技金融新思路，创新开展科技金融专营机构监测评估，探索建立多维度动态监测制度，创建“中关村金融创新讲坛”。牵头组建北京市金融工程专业委员会，合作举办“京津冀协同发展与金融支持”论坛，助力京津冀协同发展。有效运用货币政策工具推动金融机构扩大支农支小信贷投放，首次向村镇银行发放支农再贷款。牵头组织北京市“三农”金融工作会，积极向人民银行申请开展承包土地经营权抵押贷款试点，主动构建适应现代农业发展的金融服务体系。扩大经济适用住房和公租房开发贷款试点，鼓励辖内银行积极参与棚户区改造和保障房建设。

（三）利率市场化改革深入推进

组织建立北京地区市场利率定价自律机制，有效发挥自律作用，辖内金融机构存款利率绝对水平都未超过政策调整前。组织成立财务公司利率定价专业委员会，联合出版《财务公司应对利率市场化改革的探索与创新》，有针对性地加强定价指导和自律管理。

二、加强金融机构规范管理与打击金融违法犯罪活动并重，着力维护首都金融稳定

（一）存款保险制度平稳实施

及时传达人民银行要求，积极争取地方政府支持，整合内部资源，制定多层次流动性应急预案及风险处置预案，强化流动性及存款稳定性日常监测，有序开展政策宣传与培训，切实加强舆情监测，按时为辖内所有应投保机构办理投保及保费收缴手续。

（二）金融机构规范管理全面加强

创新金融风险监测手段，积极推进金融风险监测系统二期开发，跨区域开展同业业务督察“回头看”，全面排查信托项目兑付风险，切实加强同业业务、资产管理等重点领域动态风险监测。组织开展银行负债业务自评估及现场评估，对83家银行开展综合评价，对3家银行开展综合执法检查，有力督促金融机构稳健合规经营。综合运用现场检查、监管走访、自评估工作座谈、非现场监管报表等手段，促使辖内反洗钱工作由注重形式合规向实质有效转变。

（三）保持对金融违法犯罪活动高压态势

牵头开展北京地区打击利用离岸公司和地下钱庄转移赃款专项行动，成功组织多起打击行动。积极开展联合整治银行卡网上非法买卖专项行动，破获案件82起。利用反洗钱可疑交易线索，主动发现并协助破获3起有较大社会影响力的重点案件。积极探索打击外汇违法犯罪活动联动机制，与北京海关签署海关稽查与外汇检查合作备忘录。

三、大力推进金融服务现代化，不断提升金融服务便民惠民水平

（一）金融消费权益保护工作全面推进

上线运行北京地区金融消费权益保护信息管理系统，建立北京地区“12363”电话投诉工作流程和咨询投诉季度通报制度，妥善处理多起影响较大的消费者投诉案件。组织开展“3·15金融消费者权益日”、“金融知识普及月”等主题宣传活动，通过进乡村、进社区、进商圈等形式普及金融消费知识。

（二）支付业务监管切实加强

有序开展支付机构客户备付金管理专项检查，对未获牌预付卡机构进行摸底排查及风险预处置。大力推广第二代支付系统及ACS综合前置子系统，成功启用ACS外汇存款准备金业务功能，切实保障系统安全稳定运行。投产运行“双活模式”支付系统同城备份中心，有效提升北京城市处理中心应急处置能力。推动手机支付试点机构拓展业务范围，进一步深化农村支付服务环境建设。

（三）货币发行管理不断创新

全力做好第五套人民币2015年版100元纸币的发行工作，有效保障北京市现金供应。探索建立现金服务第三方评价机制，首次推进人民币现钞跨境业务，有序开展全额清分情况专项检查，不断创新并强化人民币收付管理体制建设。全面落实各项反假措施，从银行柜台、公安、海关三个方面推进“假币防火墙”建设，积极推动冠字号码可查询工作。有效保障北京立体库运行，强化发行库及黄金制品管理。创新机具复点模式，提前完成部分残损人民币销毁计划。深入落实“三严一争”及精细化管理各项要求，效率提升与风险防控齐头并进。

（四）国库服务能力有效提升

以新《预算法》[①] 实施及央行经理国库30周年为契机，多形式开展国库业务宣传。在全国率先实现海关加入财税库银横向联网，首创通过自助机具实现刷卡缴税一站式服务，国库服务社会民生的能力

---

① 《中华人民共和国预算法》（2015年修订）简称新《预算法》。

和水平进一步提升。构建国库集中收付代理银行综合评价指标体系，推进代理银行资格认定标准化、规范化。积极开展国库会计分析，稳妥推进地方国库现金管理。

（五）首都信用体系建设稳步推进

在全国率先制定发布《北京地区企业征信机构监管实施细则（试行）》，严格把关，扶优限劣，培育与规范征信市场。探索建立“全流程、多层面、上下联动”的征信系统运行管理体系，铺设便捷高效的个人信用报告查询服务网络。以中关村小微企业信用体系试验区建设为重点，推进首都社会信用体系建设。加大征信宣传力度，组织开展“6·14全国信用记录关爱日”、“校园普信行”等专项宣传活动。

（六）科技服务保障功能进一步强化

全力协助人民银行完善账户系统灾备切换方案，圆满完成试点工作。积极推进金融IC卡应用，大力推广移动金融，组织辖内5家商业银行开展试点。加强信息安全管理，对支付机构技术设施进行专项检查。深入开展北京金融城域网接入网络现场检查，圆满完成业务网省级节点“网络双活”实施试点，不断提升信息安全保障水平。

（李媛）

国家外汇管理局北京外汇管理部

2015年，国家外汇管理局北京外汇管理部（以下简称北京外汇管理部）以推进外汇管理“五个转变”迈上新台阶作为目标，因地制宜，开拓创新，统筹兼顾，助推外汇管理改革进程不断深入。

一、稳步推进外汇管理改革进程，在服务地方实体经济发展方面推出新举措

（一）深入开展跨境电子商务外汇支付试点业务

截至年末，北京地区试点业务跨境收支49.1万笔、21.8亿美元，成为全国开展试点业务机构数量最多、业务范围最大、发展潜力最强的城市。

（二）深入落实简政放权要求，升级贸易便利化程度

一是深化跨国公司外汇资金集中运营管理政策，积极拓展政策惠及范围。截至年末，正式取得业务资格企业50家，境内外成员公司2 000多家，试点主账户结算量5 000亿美元。跨国公司外汇资金集中运营管理政策试点以来，企业累计引入境外低成本资金180亿美元，对外提供资金支持95亿美元，为企业（据企业估算）带来综合收益约20亿元。

二是优化境外承包工程账户开立程序，简化境外上市监管业务审批流程，促进投融资便利化，为境内公司境外上市创造更为宽松的外汇监管环境。

三是积极推进个人本外币兑换特许业务发展，加大对特许机构业务创新扶持力度。年内，批准新增网点10家，批准北京联合货币兑换有限公司开展调运外币现钞进出境及外币批发业务。

四是落实直接投资外汇管理政策改革，将直接投资外汇登记权限下放银行，允许外商投资企业外汇资本金意愿结汇；

简化境外上市外汇登记手续。

五是完善财务公司即期结售汇资格审核。全年批复同意了6家财务公司结售汇业务经营资格和综合头寸。

六是支持北京市服务业扩大开放综合试点，研究制定涉及外汇管理的金融保障措施。

七是规范行政审批流程，落实受理单和时限承诺等制度，提升依法行政和文明服务水平。

二、努力提高跨境资金监测手段，遏制异常资金流动

（一）维护汇率稳定，加强购付汇外汇业务监管

《国家外汇管理局关于加强购付汇外汇业务监管的通知》（汇发〔2015〕38号）下发后，北京外汇管理部积极采取窗口指导、约见谈话、风险提示、案例通报等形式，引导、督促辖区内银行和企业正确认识汇率改革的重大意义，依法开展跨境收支活动，取得明显效果。截至年末，北京地区银行代客涉外收支逆差3 063.7亿美元，同比下降5.24%；代客结售汇逆差2 980.2亿美元，同比增长25.3%。

（二）强化日常监测手段，有效防范区域性、系统性风险

一是持续加强重点主体风险防控。着力构建“以大型企业专项监测把握形势、设定风险底线锁定风险主体、对少数异常主体深入核查”的风险防控机制，在定期对分拆交易数据筛查的基础上，加强对大额结售汇业务的核查力度，特别是单笔等值10万美元以上的大额购汇交易。全年，专项核查个人大额购付汇270笔，金额1.7亿美元，涉及银行17家，发现异常交易9笔，金额837万美元，涉及个人8个。根据中关村区域外汇收支交易项目和交易主体高度集中的结构特点，确定了以重点样本监测作为数据分析抓手的工作方法，力求抓住主要行业和主要企业，建立了资本项目重点监测主体样本库。

二是指导银行加强内控制度建设。从帮助银行完善内控制度、加强对从业人员的培训及考核入手，提升银行执行政策的水平和风险防控能力。全年，举办北京地区外汇从业人员政策法规业务培训考试9次，近70家银行共计3 103人参加。提高内控管理在银行考核中的比重，完成2015年度辖区内77家银行执行外汇管理规定情况考核工作。

三是不断丰富核查手段。加强企业存量数据和流程数据之间的比对，通过多渠道数据的钩稽分析发现疑点开展资本项目非现场核查。截至年末，共核查合规性指标2 521条，涉及金额692亿美元；核查异常数据137条，涉及金额330亿美元；核查滞留数据1 402条。加强主体监管，拓宽非现场核查渠道。研究财务公司主体监管方案，开展跨市场套利主体筛查、NRA账户收付、银行办理对外直接投资登记和购付汇、辖内银行内保外贷履约等专项核查。对辖内企业资本项目外汇收支特点分层分类研究。

（三）加大案件查处力度，有力震慑跨境资金违规流动

一是组织开展专项检查工作。根据国家外汇管理局要求，对7家银行、6家融资租赁类公司的外汇业务开展专项检查。

二是积极探索以非现场检查系统为核心的多部门联合工作机制。5月，与北京海关签订《北京海关　国家外汇管理局北京外汇管理部　海关稽查与外汇检查合作备忘录》。

三是充分利用非现场检查系统，及时发现异常线索，联合公安部门成功破获了2起地下钱庄案。

三、加强数据管理，提高数据质量

（一）逐步开展对金融机构上报数据准确性的深入核查

根据国家外汇管理局下发的数据核查规则定期对金融机构报送的数据进行核查，针对发现的错误，进行总结归纳，提出新的核查规则意见并上报。

（二）加强银行结售汇统计报送管理，提高数据报送质量

加强对报送数据质量较差银行的管理，全年共约谈金融机构12家、发布季度通报3期。召开辖区内总行级商业银行结售汇统计工作座谈会，通报各行国际收支统计系统建设和内控管理工作的现状及存在问题，推动辖区内银行加强内控管理和系统建设。全年，共完成国际收支间接申报核查296.8万笔，纠正迟报、漏报、重复申报、不规范申报等错误信息3 700余笔；审核上报辖区内120家银行、财务公司的12期结售汇月报和22期结售汇旬报，核查报表2.4万余份，银行发生迟报、错报、漏报共99次。

（三）加强跨境资金流动监测，切实提高外汇形势分析水平。结合北京地区特点，加强对国内、国外两个市场的关联分析，密切关注经济金融形势变化对外汇收支的影响，加强对跨境资金双向监测分析。继续推行“银行+企业”快速调查制度，就人民币汇率预期、外汇掉期、外币存贷款变化、“8·11汇改”后企业和银行的应对等热点问题进行快速调查，并撰写调查报告报送国家外汇管理局。全年，共完成《银行结售汇异常波动分析月度报告》5期、《北京地区外汇管理监测月报》6期、《银行代客售汇业务情况汇报》17期；开展进出口企业问卷调查4次，个人外汇收支调查4次。

（四）加强系统建设和推广，提升外汇管理电子化水平

一是积极推进数据采集与管控系统试点及推广工作。试点期间，通过数据采集与管控应用中的相关数据监测功能，对辖区内5家试点金融机构的数据报送情况和质量进行跟踪监测。

二是认真做好个人外汇业务监测系统上线试运行工作。及时统计辖区内需要进行验收的银行数量，为银行及特许机构提供技术咨询，重点针对采用接口模式的金融机构进行跟踪指导，确保按照统一规划顺利接入系统。

三是加大企业联机接口服务宣传力度。筛选辖区内重点企业，举办企业联机接口服务推介会，现场进行政策讲解和答疑；充分利用政府网站，发布《北京外汇管理部关于推广企业联机接口服务应用的提示》和《北京地区企业联机接口服务指南》，为企业提供业务咨询和申请。

四是自主建立国际收支申报核查系统。多次召开国际收支申报核查系统需求研讨会，明确核查要素，确定核查模式，完善核查功能。根据软件需求和现有业务用机情况，完成软件主要功能开发，实现了多台业务用机间可移植安装并独立运行。根据《国际收支统计间接申报核查规则》，以9月的6万笔国际收支申报数据为样本进行了试核查。通过比对结果，查找差异，不断对预设核查规则进行完善。

（云璐）

中国银行业监督管理委员会北京监管局

2015年，中国银行业监督管理委员会北京监管局（以下简称北京银监局）主动适应和服务首都经济发展新常态，以提高发展质量和效益为中心，积极研究推动监管创新和服务创新，全面推进促发展、防风险、强监管，北京银行业改革发展和监管工作取得了较好的成效。

一、提质增效惠实体，金融服务水平得到提升

2015年，辖内新增信贷资金5 681.33亿元、理财资金5 815.55亿元，通过资产证券化、不良贷款处置盘活存量贷款近300亿元，新增和盘活资金主要用于支持北京非首都功能疏解、科技文化创新和重大工程建设。

一是全力支持京津冀协同发展。建立京津冀三地银监局监管协调机制，引导辖内银行业构建三地金融服务协同机制；建立京津冀协同发展项目库，相关项目贷款余额超过千亿元。

二是积极支持北京“双轮驱动”发展战略。成立北京银监局科技金融服务创新工作领导小组，出台工作指导意见，推动银行业科技金融组织体系、产品、管理、服务方式、考核机制创新及监管创新。全年，辖内机构新发放中关村高新技术企业贷款3 724.37亿元。鼓励文化创意企业批量服务模式，截至年末，文化创意产业贷款余额1 100.71亿元，同比增长36.62%。

三是大力支持北京经济转型升级。战略性新兴产业、信息技术服务业和绿色信贷领域贷款年末余额比年初分别增长21.4%、48.58%和13.8%，均高于辖内贷款平均增速。辖内消费贷款年末余额3 478.99亿元，同比增长16%，其中，汽车金融公司、消费金融公司消费贷款余额1 806.75亿元，同比增长28.58%，有力地推动了消费对经济增长的促进作用。

四是有效支持首都重大项目和民生保障工程建设。全年新发放重点工程贷款720.7亿元，同比增长91.4%。大力支持行政副中心建设，辖内银行为通州行政副中心建设提供贷款已超过300亿元。支持城乡结合部改造，城乡一体化改造贷款、保障房贷款和棚户区改造贷款同比分别增长94.41%、49.06%和65.09%。

五是大力发展普惠金融。小微企业贷款年末余额同比增长13.88%，高于辖内贷款平均增速，“三个不低于”持续达标。农村基础金融服务“村村通”得到全面推进，实现村镇银行远郊区“全覆盖”。已设各类机构网点4 701家，比年初增加248家，其中社区支行、小微支行330家，金融服务覆盖面进一步扩大。

六是有效推动降低企业融资成本。推动辖内银行减少收费项目2 258项，降低收费标准259项。推动财务公司减费让利为企业集团节约财务费用，服务集团实体企业发展，年内批准8家财务公司开业。督导银行进一步规范小微企业服务收费标准，鼓励“年审制”贷款、无还本续贷等小微信贷还款模式，有效降低了社会融资成本。

二、守土尽责化风险，风险防控工作取得实效

秉承“首都金融无小事”理念，全面落实“双线”风险防控责任，妥善处置重大风险隐患。

一是严抓机构风险防控主体责任。建立监审联动机制，督导8家机构认真完成北京银监局指定内审项目，并将检查质量作为现场检查立项和监管评级的重要依据，发挥监管激励导向作用。

二是研究探索重大风险处置机制。积极开展重大风险处置机制调研，探索建立辖内大额授信风险处置预案、辖内全面风险分析机制。

三是加大专项风险排查力度。全面开展“两个加强、两个遏制”专项检查及“回头看”工作，全年共对49家机构开展专项现场检查，严格落实“三铁三见”，查处一批违法违规问题。持续督导机构开展案件风险和员工行为排查，开展打击银行卡非法买卖专项活动。

四是严厉打击非法集资和私售行为。在全国率先启动涉案账户电子网络查控专线建设，积极配合北京市公安局和北京市打击非法集资工作小组办公室防范打击电信诈骗。督促银行建立打击私售行为常态化工作机制，开展私售行为“地毯式”排查，严格处理涉事银行和人员；暂停多家网点代理销售业务，责成银行问责私售员工70名，对私售行为形成高压态势。

五是严防跨区域风险传染。构建信托业务事前、事中、事后全流程风险监管体系，督导信托公司按照“一项目一对策”方式妥善化解异地信托项目兑付风险，防止区域外风险以信托项目为渠道向北京地区传递。

六是狠抓柜面操作风险和信息科技风险防控。制定柜面操作风险规范性文件，督导机构严把柜面业务七个“关口”。在全国率先实现个人投资产品销售录音录像所有银行网点全覆盖，全年受理的误导销售投诉量同比下降48%。信息科技风险管理体系不断完善，辖内银行网络级同城灾备建设基本完成，制定机房运营类外包监管评估标准，探索建立非银行机构信息科技监管制度体系。

七是积极化解消费者投诉纠纷。通过指导机构设立消费者投诉专线，推动机构积极履行金融消费者投诉处理第一责任人职责，以多种形式开展金融知识宣传教育，充分发挥北京市银行业协会纠纷调解作用，全年实现投诉量与立项核查量“一升一降”，在投诉量同比增长一倍多的情况下，立项核查数量同比下降近60%。

八是加大违法违规惩戒力度。完善银行从业人员“灰名单”信息系统，收集从业人员处罚信息797人次。全年处罚机构19家，罚款金额近千万元，及采取暂停业务等强制监管措施，增强了监管执法的严肃性。

三、放管结合促改革，银行业开放进一步扩大

认真落实简政放权、放管结合、优化服务的工作要求，不断激发银行业改革开放的活力和动力。

一是民间资本进入银行业取得新进展。积极贯彻落实民营银行最新监管政策精神，联动相关政府部门，统筹推动北京地区民营银行设立工作。支持2家村镇银行吸收民营企业投资入股，引导民间资本依法平等进入银行业。

二是银行业扩大开放试点工作稳步推进。出台北京地区银行业扩大开放落实意见，初步搭建北京银行业扩大开放政策集成平台和金融服务平台。积极支持外资资本进入银行业，4 家大型外资银行获批在京设立分行，辖内首家台资银行获批筹建，1 家外资银行获批开办人民币业务，外资机构数量居全国第二位。支持非银行机构业务范围扩大，批准 15 家财务公司开展有价证券投资、金融机构股权投资、外汇等业务，推动财务公司开展产业链金融服务试点，6 家财务公司开展境外资金归集试点业务，服务企业“走出去”。

三是银行业体制机制创新持续推进。信托公司“股东阳光化”稳步推进，延期支付、资本补充等多项机制初步建立，“八项机制”、“八大责任”进一步落实。推动汽车消费金融公司和金融租赁公司资产证券化业务、金融债券业务开展常态化机制建设。

四、主动改进监管方式，监管有效性得到增强

采取“先课题研究后改革方案、先难点突破后整体推进”的方式，积极推进监管方式创新和监管资源优化配置，监管有效性得到提升。

一是监管组织架构进一步完善。顺利完成两家全国性股份制商业银行监管权上交工作；增设非银监管处室，承接 25 家非银行机构的监管权；设立科技金融监管专业团队；恢复建立中国金融工会北京工作委员会。

二是监管方式日益优化。优化分类监管工作流程，改进现场检查工作机制，完善非现场监管联动机制，切实提升监管质效。

三是简政放权持续深化。落实中国银行业监督管理委员会（以下简称银监会）行政许可新制度，优化北京银监局行政许可审批事项分类审批程序，制定权力清单、责任清单和约束清单。

四是跨业协同监管进一步完善。联动建设银行证券保险监管协调工作机制，搭建监管协调交流平台，跨市场协同监管工作得到加强。

五是监管法治化建设不断加强。制定《北京银监局行政应诉工作实施细则》，妥善应对行政复议 12 件。加强执法队伍建设和法治培训，提高执法队伍专业能力和职业道德水平。

（黄婕）

中国证券监督管理委员会北京监管局

2015 年，中国证券监督管理委员会北京监管局（以下简称北京证监局）按照全国证券期货监管会议精神和工作部署，全面深入推进辖区监管转型，积极防范区域性系统性金融风险，大力服务实体经济，从严干部管理，辖区资本市场实现稳定健康发展。

一、规范透明、严谨高效，简政放权释放市场活力

2015 年，北京证监局清理废止 18 项落实性文件和 8 件自行下发文件；核准行政审批事项 104 件，实现行政许可事项依据、过程和批复的全面公开，严格遵循审核制度及程序，统一审核标准及尺度，确保留痕管理，依法规范行政审批行为；整理并及时公示证券期货经营机构备案事项办理指引，明确事中、事后监管要求，指导机构严格履行备案义务，接受各类备案近2 500件。

二、主动沟通，精准服务，助推首都经济社会转型升级

（一）促进首都证券期货行业创新发展

推动辖区证券公司拓宽融资渠道；支持辖区各类机构申请资产管理业务相关牌照，辖区新增5家公募基金管理人和9家公募基金销售机构，基金管理人股东出现自然人、民营私募机构等新兴行业参与者；举办辖区期货公司创新发展座谈会和首席风险官座谈会，推动首都期货行业创新发展。

（二）推动首都企业利用资本市场

优化拟上市公司辅导监管工作，全年受理辅导备案公司43家，组织517人进行辅导考试，完成22家公司验收工作；联合市文资办北京市国有文化资产监督管理办公室开展“首都文创产业投融资体系建设”项目，联合相关部门召开京津冀协同发展、并购重组、公司债券和“互联网+资本市场”等多期培训会，推动与北京市金融工作局（以下简称市金融局）、沪深交易所联合签署公司债券合作备忘录，促进首都企业利用资本市场做大做强。

（三）支持北京区域性股权市场发展

推动建立北京证监局、市金融局和北京市人民政府国有资产监督管理委员会等参与的首都场外市场建设六方合作机制，推动北京股交股权交易中心与全国中小企业股份转让系统对接。

三、找准焦点、强势有力，事中、事后监管新体制逐步成型

（一）非现场监管进一步聚焦

全面实施分行业监管，首创“监管型”行业分类标准，制定影视行业和医药行业现场检查工作指引，将行业监管思路延伸至辅导备案环节。优化年报分类审核方式，重点审核58家上市公司年报，下发年报监管问询函33份，根据发现的问题下发行政监管措施3次。采用自建的证券公司财务预警指标体系评估辖区证券公司财务风险，推广证券公司流动性风险管理业务指南和最佳实践，完善分级基金等产品线监管，优化期货公司首席风险官报告模式，高效处理期货保证金监控中心预警17家次。改进证券、期货营业部分类评价指标体系，完善分类监管机制。

（二）全面强化现场检查

大幅增加现场检查数量，全年完成各类现场检查280家次，同比增长26%。先后开展“两个加强、两个遏制”专项检查、证券期货经营机构信息技术专项检查和债券专项检查等全局性检查。加大对热点重点问题的现场检查，针对融资融券、代销金融产品、信息系统和公司迁址等风险事项加大检查力度。首次开展并购重组标的和承销保荐检查，提前遏制市场潜在风险。对19家新上市公司开展现场走访，有效拓展监管半径。优化检查程序，修订完善现场检查底稿，探索应用计算机程序提高检查智能化程度，现场检查质量显著提高。

（三）积极开展新业务监管

完善非上市公众公司监管机制，构建局内外监管协作体系，优化监管月报等非现场监管方式，对“新三板”场外股票买卖意向信息发布平台和挂牌公司定向发行股东投资者适当性开展核查。推动市金融局把私募基金相关工作确定为2015年重点工作之一，初步建成私募基金综合监管体制，对 41 家私募机构开展现场检查，对 8 家私募机构下发监管措施。构建债券综合监管机制，对 6 家债券发行人、2 家债券承销人和 2 家债券评级机构开展检查，基本实现对债券全链条监管。与市金融局联合开展互联网私募股权融资专项检查，全面排查行业潜在风险。

（四）探索建立日常监管与稽查执法衔接机制

推进“大稽查、大监管”格局构建，建立稽查处室与业务处室合作检查机制，应用稽查手段搜集线索和固定证据，对检查中发现的业务违规问题及时反馈日常监管处室。全年，日常监管处室向稽查处室移送案件 4 起，稽查处室向日常监管处室发出《提请关注函》6 份。

（五）用好用足监管措施

针对监管发现的问题，依法有据及时下发监管措施。全年下发监管措施 66 项，同比增长 94%，推动行政监管措施公开。

（六）提高稽查执法效能

强化对热点问题和新型问题的预研预判，提高执法效率，首次办理操纵市场、编造传播虚假信息、证券期货经营机构违法违规和私募基金管理机构违规等类型案件。全年办理各类案件 79 件，同比增长 46%。制定审理工作规程，召开处罚审理案件研讨会，提高处罚审理工作规范度，全年已审、在审案件 6 起。

四、行动迅速、工作扎实，切实防范系统性金融风险

（一）督促上市公司做好维稳工作

督促辖区上市公司根据实际情况制定、披露并落实稳定股价方案，鼓励上市公司大股东及董事、监事和高级管理人员通过增持公司股份的方式稳定股价。辖区共有 125 家主板公司制定各类稳定股价措施 136 项。严厉打击违规减持行为，指导北京上市公司协会发布维护资本市场稳定发展的倡议书。

（二）充分发挥中介机构作用

监控排查辖区证券公司两融平仓风险和基金管理公司巨额赎回风险。督促基金管理公司制定流动性风险应对预案，摸排私募证券投资机构投资管理和风险控制情况。督促辖区基金管理公司做好估值调整、不定期折算和平仓预警公告等信息披露工作。对多家 QFII 异常交易股指期货开展专项核查，逐一排查辖区证券公司和期货公司 702 套外部接入信息系统的风险隐患，督导证券公司妥善处置 401 个涉嫌场外配资账户的清理工作，督导期货公司核查近 600 个交易所席位的使用管理情况。

五、理顺机制，抓好关键，有效保护投资者合法权益

（一）完善投资者诉求处理机制

制定信访、举报、投诉处理工作试行规程，建立“对外一站式、对内有分工”的投资者诉求处理机制。引入质证环节，提高投诉处理的公正性。强化对投诉举报事项的监管跟进，根据调查结果对部分机构下发监管措施，对个别从业人员申请立案稽查。全年，办理信访举报投诉事项 796 件，同比增长 200%；“12386”热线事项 1 060 件，同比增长 198%，办理效率和投资者满意度显著提高。

（二）推动监管对象加强投资者保护

督促上市公司、基金管理公司等市场主体优化投资回报机制，及时落实分红，保障中小投资者公平收益权。加大对分级基金、QDII 基金和跨境基金等复杂产品的监管政策研究，推动相关机构做好信息披露和投资者教育工作。指导北京期货商会定期举办期货投资课堂、期货沙龙等多种形式的投资者教育活动。

（三）打击非法证券期货活动

与市金融局和公检法部门召开北京地区资本市场执法协作座谈会和打击非法证券期货活动工作座谈会，完善资本市场打击非法证券期货活动执法协作机制。联合中国证券投资基金业协会发布《关于在北京市开展以私募投资基金为名从事非法集资专项整治行动的通告》，联合市金融局、北京市工商行政管理局（以下简称市工商局）发布《关于防止私募股权投资类企业从事非法集资活动的意见》，在北京卫视录制“亮剑非法集资”系列宣传片，对备案的2 267家私募机构集中开展专项整治活动，对26家风险较高的机构开展现场检查。在北京证监局网站公布124家不具备证券经营业务资质机构名单。为北京市相关部门出具非法证券活动性质认定9次。全年办理涉嫌非法证券期货类投诉85件，同比增长112%。

（张靖）

中国保险监督管理委员会北京监管局

2015年，中国保险监督管理委员会北京监管局（以下简称北京保监局）立足服务首都“四个中心”功能定位，坚持以保护保险消费者合法权益为根本目标，持续规范市场秩序，防控化解风险，积极服务首都经济社会发展。

一、下苦功，服务首都经济社会发展

以《北京市人民政府关于加快发展现代保险服务业的实施意见》（以下简称《实施意见》）出台为契机，立足京津冀协同发展的大局，以服务首都“四个中心”功能定位为中心，积极推动北京保险业提升服务经济社会发展能力。

一是紧扣首都战略定位，谋划新时期北京保险业发展蓝图。充分调研，推动《实施意见》出台；广泛宣传，扩大政策影响面；全面部署，明确常态化工作要求。

二是发挥保险助推器作用，助力首都构建“高精尖”经济结构。推进保险资金运用，支持经济社会建设；持续推动小额贷款保证保险发展及北京保险产业园建设；联合天津、河北保监局调查研究保险业服务京津冀协同发展的保障机制。

三是发挥保险社会管理功能，促进和谐宜居之都建设。运用保险机制创新公共服务提供方式，运用保险工具化解社会风险。

四是发挥保险支农惠农作用，服务都市型现代农业发展。推动农险产品创新，完善现有农险产品，促进涉农保险与信贷合作，健全农业保险制度。

五是发挥保险保障功能，构筑多层次民生保障体系。有效衔接社会基本保障制度，鼓励保险公司提供多样化健康保险服务，持续跟踪老年人意外险项目进展和老年人住房反向抵押养老保险试点情况。

二、抓实效，提升保险消费者获得感

一是重点突破，提高车险服务能力。运用移动互联技术创新交通事故处理机制，助力北京治理交通堵塞；深化理赔服务测评工作层次，引导行业提升服务质量；稳步扩大商业车险电子保单试点范围，提高车险服务便捷度；研究完善商业车险费率浮动方案，提升费率体系科学性，充分发挥费率浮动奖优罚劣的作用，细化风险与费率的关联。

二是多路推进，提升人身险业务品质。夯实制度基础，对销售误导多发的银邮渠道和易发的产品说明会环节提出监管要求；主动适应《保险法》变化，指导行业协会开展销售从业人员销售资质分类管理试点工作；开展失效保单清理工作。

三是内外联动，增强消费者保护成效。优化“12378”热线运行机制，促进投诉处理提质增效；加强诉调对接的合作深度，与北京市第四中级人民法院签订诉调对接协议；坚持风险提示和保险知识宣传并行。

三、出重拳，防范化解行业风险

积极防范内部风险；有效遏制外部风险；扎实开展打击非法集资、反欺诈等专项工作；深入开展“两个加强、两个遏制”专项检查工作，全面提升辖内保险机构依法合规经营水平。

（蒋胜蓝）

北京市金融工作局

据初步核算，2015 年北京市金融业实现增加值 3 926.3 亿元，同比增长 18.1%，比上年提高 5.4 个百分点，占地区生产总值的 17.1%，对经济增长的贡献率达 39.6%；实现地方公共财政预算收入 928.1 亿元，同比增长 31.7%，占全市财政收入的 19.6%，对地方财政增收贡献率达 32.1%；资产总额 111.5 万亿元，同比增长 12.5%。作为带动全市经济增长和财政收入增长的第一支柱产业，金融业为北京市加快构建“高精尖”经济结构发挥了重要作用。

一、积极融入大局，在服务国家发展战略中抢抓首都金融发展新机遇

一是主动承接“一带一路”战略。申办并支持亚洲基础设施投资银行（以下简称亚投行）、丝路基金等国家重大金融战略项目落户北京，强化首都金融国际竞争力；建立与亚投行、丝路基金工作对接平台，促进对外贸易稳定增长，助力本市企业“走出去”。

二是积极落实京津冀协同发展战略。制定三地金融协同发展任务，建立金融监管部门沟通协调机制。推进银行业机构协同发展，探索区域一体化统筹运营；推出保险服务标准一致化，推动京津冀保险业一体化发展；构建区域统一的要素市场体系，京津冀三地在京津冀产权市场发展联盟网站披露各类项目 4 397 项，成交3 217 项。

三是加快助推创新驱动战略。制定《深化改革　加快建设国家科技金融创新中心的意见》（将以北京市人民政府名义征求九部委意见后联合下发）；颁布《北京市关于推动科技金融创新支持科研机构科技成果转化和产业化的实施办法》，加大金融支持科研成果转化力度；起草《中关村国家自主创新示范区开展互联网金融综合试点总体方案》，并上报国务院，促进互联网金融规范健康发展。

二、聚集高端要素，在打造首都特色金融生态体系中巩固首都金融发展新定位

一是做好机构引进和服务工作。2015年，新增保险法人机构3家，非银行金融机构8家，协调支持维萨国际组织（VISA）等外资机构融入本市发展。积极服务国家金融管理部门和中央金融机构，加强与北京市人民政府（以下简称市政府）各委办局的统筹协调，及时落实人才引进、享受一次性资金补助、公积金优惠等支持政策，桥梁纽带职能作用进一步提升。

二是加快建设首都多层次资本市场。截至年末，北京地区A股上市公司264家。全国中小企业股份转让系统（“新三板”）挂牌公司5 129家，总股本2 960亿股，总市值2.46万亿元。中关村股权交易服务集团有限公司（“四板”）快速发展，累计服务本市中小微企业2 147家，实现各项融资68.39亿元；私募债备案27只，备案金额32.45亿元；权益过户1 679笔，涉及金额104.70亿元。机构间私募产品报价与服务系统（“五板”）市场功能日益完善。

三是合力推进首都保险市场发展。以市政府办公厅名义印发《关于加快发展现代保险服务业的实施意见》，明确保险业发展的目标、重点任务、政策措施。与中国保险监督管理委员会（以下简称保监会）办公厅、石景山区人民政府联合印发《关于加快推动北京保险产业园创新发展的实施办法》，促进保险产业园持续健康发展。截至年末，保险产业园入驻机构14家，累计实现税收5.8亿元，保险创新引领作用逐步显现。

四是做大做强首都金融要素市场体系。批准设立北京茶业交易中心、北京国际浆纸交易中心和北京红木交易中心，丰富和完善本市要素市场体系。开展交易场所全面现场检查、违规处理与风险处置工作，研究起草《北京市交易场所管理办法实施细则》，筹建首都要素市场协会，促进行业规范发展。全年，43家交易场所共实现交易额7.8万亿元，其中北京产权交易所集团成交额5.49万亿元。

三、加大金融创新，在承接金融改革开放中培育首都金融发展新动力

一是推动金融业扩大开放。协同“一部三局”推动落实第一批政策清单任务中涉及金融改革的24项工作任务；向国务院申报第二批金融业扩大开放33项政策清单，推动相关政策落地。积极协调监管部门，推动中关村民营银行及侨商银行筹建工作。

二是支持创新金融组织业态发展。121家融资性担保机构注册资本537.9亿元，在保余额2 198.8亿元，同比增长15.6%。105家小额贷款公司覆盖全市16个区，有力缓解中小企业融资难题。私募股权市场不断壮大，在中国证券监督管理委员会（以下简称证监会）完成登记的创业投资、股权投资管理机构3 032家，管理资金总量约1.5万亿元，投资案例数和投资金额均居全国首位。互联网金融快速发展，P2P网贷平台302家，累计成交量1 717.4亿元；私募股权融资平台73家，筹资金额39.17亿元，居全国首位。

三是推动外汇体制改革。配合外汇管理改革，推出外债宏观审慎管理外汇改革试点及外汇资本金结汇管理改革等多项先行先试政策，充分做好企业服务工作。

四是加快农村土地改革。推动大兴农村金融综合改革试验区建设，研究制定了

《大兴区农村集体经营性建设用地融资指导意见》；多元化金融服务集体土地，在东升科技园、东升乡小月河棚户区改造项目、西红门改造等项目上共投放资金超过76.6亿元。

四、加强统筹协调，在落实首都城市战略定位中拓展首都金融发展新空间

一是支持基础设施与重大项目融资工作。加大金融支持棚户区改造力度，“北京模式”促进市民居住环境改善。全年23家银行对本市70多项棚户区改造项目累计授信规模1 319亿元，放款871亿元。支持首都重大项目和民生保障工程建设，新发放重点工程贷款500亿元，同比增长97.5%。大力支持行政副中心建设，为行政副中心建设提供贷款300多亿元。成功协调通州区潞城镇棚户区改造项目融资工作。推进朝阳区第一道绿化隔离地区城市化建设融资模式创新。

二是推进文化金融服务体系。认真落实建设文化金融合作试验区及电影完片担保项目在北京落地等文化体制改革重点任务，牵头开展大文化金融调研，开展《关于金融促进首都文化创意产业发展的意见》实施情况的评估工作，力求精准掌握金融促进首都文化产业发展的成效和不足。

三是健全小微金融服务体系建设。持续优化小微企业发展环境，积极推动建立市场化运行的小微企业综合金融服务平台——首金网，发起成立北京市小微企业综合金融服务电子交易平台融资性担保联盟。截至年末，北京辖内银行业金融机构（北京银行为北京地区口径）小微企业贷款余额7 745.53亿元，同比增长13.88%，高于各项贷款平均增速2.9个百分点；小微企业贷款户数14.71万户，同比增加0.93万户；小微企业申贷获得率80.33%，同比提高7.6个百分点；小微企业金融服务“三个不低于”持续达标。

四是构建绿色金融创新体系。鼓励和引导金融机构开发和重点推出绿色金融服务产品，在京金融机构已针对节能环保领域推出信贷产品100多种。深入研究绿色债券融资模式。2015年10月，中国农业银行发行等值10亿美元亚洲首只绿色债券。

五是完善“十农”金融服务体系。申报大兴区、平谷区开展农村承包土地经营权抵押贷款试点，获得国务院批准。研究制定《大兴区农村集体经营性建设用地融资指导意见》，首宗农村集体经营性建设用地顺利入市。推动北京市农业投资公司农村金融服务改革试点不断深化，大兴区、平谷区农村合作金融试点稳步发展。全年，小额贷款公司累计贷款145.07亿元，全部投向了“三农”、小微企业和个体工商户，最低单笔借款额度为2 700元，带动社会资金百余亿元，成为传统商业银行的有效补充。

五、守住风险底线，在营造良好金融生态中防范首都金融发展新风险

一是优化发展环境。进一步完善地方金融管理体制，界定中央和地方金融监管职责和风险处置责任，有效防范跨行业、跨市场风险。逐步构建区域金融风险指数体系。健全宏观审慎管理框架下的外债和资本流动管理体系，加强对短期投机性资本流动和跨境金融衍生品交易的监测，完善金融市场体系，强化市场机制的约束作用，系统化地监测、分析研判、预警区域金融风险。

二是强化依法行政。按照全市统一部

署，开展6项行政审批制度改革工作，落实简政放权工作要求，建立并公布权力清单、责任清单，进驻北京市政务服务中心开展工作；清理税收优惠政策，完成人民建议征集，加强规范性文件合法性审核。全年办理人大代表、政协委员建议提案38件，与中国国民党革命委员会、中国民主建国会建立对口共建关系，主动接受民主党派监督。

三是建立打非机制。建立与金融监管部门和区级金融工作部门的监管协调机制，探索建立金融风险排查、会商机制，按季度进行风险排查，强化对金融风险的监测分析和管理。构建完善打击非法集资监测预警平台。该平台共监测新闻、论坛、微博、微信165亿条，对接工商数据库和经侦数据2 780条，上报高危企业名单48家，各类专案研报、舆情快报等500余份。开展高风险企业图谱分析，涉及企业60余家，为风险排查、案件研判提供有力支撑。研发“打非随手拍”手机APP，方便群众拍照上传非法集资线索，注册用户23万个，收到群众上传信息6.3万条。

四是加强金融安全知识宣传。统筹政府部门宣传资源和市场化媒体资源，借力合作媒体宣传渠道，开展金融安全知识宣传活动。会同家财网开展“金融知识进万家”活动，联合“一部三局”、各区政府及金融机构开展金融安全知识巡展，引导社会公众树立正确的理财理念，保护消费者的合法权益。

（胡靖怡）

中国人民银行中关村国家自主创新示范区中心支行（国家外汇管理局中关村国家自主创新示范区中心支局）

2015年，中国人民银行中关村国家自主创新示范区中心支行（国家外汇管理局中关村国家自主创新示范区中心支局）（以下分别简称中关村中心支行、中关村中心支局）围绕人民银行的中心工作，立足中关村“一区十六园”经济金融发展实际，按照功能型、创新型的职能定位，秉承促进金融与科技融合、推动金融创新发展的理念，以“服务营管部、服务中关村”为目标，稳步推进各项试点政策落地和科技金融创新，加强调查研究和监测分析，不断提升履职能力与金融服务水平，推动辖区内金融生态环境的改善。

一、落实先行先试政策，突破科技企业跨境投融资瓶颈

（一）稳步推进外债宏观审慎管理试点工作，拓宽高新技术企业融资渠道

外债宏观审慎管理政策落地中关村核心区以来，中关村中心支行通过积极宣传、优化流程、创新模式、优化升级、密切监测、及时反馈等多种手段确保政策执行效果。全年为44家试点企业办理67笔外债试点业务，金额合计20.43亿美元，参与试点业务企业1年可节约财务成本合计超过3亿元。

（二）积极落实中关村境外并购试点政策，推动企业“走出去”

为了进一步落实境外并购试点政策红利，中关村中心支局联合中关村科技园区管理委员会（以下简称中关村管委会）召开各园区参加的跨境并购试点政策座谈会，了解各园区的政策需求和试点政策扩展的可能性。年内共为2家试点企业办理3笔跨境并购试点业务，核准额度6 380.98万美元。

二、努力拓展科技金融思路，助推科技金融创新发展

（一）以科技金融专营机构评估工作为抓手，推动科技金融专业化发展

中关村中心支行首次在中关村示范区探索开展科技金融专营机构评估工作，并以此为抓手，构建科技金融工作长效机制，引导金融机构科技金融专业化发展，促进业务模式和产品创新，加大科技金融投入，扩大科技金融服务的覆盖范围。年内，对辖内科技金融专营机构进行了摸底调研，在征求各银行意见的基础上，制订了评估方案，设定了定量、定性和外部评价三类指标。2015年度，16家银行的47家专营机构参与首次评估，12家专营机构被评为A档。

（二）构建金融统计框架，搭建中关村地区监测平台与监测系统

融合中关村管委会、海淀区统计局及人行营业管理部相关处室等多部门的经济金融统计指标，构建本外币一体化的统计指标体系；尝试利用征信数据应用分析系统，实现对中关村高新技术企业融资状况的统计分析；在充分挖掘互联网金融网站、政府公开信息等多维度信息资源的基础上，制订科技金融动态信息监测工作方案，力争实现对全国范围内科技金融新情况的及时掌握和对中关村范围内科技金融、互联网金融数据的全面监测；充分利用跨境资金流动监测与分析系统，制订本外币一体化监测的方案，落实国家外汇管理局主体监管政策思路。

三、创新金融服务模式，打造良好的科技金融生态环境

（一）创新服务方式，提高柜台服务水平

全面整合征信、支付结算、外汇管理等业务流程，人民币和外汇业务分别实行综合柜员制，采用一口接入、统一办理，实现柜台业务一站式服务，以系统化、综合化、规范化模式为企业和个人提供便捷、高效的服务。截至年末，征信业务，共办理个人信用报告查询57 744笔，企业信用报告查询777笔，约占人行营业管理部业务量的三分之一；人民币银行结算账户管理，办理审批业务56 226笔，日均业务量约356笔，在全市业务量占比超过五分之一；受理各类外汇行政许可业务414笔；接待人民币和外汇业务咨询5 625人次。

（二）坚持依法行政，规范业务办理

加强依法行政检查，针对人民币和外汇管理中的行政审批业务，建立层层抽查机制，由上到下逐级抽查业务审批和重要空白凭证管理，并建立检查台账；规范实施行政许可，建立“首问负责制”，严格权限管理，行政许可业务实现“零差错”；建立文明服务标准化督察机制，规范柜台服务行为，树立中关村中心支行高效、优质、文明服务的窗口形象。

（三）落实行政审批改革措施，提升服务效率

正式启动外汇管理行政审批改革工作，对现有制度进行全面梳理，制定出台《国家外汇管理局中关村国家自主创新示范区中心支局外汇管理行政审批管理规

定》，对行政审批受理、审查、决定等环节进行统一规范，优化工作流程，业务办理高效、公开、透明，服务水平进一步提升。

（四）以推广应收账款融资服务平台为重点，促进中关村园区社会信用体系建设

通过调查问卷，全面了解园区内商业银行和高新技术企业对社会信用体系建设的需求和建议；以核心企业为突破口，组织推动央企集团使用应收账款融资服务平台，积极宣传平台对优化金融生态的重要作用，盘活科技型中小企业应收账款等动产资源；多渠道开展征信宣传，配合完成“6·14信用记录关爱日”暨征信知识进北京大学等多项活动，逐步树立中关村中心支行征信服务品牌，促进园区社会信用体系建设。

（五）加强业务指导，不断提升金融管理水平

加强对辖内信用报告代理查询点的监督指导，防范信息泄露风险；加强账户业务指导，定期汇总整理差错原因，不定期约谈账户资料报送问题比较集中的商业银行；组织召开海淀区银行账户业务工作会，通报账户业务情况，对银行账户管理工作提出具体要求，银行账户管理水平不断提高。

四、加强监测分析，提高把握辖区经济金融运行情况的能力

（一）加强本外币一体化监测分析，提高联合监测水平

一是建立本外币一体化监测分析制度，定期开展监测分析。二是注重数据提取、积累和样本构建。建立跨境收支大型重点样本库、敏感样本库和重点核查样本库等主体监管样本库，开展持续监测，加强对监测结果的分析运用。三是推进跨境人民币和外汇业务联合监测，形成统一的跨境收支形势分析报告。

（二）探索主体和分类监管工作方法，提升事后核查水平

探索主体监管工作思路，分析2014年中关村核心区高新技术企业跨境人民币以及外汇业务办理情况。尝试建立主体监管框架，利用现有业务系统提取、加工基础数据，筛选大型样本企业和重点监测样本企业，为实施主体监管和分类监管奠定基础。细化主体监管工作方案，开展非现场监测和现场核查。探索经常、资本项下统一分类监管的方法。

五、加强政策宣传引导，搭建联络沟通平台

（一）宣传金融政策和知识，提高政策认知度

创建“中关村金融创新讲坛”，搭建基层央行、政府部门、银行、企业四方交流的平台。分别以“中关村跨境投融资外汇管理新政策”和“聚焦融资模式创新，驱动科技企业发展”为主题举办两期讲坛，向辖内商业银行和企业系统化宣介各项金融政策和创新创业支持政策，先后共400多人次参与活动。配合人行营业管理部相关处室，开展“金融知识进商圈”以及“中关村商圈移动金融宣传”等活动。

（二）拓宽政策传导渠道，提升政策执行效果

建立辖内商业银行牵头行联系机制，从业务层面和行政管理层面，分别建立沟通联络机制。为加强政策实时传导，按牵头行、科技金融、支付结算管理等条线，分别建立沟通联络微信群。拓展宣传范围，与银行和企业进行座谈和政策培训百余次。

（三）建立多层次联系机制，谋求多领域合作

积极与中关村管委会、海淀区相关政府部门、中关村辖内商业银行以及各类行业协会建立工作合作、政策传导和业务联络等机制，在科技金融、信贷创新、风险补偿、数据共享、宣传培训等多领域开展合作。

人民银行中关村中心支行正式履职

为有效地支持中关村国家自主创新示范区（以下简称中关村示范区）建设，探索建立具有示范引领作用的国家科技金融创新标杆，进一步发挥金融服务实体经济的作用，人行营业管理部突破人民银行系统按地域设立分支机构的传统，于2013年底向人民银行申请在中关村示范区设立分支机构，并于2014年5月得到人民银行的正式批复。2015年3月2日，中关村中心支行（中关村中心支局）正式对外履职。

中关村中心支行地处科技金融创新发展的前沿地带，职能定位突出功能型和创新型，不同于传统地市中心支行主要负责属地管理，其核心作用是延伸央行触角，落实创新发展，提高对市场的敏锐度，及时了解掌握科技金融创新和发展趋势，在新形势下更有效地履行央行职责。

基于功能型、创新型的职能定位，中关村中心支行在承担人民银行相关职责中坚持了以下几个原则：一是推动创新原则，承担多项外汇改革试点，开展科技金融专营机构评估和中微观金融监测分析等；二是贴近市场原则，以园区内企业的市场需求为导向，提供更具针对性的外汇管理、账户管理、征信管理等服务，切实满足企业对金融服务的各种需求；三是适度分流原则，承担了征信查询、账户管理和外汇审批等基础性业务，减轻人行营业管理部对外行政服务的压力；四是精简高效原则，在数据统计监测等方面主要依托营业管理部，直接利用营业管理部数据进行分析，并不再承担部分对岗位设置有较多刚性要求的职责。此外，在内部管理上，人事、财务、科技、后勤等工作也依托人行营业管理部，实行集约化管理。

机构设置方面，目前设置了办公室、金融创新科、金融服务科、监测分析科和外汇业务科5个科室，主要承担了辖区货币信贷（侧重科技金融）、调查统计、支付结算、征信管理和外汇管理等业务。金融创新科针对园区科技型企业对金融资本的需求，通过贯彻落实金融政策和管理方式创新，引导金融机构加大对科技型企业的信贷支持力度，推动科技与金融的融合；金融服务科针对园区企业对金融服务的需求，通过综合化的服务手段，为园区企业提供更高效率的金融服务；监测分析科针对园区企业资本、资金活跃的特点，通过实施辖区内企业分类管理和主体监管，以及辖区本外币一体化监测分析，监测评估辖区内跨境资金流动风险；外汇业务科针对园区企业贸易和投资便利化需求旺盛的特点，通过在外汇管理方面的创新，为其提供更高水平的外汇管理服务；办公室有效整合了各项内部管理业务，实现内部管理集约化。

（穆毓）

金融机构

中国农业发展银行北京市分行

2015年，中国农业发展银行北京市分行（以下简称农发行北京市分行）累计投放贷款59.36亿元，各项贷款年末余额267.84亿元，各类存款年末余额149.54亿元，实现账面利润4.22亿元，继续保持不良贷款为零。

截至年末，农发行北京市分行共辖13个支行（部），在岗员工448人。

政策性粮油信贷业务 全年累计发放粮油贷款27.77亿元，累计收回27.26亿元，与大型农业产业集团的战略合作不断深入。

化肥、猪肉等储备贷款业务 配合国家对其他重要农产品的调控，全年累计发放糖、肉、化肥储备贷款13.1亿元，连续十年实现国家淡季化肥储备贷款“双结零”。

政策性中长期信贷业务 全年累计投放农业农村基础设施类贷款18.38亿元，累计收回86.33亿元。抓住京津冀协同发展、首都城市功能定位调整的机遇，深化银政、银企、银银合作，先后与平谷、门头沟区人民政府和北京农商银行签署合作协议。与北京市住房和城乡建设委员会、北京市财政局（以下简称市财政局）联合发文，支持北京市棚户区改造工作，并举办培训对接会，明确农发行北京市分行第一批支持项目21个，拟融资额1 600亿元。

票据业务 全年累计办理票据业务1 022亿元，同比增加447亿元，到期票据全部及时回笼，确保了转贴现票据资产安全。

国际结算业务 国际业务取得新突破，业务量突破2亿美元，业务收入连续两年突破百万元，跨境人民币结算业务和贸易融资业务实现零的突破。

中间业务 全年中间业务收入比上年增加294.13万元，增长34%。

推进重点建设投资基金投放 加大对央企、国企投资基金项目的对接和投放力度，先后营销中国电信集团等优质企业，全年累计投放资本金43.34亿元，涉及项目39个。

（邱瑀）

中国进出口银行北京分行

2015年，中国进出口银行北京分行（以下简称进出口银行北京分行）累计批准贷款项目141个，批准贷款598.05亿元，比上年增长52.33%；累计发放贷款

686.18亿元，比上年增长41.87%；各类贷款年末余额975.57亿元，比上年增加164.52亿元，增长20.28%（其中人民币贷款余额723.91亿元，外币贷款余额38.76亿美元）。实现账面利润5.49亿元；不良贷款率0.13%，比上年下降0.77个百分点。

截至年末，进出口银行北京分行内设处室11个，在职正式员工81人。

助力“一带一路”项目建设 充分发挥政策性金融作用，助力“一带一路”重大战略项目建设。作为主牵头行和代理行，为中兴能源巴基斯坦光伏电站第一期项目放款4亿元，推动项目实现并网发电；首次以14亿元融资租赁形式支持三亚凤凰国际机场和海口美兰国际机场进口航材设备，助力“一带一路”门户机场升级改造；会同北京市发展和改革委员会等部门联合组织召开政策性金融助推“一带一路”建设战略研讨会，引导企业积极参与“一带一路”建设。全年累计发放“一带一路”贷款127.65亿元，比上年增加77.26亿元，增长183.98%，支持相关项目53个，涉及18个国家。

支持辖区开放型经济发展 大力支持战略性新兴产业发展，为京东方集团提供12亿元高新技术产品出口卖方信贷和3亿美元优惠利率进口信贷流动资金贷款，支持其技术改造和创新；为山海关造船厂发放船舶出口卖方信贷贷款10.52亿元，支持船舶航运业转型升级；为晋西车轴公司、智奇铁路设备公司、太原重工轨道交通装备公司发放进出口贷款共计9.2亿元，助力山西省打造高端轨道交通装备制造基地。积极支持“走出去”战略实施，为北京建广资产管理公司、河北钢铁环球控股公司、金龙精密铜管集团、物美控股集团的海外并购投资项目提供贷款支持。全年支持进出口贸易贷款累计发放566.91亿元，新增75.99亿元，占全部新增贷款的46%，超过总行计划16个百分点，比年初增长10.91%；“走出去”及国际产能合作贷款累计放款81.75亿元，新增42.37亿元，占全部新增贷款的25.75%，比年初增长31.91%。配合京津冀一体化生态环境先行策略，加大对北京市、河北省节能减排、环境保护、循环经济的支持力度，为北京高能时代环境技术公司和河北建投新能源公司提供2亿元转型升级贷款和1.5亿元风电建设项目贷款，为邯郸钢铁集团提供两笔合计约8.7亿元世界银行节能项目转贷款。

扶持小微企业和现代农业发展 加大对小微企业的支持力度，小微企业贷款年末余额152.82亿元，比上年增加44.68亿元，增长41.32%，高出全部贷款增速21个百分点，贷款户数比上年增加15户，申贷获得率比上年增加20.45个百分点，实现了监管部门倡导的“三个不低于”的要求。着力支持现代农业发展，重点支持中国汇源果汁集团等国家级重点农业产业化龙头企业，促进特色农产品出口和对外合作，年末涉农贷款余额194.3亿元，比上年增加7.07亿元。

中间业务稳步增长 加大中间业务的营销和创新力度，充分利用境内、境外“两个市场”、“两种价格”，通过拓展融资性保函业务，帮助企业降低融资成本的同时并提高本行经营效益。全年共实现中间业务非利息收入1.30亿元，比上年增加440万元；完成金融市场业务量71.35亿元，保理业务量55.9亿元。

风险化解 受经济下行等因素影响，辖区14家借款企业经营状况严重恶化，贷款到期偿还困难或逾期问题严重，关注类贷款出现大幅增加。进出口银行北京分行积极探究对策，在重大项目风险化解上实行“一把手”亲自挂帅，在总行的指导和帮助下，成功收回逾期贷款10.36亿元，关注类贷款年末降为18亿元，比最高时减少5亿元；成功化解北京建工集团、山西平型关铁矿公司、山西明迈特实业贸易公司保函项目风险，解除了进出口银行北京分行7 373万美元的担保责任。

内控风险管理 夯实基础管理工作，着力解决贷款“三查”部分环节长期存在的公文质量不高与合规性等问题；制定案件防控工作要点，逐级签署案件防控工作责任书；全年完成31项制度建设工作，确保规章制度覆盖各类主要操作环节；建立对主要业务关键操作风险事件分类、统计、监测、评估、报告体系，提高操作风险的管理水平；灵活运用多种方式提高贷款“三查”质量，充分运用“总行法院网络查控信息系统”等收集借款人及担保人资信情况，编制贷前、放款及贷后检查应收集资料清单，为信贷业务人员开展工作提供指导；制定《中国进出口银行北京分行内部控制实施方案》，全力打造“四位一体”的内部管控体系；加大内部监督检查工作力度，进一步完善考核机制，加大对内外部检查中屡查屡犯问题责任人的处罚力度，切实提高问责的严肃性和及时性。

（郑海明）

国家开发银行股份有限公司北京市分行

2015年末，国家开发银行股份有限公司北京市分行（以下简称国开行北京市分行）表内外贷款余额4 398亿元，比上年增加486亿元，增长12%。表内贷款余额3 417亿元，比上年增加409亿元，增长14%，其中，人民币贷款余额2 211亿元，比上年增加235亿元，增长12%；外币贷款余额186亿美元，比上年增加17亿美元，增长10%。表外受托业务余额981亿元，比上年增加77亿元，增长9%。表内贷款发放1 732亿元，其中人民币贷款发放1 341亿元，外币贷款发放63.5亿美元。完成表外受托业务工作量287亿元。全年共回收贷款本息1 556亿元，本息回收率99.9%；不良贷款率0.08%。实现拨备前利润60.3亿元，中间业务收入5.4亿元。

截至年末，国开行北京市分行内设处室20个，在职正式员工222人。

主动谋划，加强规划引领 加大银政企合作力度。推动国家开发银行与北京市举行两次高层联席会议，陪同总行领导赴中关村示范区调研，参与协调召开开发性金融支持京津冀协同发展座谈会。开展北京市各区及八大重点行业调研，不断深化客户关系，提升服务重点行业、客户的专业化水平。全年签订开发性金融协议18项，金额3 030亿元。“十三五”规划蓝图取得阶段性进展。聚焦“十三五”时期首都发展改革和开行业务拓展，全年完成京津冀协同发展重点领域、非首都功能疏解、“一带一路”、重点客户规划等课题

12 项。

支持首都重点领域建设 专项基金领域，当年实现专项基金投放134亿元，居北京地区首位；资金支付进度57%。京津冀协同发展和重大项目领域，支持北京市副中心建设，为通州区潞城镇棚户区改造项目发放贷款129亿元；推动综合交通基础设施建设，支持北京新机场、北京新航城建设，发放北京市轨道交通建设贷款30亿元；大力支持物资储备项目，发放贷款629亿元；巩固与北京首都创业集团、北京市首都公路发展集团、北京市公联公路联络线公司、北京新奥集团、北京能源集团等重大客户合作；推动北京环球主题公园项目。支持在棚户区改造，为门头沟区采空棚户区、丰台区长辛店、海淀区京昌路绿地、西城区菜园街等项目，发放贷款363亿元。助力产业升级，发放文化领域贷款9亿元，科技领域贷款13亿元；社会民生领域，发放南水北调、中小河道、再生水厂等水利贷款21.5亿元；落实与北京首都农业集团、北京市供销合作总社、北京德清源农业科技公司的合作，发放现代农业贷款3亿元；探索健康养老产业融资模式；发放援疆贷款4 600万元。

国际合作业务稳步推进 发放巴西石油公司贷款50亿美元，支持首个“中巴经济走廊”建成项目，向中兴能源巴基斯坦光伏项目发放贷款6 260万美元。

提升综合经营效益 强化规模调控，全面统筹回收再贷资源，保证重大项目用款需求。完善资金、利率管理，综合提升收益水平，合理配置资金、严控降息面。拓宽综合金融服务渠道，全年实现存放同业730亿元，新增利息收入5.1亿元。全年发行理财产品28期、规模159亿元；承销市政府置换债券75亿元，发行债券70亿元；开展73.8亿元资产证券化业务。提升财务管理水平，为京东方科技集团开办现金管理服务；全年办理人民币结算35 645笔、国际结算848笔。

风险管控 以“双名单”为抓手主动防范风险，加强风险行业、风险客户预研预判，逐个制定风险项目本息回收工作预案。加大评审授信和审查力度，完善尽职调查，专职委员和独立委员独立、客观、公正审议项目，规范贷款管理委员会审议意见落实，有效防范授信风险。加强内控内审，配合国开行北京审计分局做好监审联动内控检查，开展“两个加强、两个遏制”专项检查“回头看”自查整改工作，开展内控合规自查专项工作。深化法律综合管控，严格授信体系、信贷合同审查，开展普法培训，加强不良化解力度。

（常江）

中国工商银行股份有限公司北京市分行

2015年末，中国工商银行股份有限公司北京市分行（以下简称工商银行北京市分行）本外币资产总额3.38万亿元，比上年增加3 502亿元。本外币全部存款余额3.26万亿元，比上年增加3 301亿元。本外币各项贷款余额6 068亿元，比上年增加 515 亿元。实现中间业务收入 113.8 亿元，同比增加 22.63 亿元，增长 24.8%。实现拨备前利润 457.97 亿元，拨备后利润 450.2 亿元，同比分别增加 37.91 亿元和 29.05 亿元，增长 9.03% 和 9.3%。

截至年末，工商银行北京市分行共有 37 家二级分行（含分行营业部），543 家营业网点，936 家自助银行；员工总数 18 710人。

信贷业务 以全融资理念加快公司信贷向大公司金融的转型步伐，全年累计发放人民币贷款 4 134 亿元，比上年增加 518 亿元，90% 以上用于支持国家和北京市重点在建续建项目及“十二五”规划确定的重大项目建设。支持京津冀协同发展，审批非首都功能疏解贷款 347 亿元，发放 18 亿元。助力北京市“双轮驱动”发展战略，全年科技和文化产业贷款增加 100 亿元。加大中小企业金融服务力度，推出“工银融 e 贷”小微金融品牌，中小企业贷款增加 260 亿元。把握国家实施六大领域消费工程的新机遇，个人贷款增加 260 亿元，年末余额 1 213 亿元。基于线上标准化的网络融资业务实现较快发展。创新融资业务发展方式，综合使用债券融资、股权融资、融资租赁等非信贷融资产品和工具，满足国有企业混合所有制改革、大型企业负债结构优化、产业链并购重组、上市公司增发融资，以及消化、转移、整合、淘汰过剩产能等需求，有效满足企业多元化、低成本融资需求，全年累计办理非信贷融资 5 390 亿元。

存款业务 加强与军队、社保、公积金以及医疗、教育、公检法等领域业务合作，跟进军队体制改革、财政电子化改革、中央及北京各级机关事业单位养老改革等重大改革进程，为反法西斯战争胜利 70 周年阅兵提供优质高效的金融服务保障，做好“大众创业、万众创新”中对公结算账户的营销拓展，全年人民币对公存款（含同业和保证金）比上年增加 3 091亿元，年末余额 2.38 万亿元。全力争揽拆迁补偿款、工程款等各类源头资金，利用产品组合争揽代发工资客户、商友客户、第三方存管客户等重点客户群体，坚持优质客户拓展和存量客户升级并重，全年纯储蓄存款增加 301 亿元。切实把握外汇存款增长机遇，丰富外币存款来源，增加跨境资金池沉淀，全年外币存款余额增加 31 亿美元。做好成本与效益、发展与质量的协调统筹，注重存款增长的均衡性，年末人民币全部存款日均余额较同期增加 3 628 亿元，存款偏离度 -2.45%，满足监管要求。加强资金“量本利”精细化管理，总体实现了提高客户存款收益和本行控制付息成本的“双赢”。

中间业务 积极把握客户金融资产组合多元化和居民消费升级的大趋势，通过深度整合营销资源、财务资源，持续提高业务集约化发展水平和价值创造能力，在保持传统优势业务市场领先的基础上，全面推动大零售战略整合发展，着力提高大资管战略价值创造，切实提升大国际战略创新驱动，实现了中间业务多点支撑的经营发展格局。截至年末，个人金融资产 1.3 万亿元，比上年增加 952 亿元；个人客户 2 475 万户，比上年增加 122 万户，其中财富客户、私人银行客户 22.8 万户和 7 187 户，分别比上年增加 2.4 万户和 1 781 户。信用卡新增发卡 169 万张，收单交易额、信用卡消费额同比分别增长 16% 和 19%，分期付款余额比上年增长

47%。资管业务加快发展，理财产品余额5 066亿元，同比增长5%；承销非金融企业债券2 980亿元，完成股权融资274亿元；实现贵金属收入2.47亿元；资产托管规模3.27万亿元，同比翻番，管理养老金个人账户295万户。外汇中间业务与外汇资产、负债业务协调发展，国际结算量2 295亿美元，跨境人民币结算量2 355亿元。

网点转型改革 持续推进网点竞争力提升工程，年末网均存款59亿元、网均利润8 252万元、网均中间收入2 050万元，较三年前分别增加17亿元、1 450万元和629万元，基本实现网点竞争力“三年大变样”的既定目标。不断提升网点综合化经营水平，打造外汇旗舰网点20家，出境金融服务中心32家，61家网点推荐发放了公司贷款。加快推进网点渠道转型，开展“理财＋自助”改造，全年优化网点布局50家，新建自助银行116家，新增自助机具1 575台，实现了网点WiFi全覆盖。稳步推广智能化服务模式，完成智能化网点改造150家；顺应线上线下一体化趋势，积极开展网点O2O探索。持续改善客户服务体验，在系统内率先建立客户体验指数，客户满意度和服务规范度保持优秀水平，获评“中国银行业文明规范服务百佳示范单位”1家，“中国银行业文明规范服务五星级营业网点”10家，“北京银行业特色服务示范网点”5家。

互联网金融 助力互联网金融发展，加大北京大宗商品交易市场、外迁专业市场、外迁企事业单位、知名企业的平台服务和延伸渗透，将区域性旅游商户引入电商平台，不断拓宽金融服务新领域。重点拓展日常缴费、影院、高校、医院、商圈等消费生活场景，加强“融e联”、“融e行”、“工银e校园”、“工银e生活”等互联网创新产品的宣传推介和组合营销，扩大客户规模。加快打造“客户＋商圈”、“本行平台＋社会场景”、“坐商＋行商”互联网金融生态圈，形成了商户市场融合跨界、客户领域渗透联动的局面。全年电子银行交易额在系统内率先突破100万亿元大关，“融e购”交易额突破200亿元，签约商户突破1 000户，手机银行客户、“工银e支付”客户和“融e联”客户快速增长，分别达到661万户、380万户和36.5万户。

风险管理 重点防控和化解融资平台、贸易融资、涉房类贷款、产能过剩行业、小企业、个人经营贷款等重点领域的潜在风险，全年累计压降潜在风险贷款45亿元，清收处置不良贷款6.4亿元，不良贷款率0.3%，稳定在年初水平，拨备覆盖率保持在550%的较高水平。加强运营管理统一平台建设，着力完善“线上”与“线下”、现场与非现场有机结合的操作风险管理监督体系，可控风险暴露水平同比下降0.38个万分点。强化市场及流动性风险、声誉风险、法律风险、IT风险和信息安全等方面的统筹管理，保证平稳健康运营。深入开展“一加强两遏制”和“两加强、两遏制”“回头看”工作，系统排查信贷、存款、票据、同业、理财、财务、信息安全等风险高发领域的潜在问题，扎实做好问题整改。始终保持对各类重大风险事件和案件的高压态势，不断增强内控案防工作的针对性、有效性，全年无案件事故发生，实现了安全稳定运营。

（刘博）

中国农业银行股份有限公司北京市分行

2015年末，中国农业银行股份有限公司北京市分行（以下简称农业银行北京市分行）本外币总资产10 387亿元，比上年增加3 257亿元，增长45.7%。本外币各项存款余额6 910亿元，比上年增加564亿元，增长8.9%，其中，人民币各项存款余额6 680亿元，比上年增加529亿元，增长8.6%；本外币各项贷款余额3 163亿元，比上年减少137亿元，下降4.2%，其中，人民币各项贷款余额2 981亿元，比上年减少60亿元，下降2.0%。拨备前利润150.3亿元，比上年增长20.1%。

截至年末，农业银行北京市分行共有正常营业网点361家，在岗员工8 587人。

公司金融业务　坚持服务首都重点战略落地，成立京津冀协同发展、北京行政副中心建设、第24届冬季奥林匹克运动会筹建3个金融服务领导小组，积极对接战略落地中的重大项目金融需求，持续跟进新航城、新机场、环球影城、副中心建设、轨道交通等重点项目建设实施，全年法人贷款累计投放超过1 900亿元。结合首都非核心功能疏解和产业结构调整，加强对重点客户转型发展的支持力度，向北京环境卫生工程集团等重点企业提供意向性额度超过1 200亿元，综合运用市场化金融方式解决企业新增融资需求1 500亿元。积极服务首都定位调整，针对北京科技创新中心定位，成立中关村二级分行，重点服务科技型中小企业，积极开展小微企业金融创新，年末小微资产客户贷款余额比上年增加38亿元；针对文化中心定位，中标北京市文化创意产业发展专项资金监管银行项目，取得对市政府扶持的文创企业项目补助、贷款贴息、贴租、贴保以及相关奖励等专项资金的监管资格，并以此为契机，着力支持重点文创企业发展；针对北京“新‘三农’”、“大‘三农’”特点，成立“三农”金融事业部，用创新手段破解服务“三农”发展的瓶颈，与占在京总量82%的国家级龙头企业、43%的市级龙头企业建立合作关系，涉农贷款年末余额162亿元。积极开展流程优化，开发上线对公开户和产品签约系统，初步实现了客户填单电子化、交易流程一体化和业务处理自动化。

零售金融业务　主动适应利率市场变化，加强个人大资金营销与大额存单推广，推动个人存款稳步提升，截至年末，个人存款时点与日均余额分别比上年增加190亿元和136亿元，增长8.4%和6.3%。积极应对房地产政策变化，推动住房贷款发展，加强与大型中介机构合作，提高业务审批效率，有效满足客户购房信贷资金需求，带动个人贷款业务快速发展。截至年末，个人贷款比上年增加129亿元，增长24.7%；累计发放个人住房贷款占全部个人贷款放款额的92%。实施“个人贵宾客户扩规提质增效”工程，开展产品交叉营销，加强对贵宾客户的定制服务与综合服务。全年净增个人贵宾客户6万户，达标私人银行客户总量超过3 000户，产品交叉销售率183%，比上年增长9个百分点。注重网点服务的转型升级，围绕“四位一体”推动网点二次转型，加大“超级柜台”布放力度，全年累计新增设备109台，实现了辖内支行全覆盖。推进网点服务标准化转型，在5家网点进行试点，有效改善营业环境，提高营销人员素质与自助机具使用率，为服务质量提升打下了坚实基础。

中间业务 坚持传统与新兴业务发展“双轮驱动”，不断提高价值创造能力。截至年末，实现中间业务收入42亿元，比上年增加6亿元，增长16.7%。在巩固和提高代收付、托管、代理保险等基础业务收入的同时，加快发展债券承销、高端投行、理财等新兴业务，持续优化客户和产品结构，努力打造农业银行业务品牌。坚持本外币一体化经营，积极服务企业“走出去”、“引进来”中的金融需求，大力发展跨境人民币、贸易项下结售汇、本外币资金池等业务，在跨境服务贸易、跨境投融资、跨境电商等方面提供个性化、前瞻性服务方案。截至年末，国际结算量与跨境人民币结算量同比分别增加50亿美元、38亿元。积极对接“互联网+”战略，将移动金融作为互联网金融发展的重中之重，积极推广“E商管家”、“E农管家”等电子商务平台，持续丰富平台功能，提高电商金融业务整体竞争力。加快传统银行业务向线上迁移，丰富外汇业务、贵金属交易、个人贷款、信用卡等线上功能，实现线下线上同步发展。

风险管理 进一步完善覆盖信用风险、操作风险、声誉风险的全面风险管理体系，通过组织架构改革实现“审贷分离”，并将理财融资、金融同业等可能触发信用风险的业务一并纳入信用风险管理体系。调整风险管理委员会和各专业风险管理委员会职能分工，实现全面风险集中管控和专项风险分别管控。加大专项治理力度，构建重点客户池，对入池客户逐户制订压缩退出计划，落实退出责任，全年主动退出客户53户，压退用信117亿元。开展重点领域信用风险专项治理，化解担保圈风险客户12户，贷款占比较上年下降0.51个百分点；压降多头融资客户用信4.81亿元、过度用信客户用信28.21亿元，压降比例达18.5%。充分运用IT技术手段加强员工行为监督，出台专门意见，落实员工行为管理责任，努力构建长效管控机制。深化“双基”管理，持续推进后台中心和现金中心建设，开展“三化三铁”创建，深入推进运营管理“四个关口、五种要素、六个环节”的管理落地，组织开展“两真三治理”活动，努力防范和控制操作风险。积极推广上线印控仪，实现对临柜业务印章生命周期和用印全过程的系统管理。加强内控机制建设，完善授权管理体系，实施差异化授权并动态调整。深入推进合规文化建设，开展“高管讲合规”、“四必讲”、“六个一”等活动，努力培养全体员工依法合规经营意识。

品牌建设 加大新闻宣传力度，全年在重点媒体刊发报道330篇，其中，平面媒体22篇，网络媒体296篇，电台电视台播出12次。加强官方微博建设，全年粉丝净增长60万人，规模突破115万人，博文阅读数、浏览量、独立访客三大传播类指标增长超2 200万人次。注重消费者权益保护，围绕整治银行卡网上非法买卖、防范和打击非法集资、普及金融知识万里行等主题开辟专栏，发布安全用卡常识、防范非法集资十问十答等内容，利用微博平台进行理财知识教育和典型案例警示，有效拓宽金融消费者教育覆盖面。积极开展“普及金融知识万里行”、“金融知识进万家”等活动，统筹做好第十一届北京国际金融博览会的策划、筹备和宣传工作，获得国内众多主流媒体高度关注与好评。深入开展精神文明建设，组织开展“两学一树”、“我为核心价值观代言”等活动，动员全行员工参与“践行价值观·文明礼仪行”漫画评选、“比学赶超”主题微视频大赛等活动，获得首都精神文明建设委员会授予的“首都文明单位标兵”荣誉称号。

（李傲）

中国银行股份有限公司北京市分行

2015年末，中国银行股份有限公司北京市分行（以下简称中国银行北京市分行）本外币总资产9 375.57亿元；本外币各项存款余额7 026.98亿元，比上年增加613.49亿元，增长9.57%，其中，人民币存款余额6 200.28亿元，比上年增加249.68亿元，增长4.20%；本外币各项贷款余额3 148.92亿元，比上年增加319.36亿元，增长11.29%，其中，人民币贷款余额2 945.82亿元，比上年增加401.77亿元，增长15.79%。实现税后利润90.05亿元，同比增加19.39亿元，增长27.43%。

截至年末，中国银行北京市分行共有营业机构292家，其中分行1家、管辖/直管支行31家、经营性支行259家、分理处1家，在职正式员工9 558人。

公司金融业务 顺应国家宏观政策调控，提升敏感度与宏观趋势研判能力，以国家战略部署为指引，为企业供给侧改革提供金融支持；通过对国内外市场本外币利率水平的预判，合理摆布内部资金结构期限，提升资金效率，降低利率风险。建立以客户为中心的营销服务体系，发挥海内外联动的协同效应，强化多元化金融服务能力与境内外撮合交易能力，参与重点客户海外发债、上市承销、海外并购等业务开展，支持企业“走出去”。截至年末，境内外债券承销合计2 940亿元，同比增长38.22%。以国库现金管理、军人住房资金改革、银医合作项目、银校合作项目、财政代理支付等产品为抓手，拓展行政事业存款，在军队、武警、教育、财政等单位取得突破，全年新增行政事业单位客户216户、存款259.02亿元。支持首都实体经济发展，加大对小微企业贷款的投放力度，持续完成“三个不低于”的监管要求；创新推出中银中小企业服务中心，完善营销体系建设，发挥集团优势，帮助中小企业拓展资本市场。截至年末，人民币公司存款时点余额3 990亿元，比上年增加455亿元；人民币贷款余额（含票据融资、贸易融资）2 281亿元，比上年增加258亿元。

个人金融业务 建立客户群营销体系，实施客户分层管理，根据客户金融资产、客户特征及金融需求，开展以点带面的源头营销与数据库外呼定向营销。建立开发商分级管理机制，支持重点开发商优质项目，提高个人住房贷款市场份额及项目风险控制能力，调整现有审批标准，优化产品操作流程，通过网银入口，建立面向全国客户的官方贷款申请渠道。研发“中银E贷—畅享贷”互联网小额消费贷款产品，创新循环贷款渠道，开办“随借随还”业务，扩大产品受众面，个人贷款年末余额539.53亿元，比上年增加100.36亿元。依托重点产品，做实交叉销售，打造获取客户、发卡、消费全链条，积极建设互联网获取客户渠道；围绕重点消费市场，丰富产品体系，开展精准营销，提升消费金融业务市场竞争力。截至年末，信用卡新增有效卡量突破60万张，实现消费额650余亿元。

中间业务 拓展国际结算、资金业务、贸易融资、金融机构等特色业务，探索产品及业务模式的创新，满足客户的多样化需求。截至年末，实现中间业务收入43.97亿元，同比增长19.49%。着力推进供应链融资、海内外双边联动、跨境人民币等业务，依托保函、单证等传统优势产品，带动中间业务收入的持续增长。全年实现国际结算量1 534亿美元，跨境人民币结算量2 142亿元。资金业务在债券承销、汇率利率保值、代客理财等业务的带动下，实现快速发展，对公交易业务量达195.27亿美元，同比增长11.65%。

渠道建设 配置专业服务人员，推出境外旅客购物离境退税业务，作为全国首批、北京地区唯一代理，自2015年7月1日起在首都国际机场T2、T3航站楼正式开办7×24小时境外旅客离境退税业务。开展智能化网点升级改造工作，增加各类新型设备投入，确保智能型自助终端、自助发卡机、智能排队机、PC一体机、二维码墙等设备在智能化网点的安装使用。丰富自助设备功能，增加西联汇款解付、智能电表充值、公交卡充值等功能。为取款机加装冠字号码模块，满足客户查询钱款号码需求。丰富网上银行产品和手机支付项目，推进民生服务主要缴费业务7×24小时处理；以代发薪、税费缴纳、电子汇票等业务为抓手，全年共营销49家公司客户开通银企对接服务。

风险管理 建立大风险管理机制，实现全口径风险管理。通过成员识别、限额核定、贷后管理、策略制定等工作，夯实集团客户基础管理，强化实质管控。制定《集团客户集中审批管理办法》，对纳入集中审批的集团客户实行名单制管理，按“三位一体”审批流程进行打包审批。修订《重大信用风险事项报告实施细则》，定期开展重大信用风险事项排查，监督业务部门及时上报风险事项，定期跟踪事项处理进展，敦促风险事项尽快化解。组建大户管控中心，将授信规模排名前列的民营企业集团客户和单一客户纳入管控范围，实行名单制管理。按季度开展全口径信贷资产盘存，根据盘整各条线资产状况，梳理加强管理客户名单，并逐一制订管理方案。加大非不良客户主动压退，优化资产结构。全年化解不良资产7.81亿元，其中公司类0.14亿元，零售类2.7亿元。

互联网金融 以中银e社区业务作为网络金融的战略性产品，实现与高端物业系统对接，将其应用场景从生活、工作社区延展至学校、工业园区及专业市场，营销味多美、好利来等近400余家大型连锁商户入驻e社区平台。完善民生服务产品，上线移动预付话费以及“善薪捐款”服务，年末个人网银民生服务产品已达10大类，涵盖北京地区特色服务41项，交易笔数达30万笔。在“中国银行北京分行”微信公众平台开发微信预约办理信用卡功能，打造互联网获客新渠道。以支付渠道为抓手，深度挖潜合作商户，扩大与知名电商在移动支付、网银支付、中银快付和借记卡快捷支付等方面的合作，全年实现网上支付交易金额 1 559.6 亿元。截至年末，企业网上银行交易客户 4.53 万户，个人网上银行交易客户 112.88 万户，手机银行交易客户 59.55 万户。

人力资源 根据在重点区域和新兴区域的战略布局，结合区域特点和业务发展重点，探索建立适应业务发展特色的机构管理机制。以业务发展需求为导向，配合部门工作职能设立团队，实施差异化、多层次的人员补充机制。进一步丰富校园招聘层次，合理调整招聘周期。完善后备人才选拔机制，采用先群众后组织，先民主后集中的方式进行后备人才选拔。建立健全各级经营管理人员退出机制，优化人员队伍结构。建立健全薪酬制度体系，加大薪酬激励约束力度，改进绩效管理制度，完善中层管理人员绩效考核体系。加强人事费用管控体系建设，研究制定《中国银行股份有限公司北京市分行稳健薪酬管理实施细则（2015 年版）》。加大中层正职队伍培养开发力度，拓展中层正职管理视野，强化战略执行能力。加强员工队伍建设，在组织开展专业队伍和等级柜员年度评聘的同时，健全中级经理动态晋升机制，有效拓宽员工职业发展通道。

（张继杰）

中国建设银行股份有限公司北京市分行

2015 年末，中国建设银行股份有限公司北京市分行（以下简称建设银行北京市分行）本外币总资产 15 172.69 亿元，比上年增加 811.67 亿元，增长 5.65%。本外币全口径存款余额 14 863.6 亿元，比上年增加 1 060.43 亿元，增长 7.68%，其中人民币全口径存款余额 14 195.76亿元，比上年增加 1 159.06 亿元，增长 8.89%。本外币贷款余额 6 189.7亿元，比上年增加 721.82 亿元，增长 13.2%，其中人民币贷款余额 5 605.38亿元，比上年增加 670.29 亿元，增长 13.58%。全年实现账面利润 193.49 亿元。

截至年末，建设银行北京市分行辖内设管辖行 39 家，取得开业许可营业网点共 449 家。按照功能定位，营业中心 351 家，个人金融中心 98 家。在职员工 12 148人。

公司金融业务 服务国企改革，推进“综合授信、全球授信、集团授信”工作，完善综合授信向前、向后两头延伸机制，强化综合金融服务方案和贷后管理，推动公司金融业务发展。为中国铁路总公司、首都机场快轨等 66 个重大项目提供信贷支持 186 亿元，信贷资产规模比年初增长 11%。确立《“三大一高”营销指引》，开拓空白型客户 19 户；松散型客户存款新增 30 亿元，增长 12%，贷款新增 34 亿元，增长 81%；紧密型客户存款新增 279 亿元，增长 12%，贷款新增 86 亿元，增长 3%。签约“走出去”客户 6 家，项目 8 个，金额 58 亿美元；办理“银政通”、“银资通”、“并购赢”、“质保融”等创新业务累计金额332.38亿元，满足30余家重点客户投融资需求。成功发放建设银行系统内首批军人住房公积金贷款；新开立政府客户账户154个。截至年末，人民币企业存款日均余额5 820亿元，比上年增加543亿元；人民币对公贷款（含贴现）余额3 688亿元，比上年增加251亿元，小企业业务完成“三个不低于”的监管要求。

个人金融业务 提升服务创新能力，全年收集“好创意”3 599项，其中442项转化为生产力，带动客户新增47万户，创收20亿元，节约成本1.33亿元。加快渠道优化转型，调整低效网点，改善网点软硬件环境，加快发展离行式自助设备，提高柜面业务分流效率。建立客户服务量化考核体系，提升客户服务能力及客户满意度。加强客户经理队伍和品牌建设，塑造特色经营优势，助推业务发展；严格落实监管要求，全辖网点上线重点产品销售录音录像系统。截至年末，本外币个人存款时点余额3 275.48亿元，比上年增加106.48亿元；日均余额3 210.02亿元，比上年增加242.37亿元。AUM值在1 000万元以上的客户3 401户，比上年增长39.12%；月日均AUM值比上年增加121.28亿元，增长38.28%。私人银行客户日均存款（纯存款）比上年增加63.36亿元，占全部个人客户存款新增额的26.14%，财私客户购买各类投资理财产品创造中间业务收入4.25亿元。自营性个人贷款余额比上年增加203.75亿元，客户数量15.94万户。

中间业务 依托国家“一带一路”战略的实施，以“转型创新，联动增效”为指导，推动国际业务稳步发展，外汇贷款年末余额89.98亿美元，比上年增加4.12亿美元；全年跨境人民币结算量1 500.62亿元，同比增长17%。整合客户、商户资源，全力打造特色信用卡产品；搭建网点循环分期信息管理系统和安居分期信息管理系统，实现循环分期业务下沉网点的业务转型；全年信用卡客户净新增43万户，信用卡消费交易额累计759亿元，其中分期交易额75.8亿元。加快推进全额清分及冠字号码查询，实现1 258台自动取款机、1 613台存取款一体机付出现金冠字号码可查询。做好城区832台离行自助设备清机服务。全年实现中间业务净收入80.76亿元；经济资本回报率47.72%，比上年提升4.28个百分点；成本收入比22.01%，比上年下降2.13个百分点。

电子银行业务 围绕“智慧、泛在、跨界”的发展方向和“向智慧银行、数字银行转型”规划，首家智慧银行在丰盛支行正式开业。截至年末，净增个人电子银行客户313万户，累计客户规模2 143万户。其中：个人网上银行活跃客户净增85.38万户，存量客户230.04万户；手机银行活跃客户净增10.08万户，存量客户93.31万户。对公网络客户新增3.25万户，累计客户规模14.35万户。“善融商务”活跃商户新增56户，“善融商务”交易额2.84亿元；移动金融柜面替代率60.36%；实现电子银行业务净收入3.81亿元。

内控与风险管理 深入开展“三严三实”专题教育，抓住“关键少数”，深入查摆和纠正不严不实问题；各级党委书记带头讲党课，强调机构一把手认真落实“党组织书记、行长、法定负责人”三项职责，党委成员带头“三挂三促”（挂点促基层转型创新、挂优促基层业务发展、挂险促基层风险管控）；“两个责任”落实与考核挂钩；全力推进基层党建和企业品牌建设，打造“刘艳快线”、“合规标兵林森”等先进典型。从严治行，以“531考评”和“101监测”体系推动经营导向调整和资源配置优化；坚持“零容忍、一票否决、上追两级、三个不放过、四严四查、说案说险”等做法，形成从严管理制度体系。全面推进“合规、平安”两创建工作，逐级签订《党风廉政建设及案件防控责任书》，员工签署《廉洁合规从业承诺书》。制定《落实党风廉政建设党委主体责任的措施》等规则，修订《分行员工从业禁止性规定》。开展防范非法集资和私售行为宣讲活动，观看合规教育宣传片。组织网点员工签订《账户监测授权书》，设置“私售”行为举报专用电子邮箱；开展员工行为集中排查活动以及“飞单”、赌博等行为专项排查活动，合计排查员工3万余人次；组织各类安保演练5 883场，培训2 899次，合计64 743人次参加；全年共堵截假存单（折）诈骗案件7起，涉及金额642万元；堵截电信诈骗案件36起，金额105万元。

（吕亚维　何冰）

交通银行股份有限公司北京市分行

2015年末，交通银行股份有限公司北京市分行（以下简称交通银行北京市分行）本外币资产总规模7 880.18亿元。人民币对公存款日均余额3 806.40亿元，比上年增加272.06亿元，增长7.70%；人民币储蓄存款日均余额1 114.33亿元，比上年增加127.84亿元，增长12.96%；人民币同业存款日均余额2 071.72亿元，比上年增加56.69亿元，增长2.81%。

截至年末，交通银行北京市分行机构网点总量139家，其中分行营业部1家、中心支行24家、直属支行11家、二级支行78家、普惠支行25家；正式员工4 597人，专项服务外包人员（大堂经理等）730人。

公司金融业务　密切关注京津冀一体化发展进程，中标首都新机场项目银团，与北京铁路分中心签订战略合作框架协议。加强重点客户合作，与国家税务总局、北京市国家税务局（以下简称市国税局）、北京市中小企业公共服务平台、中国国际贸易促进委员会、丰台区科学技术委员会等政府部门或其下属机构首次建立合作；与北京住房公积金管理中心下属多个管理部合作推行柜台延伸试点业务；连续中标北京市财政国库直接支付、授权支付业务代理银行资格以及北京市市级财政非税收入收缴代理银行项目；与中国人民解放军空军后勤部直属供应部建立合作关系，营销军队住房公积金项目。推出“知贷通”、“集合外债”试点、小企业信托贷款买入业务、“税易贷”——基于增值税开票数据的小企业综合贷款业务方案、“新三板”专项服务方案等产品和业务模式，助力小微企业发展。大力发展现金管理业务，海关总署签署协议并成功上线蕴通账户虚主账户现金池，与北京速通科技公司就ETC项目达成合作意向，与中国航空工业集团蕴通账户票据池开展托管业务。

个人金融业务 以“企业行”、“社区行”、“厅堂行”作为发展主线，实现服务触角的延伸。抓住北京“一老一小”医保缴费模式调整契机，积极开展客户营销，推动基础客户发展。持续加大第三方存管客户营销力度，上线第三方存管业务线上签约功能。积极推动大额存单、“惠享存”、开放式表内理财等储蓄理财类产品创新，强化理财调节功能，促进低成本负债发展。开展基金健诊、业绩分析、基金大讲堂、投资策略报告会等基金销售活动，提升AUM和中间业务收入。首推私人银行“家庭工作室”服务，围绕家族财富传承、财税法律咨询、子女教育等，为客户提供高专属服务。

同业业务 做好重点目标客户拓展、存量客户挖潜和维护工作，营销中国邮政储蓄银行首次购买理财产品，国开行北京分行、北京银行、信托保障基金新开户并实现存款等。做好同业机构赴香港上市联动服务，争揽中国再保险集团副收款行席位和境内结汇账户、中国国际金融公司和恒泰证券赴香港上市的海外收款行及境内账户行资格，较好地实现了低成本负债、国际业务中间收入等综合收益。与中国证券登记结算公司、中证机构间报价系统公司等要素市场客户开展多领域合作，存款余额较年初实现快速增长。加强系统内、外客户转贴现合作拓展，推进直贴业务交易，票据业务“以量补价”效果明显。大力拓展资产池票据理财、代理贴现、商票保贴、互联网票据理财等创新业务，拓宽收入渠道。

国际业务 以创新为主题，积极开拓外汇交易业务新的增长点，研发人民币掉期存款、短期掉期结售汇等人民币外汇衍生产品，及非美元小币种远期外汇买卖、离岸人民币无本金平价远期产品。大力发展个人结售汇业务，“外汇宝”、“满金宝”、“期权宝”业务量明显增长。密切跟踪重点项目，完成中国建材公司等三个非银行保函担保的贷款项目，实现了离岸资产类业务的突破。

基础管理 设立资产管理部、贵金属中心、大客户四部和巡察组，调整风险管理架构；梳理公司业务板块、零售业务板块职能，设立网络渠道部；整合国际业务部门设置，形成更加集约有力的组织架构。实行案防工作“双挂钩”和“一票否决制”，进一步完善“制度+科技+督察”的案件防控体系，发挥审计、反欺诈等系统平台作用，严防重大案件发生。夯实基础管理，推动管理部门联系基层工作常态化、制度化，上线面部识别系统，严格考勤纪律、请休假与出国制度管理。推进分层分类的培训项目管理体系建设，开办“交行大讲堂”，按照公司、零售、营运、风险和综合管理五大板块，从管理干部、AB职等员工、新员工三个层面开展培训，并创新设计“头雁计划”、“育英计划”等素质培训课程。

风险管理 结合北京区域经济特点，加大对“两高一剩”、批发、机械、纺织、餐饮、建材、融资平台等行业（领域）存量贷款压降；把握京津冀一体化等利好政策，对于区域风险差异性较大的房地产、建筑、园区管理等行业，坚持有保有压的授信政策，侧重行业内客户的结构调整，压降低等级客户贷款占比，优先满足高等级客户贷款投放。建立临期贷款风险排查管控机制和集团客户风险排查管控机制，加强重点风险领域风险排查，强化名单制管理，推进政府性债务甄别，强化风险平行监测，有效地识别和化解逾期贷款风险，提高风险防控的前瞻性和有效性。持续开展重点领域风险排查，对批发、机械、纺织、金属矿采选、出口导向及对外贸易企业、非信贷业务等重点领域开展季度风险排查，对大额风险管控客户开展月度监控，对房地产、股权（票）质押业务、不规范经营等领域开展不定期排查，及时调整相关行业授信策略，提前防范重点领域风险。着力加固风险资产，对集团客户关系树进行风险排查，运用重点提示名单、灰名单、减退加固名单、监察名单和不良名单等管理工具，全年共减退潜在风险客户56户，减退金额77亿元；存量监察名单贷款压降6.64亿元；清收存量不良资产3.91亿元。

（王鹏）

招商银行股份有限公司北京分行

2015年末，招商银行股份有限公司北京分行（以下简称招商银行北京分行）总资产6 158.06亿元，比上年增加434.17亿元，增长7.59%；全折自营存款余额4 549.46亿元，比上年增加709.94亿元，增长18.49%；全折自营贷款余额1 737.50亿元，比上年增加180.39亿元，增长11.58%；不良贷款率0.27%，不良贷款拨备率1.95%。全年实现利润127.75亿元，比上年增加22.29亿元，增长21.14%。

截至年末，招商银行北京分行共有营业机构108家，其中年内新开业营业网点36家；员工总人数4 728人，比上年增加382人。其中正式员工4 186人，派遣员工542人。

发展方式转型 根据总行“立足一体两翼，深化服务升级，打造轻型银行”的整体部署和要求，加强客户营销，提升内部管理，做好风险防控，经营效益和质量持续向好。2015年，分行风险资本调整收益率水平为112.08%，成本收入比为18.62%；人均创利355万元，网均创利1.60亿元。

公司金融业务 交易银行业务整合各个板块，初步完成业务体系构建；跨境投行节节开花；内贸融资产品不断创新；出口融资稳定增长；电子银行结算业务中间收入创历史新高。机构业务成功获得市级非税业务代理资质，全面开启与“一带一路”相关机构各项业务合作，积极拓展公积金延伸柜台服务，为行业客户提供“互联网+综合金融”解决方案。对公负债再创新高，全折人民币对公日均存款2 299亿元，比上年增长22.42%；资产经营亮点频出，年末客户融资总量余额3 840亿元，比上年增长8.60%；中间业务多点开花，全年实现非利息净收入34.65亿元，比上年增长32.56%；客户基础不断夯实，年末对公客户总量13.65万户，比上年增长71.70%。

零售金融业务 加强资源整合，推进精细化管理，零售金融业务实现快速发展。截至年末，管理客户核心资产新增1 307亿元，同比多增加474亿元；全折人民币时点储蓄存款较年初增加473亿元，增长27.30%。财富管理业务实现收入33.60亿元，同比增长186.70%。个贷业务快速增长，年末贷款余额722亿元，比上年增加152亿元，在一般性贷款中占比43.50%，比上年提升6.30个百分点。零售客户数量持续快速增长，私人银行客户、钻石客户增长超过70%，金葵花客户、大众客群增长超过20%。

投行同业业务 同业投行金融业务快速增长，全年新增资产入池规模超2 000亿元。同业理财销售从零开始，逐步建立客户群，全年销售规模超3 000亿元。债券主承销规模892亿元，比上年增加43亿元。实现债券承分销手续费收入比上年增长40%。支持企业融资需求，直贴业务规模增长超过50%；严格控制票据业务风险，努力推动电子银行承兑汇票业务发展。

（丁国林）

上海浦东发展银行股份有限公司北京分行

2015年末，上海浦东发展银行股份有限公司北京分行（以下简称浦发银行北京分行）资产总额4 768.69亿元，比上年增加1 601.09亿元。按人行统计口径，人民币存款（含非银机构存款）余额3 759.20亿元，比上年增加1 136.30亿元。本外币一般存款余额2 012.90亿元，比上年增加222.00亿元。本外币各项贷款余额992.66亿元，比上年增加19.16亿元。全口径中间业务收入25.71亿元，比上年增加15.59亿元。实现账面利润42.94亿元，比上年增加3.48亿元。

截至年末，浦发银行北京分行共设有综合性营业机构48家（含营业部），其中年内新建开业2家；正式员工1 496人。

公司银行业务 加强分行部室建设，充分发挥分行在市场企划方面的整体引领和推动作用。出台存款营销指导意见，制定营销策略与方案，提出对公存款阶段性目标和具体推动措施与要求，并组织实施和动态跟踪监测；制定产品推广策略，为营销一线实现负债业务增长提供渠道、产品和服务支撑。加强资源整合力度，实现多元化方式吸存。组织开展以“勇攀高峰·跨越历史”为主题的迎接20周年行庆负债业务拉力赛，成效显著；深入分析近几年资产业务客户数据，形成《关于2015年公司授信客户信贷投放指导意见》，实现对公授信客户按其综合贡献进行分层管理；制定不同层级客户的综合收益率标准，提出资产业务客户经营目标和方案，引导支行主动降低对资本的耗用，提高客户综合收益率；试行中小授信客户积分贷，丰富中小企业产品；密切与重点客户的长期合作关系，加大优质企业营销力度，积极投放中长期贷款，重点推动房地产开发、经营性物业项目。

截至年末，本外币一般对公存款余额1 747.60亿元，比上年增加204.60亿元；本外币一般对公日均存款余额1 671.10亿元，比上年增加268.00亿元。人民币对公日均存款余额1 610.00亿元，比上年增加300.23亿元。人民币对公贷款余额774.75亿元，比上年增加0.35亿元；

人民币对公贷款日均余额791.3亿元，比上年增加114.32亿元。实现对公中间业务收入9.75亿元，比上年增加1.47亿元。

投资银行业务 坚持创新引领，推进精细化管理，加快“股、债、贷”三位一体综合金融服务体系建设。做好中期票据、短期融资券等基础债券产品的营销工作，满足企业客户常规债务融资需求；推动永续债、资产支持票据、项目收益票据等交易商协会重点推进创新产品的营销工作，满足企业扩充资本金、降低资产负债率、盘活资产等需求。截至年末，债券承销规模738.01亿元。围绕央企资产重组、混合所有制改革、降低资产负债率等需求，积极推进股权基金业务。加强与央企及市属重点国有企业、政府平台类公司、基金管理公司的合作，探索发展直投基金，满足客户多元化的融资需求。围绕政府主导的棚户区改造、保障性住房建设等投资热点，把握对政府土地储备、政府类平台公司增资的业务机会，组建新城镇化基金。加强与通州、丰台、大兴、门头沟区政府的合作，获取优良资产。截至年末，股权基金业务规模600亿元，其中浦发银行北京分行出资份额330亿元，已起息份额129亿元。加强与其他商业银行合作，积极发展银团贷款业务，涉及制造业、市政公共设施建设、水利建设、房地产等行业。截至年末，牵头银团和代理银团贷款规模122.28亿元，银团贷款余额86.1亿元，实现中间业务收入9 197.21万元。顺应并购业务增长趋势，积极发放并购贷款。全年累计发放并购贷款33.75亿元，涉及环保、医药、文娱等符合北京城市发展定位、抗周期性强的行业。全年主要投行业务共实现中间业务收入2.67亿元，比上年增加5 371.20万元。

个人银行业务 创新零售业务模式，推进线上线下业务融合发展。与“网银在线”、“拉卡拉”等电商开展业务合作，以电商为平台推广在线点贷等多项业务。紧跟监管政策动向，积极营销，成为浦发银行系统内唯一开展跨境支付业务的分行。制定标准化网点建设流程，加快社区银行建设。截至年末，辖内社区银行已正式开业25家。开展厅堂联动试点，推出代发业务、信用卡、标准化银行理财、实物贵金属等产品，以“靠浦推荐”、定向营销的方式实现厅堂营销人员和运营人员的有效联动，提升客户服务感受和营销效果。针对出国金融客户群体，开展“以靠浦行天下”为主题的系列外汇业务活动，推出与留学、旅游等相关的增值服务。推出“合家欢乐贷”等创新产品，以“靠浦创富”品牌拓展高资产客群。

截至年末，个人金融总资产余额676.94亿元，比上年增加126.64亿元；个人日均金融资产余额634.03亿元，比上年增加140.83亿元。其中，储蓄存款余额265.29亿元，比上年增加17.49亿元；储蓄存款日均余额245.70亿元，比上年增加28.90亿元。零售信贷余额214.04亿元，比上年增加19.64亿元。其中，住房贷款余额127.91亿元，比上年增加25.93亿元；出国金融贷款余额10.3亿元，比上年增加6.2亿元。零售业务净收入12.85亿元。其中，中间业务净收入4.83亿元；个人存款净利息收入3.37亿元；个人贷款净利息收入3.66亿元。个人优质以上客户202 071户，比上年增加35 000户；白金以上客户68 680户，比上年增加16 949户；私人银行客户793户，比上年增加213户。

金融市场业务 加大同业合作力度，增加同业授信额度，提升金融市场业务的经营能力和业务辐射范围。借助总行金融市场部（北京）成立契机，开展客户直接营销，实行“一户一策”，与直营客户展开分层次、有侧重的业务合作，并将资源互换作为合作原则和方向。对代客业务客户进行梳理和分级，加强对即期结售汇等基础业务的营销力度。开拓新客户资源，推出浦发银行首单与信托公司合作的黄金租借业务。利用总行探索投资非保本开放式理财业务的机会，试点推出非保本开放式理财产品。抓住人民币贬值、离在岸掉期点攀升的交易机会，积极开展跨境人民币融出业务。加强对票据一级市场的调研，推出业务指导书和直贴分析报告，提升对支行的服务；捕捉票据二级市场套利机会，重点开展不占规模和风险资产的轻资产业务。在标准化业务资产配置上，实现理财资金投资收益凭证、结构化打新基金、直投类打新基金、结构化参与定向增发等创新业务的全面配置。

截至年末，本外币同业存款余额2 608.4亿元，比上年增加1 314.1亿元；本外币同业存款日均余额2 346亿元，比上年增加1 058亿元。办理金融市场业务5 289笔，比上年增加1 440笔，累计交易金额28 033亿元，比上年增加13 348亿元。完成大额存单认购54笔，累计发生额521亿元；发放同业借款99笔，余额2 175亿元；操作投资理财业务53笔，累计发生额510亿元；办理投资非保本理财业务3笔，金额共计15亿元；开展人民币跨境融出业务12笔，金额共计61亿元。非标资产余额560.5亿元，其中自营142.8亿元，理财417.7亿元；标准化资产余额127.71亿元。外汇衍生交易450笔，业务发生额72.88亿美元；贵金属交易30笔，业务发生额78.48亿元。

合规与风险管理 加强合规队伍和风险经理队伍建设，增强主动经营风险的意识。强化重点领域和新型业务风险管控，高度重视跨界业务潜在风险，前移风险管控，发挥主动预警机制作用。在金融市场部设立风险管理专岗，加强对金融市场业务的风险管控。在合规部成立反洗钱团队，减轻支行反洗钱工作压力，提高可疑交易数据分析的准确性。将个人贷款放款业务集中到信用运营中心统一操作，提升风险管控能力。进一步完善风险合规内控体系建设，为各项业务健康持续发展保驾护航。

员工队伍建设 按照总行制定的《上海浦东发展银行干部选拔任用工作管理办法》，以建设“政治素质好、经营业绩好、团结协作好、作风形象好”的领导班子为目标，注重培养选拔优秀年轻干部和后备干部的使用。搭建分支行干部双向流动、多岗位锻炼平台。创新干部评价机制，建立“成绩册”，对分行部室搭建“一季一述职”的考核评价体系，对支行一把手实行“一年两评价两反馈”，对支行班子实行“全年总评价一反馈”。干部的薪酬激励由分行党委班子成员对助理以上干部进行统一评价，统一发放。注重人才的引进、培养、培训与考核，为全行转型发展提供人力资源支撑。全年共招聘118名大学生，社会招聘138人，调整交流中层干部41人，提聘助理级别以上干部38人，聘任社区银行店长20人。

（王国文）

广发银行股份有限公司北京分行

2015年末，广发银行股份有限公司北京分行（以下简称广发北京分行）总资产2 364.25亿元，比上年减少109.5亿元，下降4%（按照上级监管机关要求，同业投资科目项下资产移至总行相关科目中）；本外币存款余额1 914.51亿元，比上年增加290.17亿元，增长17.86%，其中人民币存款余额1 852.70亿元，比上年增加337.74亿元，增长22.29%；实现营业收入51.09亿元，同比增长12%；实现报表利润24.05亿元。

截至年末，广发北京分行设有营业网点57家，其中支行51家社、区支行6家；在岗人数1 823人，其中正式在编1 769人。

金融市场业务 债务融资工具业务、票据与资金业务及同业信用业务稳步发展，全年共承销债券106.2亿元，比上年增长92.39%，涉及超短融资券、短期融资券、中期票据、私募票据等市场主流品种；吸收本外币同业存款年末余额1 718.05亿元，比上年增长105.89%；票据直贴年末余额35.20亿元，比上年增长261.40%；票据转贴现年末余额175.48亿元，比上年增长46.72%。依据市场情况，以同业信用为基础，为同业机构累计提供资金497.5亿元。通过研发新产品、拓宽营销渠道，与客户发展多元化的合作，贵金属租赁业务实现突破和发展，全年实现业务规模19.4亿元。

社区支行建设 年内，广发银行北京分行涉足社区支行建设，作为传统支行网点的有益补充。新成立的6家社区支行较同类机构面积大、工作人员多、营业时间长（通常为9：00~20：00），并配备24小时智能银行设备，实现全天候自助开立储蓄卡等业务。为方便社区居民，部分社区支行设在超市之中，提高了金融服务效率。

完善风控管理机制 调整新增客户授信准入策略，严格授信审批；调整风险管理决策机制，在分行设立信贷审批委员会、资产处置委员会；建立分行各业务及风险条线审查联席会议制度，对核心客户的营销组织、重点授信项目的把控、重大交易的推动以及资源配置策略等进行审议。以策略分类为抓手，调整信贷结构，主动压缩退出潜在风险客户，强化对抵（质）押类贷款的管理，严防新增问题贷款；推行经营单位信贷综合委派制，完善风险条线的垂直管理；加强出账中心对项目真实性和合理性的把关，严格落实审批条件。加强贷后管理，健全贷后检查制度。对重点行业、大额资产及民营企业进行风险排查，掌握全行信贷资产不良隐患及风险特征；按照问题导向原则，针对排查发现的薄弱环节，组织进行整改。

提高经营管理效率 配合总行成功上线新核心系统，实现了柜台操作系统效率和功能的提升；推行预算成本控制，降低各类运行成本与固定性支出，对部分支行的营业办公面积进行合理精简，对部分支行续租方案进行调整；优化分配机制，相关岗位的定价标准向一线营销倾斜、向高产出岗位倾斜；完善后备干部选拔制度，将具有基层一线工作经历和专业岗位经验丰富的青年骨干纳入后备干部梯队，实行动态管理。

（陈悦喆）

兴业银行股份有限公司北京分行

2015年末，兴业银行股份有限公司北京分行（以下简称兴业银行北京分行）本外币总资产3 739亿元，比上年减少206亿元，下降5%，其中人民币贷款余额924亿元，比上年增加235亿元，增长34%。本外币总负债3 710亿元，比上年减少182亿元，下降5%，其中人民币存款余额2 192亿元，比年初增加485亿元，增长28%。实现账面营业净收入74.4亿元，同比减少2.18亿元，下降3%，其中净利息收入57.01亿元，同比减少7.59亿元。

截至年末，兴业银行北京分行下辖64个营业网点，在岗员工1 636人。

发展方式转型 结合北京市区域特点确立了“内涵提升与外延扩张相联动”的中期发展战略和“阵地战战略”、“人力资源达标战略”、“产品货架战略”三大辅助战略，明确了正确处理发展与风险控制、发展与资源管理关系的经营指导方针，部署了重点客户“双十工程”和实施交叉销售、条线联动的营销策略；新设立保卫部、特殊资产经营部、托管部，完成八大区域中心支行组织架构搭建，初步建立了条块结合、矩阵式管理的三级组织架构。

公司金融业务 实现表内资产余额比上年增加229亿元，人民币存款日均比上年增加428亿元，并在部分重点领域取得突破；完成5个利润中心及16个产品利润子中心的建设运营，在系统内实现夹层融资置换、应收账款池资产证券化等11个产品全国首单业务落地；中标北京市级财政集中支付和非税收入收缴代理银行资格，实现市级代理资格零的突破。

同业金融业务 同业资产规模实现翻番增长，年末余额2 661亿元，同比增长118%。日均负债规模1 367亿元，同比增长23%。年末托管余额6 130亿元。

个人金融业务 资产负债业务均实现跨越式发展，个人贷款年末余额254亿元，比上年增加122亿元，基本实现规模翻番；财富类金融资产日均余额487亿元，同比增长53%；代发企业客户2 008户，比上年增加224户，全年代发93.2亿元。网点服务能力稳步提升，朝外支行、永定门支行分别获得中国银行业文明规范服务“四星级”和“三星级”营业网点荣誉称号。

风险与内控管理 重点围绕“发展与风险控制”、“发展与资源管理”两大主线，持续打造健全的内部管理体系。着力完善与三级组织架构相配套的风险管理体制机制。积极开展钢贸、木材、汽车金融等行业风险排查，实施存量信用业务分类管理，强化双线贷后检查，严控新增不良资产。按照集中化、专业化、经营化的改革思路，实现特殊资产经营部由管理向经营的职能转变。扎实开展“两加强、两遏制”及“回头看”专项检查，深入开展内控自评及缺陷整改，并固化成制度规范。持续开展员工异常交易行为排查及案防突击检查，制定发布员工行为禁令和操作红线，建立员工合规档案及违规积分制度，内控及案防机制进一步健全。

（刘崇光）

平安银行股份有限公司北京分行

2015 年末，平安银行股份有限公司北京分行（以下简称平安银行北京分行）总资产 2 167.34 亿元，比上年增加 119.70 亿元，增长 5.85%。本外币各项存款余额 2 067.36 亿元，比上年增加 329.76 亿元，增长 18.98%，其中人民币各项存款余额 1 850.47 亿元，比上年增加 318.41 亿元，增长 20.78%。本外币各项贷款余额 622.19 亿元，比上年减少 32.74 亿元，下降 5.55%，其中人民币贷款余额 557.97 亿元，比上年减少 17.12 亿元，下降 2.98%。实现净利润 23.34 亿元，同比减少 5 亿元，下降 17.63%。

截至年末，平安银行北京分行下辖综合性支行 37 家（1 家尚未开业），零售支行 4 家，小微支行 11 家；共有正式员工 1 836 人，派遣员工 27 人，返聘员工 3 人，外包人员 429 人。

大资管业务 建立大资管业务平台，涵盖公司理财与现金管理、网络融资、传统贷款、投资银行、债券融资、金融同业、票据、资产托管、贸易融资、国际业务、对公综拓、机构业务和创新出账业务。

以“分支联动、部门协作”为准则，开展以客户为中心的深度挖掘和专业化经营。精准定位目标市场，明确目标客户，配置专项资源，统筹实现资源信息互通，建立重点项目立项机制和客户转介机制，协作打通创新出账渠道，协同营销产业基金及千户工程重点项目，建立客户经理一本账、客户一本账。加大对非银行金融机构存款的吸收力度，推动同业资产业务发展，强化资本和同业市场两个专业化团队的经营能力。产业基金模式逐步清晰，产业基金与资本市场业务成为新的增长点；客户资金托管业务实现零的突破，资产证券化托管业务落地；综拓业务围绕集团综合金融战略，与集团各专业公司创新合作模式、推动资源共享、理顺利益分配机制及结算方式，深化保险交叉营销模式；机构业务创新金融服务，在代理财政业务方面实现了跨越式发展。

截至年末，公司存款余额 1 327.7 亿元，比上年增加 258.8 亿元，增长 24.21%；外币存款余额 485.75 亿元，比上年增加 84.18 亿元，增长 21%；国内贸易融资发生额 562.46 亿元，比上年增加 219.88 亿元，增长 64%；营销“橙 E”交易客户 1.3 万多户，现金管理存款 344 亿元。

零售及小企业业务 主动应对互联网金融大潮，以客户为中心，实施客户分层获取与分层经营，建立产品策略、数据策略、共同经营、批量获客四大功能组，提升产能和效率。实现零售业务的跨越式发展。小企业业务由分行集中经营，人员统一管理，强化中后台推动及风险管理职能。设立小微专营机构，攻坚重点行业方向，搭建1+N项目团队，打造小企业行业金融专家团队。

截至年末，零售存款余额242.8亿元，比上年增加42.6亿元，增长21.28%；累计发放小企业贷款391.93亿元，客户110 288户，比上年增加15 449户。

（杨春）

中信银行股份有限公司总行营业部

2015年末，中信银行股份有限公司总行营业部（以下简称中信银行总行营业部）本外币资产总额6 368.63亿元，比上年增加570.79亿元，增长9.84%。本外币存款余额（含金融机构存款）5 269.73亿元，比上年增加459.36亿元，增长9.55%。本外币贷款余额（含贴现）2 300.51亿元，比上年增加250.80亿元，增长12.24%。不良贷款余额6.35亿元，不良率0.28%。实现净利润67.74亿元。

截至年末，中信银行总行营业部共有机构网点72家，员工2 888人。

公司银行业务 负债业务，紧抓对公负债重点项目与重点领域，加强产品创新，优化内部管理，推动对公负债业务增长。截至年末，本外币公司一般性存款（不含非存款类金融机构）日均余额3 717.69亿元，比上年增加325.79元，增长9.6%。

资产业务，积极支持现代制造业、现代服务业、国家战略性新兴产业以及优质中小企业的发展。截至年末，人民币公司一般性贷款余额1 376.48亿元（不含非存款类金融机构）。

投资银行业务，充分发挥银行专业、渠道、信息等优势，扩大股权投融资、实业投资、并购、机构理财、现金管理等方面的客户服务范围。全年债券承销规模2 276.7亿元。不断创新产品，成功承销1 556.7亿元债务融资工具。结构融资业务新增客户融资规模191.90亿元；融资类理财新增融资规模176.37亿元，全年融资类理财日均规模约524.36亿元；累计销售对公理财产品1 285亿元。

国际业务，在巩固国际业务传统优势的同时，紧跟人民币国际化战略，跨境人民币业务迅速发展；紧跟中关村核心区外债宏观审慎管理外汇改革试点工作，首笔中关村外债业务成功落地；积极响应“一带一路”战略，内保外贷业务稳步增长。截至年末，累计实现收付汇量976亿美元；实现中间业务收入3.88亿元、外汇资金业务中间收入2.35亿元、金融市场交易量4 162亿元。

房地产金融业务，坚持风险控制与收益提升并重，在重点支持住宅项目的基础上提高经营性物业贷款、城镇化建设贷款等高收益贷款占比，支持保障性住房项目；以“房地产金融全流程服务商”为核心发展思路，拓展产业链条，实现全流程融资支持。截至年末，城镇化建设贷款余额比上年增长88.56%，经营性物业贷款余额比上年增长77.74%；保障房建设贷款余额22.50亿元，比上年增长7.71%。

汽车金融业务，大力开发捷豹路虎、宝马、奥迪等高端品牌的同时，通过加强过程风险管控、组织专项风险排查、处理风险客户等措施严把经销商风险关，保持零不良记录。截至年末，汽车金融业务有效经销商户400户，日均存款合计95.94亿元，其中，经销商日均存款44.03亿元；经销商累计融资536.14亿元，融资余额合计97.09亿元；实现中间业务收入2 869.27万元。

零售银行业务 加强零售板块各部门的内部联动，优化业务厅堂及外围宣传渠道，实现客户数、储蓄额、管理资产规模的全面增长。服务质量稳步提升，7家网点获评中国银行业协会星级网点，3家网点获评北京市银行业协会特色网点，1家网点获评北京银监局示范网点。公私联动逐渐深化，成功营销多项大型代发及大型拆迁项目，年累计代发额320亿元。截至年末，一般储蓄日均余额471.29亿元，比上年增加55.32亿元；一般储蓄时点581.21亿元，比上年增加36.37亿元；管理资产余额1 509.29亿元，比上年增加272.08亿元，增长21.99 %；零售管理资产5万~50万客户总量17.17万人，比上年增加2.27万人；50万以上客户数总量6.04万人，比上年增加0.9万人。各项代理销售及中间业务收入实现跨越式增长，零售中间业务收入6.49亿元，比上年增长2.33亿元。

消费金融业务，围绕“房抵贷”打造大消费产品线，推出适应北京市场需求的海外移居贷款等创新业务。截至年末，消费金融业务贷款余额584.38亿元。

小企业金融业务，通过产品政策、竞赛政策、业务培训的实时传导和开展，有效提高全辖产能；通过产品创新，丰富小微金融产品体系；通过优选核心房产、控制抵押成数，防控业务风险，保持小企业资产质量总体优良。截至年末，小微法人贷款余额3.95亿元，客户数68户。

金融同业业务 深度挖掘客户需求，密切关注产品创新，基于“余额宝”和“薪金煲”的基金管理公司法人账户透支创新业务，凭借行业领先的产品方案和丰厚的项目综合收益，获评全国金融青年“双提升”金点子一等奖；票据业务“银财电票通”为财务公司量身打造系统性金融服务方案，解决了供应链条中大量中小企业融资难题；独家托管的“余额宝”项目，托管规模达到6 138.5亿元，比上年增长6.03%，实现托管费收入5.17亿元。截至年末，同业资产日均1 781.03亿元，负债日均1 404.47亿元。

风险控制 信贷审查，加强信用风险管理，切实履行风险过滤职能。通过审查前移、制定严格的风险细则和加强担保公司管理等方式，确保业务不良贷款额和不良率保持稳定。截至年末，不良贷款余额6.35亿元，不良贷款率0.28%。全年共化解预警客户风险16户，安全回收授信7.40亿元。

会计运营，成功完成新核心系统切换工作；及时转发、下发各类会计制度文件及业务规范70余项；推进发行库建设，提高现金运营水平；通过严格的检查工作，提高会计人员业务规范性和支行柜面操作风险防控能力。

合规经营，建立全流程合规案防管控体系，加强过程管控；加大内部审计检查力度，落实合规与审计的结果应用，提高重点单位、重点业务和重要岗位的内控合规及履职能力；组织落实问题整改和问责，加强对问题人员的责任认定及处罚力度；持续开展员工行为排查，切实提高员工行为的管控水平。

（张京玉）

中国光大银行股份有限公司北京分行

2015 年末，中国光大银行股份有限公司北京分行（以下简称光大银行北京分行）资产总额 3 768 亿元，比上年增加 110 亿元，增长 3%。一般存款日均余额 2 832 亿元，比上年增加 245 亿元，增长 9%。中间业务净收入 32.28 亿元，比上年增加 9.68 亿元，增长 43%。营业利润 63.81 亿元，比上年增加 12.55 亿元，增长 24%；不良贷款余额 4.5 亿元，比年初减少 0.1 亿元，下降 2%。不良贷款率 0.45%，拨备覆盖率 460%，年人均创利 175 万元。

截至年末，光大银行北京分行辖内营业网点 67 家，其中年内新开业营业网点 5 家；正式员工 2 700 余人。

公司银行业务 积极适应经济新常态，主动下沉客户重心，调整客户结构，不断引入新兴客户，充分利用三级财政代理资格，扩大与 161 家国家机关与预算单位的财政业务，全年代理中央财政 2 812 亿元。加大市场开拓力度，参与市区两级财政招标和北京市重点项目，连续中标 6 期北京市国库现金管理，新增财政存款近百亿元。参与京津冀一体化建设，支持通州核心区“新北京中心”项目。参与开发首都新机场、水务投资、河道治理等重点项目。

零售银行业务 通过渠道推动、公私联动、理财拉动等措施，零售业务实现平稳增长。截至年末，零售客户 412 万户；零售客户九项资产 1 245 亿元，比上年增加 209 亿元，增长 20%。响应推进普惠金融发展的监管要求，支持小微企业发展，“三个不低于”持续达标。大力发展互联网金融业务，拓展第三方支付、电商企业，推出自营电商平台、阳光 e 社区。

中间业务 深入挖掘各业务条线和支行潜力，拓宽渠道，开辟中间收入来源，提升盈利能力。全年，实现中间业务净收入 32.28 亿元，占全部净收入的 37%，投资银行、信用卡、理财、贸易金融业务成为中间业务收入的主要来源。

风险管控 严控信贷风险，多措并举，因户施策，实现不良贷款“双降”，资产质量保持优良。强化全面风险管理责任，落实“四位一体”的风控机制，开展“六个一”合规教育，实施员工异常行为和案件风险大排查，全员签订案防责任书。严格执行严禁私售“三项铁律”，严肃问责。经中央巡视、审计署专项审计、北京银监局“双违检查”、总行审计等，均未发现重大案件和风险隐患。

（潘远发）

中国民生银行股份有限公司北京分行

（原中国民生银行股份有限公司总行营业部，2016年更名）

2015年末，中国民生银行股份有限公司北京分行（以下简称民生银行北京分行）本外币总资产余额8 121.90亿元，比上年增加1 006.81亿元，增长14.15%。各项存款余额4 354.87亿元，比上年增加38.91亿元，增长0.90%，其中人民币存款余额4 092.81亿元，比上年增加40.76亿元，增长1.01%。各项贷款余额1 778.96亿元，比上年增加186.01亿元，增长11.68%。全年营业收入17.17亿元，营业支出67.87亿元，实现税前利润 -50.64亿元。

截至年末，民生银行北京分行下设支行80家，正式员工3 138人。

公司银行业务 紧跟“京津冀协同发展”战略，服务北京首都非核心功能外迁。支持首都第二机场、高速公路建设、北京轨道交通建设等重大基础设施建设项目，服务“京津冀一体化”战略。围绕北京“政治、文化、创新、对外交流”四个中心定位，依托创新金融服务模式，加强与中关村园区内科技型企业的合作，切实服务实体经济，助力北京市实现科技创新及产业结构调整升级。大力支持环境保护类企业，为其提供一揽子金融服务，促进北京市大气污染、水污染及固废污染治理。支持北京地区大型集团企业和优质上市公司的技术改造、行业并购类项目，协助本市实现产业转型升级，优化资源配置。截至年末，公司本外币贷款余额1 162亿元，比上年增加58.3亿元；本外币公司存款余额3 671.39亿元，比上年减少21.13亿元。

贷款业务，贷款重点投向制造业、租赁和商务服务业、房地产业、批发和零售业、建筑业、公共管理、社会保障和社会组织。截至年末，上述领域贷款余额占公司贷款余额的69.96%。服务实体经济，将高新技术企业作为信贷投放重点，积极支持园区企业发展壮大。截至年末，中关村园区内企业贷款余额188.95亿元，比年初增加26.38亿元；绿色信贷贷款余额40.56亿元，比年初增加11.84亿元，其中，节能类贷款余额4.47亿元，减排类贷款余额13.79亿元，其他节能减排类贷款余额9.68亿元。积极探索信贷与投行相融合的业务产品，创立产业基金与科技企业信贷相结合模式，先后设计了担保公司循环额度债权基金、水务基金、产业基金等项目，向高新技术企业推介理财直接融资工具。针对高新技术企业发债70.5亿元，直投发放22亿元，并给予中关村科技园区企业信用贷款支持，为其提供包括信贷业务、贸易融资、支付结算、上市辅导等综合金融服务。继续支持“京津冀一体化”发展。截至年末，京津冀协同发展融资审批余额（含表内授信、发债、投行等非授信业务）1 018.4亿元，比上年审批额度新增505.3亿元，授信使用余额361.3亿元，比上年余额新增114.3亿元。

贸易融资业务，截至年末，贸易融资余额339.74亿元，其中表内合计78.12

亿元，表外合计261.62亿元。非融资性保函余额64.43亿元，融资性保函余额74.36亿元，信用证余额71.26亿元，国际结算量188亿美元。表内外资产状况良好，无不良贷款发生。

资产托管业务，托管存量规模9 329.65亿元，新增规模3 956.97亿元，比上年增长52.96%。信托、基金专户、券商理财三类主线产品合计超过总规模的70%，私募基金、证券投资基金、资产证券化产品等稳步发展，合计占比约9.23%。

发债融资业务，截至年末，发行债券61只，承销规模651.39亿元。

零售银行业务 截至年末，储蓄余额683.5亿元，比上年增加60.4亿元，增长9.7%。个人贷款余额615.8亿元，比上年增加44.14亿元，增长7.7%。消费贷款余额159.1亿元，比上年增加34.8亿元，增长28%，其中消费微贷余额48.5亿元，按揭贷款余额94.9亿元。金融资产余额1 684.7亿元，比上年增加110.7亿元，增长7%；本外币理财余额685.4亿元，比上年减少137亿元；基金余额241.6亿元，比上年增加157.2亿元，增长186.1%；保险余额45.9亿元，比上年增加28.9亿元，增长169.7%。零售客户稳步增长，有效客户33.7万户，比上年增加1.7万户；贵宾客户18.1万户，比上年增加1万户。电子银行业务稳步发展，手机银行客户148.61万户，比上年增加44.88万户，增长43.26%。个人网银客户163.02万户，比上年增加30.53万户，增长23.04%。电子银行交易替代率98.66%，比上年提升1.19%。

资金业务 负债规模大幅度提升，新型资金业务快速扩张。截至年末，同业存款余额3 710.08亿元，比上年增加1 005.98亿元；同业存款日均2 705.88亿元，同比增长37.2%。同业投资交易量上升380.4亿元，同比增长203.3%。

小微金融 聚焦"小微战略"，为近20万小微客户提供资产、负债、结算、理财、保险、专业服务、非金融增值服务等综合金融服务，推出"超吉贷"等小额信用类、抵押类产品，简化优质客户续授信服务流程，提升客户体验。截至年末，小微企业贷款余额456.72亿元，总体资产质量较好，贷款客户33 081户，比年初增加2 937户，增长15%，户均贷款金额264万元。

风险管理 围绕"去产能、去库存、去杠杆、降成本、补短板"的产业结构调整政策，持续加强业务操作风险管理，对重点行业采取"退、压、限、控、进"的差异化组合管理策略，信贷结构进一步优化，全面风险管理水平进一步提升。截至年末，民生银行北京分行产能过剩行业贷款（含贴现）余额53.24亿元，占对公人民币贷款余额（含贴现）的5.65%，占比同比降低3.59%。

（龚耀星）

华夏银行股份有限公司北京分行

2015年末，华夏银行股份有限公司北京分行（以下简称华夏银行北京分行）

资产总额2 787.82亿元，比年初减少131.44亿元；负债总额2 770.66亿元，比年初减少123.95亿元；一般性存款余额2 290.35亿元，比年初增加91.22亿元；一般性存款日均2 019.17亿元，比上年增加203.64亿元；各项贷款余额1 135.79亿元，比年初增加137.55亿元，增量是上年的2倍，创近五年新高；实现中间业务收入9.21亿元，同比增加0.7亿元；累计实现拨备前利润26.47亿元，同比减少5.03亿元。

截至年末，华夏银行北京分行下辖支行59家，公司金融部12个，社区支行9家；正式员工2 006人。

服务首都经济发展 着眼于首都经济建设需求，优先支持基础设施、民生、环保、科技、文化等重点领域发展。支持北京市政建设集团城市地铁16号线项目、京台高速公路（北京段）工程项目、南水北调配套工程大宁蓄水库项目、宝成雅园定向安置房项目、锦绣大地和新发地农副产品批发市场外迁、中国再生资源开发公司资源循环利用项目、中环保水务投资公司环境污染防治与垃圾处理项目、北京京城新能源公司风电项目。截至年末，累计支持城镇化建设贷款余额48.75亿元，基础设施建设贷款余额41.17亿元，保障性住房及重点村建设贷款余额37.55亿元，节能环保贷款余额54.1亿元，高科技企业贷款余额46亿元，文化创意贷款余额34亿元。

个人金融业务 个人业务规模保持平稳增长，全行储蓄存款日均402.88亿元，较年初增加43.88亿元；积极开展个贷产品创新，推出具备市场竞争力的“菁英贷/积分宝”产品，全年投放5.47亿元，拉动个人贷款客户增加2 100户；新发信用卡6.5万张，“易达金”发放1.36亿元；累计发行“京津冀协同卡”32.77万张，比年初增加24.77万张；净增银证三方签约客户21 255户；累计办理签约“华夏速通卡”47.56万张，新增签约8.38万张。

金融市场业务 债务融资工具发行量318.7亿元；总行理财池表外融资业务较上年增长189%；大力推动同业综合授信，申报批复突破1 600亿元；同业理财业务全年销售307亿元，较上年增长1 435%；资产托管业务逆市而上，成功托管2只政府引导基金和首单酒店类REITS资产支持证券项目，存款带动效应显著。

成立科技金融专营机构 着眼北京市“四个中心”城市功能定位，针对科技企业“轻资产、高成长”特点，2015年10月，华夏银行北京分行成立专门面向中关村广大科技企业和创新创业主体服务的科技金融专营机构——中关村管理部。该管理部通过机构设置、客户定位、信贷管理、金融产品、考核机制、服务模式的创新，打造华夏银行中关村创业金融服务模式。

加强全面风险统筹管理 强化信用风险全过程管理，开展风险排查和实地贷后检查，对授信客户的经营现状、财务数据、用信情况进行全面梳理，制定低质客户退出计划；强化重点领域风险管控，从严控制产能过剩行业新增准入；扎实构建会计专业案件防控长效机制，有效防范会计操作风险，全年共堵截风险事项172笔，涉及金额5 045万元；强化理财业务合规销售，推动理财区“专人专区”改造，规范产品及风险提示和销售人员资质公示，对销售全过程录音录像；严防流动性风险，对客户资金变动进行分层级管理，强化大额资金进出预报管理；防范声誉风险，建立完善声誉风险管理机制，实施全天候舆情监控，并将舆情评价纳入季度综合考核之中；防范信息技术风险，重要信息系统在主要业务时段的整体可用率达 99.95% 以上，确保各项业务持续、平稳运营。

客户服务 客户服务从"满足需求"向"增强体验"转变，改进和完善服务工作制度、内涵、手段，提升服务工作质效。推广上线填单机并实现与核心系统联网，创新推出个人客户九合一凭证，缩短业务办理时间；优化个人贷款办理流程 15 项，完成"华夏速通卡"功能升级 2 次，简化小微企业贷款申报材料，提高业务办理效率；出台特殊人群服务制度指引，全年处理 18 起特殊人群的业务需求。年内，共有 7 家支行分别荣获中国银行业协会授予的五星级、四星级、三星级营业网点称号；2 家支行荣获北京市特色网点称号。

（李原野）

渤海银行股份有限公司北京分行

2015 年末，渤海银行股份有限公司北京分行（以下简称渤海银行北京分行）本外币总资产 990.02 亿元，比上年增加 133.91 亿元，增长 15.64%；本外币各项贷款（含贴现）余额 322.30 亿元，比上年增加 136.69 亿元，增长 73.65%；实现营业收入 20.09 亿元，同比增长 14%；实现中间业务净收入 4.78 亿元，同比增长 48.77%；实现考核利润 9.30 亿元，同比增长 9.85%；实现经济增加值 5.43 亿元，同比下降 4.13%。不良贷款率 0.074%，资产质量保持优良。

截至年末，渤海银行北京分行共设有营业机构（含分行营业部）30 家，其中支行（含分行营业部）18 家、社区支行 12 家。员工 722 人，其中合同制员工 672 人、派遣制员工 50 人。

金融同业业务 截至年末，共受理同业授信额度 485 亿元，其中通过授信审批共计 31 家，获批额度 441 亿元；非授信准入信托公司 10 家、证券公司 8 家、基金管理公司及基金子公司 4 家、保险资产管理公司 1 家。负债业务中吸收同业负债资金 515.65 亿元，比上年增加 299.18 亿元；资产业务增加 168.66 亿元，贷款增加 162.72 亿元；银证及同业业务收入 11.12 亿元，占全部营业收入的 57.08%；中间业务收入 3.40 亿元，占全部营业收入的 19.20%。

投资银行业务 全年承销企业债券 163.1 亿元，是上年业务量的 3.02 倍。通过产品创新推动债券承销等投行业务快速发展，成为渤海银行系统内首家承销公募永续中期票据和私募永续中期票据的分行；5 月，独家承销我国银行间市场第二只并购债；10 月，成功营销客户 50 亿元永续债项目。配合总行开展交易所公司债相关业务，成功承做渤海银行首只私募公司债券。借助发债等轻资本业务，与大批央企建立业务合作关系，提高客户的综合贡献度。

贸易金融业务 成功开立首笔境内企业境外股票增发境内专户和结汇待支付专用账户，为客户办理资本项下结汇业务。“财贸赢”业务带动存款大幅增长，全年累计叙做“财贸赢”项下票据业务 65.6 亿元，带来定期存款 46.7 亿元。支持企业“走出去”，全年累计发放外汇贷款 10.24 亿美元，其中外汇储备委托贷款 6.08 亿美元。紧跟直接投资外汇管理简政放权，在支行设立直投业务试点，全年累计办理各类直投登记业务 60 笔。成功叙做“国内证 + 福费廷”组合业务 5.5 亿元，带动保证金存款 1.1 亿元。全年，实现营业收入 1.4 亿元，同比增长 15.5%。

零售业务 储蓄存款和财富资产快速增长。截至年末，储蓄存款余额 38 亿元，比上年增加 1.6 亿元；累计销售个人理财产品 243.6 亿元，比上年增加 25.2 亿元；财富资产余额 92.4 亿元，比上年增加 12.4 亿元；个人客户 7.1 万户，比上年增加 3.9 万户；个人贷款余额 109 亿元，比上年增加 48.2 亿元。积极探索社区金融服务新模式，上线渤海银行第一家社区商圈电子服务平台——“禧邻社区”，并纳入总行电子银行“好 e 通”系列。截至年末，“禧邻社区”上线商户 38 个、APP 手机注册 331 个，累计发放社区门禁卡 1 886 张、异形门禁卡 348 张。

风险管控 分层构建信贷结构全口径统计、专项课题调研、项目跟进等工作机制；修订风险管理规定及实施细则 10 余项，建立风险管理共享文件夹、授信政策电子库；实施差异化风险管理，建立差异化审批通道，对劣质项目及时暂缓或中止，全年暂缓授信客户 65 户；聘请第三方评估机构对授信客户进行专业评估，改进和加强贷后管理工作；推广“信贷大讲堂”，邀请行内外专家对客户经理、产品经理、审查经理、审批委员进行定期培训，培育高级信贷分析师，形成人才梯队；强化主动风险管理，推动“客户经理第一责任”、“风险管理人人有责”的风险管理文化建设。全年资产质量良好，风险总体可控，不良贷款率 0.074%。

（张俊魁）

浙商银行股份有限公司北京分行

2015 年末，浙商银行股份有限公司北京分行（以下简称浙商银行北京分行）总资产规模 955.7 亿元，比上年增加 240.3 亿元，增长 33.59%。本外币各项存款余额 579.76 亿元，比上年增加 160.27 亿元，增长 38.21%。本外币各项贷款余额 257.41 亿元，比上年增加 70.52 亿元，增长 37.73%。实现利润 11.49 亿元，比上年增加 0.22 亿元，增长 1.95%。资产质量保持优良，不良率为零。

截至年末，浙商银行北京分行共设有营业机构（含分行营业部）7 家，员工 424 人。

低成本可持续的负债能力 紧抓无贷户和乡镇金融存款两个战场，坚持人财物高投入，通过市场细分、营销创新、政策配套等措施，实现无贷户客户数及存款的较快增长；依托网点逐步挖掘乡镇金融市场，通过人才引进、网点服务、授信创新等手段，推动乡镇金融的快速发展。注重产品创新，在分析客户需求的基础上推出差异化产品，借助浙商银行的平台和服务拉动存款增长，并锁定存款回流，实现客户综合效益的提升。发挥本外币、境内外业务组合优势，加强与境内、外同业沟通，充分利用境内外利率与汇率的价差，加强“轻资产”业务营销，带动国际结算规模、存款、中间业务收入及客户群体的全面增长。

资产综合经营能力 由“突破自身资源约束”的资产综合经营向“创新综合金融服务、挖掘资产综合盈利”的全资产经营主动转变，通过全资产经营不断优化资产结构，资产配置重心由传统信贷、同业拆借向金融市场、资产管理板块转移，提升资产组合的收益性、流动性，降低资本消耗。借力综合金融服务，积极推动与券商、基金、保险及信托等机构合作，尝试创新投融资工具，通过资产管理、债券发行、资金托管、基金设立、定向增发、同业撮合等业务模式，锁定大型企业集团等优质客户。

综合盈利水平 建立资产风险占用和收益率分析制度，对各类资产进行分析，定向指导各经营单位，不断优化资产配置。充分利用表内、表外各项金融工具，拓展政府项目平台、地产项目。面对风险资产约束，加大“轻资本”业务推动，谋求差异化发展。实施分类资产经营，持续信贷结构调整，以高收益、高派生为抓手，用好贷款资源，持续调整信贷结构。针对不同资产属性、信用等级、流动性状况采取有针对性的业务模式，在效益最大化下保障风险、流动性的有机协调。以资本节约为导向开展轻资产经营，搭建合作平台，围绕银保、银资、银租大力发展高端撮合类业务；围绕高资信企业、证券公司大力发展纯债务承销业务；以风险耗用小的特色产品为抓手实施轻资产经营。

（张晓龙）

北京银行股份有限公司

2015年末，北京银行股份有限公司（以下简称北京银行）资产1.83万亿元，实现净利润168.5亿元，资产利润率1.01%，资本利润率15.8%，人均创利145万元，成本收入比27.9%，不良贷款率1.12%，拨备覆盖率269%，资本充足率12.2%，品牌价值263亿元。根据英国《银行家》杂志排名，一级资本在全球千家大银行中排名第87位；在世界品牌实验室2015年《中国500最具价值品牌排行榜》中，以263亿元的品牌价值居中国银行业第7位。

截至年末，北京银行机构总数477家，其中北京地区分支机构217家。

公司业务 正式发布“网速贷”，打通小微融资“最后一公里”，实现小微企业“分钟级”全流程线上融资，在线融资客户251户，放款22.8亿元。推出“e

存管”品牌，存管资金年末余额470亿元，比上年增长218%。持续完善网银功能，全年网银交易规模11.8万亿元，比上年增长84%。“京医通”卡累计发放440万张，与腾讯公司签署全面战略合作协议，成功试点社会保障卡“京医通”应用及“京医通”微信平台服务；联合北京市经济和信息化委员会、北京市医院管理局将“京医通”卡纳入“北京通”范畴，更名为“北京通·京医通”，正式纳入北京市医疗卫生系统未来建设规划。年末，承销债务融资工具280只，比上年增长37.93%，承销份额2 191.09亿元，比上年增长49.22%。承销全国首单轨道交通项目收益票据，实现牵头银团签约35笔，规模199.02亿元。非保本理财投资62笔、金额352.58亿元。中小企业私募债发行53期、金额110.25亿元。理财直融工具发行12期、金额32亿元。累计发行3期信贷资产证券化产品、金额197.82亿元。小微企业贷款（含个体工商户和小微企业主）年末余额2 639亿元，同比增长19.9%，申贷获得率同比增加0.02个百分点，完成银监会“三个不低于”要求；小微企业人民币贷款余额占全行人民币贷款余额的39.4%，增量占全行新增人民币贷款的53.96%，达到人民银行“定向降准”要求。科技金融贷款年末余额710亿元，比上年增长11.29%。文化金融贷款年末余额330亿元，比上年增长49.79%。绿色金融贷款年末余额260亿元，比上年增长41.3%。与市国税局建立“银税互动”战略合作关系。推出“文创信保贷”、“文创普惠贷”，联合中国投融资担保公司、启迪科技服务公司、北京中小企业信用再担保公司开创国内“投贷保”联动支持小微企业发展先河。成立国内首家银行业“孵化器”——中关村小巨人创客中心。

零售业务 加快零售业务转型，提高市场份额。全年，零售业务收入突破100亿元，中间业务收入13.4亿元，比上年增长35.3%。零售客户资金量年末余额3 924亿元，比上年增加883亿元。储蓄存款年末余额突破2 000亿元，比上年增加237亿元。理财销售量突破2 500亿元，理财年末余额1 804亿元，比上年增长48.3%。零售贷款年末余额（含信用卡业务）1 909亿元，其中个人贷款余额1 838亿元，比上年增加373亿元，不良贷款率0.54%，低于上市银行平均水平。零售客户1 490万户，比上年增加221万户，其中VIP客户增长23.6%；私人银行客户数（含潜力）突破2万户。电子银行客户数突破500万户，零售网银交易替代率93.5%。慈善信用卡“大爱卡”总发卡量超过92万张，累计向社会捐赠善款总额超过672万元。

金融市场业务 整合发布“保融通”增信金融服务品牌，通过对境内外金融资源的加速整合，与境内外金融机构的业务联动，以创新金融产品支持实体经济发展。发布面向证券公司综合服务的“证融通”系列产品，丰富百姓理财渠道。推出“托管家”品牌，提升托管业务核心竞争力。全年，实现国际类中间业务收入12.86亿元，同比增长37%；结算规模691亿美元，同比增长7%；外汇公司存款时点规模408亿元，同比增长24%。同业资产年末余额5 343亿元，同比增长82%；同业负债年末余额3 916亿元，同比增长28%；实现同业类中间业务收入8.64亿元，同比增长14%。本外币投资规模4 177亿元，同比增长20%。实现全部理财类中间业务收入10.02亿元，同比增长32%。托管资产年末规模8 843亿元，同比增长91%；实现托管类中间业务收入4.83亿元，同比增长51%。

战略转型与金融创新 强化零售业务、小微业务、投资银行业务等战略转型业务的战略导向和资源投入，改革组织架构，创新发展模式，完善考核机制，推动战略转型业务快速发展，结构占比和利润贡献持续提升。推动“科技金融”、“文化金融”、“绿色金融”、“惠民金融”等特色金融品牌建设，创客中心、文创服务中心等创新型机构相继挂牌。与国际金融公司（IFC）、腾讯公司等互联网公司开展合作，大力推动绿色金融与惠民金融快速发展。“互联网+网速贷”、“互联网+京医通”、“京彩云闪付”、“e存管”、“富民直通车”、“残疾人服务一卡通”、“易缴费”等一系列特色金融产品推陈出新。

信息化建设 坚持科技强行战略，加强信息化建设。第四代核心系统等十大科技攻关工程如期完成。技术创新带动电子渠道服务创新，完成大额存单等特色业务在电子渠道的应用推广。与最高人民法院建立“总对总”网络化账户查控系统及失信人名单传输系统项目，成为唯一一家与最高人民法院直连的城市商业银行。市场风险项目在同业中首次实现了交易对手信用风险准实时计量与监测的前沿管理要求。顺义科技研发中心建设项目稳步进行，组织2015年信息系统灾难恢复演练，提升系统保障能力。

（王昕芳）

大连银行股份有限公司北京分行

2015年末，大连银行股份有限公司北京分行（以下简称大连银行北京分行）资产总额140.73亿元。各项存款余额113.86亿元，其中对公存款余额106.74亿元，储蓄存款余额7.12亿元；实现中间业务收入756万元。各项贷款余额58.49亿元，其中对公（不含小企业）贷款余额45.82亿元，小企业贷款余额10.14亿元，个人贷款余额2.53亿元。累计开展票据业务13.02亿元。

截至年末，大连银行北京分行设有6家营业机构（含分行营业部），共有员工222人。

公司业务 围绕“加速创新、推动转型”的经营思路，深化客户结构调整，推动产品结构整合，加大对授信客户贸易融资、供应链融资等表外产品投放力度；合理布局优质表内资产，向节能环保、科技创新等战略新型产业及实体经济倾斜；积极联动，由传统的商业银行业务逐渐向商业银行及投资银行混业经营转变；搭建外部信息交流平台，分享同业资源，大力推广撮合交易业务，加速国内证、福费廷及中小企业私募债等新产品落地，带动中间业务收入稳步增长，实现业务发展多元化；实行前、中、后台三级联动，营销大型优质集团客户，夯实负债业务基础。

小企业业务 完善小微企业金融服务中心各项职能，创新金融服务，为小微企业量身定制“快速贷”、“信用贷”等产品；积极推动科技信贷、绿色信贷业务开展，对高新技术企业及绿色生态农业企业给予重点信贷支持；加强团队建设，提升审批效率；推进平台引进，增进各类专业协会和政府平台的沟通交流，为小企业业务发展拓宽渠道，满足客户需求的多样性。

个人业务 坚持“普惠金融，惠及百姓”的服务理念，全面打造亲民、惠民、便民的品牌形象；通过“绿色金融服务节”、“百姓购物节”等活动，深入社区、服务大众；合理上浮存款利率，持续发行大连银行“月月赢”北京专属理财系列产品，全面提升产品收益率，让利于广大客户；在微信平台发起“亚洲杯足球竞猜”、“踏秋摄影大赛”等活动，提升客户关注度和互动频率；立足首都经济圈，通过“经营贷”等方式，扶持商圈客户创业，推动实体经济发展；响应国家住房政策，通过住房按揭贷款等业务，践行社会责任。

同业业务 顺应政策导向，落实监管要求，推动金融市场业务创新发展。利用资金业务风险资产占用低、安全灵活的特点，加速流转，赚取收益；强化传统票据业务优势，盯紧市场价格走势，进行动态的贴现价格指导，全力服务中小企业融资；以客户需求为导向，以转贴现业务为支撑，积极探索新兴票据业务模式。严防风险，建立稳定的金融市场业务发展模式。

内控及风险管理 严格落实监管要求，牢固树立合法经营办行观念，在经济新常态下，紧密围绕高风险问题开展专项排查，持续完善内控制度，堵塞风险漏洞，通过社区宣传与讲座、微信公众平台信息发布、参观警示教育基地等活动，提升防范非法集资意识，营造良好金融氛围，全面实现年度“零案件”的内控目标；通过合规培训、合规竞赛等活动，加深员工对“合规”的认识理解。健全信贷业务规章制度，细化业务操作规范，从严把控信贷资产质量，通过“集团统一授信、流动资金贷款需求量测算、贸易背景和用途”三个抓手，加强对项目的审查；全面开展风险管理，通过客户信用评级和客户分类进行监控、分析、防范和化解各类风险，做好资产保全；实行审批、放款、贷后联动，加强考核与惩罚力度，强化信贷业务全流程管理。

（于涵）

天津银行股份有限公司北京分行

2015年末，天津银行股份有限公司北京分行（以下简称天津银行北京分行）资产总额684.43亿元，比上年增加137.49亿元，增长25.14%。各项贷款余额141.13亿元，比上年减少57.14亿元，下降28.82%。各项存款余额273.38亿元，比上年增加22.72亿元，增长9.9%；日均存款248.68亿元，比上年增加20.48亿元，增长8.97%。

截至年末，天津银行北京分行共设有营业机构（含分行营业部）13家，共有员工432人。

公司金融业务 围绕“调结构、促转型”的经营方针，调整优化资产结构。深化金融合作，获得全国社会保障基金理事会、中国保险保障基金公司、市财政局三家机构存款管理行资格，丰富了存款业务渠道。加快互联网金融发展，增强创新创业支持。加大对辖属支行客户结算流水的营销力度，通过提高支行经营绩效考核制度中的核心客户、代发工资等指标权重，采取列制任务、周末营销、劳动竞赛等方式，引导支行狠抓客户结算，提高绿色存款占比，促进负债业务发展。从精细化管理入手，制定切实有效的营销措施，促进日均存款、资产规模等指标的增长。

个人金融业务 加大网点零售营销队伍建设，提升网点服务水平、服务能力。强化条线业务指导，组织“旺季营销”、“社区零距离”等活动，批量营销，获取客户，提升网点影响力。加强公私联动，深入挖掘优质客户资源，为客户提供综合金融服务，提升企业综合贡献度。持续发放有竞争力的理财产品，满足客户多元的化投资需求。

国际业务 紧跟国内外资金行情和市场动态，创新产品及业务模式，制定贸易融资营销指引，建立本外币联动营销机制，深度挖掘客户需求，提供差异化国际贸易融资服务，国际业务实现快速发展。截至年末，国际业务结算量11.6亿美元，比上年增长29%，指标完成率116%；实现跨境人民币结算量10.79亿元，比上年增长250%，指标完成率108%。

投行业务 通过投资银行、资产管理等渠道，做大渠道投资业务，调整优化资产结构，累计投资资产超过百亿元，拉动存款近50亿元。推动业务创新模式，以债权加股权形式，落地了天津银行首笔名股实债项目；通过产业基金模式，投向北京优质地产项目；成功在北京金融资产交易所承销首单债权融资计划，成为该交易所第一家准入债券的承销商。

内控与风险管理 全面梳理存量客户行业结构、授信结构，逐步退出综合回报偏低、产能过剩行业。建立不良和预警机制，前移防控关口，提升风险管理的有效性。推进专业化审批机制建设，组建专业化审批团队，提高授信审批效率和质量。调整完善授信业务审批流程，实行因客授权管理。狠抓授信业务风险监测，逐户制订还款计划，严控新增逾期和垫款。深入开展重点领域风险排查，积极主动化解风险隐患。

（张晓荣）

杭州银行股份有限公司北京分行

2015年末，杭州银行股份有限公司北京分行（以下简称杭州银行北京分行）资产总额389.64亿元。各项存款余额381.62亿元，比上年增加67.34亿元，增长21.42%；各项贷款余额152.37亿元，比上年增长9.55亿元，增长7%；日均存款290.28亿元，日均贷款151.06亿元。实现营业收入10.12亿元，利润2.37亿元。

截至年末，杭州银行北京分行设有

16家营业机构（含分行营业部），共有员工503人。

公司业务 围绕重大资产类项目，持续推进客户结构调整；积极关注资本市场，挖掘与上市公司合作机会，上市公司首次公开募股及定增资金托管金额、“新三板”客户增长数量实现新突破；加大产品创新力度，“招财宝”、“票据池”、“跨境直贷”等产品落地。截至年末，公司条线贷款日均113.09亿元，比上年增加14亿元。

同业业务 以地方政府债务转化为契机，成功入围地方债承销团成员，圆满完成市政府地方债承销任务。深化同业合作，成功营销低成本协议存款，增加了长期稳定的负债来源。全年实现营业收入2.7亿元。

零售业务 深化社区合作与社区营销平台搭建，广泛开展“幸福乐存”等传统产品和“外汇定投”等特色产品营销；顺应利率持续下行的有利时机，开展“新春营销活动”、“冬藏”、“春耕”、“夏耘”等竞赛活动，推动储蓄存款快速增长；发挥“三线联动”优势，促进零售业务稳健发展。截至年末，储蓄存款余额39.58亿元，比上年增加9.35亿元。

小微业务 以存量资产风险管控和结构调整为主线，成立小微风险资产处理工作领导小组，明确工作职责与运行机制，提高风险资产处置效率。明确转化与续贷条件，制定清收任务及奖励规则，明确各级岗位职责，建立有效的激励机制。

科技文创金融 持续推进科技、文创金融服务发展，推动特色产品业务，完成文化创意企业风险池贷款等业务落地。截至年末，科技文创金融户数587户，比上年增加91户，增长18.3%；贷款余额33.5亿元，比上年增加1.82亿元，增长5.7%，科技金融风险贷款为零。

（石竟成）

南京银行股份有限公司北京分行

2015年末，南京银行股份有限公司北京分行（以下简称南京银行北京分行）资产总额559.12亿元，比上年增加100.04亿元，增长21.79%，各项存款余额331.05亿元，比上年增加67.12亿元，增长25.43%，各项贷款余额155.99亿元，比上年增加27.6亿元，增长21.5%。不良类贷款余额7 501.77万元，比上年增加1 266.17万元，不良贷款率0.48%，与年初持平。

截至年末，南京银行北京分行下设营业网点（含分行营业部）12家，在岗正式员工378人。

公司业务 截至年末，对公存款余额288.09亿元，比上年增加62.61亿元；公司贷款余额69.09亿元，比上年减少8.41亿元；贴现余额21.63亿元，比上年增加17.77亿元。

小企业金融业务 截至年末，绿色金融客户27户，其中年内新增14户，投向绿色金融领域的贷款余额5.44亿元；文化创意产业贷款余额9.23亿元，占全部贷款的6.2%。

个人金融业务 制定合理的个人业务

营销策略，通过微信、电视、社区营销等渠道多方拓展，进一步促进储蓄时点、日均的稳定增长。截至年末，储蓄存款日均余额 42.40 亿元，比上年增加 16.57 亿元，增长 65%。全年累计发放个人贷款 20.62 亿元；合计定制理财产品 70 期，募集资金 63.85 亿元。

投行业务 全年，共注册直接融资业务项目数 17 个，累计发行债务融资工具 29 笔，直接融资业务发行近 200 亿元，结构化融资业务共放款 88.75 亿元。

风险防控 全年开展检查项目 30 个，并按季度对检查情况进行统计、汇总，落实整改报告。9～12 月，根据内部基础管理提升项目要求，按月对上月全行发生的各项业务、事务进行实验性的普查，覆盖率 68.86%。严抓员工管理，从根本上排查并防范案件发生，全年累计开展 4 次员工异常行为排查；6～9 月，开展了打击员工私售和非法集资风险排查及宣传教育工作。

（雷赛赛）

盛京银行股份有限公司北京分行

2015 年末，盛京银行股份有限公司北京分行（以下简称盛京银行北京分行）本外币各项资产合计 765.65 亿元，比上年减少 234.22 亿元，下降 23.43%。本外币各项贷款余额 198.65 亿元，比上年减少 0.86 亿元，下降 0.43%。本外币各项存款余额 610.08 亿元，比上年增加 24.38 亿元，增长 4.16%。不良率保持为零。

截至年末，盛京银行北京分行共设支行（含分行营业部）6 家，员工 214 人。

公司业务 响应国家财税金融改革“双轮”驱动战略，加快经营战略转型，立足北京地区，科学制定差异化信贷投放政策，稳步增加对实体经济、绿色信贷的投放力度，积极支持信息技术服务、文化创意和民生消费领域的融资需求，不断优化信贷结构，创新金融产品和服务模式，提升市场核心竞争力。

国际业务 根据境内外市场变化，合理制定国际业务指导方针及产品方案。利用本外币全功能营销优势，压缩行业集中度较高的业务占比，调整存量客户结构，优化业务产品及服务；关注进出口宏观环境变化，提升应对人民币持续贬值产品的配比与措施，协助、指导进口企业锁定风险，降低财务成本。全年，实现国际结算量 28.94 亿美元，比上年增加 5.13 亿美元；实现利润 0.53 亿元，环比增长 98.8%。

中小企业及零售业务 全面上浮存款利率，推出大额存单业务；丰富银行卡综合服务功能，为客户提供增值服务；开展“金融服务进万家”工程建设；优化小微贷款业务流程，提高审批效率；细化网点服务建设，提高综合服务水平。截至年末，个人理财销售 12.31 亿元，建设社区服务站 71 家，投放小微企业贷款 1.82 亿元，不良贷款率为零。

（郭雨晴）

上海银行股份有限公司北京分行

2015年末，上海银行股份有限公司北京分行（以下简称上海银行北京分行）总资产402.05亿元。本外币各项存款余额274.80亿元，比上年减少15.88亿元，下降5.46%。本外币表内信贷业务余额354.4亿元，比上年增加108.85亿元，增长44.33%。实现中间业务收入4.42亿元。实现利润总额6.68亿元，比上年增加2.82亿元。

截至年末，上海银行北京分行共有营业网点6家，员工总数259人。

公司业务 以现金管理业务为抓手，积极开拓核心客户的供应链金融业务，以现金管理、供应链金融推动对公业务的发展；探索与集团公司总部的合作下沉至其二级公司、三级公司；依托北京地区总部经济，积极拓展商业承兑汇票保贴、财务公司票据贴现业务。截至年末，交易银行核心客户数19户，融资余额11亿元，完成年度指标。

投资银行业务 密切关注资本市场动向，敏锐地捕捉客户发展对资本的需求，以投资银行业务作为切入点开展两宗并购业务合作，帮助企业在能源环保领域完善产业链，为双方建立战略合作关系奠定基础。抓国有企业改革机会，发起上海银行首单军工企业股权融资项目，以战略投资者的身份深度参与军工行业关键核心资产，推动军民融合深度发展。加强团队建设，积极支持总行在京设立投资银行管理团队，推进设立市场二部，以投资银行业务直营为特色，加快北京地区投资银行业务的营销和拓展，提高市场占有率。

金融市场业务 完成票据业务中心筹备、人员招聘以及制度建设，打造新的利润中心。向总行申请商业票据保证背书投资、三方福费廷、再保理和保理收款权投资业务授权，落地两方福费廷业务22.57亿元，新增创利389.82万元。推进同业深入合作，深挖证券、保险、信托、基金等金融机构在投融资、交易等其他业务领域的需求，提高综合回报；针对财务公司、证券公司拟定专项营销指引，并以培训的方式传导给每名市场营销人员，提高营销的精准性。

国际业务 以跨境综合金融服务为抓手，依托上银香港、上海银行自贸区分行及桑坦德银行平台，在跨境投资、融资、并购、海外发债、现金管理以及资本流通领域整合资源，寻找合作机会。跨境资金池账户服务方面与上银香港形成密切互动；与上海商业储蓄银行合作落地客户内保直贷和内保外贷业务；邀请桑坦德银行拜访分行重点客户，一同洽谈境外投资业务合作。推动设立国际业务直营小组，加大对总分行级重点客户国际业务营销服务力度。

私人银行业务 以“金桔贷”、“家族信托”、“内保外贷”、“内存外贷”、“内险外贷”等重点产品为抓手，锁定央企、国企以及大型民营上市公司的高管人员，满足其个人金融需求，联动拓展对公业务。

直销银行业务 成立直销银行拓展委

员会，序时跟进营销进度，配套相应激励措施，通过线上培育渠道合作、线下发展分销渠道，扩大零售客户规模。全年直销银行新增开户 3 434 户，累计开户量7 897户；年内新增资产 729.25 万元，累计资产规模 1 543.85 万元。

（许琨）

江苏银行股份有限公司北京分行

2015 年末，江苏银行股份有限公司北京分行（以下简称江苏银行北京分行）资产总额 1 223.80 亿元，比上年增加 89.43 亿元，增长 7.88%，其中，各项贷款余额 289.99 亿元，比上年增加 31.40 亿元，增长 12.14%；负债总额 1 212.58 亿元，比上年增加 84.87 亿元，增长 7.53%，其中，各项存款余额 533.98 亿元，比上年增加 101.66 亿元，完成年度计划的 235.67%，各项存款日均 477.82 亿元，比上年增加 100.43 亿元，完成年度计划的 126.05%；报表净利润余额 9.72 亿元，比上年增加 4.56 亿元，增长 88.14%，实现拨备前利润 14.81 亿元，完成年度计划的 157.88%。

截至年末，江苏银行北京分行共设有 20 家支行，正式员工 568 人。

公司业务 认真贯彻“三个转变，三个倾斜”的策略，推动业务转型。以加大关系营销、业务带动、提高授信额度使用率等方式提升业绩，存款、利润均超额完成全年任务。紧抓结构化融资业务发展机遇，促进中间业务收入快速增长。加强客户准入管理，及时发现业务风险点并设置合理的风险规避措施。全年累计发放委托贷款 721.55 亿元，实现中间业务收入 5 174.95 万元。

国际业务 抓住“一带一路”政策机遇，研发新产品、发展新业务、开拓新的增长点。做好做深核心贸易融资客户业务，奠定国际业务盈利基础。开拓外汇投资银行业务、现金管理业务，成为新的业务增长点。充分发挥北京总部经济优势，创新开展政策性银行贷款资金代替监管业务。开立首个国企集团公司外币资金池业务账户，落地北京地区首个个人境内再投资账户。

金融同业 明确经营定位，加大资源配置力度；突破传统模式，业务产品推陈创新；加强市场研究，准确把握市场形势；大力开拓市场，建立稳定的客户群；强化风险防控，为业务保驾护航。全年，实现利差收入 7.6 亿元，实现中间业务收入 1 873 万元。

投资银行 投资银行部升级为一级部门，创造了新的利润增长点，全年实现中间业务收入 2.42 亿元，9 月末即率先完成总行下达的全年任务指标。

小贷业务 调整贷款投向，主动退出部分风险较高的周期性行业客户，提高房产抵押类贷款的比重，进一步压降民营担保公司的贷款，增强风险控制能力。全面完成各项业务指标，全年平均执行利率 7.503%，实现利润 1.24 亿元。

零售业务 零售业绩指标全面提升。理财业务再创新高，年内理财保有量新增14.12亿元，完成全年任务的156%。大力开展社区化营销及“党员进社区”活动。全年，开展外拓活动3 100余次，举办理财讲座1 300场，客户新增39 878人。

风险防控 借助信管系统、风险预警系统和客户关系管理系统等功能，充分运用大数据平台，持续开展预警监测，防范逾期欠息贷款，使其始终控制在总行计划内，逾期欠息率0.43%。将业务发展与风险控制有机结合，防控他行信用风险转嫁。加强审计监督，覆盖所有营业网点，开展全面突击检查，坚持案件零容忍，提高员工合规意识，规范员工行为。

（高晰明）

宁波银行股份有限公司北京分行

2015年末，宁波银行股份有限公司北京分行（以下简称宁波银行北京分行）资产总额188.29亿元，负债总额185.28亿元，各项一般性存款余额152.64亿元，各项贷款（含贴现）余额83.24亿元。实现净利润2.00亿元。

截至年末，宁波银行北京分行设有6家支行（含分行营业部），员工总数400人。

公司业务 根据北京地区经济特征，做大负债业务规模；做强做优资产业务，带动银行客户量、存款、中间收入增长；坚持业务多元化，丰富盈利来源；形成贸易融资、电子银行、现金管理、票据业务、投资银行、资产托管六大业务平台。截至年末，存款余额182.63亿元。

金融市场 发挥金融市场业务轻资产、轻资本、低风险的优势，通过金融产品的创新和金融工具的多样化组合，结合外汇市场和贵金属市场特点，灵活运用金融市场外汇和贵金属等衍生产品，给客户提供优质全方位的金融服务。截至年末，代客业务交易量66.21亿元，实现利润1 741.78万元。

票据业务 秉承优质的服务理念，以丰富多元的业务产品和合规高效的业务流程，为企业客户、同业客户提供票据业务服务。全年实现票据业务利润8 850.30万元。

国际业务 加大出口贸易融资、跨境融资等优势产品推广力度，突出特色化经营主旨，发挥渠道推介和引入作用，促进国际业务基础客户群建设，为外贸企业提供优质服务。全年，累计完成国际结算量35.86亿美元，同比增长123.67%；实现收益3 888.69万元，同比增长96.3%。

资产托管 做强传统服务型托管业务，逐步做大主动引领型托管业务，实现“托管+商业”模式，提升品牌影响力。截至年末，托管业务规模4 321.28亿元。

零售业务 助力小微企业发展，创新推出“税务贷”、“快审快贷”等产品，壮大客户群规模，提升服务效率。截至年末，小微客户数1 872户，存款余额8.18亿元，同比增长108%；日均存款9.57亿元，同比增长120%。

个人业务 充分利用人民币理财业务的市场竞争优势，积累客户规模；通过“白领通”、“易百分”等产品，为客户提供更加便利的资金融通渠道。开展金融服务进社区活动，做大基础客户群，提升服务质量。截至年末，个人储蓄存款余额9.73亿元，理财产品销售35.76亿元，基础客户增长76.76%，高端客户增长12.39%。

（王杜坤）

包商银行股份有限公司北京分行

2015年末，包商银行股份有限公司北京分行（以下简称包商银行北京分行）资产总额494.42亿元；各项存款时点余额304.74亿元，比上年增加2.25亿元；各项贷款时点余额89.38亿元，比上年增加51.65亿元；同业存款余额177.49亿元；实现净利润0.69亿元。

截至年末，包商银行北京分行共有6家支行，员工317人。

个人二手房贷款业务 以小微业务发展为基础，重点开拓个人二手房按揭贷款业务，通过与“链家”、“我爱我家”等中介机构合作，全面打通北京地区二手房按揭贷款渠道和市场。截至年末，个人条线贷款余额28.55亿元，比上年增加25.87亿元，增长965.3%。

个人金融业务 理财产品销售稳速增长，年末余额27亿元，比上年增加13.2亿元，增长94.99%。基金销售突破较大，全年销售额4 185万元。保险销售初露端倪，全年销售额448.53万元。批量获客量质并举，年末“大有财富”客户数3 062户，比上年增加841户，增长37.87%；金卡客户数8 013户，比上年增加3 571户，增长80.39%；有效客户数11 077户，比上年增加4 418户，增长66.35%。客户户均产品持有数2.12个，比上年增加0.21个，增长10.99%。

风险管理 合理引导信贷投放方向，严控小微业务的准入门槛；通过线上审批，实现标准化管控以及集中化流转；将风险管理嵌入业务全流程，避免业务调查“雾里看花”，贷款审查“水中捞月”，贷后管理流于形式；不定期发布风险预警和提示，定期开展风险隐患排查，做到预警有效，行动及时；加大对逾期贷款的清收，强化对新发放贷款出现逾期的管控；落实不良贷款问责，对不尽职人员进行违规处罚；组织开展合规宣教活动，将2015年设为“合规文化建设年”，6月设为“合规文化宣传月”，全员签订合规承诺书；构建合规检查、条线检查、支行自查“三位一体”的内控防线；逐步推进监督问责，对轻微违规实行积分处罚，对重大违规失职进行问责。

（李林凤）

北京农村商业银行股份有限公司

2015年，北京农村商业银行股份有限公司（以下简称北京农商银行）实现拨备前利润74.15亿元、实现净利润52.03亿元，同比分别增长2.9%和3.16%；五级不良贷款余额26.20亿元，同比减少0.65亿元，不良贷款率0.98%，明显好于全国商业银行1.67%的平均水平；拨备覆盖率377.79%，同比提高3.38个百分点，优于全国商业银行181.18%的平均水平。年末资产总额6 274.86亿元，同比增加1 052.86亿元，增长20.16%；资本充足率12.79%，核心一级资本充足率和一级资本充足率10.99%。在2015年英国《银行家》杂志发布的排名中，北京农商银行按照一级资本列全球千家银行第206位，按照资产规模列第184位。

截至年末，北京农商银行共有管辖支行26家，机构网点694家，从业人员8 913人。

贷款业务 截至年末，本外币贷款余额2 672.21亿元，同比增加38.17亿元，增长1.45%，其中一般贷款余额1 939.80亿元，同比增加28.80亿元，增长1.50%。信贷结构持续优化，重点工程项目贷款年末余额268亿元，同比增加70.60亿元；产能过剩行业信贷年末余额100.90亿元，同比减少57亿元。

负债业务 截至年末，本外币存款余额4 626.61亿元，同比增加412.34亿元，增长9.78%；各项存款日均余额4 160.90亿元，同比增加319.6亿元，增长8.30%。其中，储蓄存款余额2 344.10亿元，同比增加139.40亿元，增长6.30%，储蓄存款日均余额2 269.40亿元，同比增加179.50亿元，增长8.60%；对公存款余额2 373.70亿元，同比增加364.80亿元，增长18.20%，对公存款日均余额1 891.50亿元，同比增加140.10亿元，增长8%。

中间业务 全年实现中间业务收入9.97亿元，同比增加2.55亿元，增长34.4%。其中，金融市场业务实现中间业务收入3.40亿元，同比增长63.30%；承销债券手续费收入7 950万元，同比增长62%；发行自营理财产品1 217.92亿元，实现理财中间业务收入2.12亿元，同比增长28%；机构业务实现中间业务收入8 004.29万元（不含理财），同比增长32%；投行业务实现中间业务收入5 474.60万元，同比增长36倍；债券主承销累计发行金额突破150亿元，实现承销费收入2 127万元；个人金融业务实现中间业务收入1.12亿元，同比增长55.70%；累计实现保险销售28亿元，实现手续费收入6 115万元；银行卡业务实现中间业务收入2亿元，同比增长28%（其中信用卡手续费收入6 789.35万元，同比增长123.80%）；网络金融业务实现中间业务收入9 608.60万元，同比增长3.10%。

服务“三农” 全年累计投放涉农贷款385.97亿元，年末贷款余额600.30亿元。着力改善京郊金融支付环境，建成乡村自助店26家、乡村便利店283家、助农取款服务点340个。

服务小微企业 大力支持文创企业发展及重点文化产业园区建设，文化创意产业贷款年末余额64.98亿元，比年初增加18.84亿元，增长40.83%。加强“租金贷”、“惠商宝”等特色产品和“核心企业+两链企业”业务模式的推广，加大对小微企业的扶持力度。与税务部门签订“银税互动”合作框架协议，加强与平台客户合作，创新小微企业授信业务新模式。

保障民生 为重点棚户区改造项目提供融资支持，年末授信总额度235.50亿元。为水污染治理、热力管线工程、中小河道治理等民生项目提供授信支持约130亿元。与北京市民政局、北京市残疾人联合会等单位联合开发养老助残卡，累计发卡52.11万张。启动延庆区、昌平区等地健康卡项目建设，为郊区百姓提供便利服务。

改革创新 落实经营客户理念，推进集团统一授信，建立总行直营团队和中关村科技型小微企业专营团队，推行个人贷款业务限时办理，提高客户综合金融服务能力。首次以牵头主承销商身份发行债务融资工具，首次发放跨境并购贷款，获得人民银行中期借贷便利资金支持，成功取得财政非税收入收缴、市区财政集中支付、国库集中收付代理银行以及海关税费电子支付业务等资质，发行单位结算卡，丰富金融服务产品。投产试运行前后台分离项目（一期），推进金库集中整合、自助机具集中加钞和财务报销集中等集约化工程，加快流程银行建设。启动新一代核心银行系统建设，加大互联网金融产品和数据仓库等研发力度，新建重大信息系统13个，上线科技开发项目580项，强化科技引领和支撑作用。推出直销银行，上线互联网支付平台，“社区e服务”新增商户数、“凤凰e账户”新增客户数分别为3.9万户和11.2万户，个人网银、企业网银、手机银行、微信银行客户数分别新增41.8万户、1.78万户、45.2万户和11.5万户，互联网金融发展取得新成效。

风险防控 强化全面风险管理，加大非现场监测和现场检查力度，制定信息科技风险管理总体策略，完善操作、科技、业务连续性等重点领域风险管理政策，加强外包风险管理，推进业务合作机构准入标准统一管理。制定关键风险指标及评价标准，建立内部控制评估管理机制，加大限额管理，完善业务连续性管理，完成各项演练26项，防控信用、操作、科技、市场等重点领域风险。完善全行内控组织架构，设立管辖支行层级的内控监察部或合规检查中心，完成全面案件风险排查、遏制违规经营和违法犯罪等合规检查项目275个。加强员工行为规范和问责管理，印发《北京农商银行员工行为规范手册》，制定违规问责工作规程，正式实施员工轻微违规行为积分管理。

京津冀协同发展 重点对交通运输网络建设领域提供信贷资金支持，向城市轨道交通和高速公路等项目累计授信106.38亿元，授信余额76.67亿元。与天津农商银行组建异地银团贷款支持轨道交通建设，实现京津两地农合系统金融业务合作新突破。与河北省农信机构签署《“金凤凰理财”人民币理财产品代销业务合作协议》，河北省客户可通过当地农信网点购买到北京农商银行理财产品，丰富了客户选择。

（郑海峰）

北京延庆村镇银行股份有限公司

2015 年末，北京延庆村镇银行股份有限公司（以下简称延庆村镇银行）资产总额 66 603.17 万元，比上年增加 9 258.82万元，增长 16.15%。负债总额 59 644.43 万元，比上年增加 8 418.49 万元，增长16.43%。营业收入3 485.93 万元，比上年增加 189.3 万元，增长 5.74%。利润总额 1 566.12 万元，比上年增加 119.99 万元，增长 8.30%。所有者权益 6 958.74 万元，比上年增加 840.33 万元，增长 13.73%。

截至年末，延庆村镇银行共有员工 26 人。

资产业务 坚持立足延庆、服务"三农"的经营理念，在风险可控的前提下，大力支持区域 15 个乡镇的"三农"、小微企业主的信贷需求。截至年末，贷款余额 43 546.7 万元，比上年增加 6 302.2 万元，增长 16.92%；现金及存放中央银行款项 7 287.01 万元，比上年减少 1 364.75万元，下降 15.77%；存放同业款项 16 212.44 万元，比上年增加 4 467.58万元，增长 38.04%。

负债业务 截至年末，存款余额 56 364.54万元，比上年增加 11 139.78 万元，增长 24.63%；同业存放款项 2 069.31万元，比上年减少 2 999.18 万元，下降59.17%。

（张帆）

北京密云汇丰村镇银行有限责任公司

2015 年末，北京密云汇丰村镇银行有限责任公司（以下简称密云汇丰村镇银行）存款余额 22 422.34 万元，比上年增加 4 511.79 万元，增长 25.18%。贷款余额 11 780.68 万元，全部为涉农贷款。核心一级资本充足率和一级资本充足率 28.73%，资本充足率 29.83%，均高于监管要求；不良贷款率 0.63%，低于监管要求。

截至年末，密云汇丰村镇银行员工总数 37 人。

（于洁）

中国邮政储蓄银行股份有限公司北京分行

2015 年末，中国邮政储蓄银行股份有限公司北京分行（以下简称邮储银行北京分行）资产规模4 051.52亿元，比上年增加1 748.55亿元，增长75.93%。各项存款余额2 150.84亿元，比上年增加584.55亿元，增长37.32%。各项贷款余额929.11亿元，比上年增加283.32亿元，增长43.87%。不良贷款率0.24%。实现利润21.59亿元，比上年增长31.94%。

截至年末，邮储银行北京分行下辖一级支行19家，营业网点567个（其中自营网点132个）；正式员工3 080人。

零售金融业务 围绕“客户分类分级管理与维护、平台搭建与使用、营销体系建设与升级”三大战略，实现零售金融特色发展。针对地铁沿线消费客群，开发特惠商户，发放“DO”卡80.9万张；针对高端财富客群，成立邮益财富中心，提供专属综合理财服务；针对养老金客群，以“金晖情”俱乐部为载体开展系列活动，提升养老金留存率。推进渠道平台建设，批量拓展小微企业，开展“走政府”专项活动，与中关村管委会、北京股权交易中心等部门签署合作协议，搭建政府合作平台；加强银担合作，与北京市文化科技融资担保公司等担保公司签署合作协议，拓宽业务合作范围。与赛伯乐投资集团等企业签订合作协议，促进批量开发客户；与多家保险公司签订合作协议，推进小企业保证保险贷款业务开展。截至年末，零售客户资产管理规模606亿元，比上年增加50亿元。全年发放个人零售贷款136.02亿元，其中小额和消费贷款40.58亿元，个人商务贷款和小企业贷款95.44亿元。

公司金融业务 坚持“三个密切联系”的工作策略，大力发展公司业务，提高对公金融服务能力。密切联系老客户，紧抓国际石油等大宗商品价格波动契机，为中国石油化工集团发放6亿美元外汇流动资金贷款；密切联系机构客户，以国库集中支付资格准入为抓手，与北京市住房和城乡建设委员会、北京市土地整理储备中心等机构类客户加强合作，机构类客户存款年末余额140亿元；充分发挥北京总部经济资源优势，积极拓展总部客户市场，形成亿元以上存款的总部客户39家，年末存款余额400亿元；与中国联合网络通信集团等17家集团客户建立现金管理业务合作，日均余额70亿元。以客户为中心，根据客户特点创新投资银行产品，提供一揽子金融服务。全年，投资资产证券化产品9个，规模84.92亿元；与企业合作资产证券化产品6个，规模44.05亿元；与同业合作资产证券化产品3个，规模40.87亿元。

渠道建设 完成分支行组织机构改革，下辖一级支行从16家扩展至19家，实现扁平化管理，提升综合竞争力。持续推进电子银行优先发展战略，强化电子渠道建设，提升服务效能。全年新增手机银行客户66.5万户，比上年增长60.2%，交易替代率72%。截至年末，累计布放自助设备2 000台，占北京市银行业总量的8%。大力拓展电子支付业务，与44家商户开展业务合作，商户涵盖第三方支付商户、综合商城、医药等多个领域，联动电子银行、公司金融、个人金融等多项业务，有效拉动中间业务收入。正式推出官方微信公众号，实现业务产品精准推送和业务快捷办理，有效提升了金融服务能力。

基础管理 实施人才兴行战略，启动三年人才梯队建设工程，进行实战型加实际业务型的培训和管理，建立各层级、各条线高素质管理和专业人才储备队伍。强化授权管理，推广上线授权集中系统，对98类交易进行集中授权，提升业务集中处理水平。上线公司结算自助回单打印系统，累计签约自助回单、自助对账客户均超过2 100户，日均自助回单打印量3 400笔，电子对账签约率31%。成立住房按揭贷款业务处理中心，服务于大型房产中介机构，实现受理面签、业务调查与案卷制作、审查审批等业务流程的无缝衔接。加强对联动业务发展的考核，完善《综合客户经理绩效考核指导意见》，对个人金融、理财业务、公司金融、金融市场（含同业）和零售信贷五大类产品分别确定积分标准，并与客户经理销售业绩进行挂钩考核。加大综合营销业绩在客户经理职级晋升和用工结构优化中的应用，提高营销人员交叉销售的主动性，提升客户经理综合金融服务能力。

风险与内控管理 完善全面风险管理体系，健全风险管理决策机制、风险政策和限额管理。建立风险管理考评机制，有效落实管理责任，提升风险预警预判能力。坚持按旬监测制度，实施“有监测、有督导、有反馈”的闭环管理，针对重点行业开展专题调研，及时下发风险提示。实行逐级差别授权管理，建立健全职责守则、授权守则和服务守则，逐级梳理业务权限，形成297项“权限清单”。扎实开展“合规‘回头看’”活动，全年累计查找问题16 717项。开展“合规宣传月”、“金融知识普及月”、“金融知识进万家”、“两加强、两遏制”“回头看”、“反洗钱宣传月”等13项活动，营造合规氛围。

（胡子龙）

中国华融资产管理股份有限公司北京市分公司

2015年，中国华融资产管理股份有限公司北京市分公司（以下简称中国华融北京市分公司）实现营业收入（考核）19.24亿元，实现利润总额8.23亿元，比上年增长18%，完成公司下达整体利润计划的192%。

截至年末，中国华融北京市分公司正式员工69人。

业务经营 截至年末，中国华融北京市分公司总资产比上年增加126亿元，增长103.27%；投放项目比上年增加32个，金额增加126.11亿元，增长173.96%；按照公司考核口径，实现利润11.4亿元，比上年增加6.4亿元，增长125%，完成公司下达整体利润计划的192%。全年投放的项目中，除房地产项目外，还涉及电子、商贸、机械制造、互联网、电信等行业，其中北京地区投放规模比上年增长148.61%。

风险管理 加强对存续项目的非现场监测与预警，发现问题及时提醒业务部门进行修改、完善。认真开展项目投放前审核、项目批复后落实、合同协议签署后核对，及项目后期的风险管控工作。针对存量风险，深入分析风险程度，采取综合治理与单户处置并举的风险防化措施，主动化解风险。全年共回收现金19.9亿元，其中终极处置10户，回收现金17.54亿元；阶段性化解 12 户，回收现金 2.36 亿元。

创新业务 年内，创设金融资产管理基金。在转换存量资产，压降风险资产规模和指标的同时，创新业务模式，以中国华融北京市分公司作为资产管理人，通过管理外部资金实现超额收益近 2 亿元。

（戴嵩杰）

中国长城资产管理公司北京办事处

2015 年，中国长城资产管理公司北京办事处（以下简称长城资产北京办事处）实现考核利润 3.18 亿元，完成利润目标的 106%；资产存量规模约为 83.14 亿元。

风险管理 从企业运行、抵押品监管、销售和账户管理四个方面加强对商业化产品的后期管理，关注项目进度，了解企业近况，及时发现潜在的风险，保证资金正常回流。加大对项目的现场、非现场检查力度，充分发挥前台、中台、后台的联动作用，及时预警提示风险，提高精细化管理水平，切实做好不良资产处置、市场拓展、中介机构的管理、规划和研究。加强员工思想教育，发放客户廉政教育提示函，观看反腐警示教育影片、展览等，签订《党风廉政建设和防范风险目标责任书》、《员工廉政和防范风险目标责任书》，提高员工的自觉防范和控制操作风险的能力。

（侯玉荣）

中国东方资产管理公司北京办事处

2015 年末，中国东方资产管理公司北京办事处（以下简称东方资产北京办事处）实现新商业化考核利润 3.91 亿元，比上年增加 7 500 万元，增长 23.73%，完成公司下达任务指标的 106.83%。由于存量资产减少，中国建设银行可疑类不良资产收现 1 981.33 万元，比上年减少 1 125.18 万元。政策性债券收现 159.30 万元，债转股收现 3 343.67 万元。

截至年末，东方资产北京办事处共有员工 36 人，其中正式员工 34 人，外聘人员 2 人。

商业化业务 努力培育新的业务增长点，进一步向重点业务、重点区域和重点项目优化配置资源，推动重大项目落地，积极维护、拓展优质客户，努力创新业务模式，为稳健增长奠定基础。全年实施新商业化业务项目 6 个，贡献利润 6 800 万元，占年商业化业务利润的 17.39%。

资产处置业务 加大对剩余存量不良资产的处置力度。其中，政策性债转股企业——包头钢铁（集团）公司部分股权退出，回收现金 3 343.67 万元；增值运作项目——南方水泥公司实现分红

815.87万元，并锁定了未来几年的处置收益；个人贷款实现现金回收1 006万元。

风险管理 制作商业化项目业务台账，对项目期限、投资余额、逾期情况、担保情况等信息进行梳理。建立风险排查机制，对当年存在还款安排的项目进行风险排查，向存在逾期隐患的业务团队发送风险提示；在项目还本时点向业务团队发送还款提示函，督促其跟踪项目动态，保证顺利还款。加强现场监管力度，针对公司要求现场监管的项目，长期派驻员工专职对项目公司日常运行及财务支出进行实时监督，切实履行投后管理的职责。

（段文静）

中国信达资产管理股份有限公司北京市分公司

2015年，中国信达资产管理股份有限公司北京市分公司（以下简称中国信达北京市分公司）实现税前考核利润17.28亿元，新增资产收购规模245.40亿元，现金回收86.56亿元。年末，资产总额327.34亿元，比上年增加164.39亿元，增长100.89%；负债261.83亿元，所有者权益65.51亿元。

截至年末，中国信达北京市分公司正式员工74人。

业务经营 全年新增资产收购规模245.40亿元，比上年增加132亿元，增长116.40%。传统资产包收购，年内新增光大银行北京分行资产包、北京农商银行资产包和广发银行资产包；附重组业务，年内新增泛海收购项目、百荣收购项目、新华信托项目、红树林旅业项目和恒盛项目等；特殊机遇投资业务，年内新增东直门项目、金海鸿业项目等。

（李苏轩）

北京国际信托有限公司

2015年，北京国际信托有限公司（以下简称北京信托）实现收入总额17.5亿元，同比增长4.7%；实现净利润9.73亿元，同比增长7.3%；固有资产总额79.94亿元，负债总额10.73亿元，不良资产率为零。年末受托管理信托资产总额2 063.8亿元，实收信托总额2 000.13亿元，存续项目457个。年内累计向信托受益人分配收益153.67亿元。各项监管指标继续达标，信托赔偿准备金足额提取，达到注册资本金的27.3%。

中小企业金融服务 以股权投资和银行信贷之间的联动融资模式支持初创期和成长期中小企业创新创业，全年新发行开放型中小企业信托产品8个，为11个行业281家中小企业融资近32亿元，同比增长18%。截至年末，已累计发行75个中小企业系列信托产品，累计为955家中小企业融资107.73亿元，年末存续信托融资余额约20亿元。

农村财富管理富民益农 年内，陆续发行了富民8号、富民9号、富民10号、富民11号资金信托产品，服务范围扩大到门头沟区潭柘寺镇、怀柔区渤海镇等村镇，受益的村民人数大幅度增长，受托管理的农村农民财产存续规模达到22亿元。

服务混合所有制改革 与北京供销总社联合组建深圳前海京信供销基金管理公司，设立基金投向大健康产业、国企混合所有制改革、养老养生地产、并购项目，已投资项目总规模47亿元。其中设立的民生纳通国药器材并购投资基金规模为24亿元，支持中关村重点企业北京纳通科技集团公司参与其下属全资企业——中国科学器材公司的增资扩股，以信托方式为国有企业混合所有制改革提供金融服务。

投资类信托业务新尝试 通过采取"上市公司+PE"模式，发起设立了上市公司并购基金。该基金总规模10亿元，首期规模1.7亿元。

初试海外资产配置 与嘉实资本合作开发投资于挂钩中资银行海外优先股结构化票据集合信托。项目成立于2015年10月，年末净值计算出的年化收益率达10.5%。与中金公司、嘉实资本、海峡基金等多家机构合作，搭建家族信托资金出海通道，同时通过中资银行海外优先股结构化票据投资，试水海外资产配置。

家族信托业务 与北京银行合作开展的家族信托业务规模持续增长。年内共成立家族信托产品85只，受托管理的家族资产达到19.35亿元。年内家族信托投资项目到期规模约10亿元，全部实现预期信托收益，其中50%的资金进行滚动投资。为满足委托人多样化的资产配置需求，与多家保险机构合作，设计完成了保单嵌入家族信托模式，年内设立3笔业务，在家族信托资产端实现了风险分散等功能。截至年末，家族信托客户超100位。

（王连顺）

中国银联股份有限公司北京分公司

2015年，中国银联股份有限公司北京分公司（以下简称北京银联）以建设具有全球影响力的开放式平台型综合支付服务商为目标，加快市场化转型，推动银联信用卡及高端卡的发卡和使用，全力做好重点商圈、商户的金融IC卡非接触式受理（以下简称非接）改造，推动互联网、手机支付等创新业务发展，做好银行卡风险防控和技术支持，推动各项业务快速健康发展。

截至年末，北京地区联网活动商户382 819户，比上年增长24.6%；活动POS机具770 639台，比上年增长79.16%；ATM 32 100台，比上年增长29%。已经开展的业务种类有：银行卡跨行交易转接和资金清算服务，ATM和网上跨行转账业务，便民售电、燃气费、电话费、手机费等公共支付服务，银联卡跨境使用服务，柜面通（含柜面理财POS），互联网支付、手机支付、固话支付、语音支付、电视支付等，财税库银、代收代付、分期付款、信用卡还款，银联标准卡特惠商户服务及持卡人服务，助农取款、农民工银行卡特色服务，银联钱包，闪付及云闪付。

截至年末，北京银联有市场拓展部、创新推广部、机构服务部、业务技术部和综合管理部5个部门，在岗职工42人。

一、推动银联卡的发行和使用，扩大境外银联卡受理市场

2015年，北京银联采取与商业银行签署年度发卡协议、推动高端卡权益拓展和营销活动落地、开展各种长期性和爆点式用卡营销活动，促进银联标准卡的发行激活和持续使用。截至年末，北京地区累计发行银联标准卡约1.75亿张。

2015年，北京地区主要商业银行全面换发金融IC卡。截至年末，45家银行共发行金融IC卡6 182.51万张。其中，借记卡4 736.26万张；贷记卡、准贷记卡1 446.25万张。支持非接功能的银行卡有5 370.25万张，占全部金融IC卡的86.86%。

为满足中国人日益增长的境外商务、旅游、学习的用卡需要，以及把境内商业银行的服务通过银联网络延伸到境外，中国银联积极展开国际受理网络建设。截至年末，银联卡可以在中国香港、中国澳门、中国台湾、新加坡、马来西亚、泰国、菲律宾、越南、柬埔寨、韩国、澳大利亚、新西兰、哈萨克斯坦、印度尼西亚、蒙古、法国、德国、比利时、卢森堡、土耳其、俄罗斯、瑞士、奥地利、丹麦、列支敦士登、日本、美国、荷兰、意大利、埃及、南非、埃塞俄比亚、匈牙利、安哥拉、苏里南、保加利亚、古巴等150多个国家和地区开通受理，在40多个国家和地区发行了银联卡。

二、全力做好重点商圈和商户的非接改造，奠定良好的移动支付基础

积极推动各收单机构做好非接改造工作，优化业务流程。本着“谁改造谁受益”、“先改造先受益”原则，对收单机构及商户符合要求的终端机具按非接交易笔数给予奖励；推出中关村创业大街非接示范一条街，联合多家银行在28家商户开展营销活动，打造非接示范商圈。与中信银行总行营业部、北京银联商务开展基于移动中端的POS业务合作，截至年末，已在20余家出租车公司布放了3万余台终端，非接交易近17万笔；与北京市交通委员会运输管理局开展政企合作，主推出租车车载终端智能化改造项目。启动小额“免签”、“免密”业务试点及配套商户营销工作，与柒一拾壹（北京）公司签署协议，开展主题为“1元吃早餐”的营销活动。针对超市、便利店、快餐、面包房等持卡人消费频次较高的商户类别，选取重点商户开展“闪付晒单享免单”活动，吸引持卡人关注并使用非接联机交易。

三、推动银联钱包商户和用户发展，提升银联钱包用户活跃度

通过挖掘北京银联商务、北京数据王府井科技公司两家直联收单机构潜力，与银行、第三方支付公司以及其他商户拓展机构开展合作，拓展银联钱包商户。在全国范围内率先使用地推渠道发展用户并取得突破，新增有效用户过万户；创举式提出与互联网公司互换资源发展用户的模式，以较少的补贴换取不同的推广渠道，发展银联钱包新用户。以“62儿童日”、“重阳感恩季”和“约惠星期六”为北京地区营销活动主线，充分调动商业银行、商户、媒体及自有宣传资源，扩大银联钱包的影响力。与北京农商银行达成银联钱包合作，并促成了中航信项目、首都机场CIP安检快速通道服务项目。

四、积极推动商业银行、支付机构开展银联在线支付收单，推创新业务发展

与北京市地方税务局签署协议，实现北京市140多个税务所办税大厅刷卡缴税；与浦发银行北京分行合作上线新模式代付业务；积极推进508工程（HCE+TOKEN的银联云闪付）。截至年末，北京地区共有19家商业银行推出了HCE云闪付卡，发卡量约1万张，实现了1 500多家门店受理非接闪付交易，累计发生非接交易1 226.56万笔。推动中国银行北京市分行、招商银行北京分行、华夏银行北京分行、中信银行总行营业部开展银联互联网收单业务，扩大互联网收单规模；推动非金融支付机构开展银联在线支付收单和交易落地工作。做好大商户的拓展和维护工作。加强银联手机支付业务拓展，推动TSM用户卡片下载、HCE手机支付、银联手机安全支付控件、银联WAP网页支付、手机非接支付等移动支付的应用和服务；推动工商银行北京市分行拓展HCE用户5 000户，协助开展非接受理环境检查和测试。

五、利用规范与市场化手段，引导非金融支付机构合规经营

全年，新增3家非金融支付机构加入银联网络，推动8家非金融支付机构开展直联收单业务，备案公示9家外包服务商从事银行卡外包业务拓展。挖掘部分非金融支付机构的行业客户资源，为保险、通信、电力、缴费等行业提供从线上到线下，包含网络支付、订单支付、自助缴费等全方位的一揽子解决方案，为商户和持卡人提供便利。充分发挥北京市银行卡市场协调委员会的自律作用，严肃整治扰乱受理市场秩序的行为，全年共计清理、整改各类违规商户1.4万余户。

六、协调推进ATM业务、卡产品权益、内卡外用和行业合作等工作开展

联合农业银行北京市分行、光大银行北京分行、民生银行北京分行开展ATM跨行转账业务营销活动，提高持卡人的认知度和业务交易量。截至年末，北京地区银行全部开通了ATM跨行转账业务。积极拓展总公司的各项卡产品权益在北京落地，已拓展北京老佛爷百货直升金卡会员享任意消费免费停车、金融街威斯汀酒店餐厅6.2折、首都机场CIP安检快速通道服务三项权益。协同银联国际公司推进内卡外用，截至年末内卡外用850万笔；联合中国国际旅行社等三大旅行社开展境内外用卡联动营销，培养持卡人境外使用银联卡的习惯；配合银联国际公司开展的境外营销活动，做好落地宣传。积极拓展与铁道部、物流等行业合作，并落地实施。

七、做好银行卡风险防控和技术支持，确保业务和系统正常运行

发挥银行卡风险联合防控机制合力。全年中国银联“风险监控系统”触发风险案例91 893个，为公检法等机构查询涉案交易2 289个。主动做好银行卡风险事件处置及风险监控。以总公司二代系统为依托，通过定期转发、通报风险案例，建立与完善了成员机构市场风险分析和研判机制。

（张会芳）

北京高华证券有限责任公司

2015年末，北京高华证券有限责任公司（以下简称高华证券）总资产50.50亿元，比上年增长15%；总负债26.44亿元；所有者权益24.06亿元，比上年增长22%；实现净利润5.01亿元。在证监会组织的证券公司分类评价中获AA类评级。

截至年末，高华证券设有3家证券营业部、3家子公司，共有员工201人。

东兴证券股份有限公司

2015年末，东兴证券股份有限公司（以下简称东兴证券）总资产731.81亿元，比上年增加305.74亿元，增长71.76%；归属于母公司股东的净资产135.85亿元，同比增长82.71%。全年实现营业收入53.57亿元，同比增长106.21%；实现归属于母公司股东的净利润20.44亿元，同比增长96.42%；每股收益0.844元，加权平均净资产收益率为17.03%，比上年度增加1.6个百分点。在证监会组织的证券公司分类评价中获评A类AA级。

截至年末，东兴证券设有61家证券营业部、4家分公司、4家一级子公司，共有员工2 773人。

证券经纪业务 2015年，东兴证券从“网上+网下”两方面着力发展经纪业务，共实现经纪业务净收入26.97亿元，同比增长129.83%，其中实现代理买卖证券业务净收入（含席位租赁）23.76亿元。年末，客户资金余额15 369 540 721.29元，托管证券市值780 176 086 340.07元（不含两融业务），证券账户2 216 172户，代理销售金融产品规模159 715 073 245.10元。网上业务加强营销策划，推广“一惠通”账户营销，与新浪网和同花顺合作，开展移动终端引流合作服务等，全年新增经纪业务客户中超过80%为通过手机端开户；推进互联网金融体系建设，上线运行CRM系统、网上商城、微信平台（含资讯、行情、交易）、极速交易系统。网下方面，加大分支机构新设力度，年内完成北京、大连、宁波3家营业部开业；另有7家分支机构新设已获批，处于开业筹备阶段。

自营业务 东兴证券的自营业务主要分为权益类投资业务和固定收益类投资业务，全年自营业务实现净收入13.27亿元，同比增长343%。

权益类投资业务，2015年，A股市场出现先扬后抑的快速波动行情，全年指数振幅高达70%。东兴证券在市场高位时及时控制业务规模，保持投资方向多元化，由过去的以二级市场为主拓展为涵盖二级市场、定向增发、量化投资、新股申购等的多元化权益类投资领域，取得了良好的投资业绩。

固定收益类投资业务，加大固定收益类投资配置规模，在严格控制风险的前提下积极投资，优化仓位结构及债券品种，重点持有相对高信用资质的债券，并通过动态套期保值对冲市场风险，增加无风险套利收入，全年固定收益类自营投资收益率超过25%。积极发展投资顾问和销售交易业务，全年固定收益类投资顾问管理产品规模接近100亿元，成为新的收入增长点。

投资银行业务 2015年，东兴证券实现投资银行业务净收入6.10亿元，同比增长168%；完成4单A股增发主承销、4单企业债主承销、22单东兴证券债主承销和4单其他债券项目主承销；完成并购重组项目2单，“新三板”新增挂牌64家，实现财务顾问收入2.14亿元，同比增长32%。年末在证监会审核首次公开募股（IPO）保荐项目4个，在审的再融资保荐项目6个。

资产管理业务 2015年，东兴证券实现资产管理业务收入5.38亿元，同比增长116%；年末受托资产规模接近600亿元，其中集合资产管理产品规模219亿元，同比增长87%。年内，新创设集合计划20只，累计存续集合计划52只，有49只累计实现正收益，占期末存续集合资产管理计划总数的94%；定向资产管理计划共102只，管理规模376亿元；专项资产管理计划1只，管理规模5亿元。2015年上半年，东兴证券取得公募基金牌照，9月完成首只公募基金产品的发行和建仓。截至年末，已完成2只公募基金发行。

信用业务 东兴证券信用业务主要包括融资融券业务和股票质押业务，全年实现信用业务利息收入13.60亿元，业务净收入6.94亿元，比上年增长125%。两融业务融出资金峰值达到299亿元，年末余额130亿元；股票质押回购业务累计规模128.93亿元，比上年增长188%，实现利息收入7 754.56万元（含约定式购回），同比增长90%。东兴证券严格把控客户适当性管理、征信、授信等环节，对标的证券、交易集中度、客户维持担保比例等指标进行严格监控并逐日盯市，年末两融业务和股票质押式业务的整体维持担保比例分别为299%和287%，具有较高的安全边际。

期货业务 东兴证券全资子公司——东兴期货有限责任公司实现业务净收入0.75亿元，比上年增长14%。

机构改革 2015年，东兴证券全面梳理风险控制架构、各业务条线涉及的委员会；加强大投行业务的风险防控，在投资银行委员会下设立质量控制部，加强业务质量控制；对已挂牌和申报的“新三板”项目进行梳理、检查，引入IT管理系统，强化业务团队规范管理，提高工作效率。成立投融资业务综合风控协调领导小组，加强对自有资金参与的投融资业务风险敞口、风险限额的制订、跟踪监控以及风险对冲和其他风险处置。设立场外市场部、衍生品部，积极构建“区域总部+辐射全国的分公司+营业部”网点架构，完成北京、宁波、大连3个特色营业部的筹建。东兴证券香港子公司于2015年完成注册。

电子化建设 2015年，东兴证券上线极速交易系统，搭建量化交易系统平台和客户接入，应用基于客户服务和产品体系移动 CRM，提高客户交易服务支持效率。一柜通系统、小贷通系统、微信系统、H5 交易、综合理财账户系统、资金支付消费系统等已正式上线，辅之以网上开户系统、OTC 系统、CRM 系统和在线客服系统，东兴证券互联网综合金融服务平台已基本建成，并积极推进移动终端 APP 开发，引进技术开发团队，打造具有行业竞争力的自主综合 APP 系统。

（徐琳洁）

第一创业摩根大通证券有限责任公司

2015 年年末，第一创业摩根大通证券有限责任公司（以下简称一创摩根证券）资产总额 9.02 亿元，比上年增长 4.08%；净资产 8.24 亿元，比上年增长 2.18%；实现营业收入 2.52 亿元；实现净利润 1 756.40 万元；净资产收益率 2.13%。

2015 年，一创摩根证券作为主承销商共完成了 24 笔债券类承销、4 笔股票类承销和若干财务顾问项目，其中包括深圳证券交易所首单“小公募”债券——荣盛公司债项目和一创摩根证券承销的首只可交换债——宝利来可交换债项目。

截至年末，一创摩根证券共有员工 124 人。

（郑闯）

国都证券股份有限公司

2015 年末，国都证券股份有限公司（以下简称国都证券）总资产 301.72 亿元，比上年增加 112.55 亿元，增长 59.50%；总负债 212.23 亿元，比上年增加 92.27 亿元，增长 76.91%；所有者权益 88.10 亿元，比上年增加 19.63 亿元，增长 28.67%；实现营业收入 26.02 亿元，比上年增加 12.24 亿元，增长 88.84%；营业支出 10.43 亿元，比上年增加 3.86 亿元，增长 58.66%；实现利润总额 15.86 亿元，比上年增加 8.83 亿元，增长 125.66%。在证监会组织的证券公司分类评价中获评 A 类 A 级。

截至年末，国都证券设有 57 家证券营业部、1 家分公司，3 家子公司，共有员工 978 人。

2015 年，国都证券经纪业务股票基金日均交易量 82.85 亿元，同比增长 246.22%；客户托管市值 998.61 亿元，同比增长 24.96%；金融产品销售实现收入 1.06 亿元，同比增长 188%；综合业务平台实现收入 2 625 万元，同比增长 73%。投资银行业务实现全成本利润 1 452万元。资产管理业务净收入合计 11 354万元。自营投资业务实现收入 3.11 亿元，投资收益率 15.55%。两融业务实现收入 10.41 亿元，同比增长 252%。股转及场外业务实现收入1.06亿元，实现净利润3 581万元。2015年12月28日成功设立国都创新驱动基金。

（李岩）

国开证券有限责任公司

2015年末，国开证券有限责任公司（以下简称国开证券）总资产456.54亿元，同比增长59.76%；总负债351.46亿元，同比增长82.10%；净资产105.08亿元，同比增长13.27%；实现营业净收入20.07亿元，同比增长31.52%；营业支出7.17亿元，同比增长25.35%；实现净利润9.81亿元，同比增长36.22%。在证监会组织的证券公司分类评价中获评A类AA级。

截至年末，国开证券设有8家证券营业部、1家子公司以及17家分公司，共有正式员工616人。

投资银行业务 2015年，国开证券实现投资银行业务收入1.07亿元，同比增长56%。首个保荐项目——重庆钢铁定向增发上报证监会审批，完成TCL、西部证券再融资联席主承销，浙江盾安新能源等2单IPO项目顺利签约，发行比亚迪等公司债；完成挂牌“新三板”项目3个，审议做市项目17个，开展做市项目2个；完成信贷资产证券化项目6个，企业资产证券化项目2个。

债券承销业务 2015年，国开证券累计发行债券139只，发行金额1 063.42亿元，其中企业债发行29只，发行金额211.16亿元。初步形成了普通企业债、可续期债、铁道债、公司债、普通金融债、二级资本债等多元化模式。积极参与重大项目，完成交通银行300亿元金融债发行，成功中标TCL和广西交投公司债。

自营及投资交易业务 2015年，国开证券固定收益类投资收益持续平稳增长，投资品种不断多元化，全年实现收入16.83亿元。

证券销售业务 2015年，国开证券证券销售业务不断发展，共有机构投资者313家。

证券经纪业务 2015年，国开证券经纪业务实现收入2.59亿元，同比增长142%；实现利润1.82亿元，同比增长494%；实现交易量3 960亿元，同比增长237%。

资产管理业务 2015年，国开证券资产管理业务快速增长，管理资产规模1 370.23亿元，同比增长270%；研发创新产品，通过银证基金合作、银证专项资产管理计划合作的模式为企业融资，支持棚户区改造、基础设施建设、铁路建设等项目融资。

信用交易业务 2015年，国开证券在市场大幅波动的情况下，提前预警，有效控制风险，保障信用交易业务稳健发展。推动“宜开宝”互联网金融创新产品。信用交易业务年末余额69.96亿元，同比增长68.09%，实现收入4.25亿元，同比增长158%。

研究业务 2015年，国开证券完成研究与信息报告282篇，覆盖宏观、行业、策略等领域。积极开展国开金融、湖南电广传媒等受托研究业务。与万得、同花顺机构等签订协议，实现研究报告公开发布，为开展卖方研究业务打好基础。

投资顾问业务 2015年，国开证券不断丰富客户类型与业务模式，管理资产总规模175亿元，管理结构化产品普通级总收益率38%；担任国泰投信基金投资顾问，年度收益在中国台湾地区同类基金产品中排名第一。

基金业务 2015年，国开泰富基金公司公募基金、专户管理业务稳健开展，规模和收益保持“双升”。全年实现营业收入0.39亿元，净利润0.04亿元。

高盛高华证券有限责任公司

2015年末，高盛高华证券有限责任公司（以下简称高盛高华证券）总资产31.62亿元，比上年增长0.2%；总负债18.44亿元，比上年下降2%；所有者权益13.18亿元，比上年增长3%。实现营业收入5.10亿元，比上年下降21%；营业支出4.58亿元，比上年下降19%；利润0.36亿元，比上年下降37%。在证监会组织的证券公司分类评价中获评A类AA级评级。

截至年末，高盛高华证券未设立证券营业部或子公司，共有员工110人，

投资银行业务 2015年，高盛高华证券完成16个股票与债券承销项目，承销总金额388.80亿元，承销项目类型包括非公开发行优先股、A股股票非公开发行、公司债券、商业银行二级资本债券等。客户包括广汇汽车服务公司、江苏中天科技股公司、远洋地产公司、中国石油化工公司和北京银行等。

华融证券股份有限公司

2015年，华融证券股份有限公司（以下简称华融证券）总资产362.28亿元，总负债276.22亿元，所有者权益86.06亿元；实现营业收入39.29亿元，比上年增长95.01%；实现净利润16.00亿元，比上年增长105.60%。净资产收益率从2012年末的3.62%升至2015年末的20.73%；资产收益率从2012年的4.85%升至2015年的9.16%，增加4.31个百分点；资产负债率由2012年的4.54%升至2015年的68.33%，增加63.79个百分点。在证监会组织的证券公司分类评价中获评A类AA级。

2015年，华融证券业务收入结构持续优化，经纪业务收入占比26.06%，资产管理业务占比15.28%，投资银行业务占比21.47%，投资业务占比36.91%。各项业务实现快速增长，投资银行业务实现营业收入8.44亿元，比上年增长120.37%；资产管理条线实现营业收入

6.00亿元，比上年增长67.29%；财富管理条线实现营业收入14.50亿元，比上年增长155.06%；投资业务实现收入14.50亿元，比上年增长53.94%。

截至年末，华融证券设有上海、深圳2家业务总部，14家分公司、63家证券营业部、2家子公司，共有员工1 999人。

投资银行业务 2015年，华融证券作为主承销商完成国泰君安IPO项目发行，完成湘潭股份、亚泰集团和中山公用非公开发行再融资项目；完成发行债券20只，募集资金规模716亿元，承销规模236亿元，其中完成主承销金融债1只、主承销信贷资产支持证券5只、公司债7只、可交换债1只。作为独立财务顾问协助珠海艾派克科技公司成功收购美国Static Control Components, Inc. 100%股权，完成首单海外并购业务；实现“华融证券——中电投融和租赁资产支持专项计划”项目落地，成为华证融资租赁资产证券化的第一单。“新三板”业务推荐挂牌企业38家，已申报在审11家，为24家挂牌企业完成股票定向增发。

资产管理业务 2015年末，华融证券资产管理总规模1 611.58亿元，比上年倍增；新增产品44只，开放期持续营销产品56只，产品总数270只。深度改造稳健成长2号，将其打造成为一只专投股票质押式回购业务的大集合产品，规模实现快速增长；华融护航系列产品从业务模式确定到协议模板编制、产品成立投放，仅用时一周多；资管稳健1号作为权益类投资大集合产品，收益率保持在业内前十位，投资能力得到市场认可；成功拿下中证报价系统20亿元、中国人寿8亿元的投资管理人资格。

经纪业务 2015年，华融证券经纪业务全面向“传统经纪业务+金融资产配置+资本中介业务”的综合化财富管理转型。截至年末，股票基金交易额1.49万亿元，比上年增长269%；新开户20.4万户，比上年增长240%；客户总数66万户，资产规模2 860亿元。在金融资产配置方面，产品销售规模突破170亿元，比上年增长370%。资本中介业务方面，信用业务余额296亿元，比上年增长151%；股票质押式回购业务规模255亿元，比上年增长两倍。

固定收益交易业务 2015年，华融证券通过加大杠杆配置高收益企业债券，增持资质潜力突出的可转换债券等方式，提高资本利得；灵活配置各种期限利率债、铁道债等高信用债券，增加投资组合流动性，获得了较丰厚的收益。截至年末，债券组合年化投资收益率37.38%。

证券投资业务 2015年，华融证券在急剧涨跌、巨幅震荡的市场环境中，以实际行动维护市场稳定，在总体仓位不降的前提下，进行持仓组合的结构性调整，获得良好的投资收益，年终收益率达到40%。

基金业务 2015年，华融证券成功发行华融新锐、华融新利基金，公募基金管理规模实现大幅增长，由上年末的2.12亿元增至17.49亿元，同比增长725%。

业务及产品创新 2015年，华融证券积极推进产品研发及业务创新力度，巩固技术与管理创新。奇虎360私有化投资项目顺利落地，并通过直投子公司——华融瑞泽投资管理公司设立专项投资基金，担任管理合伙人；成功发行新余纳海非公开可交换债券。对并购投资基金产品模式、FOF产品开发、碳排放权产品模式、打新基金产品、H股打新模式、集合计划份额转让、参与收益权互换等进行可行性研究。深化渠道批量引入客户战略，以“互联网思维跨界合作、重点地区推动、系统方案对接”创新引流方式，以特色化服务深耕客户关系，实现基础客户“量”“质”齐升；构建一揽子PB综合金融服务体系，建立一站式PB综合服务平台，并成功举办首届大型私募论坛活动。衍生品及股权众筹成功发行“华融—安享富柜001期”和“华融证券收益凭证—安享富柜2015002期”收益凭证，设计权益互换“融华富贵”系列产品；发行中源智人科技股权众筹项目，超募150%。加快推进“互联网+综合金融”集成金融服务体系建设。“华融1账户，壹号理天下”，实现1个账户（手机号或身份证号）在1个平台一站式综合理财。

（盖克苏）

民生证券股份有限公司

2015年末，民生证券股份有限公司（以下简称民生证券）总资产322.07亿元，归属于母公司净资产117.00亿元；每股净资产2.554元，每股收益0.265元，净资产收益率15.83%。全年实现营业收入30.29亿元，同比增长93.40%；归属于母公司净利润12.15亿元，同比增长199.20%；营业支出率46.33%，同比减少19.02个百分点。在证监会组织的证券公司分类评价中获评B类BB级。

2015年，民生证券获得上海证券交易所和深圳证券交易所股票期权业务资格，上市公司股权激励行权融资业务试点资格，开展私募基金综合托管业务资格。

截至年末，民生证券设有48家证券营业部、3家子公司；共有员工2 084人。

证券经纪业务 2015年，民生证券经纪业务代理股票基金交易量2.3万亿元，同比增长208.20%；客户资产1 800亿元。融资融券年末余额48.80亿元，比上年增长50.90%，两融授信总额度为317.58亿元。全年共发生21笔大额股票质押初始交易业务，交易金额14.32亿元。“民融e”品牌效应凸显，全年初始成交3 773笔，累计初始交易金额8.93亿元。

证券投资业务 2015年，民生证券股票投资收益率47.80%，债券投资收益率14.78%。股转市场做市业务从零起步，构建了较为完整的团队、制度、IT等体系，业务得到较快发展。

投资银行业务 2015年，民生证券完成常州腾龙等6家IPO项目，圣阳股份等7家再融资项目和广东溢多利等5家并购重组项目；完成精湛光电等42家“新三板”推荐挂牌项目；完成绿网天下等18家“新三板”定向增发。

固定收益业务 2015年，民生证券完成15丰城债等2家主承销债项目。加强债券销售业务，加强PPN销售业务，利用交易能力与客户资源优势，初步构筑了公司级固定收益销售平台。全年现券交易量累计完成7 557亿元。

资产管理业务 2015年，民生证券陆续发起设立了投资于定增、股票质押、员工持股计划、股东增持计划、资产证券化等优质资产的资管产品。集合资产管理计划产品由年初的3只增加至12只，主动管理规模由年初的0.92亿元增至23亿元。同时，完成了3单专项资产管理计划（ABS）的设立、备案、登记挂牌等后续产品管理工作。截至年末，受托资产管理总规模233亿元。

互联网金融业务 2015年3月，民生证券正式获批开展互联网证券业务试点。网络金融总部整合信息技术及各业务条线资源，依托PC及移动互联网技术，打造“e民生”互联网金融平台，推进咨询业务的产品化和互联网化，互联网金融业务逐步实现落地。

瑞信方正证券有限责任公司

2015年末，瑞信方正证券有限责任公司（以下简称瑞信方正证券）实现营业收入16 955.94万元，比上年增加411.68万元，增长2.49%。其中，业务手续费及佣金净收入12 393.85万元，比上年增长近10%；自有资本金运作产生的利息3 822.63万元。实现净利润1 623.90万元，比上年增长162.68%。在证监会组织的证券公司分类评价中获评A类A级。

截至年末，瑞信方正员工人数115人。

投资银行业务 2015年，瑞信方正证券股权融资，作为主承销商完成华天科技20亿元非公开发行项目、青岛碱业重大资产置换及发行股份购买资产并募集配套资金项目，继续作为联席主承销商参与完成中国农业银行非公开发行400亿元优先股二期项目和兴业银行非公开发行130亿元境内优先股二期项目；债权融资共计参与完成10个承销项目，包括以牵头主承销商身份完成的上海电气60亿元可转债、天津滨海银行15亿元金融债、南华期货4.5亿元次级债、瀚华金控第一期15亿元和第二期9亿元公司债、玉皇化工5亿元公司债，及以联席主承销商身份参与完成的广汽集团20亿元公司债、广发银行150亿元二级资本债、海航投资16亿元公司债、上海国资20亿元可交换债；全年总承销金额246.24亿元，14个承销项目全部为主承销项目。并购和财务顾问业务，全年实现财务顾问收入2 280万元，签约合同总金额3 015万元。

（季丽丹）

瑞银证券有限责任公司

2015年末，瑞银证券有限责任公司(以下简称瑞银证券)总资产3 709 993 856.82元，总负债1 829 831 025.92元，所有者权益1 880 162 830.90元；实现营业收入1 213 392 079.55 元，营业支出826 379 430.82元，利润总额392 327 561.20元，净利润295 685 706.56元。在证监会组织的证券公司分类评价中获评A类A级。

截至年末，瑞银证券设有5家证券营业部、2家分公司、1家子公司，共有员工322人。

投资银行业务 2015年，瑞银证券准确把握市场机遇，凭借出色的执行能力，成功发行9单股权类项目，28单固定收益类项目，并担任多个重大并购项目的财务顾问，业务收入比上年增长近80%。债券业务创历史新高，业务总量比上一年增长83%。

证券业务 2015年，瑞银证券充分把握上半年的牛市行情，业务收入同比增长34%，其中经纪业务收益同比增长37%。衍生品业务尽管受到市场波动影响，但全年的收入仍同比增长89%。

财富管理业务 2015年，瑞银证券健全产品销售平台，完善产品线，为客户提供多元化的产品和全方位的咨询服务。加强对销售顾问的产品培训和风险控制培训，借鉴瑞银集团严谨的风险管理框架，对业务的流程以及客户的适当性管理进行持续性的优化。财富管理业务取得历史性的突破，实现了自开业以来的首次盈利，比上年增长87%。

资产管理业务 2015年，瑞银证券重组资产管理部，并与风控、合规、运营和信息技术等部门建立了日常监督与合作机制，降低操作风险。按照相关法律法规要求，对定向资产管理业务制度和工作流程的进行回顾和审阅，修订了《定向资产管理业务管理制度》。制订战略发展规划并重新启动业务，努力打造开放式的跨部门合作平台。

首创证券有限责任公司

2015年末，首创证券有限责任公司（以下简称首创证券）总资产220.20亿元，比上年增加63.83亿元，增长40.82%；总负债186.35亿元，比上年增加55.49亿元，增长42.40%；所有者权益33.85亿元，比上年增加8.34亿元，增长32.69%。实现营业收入16.33亿元，比上年增加8.54亿元，增长109.63%；营业支出7.06亿元，比上年增加2.91亿元，增长70.12%。实现净利润7.17亿元，比上年增加4.44亿元，增长162.64%。证券交易量（股票、基金、债券等）11 655.79亿元，比上年增加7 213.61亿元，增长162.39%；客户数量37.23万户，比上年增加6.64万户，增长21.71%；客户保证金61.97亿元，比上年增加27.05亿元，增长77.46%。在证监会组织的证券公司分类评价中获评B类BBB级。

截至年末，首创证券设有41家证券营业部、12家分公司，共有员工1 329人。

证券经纪业务 2015年，首创证券不断完善营销和财富管理体系，大力推进互联网证券业务，实现网上开户、手机开户和7×24小时服务，微信咨询服务功能影响扩大，移动终端APP平台准备就绪，经纪业务互联网发展的基础支持和展业平台搭建有序进行。基金、收益凭证、资产管理产品等销售能力增强，销售规模6.64亿元，销售收入3 436.45万元，并且新上线了8家基金管理公司的89只场外公募基金。全年，客户托管资产621.95亿元，新增新开户托管资产112.51亿元，实现手续费及佣金收入6.02亿元，营业收入7.54亿元。

融资融券业务 2015年，首创证券融资融券业务上半年发展迅猛，两融余额由年初的15.52亿元增至6月底的47.08亿元，规模增长高于行业增速。受第三季度市场行情影响，两融余额快速回落，9月底降为18.19亿元，较高峰值降幅达61.36%。第四季度，两融余额逐步回升。两融余额日均27.90亿元，高于上年15.52亿元的时点余额，信用业务规模与收入稳中有升。

期货中间介绍业务 2015年，首创证券加大对全资控股的首创京都期货公司的支持力度，将其注册资本增至2亿元，并积极尝试期货中间介绍业务资产管理方面的业务对接。截至年末，已有21家营业部完成备案，具备了代理开户资格；具有期货从业资格的人员47名，提供中间介绍业务的客户数量1 719户。

资产管理业务 2015年，首创证券坚持以优质服务取胜的经营理念，不断探索新型业务模式，努力提升产品研发与投资管理能力，逐步收缩债权融资业务，重点推进现金管理、债券投资、互联网金融业务，提升主动管理和多元化服务水平。截至年末，资产管理计划136只，总受托规模197.15亿元，比上年增加51.69亿元。其中，集合资产管理计划7只，规模3.50亿元；定向资产管理计划129只，规模193.65亿元。定向资产管理计划中，主动型1只，受托规模30.08亿元，主要投向私募债、债券逆回购、信托计划、资产支持证券等；被动型128只，受托规模163.56亿元，主要投向房地产、一般工商企业、基础产业、地方融资平台等。全年实现营业收入2 383万元。其中定向业务收入1 439万元，集合业务收入129万元，投资咨询收入815万元。

投资银行业务 2015年，首创证券重点围绕全国中小企业股份转让系统开展股份挂牌推荐、定向发行等业务，打造中小企业多渠道融资综合服务提供商品牌。年内新增推荐挂牌公司31家，持续督导挂牌公司45家，协助挂牌公司完成融资9.80亿元。作为主承销商共计完成了6只债券发行承销，涉及2只城投债、1只中小企业私募债、3只非公开发行公司债券，承销规模35.6亿元。全年，实现营业收入1.40亿元，其中承销业务收入7 910万元，保荐、财务顾问、投资咨询收入6 062万元。

自营业务 2015年，首创证券巩固债券主动投资优势，交易性金融资产投资收益良好；积极参与新品种投资，通过买入打新基金、参与分级A买卖及下折套利、投资可转债等措施，实现了较好的收益；国债期货业务以套利策略作为核心，辅以单边投机策略，全年实现票息外收益约4 000万元；固定收益类投资顾问业务进展良好，4只结构化产品规模25亿元；在巩固原有撮合、代持等无风险业务的基础上，开展分销业务，债券销售交易能力提升。全年，债券交易量11 848.76亿元，其中银行间市场交易量7 747.84亿元；实现固定收益业务收入3.40亿元，所持自营券中无违约债券。证券市场新股申购，主动调整策略，实现较好盈利；在二级市场方面，分散投资、精选个股，对投资标的进行审慎甄别，投资收益率良好。截至年末，现金与股票市值合计6.04亿元，浮盈与盈利合计1.04亿元，收益率20.87%。

“新三板”做市业务 2015年，首创证券不断扩大做市业务规模，持续增加做市股票数量，逐步优化做市交易策略；广泛参与其他券商的业务交流和项目推广，充分整合业务资源，通过内部推荐和外部拓展相结合，逐步形成双赢甚至多赢的新业务模式。截至年末，累计签约53家“新三板”挂牌企业，并为其中26家提供做市报价服务。

研究咨询业务 2015年，首创证券强化研发部门对内服务职能，提高研究的深度和针对性，在对自营业务、经纪业务和投资银行三大传统业务提供研究支持的基础上，将服务范围扩大到资产管理业务、固定收益业务、信用业务、“新三板”挂牌和做市业务、代销金融产品等领域。全年，共完成宏观策略和行业研究报告近550篇。积极推动研究产品的市场化，参与CCTV2财经频道“交易时间”、中央人民广播电台国际台等主流媒体财经节目，为《证券时报》等专业财经媒体撰写专栏文章；研究人员构建的股票组合，在《证券市场周刊》举办的“金种子10指数擂台”评比活动中获得2015年度累计收益排行榜第一名。

风控与合规管理 2015年，首创证券按照《证券公司全面风险管理规范》要求，进一步细化业务管理制度，对风险识别、评估、监测与应对等各个环节进行具体规范；加强对信用风险、流动性风险及市场风险的管理，运用使用限额、集中度、加权维保比例、波动率、财务指标等工具对各业务条线的数据进行分析，建立风险计量和统计模板；持续开展专项及综合压力测试，提升专项和定期报告专业水平，建立风险专刊的发刊运作机制。有效开展合规工作，重点推进业务部门执业标准化构建工作，明确内部尽职调查标准，加强对新业务、新情况下合规风险的研究力度，年内未受到监管机构和自律组织的监管处罚或自律处分，实现了持续、规范、健康发展的经营目标。

信息化建设 2015年，首创证券整合现有资源，积极推进互联网证券业务，新增手机交易客户端“新三板”转让、沪港通、OTC、场内基金盘后业务、新股申购额度控制、网络投票、持仓显示盈亏等功能，升级通达信网上交易客户端现金宝、OTC系统、网络投票、融资融券（繁体版）等模块。推出网上及移动开户，加强微信咨询服务功能，制定互联网业务的发展规划，建设具有公司特色的移动APP终端，并开始重构客户管理平台，建设一柜通、CRM等支撑系统。

信达证券股份有限公司

2015年末，信达证券股份有限公司（以下简称信达证券）总资产564.35亿元，比上年增加222.83亿元，增长65.25%；总负债473.97亿元，比上年增加202.22亿元，增长74.41%；所有者权益90.37亿元，比上年增加20.60亿元，增长29.53%。全年实现营业收入52.35亿元，比上年增加21.37亿元，增长69.01%；营业支出24.63亿元，比上年增加5.75亿元，增长30.44%；实现归属于母公司净利润20.82亿元，比上年增加11.68亿元，增长127.85%；净资产收益率25.95%，比上年增加11.52个百分点。

2015年，信达证券股票基金成交金额41 065.70亿元，比上年增加28 571.03亿元，增长228.67%；客户总数138.84万户，比上年增加22.84万户，增长19.69%；客户托管证券市值1 915.70亿元，比上年增加691.70亿元，增长56.61%；客户保证金163.82亿元，比上年增加70亿元，增长74.63%。在证监会组织的证券公司分类评价中获评A类AA级。

截至年末，信达证券设有82家营业部、4家分公司、4家子公司；共有员工2 744人，其中母公司2 292人，子公司452人。

经纪业务及信用交易业务　2015年末，信达证券实现新开户21.21万户，同比增长386%，累计客户规模136.84万户；客户托管资产2 075亿元，同比增长57.56%。融资融券余额90.16亿元，同比增长31.1%，日均余额107.89亿元；股票质押余额80.4亿元，同比增长548.9%，其中股票质押自有资金融资余额10.18亿元。全年经纪业务实现营业收入35.5亿元，同比增长156.69%。其中，佣金净收入及综合业务收入23.89亿元，同比增长150.84%；利差收入2.86亿元，同比增长193%；信用交易业务息费收入8.75亿元，同比增长162.76%。

投资银行业务　2015年，信达证券股票债券承销及财务顾问业务共实现净收入3.53亿元，与上年基本持平。其中，股权保荐及承销费0.98亿元；债券承销收入1.27亿元；资产证券化业务收入0.61亿元；财务顾问收入0.67亿元。完成赛升药业、汉邦高科IPO和敦煌种业非公开发行项目，股票发行金额19.48亿元。完成中国信达金融债一期、二期，乌国投债、新余渝水债、太平洋债、信达投资债、幸福人寿资本补充债和资产证券化项目广交投ABS、南山一期ABS和燃气ABS，全年债券发行金额241.22亿元。

资产管理业务　2015年末，信达证券受托资产管理规模546.66亿元，比上年增长49.29%。其中，集合规模134.77亿元；专项计划56.91亿元；定向规模354.97亿元。全年实现综合业务收入10.23亿元，同比增长92%；受托客户资产管理业务净收入5.76亿元。

证券投资业务　2015年，信达证券权益类投资克服政策调整限制及股市巨幅震荡的影响，年末主动投资收益率45.34%；加大国债期货交易，套利规模最高达到2.1亿元，年化收益率14%，投资的稳定性和持续性明显提升。全年投资业务实现营业收入6.48亿元。其中，权益类投资业务实现投资收益4.98亿元，占总收入的9.51%；固定收益类投资业务实现收益1.5亿元，占总收入的2.86%。

场外市场业务　2015年末，信达证券新增“新三板”挂牌企业28家，累计挂牌企业达34家；新增做市27家，累计做市28家。全年场外业务实现营业收入2 564万元。其中，财务顾问等手续费净收入1 038万元；做市业务实现投资收益1 526万元，投资收益率达45.4%。

业务创新 2015年，信达证券作为第一批股票期权参与券商，顺利开展上海证券交易交所50ETF期权上线工作，全年实现累计开户份额1.458%，累计成交份额0.836%。积极开展资产证券化业务，完成一系列资产证券化项目，其中“广交投ABS”是2015年行业内最大的一笔企业资产证券化项目。积极申请并获批私募基金综合托管业务（PB业务）资格，并为机构客户及高净值客户搭建了快速交易系统、机构间报价系统、OTC柜台交易系统、私募运营及外包平台、机构投资管理平台。启动小额股票质押式回购业务，丰富信用业务产品线，为中小客户和不具备两融开户时间期限的客户提供融资渠道。

新时代证券股份有限公司

（原新时代证券有限责任公司，2015年8月更名）

2015年末，新时代证券股份有限公司（以下简称新时代证券）总资产25 156 982 214.57元，比上年增加6 944 837 088.90元，增长38.13%；总负债19 041 686 754.62元，比上年增加5 403 711 962.51元，增长39.62%；所有者权益6 115 295 459.95元，比上年增加1 541 125 126.39元，增长33.69%；实现营业收入4 059 864 571.61元，比上年增加1 844 567 527.39元，增长83.27%；营业支出2 354 776 782.08元，比上年增加928 636 809.19元，增长65.12%；实现利润总额1 717 119 710.73元，比上年增加931 055 359.11元，增长118.45%；归属于母公司的净利润1 249 264 719.19元，比上年增加779 440 506.69元，增长165.90%。在证监会组织的证券公司分类评价中获评B类BBB级。

截至年末，新时代证券设有58家证券营业部、2家控股子公司、4家分公司，共有员工1 487人。

证券经纪业务 2015年，新时代证券经纪业务实现营业收入189 359.19万元，比上年增加105 166.11万元，增长124.91%；营业成本67 919.11万元，比上年增加29 927.21万元，增长78.77%；实现营业利润121 440.08万元，比上年增加75 238.90万元，增长162.85%。实现股票基金交易量23 408亿元，比上年增加15 552亿元，增长198%。累计新开户109 706户，期末结存户609 066户，比上年增加109 045户，增长21.8%。推出资产托管业务，完成基金外包业务资格备案。截至年末，共托管产品20只，总规模9.43亿元。经纪业务体系各分支机构合计托管客户资产1 094亿元，比上年增加343亿元，增长46%。全年引入各类金融产品共计218只，销售量44.50亿元，创造交易量约205亿元，两融业务日均余额规模45.29亿元。

自营投资业务 2015年，新时代证券自营投资业务实现营业收入36 430.35万元，比上年增加16 072.75万元，增长

78.95%；实现营业利润22 617.05万元，比上年增加10 811.45万元，增长91.58%。

投资银行业务 2015年，新时代证券完成多个重大资产重组项目、非公开发行项目、可转债项目、并完成“新三板”挂牌项目若干；做市业务发展迅速，由1个增加到13个，已投资项目29个。完成“15沪闵行债”的发行，成功发行新时代证券首单资产证券化项目——“中腾信·微贷信托受益权资产支持专项计划”。新时代证券旗下宏图基金与山鹰资本合资设立投资管理公司，开启产业并购的新探索。全年投资银行业务实现营业收入32 107.75万元，比上年增加3 539.34万元，增长12.39%；实现营业利润9 858.99万元，比上年增加142.61万元，增长1.47%。

资产管理业务 2015年，新时代证券资产管理业务实现营业收入19 145.52万元，比上年增加6 755.82万元，增长54.53%；实现营业利润11 167.76万元，比上年增加3 915.30万元，增长53.99%。年末，受托资产管理累计规模2 082亿元，比上年增加1 311亿元，增长170%；存续规模478亿元，其中主动投资产品管理规模132亿元。

中德证券有限责任公司

2015年末，中德证券有限责任公司（以下简称中德证券）总资产1427 486 805元，比上年增加431 284 422元，增长43.29%；总负债271 602 459元，比上年增加250 353 212元，增长1 178.17%；所有者权益1 155 884 346元，比上年增加180 931 210元，增长18.56%；实现营业收入769 294 637元，比上年增加456 101 199元，增长145.63%；营业支出528 716 388元，比上年增加201 318 336元，增长61.49%；实现利润总额246 853 211元，比上年增加259 828 312元，增长2 003%。在证监会组织的证券公司分类评价中获评A类A级。

截至年末，中德证券共有员工236人。

投资银行业务 2015年，中德证券股本业务完成14个主承销项目，其中5个IPO项目、9个定向增发项目，实际主承销金额27 519 031 346.63元，实现收入465 402 631元。债券业务完成30个主承销商项目，其中包括4个企业债、17个公司债、7个证券公司债（含短期证券公司债）、1个金融租赁资产证券化产品以及1个可交换私募债项目，实际主承销金额30 168 800 000元，实现收入181 899 131元。财务顾问业务完成4个财务顾问项目，实现收入26 460 000元。

业务创新 2015年，中德证券资产证券化业务实现零的突破，作为主承销商完成了招银租赁这个备案制下金融租赁行业首个租赁资产支持证券项目，完成清华控股10亿元可交换公司债券项目。

风险管理 中德证券按照国际最佳实践标准并结合国内实际情况，建立了覆盖各类风险的全面风险管理体系。风险管理架构方面，董事会下设风险管理委员会和审计委员会，公司层面设置风险委员会以及风险管理部、合规部、法律部和内部审计部等职能部门，分别对各项业务的事前、事中和事后风险进行统一识别、评估、监督和控制，并进行合规审查，由独立的内部审计部进行稽核检查。风险评估和管理方法方面，对市场风险、流动性风险、信用风险、操作风险以及净资本和风险控制指标等进行计量和管理；建立交易及风险管理系统、净资本监控及测算等风险管理系统，对各类风险设定多种限额或审批权限，并设定了日常风险敞口报告程序和超限额处理程序；定期进行压力测试，对重大风险事件进行敏感性分析并制定应急预案，定期对公司风险状况进行回顾等，确保公司承担可以接受水平的风险。

中国国际金融股份有限公司

2015 年末，中国国际金融股份有限公司（以下简称中金公司）总资产 630.29 亿元，比上年增长 88.50%；总负债 471.50 亿元，比上年增长 86.10%；净资产 158.79 亿元，比上年增长 96.02%；实现营业收入 60.31 亿元，比上年增长 74.76%；实现营业支出 39.99 亿元，比上年增长 51.42%；实现利润 15.28 亿元，比上年增长 150.22%；拥有经纪业务客户逾 10 万个，A 股交易额 14 970.84 亿元，比上年增长 167.34%；客户保证金规模 179.49 亿元，比上年增长 109.17%。在证监会组织的证券公司分类评价中获评 A 类 AA 级。

2015 年，中金公司获得上海证券交易所股票期权经纪业务和自营业务资格、私募基金综合托管业务资格、互联网金融业务资格、贵金属现货代理业务和黄金现货自营业务资格、上海黄金交易所会员资格、证券投资基金托管业务资格以及代理远程质押登记业务资格。

2015 年 11 月，中金公司在中国香港联交所主板挂牌上市。

截至年末，中金公司设有 20 家证券营业部；共有员工 2 267 人，其中正式员工约 2 171 人，外聘员工 96 人。

投资银行业务 2015 年，中金公司持续提升大客户服务能力，巩固与大客户的业务合作，确保重大股本项目顺利完成；通过充实股本业务团队，加强对重点区域的网络覆盖，加快中小客户开发，大力发展“新三板”业务。调整投行组织架构，设立多个行业组，加强业务开发，提升客户服务效率。全年共完成 40 个股本融资和 73 个债券融资项目。

2015 年，财富期货股权变更完成，成为中金公司全资子公司，并更名为中金期货有限公司。

财富管理业务 2015 年末，中金公司财富管理的客户数量约 26 600 户，客户账户资产总值 3 990 亿元，户均资产约 1 500 万元。加快财富管理平台建设，紧抓基础交易业务，稳步发展资本中介业务，满足客户多样化的融资需求。全年金融产品总销售额 164.38 亿元。继续推动互联网金融业务，提高对中产阶级客户的覆盖。截至年末，金网客户数增长至约 70 600 户。

资产管理业务 中金公司积极把握机会进行创新和突破，产品线已涵盖股票、债券、母基金、指数、对冲基金、衍生品、资产证券化、海外市场等全系列资产类别。年内新设 10 只集合资产管理计划，共设有 40 只集合资产管理计划。截至年末，境内外资产管理总规模 1 070.01 亿元，管理产品数量 205 只；投资顾问业务规模约 100 亿元。

公募基金业务 2015 年，中金公司全资子公司——中金基金管理有限公司（以下简称中金基金）不断拓展公募基金产品线，开发新型或有特色的公募基金产品；针对投资者的个性化需求，为机构和高净值客户量身定制投资专户。截至年末，中金基金管理资产规模 110.16 亿元，投资咨询业务管理规模 59.14 亿元。

私募股权业务 2015 年，中金公司直投业务子公司——中金佳成投资管理有限公司（以下简称中金佳成）管理的私募股权基金新增投资项目 13 个，总投资金额 64.6 亿元，行业覆盖 TMT、互联网金融、医疗健康、大消费、环保与清洁能源等领域。准确把握“中概股”回归国内的投资机遇，积极参与优秀“中概股”私有化交易和拆除 VIE 架构回归国内市场的投资项目。全年实现退出项目 5 个，退出形式包括 IPO、收购兼并、股权转让等。截至年末，中金佳成管理的资产规模 174 亿元。

2015 年，中金公司成立了中金智德股权投资管理有限公司，从事直接投资业务。

中国民族证券有限责任公司

2015 年末，中国民族证券有限责任公司（以下简称民族证券）总资产 312.91 亿元，总负债 231.46 亿元，所有者权益 81.45 亿元；实现营业收入 29.65 亿元，营业支出 21.36 亿元，实现利润 8.29 亿元。在证监会组织的证券公司分类评价中获评 C 类 CCC 级。

截至年末，民族证券设有 51 家证券营业部，共有员工 1 634 人。

投资顾问业务 2015 年，民族证券新签约投顾产品资产量 21.60 亿元，完成全年目标的 212.18%。签约客户共计 31 506户，签约资产 129.34 亿元。签约客户共实现净佣金 1.36 亿元，占公司代理买卖证券经纪业务净佣金收入的 5.10%；签约客户实际佣金率达到 0.98‰，与公司的实际佣金率水平相比提高 29.96%，增收佣金 3 913.83 万元。

融资融券业务 2015 年，民族证券开展逆周期调节管控，通过 5 次调整保证金比例，降低杠杆；每月对担保证券折算率以及标的证券进行评估，并对股票集中度等指标进行适时调整；盘中通过短信平台系统及时对风险较大的融资融券客户进行风险提示，保护投资者利益；开展不同层级客户的个性化服务工作，全年推送

"标的精析"、"收盘综述"近230次。截至年末，融资融券业务总规模76.52亿元，实现息费收入7.44亿元，净利润7 742.56万元；客户数量37 612户，累计新增7 734户。

机构销售业务 2015年，民族证券协助沈阳热闹路营业务开发了国海富兰克林基金；承揽尤夫股份定向增发项目，产生收入1 749万元；与恒宇伟业等7家公司商谈，推进"新三板"业务发展。与外部机构洽谈融资业务债权收益权转让业务，促成5亿元规模的两融收益权转让项目；与两家上市公司拓展市值管理等业务合作，探索开展综合金融服务业务。

资产管理业务 2015年末，民族证券资产管理业务累计规模814亿元。其中，定向计划规模751亿元，集合计划42亿元，专项计划21亿元。实现产品收入9 415.26万元，创造利润6 247.43万元。年内共发行3单ABS项目，发行规模14.73亿元。

中国银河证券股份有限公司

2015年末，中国银河证券股份有限公司（以下简称银河证券）总资产3 006.56亿元，比上年增加1 206.30亿元，增长67.01%；总负债2 434.06亿元，比上年增加927.16亿元，增长61.53%；所有者权益572.49亿元，比上年增加279.13亿元，增长95.15%，其中，归属于母公司股东的所有者权益569.14亿元，比上年增加278.90亿元，增长96.09%；实现营业收入262.60亿元，比上年增加148.48亿元，增长130.10%；实现营业支出131.37亿元，比上年增加67.09亿元，增长104.37%；实现净利润98.77亿元，比上年增加60.86亿元，增长160.57%，其中，归属于本公司股东的净利润98.36亿元，比上年增加60.65亿元，增长160.84%。股票基金交易额271 621.83亿元，比上年增加194 508.08亿元，增长252.24%；信用账户开户数28.88万户，比上年增加6.10万户，增长26.81%；融资交易量45 304.94亿元，比上年增加33 670.84亿元，同比增长289.42%；融资融券余额691.27亿元，比上年增加88.60亿元，增长14.70%；期货交易量0.86亿手，比上年增加0.17亿手，增长24.64%；期货交易额15.05万亿元，比上年增加7.05万亿元，增长88.13%；客户总数750.92万户，比上年增加157.54万户，增长26.55%；客户保证金余额1 179.92亿元，比上年增加395.85亿元，增长50.49%。在证监会组织的证券公司分类评价中获评A类AA级。

2015年，银河证券获得上海证券交易所股票期权交易参与人资格、期权结算业务资格和微信开户、非金融企业债务融资工具报价业务资格，以及中国证券投资基金业协会会员资格、中国期货业协会会员资格、中国保险资产管理业协会会员资格。

截至年末，银河证券设有356家证券营业部、5家子公司，36家分公司，共有员工10 091人（含销售类客户经理）。

中信建投证券股份有限公司

2015年末，中信建投证券股份有限公司（以下简称中信建投证券）总资产1 837亿元，总负债1 585亿元，所有者权益252亿元，客户总数437万户。全年实现营业收入190.21亿元，归属于母公司股东的净利润86.49亿元，净资产收益率41.3%。在证监会组织的证券公司分类评价中获评A类AA级。

截至年末，中信建投证券设有205家证券营业部、20家期货营业部和4家子公司，共有正式员工8 079人。

证券经纪业务　中信建投证券依托遍布全国的经营网点和经验丰富的销售与服务团队，通过不断完善客户体系与产品体系建设，统筹各项业务优势，为客户提供证券交易、投资咨询、金融产品销售、现金管理等一揽子财富管理服务。全年完成股票基金交易量16.95万亿元，市场占比3.23%。

投资银行业务　中信建投证券坚持以客户为中心，凭借对市场和行业的深刻理解，依托丰富的项目经验与专业的工作团队，为客户提供全面融资解决方案以及并购重组等财务顾问服务。全年共完成117单股票及债券主承销项目，主承销金额2 191亿元；完成23单并购重组项目，涉及交易金额367亿元；完成135单“新三板”项目挂牌；完成债券融资72单，募集资金1 610亿元。

证券金融业务　中信建投证券以融资融券和股票质押融资两大核心业务为基础，致力于满足客户个性化的证券投资需求、融资需求和理财需求。截至年末，融资融券余额354亿元，市场占比3.02%；股票质押式回购余额214亿元，市场占比3.09%；约定式回购业务约3.91亿元，市场占比6.99%。

股票及衍生品交易业务　2015年末，中信建投证券累计为51家“新三板”挂牌公司提供做市服务；衍生品交易场外业务规模12亿元，场内业务规模1亿元。

固定收益业务　2015年，中信建投证券销售利率产品488亿元，同比增长16%；销售信用债券786只，同比增长169%，销售规模3 693亿元，同比增长147%。牵头组织发行各类资产证券化项目20单，发行规模739亿元，同比增长99%。

资产管理业务　中信建投证券通过产品设计、投资研究、资产配置和风险管理等技术，构建了从货币型、固定收益型、股票型、量化型到全面配置型等完整的产品线，满足客户差异化需求，提升客户资产回报水平。截至年末，发行集合、定向、资产证券化及投顾产品合计324只，管理资产规模5 517亿元，同比增长87%，市场占比4.55%。

托管业务　中信建投证券依托专业化的服务团队，安全高效的信息系统，规范的运营管理和风险管理体系，以第三方托管人的身份，为客户提供资产保管、资金清算、会计核算、投资监督及信息披露等专业化服务。截至年末，累计托管产品503只，累计为470只产品提供外包服务，托管外包资产规模565亿元。

研究业务 中信建投证券以“引领专业投资、研究创造价值”为服务理念，建立了具有鲜明特色的宏观策略、固定收益、行业和上市公司研究体系及数据支持体系，凭借专业化的研究成果和国际化视角赢得了社会各界和客户的认可。全年完成公募基金佣金分仓收入2.44亿元。

期货业务 中信建投期货有限公司设有20家期货营业部，全年完成代理交易额12.89万亿元，同比增长69%；年内新增客户16 058户，同比增长86%；客户总数6.68万户，客户权益规模43亿元，同比增长57%。

股权投资业务 2015年，中信建投资本管理有限公司累计管理资产规模36亿元；年内新设“新三板”基金、北京水务基金、分众传媒专项基金和天神娱乐专项基金，募集资金额共计15.06亿元；完成投资项目7单，投资金额10.8亿元。

境外业务 2015年，中信建投（国际）金融控股有限公司完成8单股权融资项目和9单债权融资项目，年末客户托管股票总市值172亿港元。

基金业务 2015年，中信建投基金管理有限公司发行公募基金4只，专户产品169只，子公司产品54只，年末管理资产规模861亿元，增长21倍。

（秦家学）

中国银河证券股份有限公司北京分公司

2015年，中国银河证券股份有限公司北京分公司（以下简称银河证券北京分公司）实现营业收入22.24亿元，实现税前利润16.41亿元。

截至年末，银河证券北京分公司下辖15家营业部，共有员工600余人。

证券经纪业务 2015年末，银河证券北京分公司辖区营业部客户数量60.62万户，客户总资产17 580.37亿元。全年完成股票基金交易量31 266.53亿元；北京地区开放式基金认购、申购合计销量102.33亿元，货币基金日均保有量15.78亿元。

股指期货IB业务 辖区内共有15家营业部具有股指期货中间介绍业务（IB业务）资格，全年新增IB客户643户，客户总数3 141户，客户总资产4.93亿元，实现手续费收入875.69万元。

银行渠道合作 以融资融券业务为契机与中国建设银行、中国银行、中国农业银行、兴业银行等开展融资融券三方存管签约活动，与合作银行的150家网点开展营销活动。全年新开立证券账户近13万户。

融资融券业务 积极开展融资融券开户业务，全年新增融资融券账户34 633户。年末，融资融券资产201.61亿元，融资融券余额97.64亿元。

（李莹）

安信期货有限责任公司

2015年末，安信期货有限责任公司（以下简称安信期货）实现营业收入20 819.33万元，利润总额9 906.09万元，净利润6 811.14万元，同比分别增长38.66%、54.80%、39.29%。资产总计（含自有资金及客户资金）346 788万元，比年初增加50 891万元，增长17.20%；负债总计（含自有负债和客户保证金）307 792万元，比年初增加44 362万元，增长16.84%。

2015年，安信期货总成交量34 699 589手，同比增长53.66%；总成交金额72 194亿元，同比增长84.91%；客户日均权益37.80亿元，同比增长75.34%；客户数26 112位。在证监会组织的期货公司分类评价中获评A类A级。

截至年末，安信期货设有6家营业部；共有员工175人，其中总部员工118人，营业部员工57人。

（孙黎晓）

北京首创期货有限责任公司

2015年，北京首创期货有限责任公司（以下简称首创期货）营业收入同比增长14.33%，所有者权益同比增长13.39%，客户成交量同比增长46.71%，客户成交金额同比增长63.33%，税后利润3 032.29万元。在证监会组织的期货公司分类评价中获A类评级。

截至年末，首创期货设有21家业部，共有员工261人。

资产管理业务 2015年1月8日，首创期货获得证监会核准开展资产管理业务。截至年末，发行备案资管类产品19只，规模3.17亿元。

（朴福英）

第一创业期货有限责任公司

2015年末，第一创业期货有限责任公司（以下简称第一创业期货）客户数4 965户，比上年增加725户，增长17.10%；日均客户权益9.34亿元，比上年增加6.17亿元，增长194.64%；期货交易量2 921 454手，比上年增加835 207手，增长40.03%；代理成交金额10 395.08亿元，比上年增加5 491.54亿元，增长111.99%；实现营业收入4 139.59万元，比上年增加1 905.51万元，增长 85.29%；实现营业支出 3 418.53万元，比上年增加 841.97 万元，增长 32.68%；实现净利润 727.94 万元，比上年增加 1 050.54 万元，增长 325.64%。在证监会组织的期货公司分类评价中获评 B 类 B 级。

截至年末，第一创业期货未设立任何分支机构，共有正式员工 48 人。

方正中期期货有限公司

2015 年末，方正中期期货有限公司（以下简称方正中期期货）资产合计 709 732.55万元，比上年减少 15 725.72 万元，下降 2.17%；负债合计631 370.59 万元，比上年减少 27 870.44 万元，下降 4.23%；所有者权益合计 78 361.96 万元，比上年增加 12 144.73 万元，增长 18.34%；客户总数 108 205 户，新增客户 28 247 户，增长 35.33%。代理成交量 144 906 249.00 手，比上年增加 50 380 935.00手，增长 53.30%；成交额 2 888 223 610.35 万元，比上年增加 1 654 289 621.41 万元，增长 134.07%。全年实现营业收入 53 588.09 万元，比上年增加14 617.32万元，增长 37.51%；实现营业支出 37 176.99 万元，比上年增加 6 211.15 万元，增长 20.06%；实现净利润 12 144.73 万元，比上年增加 6 225.25 万元，增长 105.17%。在证监会组织的期货公司分类评价中获评 A 类 AA 级。

截至年末，方正中期期货设有 27 家期货营业部、1 家子公司，共有员工 673 人。

期货经纪业务 2015 年，方正中期期货实现手续费收入 31 598.03 万元，比上年增加 6 685.66 万元，增长 26.84%；日均客户权益 73.97 亿元，比上年增长 63.34%；净增开户数 17 972 户，比上年增长 57.04%。

中间介绍业务 2015 年，方正中期期货 IB 业务留存手续费收入 4 356.74 万元，比上年增加 2 686.14 万元，增长 160.79%；累计客户数量 16 619 户，比上年增加 6 371 户，增长 62.17%；成交金额 35 545.77 亿元，比上年增加 20 989.55亿元，增长 144.20%。

资产管理业务 2015 年，方正中期期货累计新发行 29 只资产管理产品，合计规模 10.21 亿元。年末产品动态权益为 9.02 亿元。

（李晓慧）

国都期货有限公司

2015 年末，国都期货有限公司（以下简称国都期货）总资产 56 985.74 万元，营业收入 4 711.78 万元（其中手续费收入 2 941.13 万元）；代理交易额

16 231.62万元，比上年增长26.51%；净利润152.02万元，综合收益总额232.77万元。实收资本20 000万元，所有者权益19 821.23万元，比上年增长1.19%。净资本12 886.69万元，比上年末调整后的净资本11 129.18万元，增长15.79%。负债总额37 164.51万元，扣除客户权益后，负债总额1 361.11万元，负债与净资产的比率为6.87%，比上年的8.94%下降了2.07个百分点。

截至年末，国都期货设有3家营业部，共有员工119人。

经纪业务　2015年，国都期货客户累计日均权益4.51亿元，代理成交总量1 091万手，代理成交总额1.62万亿元。

资产管理　2015年，国都期货取得资产管理业务资格，共发行产品两只，累计发行规模300万元，实现收入14.41万元。其中，管理费收入0.29万元，业绩报酬6.11万元，认购赎回费8万元。

IB业务　2015年，国都期货IB客户日均权益同比增长11.02%，新增客户数同比增长79.15%，留存手续费收入同比增长35.88%。

（许越）

格林大华期货有限公司

2015年末，格林大华期货有限公司（以下简称格林大华期货）总资产425 964.65万元，比上年增加44 967.78万元，增长11.8%；总负债349 554.3万元，比上年增加41 777.31万元，增长13.57%；所有者权益76 410.35万元，比上年增加3 190.46万元，增长4.36%；营业收入23 781.06万元，比上年增加587.19万元，增长2.53%；营业支出18 626.04万元，比上年减少1 186.73万元，下降5.99%；利润总额5 176.21万元，比上年增加1 078.65万元，增长26.32%。

截至年末，格林大华期货设有26家营业部、2家全资子公司，正式员工426人。

期货经纪业务　2015年，格林大华期货完成交易额71 445.01亿元，比上年增长45.32%；交易量5 356.71万手，比上年增长6.18%；实现经纪业务收入12 807.55万元，比上年增长0.25%；总客户数37 084户，其中，休眠客户23 300个，正常客户13 784个。正常客户中，自然人户13 167个，一般法人户498个，特殊法人户119个。

资产管理业务　2015年，格林大华期货共发行资产管理产品26只，产品规模4.24亿元。年末存续产品18只，产品规模3.77亿元。

中间介绍业务　2015年，格林大华期货结合自身实际，有效借鉴与山西证券近5年来开展期货IB业务的实践经验，在制度建设、组织架构、人员配备、业务管理、内部控制、信息技术、人员培训、投资者教育等方面进行有益的探索和尝试，与山西证券开展交叉销售业务，共实现分成收入576.94万元。

风险管理业务　2015年，格林大华期货所属的风险管理子公司开展仓单质押、回购、买断交割、买入返售等业务，涉及资金总额2亿多元。截至年末，实现营业收入14 436.24万元，利润总额1 039.41万元，净资产10 533.75万元。

冠通期货有限公司

2015年末，冠通期货有限公司（以下简称冠通期货）总资产147 148.46万元，总负债127 494.47万元，所有者权益19 653.99万元，营业收入9 690.61万元，营业支出7 714.24万元，净利润1 460.52万元。全年累计代理成交量9 307.45万手，比上年增加5 239.27万手，增长129%；累计代理成交金额40 918.01亿元，比上年增加18 638.72万元，增长84%。年末，客户数量1.463万户，比上年增加0.1454万户，增长11.03%；客户保证金124 480.84万元。在证监会组织的期货公司分类评价中获评B类BBB级。

截至年末，冠通期货设有14家分支机构，有正式员工147人。

资产管理业务 2015年，冠通期货共发行资产管理计划5只，其中，4只正常运行，1只未募集成功；共募集资金1 385万元。

国元期货有限公司

2015年末，国元期货有限公司（以下简称国元期货）资产总额135 946.14万元，比上年增长22.70%，其中客户权益70 274.76万元，比上年增长49.57%；累计实现业务收入6 990.52万元，比上年增长15.30%；净利润640.33万元，比上年下降26.24%；所有者权益63 507.20万元，比上年增长2.61%。客户数量14 139户，比上年增长17.96%。

截至年末，国元期货设有11家营业部，正式员工183人。

增资扩股 引入外方股东——康和期货股份有限公司。2015年12月，国元期货完成增资扩股工作，注册资本由60 000万元增至60 969.46万元。

设立风险子公司 2015年6月，国元期货成立国元投资管理（上海）有限公司。截至年末，该公司业务收入132.66万元，实现净利润95.26万元。

（王磊）

宏源期货有限公司

2015年，宏源期货有限公司（以下简称宏源期货）日均客户保证金余额同比增长63.33%；营业利润同比增长11.07%。

截至年末，宏源期货设有17家营业部、1家子公司，在职员工近300人。

资产管理业务 2015年，宏源期货成立资产管理产品32只，规模5.4亿元。资产管理账户整体年化收益率36%，超过80%的账户实现正收益。

期货投资咨询业务 2015年，宏源期货以客户需求为导向，整合内外资源，加强对金融期货、原油和期权工具的研究工作；围绕市场热点，加强对金融工程和量化对冲策略的研究，推出了7款投资咨询产品。

金鹏期货经纪有限公司

2015年末，金鹏期货经纪有限公司（以下简称金鹏期货）资产65 843.46万元，负债38 556.63万元，所有者权益27 286.83万元，营业收入6 293.92万元，利润2 805.61万元，期货交易量11 451 649手，交易额1 121 250 214 400万元，客户数量7 564个、客户保证金35 011.78万元。

截至年末，金鹏期货共有分支机构7家，员工总数106人。

（史琳）

九州期货有限公司

2015年末，九州期货有限公司（以下简称九州期货）总资产198 908 362.39元，总负债89 910 984.33元，所有者权益108 997 378.06元；实现营业收入7 431 581.96元，营业支出21 982 997.92元。在证监会组织的期货公司分类评价中获评B类B级。

截至年末，九州期货设有1家期货营业部、2家分公司，共有员工69人。

期货经纪业务 2015年，九州期货期货交易量1 651 827手，成交金额23 336 336.11万元，手续费收入275.97万元，年末客户数量1 569户，客户权益8 628.56万元。

（张云）

民生期货有限公司

2015 年末，民生期货有限公司（以下简称民生期货）总资产 78 180.54 万元，比上年增加 35 649.47 万元，增长 83.82%；总负债 26 550.55 万元，比上年减少 6 928.66 万元，下降 20.70%；所有者权益 51 629.99 万元，比上年增加 42 578.12万元，增长 470.38%。实现营业收入 3 508.60 万元，同比减少 499.00 万元，下降 12.45%；营业支出 4 070.11 万元，同比减少 88.62 万元，下降 2.13%；利润总额 –558.76 万元，同比增亏 416.74 万元。在证监会组织的期货公司分类评价中获评 C 类 CCC 级。

截至年末，民生期货设有 15 家营业部，正式职工 157 人。

期货经纪业务 2015 年，民生期货期货代理成交量 1 002.18 万手，同比下降 12.78%；成交额 14 988.81 亿元，同比下降 12.15%；手续费收入 2 307.72 万元，同比增长 3.39%；期末权益 24 288.53万元，比年初下降 23.45%。年末共有客户 11 322 户，同比增长 16.47%；日均客户权益 3.67 亿元。

期货中间介绍业务 截至年末，民生期货 IB 客户权益 0.38 亿元，同比增长 11.76%。全年投资者新开户 685 个，同比增长 40.08%；累计实现留存手续费 690.32 万元，民生期货净留存手续费收入 281.80 万元，同比增长 132.62%。

首创京都期货有限公司

2015 年末，首创京都期货有限公司（以下简称首创京都期货）资产总额 38 658万元，比上年减少 14 164 万元，下降 27%；负债总额 22 725 万元，比上年减少 22 590 万元，下降 50%；所有者权益 15 932 万元，比上年增加 8 426 万元，增长 112%。实现营业收入 1 754 万元，同比减少 516 万元，下降 23%；营业支出3 765万元，同比增加 1 853 万元，增长 97%，扣除计提的减值损失，营业支出为 2 120 万元，同比增加 208 万元，增长 11%；实现营业外收入 64 万元。在证监会组织的期货公司分类评价中获评 B 类 B 级。

截至年末，首创京都期货未设立分支机构，共有员工 40 人。

经纪业务 2015 年，首创京都期货建立“网上开户视频见证管理系统”，健全互联网开户管理制度、技术方案、操作流程和风险识别、评估与控制体系，经纪业务交易量和交易额继续增长。全年交易量 655 万手，同比增长 22%；交易金额 13 470 亿元，同比增长 40%；实现手续费收入 1 030 万元，同比下降 7%。年末客户权益2.16亿元，同比减少2.26亿元，下降51%；客户数量3 312户，同比增加638户，增长24%。

资产管理业务 首创京都期货依照《期货公司资产管理业务管理规则（试行）》及相关规定，向中国期货业协会提交了《首创京都期货有限公司开展资产管理业务登记申请报告》。经中国期货业协会审查，首创京都期货提交的登记材料齐全且符合规定，予以登记。

（曾霞 许晴旺）

英大期货有限公司

2015年末，英大期货有限公司（以下简称英大期货）总资产242 363万元，同比增长75.21%；总负债174 161万元，同比增长89.45%；期货成交量3 912万手，成交额46 819亿元，分别比上年增长111.57%、190.75%。全年实现业务收入比上年增长24.88%，利润总额比上年增长189.44%。在证监会组织的期货公司分类评价中获评B类BBB级。

截至年末，英大期货设有分支机构8家，共有员工201人（平均年龄33.87岁，专科及以上学历占比93.53%）。

银河期货有限公司

2015年末，银河期货有限公司（以下简称银河期货）总负债1 140 555.40万元，比上年减少98 994.48万元，下降7.99%；所有者权益155 524.02万元，比上年增加11 961.46万元，增长8.33%；实现营业收入85 145.90万元，比上年增加18 347.37万元，增长27.47%；营业支出54 687.29万元，比上年增加6 030.16万元，增长12.39%；实现利润30 334.01万元，比上年增加12 304.68万元，增长68.25%。在证监会组织的期货公司分类评价中获评A类AA级。

截至年末，银河期货设有27家期货营业部、2家分公司，共有员工684人。

期货经纪业务 2015年，银河期货期货交易量17 110万手，比上年增加3 241万手，增长23%；累计成交金额30.10万亿元，比上年增加14.10万亿元，增长88%；日均客户权益152.39亿元，比上年增加60.01元，增长64.96%。新开客户数16 573户。其中，一般法人户340户，比上年减少222户，下降39.50%；特殊法人客户236户，比上年增加159户，增长206.49%；资产管理客户94户，比上年增加34户，增长56.67%。

中间介绍业务 截至年末，银河期货完成期货IB业务资格备案的证券营业网点共119个，遍布全国34个地区，IB客户数量约 2.4 万户，账户资产总值约 19.74 亿元。

银建期货经纪有限责任公司

2015 年末，银建期货经纪有限责任公司（以下简称银建期货）总资产 27 074.43万元，比上年减少 2 927.92 万元，下降 9.76%；总负债 15 858.38 万元，比上年减少 1 950.67 万元，下降 10.95%；所有者权益 11 216.05 万元，比上年减少 977.25 万元，下降 8.01%。全年实现营业收入 2 008.60 万元，比上年减少1 430.12万元，下降41%，其中经纪业务手续费收入 878.79 万元，比上年下降37%；营业支出 2 986.57 万元，比上年减少 422.04 万元，下降 12.38%；实现净利润 -977.25 万元。

截至年末，银建期货分支机构数量为 4 家，正式员工 100 人。

中钢期货有限公司

2015 年末，中钢期货有限公司（以下简称中钢期货）资产总额 19.43 亿元，负债总额 14.07 亿元，所有者权益 5.36 亿元。在证监会组织的期货公司分类评价中获评 A 类 A 级。

截至年末，中钢期货业设有 9 家营业部，共有员工 117 人。

期货经纪业务 2015 年，中钢期货期货交易量 1 308.16 万手，交易额 16 339.12亿元，客户保证金 14.6 亿元，客户数量 5 517 户。

资产管理业务 2015 年末，中钢期货共发行资产管理产品 4 只，管理资产总额 2.61 亿元。

中国国际期货有限公司

2015 年末，中国国际期货有限公司（以下简称国际期货）总资产 66.41 亿元，总负债 43.71 亿元，所有者权益 22.70 亿元；实现营业收入 3.95 亿元，营业支出 2.31 亿元，实现利润 1.67 亿元。在证监会组织的期货公司分类评价中获评 A 类 AA 级。

截至年末，国际期货设有 34 家分支机构、2 家子公司，共有员工 404 人。

期货经纪业务 2015 年，国际期货代理交易量 0.84 亿手，代理交易额 9.26 万亿元，共有客户 5.6 万户，客户保证金规模约41.9亿元，实现手续费收入2.04亿元。

资产管理业务 截至年末，国际期货共开发41只资产管理产品，管理资产总额36 187.82万元。

新业务 2015年1月28日，国际期货获上海证券交易所股票期权交易参与人资格、中国证券登记结算有限责任公司结算参与人期权结算业务资格。截至年末，共开立期权户133个，成交量74 193张。7月，经向中国期货业协会备案，国际期货启用互联网开户。11月，国际期货的银行间债券自营业务通过人民银行准入备案。

中粮期货有限公司

2015年末，中粮期货有限公司（以下简称中粮期货）净资本182 806.07万元，净资本与净资产比率为67%。全年实现营业收入40 982.99万元，比上年增长4.94%。实现净利润16 892.72万元，比上年增长7.81%，ROIC为6.4%，与上年持平。全年期货成交量5 924.15万手，比上年增长15%；成交额61 325.31亿元，比上年增长52%。在证监会组织的期货公司分类评价中获评AA级。

截至年末，中粮期货设有13家营业部，共有员工359人。

经纪业务 2015年，中粮期货在上海期货交易所的成交量、成交额分别为1 188.32万手、9 667.03亿元，比上年分别增长13.7%、5.8%；在郑州商品交易所的成交量、成交额分别为1 980.9万手、6 265.12亿元，比上年分别增长24.9%、4.4%；在中国金融期货交易所的成交量、成交额分别为300.91万手、36 572.67亿元，比上年分别增长55.8%、150.3%；新开商品期货账户3 661户，比上年增加466户，增长15%；新开股指期货账户632户，比上年增加239户，增长61%。

资产管理业务 2015年末，中粮期货资产管理规模6.77亿元，同比增长1 682%，在管产品26只。投资范围逐步向非期货领域展开，增加了股票，基金，“新三板”，债券和其他固定收益类产品作为投资标的。全年资产管理业务管理费到账收入同比增长近3倍。

（田建籍）

中衍期货有限公司

2015年末，中衍期货有限公司（以下简称中衍期货）资产总额107 966.12万元，剔除客户保证金后的资产为32 316.81万元，比上年增加4 532.72万元，增长16.32%；负债总额79 082.86万元，剔除客户保证金后的负债为

3 433.53万元，比上年减少 7 109.63 万元，下降67.53%；所有者权益28 883.27万元，盈利比上年增加 11 642.31 万元，增长67.53%；营运资金25 326.60 万元，比上年增加 10 388.78 万元，增长69.55%；资产负债率 10.62%，比上年降低72%。全年实现营业收入 19 823.44万元，营业支出 9 233.33 万元，实现利润 10 590.10 万元。在证监会组织的期货公司分类评价中获评 B 类 BB 级。

截至年末，中衍期货设有 3 家期货营业部、1 家子公司，共有员工 149 人。

期货经纪业务 2015 年，中衍期货客户日均权益 7.7 亿元，比上年增长22.8%；实现营业收入 6 534 万元，比上年增长 13.5%；开户数量 6 628 户，比上年增长 27.8%，年末客户总量 38 235 户；期货成交量 4 561 万手，比上年增长29.06%；成交金额 43 578 亿元，比上年增长 63.51%。

资产管理业务 2015 年 2 月，中衍期货开展资产管理业务。截至年末，期货资产管理产品发行规模约 600 万元。

中国人民财产保险股份有限公司北京市分公司

2015 年，中国人民财产保险股份有限公司北京市分公司（以下简称人保财险北京市分公司）累计实现保费收入121.18 亿元，比上年增加 11.53 亿元，增长 10.52%，市场占有率 33.6%，承保利润 2.83 亿元。

截至年末，人保财险北京市分公司设有 22 家支公司、24 家营业部、1 家营销服务部；从业人员 3 776 人，其中在编员工 1 782 人。

车险 落实以客户为中心的转型升级，推进营销管理体系、销售管理团队、运营管理平台建设；提升新车业务发展能力、优质客户续保率、优质客户竞回能力、效益险种承保能力，优化资源配置；推进渠道销售活动量管理，强化对零产能、负增长渠道的监控提示；开展车商渠道示范店的创建，打造服务流程标准化体系，实现车险业务有效益、可持续的发展。

财产险 加快《国务院关于加快发展现代保险服务业的若干意见》所列明险种的对接转化和效益发展；大力发展网上销售和产品创新，推广标准化中小企财险产品；针对重大项目，提供全流程技术支持，升级客户体验；加强风险管控，启用企业财产险《风险评估摘要》；加强异地项目的属地合作，提高效益型海外业务承保能力，承保新北京中心一期工程等重大项目。

船货险 制定船货/特险改革与创新纲要，激发竞争活力，实现从规模增长到效益增长的升级转型；结合业务特点，拟定资源配置与奖励政策；建立重点项目定点服务责任人制度，提升基层服务水平；加大培训力度，搭建专业服务团队，发挥保险技术优势，完成中国联合石油公司等重大项目的续传与拓展。

责任险 参与政府职能转型，拓宽民生产品覆盖，实现东城区、石景山区行政区域公众责任保险承保，积极促成8个区安监局制定本辖区的安全生产责任险试点方案，使北京市民生保险项目覆盖14个区；成功承保北大青鸟集团小粒煤热解分质利用成套设备首台套重大技术装备保险；大力发展互联网业务，与京东商城、淘宝网等多个平台开展网络购物运费损失保险合作；夯实高端业务基础，服务于宝马汽车金融（中国）公司延保项目，成功签约祥龙博瑞集团北京市汽车贸易公司等汽车延保项目。

信用险 授权信用险专营团队，加大销售前端技术支持力度，为目标客户提供现场风险分析服务，完成中粮贸易公司信用险统保业务；加强与政府部门的沟通协作，参与农业产业化小额贷款保证险业务课题研究，充分发挥保险创新试验区的示范引领作用，全力推动“助农贷”、“小微贷”保险产品的快速发展。

意外健康险 把握“一带一路”战略机遇，大力拓展涉外业务，境外工作人员意外险规模大幅度增长；借助政策机遇，共承保4个新农合项目，覆盖顺义、密云、大兴、怀柔四个远郊区；夯实传统业务，加强理赔管控，实现了中国铁建公司统保项目的协议续签；强化产品创新驱动业务发展，开发了血管外科手术意外险和种植牙意外险，上线介入诊疗意外伤害险，中端医疗险实现了承保出单；推广e－life系统平台布点应用，建立电子商务渠道长期合作机制，保持业务高效稳健增长。

农险 立足首都发展绿色农业的定位，深入推进“三农”保险工作，协助建立大兴区创新型“三农”保险示范区，逐步扩大农业保险的覆盖面；加强产品创新力度，开发生猪价格指数保险、蜂业气象指数保险、种禽养殖保险；推动农村电子信息采集、卫星遥感技术、远程电子查勘技术的应用，全面提升农业保险服务的科技水平。

（尚锴）

华泰财产保险有限公司北京分公司

2015年，华泰财产保险有限公司北京分公司（以下简称华泰财险北京分公司）实现保费收入120 490.17万元，比上年下降5.14%。其中，车险保费收入52 241.38万元，比上年增长0.68%；非车险保费收入68 248.79万元，比上年下降9.16%。赔付支出53 428.10万元，比上年增长0.91%。实现承保利润8 733.26万元，比上年下降36.27%；已赚保费综合赔付率52.75%，已赚保费综合费用率36.63%，手续费率14.63%，保费应收率10.75%，承保利润率10.62%。

截至年末，华泰财险北京分公司共有8家支公司，在编员工355人。

车险业务 实行区域化改革，形成京津冀一体化发展模式，结合北京地区业务特点，制定了城区以传统渠道为主，远郊区县以保险专属代理门店（EA渠道）为主的车险经营思路，重点发展质量好、有承保效益的优质业务，对业务质量长期较差的渠道采取有效的管控措施。下半年，受市场费用及赔付双高的影响，承保利润萎缩明显，历年制赔付率同比增长 0.91 个百分点，全年实现车险承保利润 83.54 万元。

非车险业务 意外健康险呈现全面发展的态势，新增项目较多，走出了仅有散单而无板块业务支撑的困境，保费收入初现规模。优化水险网上出单系统，拓展电子化业务平台；推广无船承运人保证金责任保险，缓解航运企业的资金压力。在 EA 渠道上线老板安心雇主责任险、华泰无忧理财投资等产品，为社区周边客户提供完善的保险服务。

重大赔付 赔付柯诺（北京）木业公司财产一切险，金额 455.09 万元；赔付北京钧蕴科技发展公司进口海洋运输货物险，金额 934.73 万元。

（赵唯辰）

中国太平洋财产保险股份有限公司北京分公司

2015 年，中国太平洋财产保险股份有限公司北京分公司（以下简称太平洋财险北京分公司）总保费收入 54.35 亿元；累计赔款支出 31.01 亿元，赔付率 57.05%，比上年下降 0.67%。

截至年末，太平洋财险北京分公司下辖支公司 11 家，营业部 2 家，营销服务部 2 家；正式员工 1 288 人。

车险业务 以客户服务指标改善为核心，持续深化客服体系建设，满足市场变化与客户的服务需求，提升销售能力，实现整体销售由费用拉动型向服务推动型的转变。启动客户分类管理，建立多维数据库，实施有针对性地销售策略，分类研究增值服务种类和与之相对应的服务及配送体系，提升客户黏合度。严格控制车险业务的综合成本率，根据经营单位和渠道的差异化进行资源配置。积极寻求车险市场的健康增长点，发挥上下联动优势，细化中介渠道，维护非车商渠道，重视客户需求调研，实施重大客户、中小客户“双轮驱动”，促进车险业务发展。全年车险保费收入 42.23 亿元。

非车险业务 实施产品与客户的“双维”发展，改善重点险种的风险选择和定价，实施对大客户和中小企业客户的差异化推动举措，根据客户类型融合渠道，改革销售管理体制，打造个性化综合服务平台。精准投放销售支持资源，建立成本实时监控平台，为经营分析提供数据支持。保持航运险业务优势，以健康险产品为主力，发展诉讼财产保全责任险等重点产品，在农险、综合责任险和汽车延保险等领域获得突破性进展。积极应对多起突发意外事件的赔付工作，提升承保品质，合理控制综合成本率。强化业务品质监控，分类指导各业务单位，推进差异化费用政策，实施核保前置，上线续保管理系统。完善非车险理赔相关指标考核，清理中介渠道。全年非车险保费收入 12.17 亿元。

客户服务 在平谷区等远郊区设立“三农”服务站，设专人解答农户的业务咨询、投保和理赔问题。推动网销、门店等新渠道建设，细分产品，满足客户需求。以服务创新维系客户，营造客户生态圈，提高与客户的接触频率。整合资源，打造客户信息平台，加强对客户资源的分类和需求管理。公司客户服务部荣获“全国保险系统先进集体”称号。

产品创新 承保国内首个房地产经纪人责任险；运用二维码技术开发“码上保”销售平台，完成前期上线及推广工作；与银行合作开发适用于手机微信销售的保险产品；将传统产品进行组合，推出适用于各行业的“财富U保”专项综合险产品，集合企财险、公众责任险、雇主责任险、利润损失险等多类保障责任，并对制造、餐饮、住宿等行业进行细分；强化网销业务推动，开发第三方支付软件的个人账户损失保险等场景嵌套销售模式；推出以生猪为保险标的，以生猪价格指数为保险责任，以“猪粮比”为参照系数的生猪价格指数保单；推出6款汽车延保自主业务产品，降低车主延保成本；推出保险公司先行垫付的诉讼财产保全责任保险，探索破解执行难、法律白条难题；为北京华天饮食集团创新推出总保额约1.8亿元的安全生产责任保险保障。

重大理赔 向中粮肉食投资公司支付因天津滨海新区爆炸事故受损的财产保险赔款50 000万元。

（申渝杰）

太平财产保险有限公司北京分公司

2015年，太平财产保险有限公司北京分公司（以下简称太平财险北京分公司）实现总保费收入70 193万元，同比增长2.9%。其中，车险保费收入46 327万元，同比增长12.2%；非车险保费收入23 866万元，同比下降11.4%。非车险保费收入中，水险保费收入3 640万元，同比增长17.7%；非水险保费收入16 883万元，同比下降3.95%；意康险保费收入3 343万元，同比下降46.7%。实现净利润694万元。

截至年末，太平财险北京分公司下设5家支公司，在职员工281人。

车险业务 全面开展互联网业务和职域营销业务的拓展，分别与数家互联网公司达成合作意向，与中国石油化工集团等大型央企实现职域营销业务合作。完善风控制度，实现精准营销，采用新报价系统风险报价模式，制定符合车险业务发展需求的报价模型。根据无赔款优待系数、优质险种组合、车型等维度，加强对优质业务的支持力度，制定差异化承保政策和费用条件，提升车险精准营销能力和后台指导前台能力。

非车险业务 强化业务追踪，根据重大客户（项目）、重点经纪、重点产品建立三维业务跟踪体系，每周上报项目更新进展表，确保重点项目及时落地。优化运营模式，提升核保效率，实行分级授权。优化客户信息平台，明确客户信息中心组织架构、小组职能以及相关部门工作职责，收集各类客户信息近53万条，开拓企业客户41户。

业务创新 根据市场需要，推出多款针对未成年人和中老年人的意健险产品。其中，确保未成年人安度寒、暑假的

“熊孩子全能保险”，面向有未成年孩子（2～17 周岁）的家庭，提供其监护责任保障和意外伤害保障。针对雾霾天气频发的情况，推出呼吸系统重大疾病保险，涵盖四种呼吸系统重大疾病。上线国内首款糖尿病保险“退糖鼓”，保障范围涵盖糖尿病患者脑中风后遗症、终末期肾病、截肢、眼盲四种高并发症。主推“康健一生”中端保险产品，全面覆盖特定门诊、普通门诊及住院医疗，可享受每年最高 30 万元的纯医疗保障。

社会责任 首次成为中央直属机关和全国人民代表大会机关 2015～2016 年在京单位定点车辆保险供应商之一。取得市政府安全监管责任险承保资格，成为通州区、丰台区安全监管责任险的独家承保人。在处理“新国线”重大承运人责任险事故中，积极协助当地政府处理小组与伤亡家属进行沟通，凭借专业技术和积极的态度得到客户的好评。与交通银行北京市分行签署全面战略合作协议，打破银行与保险公司间产品合作的单一模式，推动相关银保产品以及信用险、“消费贷”等业务开展。

（李梦溪）

中华联合财产保险股份有限公司北京分公司

2015 年，中华联合财产保险股份有限公司北京分公司（以下简称中华财险北京分公司）累计实现保费收入 10.54 亿元，同比增长 16.74%，市场份额 2.92%；综合费用率 36.26%，综合赔付率 67.39%，累计赔款支出 5.94 亿元。

截至年末，中华财险北京分公司下设 16 家支公司，拥有员工 650 人。

非车险业务 参与北京地区多个重大项目承保，包括北京市轨道交通建设项目、农业银行北京市分行及其总行在京机构企财险共保项目、中央直属机关、全国人民代表大会机关 2015～2016 年公务车辆定点保险采购项目、北京市市级行政事业单位人寿保险定点服务政府采购项目和中国人民解放军总医院补充医疗保险项目等，服务首都经济社会发展。全年 50 万元以上的项目 43 笔，共计保费收入 6 921.33万元。

创新发展 破解中小企业融资难题，与南京银行北京分行合作推出“新三板”企业股权质押保证保险，切实盘活大股东或实际控制人的存量股票资产。研发“露地花卉种植保险”、“玉米干旱气象指数保险”、“农房保险”产品，引入无人机、卫星遥感、“农险图”、人工干预天气、“3S”地理信息技术等科技手段，实现对承保验标、地块图绘制、全地形查勘，以及灾情多层次、全覆盖的高效评估，杜绝理赔违规风险，提高理赔工作效率。2015 年中华财险北京分公司全流程养殖业报案结案周期为 10 天，同比下降 58%。

客户服务 坚持以客户为中心的服务理念，开展“尊享礼遇，携手共赢”主题客户服务节系列活动，推出中华“行”车险品牌服务项目、2015 年车险客户增值服务方案，推广“事故 E 处理”手机 APP 应用程序和“中华保险”微信公众号，举办卡丁车对抗赛、“大手牵小手，安全共‘童’行”等活动。在北京保监局公布的北京保险行业车险理赔服务测评指标中综合测评排名第一，六项关键指标优于行业平均水平。

机构改建 经北京保监局批准，大兴黄村营销服务部、经济技术开发区营销服务部分别改建为大兴支公司、经济技术开发区支公司。

（袁婕）

华安财产保险股份有限公司北京分公司

2015年，华安财产保险股份有限公司北京分公司（以下简称华安保险北京分公司）实现保费收入18 232.09万元，比上年增长48.17%。其中，机动车辆险类收入11 497.13万元，占总保费收入的63.06%；财产险类收入6 297.79万元，占总保费收入的34.54%；人身险类收入437.17万元，占总保费收入2.4%。赔付支出5 106.94万元，比上年下降17.97%，综合赔付率42.74%，综合费用率54.78%，综合成本率97.52%，实现利润297万元。

截至年末，华安保险北京分公司下设5家支公司、4家营销服务部，在职员工98人。

（王仲　杨紫怡）

天安财产保险股份有限公司北京分公司

2015年，天安财产保险股份有限公司北京分公司（以下简称天安财险北京分公司）实现保费收入21 569.29万元，同比增加4 155.38万元，增长23.86%。其中，车险保费收入12 908.69万元，同比减少752.56万元，下降5.51%；非车险业务保费收入8 660.6万元，同比增加4 907.94万元，增长130.79%。赔款支出11 604.90万元，同比增加1 673.63万元，增长16.85%；综合赔付52.72%，同比降低4.13个百分点。

截至年末，天安财险北京分公司下设1家支公司、5家营销服务部，正式员工193人。

车险业务 深化销售体制、商业车险条款费率改革，实现销售基本法套改上线，有效推进车险自动核保，搭建标准网电渠道平台，提高整体业务规模和承保盈利水平。实施车险精细化管理，严格执行风险等级分类，强化车险业务品质管控，实现优质优价；深化全成本核算，加强预算管理；实行“一司一策”差异化发展战略，突破发展瓶颈，解放生产力。夯实柜面基础管理，提升服务水平与客户服务满意度，以服务促发展。

非车险业务 成立业务管理审核委员

会，设立重点客户部与信用保证保险业务部，合理配置资源，调整确定目标市场，重点开拓人身险、信用险、保证险等业务，实时监控重点业务合作渠道，联动多产品销售，大力拓展非车险业务。全年实现非车险保费收入 8 660.6 万元，占总保费收入的 40.15%，同比增长 18.6%，其中保证保险保费收入 3 972 万元，成为重点发展的创新型险种。

重大承保 2015 年 3 月 2 日，天安财险北京分公司与北京市住房贷款担保中心签订个人购房贷款担保责任保险协议，保险金额 788.13 亿元，收取保险费1 063.97万元。

（李瑞英）

中国大地财产保险股份有限公司北京分公司

2015 年，中国大地财产保险股份有限公司北京分公司（以下简称大地保险北京分公司）实现保险收入 3.75 亿元，较上年增长 7.43%。其中，车险业务收入 2.03 亿元，同比增长 9.50%；非车险业务收入 1.01 亿元；意健险业务收入 0.71 亿元。

截至年末，大地保险北京分公司下设 7 家支公司，1 家营销服务部；从业人员 247 人，其中在编员工 280 人。

优化业务品质，加速业务发展 坚持“效益优先”的发展理念，通过改善承保条件、调整费用政策、优化业务品质、摒弃不良业务，以“调结构、创效益、促发展”为工作目标。全年主动调整淘汰车险高赔付业务，优质业务占比逐月提升。财产险严抓承保项目品质，组建财产险核心团队，积极开展业务培训及交流，促进公司非车险业务快速发展。年内财产险盈利 0.10 亿元，实现公司规模及经济效益的双丰收。

增强服务网点，缩短服务半径 着力于扩大服务网点铺设，在原有的 3 家分支机构、1 家营销服务部基础上，在北京大兴、通州、平谷、房山四个远郊区分别增设新分支机构，实现市场占有率增长，提升服务的便捷性。

（苏静雯）

中国人寿保险股份有限公司北京市分公司

2015 年，中国人寿保险股份有限公司北京市分公司（以下简称中国人寿北京市分公司）实现总保费收入 82.2 亿元，同比增长 7.8%，市场份额 7.88%。其中，个险渠道规模保费收入 32.95 亿元，同比增长 7%；团险渠道规模保费收入 11.86 亿元，同比增长 12.7%；银保渠道规模保费收入 32.42 亿元，同比增长 4.9%；多元行销渠道规模保费收入 4.64 亿元，同比增长 26.8%。

截至年末，中国人寿北京市分公司下设 37 家分支机构，其中，综合性支公司

10家、个险专业化支公司11家、团险专业化支公司4家、银保专业化支公司4家、多元行销部1家及柜面7家；员工总数1 316人，保险代理人共计10 132人。

个险渠道 坚持“扩量提质”的队伍发展策略，着力巩固规模优势、改善队伍质态，以创业文化为引领，以制度经营为核心，提前4个月达成总公司下达的标准保费、首年期交和10年期及以上首年期交三项核心业务预算指标。全年实现首年期缴保费收入6.75亿元，其中10年期及以上期缴保费收入3.91亿元，同比增长19.7%。

团险渠道 按照“稳调严控、创新开拓、强基固本、提质扩量”的经营思路，坚持员工制和代理制双轨并行，以新的销售人员管理办法为基础，通过强化活动量管理、加强展业技能培训等方式盘活现有人力，实现短期险、意外险保费较快增长。全年实现短期险保费收入11.47亿元，同比增长21.3%。其中短期意外险保费收入8.39亿元。

银保渠道 奋力谋求结构调整、渠道合作、队伍建设、基础管理的突破发展，修订客户经理和保险规划师两个管理办法，出台保险规划师队伍建设方案，激发保险规划师的组织发展动力。全年实现规模保费收入32.42亿元，其中长期险首年保费24.67亿元，同比增长9.3%。

多元行销渠道 加大职场建设力度，有效实现人力快速增长。通过搭建培训体系，推进管理标准化，创新管理和销售方法，提升班组骨干及后台主管管理能力、销售人员及员工专业能力，坚持“渠道管理专业化”与“产品服务多元化”相融合，全面达成总公司标准保费、首年期交、10年期及以上首年期交预算目标。全年实现首年期缴保费收入1.25亿元，其中10年期及以上期缴保费收入8 958万元，同比增长65.9%。

客户服务 积极推进电子发票、“E宝账”系统、智能柜面、印控系统、自助设备、智能理赔等电子化业务渠道发展，降低运营成本，提高内外部客户服务效率与质量。圆满完成老业务并入新系统试点工作，促进集团业务与股份业务的“同质管理、同质服务”。推动微信商城、二维码名片、微客服平台、云助理等项目建设，为销售人员移动展业提供技术支持。开通“微信小V”人工在线客服和VIP增值权益查询功能，有效分解来电高峰，提高服务效能。“E宝账”绑定客户数突破5.05万人，绑定保单25.75万件，推广达成率318.5%；电子发票项目荣获总公司创新成果三等奖。举办大型客户活动11场，覆盖客户1.7万余人，借助总部资源组织中国网球公开赛的保险宣传活动，积极推进“家医E站”项目落地。

（徐福军）

中国平安人寿保险股份有限公司北京分公司

2015年，中国平安人寿保险股份有限公司北京分公司（以下简称平安人寿北京分公司）实现规模保费收入141.25亿元，同比增长7.02%。其中，个险总保费132.2亿元，同比增长8.84%；银保总保费8.90亿元，团险总保费1 522.19万元。总客户465万余人，保单3 949 661件，累计办理个人理赔63 493件，赔款、死伤医疗给付累计6.04亿元，年金及满期给付18.44亿元。

截至年末，平安人寿北京分公司设有16个职能部门，34家营销服务部；在职员工947人，返聘员工4人，个人代理人22 641名。

个人营销业务 开展“平安相伴二十年 开启保障新时代”、“养老新观念 乐享福无忧”等核心主顾开拓活动，从身体健康、财务安全、家庭和谐入手，切入保障、理财话题，引导客户关注家庭全面保障。以平安人寿APP为载体，上线“平安司庆 健康人生”、“百万客户大回访 财富健康双升级”等活动，为客户提供全方位的增值服务。推动E化上岗平台，实时掌控新人入职全过程，提升增员效率。实施新人优才政策，坚持严格筛选、严格培训、严格录用的原则，推动销售队伍向高绩效、高素质人才发展。截至年末，保险销售从业人员中大专（含）以上学历占比79.1%。

银行代理业务 根据市场及监管要求，做好产品结构调整，提升NBEV价值贡献，深化期交转型。开拓中信银行总行营业部、北京农商银行渠道，扩大合作渠道网点数量，借助“爱无忧”、“乐享无忧”产品销售提高保障类、年金型产品占比。完善业务品质管理办法，严格执行“双录”规定，调整工作流程，实现了业务的健康、可持续经营。全年NBEV达成2 873万元，期交保费达成1.17亿元，期交人均产能15.3万元。

重大承保与理赔 年内，客户C女士投保寿险年度累计承保保额3 020万元，成为平安人寿北京分公司年最大承保契约。客户Y身故，其受益人获得身故保险金130万元，成为平安人寿北京分公司当年最大赔付。

风险控制 严控法律风险，对于疑难复杂或可能波及整个行业的重大诉讼案件，法律人员根据个案特点，深入调查研究，积极研讨并采取合适的诉讼策略，保持与行业协会的密切沟通，针对个案建立起良好的诉调对接机制，切实维护行业形象，保障客户的合法权益。坚持以风险为导向，密切结合年度监管重点，通过开展宣导培训、风险检视、C－SOX内控自评项目、操作风险事件和损失数据收集工作、反洗钱自查、重点可疑交易报送、打击违规代销非平安金融产品等工作，加强对销售误导、违规代销等行为的治理力度，严查保险营销人员违规行为，加大风险事前管控力度。

（刘洁）

中国太平洋人寿保险股份有限公司北京分公司

2015年，中国太平洋人寿保险股份有限公司北京分公司（以下简称太平洋寿险北京分公司）实现保费收入39.50亿元，同比增长1.3%。其中，个人营销业务实现保费收入7.80亿元，同比增长22.8%；法人业务中心银保业务实现保费收入1.74亿元，同比下降49.6%；法人业务中心团体业务实现保费收入1.85亿元，同比增长21.3%；续期业务实现保费收入28亿元。全年共处理各种赔付、给付29.3万件，共计金额22.91亿元。

截至年末，太平洋寿险北京分公司下辖10家支公司，2家营销服务部；在职内勤员工353名，个人营销员7 497名，银行保险系列外勤员工149名，团体业务系列外勤员工62名。

个人业务中心 以组织发展推动人力增长，以基础管理推动产能提升，以客户经营推动持续发展，以机制改革注入新的活力，以调整产品结构、经营模式，谋求持续发展。全年实现保费收入7.80亿元，个险业务13个月累计保费继续率94.2%，25个月累计保费继续率91.1%。

法人业务中心银保业务 聚焦利润达成，主力渠道实现后台业务接入和“安贷宝”出单，强化团险业务培训和销售技能提升。推进银保业务转型，有效节约人力成本支出。全年实现保费收入1.74亿元，银保业务13个月累计保费继续率89.6%，25个月累计保费继续率89.7%。

法人业务中心团体业务 紧跟总公司发展思路，大力发展“大健康，大养老”领域的保险服务。引导做大做强“员福”业务，提升团险业务质量，确保利润导向。严格基本法管理和预算管理，任务目标落实到人，有效提升绩效，加强风险管控。紧跟政策机遇，在个人税优健康保险项目中积极实践，力求在新的业务领域实现突破。全年实现保费收入1.85亿元。

重大理赔与承保 客户刘女士身故，其受益人获得保险金3 379 551.03元，成为太平洋寿险北京分公司当年最大赔付。客户张先生投保了保额为1 000万元的“金尊人生”寿险，成为太平洋寿险北京分公司当年最大的承保契约。

（多玲辉）

泰康人寿保险股份有限公司北京分公司

2015年，泰康人寿保险股份有限公司北京分公司（以下简称泰康人寿北京分公司）实现总规模保费收入38.89亿元，同比下降4%。其中，个险保费收入26.21亿元，同比增长29%（含新契约保费5.84亿元，同比增长16%）；银保保费收入9.99亿元。各项赔款和给付共计39.62亿元，同比增长29%。其中，退保支出9.25亿元，占比23%；赔款支出1.22亿元，占比3%；年金给付3.83亿元，占比10%；满期给付24.39亿元，占比62%；死伤医疗给付9 249.33万元，占比2%。

截至年末，泰康人寿北京分公司下设21家支公司，21家营销服务部；在职内勤员工334人，营销代理人6 338人，电话销售621人，银保业务员380人。

个险营销业务 坚持“新单价值、大个险、个险”的经营方针，实施“客户导向、品质至上、合规经营”的经营策略，全年个险保费收入3.7亿元，同比增长7.8%，“幸福有约”跨越427件，同比增长17%；外勤人力规模6 339人，同比增长46.6%，月均实动人力1 405

人，同比增长11.7%。

电话行销业务 坚持以基础管理为抓手，通过“数据产能提升”+“团队精细化管理”+“组织架构健康发展”的专业经营，全年累计实现保费收入1.06亿元。积极探索年金型产品转型方向，践行公司“四位一体”养老社区战略，开拓高端客户市场，提升核心价值。

银行保险业务 聚焦新单价值、大个险、高端客户，围绕公司“四位一体”核心战略深耕寿险产业链，各项业务指标均实现正增长。全年实现大个险保费收入1.9亿元，同比增长60%；“幸福有约”126件，同比增长56%。运用终身型年金保险与实体经济深层次结合的商业模式，大力推动终身养老型产品，并与养老社区相结合，还原寿险保障功能的同时实现高品质养老生活。注重渠道经营，共与8条渠道开展合作；以“幸福人生”B产品为突破点，并以附加值带动渠道高价值产品销售；以客户多元化服务为核心，细化客户服务体系，注重客户体验满意度。

微服务 率先推出“微信投保”、“微信保全”和“微信理赔”，让客户充分体验“足不出户，一机在手，畅享服务”所带来的便捷。实现小额案件手机理赔率85%，理赔时效2.6天；手机投保率97%，承保时效2分钟。

（王益霞）

新华人寿保险股份有限公司北京分公司

2015年，新华人寿保险股份有限公司北京分公司（以下简称新华人寿北京分公司）累计实现总保费96.3亿元，同比增长3%。其中，新契约规模保费36.44亿元，同比增长18.7%；总期交保费14.5亿元，同比增长25.8%，五年期及十年期以上等中长期业务大幅增长。

截至年末，新华人寿北京分公司共有13家支公司、9家营销服务部、4家营业部；员工总数10 937人，其中，内勤员工634人，外勤队伍10 303人（含代理制8 881人、员工制1 422人）。

个险渠道 坚持将产品策略、人力增长、结构优化及绩优产能提升作为队伍发展的重要因素，强化基础管理、节奏经营和产品运作，以团队协作推动指标改善、保费增长、人力规模及绩优提升。全年实现规模保费10.1亿元，同比增长18.4%。

法人业务 坚持内涵式发展道路，以短期AB类效益型险种的开拓为价值导向，以平台型业务拓展为项目突破，不断夯实基础、开拓创新，业务平台和经营效益等取得显著成效。全年累计承保总规模保费6.06亿元，同比增长14%，其中AB短险保费收入1.15亿元，实现稳步提升。

银代业务 坚持以“双轮驱动”为核心，专注于期交业务，加强渠道和队伍的专业化建设，向“积累型”营销转型，关注新增并加强现有人力的盘活和清分，分层追踪；加强节点旬经营，引导改善作业结构，平滑业务节奏，实现了业务的稳定、健康增长。全年达成规模保费19.3

亿元，同比增长27.8%，其中期交保费3.23亿元。

续收业务 坚持首续均衡，以绩优建设及客户全生命周期服务为核心，通过架构夯实、培训落地、绩优建设和细化客户经营，实现了续期稳定和新单业务的快速发展，提前110天完成了各项任务指标。全年实现续期保费60.6亿元；新单规模保费3亿元，同比增长60.43%。

客户服务 秉持“以客户为中心”的服务宗旨，大力推广移动承保、移动保全、移动理赔等服务，提高承保和理赔时效。创新客户活动方式，组织开展十余场“新华有爱 健康防癌”大型癌症筛查活动；举办第15届客服节，以“中国梦新华行——乐·动·E”为主题，围绕“客户乐起来、健康动起来、服务E起来”三条主线，开展9大客户服务活动，累计组织活动80余场，惠及客户数十万人。举办“生命在脚下”全民健步走活动8场，2 200余名客户参与；开展“关爱万里行”名家大讲堂活动18场，吸引了2 700余名客户参与。截至年末，个人客户总量约102.8万人，比上年增长1.1%。

理赔服务 致力于打造更快、更易、更关怀的理赔服务，全年共给付理赔金5.08亿元，同比增长11.43%，其中健康类（重疾、特种疾病和医疗）理赔金额3.2亿元，同比增长8.43%；理赔件数23万余件，同比增长26.13%。客户Q因疾病身故，其受益人获得理赔金219万元，为新华人寿北京分公司当年最大赔付。

（张梦迪）

太平人寿保险有限公司北京分公司

2015年，太平人寿保险有限公司北京分公司（以下简称太平人寿北京分公司）累计实现总保费收入50.82亿元，同比增长29.48%。其中，个险总保费收入26.37亿元，同比增长46.18%；银行保险总保费收入24.45亿元，同比增长16.04%。累计办理个险、银保理赔共计2 765件，服务客户23 311人，赔款及死伤医疗给付累计0.35亿元，年金及满期金给付累计17.97亿元。

截至年末，太平人寿北京分公司下辖3家支公司，6家营销服务部；在职内勤员工360人，银行保险客户经理296人，续期服务专员37人，个人代理11 834人。

个人营销业务 通过持续推动节点经营，强效追踪客户答谢会、产说会，促进业绩达成；借助“梧桐人家”养老社区样板间，举办多种形式的体验活动。截至年末，个险新契约累计实现保费收入8.70亿元，同比增长6.75%；续期保费收入17.52亿元，同比增长77.15%；营销人力11 834人，同比增长72%；个险13个月累计保费继续率91.2%。

银行保险业务 根据各渠道的自身特点，匹配不同的资源、产品和营销策略，深化渠道合作。客户服务由单一网点经营，向网点经营与客户经营并行转变，实现深度经营客户资源。依托精准营销项目为不同需求客户提供医疗健康体检、中医养生讲座、亲子活动、客服节等服务，推动精品战略和特色经营取得实质性进展。截至年末，银保累计实现新契约趸交保费收入12.24亿元，同比增长13.33%；新契约期缴保费收入2.29亿元，同比增长17.44%；续期年度累计保费收入9.92亿元，同比增长19.23%；银保13个月累计保费继续率94.2%。

重大承保与赔付 2015年11月，银保渠道承保X客户“太平聚金理财终身寿险（万能型）”，保费3 000万元。12月，个险渠道承保客户王某“太平福祥一生终身寿险（分红型）”，累计寿险风险保险金额1 200万元。2015年8月，赔付某客户20万元重大疾病赔款。

（龚璇）

民生人寿保险股份有限公司北京分公司

2015年，民生人寿保险股份有限公司北京分公司（以下简称民生人寿北京分公司）实现总规模保费收入22 778.86万元，其中个险保费收入14 414.55万元，同比增长4.51%。全年共处理各种赔付、给付2 709件，共计金额3 121.62万元。

截至年末，民生人寿北京分公司下设2家支公司，8家营销服务部；在职内勤员工53人，个人营销员288人，收展外勤36人。

个险渠道 以专业化经营为核心，以“四个基本”为依据，进行专业化自检；持续推动“根据地建设”和“准主任工程”两大项目；倡导晋升文化，严格把控新增扩量提质，夯实组织架构；在保持规模人力稳定增长的前提下，实现活动人力、钻星达成率及业绩增长率同步提升。截至年末，个险新契约保费收入1 751.2万元，同比增长16.89%；个险续期保费收入12 663.35万元，同比增长3%；个险业务13个月累计保费继续率同比提升21个百分点。

客户服务 加强服务创新，上线“E行销”电子签名投保项目，降低保险交易周期，规范展业行为，节约耗材及人力费用；在“民生保险微管家”微信公众号中增加保单联系方式变更、理赔报案、回执回销功能，以及查询保单红利金额、万能账户金额、投连账户金额以及结算利率功能，提升客户服务体验；在原有非常“6+1”快速理赔基础上推出“理赔瘦身举措”，简化原有理赔申请手续，加快理赔业务处理时效；搭建沟通平台，定期召开用户座谈会，倾听用户意见；举办第十届客户服务节，共举办各类公益和体验日活动共16场，现场参与活动人数1 033人，线上参与人数4 030人。

（何超）

六、文件与规章

中国人民银行营业管理部

中国人民银行营业管理部 国家外汇管理局北京外汇管理部 关于中国人民银行中关村国家自主创新示范区中心支行（国家外汇管理局中关村国家自主创新示范区中心支局）履职的通知

银管发〔2015〕65号

辖区内各金融机构：

根据《中国人民银行关于设立中国人民银行中关村国家自主创新示范区中心支行（国家外汇管理局中关村国家自主创新示范区中心支局）的批复》（银函〔2014〕108号）和《中国人民银行营业管理部关于设立中国人民银行中关村国家自主创新示范区中心支行（国家外汇管理局中关村国家自主创新示范区中心支局）的通知》（银管发〔2015〕40号），中国人民银行中关村国家自主创新示范区中心支行（国家外汇管理局中关村国家自主创新示范区中心支局）［以下简称人行中关村中心支行（中心支局）］现已成立，拟于2015年3月2日起履行法定职责。现将有关事项通知如下：

一、人行中关村中心支行（中心支局）是我营业管理部管理的处级单位，主要负责货币信贷政策在中关村国家自主创新示范区（以下简称示范区）的贯彻执行，维护辖区金融稳定；承担辖区统计研究、支付结算管理、征信管理、外汇管理等职责，以及我营业管理部授权的其他业务。具体职责包括：

（一）在辖区内贯彻执行货币信贷政策，组织落实科技金融相关政策，推动示范区金融创新发展；

（二）维护辖区金融稳定，对传统金融机构和新型金融机构进行风险监测和评估；

（三）负责辖区内经济金融信息的搜集、统计和分析工作，针对示范区经济金融特点开展调查研究，为上级部门决策提供政策建议；

（四）在辖区内实施支付结算管理和服务，负责人民币结算账户、支付结算工具和非金融支付机构的监督管理；

（五）在辖区内实施征信业务管理，承担征信服务，推动示范区社会信用体系建设；

（六）在辖区内贯彻执行跨境人民币管理和外汇管理政策，组织实施外汇管理改革创新，探索前瞻性改革试点；

（七）开展辖区本外币一体化监测分析，承担跨境人民币和外汇政策调研与重点问题研究；

（八）承办营业管理部授权的其他事项。

二、履职初期，人行中关村中心支行

（中心支局）的主要业务对象和业务内容见附件。业务对象和业务内容将逐步扩展，具体情况另行通知。

三、各金融机构收到本通知后，应及时告知辖内分支机构，并积极配合人行中关村中心支行（中心支局）开展工作，对客户做好宣传解释工作。执行中如发现问题，请及时向人行中关村中心支行（中心支局）反映。

联系人：王利生

联系电话：88655611

传真：88655620

附件：中国人民银行中关村国家自主创新示范区中心支行（国家外汇管理局中关村国家自主创新示范区中心支局）履职初期主要业务对象和业务内容

二〇一五年二月十七日

中国人民银行中关村国家自主创新示范区中心支行（国家外汇管理局中关村国家自主创新示范区中心支局）履职初期主要业务对象和业务内容

一、货币信贷管理业务

业务对象：各商业银行在海淀区范围内的支行，以及中国建设银行中关村分行、北京银行中关村分行等分行级特色机构；中关村一区十六园内商业银行科技金融专营机构；在海淀区注册的银行业地方法人金融机构。

业务内容：主要包括在辖区内贯彻执行货币信贷政策，开展货币政策实施情况及效果的调查分析；组织落实科技金融相关政策，推动示范区科技金融发展；对示范区新型金融机构和金融业务开展调查研究和政策试点，推动金融创新发展；经营业管理部授权，对辖区内金融机构开展的金融市场业务进行监督检查。

联系电话：88655617

二、调查统计业务

业务对象：辖区内金融机构和企业。辖区内金融机构指各商业银行在海淀区范围内的支行，以及中国建设银行中关村分行、北京银行中关村分行等分行级特色机构；中关村一区十六园内商业银行科技金融专营机构；在海淀区注册的银行业地方法人金融机构。辖区内企业包括但不限于在中关村国家自主创新示范区海淀园注册的高新技术企业。

业务内容：主要包括搜集、汇总和分析辖区经济金融信息；对重点领域、主要行业及热点问题开展专项问卷调查。

联系电话：88655617

三、支付结算管理业务

业务对象：海淀区各中资银行和已开立人民币业务的外资银行。

业务内容：以人民币银行结算账户管理业务为主，主要包括核准类账户日常审批、批量变更、批量迁移、账户系统三级操作员增删改、联网核查系统二级操作员增删改、专用存款账户取现审批等。现行账户电子审批系统报送方式不变，账户电子审批系统自动将海淀区各银行报送的核准类账户业务分配至中关村中心支行办理。中关村中心支行办理完成的账户审批业务资料，开户银行可直接到中关村中心支行或委托专业化服务公司领取。

人民币银行结算账户管理系统改造完成后，业务开通时间另行通知。

联系电话：88655631

四、征信管理业务

业务对象：企业、个人和辖区内金融机构。辖区内金融机构指各商业银行在海淀区范围内的支行，以及中国建设银行中关村分行、北京银行中关村分行等分行级特色机构；海淀区信用报告代理查询点。

业务内容：主要包括企业和个人信用报告查询、异议受理与回复、个人主体声明、中征动产融资统一登记平台常用户审核等征信柜台业务；推动中关村社会信用体系建设；在示范区开展征信宣传；对海淀区信用报告代理查询点进行管理和业务指导。

联系电话：88655633

五、跨境人民币管理和外汇管理业务

业务对象：辖区内的企业和银行，辖区内企业指在示范区海淀园注册的高新技术企业，相关企业名单可查询示范区网站企业名录；辖区内银行指各商业银行在海淀区范围内的支行，以及中国建设银行中关村分行、北京银行中关村分行等分行级特色机构。对辖区内企业在北京地区办理的外汇业务，中关村中心支局可以进行非现场核查和现场核查。

业务内容：主要包括在辖区内贯彻执行跨境人民币业务管理和外汇管理政策；经常和资本项下各项行政许可事项的受理和审批；对辖区内企业和银行办理外汇业务的情况进行非现场核查和现场核查；在辖区内组织实施跨境人民币业务管理和外汇管理试点政策。开展人民币直接投资业务的外商投资企业信息登记业务，仍由人行营业管理部办理；境外外汇账户业务、支付机构跨境外汇支付业务试点、特殊目的公司外汇业务、外商投资企业年度外汇申报和境外投资年检、跨国公司总部外汇资金集中管理试点业务等仍由北京外汇管理部办理。

联系电话：88655676

中国人民银行营业管理部关于完善再贴现业务管理支持小微和涉农企业融资的通知

银管发〔2015〕121号

国家开发银行北京市分行、各政策性银行北京市分行、各国有商业银行北京市分行、各股份制商业银行在京营业机构、各城市商业银行北京分行，北京银行、北京农商银行、中国邮政储蓄银行北京分行、在京各村镇银行、外资法人银行、在京各财务公司：

为充分发挥再贴现工具引导资金流向、促进结构调整的作用，加大对小微和涉农企业的信贷支持力度，我营业管理部决定进一步完善再贴现业务管理，现就有关要求通知如下：

一、通过再贴现引导资金流向和信贷投向，重点满足涉农和小微企业融资需求

对于小微企业、涉农企业和北京市着力发展的科技型、文化创意型企业签发和收受的商业汇票，以及单张票面金额不超过200万元的商业汇票，我营业管理部予以优先办理再贴现。

二、优化再贴现支持对象，明确再贴现优先支持的金融机构

上年度我营业管理部综合评价结果为A、B档的银行、上年度我营业管理部信贷政策执行效果综合评估或各单项评估为一、二等的银行，当年申请再贴现，我营业管理部予以优先受理。

农村法人金融机构、严格执行人民银行宏观审慎管理和存款准备金管理规定的地方法人金融机构申请再贴现，我营业管理部予以优先受理。

三、加大电子商业汇票和商业承兑汇票使用力度，推动票据电子化和商业信用票据化发展

为进一步发挥电子商业汇票使用便捷、托收安全的优势，促进银行信用与商业信用有机结合，实现商业信用票据化，对于已贴现的电子商业汇票和商业承兑汇票，我营业管理部予以优先办理再贴现。

四、发挥再贴现资金低利率优势，降低实体经济融资成本

对于贴现利率低于申请机构同期同档次贴现加权平均利率的票据，我营业管理部予以优先办理再贴现。

五、规范再贴现业务申请授权，强化领导负责制

再贴现是中央银行对金融机构提供流动性支持的重要货币政策工具，金融机构申请再贴现业务须落实领导负责制。再贴现申请审批表上有权签字的单位负责人应为银行行长或总经理、财务公司董事长或总经理，以上有权签字人因公外出、休假期间可临时授权主管贴现业务的副行长或副总经理签字，相关授权书应在申请再贴现时一并提交我营业管理部。

六、建立再贴现业务审慎谈话制度，及时明确相关政策要求

金融机构首次申请办理再贴现业务，应向我营业管理部提交书面申请，其主管再贴现业务的副行长或副总经理须应约到我营业管理部进行审慎谈话。

七、严格再贴现业务监督管理，确保再贴现资金安全、用途合规

我营业管理部不定期检查金融机构再贴现资金的使用情况、政策效果和风险防范情况。建立再贴现金融机构负责人年度约见谈话制度，对于申请再贴现次数较多、累计发生额较大的金融机构主要负责人实施约见谈话。

联系人：张煜 、朱睿

联系电话：68559177 、68559192

二〇一五年四月二十三日

中国人民银行营业管理部关于印发《北京地区企业征信机构监管实施细则（试行）》的通知

银管发〔2015〕163号

辖内各征信机构：

为进一步规范和培育辖内征信市场，加强对企业征信机构的监督管理，根据《征信业管理条例》、《征信机构管理办法》（中国人民银行令〔2013〕第1号发布）及有关法律法规，我营业管理部制定了《北京地区企业征信机构监管实施细则（试行）》（见附件），现印发给你们，请遵照执行。

执行中如遇问题，请及时与我营业管理部联系。

联系人：雷海香、武逸

联系电话：68559756、68559151

附件：北京地区企业征信机构监管实施细则（试行）

二〇一五年五月十九日

北京地区企业征信机构监管实施细则（试行）

第一章　总　则

第一条　为规范北京地区企业征信机构业务开展，促进征信业健康发展，根据《征信业管理条例》、《征信机构管理办法》及有关法律法规，制定本实施细则。

第二条　本细则所指企业征信机构是指依法设立、主要经营企业征信业务的征信机构。

第三条　中国人民银行营业管理部是北京地区企业征信机构的备案办理部门，并履行对企业征信机构的监督管理职责。

第四条　注册地址在北京地区的企业征信机构，以及外地企业征信机构在京分支机构适用本细则。

第五条　企业征信机构应当遵守法律、行政法规和中国人民银行的规定，诚信经营，不得损害国家利益、社会公共利益，不得侵犯他人合法权益。

第二章　机构的设立、变更与终止

第六条　经审查，对于认为符合企业征信机构备案条件的申请人，将颁发《企业征信业务经营备案证》。中国人民银行营业管理部负责北京地区《企业征信业务经营备案证》的颁发和管理。

第七条　《企业征信业务经营备案证》的申请人公司名称中应当包含“征信”、“信用”等字样，不应包含“评级”、“评价”、“评估”等字样。

营业执照经营范围中应当包含“企业征信业务”、“企业信用征集”等内容。

第八条 申请人应当按规定，对信用信息系统的安全情况进行测评。

信用信息系统安全等级保护为一级及以上的，应当提交《信息系统安全等级保护定级报告》。

信用信息系统安全等级保护为二级及以上的，应当在公安机关办理备案，提交加盖备案公安机关公章的《信息系统安全等级保护备案表》以及《信息系统安全等级保护备案证明》。

第九条 中国人民银行营业管理部应当向社会公告已完成备案程序的企业征信机构名单。

第十条 企业征信机构的董事、监事、高级管理人员应当具备以下条件，并按要求向中国人民银行营业管理部办理备案：

（一）正直诚实，品行良好，最近3年无犯罪记录或重大行政处罚记录；

（二）具备履行职责所需的管理能力；

（三）熟悉与征信业务相关的法律法规和专业知识；

（四）符合公司法或其他法律法规规定的任职资格和条件。

第十一条 企业征信机构董事、监事、高级管理人员发生变更的，应当自变更之日起20日内向中国人民银行营业管理部办理变更备案，按要求提交相关材料。

第十二条 注册地址在北京的企业征信机构在异地设立分支机构的，该企业征信机构应先向中国人民银行营业管理部提交《企业征信机构分支机构备案表》等材料后，再由其分支机构向所在地人民银行办理备案。

第十三条 外地企业征信机构在北京设立分支机构的，应先向所在地人民银行报备后，再由其在京分支机构向中国人民银行营业管理部办理备案，并提交下列备案材料，材料一式两份：

（一）企业征信机构分支机构备案表；

（二）总部股权结构说明，包括资本、股东名单及其出资额或者所持股份；

（三）组织机构设置以及人员基本构成说明；

（四）业务范围和业务规则基本情况报告；

（五）业务系统的基本情况，包括总部企业信用信息系统建设情况报告和具有国家信息安全等级保护测评资质的机构出具的企业信用信息系统安全测评报告复印件；

（六）信息安全和风险防范措施，包括已建立的内控制度和安全管理制度；

（七）中国人民银行营业管理部规定提交的其他材料。

第十四条 涉及《企业征信业务经营备案证》中机构名称、营业场所等记载事项变更的，应当自变更之日起30日内向中国人民银行营业管理部申请变更《企业征信业务经营备案证》记载事项，换发新《企业征信业务经营备案证》。

第十五条 企业征信机构注册登记信息、股权结构及其他备案事项发生变更的，应当自变更之日起30日内向中国人民银行营业管理部办理变更备案，按要求提交相关材料。

第十六条 企业征信机构应当妥善保管《企业征信业务经营备案证》，不得涂改、倒卖、出租、出借、转让。

第十七条 企业征信机构《企业征信业务经营备案证》损坏的，应当在10日内将损坏的《企业征信业务经营备案证》交还中国人民银行营业管理部，申请换发《企业征信业务经营备案证》。

第十八条 企业征信机构《企业征信业务经营备案证》遗失的，应当自遗失之日起5日内在公开发行的报纸上刊登启事，并提供报纸原件向中国人民银行营业管理部申请补发《企业征信业务经营备案证》。

第十九条 企业征信机构因解散或者被依法宣告破产等原因拟终止企业征信业务的，应当在拟终止之日前60日向中国人民银行营业管理部报告退出方案，中国人民银行营业管理部将按照《征信业管理条例》第十二条规定处理信息数据库。

中国人民银行营业管理部应收回其《企业征信业务经营备案证》，并在中国人民银行营业管理部官方网站上公告企业征信机构的退出情况。

第三章 征信业务规则

第二十条 企业征信机构应当建立内部信息安全制度，采取必要的技术措施，设立信息安全负责人，指定专门的部门负责信息安全管理，保障信息安全。

第二十一条 企业征信机构应当制定企业征信业务办法及信息主体权益保护措施，建立风险管理制度，建立异议及投诉处理机制。

第二十二条 企业征信机构应当建立社会监督机制，在其官方网站或以其他形式公开或公布异议受理电话及其他异议处理的联系方式，保障信息主体权益。

企业征信机构应当按要求向中国人民银行营业管理部报备异议处理的相关负责人。

第二十三条 企业征信机构应当严格执行《征信机构信息安全规范》，规范本机构信息系统的建设、运行和维护，防范信息安全风险。

第二十四条 企业征信机构应当完善治理结构，设立合规部门或合规岗位，加强内部合规管理。

第二十五条 企业征信机构应当真实合法开展对外宣传，不得夸大和虚假宣传，欺骗和误导消费者。

中国人民银行营业管理部有权对企业征信机构的宣传行为加以监督管理。

第四章 异议和投诉

第二十六条 信息主体认为企业征信机构采集、保存、提供的信息存在错误、遗漏的，有权向征信机构提出异议，要求更正。

企业征信机构应当按照《征信业管理条例》第二十五条规定进行异议处理，并在20日内完成异议信息的核查、处理和答复。

第二十七条 信息主体认为企业征信机构侵害其合法权益的，可以向中国人民银行营业管理部进行投诉。

企业征信机构应当严格按照《征信投诉办理规程》要求，配合中国人民银行营业管理部做好投诉的取证与核查工作，维护信息主体合法权益。

企业征信机构对投诉处理结果无异议

的，应当在收到处理决定之日起10内按照处理意见进行整改，并将整改情况向中国人民银行营业管理部报告。

第五章 监督管理

第二十八条 企业征信机构有下列情形之一的，中国人民银行营业管理部可以将其列为重点监管对象：

（一）出现虚假、夸大、不实宣传等行为的；

（二）上一年度发生违法违规行为的；

（三）出现可能发生信息泄露征兆的；

（四）出现财务状况异常或者严重亏损的；

（五）被投诉经查实的；

（六）未按照相关规定报送材料的；

（七）中国人民银行营业管理部认为需要重点监管的其他情形。

企业征信机构被列为重点监管对象的，中国人民银行营业管理部将缩短企业征信机构报告征信业务开展情况、进行信用信息系统安全情况测评的周期，并采取相应的监管措施，如约谈、风险提示、现场检查等，督促企业征信机构整改。

中国人民银行营业管理部认为重点监管对象整改后相关情形消除或改善的，可不再将其列为重点监管对象。

第二十九条 企业征信机构应当接受中国人民银行营业管理部定期或不定期的现场检查和非现场检查，检查过程中，应如实提供有关资料，不得拒绝、阻挠、逃避检查，不得谎报、隐匿、销毁相关证据材料。

第三十条 企业征信机构运营期间，发生以下重大事项的，应及时向中国人民银行营业管理部进行口头报告，并在10日内提交书面报告：

（一）实际控制人发生变更；

（二）涉及刑事诉讼或与企业征信业务相关的民事诉讼；

（三）董事、监事、高级管理人员存在重大违法违规行为；

（四）拟合并或者分立；

（五）服务器托管方式发生变更；

（六）中国人民银行营业管理部规定的其他事项。

第三十一条 企业征信机构应当于每年1月15日前在本机构官方网站上披露下列信息，并确保披露信息真实、准确、完整：

（一）公司基本情况；

（二）主要股东名单；

（三）董事、监事、高级管理人员名单及职务；

（四）近一年度所受奖励及处罚情况；

（五）中国人民银行营业管理部规定披露的其他相关信息。

第三十二条 企业征信机构拟开展新业务的，应当向中国人民银行营业管理部报备业务流程、业务规则，并按要求提交相关材料，上报《企业征信业务报备表》（附表1）。

第三十三条 企业征信机构应当聘请合法的会计师事务所对本公司上一年度的财务报表进行审计，并于每年4月30日前，将审计报告和经审计后的财务报表的电子版及加盖公章的纸质版向中国人民银行营业管理部报送。

第三十四条 企业征信机构应当向中国人民银行营业管理部上报本年度年终工

作总结的电子版及加盖公章的纸质版，报告内容至少应当包括机构基本情况、经营情况、信用信息采集、征信产品开发、信用信息服务、异议处理以及信用信息系统建设情况，信息安全保障情况、下一步发展规划等。

企业征信机构应当向中国人民银行营业管理部上报上一年度《北京地区企业征信机构情况统计表》（附表2）。

第六章 法律责任

第三十五条 申请人以欺骗、隐瞒等不正当手段申请《企业征信业务经营备案证》的，中国人民银行营业管理部有权视情况禁止该申请人及持有其5%以上股东的出资人在一定时期内再次申请或参与申请《企业征信业务经营备案证》。涉嫌犯罪的，依法移交司法部门追究刑事责任。

以欺骗、隐瞒等不正当手段申请《企业征信业务经营备案证》且已办理的，由中国人民银行营业管理部收回其《企业征信业务经营备案证》，并在中国人民银行营业管理部官方网站上进行披露。

第三十六条 企业征信机构有下列行为之一的，由中国人民银行营业管理部责令限期改正，逾期不改正的，按照《征信业管理条例》、《征信机构管理办法》及有关规定进行处理，并在中国人民银行营业管理部官方网站上进行披露：

（一）主营企业征信业务的征信机构未按照相关规定办理备案的；

（二）企业征信机构任命董事、监事、高级管理人员未及时备案或者变更备案，以及在备案中提供虚假材料的；

（三）窃取或者以其他方式非法获取信息；

（四）违法提供或者出售信息；

（五）因过失泄露信息；

（六）未按照规定对异议信息进行核查和处理；

（七）拒绝、阻碍中国人民银行营业管理部检查、调查或者不如实提供有关文件、资料；

（八）企业征信机构未按照规定报告其上一年度开展征信业务情况；

（九）违反征信业务规则，侵害信息主体合法权益的其他行为；

（十）中国人民银行营业管理部认为需要对外公布的其他情形。

第七章 附 则

第三十七条 本实施细则由中国人民银行营业管理部负责解释。

第三十八条 对于企业征信机构在京通过代理商或其他业务合作方开展全部或部分企业征信业务的监督管理，参照适用本细则，但法律、行政法规另有规定的情况除外。

第三十九条 本细则自2015年5月30日起施行。

附表1：企业征信业务报备表（略）

附表2：北京地区企业征信机构情况统计表（略）

中国银行业监督管理委员会北京监管局

北京银监局办公室关于做好2015年首都农村金融服务工作的通知

京银监办发〔2015〕15号

各政策性银行北京市分行及总行营业部、国家开发银行在京营业机构、各国有商业银行北京市分行、辖内各股份制商业银行、北京银行、北京农商银行、辖内各村镇银行、各城市商业银行北京分行、中国邮政储蓄银行北京分行、辖内各信托公司、各企业集团财务公司、各金融租赁公司：

根据《中国银监会办公厅关于做好2015年农村金融服务工作的通知》（银监办发〔2015〕30号）文件精神，为进一步加强北京地区农村金融服务，促进首都"三农"金融服务转型升级，现提出如下工作要求：

一、立足"三个服务"继续加大涉农信贷投放力度

各机构应在有效控制风险的前提下，制定涉农贷款差别化信贷政策，继续加大涉农信贷投放力度，确保信贷资源持续流向首都农村金融薄弱环节。2015年，涉农信贷投放要紧紧围绕"三个服务"，努力实现涉农贷款增速不低于全部贷款平均增速的目标，满足首都涉农领域资金需求。一是服务京津冀一体化战略。各机构要认真研究京津冀一体化战略中的涉农金融服务要求，着力对接北京"六高四新"高端产业功能区及战略性新兴产业在郊区县的建设融资需求；继续加大对城乡结合部改造和小城镇建设的信贷支持力度。二是服务农业转型升级。瞄准"菜篮子"工程、现代种业、乡村旅游与休闲农业三大业态，重点支持创建国家现代农业示范区。满足籽种农业、循环农业、生态友好型农业以及农业科技研发的资金需求，促进农业技术转移和成果转化、农业高新技术产业示范区和农业科技园区建设发展。三是服务各类农业经营主体，支持农民专业合作社、家庭农场、家庭林场、专业大户和龙头企业。相关银行要在前期意向授信基础上，加快信贷审批速度，满足各类农业经营主体发展的合理资金需求。

二、狠抓"两项创新"有效开展涉农金融服务创新

（一）狠抓产品和技术创新

一是加大产品创新力度。各机构在风险可控的前提下，适度扩大林权抵押贷款规模，探索在经批准的地区参与农村承包土地经营权、农民住房财产权抵押贷款试点，研究金融支持集体经营性建设用地统筹利用的新模式。加强与市属政策性担保机构的业务合作，创新涉农贷款业务当中的担保和反担保方式，在风险可控前提下扩大抵押品范围，吸引更多资金进入农村。二是加大技术创新力度。各行要在涉农贷款业务中积极引入"微贷"技术，发展涉农小额信用贷款，辖内农村中小金融机构要真正学好、用好“微贷”技术，努力解决农户和涉农小微企业“贷款难”问题。三是充分利用首都技术密集优势，依托新技术满足农村支付、农民理财、农户贷款等市场需求。各机构在依法合规、风险可控的前提下，在严格筛选合作伙伴的基础上，探索与主要知名互联网企业合作开展农村金融服务创新。

（二）狠抓体制和机制创新

一是各机构应根据自身市场定位和发展战略，在风险可控的前提下，切实加大对涉农金融服务的绩效考核力度，提升一线网点和人员的工作积极性。辖内农村中小金融机构要明确设置针对“三农”金融服务工作的考核指标，考核指标应包括但不限于行政村电子机具覆盖率、农户或农村经济组织建档面、评级授信面、简易便民服务点、产品服务创新、金融知识普及等内容。二是单列涉农信贷计划，并将任务合理分解到各分支机构，加大对郊区县分支机构存贷比考核，促进资金回流农村。各行可根据实际情况探索成立“三农”金融专营支行或特色网点，通过下放涉农信贷审批权限、完善配套激励约束机制、缩短业务决策流程提高工作效率。三是在风险可控前提下，各机构要制定并完善涉农金融服务从业人员尽职免责办法，适度提高对涉农不良贷款的容忍度。

三、推进“两个工程”大力发展农村地区普惠金融

（一）持续做好支农服务“三大工程”

辖内农村中小金融机构要继续深入做好“三大工程”贯彻落实工作。一是巩固现有乡镇网点全覆盖成果，优化农村地区网点布局，着力满足金融服务薄弱地区的基本需求。二是巩固金融服务入社区成果，深化面向农村地区的社区融合，继续做好“送金融知识下乡”活动，加强对特殊群体和弱势群体的金融服务；继续做好对首都大学生村官的就业帮扶工作，利用大学生村官人熟、地熟优势进一步做好农村金融服务。三是巩固阳光信贷成果，严格落实“七不准、四公开”要求，规范业务收费，提高服务质量，加强服务监督。

（二）大力推进基础金融服务“村村通”工程

各行应按照《中国银监会办公厅关于推进基础金融服务“村村通”的指导意见》（银监办发〔2014〕222 号）要求，高度重视农村基础金融服务“村村通”工程落地。一是加强组织领导，明确计划目标。农行北京市分行、邮储银行北京分行、北京银行、北京农商银行及各村镇银行等机构要明确本行“村村通”工程牵头部门和牵头人，制定本行实施“村村通”工程的年度发展计划，并将工作任务分解到负责部门及分支机构。二是完善数据统计。各行应建立“村村通”情况专项统计制度，完善数据统计机制、理顺工作流程；建立专门的工作台账，准确反映服务覆盖乡镇和行政村情况。三是多措并举，不断提高基础金融服务覆盖率。第一，要继续做好电子支付环境建设，加大各类电子机具布设力度，提高自助终端使用率，弥补传统物理网点在行政村一级的服务空白；第二，充分发挥手机银行、微信银行等产品灵活、简便、成本低廉的优势，通过技术手段打破空间壁垒，努力提升基于移动互联网技术的金融服务产品在农村地区的普及率，将“村村通”向“人人通”延展；第三，要在新设网点时努力下沉服务，真正将金融服务送到村、送进户。鼓励辖内农村中小金融机构在农村偏远地区试点新建简易银行网点，加强网点服务的辐射带动作用，提升基础金融服务覆盖面。

四、严控“三类风险”确保不发生区域性、系统性金融风险

在当前经济结构深入调整、经济增速有所下降的“新常态”下，辖内银行业金融机构应着力加强风险管理能力和内控机制建设，防范农村金融服务领域潜在风险。一是严控信用风险。各行要在合理确定涉农不良贷款风险容忍度的前提下，完善涉农信贷风险管理体系，提升涉农信贷风险识别、预警和处置能力，积极化解增量信用风险，保持好当前全市涉农贷款质量持续提升的良好势头。二是严防操作风险。各机构要对农村金融服务领域潜在的操作风险保持高度警惕，加强对员工行为的日常排查，严禁高息揽储和私售飞单。各机构要特别关注远郊区县分支机构的合规经营，防止因管理半径过长导致内控弱化，防止操作风险转化为声誉风险事件。三是严控案件风险。各机构要全面排查农村地区网点各类潜在案件风险隐患，做到及时预警、及时上报、及时处置。要严格落实风险隔离和内部管控制度，防止担保、民间借贷等领域的潜在案件风险向银行业转移，确保不发生系统性、区域性金融风险，为平安北京建设保驾护航。

五、做好总结、宣传、上报工作

各机构应认真做好农村金融服务工作总结及数据上报工作。一是于每半年次月15日内报送“村村通”相关报表、推进情况及下一阶段工作计划；二是于2015年12月5日前将本机构农村金融服务年度工作总结报送我局。报告内容包括但不限于农村金融服务情况、成效、面临的问题、下一步工作安排及相关政策建议等；三是各机构应认真做好宣传工作，并及时将执行过程中的良好作法和经验报告我局。

二〇一五年四月十三日

中国证券监督管理委员会北京监管局

关于对《北京辖区证券营业部分类监管评价指标》进行修订的通知

京证监发〔2015〕6号

辖区各证券营业部：

为进一步强化北京辖区证券营业部自我诚信和自我规范意识，提高规范运作水平，切实保护投资者利益，我局前期下发了《北京辖区证券营业部监管分类评价办法（试行）》（京证监发〔2014〕24号，以下简称《办法》）。近期，结合相关行政法规的修订完善和日常监管发现的突出问题，我局对《北京辖区证券营业部分类评价指标》进行了修订，现就

2014年度分类评价工作有关要求通知如下：

一、2014年分类评价工作相关安排

2014年度评价对象为辖区依法设立的所有证券营业部。评价周期为上一完整的会计年度。评价期内未取得或初次取得《经营证券业务许可证》的，不需进行自评。

各证券营业部应于2015年3月底前将由营业部负责人签字并加盖营业部公章的《北京辖区证券营业部监管分类评价自评表》（见附件）报送我局相应监管人员，同时提交电子版。

二、2014年分类评价工作相关要求

一是高度重视，深刻领会。各证券营业部应高度重视分类评价工作，由营业部负责人牵头组织相关人员认真学习《办法》，深刻领会“诚实守信、自我规范、公正评价”原则，强化合规经营、自我规范意识。

二是诚实守信，认真自查。各证券营业部应严格执行《办法》规定，对照评价指标，逐项进行自查，发现违规行为及风险隐患及时整改并如实报告。对自评不诚信、自评结果与实际状况严重不符的，自查发现问题瞒而不报、避重就轻、整改不力的，除按照《办法》规定直接定为重点关注类外，我局将视情况对相应证券营业部负责人采取监管谈话等措施并记入监管档案。

特此通知。

附件：1.《北京辖区证券营业部监管分类评价办法（试行）》

2.《北京辖区证券营业部监管分类评价自评表》（略）

二〇一五年一月十二日

附件1

北京辖区证券营业部监管分类评价办法（试行）

第一章　总　则

第一条　为进一步加强对北京辖区证券营业部的有效监管，不断提升证券营业部自我诚信和自我规范意识，切实保护投资者利益，根据《证券公司监督管理条例》《证券公司分支机构监管规定》和《关于加强证券经纪业务管理的规定》等行政法规、规范性文件的规定，制定本办法。

第二条　证券营业部监管分类评价工作遵循“诚实守信、自我规范、公正评价”的原则，旨在引导证券营业部通过自查自纠自问责的方式，健全自身内控制度并持续合规经营；北京证监局结合日常监管情况进行复核，最终形成对辖区证券营业部的评价结果，并根据结果实施分类监管。

第三条　监管分类评价对象包括北京辖区依法设立的所有证券营业部。

第二章　评价内容

第四条　监管分类评价是指按照《北京辖区证券营业部分类监管评价指标》对证券营业部合规运行和内控水平进行全面评价，评价指标主要包括：

（一）内控合规建设。主要评价证券营业部是否建立健全了符合法律、行政法规、规章和规范性文件要求的内控制度体系和合规管理机制。

（二）业务经营合规性。主要评价证券营业部在各项业务运行中落实法律法规的情况，业务是否合规运行。

（三）投资者保护。主要评价证券营

业部是否按投资者保护的要求，在客户管理与服务、投资者教育、适当性管理等环节予以落实。

第五条 监管分类评价将综合考虑自律组织对证券营业部的评价，以及监管部门、司法机关对证券营业部采取的行政监管措施、行政处罚和刑事处罚等情况。

第三章 评价方法

第六条 监管分类评价以一个会计年度为评价周期，基准分为100分。

第七条 证券营业部根据本办法规定开展自评，逐一对照评价指标，不符合要求的每项扣1分；对于同一事项涉及多项评价指标的，累计扣分。每个会计年度的扣分项原则上不跨年计算，但涉及重大违法违规行为且当年未能发现和扣分的除外。

第八条 证券营业部违反证券业协会等行业自律组织或证券交易所、证券登记结算公司的相关规定，被予以不诚信记载或其他处分的，每次扣1分。

第九条 存在下列情形之一的，双倍扣分：

（一）对违法违规行为自查不实或未如实报告；

（二）对相同或类似违规事项，经监管部门采取相关措施后再次发生；

（三）对限期整改事项，在规定的整改期限内未有效整改。

第十条 北京证券业协会将结合证券营业部违反自律规定的处理情况进行评价扣分并将汇总结果报告北京证监局，原则上最高扣分值不超过5分。

第四章 类别划分

第十一条 证券营业部的分类评级分为正常、关注、重点关注三个级别，三类比例为70%、20%、10%。

第十二条 存在以下问题的证券营业部评级直接确定为重点关注类：

（一）自评不诚信，评价结果与实际状况严重不符的；

（二）自查发现问题瞒而不报、避重就轻、整改不力的；

（三）信访投诉就地解决不力导致多次上访的；

（四）评价期内出现违法违规事项被采取监管措施、行政处罚、刑事处罚或风险处置措施的；

（五）证券营业部负责人因证券违法违规行为被予以相应处罚的；

（六）北京证监局认为风险较大的。

第五章 组织实施

第十三条 北京证监局按照本办法规定每年对辖区证券营业部开展一次监管分类评价。监管分类评价工作于每年5月底前完成。

第十四条 证券营业部每年年终依据本办法的评价指标内容进行全面自查评分，并于次年3月底前上报北京证监局。证券营业部负责人是分类评价工作第一责任人，证券营业部自评的质量纳入营业部负责人的履职档案。

第十五条 北京证监局主要根据日常监管情况，通过查阅监管档案、非现场沟通以及现场检查等手段对各证券营业部的自评情况进行复核。

第十六条 证券营业部通过自身内控机制，已自行纠正、自行问责且整改效果良好，未对客户、行业、社会造成严重后果，且于事发当时主动向北京证监局报告，事后切实完善相关制度的，北京证监局在复核中视情节给予从轻或免于扣分。

第十七条 根据自评及复核形成初步评价结果后，北京证监局将通知各证券营业部。证券营业部对评价结果中扣分事项等内容有异议的，可于收到通知后5个工作日内向北京证监局提出，并出具有关证明材料；超过5个工作日未提出的，视为无异议。

第六章 分类结果使用

第十八条 监管分类评价结果仅供北京证监局日常分类监管使用，适时通报证券营业部。对于存在上述第十二条行为的证券营业部，将通报证券公司总部。

第十九条 本着分类监管和提高效能的原则，对分类评级为重点关注、关注类的证券营业部，北京证监局将在日常监管中给予更多监管指导与关注，持更审慎的监管态度，同时指导北京证券业协会加强自律管理，必要时要求相应公司加大稽核力度。

第七章 附 则

第二十条 证券营业部监管分类评价办法和具体指标由北京证监局制订，并根据监管要求进行动态调整。

第二十一条 本办法由北京证监局负责解释，自下发之日起施行。

附件：北京辖区证券营业部分类监管评价指标（略）

关于取消部分期货经营机构审批事项以及调整期货公司分支机构许可证发放管理有关工作的通知

京证监发〔2015〕18号

辖区各期货公司：

近日，证监会发布公告（证监会公告〔2014〕50号，以下简称《公告》），并印发《关于贯彻落实〈国务院关于取消和调整一批行政审批项目等事项的决定〉有关问题的通知》（证监发〔2014〕109号）以及《关于取消部分证券期货机构审批事项以及调整期货公司分支机构许可证发放管理有关工作的通知》（证监办发〔2014〕96号），将“期货公司变更法定代表人、住所或者营业场所，设立或者终止境内分支机构，变更境内分支机构经营范围”等行政许可项目改为事后备案管理。为做好相关备案管理工作，进一步简政放权，现将有关事项通知如下：

一、根据《公告》，证监会及其派出机构不再受理期货公司变更法定代表人、住所或者营业场所，设立或者终止境内分支机构，变更境内分支机构经营范围申请。对于我局已接受但尚未受理的相关申请，由申请人自行撤回。已经受理的，申请人可以撤回；未撤回的，我局将按规定尽快完成审核。上述行政审批项目取消后，改为事后备案管理，具体如下：

（一）“期货公司变更法定代表人、住所或者营业场所的审批”取消后，由证监会机构部进行事后备案管理。

辖区期货公司应当自完成相关工商变

更登记之日起5个工作日内，报证监会机构部备案，并抄报我局及相关派出机构（变更住所同时涉及迁出地、迁入地）。在备案文件齐备的前提下，机构部将在5个工作日内为备案申请人换发《经营期货业务许可证》；发现备案申请人变更相关事项不符合规定条件的，应当责令更换或者改正。

（二）“期货公司设立境内分支机构的审批”取消后，由期货公司住所地派出机构进行事后备案管理。

辖区期货公司设立境内分支机构，应当自完成相关工商设立登记之日起5个工作日内，报我局备案，并抄报分支机构所在地派出机构。在备案文件齐备的前提下，我局将在5个工作日内为备案申请人颁发《期货公司营业部经营许可证》；发现备案申请人设立分支机构不符合规定条件的，应当责令改正。

（三）“期货公司变更境内分支机构经营范围的审批”取消后，由分支机构所在地派出机构进行事后备案管理。

辖区期货公司变更境内分支机构经营范围，应当自完成相关工商变更登记之日起5个工作日内，报分支机构所在地派出机构备案，并抄报我局。在备案文件齐备的前提下，分支机构所在地派出机构将在5个工作日内为备案申请人颁发《期货公司营业部经营许可证》；发现备案申请人变更分支机构经营范围不符合规定条件的，应当责令改正。

（四）“期货公司终止境内分支机构的审批”取消后，由分支机构所在地派出机构进行事后备案管理。

辖区期货公司终止境内分支机构，应当依法终止经营活动，妥善处理客户资产，并自完成上述工作之日起5个工作日内，报分支机构所在地派出机构备案，并抄报我局。

在备案文件齐备的前提下，相关派出机构未在5个工作日内表示异议的，期货公司应当依法办理相关分支机构的工商注销登记，并持工商注销登记证明向分支机构所在地派出机构缴回《期货公司营业部经营许可证》；分支机构所在地派出机构发现备案申请人终止分支机构不符合规定条件的，应当责令改正。

二、辖区期货公司在取得颁（换）发的《经营期货业务许可证》、《期货公司营业部经营许可证》后，应当及时更新期货公司监管综合信息系统（FISS系统）相关信息。

三、为统一备案标准，提高备案效率，证监会制定了相关备案文件目录（见附件1），请辖区期货公司据此执行。

四、为进一步简政放权，实现期货公司分支机构（审批）备案管理与许可证发放的有机结合，自2015年2月1日起，由期货公司住所地派出机构负责期货公司新设分支机构《期货公司营业部经营许可证》的颁发工作；由期货公司分支机构所在地派出机构负责《期货公司营业部经营许可证》记载事项变更导致的换发工作，以及《期货公司营业部经营许可证》的注销、补发工作。

本通知发布之日起至2015年2月1日为过渡期。过渡期内，《期货公司营业部经营许可证》的发放管理工作，仍由证监会机构部负责；期货公司按照本通知的要求，就设立或者终止境内分支机构，变更境内分支机构经营范围事项报派出机构备案后，相关派出机构出具备案回执；期货公司持备案回执向机构部申请颁（换）发或者缴回《期货公司营业部经营许可证》。

特此通知。

附件：1. 备案文件目录

2. 期货公司申领、换领、补领分支机构许可证文件目录

二〇一五年一月二十七日

附件 1

备案文件目录

一、期货公司变更法定代表人

（一）备案报告；

（二）变更后的营业执照副本复印件；

（三）公司决议文件；

（四）法定代表人期货从业资格证明、任职资格证明；

（五）期货公司原《经营期货业务许可证》正、副本原件；

（六）中国证监会要求提交的其他文件。

二、期货公司变更住所或营业场所

（一）备案报告；

（二）变更后的营业执照副本复印件；

（三）公司决议文件；

（四）关于客户资产处理情况，变更后住所和使用的设施符合期货业务需要的说明；

（五）变更后住所所有权或者使用权证明和消防合格证明；

（六）首席风险官出具的公司符合相关条件的意见；

（七）期货公司原《经营期货业务许可证》正、副本原件；

（八）中国证监会要求提交的其他文件。

三、期货公司设立境内分支机构

（一）备案报告；

（二）分支机构营业执照副本复印件；

（三）公司决议文件；

（四）分支机构负责人任职资格证明；

（五）分支机构从业人员名册及期货从业资格证明；

（六）营业场所所有权或者使用权证明和消防合格证明；

（七）首席风险官出具的公司符合相关条件的意见；

（八）中国证监会要求提交的其他文件。

四、期货公司终止境内分支机构

（一）备案报告；

（二）公司决议文件；

（三）关于处理分支机构客户资产、结清期货业务并终止经营活动情况的说明；

（四）在中国证监会指定报刊上的公告证明；

（五）首席风险官出具的公司符合相关条件的意见；

（六）中国证监会要求提交的其他文件。

五、期货公司变更境内分支机构经营范围

（一）备案报告；

（二）变更后的分支机构营业执照副本复印件；

（三）期货公司相关业务资格证明及期货公司对分支机构业务范围的授权文件；

（四）分支机构原《期货公司营业部经营许可证》正、副本原件；

（五）中国证监会要求提交的其他文件。

附件2

期货公司申领、换领、补领分支机构许可证文件目录

一、申领分支机构许可证文件目录

略，同附件1“期货公司设立境内分支机构”备案文件目录。

二、换领分支机构许可证文件目录

（一）因分支机构变更负责人、营业场所、经营范围换领许可证

略，同附件1“期货公司变更境内分支机构负责人”、“期货公司变更境内分支机构营业场所”、“期货公司变更境内分支机构经营范围”备案文件目录。同时，期货公司应当一并缴回原《期货公司营业部经营许可证》正、副本原件。

（二）因分支机构变更名称换领许可证

1. 申请报告；

2. 变更后的分支机构营业执照副本复印件；

3. （分支机构变更名称因相关行政许可事项导致的）相关行政许可批复复印件；

4. 原《期货公司营业部经营许可证》正、副本原件。

三、因许可证破损、遗失、灭失补领许可证文件目录

（一）申请报告；

（二）按照《期货公司监督管理办法》第三十四条的规定在媒体上声明许可证作废的登载声明原件；

（三）分支机构营业执照副本复印件；

（四）《期货公司营业部经营许可证》的正、副本原件（适用于许可证破损情形）。

关于办理证券期货市场诚信档案查询使用等相关事项的通知

京证监发〔2015〕86号

辖区各有关单位、个人：

按照中国证监会《关于修改〈证券期货市场诚信监督管理办法〉的决定》（证监会令〔2014〕106号，以下简称《诚信监管办法》）、《关于贯彻落实〈证券期货市场诚信监督管理暂行办法〉的通知》（证监发〔2012〕57号）要求，北京证监局负责北京辖区证券期货市场诚信档案对外服务工作。现将诚信档案查询使用有关事项通知如下：

一、北京证监局依据《诚信监管办法》授权开展三类对外服务业务

按照《诚信监管办法》及相关通知规定，我局负责办理下述诚信档案对外服务业务：

（一）根据《诚信监管办法》第九条

规定，负责接收、审核、录入辖区内符合《诚信监管办法》第七条、第八条（二）款规定的公民、法人或其他组织提出表彰、奖励、评比和信用评级信息；

（二）根据《诚信监管办法》第十五条规定，负责接收、办理辖区内公民、法人、其他组织提出的诚信信息查询申请；

（三）根据《诚信监管办法》第二十条规定，负责接收、办理辖区内符合《诚信监管办法》第七条的公民、法人、其他组织提出的诚信信息更正申请。

二、申请办理三类业务的流程和要求

（一）申请的提出

申请人应先自行下载填写申请表格，并按表格备注要求备齐相关证明材料，之后现场办理查询、录入和更正事宜。申请表格下载地址：中国证监会网站 www. csrc. gov. cn—派出机构—北京—在线办事—办事指南。为保证申请办理效率，申请人应在表格相应位置准确填写组织机构代码、身份证号等身份识别信息，提供的证明材料应真实、准确、完整。不明事宜，可先电话咨询。

（二）办理部门

办理部门：北京证监局法制工作处

联系电话：010－88088312

办公时间：8：30～11：30，13：30～17：00（节假日、公休日除外）

办公地址：北京市西城区金融大街26号金阳大厦6层

邮政编码：100033

（三）办理流程与处理时间

1. 我局接收表彰、奖励、评比和信用评级信息申报后，经过审查认为符合条件的，在接收之日起5个工作日内录入诚信档案。

2. 我局接收诚信信息查询申请材料后，经审核符合《诚信监管办法》第十六条、第十七条规定的，予以受理，并在收到查询申请后5个工作日内将查询结果反馈申请人。

3. 我局接收诚信信息更正申请材料后，经审核符合《诚信监管办法》第二十条规定的，予以受理，并在收到更正申请后15个工作日内将处理结果告知申请人。

（四）材料上报、信息查询使用要求

1. 辖区公民、法人或其他组织应保证自己申报、依法报告、公告的诚信信息的真实、准确、完整，一经发现存在虚假内容的，我局将根据《诚信监管办法》有关规定采取监督管理措施；情节严重的，依法追究法律责任。

2. 辖区公民、法人或其他组织不得违反《诚信监管办法》规定获取、使用、泄露诚信信息。如有违反，一经发现，我局将根据《诚信监管办法》有关规定采取监督管理措施；情节严重的，依法追究法律责任。

三、收费管理

我局办理诚信信息查询，不收取任何打印、复制、装订、邮寄成本费用。

四、本通知公布之日起施行。《关于落实〈证券期货市场诚信监督管理办法〉有关事项的通知》（京证监发〔2012〕13号）自本通知公布之日起废止

五、本通知未尽事宜，按照中国证监会相关规定执行

附件：1. 证券期货市场诚信信息查询申请表

2. 证券期货市场诚信信息更正申请表

3. 证券期货市场诚信信息申报申请表

二〇一五年四月十七日

附件1

证券期货市场诚信信息查询申请表

申请主体信息（必填）

申请主体姓名/名称		证件类型	□居民身份证 □组织机构代码证	证件号码	

申请主体类型：□ 公民　□ 发行人　□ 上市公司　□ 证券公司　□ 基金管理公司
□ 期货公司　□ 证券投资咨询机构　□ 律师事务所　□ 会计师事务所　□ 其他

查询对象信息（必填）

查询对象姓名/名称		证件类型	□居民身份证 □组织机构代码证	证件号码	

查询目的：□ 查询本机构/本人诚信信息；
□ 发行人、上市公司申请查询拟任董事、监事、高级管理人员诚信信息；
□ 发行人、上市公司申请查询拟参与本公司并购、重组的公民、法人或其他组织诚信信息；
□发行人、上市公司申请查询拟委托的证券公司、证券服务机构及其相关从业人员诚信信息；
□证券公司、证券服务机构申请查询其所提供专业服务的发行人、上市公司及其董事、监事、高级管理人员、控股股东和实际控制人诚信信息；
□ 证券公司、基金管理公司、期货公司、证券期货服务机构申请查询已聘任或拟聘任的董事、监事、高级管理人员或其他从业人员诚信信息。

查询对象同意栏目

查询对象签字或盖章：

年　　月　　日

声　明

本机构/人查询获取的诚信信息，不泄露或提供他人使用，不进行以营利为目的的使用、加工或处理，不用于其他非法目的。否则本机构/人承担相应责任。

申请主体（签字或盖章）：　　　　申请日期：　　年　　月　　日

办理人信息

办理人姓名		身份证号码			
手机号码		固定电话		地址及邮编	

受理信息（工作人员填写）

受理机构		受理人（签字）：
受理编号		受理日期：　　年　　月　　日

注：1. 查询《证券期货市场诚信监督管理暂行办法》第十六条第（二）至（六）项诚信信息的，如未在本申请表查询对象同意栏目签字或盖章的，需要提供查询对象书面同意文件；

2. 本表后请附申请主体居民身份证或组织机构代码证复印件，以及办理人身份证复印件、单位介绍信或授权委托书；

3. 申请主体应在受理人通知办理人后及时到受理机构领取查询结果。

附件 2

证券期货市场诚信信息更正申请表

申请主体信息（必填）			
申请主体姓名/名称		证件类型	☐ 居民身份证 ☐ 组织机构代码证
证件号码			

申请机构类型：☐ 公民 ☐ 发行人 ☐ 上市公司 ☐ 证券公司 ☐ 基金管理公司
☐ 期货公司 ☐ 证券投资咨询机构 ☐ 律师事务所 ☐ 会计师事务所 ☐ 其他

申请更正内容（必填）			
申请更正信息标题			
信息作出机构		信息作出时间	年 月 日
更正类型	☐删除 ☐ 变更 ☐对错误进行修改		

申请原因：

☐已过有效期；

☐已经复议、诉讼等救济渠道撤销或变更的；

☐有文字错误；

☐其他：

申请主体（签字或盖章）：	申请日期： 年 月 日

办理人信息					
办理人姓名		身份证号码			
手机号码		固定电话		地址及邮编	

受理信息（工作人员填写）		
受理机构		受理人（签字）：
受理编号		受理日期： 年 月 日

注：1. 申请主体为个人的，表后请附申请人的居民身份证复印件；

2. 申请主体为机构的，表后请附申请机构授权委托办理更正事宜的授权委托书、组织机构代码证复印件，办理申请更正时须核实办理人居民身份证并留有复印件；

3. 申请原因请另附书面详细说明；

4. 诚信信息所对应的决定或者行为已经复议、诉讼等法定程序撤销或变更的，应该提供复议决定、司法裁判等文件复印件；

5. 办理人默认为联系人。

附件3

证券期货市场诚信信息申报申请表

申报主体信息（必填）			
申报主体名称/姓名			
证件类型	□ 居民身份证 □ 组织机构代码证	证件号码	

申报主体类型：□ 公民 □ 发行人 □ 上市公司 □ 证券公司 □ 基金管理公司
□ 期货公司 □ 证券投资咨询机构 □ 会计师事务所 □ 律师事务所 □ 其他

申报内容信息（必填）			
信息类型	□表彰 □奖励 □评比 □信用评级	文件标题	
文件文号		文件作出机构	
文件作出日期	年 月 日	有效截止日期	年 月 日
信息内容（文件全文）			

申报声明

本机构/人所申报的诚信信息真实、准确、完整，不存在虚假内容。如有虚假，自愿承担相应法律责任。

申请主体（签字或盖章）：

申报日期： 年 月 日

办理人信息					
办理人姓名		身份证号码			
手机号码		固定电话		地址及邮编	

受理信息（工作人员填写）		
受理机构		受理人（签字）：
受理编号		受理日期： 年 月 日

注：1. 申报主体为个人的，表后请附申报人居民身份证复印件；

2. 申请主体为机构的，表后请附申请机构授权委托办理申报事宜的授权委托书、组织机构代码证复印件，办理申请更正时须核实办理人居民身份证并留有复印件；

3. 正面信息涉及的相关文件附后，复印件必须有提供机构/人证明“复印件与原件一致”的签章，并注明日期。

中国保险监督管理委员会北京监管局

关于进一步加强人身保险产品销售管理的通知

京保监发〔2015〕151 号

各人身保险公司北京分公司，天安人寿保险股份有限公司、瑞泰人寿保险有限公司、中法人寿保险有限责任公司、新光海航人寿保险有限责任公司、弘康人寿保险股份有限公司、安邦养老保险股份有限公司，各在京保险专业代理机构，各在京银邮类保险兼业代理机构，各在京保险经纪机构：

为切实保护保险消费者合法权益，进一步加强人身保险产品销售管理，现将有关事项通知如下：

一、人身保险公司组织召开产品说明会应按照《北京地区人身保险经营行为管理办法》（京保监发〔2014〕213 号）的要求，加强产品说明会备案资料管理。备案资料应如实记录产品说明会有关事项，不得有虚假记载、误导性陈述和重大遗漏。

二、人身保险公司应严格落实产品说明会全程录音录像要求。不能达到全程录音录像要求的机构和网点，应停止以产品说明会形式开展保险销售活动。

三、保险销售从业人员个人组织召开产品说明会的，人身保险公司应以书面方式对其作明确授权，并统一管理。各人身保险公司应禁止保险销售从业人员越权或未经授权召开产品说明会，并依法追究有关人员责任。

四、保险代理机构、保险经纪机构对产品说明会的管理，参照本通知规定执行。保险代理机构、保险经纪机构应根据人身保险公司经营管理和案件调查等需要，向人身保险公司提供真实、完整的产品说明会备案资料。

五、2016 年 1 月 1 日起，银邮类保险兼业代理机构代理销售保单利益不确定的人身保险产品的，应实施录音；鼓励有条件的机构实施同步录音录像。录音录像应能客观记录产品销售重点过程，涵盖产品简介、风险提示、客户确认和反馈等环节。不能达到前述录音要求的营业网点，应停止开展保单利益不确定人身保险产品的代理业务。银邮类保险兼业代理机构申请保险兼业代理资质的，应提交具备实施录音录像软硬件条件的说明。

六、人身保险公司不得与不具备录音条件的银邮类保险兼业代理机构开展业务合作。银邮类保险兼业代理机构应根据人身保险公司经营管理和案件调查等需要，向人身保险公司提供真实、完整的保险产品销售录音录像资料。

七、人身保险公司、保险代理机构及保险经纪机构的产品说明会备案资料保存时间不得少于 5 年。银邮类保险兼业代理机构录音录像资料应至少保存至保险产品合同终止后 2 年；如遇客户投诉、法律诉讼等纠纷，应延长保管期限至纠纷结束后 2 年。

八、各人身保险公司应将本办法转发至除银邮渠道外有合作关系的保险兼业代理机构。

九、本通知自2015年9月1日起实施。

二〇一五年七月二日

北京市金融工作局

北京市金融工作局关于印发《贯彻落实〈关于促进首都金融人才发展的意见〉任务分解方案》的通知

京金融〔2015〕261号

各相关单位：

《贯彻落实〈关于促进首都金融人才发展的意见〉任务分解方案》已经市促进首都金融人才发展工作联席会研究通过，现印发实施，请结合实际认真贯彻执行。

促进首都金融人才发展工作联席会办公室
北京市金融工作局（代章）
二〇一五年十二月二十八日

贯彻落实《关于促进首都金融人才发展的意见》任务分解方案

为深入贯彻落实《关于促进首都金融人才发展的意见》（京金融〔2014〕197号）（以下简称《意见》），现提出如下任务分解方案：

一、完善金融人才工作格局

统筹研究解决金融人才发展的重要问题。

（牵头单位：市委组织部。配合单位：市教工委、市教委、市公安局、市财政局、市人力社保局、市住房城乡建设委、市卫生计生委、市国资委、市地税局、市投资促进局、市金融局。）

二、优化金融人才工作机制

研究制定《贯彻落实〈促进首都金融人才发展意见〉任务分解方案》，明确任务分工，协调和督促各项任务的落实。

（牵头单位：市金融局。配合单位：市委组织部、市教工委、市教委、市公安局、市财政局、市人力社保局、市住房城乡建设委、市卫计委、市国资委、市地税局、市投资促进局、各区金融工作部门。）

三、创新院校金融人才培养模式

支持高校进一步明确本科、硕士、博

士等不同层次金融人才的培养目标，优化各层次金融专业设置和课程体系。加强“双师型”师资队伍建设，及时根据金融市场前沿问题更新教学内容，加强实践教学，畅通金融专业学生到金融机构进行实践的渠道，建立与市场需求相适应的金融储备人才培养模式。

（牵头单位：市金融局。配合单位：市教工委、市教委。）

四、加强复合型金融人才培养

加快中央和地方金融人才的双向交流与融合发展，构建央、地金融人才共建机制。积极开展金融管理部门、地方政府部门、高等院校、研究机构和金融机构金融人才的培训和交流。

（牵头单位：市金融局。配合单位：市委组织部、市教工委、市国资委。）

五、着力提升领导干部的金融素质

在各级党校、行政学院、社会主义学院和在线学习中有计划地增设金融课程，增强各级领导干部的现代金融意识，提高领导金融工作的能力。

（牵头单位：市金融局。配合单位：市委组织部、市人力社保局、市国资委。）

六、加强金融与实体经济人才培养

开展科技、文化领域人才的金融知识培训，加强科技金融人才、文化金融人才培养，提升其运用金融手段促进科技、文化产业发展的能力。鼓励机构增设金融工作岗位，储备金融人才。组织开展郊区、乡镇、村领导干部金融知识培训，加强涉农金融人才培养，提高其利用金融手段推动农村经济发展的能力。

（牵头单位：市金融局。配合单位：市委组织部、市教委、市农委、市科委、市国资委、市文资办。）

七、改革金融人才培养机制

加强专业化金融培训机构建设，鼓励国内外金融教育服务机构与金融机构共建培训基地，鼓励和引进国际著名金融培训机构在京发展，推动建立金融人才国内培养与国际交流合作相衔接的开放式培养机制。

（牵头单位：市金融局。配合单位：市人力社保局、市教委、市政府外办。）

八、建立金融人才评价指标体系和工作体系

健全金融人才职业分类体系，探索金融人才国际化的内涵、职业分类、职业能力标准体系框架以及相关的制度安排。研究各类金融人才评价标准，根据金融人才的特点及岗位职责要求，构建以职业道德素养、专业知识结构、业务能力水平、从业资质经历、工作业绩贡献、心理素质为主要内容的指标体系。

（牵头单位：市金融局。配合单位：市人力社保局。）

九、推进金融人才资格认证体系

推动首都金融人才专业技术职称评定工作，积极引进国际通行的金融人才资格认证体系，倡导金融机构鼓励员工参加特许金融分析师、注册国际投资分析师等国际通行的金融职业资格认证考试，提高具有高级专业技术资格或国际通行的金融职业资格的从业者比重。

（牵头单位：市金融局。配合单位：市人力社保局。）

十、完善金融人才工作平台

探索筹备首都金融人才协会，搭建开放式、国际化金融人才交流平台。充分发挥北京市金融工会、金融团工委和首都金融行业人力资源经理联席会等组织的平台作用，服务和凝聚各类金融人才。研究探索建立金融人才库。

（牵头单位：市金融局。配合单位：市金融工会、市金融团工委。）

十一、丰富金融人才服务手段

探索建设统一开放的金融人才市场，吸引众多专业人才服务中介机构进入。加快发展网上金融人才市场，为金融人才的顺畅流动提供多样化服务，促进金融人才有序流动和人才资源优化配置。

（牵头单位：市金融局。配合单位：市人力社保局。）

十二、开展公益性的金融职业开发研究

组织专家研究开发金融产业发展需要的新职业、新技术及其标准，为机构招聘、求职、培养、评价、薪酬等提供依据。探索建立公益性的金融职业开发研究机构。

（牵头单位：市金融局。配合单位：市人力社保局。）

十三、提高高端金融人才社会影响力

积极推荐具有突出贡献的高端金融人才进入各类智库，参与各类评比，完善金融人才在“千人计划”、“海聚工程”中的评选标准，努力为其创造参政议政、建言献策的条件和渠道。

（牵头单位：市金融局。配合单位：市委组织部、市人力社保局。）

十四、加大高端金融人才奖励力度

根据金融人才及其所在机构对首都发展的贡献程度，依据相关政策对高端金融人才进行奖励。研究探索设立首都金融创新奖，对具有突出贡献的高端金融人才及其机构给予奖励。

（牵头单位：市金融局。配合单位：市委组织部、市人力社保局、市财政局、市地税局。）

十五、提升高端金融人才服务水平

加强对高端金融人才在户籍管理、住房保障、医疗健康、教育培训、子女入学等方面的服务。探索开辟金融人才引进绿色通道。

（牵头单位：市金融局。配合单位：市委组织部、市教工委、市教委、市公安局、市财政局、市人力社保局、市卫生计生委、市地税局、市投资促进局。）

十六、对符合外籍高层次人才认定标准的金融人才提供出入境管理方面的服务

（牵头单位：市金融局。配合单位：市公安局、市人力社保局、市投资促进局。）

十七、推动公共租赁住房建设，将符合规定条件的金融人才纳入住房保障范围

（牵头单位：市金融局。配合单位：市住房城乡建设委。）

十八、加快本土金融人才国际化步伐

有重点、有计划地选送一批具有实际工作经验和发展潜力的专业金融人才到海外进行国际交流与合作，努力打造一批具有国际视野和丰富从业经验，通晓国际金融规则，能够独立开展国际金融活动、参与国际金融政策协调的国际化金融人才。

（牵头单位：市金融局。配合单位：市委组织部、市人力社保局、市政府外办。）

十九、加大海外高层次金融人才引进力度

鼓励实施政府部门、金融监管机构、企事业单位面向海外高端金融人才的特聘岗位制度，引导健全完善特聘专家、首席经济学家等高端人才聘用制度，鼓励全球化招聘高端金融人才。探索以项目引才方式引进金融高端人才，以及具有海外并购投资、证券投资经验的高端人才。探索加强与欧美等金融发达国家和港澳台地区在金融领域和金融人才方面的合作。

（牵头单位：市金融局。配合单位：市委组织部、市人力社保局、市国资委。）

二十、加强金融人才政策宣传

大力宣传国家和金融领域人才工作的重大战略和方针政策，及时总结首都金融人才队伍建设中好的做法和成功经验，广泛宣传金融以及金融人才在促进首都经济社会发展中的重要作用，提高全社会对金融发展和金融人才重要性的认识。

（牵头单位：市金融局。配合单位：市委组织部、市人力社保局。）

二十一、加强金融文化建设

努力打造适合金融人才发展的学习工作和文化环境。举办高端论坛、学术沙龙，吸引国际性经济组织来京举办各类国际会议，着力提升北京金融品牌优势。加强对金融人才收入、知识产权等合法权益的保障。探索建立金融人才志愿者队伍。

（牵头单位：市金融局。配合单位：市委组织部、市人力社保局、市国资委。）

二十二、建设金融街世界高端金融人才聚集区

推进金融人才创新创业基地和国际人才市场建设，推动金融人才集群化发展，辐射带动全市金融人才队伍建设。

（牵头单位：西城区政府。配合单位：市委组织部、市人力社保局、市金融局。）

附件：工作任务实施方案（略）

北京市金融工作局　北京市科学技术委员会
北京市财政局　北京市发展和改革委员会
北京市商务委员会　中关村科技园区管理委员会

关于印发北京市推动科技金融创新支持科研机构科技成果转化和产业化实施办法的通知

京金融〔2015〕80号

各相关单位：

为贯彻落实《北京市关于加快推进科研机构及科技成果转化和产业化的若干意见（试行）》（京政办发〔2014〕35号）（简称“京科九条”），按照市委办公厅《北京市关于加快推进科研机构科技成果转化和产业化的若干意见（试行）》实施细则的工作分工要求，市金融局、市科委、市财政局、市发展改革委、市商务委、中关村管委会联合制定了《北京市推动科技金融创新支持科研机构成果转化和产业化的实施办法》（以下简称《实施办法》）。现将《实施办法》印发给你们，请遵照执行。

二〇一五年五月十八日

北京市关于推动科技金融创新支持科研机构科技成果转化和产业化的实施办法

第一章 总 则

第一条 为贯彻落实《北京市关于加快推进科研机构及科技成果转化和产业化的若干意见（试行）》（京政办发〔2014〕35号），鼓励和引导金融资本和社会资本加强对科研事业单位、高等学校的科研机构、各类企业和社会组织中的科研机构在科技成果转化和产业化过程中的融资支持，优化北京市科技金融服务环境，特制定本办法。

第二条 本办法鼓励金融机构、投资机构、专业性及综合性科技金融服务机构，在天使投资和创业投资、科技贷款、融资担保、融资租赁、科技保险、多层次资本市场和中介服务等方面开展创新，为科研机构科技成果转化和产业化提供服务和支持。

第二章 发展天使投资和创业投资

第三条 鼓励和引导国内外知名天使投资机构和创业投资机构、龙头产业集团、在京科研机构设立针对科技成果转化和产业化前孵化阶段的天使投资基金和创业投资基金，投资国内外具有领先优势和产业化发展潜力的项目。

第四条 支持天使投资机构和创业投资机构与创业孵化平台开展合作，利用“创投+孵化”模式，为科研机构科技成果转化和产业化提供资金、平台与业务等组合支持。

第五条 支持海外资本在京设立创业投资机构。推动外资机构投资科技成果转化和产业化项目，引进国际先进科技成果。推动资本金意愿结汇试点，便利海外风险投资机构以结汇资金开展科技成果转化和产业化项目股权投资。

第三章 完善科技贷款和融资担保服务

第六条 鼓励银行类金融机构创新科技贷款产品和服务，为科研机构及其项目团队利用知识产权、股权、科技企业及个人信用、科研设备、科研用地融资提供多样化贷款产品。

第七条 落实国家对融资性担保机构的各项奖励政策，鼓励政策性担保机构扩大科技担保规模，引导商业性融资担保机构加强对科研机构科技成果转化和产业化的创新服务。

第八条 推进组合金融服务模式创新，鼓励银行针对科技成果转化和产业化项目与担保、融资租赁、保险、股权投资等机构合作，运用认股权贷款、股权质押贷款、贷款保证保险、信托计划、集合票据、企业债券以及股权投资等融资方式，推出组合融资产品。

第四章 加强科技融资租赁服务

第九条 引导融资租赁机构为科研机构提供融资租赁业务，鼓励实施科技成果转化和产业化的科研机构运用融资租赁手段，解决研发设备采购与维护、产业化项目生产线建设等方面的资金困难。支持有条件的科研机构申请设立融资租赁机构开展融资租赁业务。

第十条 鼓励融资租赁机构与其他金融机构合作，为科技成果转化和产业化提供组合服务。鼓励融资性担保机构开展融资租赁担保业务，推进开展融资租赁与创业投资相结合、租赁债权与投资股权相结合的“创投＋租赁”业务。

第五章 加大科技保险力度

第十一条 发挥科技保险对科技成果转化与产业化的风险管理功能，创新科技保险产品，重点支持保险机构围绕科技成果转化和产业化开展服务和创新。建立新技术新产品“首购首用”风险补偿机制，推动“首台套”产品质量保证保险、重大装备产品责任保险、贷款保证保险等科技保险险种的创新与推广。

第十二条 支持保险资金投资科研机构科技成果转化和产业化项目，鼓励保险机构利用多种方式参与科技成果转化和产业化项目投资。推动科研机构开展个人税延型养老保险试点。

第六章 发展多层次资本市场

第十三条 支持实施科技成果转化和产业化的科技企业利用多层次资本市场直接融资，加大对科技企业改制上市支持力度，支持科技企业在全国中小企业股份转让系统和区域性股权交易市场挂牌。

第十四条 完善科技企业债务融资市场，支持科技企业利用企业债券、公司债、短期融资券、中期票据等新型债务融资工具以及集合融资工具，进行科技成果转化项目融资。

第七章 加强科技金融中介服务

第十五条 支持知识产权评估、技术转移、专利代理、信用评级、信用增进等科技金融中介服务组织发展，鼓励各类科技金融服务机构利用互联网、移动互联网、大数据等技术，建设科技成果转化和产业化投融资信息服务平台。

第十六条 支持科技中介服务机构利用首都科技大数据开放机制，加强金融机构与科技企业的融资对接服务，推动建立市场化的项目筛选机制，为科技成果转化项目提供针对性融资服务。

第十七条 鼓励股权众筹、网络信贷和第三方支付等互联网金融企业为科技成果转化和产业化创新金融产品和服务模式，推动建立面向科研机构线上、线下的多层次投融资服务体系。加强对服务科研机构科技成果转化和产业化的小额贷款公司、互联网金融企业等新兴金融机构的支持力度。

第八章 加强组织保障

第十八条 加强信息服务支撑，建立统一跨部门的科技金融信息发布机制，及时发布促进科研机构科技成果转化和产业化的相关信息。

第十九条 市科委、市金融局等有关部门联合建立跨部门科技成果转化和产业化融资服务协调机制，统筹利用科技、金融、财税等相关政策，形成跨部门联动政策支持机制。

第九章 附 则

第二十条 本办法自发布之日起30日后施行。

中国保险监督管理委员会办公厅
北京市金融工作局
北京市石景山区人民政府

中国保监会办公厅、北京市金融工作局、北京市石景山区人民政府关于印发《关于加快推动北京保险产业园创新发展的实施办法》的通知

保监厅发〔2015〕83号

机关各部门，北京保监局，中国保险行业协会、中国保险学会、中国精算师协会、中国保险资产管理业协会，中国保险保障基金有限责任公司、中国保险信息技术管理有限责任公司，各保险公司，北京市各有关单位：

为贯彻落实《中国保险监督管理委员会　北京市人民政府关于加快推动北京保险产业园创新发展的意见》（保监发〔2014〕20号），完善支持北京保险产业园发展的政策体系，进一步推动北京保险产业园创新发展，我们制定了《关于加快推动北京保险产业园创新发展的实施办法》，现予印发，请遵照执行。

二〇一五年十二月三十日

关于加快推动北京保险产业园创新发展的实施办法

第一章　总　则

第一条　为抓住京津冀协同发展重大历史机遇，助力首都构建高精尖经济结构，提升首都核心功能，深入贯彻《国务院关于加快发展现代保险服务业的若干意见》（国发〔2014〕29号）、《中国保险监督管理委员会　北京市人民政府关于加快推动北京保险产业园创新发展的意见》（保监发〔2014〕20号）和《北京市人民政府关于加快发展现代保险服务业的实施意见》（京政发〔2015〕44号），落实首都金融业发展支持政策及中关村国家自主创新示范区、石景山国家服务业综合改革试点区的相关政策，优化发展环境，加快推动北京保险产业园创新发展，根据国家和北京市有关法律、法规，制定本办法。

第二条　本办法所指的“北京保险产业园”（以下简称“保险产业园”）位于石景山国家服务业综合改革试点区。本办法适用于在保险产业园进行工商注册和税务登记的保险机构。保险行业组织等相关机构可参照执行。

第三条 发展目标：立足首都城市战略定位和京津冀协同发展战略，按照“政府推动、市场运作”的原则，高起点、高标准、高水平推动保险产业园开发建设，加强创新引领，打造以保险产业为主体的国家级金融创新示范区。

第二章 加强组织创新，完善保险市场体系

第四条 积极发展符合首都功能定位的高端保险产业。进一步完善现代保险市场体系，支持符合准入条件的各类资本在保险产业园设立保险机构。

第五条 提高保险业对外开放水平。落实国务院批复的北京服务业扩大开放综合试点实施方案，支持境外保险机构在保险产业园发展；支持设立外资健康医疗保险机构；支持保险机构服务国家“一带一路”战略，扩大保险服务出口，为境内外企业提供风险保障。

第六条 推进保险业基础设施建设。支持在保险产业园建设全行业的资产托管中心、保险资产交易平台、再保险交易所等。支持中国保险信息技术管理有限责任公司发挥示范引领作用，发展数据收集分析、研发应用、资金支付结算等金融保险业务，为提升保险业风险保障水平，促进行业转型升级提供支持。

第七条 鼓励创新型保险业态发展。支持在保险产业园设立专业性保险公司、相互保险组织、自保公司、信用保险公司、互联网保险公司等保险机构。

第八条 鼓励保险中介机构专业化发展，鼓励在保险产业园设立保险中介机构。

第九条 鼓励发展保险行业服务类公司。支持在保险产业园设立风险评估、损失理算、保险精算、咨询服务等专业服务机构，完善保险产业链，提高行业服务水平。

第十条 稳步推进保险交易所试点建设。探索开展保单贴现交易，积极研究建立财产保险、人身保险、保险衍生品等场内集中交易场所。

第十一条 探索在保险产业园建立巨灾风险证券化交易场所，试点开发巨灾债券、巨灾期货等金融工具，吸引社会资本参与巨灾风险管理，完善巨灾风险分散机制。

第三章 开展产品创新，促进经济社会发展

第十二条 探索运用保险机制创新公共服务提供方式。充分发挥保险风险管理功能及保险机构的网络、专业技术优势，开发产品，通过市场化机制，降低公共服务运行成本，提高社会管理效率。

第十三条 鼓励保险机构开发创新各类具有社会保障功能的商业养老和健康保险产品。按照国家有关政策在个人所得税和保险公司所得税、营业税、产品开发成本费用扣除等方面给予支持。

第十四条 大力发展食品安全、生态环境治理、安全生产等与公众利益密切相关的责任保险，创新社会治理方式，提升城市治理水平。

第十五条 服务创新驱动战略。加大科技保险的开发和创新力度，支持国家科技创新中心建设，推动大众创业、万众创新。鼓励保险机构积极开展演艺、赛事、旅游、会展等保险业务，促进保险与文化产业融合发展。

第十六条 推动保险业与医疗、社保、教育等行业和部门的合作，支持搭

建保险机构与医疗机构的对接服务平台，构筑多功能、全方位和高效率的合作共赢机制，促进保险业与相关行业的互动发展。

第十七条 探索保险产品区域性创新试点。在风险可控的前提下，在费率自主化等方面探索经验。

第四章 加快服务创新，提升社会保障水平

第十八条 支持保险机构参与养老健康服务产业链整合。支持符合条件的保险机构投资养老健康服务业。鼓励保险机构创新养老保险服务，为不同群体提供个性化、差异化养老保障。支持保险机构提供与商业健康保险产品相结合的疾病预防、健康维护、慢性病管理等健康管理服务，提高生活性服务业品质。

第十九条 鼓励保险机构探索建立综合性社区保险服务网点，集医疗、健康咨询、财富管理、人身和财产保险产品咨询、销售及服务为一体，实现对风险的全面管理。

第二十条 鼓励保险机构运用网络、云计算、大数据、移动互联网等技术促进保险业销售渠道和服务模式创新。

第二十一条 支持保险机构与商业银行、证券公司、小额贷款公司、融资性担保公司、商业保理公司、互联网企业等各类型机构进行业务合作，鼓励其在服务领域融合发展。

第二十二条 推动京津冀保险业合作。落实京津冀协同发展战略，鼓励保险机构开发适合京津冀协同发展特点的保险产品和服务，优化服务流程，规范服务标准，为保险消费者提供专业、便捷的保险服务。

第五章 探索资金运用创新，支持经济转型升级

第二十三条 支持保险机构以债权投资计划、股权投资计划、夹层基金等形式参与京津冀协同发展、首都城市基础设施等重大项目建设，对项目规划、退出机制、增信措施等进行统筹安排，为保险资金运用与京津冀协同发展提供支撑。

第二十四条 鼓励保险机构通过投资企业股权、债权、基金、资产支持计划等形式，在合理管控风险的前提下，为科技型企业、中小企业、战略性新兴产业提供资金支持。

第二十五条 探索保险机构投资、发起资产证券化产品，积极培育另类投资市场，支持保险机构境外投资。

第二十六条 鼓励符合资质的保险资产管理机构探索与北京市社会保障基金和医疗保险基金的合作模式，提高基金市场化运作水平。

第二十七条 鼓励保险机构设立不动产、基础设施、养老、健康等专业保险资产管理机构。支持保险资产管理机构设立夹层基金、并购基金、不动产基金等私募基金。鼓励保险机构开展设立基金管理公司试点。

第六章 推进监管创新，防范化解风险

第二十八条 开展负面清单管理，创新保险监管体制和方式。试点开展保险公司省级以下分支机构设立及高管人员任职资格备案制管理。

第二十九条 经监管部门认定，符合保险产业园发展导向并且具有重大创新示范意义的新型法人机构，可以适当简化审批环节和流程。

第三十条 推进监管体系和监管能力现代化。加强京津冀监管合作，建立健全风险监测预警机制，完善风险应急预案，优化风险处置流程，提高风险处置能力。

第七章 培育保险文化，引领行业发展

第三十一条 积极践行“守信用、担风险、重服务、合规范”的保险行业核心价值理念，建立健全自律规则体系，提升保险产业园发展水平。

第三十二条 打造弘扬保险文化、展示保险形象的高水平宣传阵地。建设保险研究机构、保险博物馆、资料馆、档案馆等保险文化基础设施。

第三十三条 推动保险教育和培训产业发展。借助北京智力资源丰富的优势，加大对风险管理、精算、财务、核保核赔、资产管理等专业技术人才的培养力度，为行业发展提供人才支持。

第八章 加大服务保障，优化发展环境

第三十四条 加强对保险机构的支持力度。对新设立或新迁入的具有独立法人资格的保险机构，依照北京市促进金融产业发展政策给予支持。

第三十五条 加强对保险机构办公用地、用房支持力度。

（一）在符合首都战略定位、城市规划和土地利用规划的前提下，保险产业园土地实行分类保障。经认定符合相关条件的，由保险机构投资且自持自用的建设项目，经市政府批准，参照现有促进金融发展政策执行。

（二）保险机构租赁办公用房且从事保险业务的，依照北京市促进金融产业发展相关政策给予支持。

第三十六条 加强保险人才服务力度。

（一）加大对高端人才的奖励力度。对符合条件的保险机构高端人才，按照其贡献度由属地给予奖励。

（二）加大对高端人才的服务水平。加强在人才引进、住房保障、医疗健康、教育培训、子女入学等方面的服务。

（三）保险机构可按不超过职工工资总额12%的比例为职工缴存住房公积金，职工住房公积金不受月缴存额上限限制。

（四）推动在保险产业园开展个人税收递延型商业养老保险试点。

第三十七条 加强规划建设服务保障。

（一）健全工作机制。建立中国保监会发改部、北京市相关部门和石景山区政府参加的保险产业园建设工作联席会议制度，统筹协调解决建设发展中的重大问题。

（二）对园区内的重大项目和重点工程，纳入北京市绿色通道，提高服务保障效率。

（三）建立保险机构落户代理服务制，在工商注册、税务办理等方面，开展全程代办服务。

第九章 附 则

第三十八条 本办法由发文单位负责解释、实施和修改。

第三十九条 本办法自发布之日起30日后实施。

附：

2015年文件与规章目录选编

中国人民银行营业管理部

1. 中国人民银行营业管理部关于进一步完善利率监测统计制度的通知

银管发〔2015〕13号

2. 中国人民银行营业管理部关于人民银行北京地区12363金融消费权益保护咨询投诉电话上线的通知

银管发〔2015〕21号

3. 中国人民银行营业管理部关于做好2015年贺岁普通纪念币发行工作的通知

银管发〔2015〕29号

4. 中国人民银行营业管理部关于设立中国人民银行中关村国家自主创新示范区中心支行（国家外汇管理局中关村国家自主创新示范区中心支局）的通知

银管发〔2015〕40号

5. 中国人民银行营业管理部关于进一步落实金融机构重大事项报告制度的通知

银管发〔2015〕43号

6. 中国人民银行营业管理部关于组织开展2014年度北京辖区内中资银行信贷政策导向效果评估工作的通知

银管发〔2015〕56号

7. 中国人民银行营业管理部　国家外汇管理局北京外汇管理部关于中国人民银行中关村国家自主创新示范区中心支行（国家外汇管理局中关村国家自主创新示范区中心支局）履职的通知

银管发〔2015〕65号

8. 中国人民银行营业管理部关于建立北京地区农村支付服务环境建设业务指标统计报送制度的通知

银管发〔2015〕69号

9. 中国人民银行营业管理部关于开展2015年“金融消费者权益日”活动的通知

银管发〔2015〕75号

10. 中国人民银行营业管理部关于开展存量个人人民币银行存款账户相关身份信息真实性核实验收工作的通知

银管发〔2015〕89号

11. 中国人民银行营业管理部关于做好2015年北京市金融IC卡应用推进工作的通知

银管发〔2015〕98号

12. 中国人民银行营业管理部关于进一步加强公民身份信息核实有关工作的通知

银管发〔2015〕105号

13. 中国人民银行营业管理部　北京市通信管理局　北京市公安局　北京市工商行政管理局　北京市银监局　北京市互联网信息办公室关于印发《北京市联合整治银行卡网上非法买卖专项行动工作方案》的通知

银管发〔2015〕106号

14. 中国人民银行营业管理部关于推动北京市移动金融技术创新健康发展的通知

银管发〔2015〕111号

15. 中国人民银行营业管理部关于完善再贴现业务管理支持小微和涉农企业融资的通知

银管发〔2015〕121号

16. 中国人民银行营业管理部关于开展2015年征信专题宣传活动的通知

银管发〔2015〕130 号

17. 中国人民银行营业管理部关于加强应收账款融资服务平台推广应用工作的通知

银管发〔2015〕133 号

18. 中国人民银行营业管理部关于开展代理发行库管库员岗位练兵活动的通知

银管发〔2015〕145 号

19. 中国人民银行营业管理部关于开展北京金融城域网接入网络检查工作的通知

银管发〔2015〕150 号

20. 中国人民银行营业管理部关于印发《北京市支付机构监管信息系统管理办法（试行）》的通知

银管发〔2015〕160 号

21. 中国人民银行营业管理部关于印发《北京地区企业征信机构监管实施细则（试行）》的通知

银管发〔2015〕163 号

22. 中国人民银行营业管理部关于做好 2015 年度信息安全工作的通知

银管发〔2015〕164 号

23. 中国人民银行营业管理部关于开展国库知识宣传活动有关工作的通知

银管发〔2015〕169 号

24. 中国人民银行营业管理部关于规范支付机构支付业务主体管理工作的通知

银管发〔2015〕179 号

25. 中国人民银行营业管理部关于印发《2015 年北京市金融机构人民币管理工作考核标准》的通知

银管发〔2015〕198 号

26. 中国人民银行营业管理部关于开展银行业金融机构负债管理现场评估工作的通知

银管发〔2015〕204 号

27. 中国人民银行营业管理部关于辖区内银行办理跨境电子商务人民币结算业务备案有关事宜的通知

银管发〔2015〕222 号

28. 中国人民银行营业管理部关于开展支付业务系统漏洞风险排查工作的通知

银管发〔2015〕241 号

29. 中国人民银行营业管理部关于开展 2015 年“支付系统宣传月”活动的通知

银管发〔2015〕242 号

30. 中国人民银行营业管理部关于进一步加强辖区内支付机构变更事项管理工作的通知

银管发〔2015〕247 号

31. 中国人民银行营业管理部关于做好中国人民抗日战争暨世界反法西斯战争胜利 70 周年纪念币发行工作的通知

银管发〔2015〕292 号

32. 中国人民银行营业管理部关于开展产能过剩行业相关企业及大型有问题企业风险监测工作的通知

银管发〔2015〕293 号

33. 中国人民银行营业管理部关于推进应收账款融资服务平台推广应用工作的通知

银管发〔2015〕295 号

34. 中国人民银行营业管理部关于成立北京地区财务公司利率定价专业委员会的通知

银管发〔2015〕301 号

35. 中国人民银行营业管理部关于进一步加强银行卡收单业务外包管理的通知

银管发〔2015〕317 号

36. 中国人民银行营业管理部关于辖区内银行办理跨国企业集团跨境双向人民币资金池结算业务备案有关事宜的通知

银管发〔2015〕324 号

37. 中国人民银行营业管理部关于开展财政专户摸底调研工作的通知

银管发〔2015〕330 号

38. 中国人民银行营业管理部关于组织开展中关村重点非接商圈移动金融支付宣传营销活动的通知

银管发〔2015〕331 号

39. 中国人民银行营业管理部关于开展2015 年北京市打击整治假币违法犯罪专项行动的通知

银管发〔2015〕338 号

40. 中国人民银行营业管理部关于2015 年版第五套人民币 100 元纸币发行有关事项的通知

银管发〔2015〕340 号

41. 中国人民银行营业管理部关于做好中国航天普通纪念币 中国航天纪念钞发行工作的通知

银管发〔2015〕346 号

42. 中国人民银行营业管理部关于开展2015 年北京市反假货币宣传月活动的通知

银管发〔2015〕347 号

43. 中国人民银行营业管理部关于开展征信信息泄露风险排查工作的通知

银管发〔2015〕373 号

44. 中国人民银行营业管理部关于印发《〈银行业金融机构综合评价暂行办法〉操作规程》的通知

银管发〔2015〕381 号

45. 中国人民银行营业管理部关于进一步做好北京市社会商用点验钞机升级及新版人民币识别培训工作的通知

银管发〔2015〕385 号

中国银行业监督管理委员会北京监管局

1. 北京银监局办公室关于印发北京银行业金融机构消费者权益保护工作考核评价实施细则（试行）的通知

京银监办发〔2015〕3 号

2. 北京银监局办公室关于印发打击银行卡非法买卖专项行动工作方案的通知

京银监办发〔2015〕9 号

3. 北京银监局关于严厉打击辖内银行员工私售行为的通知

京银监发〔2015〕12 号

4. 北京银监局办公室关于做好 2015 年首都农村金融服务工作的通知

京银监办发〔2015〕15 号

5. 北京银监局办公室关于对非银行金融机构几类典型违规问题进行风险提示的通知

京银监办发〔2015〕16 号

6. 北京银监局关于印发 2015 年北京银行业消费者权益保护工作要点的通知

京银监发〔2015〕77 号

7. 北京银监局关于开展“金融知识普及服务示范网点”建设工作的通知

京银监发〔2015〕95 号

8. 北京银监局关于印发 2015 年度北京银行业防范打击非法集资宣教活动工作方案的通知

京银监发〔2015〕98 号

9. 北京银监局办公室关于 EAST 系统监管数据持续报送有关事项的通知

京银监办发〔2015〕21 号

10. 北京银监局关于推进辖区客户风险信息共享的通知

京银监发〔2015〕155 号

11. 北京银监局办公室关于优化信托项目报告流程的通知

京银监办发〔2015〕23 号

12. 北京银监局办公室关于加强信托公司风险管理有关事项的通知

京银监办发〔2015〕26 号

13. 北京银监局关于印发 2015 年北京银行业“金融知识进万家”宣传服务月活动方案的通知

京银监发〔2015〕165 号

14. 北京银监局办公室关于进一步加强当前辖内农村中小金融机构案件风险防控工作的通知

京银监办发〔2015〕31 号

15. 北京银监局办公室关于加强辖内外资银行操作风险管理的通知

京银监办发〔2015〕36 号

16. 北京银监局办公室关于进一步加强辖内大型银行内部控制提高风险防控能力的通知

京银监办发〔2015〕38 号

17. 北京银监局关于柜面业务操作风险提示的通知

京银监发〔2015〕188 号

中国证券监督管理委员会北京监管局

1. 关于开展第六次北京辖区证券期货业信息技术资源调查的通知

京证监发〔2015〕1 号

2. 关于北京辖区 2013 ~ 2014 年度保荐机构持续督导执业评价结果的通报

京证监发〔2015〕3 号

3. 关于对《北京辖区证券营业部分类监管评价指标》进行修订的通知

京证监发〔2015〕6 号

4. 关于开展私募投资基金自查工作的通知

京证监发〔2015〕10 号

5. 关于做好 2014 年度期货公司年报审计工作的通知

京证监发〔2015〕15 号

6. 关于取消部分期货经营机构审批事项以及调整期货公司分支机构许可证发放管理有关工作的通知

京证监发〔2015〕18 号

7. 关于从事证券期货相关业务的资产评估机构报送 2014 年度相关资料的通知

京证监发〔2015〕25 号

8. 关于举办北京辖区上市公司财务机构负责人专题培训的通知

京证监发〔2015〕30 号

9. 关于证券公司经理层人员任职资格年检的通知

京证监发〔2015〕37 号

10. 关于辖区各相关机构填报证券期货法律业务信息的通知

京证监发〔2015〕47 号

11. 北京证监局关于开展 2015 年度普法宣传活动的通知

京证监发〔2015〕51 号

12. 关于开展基金销售业务自查工作的通知

京证监发〔2015〕52 号

13. 关于做好北京辖区持续督导评价工作的通知

京证监发〔2015〕54 号

14. 关于办理证券期货市场诚信档案查询使用等相关事项的通知

京证监发〔2015〕86 号

15. 关于做好 2015 年辖区证券经营机构监管工作相关要求的通知

京证监发〔2015〕94 号

16. 关于召开 2015 年北京地区通信行业上市公司专题座谈会的通知

京证监发〔2015〕114 号

17. 关于开展防范打击非法集资宣传活动相关情况的通知

京证监发〔2015〕139 号

18. 关于开展“公平在身边”投资者保护专项活动的通知

京证监发〔2015〕148 号

19. 关于开展 2015 年期货公司分类评价工作的通知

京证监发〔2015〕150 号

20. 关于举办北京辖区证券分支机构负责人专题培训的通知

京证监发〔2015〕153 号

21. 关于辖区期货经营机构监管规范性文件清理情况的通知

京证监发〔2015〕174 号

22. 关于废止辖区部分证券监管文件的通知

京证监发〔2015〕175 号

23. 关于辖区基金管理公司监管文件清理情况的通知

京证监发〔2015〕179 号

24. 关于证券公司发行短期公司债券有关事宜的通知

京证监发〔2015〕189 号

25. 关于召开北京辖区证券资格资产评估机构培训会的通知

京证监发〔2015〕228 号

26. 关于对通过互联网开展股权融资活动的机构进行专项检查有关事项的通知

京证监发〔2015〕253 号

27. 关于开展涉嫌非法集资广告和资讯信息排查清理活动的通知

京证监发〔2015〕269 号

28. 关于开展 2015 年证券公司公司债券相关业务现场检查的通知

京证监发〔2015〕281 号

29. 关于在北京辖区集中开展资本市场诚信建设宣传活动工作的通知

京证监发〔2015〕304 号

30. 关于加快推进证券公司开展新股发行改革技术准备工作的通知

京证监发〔2015〕321 号

31. 北京证监局关于 2015 年全国证券期货监管工作会议情况的报告

京证监字〔2015〕17 号

32. 北京证监局关于 2014 年北京辖区上市公司融资情况的报告

京证监字〔2015〕28 号

33. 北京证监局关于 2014 年服务首都实体经济和北京证券期货业运行情况的报告

京证监字〔2015〕44 号

34. 北京证监局关于 2015 年上半年证券市场融资情况的报告

京证监字〔2015〕169 号

35. 北京证监局关于加快发展首都区域性股权市场的调研报告

京证监字〔2015〕208 号

36. 关于利用北京市服务业扩大开放试点工作提升证券基金服务行业开放程度的报告

京证监字〔2015〕242 号

中国保险监督管理委员会 北京监管局

1. 关于印发《北京地区保险公司投诉处理测评制度》的通知

京保监发〔2015〕6 号

2. 北京保监局关于严格规范非保险

金融产品销售的通知

京保监发〔2015〕69 号

3. 关于进一步加强保险中介从业人员资格考试管理的通知

京保监发〔2015〕67 号

4. 关于进一步加强人身保险产品销售管理的通知

京保监发〔2015〕151 号

5. 北京保监局关于进一步规范北京地区非保险金融产品销售的通知

京保监发〔2015〕410 号

七、专题与调研

创新金融服务方式　推动京津冀协同发展

中国人民银行营业管理部

推动京津冀协同发展是中央为优化国家经济发展空间布局作出的重大决策部署。加快创新金融服务方式，推动京津冀金融市场融合，促进金融要素有序流动，对实现京津冀协同发展具有重要意义。

一、京津冀经济金融协同发展具备良好条件

（一）京津冀经济总量较大，互补性强

京津冀地区以占全国 2% 的土地、8% 的人口，创造了超过 10% 的经济总量。三地产业结构梯度明显，对接协作潜力巨大。2015 年，京津冀三地三次产业结构分别为 0.6∶19.7∶79.7、1.3∶46.7∶52.0 和 9.0∶40.5∶50.5。随着京津冀协同发展的不断推进，将更好地促进北京、天津两地人才、技术、信息等高端要素外溢，提升区域整体协调发展水平；而河北省可利用环绕京津的地理区位，以及在资源禀赋、产业基础、消费市场、级差地租等方面的优势，积极承接产业转移和要素溢出，实现跨越式发展。

（二）京津冀金融总体规模较大，发育程度较好，合作空间大

2014 年末，京津冀三地全部金融机构本外币存款余额 20.6 万亿元，占全国的 15.2%；全部金融机构本外币贷款余额 11.7 万亿元，占全国的 12.5%；三地社会融资规模总计 24 607 亿元，占全国的 16.0%。同时，三地资金分布不均衡，区域资金回报率和成本差异较大。2014 年，北京市金融机构存贷差达 70 013.6 亿元；而河北省不少企业仍面临资金匮乏的局面，对资金跨区域流动需求较大。随着三地协同发展的不断深化，市场主体对金融要素跨地区自由有序流动和合理高效配置提出了新的更高的要求，为进一步释放北京、天津金融业的产业竞争力、资本辐射力和创新引领力，促进河北承接京津金融产业转移和金融功能外溢，提升三地金融支持合力，创造了良好机遇。

二、金融服务京津冀协同发展面临的主要问题

（一）缺乏金融协同发展总体规划，未形成区域金融整体布局和合力

基于京津、京冀签署的政府间合作框架协议，京津、京冀已分别签署金融合作协议，在优化区域金融资源配置、加强科技金融创新合作、建立区域金融合作综合改革试验区等方面进行有益探索。2015 年，《京津冀协同发展规划纲要》出台，为三地金融协同的进一步深化奠定了良好基础。但这些协议和规划在内容上，缺乏专门针对金融协同的顶层设计和权威协调机构，不利于金融协同发展中矛盾和分歧的有效解决，且使三地金融协同发展缺少整体统一的发展规划和行动指南。就目前来看，三地间不少金融合作还仅停留在规划设计阶段，金融合作的广度和深度有待拓展；由于条块和行业分割，三地政府金

融管理部门、金融监管部门推动金融协同发展的信息交流和工作协作仍显不足，整体合力未有效发挥；三地金融机构对金融协同发展路径尚不明晰，缺少服务京津冀协同发展的有效操作指引。

（二）金融市场相对分割，阻碍金融要素跨区域快速有序流动

地方行政区划、财税体制、金融监管属地化等因素，导致三地金融市场相对分割，区域金融功能定位模糊，金融组织结构趋同，金融资源存在重复配置，一定程度上阻碍了金融要素快速流动，削弱了金融对区域经济发展的引领和推动作用。三地金融业跨区域协同联动依然有限，协同效率有待提升。

（三）融资类金融服务未完全有效对接，金融创新滞后于区域经济协同和产业优化升级

为有效助推京津冀协同发展，各商业银行总行、京津冀辖内分行都相应成立京津冀协同发展工作组，统筹推进协同发展相关工作；各行在三地的分支行之间也进一步加强区域对接和项目联动，围绕京津冀一体化的重点领域和重点行业，采取内部银团、供应链融资、集团授信等形式，为三地协同发展提供信贷支持；同时，创新结构融资方式，加强与信托、租赁、保险、理财等表外资金合理对接，满足京津冀地区多样化的融资需求。但目前仍有部分融资需求不能有效对接。

一是在对公金融服务方面，部分项目因实施主体涉及政府融资平台客户，资金支持存在障碍。随着交通一体化、生态环境保护、产业升级转移等重点领域在京津冀协同发展中率先取得突破，高速公路、园区开发等基础设施项目融资需求较大，在当前 PPP 模式尚未大规模开展、融资平台企业未完全通过政府发债解决融资问题的背景下，其大量融资仍需依赖银行；且部分园区类项目涉及拆迁，也不适合采用 PPP 模式融资。但由于多数基础设施项目实施主体涉及政府融资平台客户，银行因无法及时有效掌握平台客户债务分类结果和分类原则，金融支持仍存顾虑。

二是在个人金融服务方面，京津冀三地房地产权属部门尚未实现信息共享，银行办理异地住房贷款业务时不易判断借款人持有房屋数量；河北省部分地区建委无法实现网上签约，贷款行无法及时了解项目实际销售情况，贷后管理工作较为困难；京津冀三地个人贷款抵押登记标准和流程存在差异，给银行提供金融服务带来一定难度。

（四）跨区域资金结算未完全实现同城化

对公结算方面，当前主要有电汇、网上银行和支票三种方式。其中，通过电汇和网上银行进行日常结算不受城市限制、方便快捷。金额 50 万元（含）以内的支票，可通过全国支票影像交换系统实现异地结算。50 万元以上的支票尚无法实现异地结算，但从当前支付结算工具使用偏好和业务发展实际来看，随着经济发展和交易金额上升，支票结算数量和占比会逐年减少。因此，对公结算实现同城化的发展方向不是建立投入大且效率低的三地支票交换机制，而应是大力推广网银和电汇交易，减少支票使用量。

个人结算方面，目前客户通过 ATM 或柜台可办理异地转账、异地存取款、银行卡异地改密和挂失等业务；通过手机银行、网上银行转账可实现跨区域交易手续费减免。但由于成本原因，多数行暂时无法全面实现 ATM 及柜台异地转账、异地

存取款手续费减免，而是按照地区号划分本异地账户，京津冀三地分行间、河北分行辖内各二级分行间使用各渠道进行资金划转均需收取异地结算手续费。多数行目前仅对部分高端客户提供手续费减免服务，只有部分中小银行已实现 ATM 及柜台异地转账、异地存取款免收手续费。

（五）城乡金融服务资源配置不均，农村基础金融服务相对薄弱

京津冀城乡基础金融服务配置不均衡，农村金融服务多样性不足，支付环境有待改善，真正贴合“三农”的产品服务创新力度不够，政策扶持力度有待加强。

三、金融服务京津冀协同发展的政策建议

金融服务京津冀协同发展，应以异地业务同城化为目标，从强化金融协同顶层设计、推进政策制度创新、加大金融产品和服务创新力度三个方面着力（见图 1）。

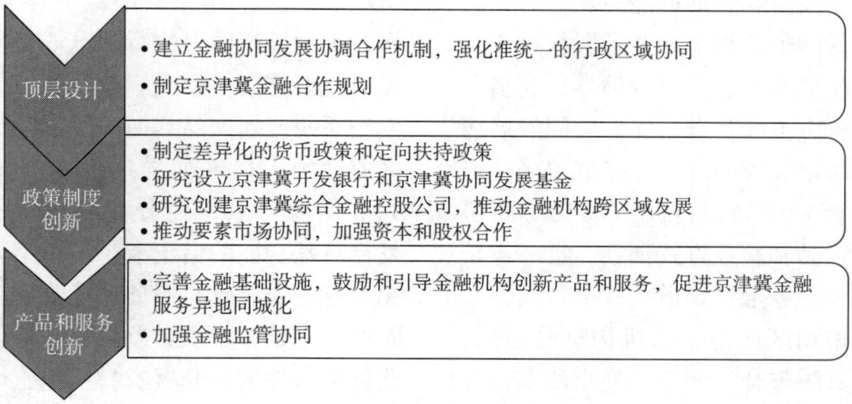

图 1　金融服务京津冀协同发展政策框架设计

推动金融服务异地同城化，应坚持“实事求是、有所为有所不为”的原则，对于纯属思维定式和利益固化造成的制度藩篱，要勇于冲破自家“一亩三分地”的观念束缚，立足金融协同发展的大格局，密切配合，有序推进各类矛盾和问题的解决；对于因金融产品和服务创新滞后导致的金融支持不足，要引导和鼓励金融机构加大产品和服务创新力度，更好地满足区域协同发展中多元化的金融服务需求，切实发挥金融支撑作用；但对于部分跨区域金融服务，如部分异地现金业务，考虑到风险和现实成本等因素，则不应刻意苛求同城化。

（一）强化协同发展顶层设计，建立京津冀金融协同发展协调合作机制

依托京津冀协同发展总体规划，建立三地金融协同发展协调合作机制，统筹制定覆盖整个京津冀区域的金融合作规划。由三地政府金融管理部门、金融监管部门联合成立区域金融协同发展总体协调机构，负责京津冀区域金融协同发展的总体规划设计、区域金融资源的协调整合与优化配置，及时协调解决金融协同发展中相关重点难点问题，并进一步引导三地政银企联动，搭建政银企对接平台。研究制定符合京津冀协同发展要求的区域金融合作规划，明确三地在整个区域金融发展中的定位、目标和任务，确定时间表、路线图，落实责任分工。

（二）推进政策制度创新，优化区域金融资源配置

一是研究制定差异化的货币政策和定向扶持政策，支持京津冀协同发展的融资需求。建议参照服务小微企业、服务“三农”等信贷优惠政策，制定服务京津冀协同发展的金融扶持政策，在授信额度、利率、贷款条件等方面区别对待，综合运用差别存款准备金、再贷款、再贴现等货币政策工具，支持金融机构进一步增强服务京津冀协同发展的能力。同时，支持符合条件的创业投资企业、股权投资企业、产业投资基金发行企业债券，吸引和带动各类资金流向符合京津冀协同发展战略的重点领域和薄弱环节，拓宽市场化资金来源；指导中国银行间市场交易商协会，加快产品和服务方式创新，进一步拓宽三地企业债务融资渠道。

二是推动区域内金融机构有效布局，促进金融资源整合。研究创建京津冀综合金融控股公司，探索以股权为纽带，实现银行、证券、保险、信托、租赁、担保等机构有效融合；研究推动区域内城市商业银行、其他中小金融机构跨行政区设立分支机构；研究设立京津冀开发银行，并推动三省（市）按一定比例共同出资设立京津冀协同发展基金，重点支持回报期较长的基础设施及其他重大项目；鼓励北京、天津高端金融资源向河北输出，发挥辐射带动作用，提升整个京津冀地区的金融发展水平。

三是促进要素市场协同合作。推动三地同类要素市场相互挂牌，各有特色的要素市场加强资源聚集；依托“京津冀产权市场发展联盟”，在已实现三地产权交易信息联网发布的基础上，进一步探索资本和股权合作，积极发展统一完善的区域产权交易机制，通过共享区域产权交易所，进一步便利区域中小企业、高新技术企业开展产权交易及投融资活动。

（三）推进京津冀金融服务异地同城化，营造良好的区域金融生态环境

一是完善金融基础设施功能，推进京津冀支付清算、异地存储、信用担保业务同城化。探索建立京津冀一体化支付体系，大力推广网上银行和电汇交易，推动无纸化票据交换模式。鼓励和引导银行开发新系统或新产品，面向经常在京津冀地区流动的人员（如异地经商、异地务工和常住地与工作地分离等情况的人员）发行特殊功能的借记卡，给予结算费用减免。推进农村支付服务环境改善，逐步消除城乡基础金融服务差异。支持天津、河北符合条件的县开展农村承包土地的经营权和农民住房财产权抵押贷款试点。推动区域信用体系建设，推进小微企业和农村信用体系建设；鼓励信用中介机构开展跨区域服务。统一京津冀地区抵押登记办理标准和流程。完善京津冀地区个人住房信息统一查询机制。

二是完善金融监管协同，探索建立京津冀金融统计数据共享机制，加强跨地区金融风险和资金流动监测，建立和完善区域金融稳定协调机制、反洗钱协调合作机制、金融监管协调机制，共同防范金融风险。

（课题负责人：付喜国）

北京地区跨境人民币业务回顾与展望

中国人民银行营业管理部　跨境办

2010年6月23日，北京作为第二批试点地区正式启动跨境人民币业务，通过市场化的管理模式和业务创新推动，不断扩大人民币跨境使用的范围和规模，各项业务实现平稳较快发展。跨境人民币业务在促进对外贸易和经济增长、推动首都经济发展等方面发挥了重要作用，金融服务实体经济的效果明显。

一、跨境人民币业务政策框架基本建立

自2009年首批试点启动以来，中国人民银行（以下简称人民银行）逐步建立了跨境人民币业务政策框架，从贸易结算起步，逐步扩展到直接投资、融资。对证券投资领域的跨境人民币使用审慎推进，适度采取风险管控措施，有力促进贸易投资的自由化和便利化。

（一）经常项目跨境人民币政策全覆盖

为顺应市场需求，积极应对国际金融危机，国务院决定开展跨境贸易人民币结算试点。2009年7月，上海市和广东省4城市率先开展跨境贸易人民币结算试点。2010年6月，境内试点地区扩大到北京、天津等20个省（自治区、直辖市），不再限制境外地域范围。2011年8月，境内试点地域范围扩大至全国。2012年6月起，境内所有具有进出口经营资格的企业均可选择以人民币进行计价结算。

为满足银行和企业的实际需求，人民银行不断完善和简化相关政策。2013年7月，经常项目跨境人民币结算业务办理流程进一步简化。2013年12月，人民币购售业务由额度管理调整为宏观审慎管理。2014年6月，在全国范围内开展个人货物贸易、服务贸易跨境人民币结算业务，支持银行业金融机构与支付机构合作开展跨境人民币结算业务。2014年11月，跨国企业集团开展经常项目跨境人民币集中收付业务。2015年8月，拓宽人民币购售业务范围。

（二）资本项目跨境人民币业务政策稳步放宽

跨境人民币直接投资无政策障碍。2011年1月和10月，先后允许境内机构以人民币进行对外直接投资和境外投资者以人民币到境内开展直接投资。2013年9月，境外投资者可以使用人民币投资境内金融机构。2014年6月，直接投资跨境人民币结算业务办理流程进一步简化。2014年11月，符合一定条件的跨国企业集团可以开展跨境双向人民币资金池业务。2015年9月，进一步便利人民币资金池业务，放宽成员企业条件。

跨境人民币融资政策有序拓宽。2011年10月，境内银行可以开展境外项目人民币贷款业务。2013年7月，境内非金融机构可以开展人民币境外放款业务和人民币对外担保业务，放宽境内代理行向境外参加行提供人民币账户融资的期限和限

额。2014 年 9 月，明确境外非金融企业在境内银行间债券市场发行人民币债务融资工具的跨境人民币结算政策。

跨境人民币证券投资政策逐步完善。2010 年 8 月，境外中央银行等三类境外机构可以进入银行间债券市场投资。2011 年 12 月，在香港开展以人民币境外合格投资者（RQFII）方式投资境内证券市场。2013 年 3 月，扩大 RQFII 试点机构范围，放宽投资比例限制。2014 年 11 月，允许人民币合格境内机构投资者（RQDII）以人民币开展境外证券投资。同月，“沪港通”正式启动，两地投资者可以买卖在对方交易所上市的股票。2015 年 5 月，已获准进入银行间债券市场的境外人民币清算行和境外参加行可以开展债券回购交易。2015 年 7 月，境内原油期货跨境交易以人民币计价结算。2015 年 11 月，境内银行业金融机构可以为境外央行类机构开立人民币银行结算账户，用于投资银行间债券市场等业务。

二、北京跨境人民币业务积极稳妥推进

（一）稳步发展，跨境人民币结算规模保持较快增长

经常项目跨境人民币使用快速发展。经常项目跨境人民币结算金额从 2010 年的 1 071.8 亿元，逐年递增至 2015 年的 6 958.92亿元。其中，货物贸易人民币结算金额从 2010 年的 1 042.43 亿元增加至 2015 年的 5 332.74 亿元，占同期货物贸易本外币跨境结算金额的比重由 5.11% 提升至 26.94%。

直接投资跨境人民币使用稳步增长。对外直接投资人民币结算金额从 2011 年的 6.31 亿元增长至 2015 年的 1 821.46 亿元；外商直接投资人民币结算金额从 2011 年的 17.7 亿元增长至 2015 年的 1 838.21亿元。截至 2015 年末，对外直接投资人民币结算金额累计 2 859.2 亿元，外商直接投资人民币结算金额累计 3 857.66亿元。其中，自跨国企业集团双向人民币资金池业务开办以来，北京地区已有将近 60 家跨国企业集团完成备案。

（二）坚持服务实体经济，助力首都金融业“走出去”

北京跨境人民币业务有效支持首都金融业发展，让银行和企业从本币结算便利和规避风险等方面获得了实实在在的好处，促进金融部门与实体经济协同发展。截至 2015 年末，北京地区共 64 家银行为 1.91 万户企业办理跨境人民币结算业务。国内中资银行充分抓住人民币国际化带来的市场机遇，发挥人民币负债业务体量大、人民币资金清算便利等优势，为企业提供更多以人民币计价的金融产品，积极实施“走出去”战略，不断提高跨境金融服务和国际化经营水平。截至 2015 年末，北京地区境内代理银行为境外参加行共开立 626 个人民币同业往来账户；境内代理银行累计办理人民币购售业务 1 712.99亿元，净买入 1 031.29 亿元。

（三）探索简化和创新，促进贸易投资便利化

跨境人民币业务一直遵循“低调务实有效推动、尊重市场顺应需求、循序渐进风险可控”的原则，通过流程简化和业务开拓刺激市场需求，推动银行和企业在“两个市场、两个币种”间更好地配置资源。一是简化业务流程，与实体经济密切相关的跨境人民币业务办理规则基本与国际接轨，有效降低银行和企业的成本和时间。二是拓宽跨境人民币循环渠道。北京在全国率先推动产权交易项下的跨境

人民币结算业务，并为在京银行、支付机构支持跨境电子商务人民币结算清理政策障碍。三是根据首都总部经济特征，明确跨国集团人民币双向资金池备案细则，探索推动电子化备案系统开发上线。

（四）采用事后监督管理模式，构建宏观审慎管理框架

为了激发市场活力，支持企业、银行根据市场情况和自身经营需要自主选择计价结算支付货币，跨境人民币业务从开办之时就积极探索更加市场化的事中和事后监督管理的新模式，采取实行事后监督和“负面清单”式的管理，由银行在“展业三原则”的基础上依法自主进行真实性和合规性审核。中国人民银行依托境内大额支付系统和人民币跨境收付信息管理系统（RCPMIS），全面监测分析评估资金流动状况和银行业务合规状况，关注潜在系统性风险，从宏观层面维护金融稳定。

三、前景展望

随着中国改革开放不断深化，“一带一路”等国家战略将激发更多的市场需求，人民币资本项目可兑换有序推进，未来将不断拓宽人民币跨境流动渠道，实现人民币跨境良性循环，为银行和企业在跨境贸易、投融资和资产负债管理等方面带来更多的便利和机遇。

（一）完善基础设施和离岸市场建设，人民币跨境使用将进一步扩大

现有跨境人民币政策框架将不断优化和完善，配合“一带一路”建设，支持境内机构使用人民币对外贷款和投资，助推结构调整。加快建设人民币跨境支付系统（CIPS）二期和人民币跨境收付信息管理系统（RCPMIS）二代建设。支持人民币离岸市场建设，丰富离岸人民币金融产品，形成多点发展的良好格局，增加离岸人民币市场的深度和广度，形成境内和境外两个市场的积极互动。继续推出与主要贸易伙伴货币的直接交易，促进区域交易市场发展。

（二）继续开展双边货币合作，人民币储备功能进一步提升

为抵御国际金融危机，截至 2015 年末，人民银行与 33 家境外央行或货币当局签署双边本币互换协议，总额度超过 3.3 万亿元。未来将继续加强与相关中央银行的沟通和协调，支持战略性货币互换协议的签署，在防范风险的前提下有效使用互换资金用于贸易和投资。积极支持境外央行类金融机构将人民币资产纳入其外汇储备。取消境外央行类机构投资境内银行间债券市场的额度限制，允许境外央行类机构自主选择人民银行或银行间市场结算代理人代理其投资银行间债券市场。

（三）加快实现人民币资本项目可兑换，金融市场活力进一步提升

推动资本市场双向开放，逐步取消合格境内机构投资者、合格境外机构投资者的资格和审批额度，要拓展境内外股市的互联互通机制，更多类型的境外机构在境内发行人民币债券，允许境外企业来境内发行股票。扩大境内居民个人对外投资，逐步放宽境内机构境外发行人民币债券限制。增加境内企业境外借用人民币试点范围。推动更多类型的境外机构在境内发行人民币债券。推进以人民币计价的原油期货尽快上线，推动其他大宗商品交易使用人民币进行计价结算。

（安飒）

征信市场发展中存在的问题和应对措施

——以北京地区为例

中国人民银行营业管理部　征信管理处

一、北京地区征信市场基本情况

2015末，北京地区已有40家企业征信机构完成备案办理，为进一步了解辖内企业征信机构的经营状况，我们对已备案40家企业征信机构2015年的经营状况进行了统计分析，具体情况如下：

从资产规模来看，40家机构资产规模主要集中在1 001万～5 000万元的区间，平均每家机构注册资本为4 144.99万元（部分机构认缴），平均每家机构净资产为3 497.85万元。从机构人员情况来看，40家机构员工总人数为2 674人，其中，专职从事企业征信业务的有1 868人，学历主要集中在本科。从收入情况来看，40家机构2015年当年营业收入共计为46 104.3万元，其中，企业征信业务收入为22 246.9万元，占总营业收入的46.14%。企业征信业务收入最高的机构为3 497.85万元。有20家机构的营业收入在1万～500万元的区间，占总机构数量的一半，有7家机构在2014年尚未实现业务收入。从利润情况来看，40家机构净利润总共计为－2 558.17万元，其中，企业征信业务净利润共计为－6 570.25万元，净利润最高的机构为1 724万元。

从业务开展情况来看，40家机构2015年共计提供信用报告查询服务33.43万笔，提供信用分查询服务169万次。从业务类型来看，各机构的业务类型主要包括：企业征信报告、企业信用评分/评级、企业信用信息认证、企业商账追收及其他增值咨询服务等。其中以企业征信报告及企业信用信息认证服务为主。从数据采集渠道来看，企业征信机构信息采集主要来源于公开渠道发布的信息、互联网信息、行业协会、信息主体提供及自有数据。

从上述分析可以看出，北京地区征信市场初级阶段特征比较明显，市场总体规模较小，机构总体实力偏弱；市场集中度高，企业和个人对征信产品的需求还局限于较小的范围，距离全社会的广泛应用还有较大差距，征信产品较为单一，同质化严重；持续的盈利模式尚未形成，目前企业征信机构普遍很难实现盈利，利润率低，前期投入较大，不容易赚钱。

二、北京地区企业征信监管面临的问题

（一）企业征信机构备案的法律效力偏低，给如何准确把握市场准入的标准带来挑战

目前，社会各界对成立征信机构的热情很高，其中不乏很多非专业机构盲目跟风，有少量数据就想从事征信业务，对征信行业并不了解，也没有从事征信所需要的资金、技术、人才，以及反映信用信息的海量数据，只是为了“申牌照，抢位置”、进行“资本运作”或提升集团品牌

价值，自身并不具备从事征信业务的能力和竞争力，难以可持续发展，如果让这些非专业机构盲目进入市场，会影响和扰乱征信行业的健康发展。目前，个别前期已备案征信机构的不规范经营风险开始逐步暴露，因此，在对企业征信机构的进入环节应严格把关，切实履行审核责任。但企业征信机构备案仅是一种行政管理手段，主要是对企业提交的相关备案的材料进行形式审查，与行政许可的实质性审查有本质区别，在当前依法行政的政策环境下，如果把备案当做行政许可，人民银行将面临行政诉讼的风险。但如果不从严把关，就会导致不符合行业发展的企业进入市场，不仅会给监管部门自身带来法律风险，还可能会给行业发展以及征信机构自身经营等带来风险，导致行业初期的“野蛮生长”。

（二）对企业征信机构的监管和处罚的法律依据不足，缺乏强有力的监管手段

由于征信市场处于起步阶段，机构良莠不齐，人员复杂，素质不一，部分企业征信机构的不规范经营行为性质严重，对人民银行的监管和执法检查的不予配合，远远不同和超过人民银行对传统金融机构的监管，这将是人民银行征信监管面临的新课题。目前按照《征信业管理条例》、《征信机构管理办法》、《征信机构监管指引》等规定，对企业征信机构的处罚手段主要为责令整改、罚款和注销企业征信机构备案，处罚手段单一，处罚力度和影响力有限。对企业征信机构，特别是对重点监测机构的监管也缺乏明确、具体的规定，已不能满足实际监管需要。

（三）大数据征信的兴起，对现有监管模式和思维带来挑战

随着互联网大数据在征信业内的应用，将在数据采集、使用和信息安全等方面对现有的征信模式、业务规则、监督管理造成巨大压力，尤其在个人隐私保护方面，情况已经比较严重。目前，不少大数据公司利用其在为电信运营商、网站等提供广告营销和数据分析等第三方服务过程中积累的用户网络行为数据，通过数据建模为用户画像、分析用户属性，对外提供个人征信产品和服务。网民在互联网上留下的行为数据，在电信运营商、网站取得用户授权后，由提供第三方服务的大数据公司对信息进行挖掘分析，为电信运营商、网站部署完整的广告投放、数据分析，信息仅限于在内部闭环中使用，这是合法的。但如果这些从事第三方服务的大数据公司在信息主体不知情，没有获得个人信息主体明确授权的情况下，将这些信息从事个人征信业务，就严重侵害了信息主体的合法权益，造成对个人信息的滥用。

（四）企业征信机构代理业务存在风险，是崭新的监管难题

目前，部分企业征信机构总部，通过发展异地代理方的业务模式开展征信业务。代理方只是为其总部在当地采集信息和出售征信报告，对外提供的征信产品完全依托于总部的征信系统，不具备独立开展征信业务并进行相关备案的法定条件，因此，代理方不需在当地人民银行分支机构进行备案。但是，代理方的业务合作行为是其总部征信活动的延伸和拓展，在目前征信市场有效需求不足的情况下，代理方实现征信业务盈利并不容易，生存压力较大，如果长期不能盈利，预期收益不能达到，代理费管理不当，代理方很有可能与总部发生冲突，引发风险。由于不办理备案，代理方所在地人民银行分支机构目

前缺乏有效依据将其列为监管对象，难以对其开展的征信业务活动进行有效监管。同时，我们在监管中发现，个别征信机构自身实力弱小，却夸大宣传，以代理方式或以授权中心、授权服务商、加盟商、工作站等各种名目，大量在异地发展代理业务，实质上是为了收取代理费，不惜损害相关主体权益。对于此类总部加异地代理方的业务模式如何形成全国一盘棋的统一协调监管模式，将是人民银行在征信监管中面临的又一新难题。

（五）对征信机构存在的虚假宣传的行为缺乏联合监管机制

目前，部分征信机构在经营过程中，存在故意混淆事实，开展虚假和夸大宣传，屡次被投诉，在一定程度上误导了消费者，涉嫌违背“诚实守信”的法律要求，在一定程度上扰乱了市场秩序，影响了行业公信力。但是，虚假宣传等行为属于工商行政管理部门的监管事项，目前由于法律法规并未针对虚假宣传赋予征信监管部门行政执法的权力，因此，建立由人民银行牵头，和工商等多部门协同对征信机构违法、违规行为进行监管和打击协同监管机制显得尤为迫切。

三、相关建议

一是在市场进入方面提供细化的履职依据和参考标准。从整个征信市场发展的战略高度出发，做到严格把关，将业务经营特色、持续盈利能力、公司治理水平、信息采集和使用、征信业务收费模式、宣传口径等作为征信机构市场进入的重要考量因素，制定完善的市场进入履职依据和参考标准，做到成熟一家，进入一家。在此过程中，加强宣传、解释和引导，扶优限劣，对不成熟的机构进行道义劝退，防止市场参与者的“跟风”进入，减少市场的盲目性，避免过度的耗费和损失，不断优化进入机构的质量，确保行业初期的有序发展而非“野蛮生长”。

二是增加对企业征信机构的监管及处罚手段，重点加强对征信机构违规行为的监管。从征信业务的概念、信用信息划分、主营征信业务的识别标准以及征信作业流程、业务合作模式、收费模式等方面进行细化规定。增加对企业征信机构的监管及处罚手段，建立企业征信机构备案定期更新制度，增加备案证的有效期。将信息披露、风险提示等作为监管的重要手段，通过建立信息公示平台对征信机构的违法、违规行为进行公示。加强对征信机构的现场和非现场监管，完善征信机构业务报备制度和统计制度，研究制定分级分类监管标准和措施，对征信机构实行量化考核。加强对重点监管征信机构的监管，及时发现和纠正违规收费、虚假宣传等各类征信违规行为，适时开展征信机构专项检查。

三是高度关注互联网征信新型业态的发展，及时出台符合互联网征信的业务标准和监管措施。按照《征信业管理条例》等法规，加强对互联网征信业务发展的政策指导，审慎引导具有核心技术、运作规范的大数据公司参与征信市场，促进大数据技术和征信行业的有机融合。同时，规范互联网征信数据采集和授权规则；规范与电信运营商、网站等合作的第三方服务商的征信行为；对于没有获得授权的互联网个人隐私信息，应参照欧洲立法中“被遗忘权”，进行数据删除处理，防范个人信息滥用。

四是建议统筹建立征信代理业务模式的专项监管机制。目前，异地代理业务模式有愈演愈烈之势，必须引起人民银行的高度重视。应统筹考虑，建立对此类机构的专项监管机制，对不能形成实质性盈利模式的代理行为进行风险提示。

五是建立由人民银行牵头，工商、公安等相关职能部门的联合工作机制，多部门协同对征信机构违法、违规行为进行监管和打击。

六是依靠市场自身力量，推动行业自律，大力推动本地区的征信机构成立总经理联席会议，通过在市场进入环节参考自律组织意见、设定加入和退出自律组织条件等方式，推动自律组织在征信监管制度框架内，充分发挥好自律监管职能，维护行业间的公平竞争，促进行业健康发展。

（袁新峰　武逸）

中国邮政储蓄银行北京分行代理营业机构普惠金融服务调研报告

中国银行业监督管理委员会北京监管局

2015年末，中国邮政储蓄银行北京分行（以下简称邮储银行北京分行）代理营业机构邮政代理网点429家，城区网点占比54%，郊区县网点占比46%。近年来，北京地区代理营业机构充分利用网点数量多，布局融入乡镇、贴近社区的渠道优势，探索开展服务转型，积极践行普惠金融服务。但也面临首都功能疏解影响大、城区老旧网点改造难、低成本网络优势发挥不充分等问题和困难。对此，中国银行业监督管理委员会北京监管局（以下简称北京银监局）对西城、石景山、门头沟等地居民社区和传统商圈的代理营业网点进行了走访调研。

一、开展普惠金融服务的特点和优势

（一）产品服务接地气

专心服务好居民日常生活开支“小钱包”，努力发展好社区金融“大业务”。一是目标客户定位普通百姓。邮储银行北京分行429家代理营业网点共服务客户约828万户，主要服务城乡居民、老年群体、外来务工人员。二是业务发展专注便利服务。邮储银行北京分行代理营业网点基础金融服务不厌细碎繁琐。坚持多年养老金代发服务，惠及客户数量超过百万，占到北京市代发养老金总数的53%以上。除了储蓄、结算、汇兑等基础金融服务外，帮助居民便捷支付水、电、燃气费，通讯话费、公交充值等日常缴费，并销售国债、理财、保险等金融产品。还与邮政营业所合作为周边居民提供集邮品销售、报刊订阅，信函包裹邮递等服务，努力打造贴近老百姓生活的金融便利店。

（二）融入社区有渠道

邮储银行北京分行代理营业机构开展社区金融服务重要做法是：网点“沉下去”、服务“融进来”。一是先发优势抢占社区金融网点布局。代理营业机构所依托的邮政网络作为国家重要通信基础设施被纳入城乡建设规划，这一渠道优势在北京地区尤为突出：根据北京市人民政府（以下简称市政府）有关文件，居住区配套邮政局（所）应作为公共服务设施与小区住宅、市政公用基础设施同步交付使用，为代理营业机构与基层社区公共服务体系有机融合提供了非常有利的条件。北京地区现有邮政营业所（以上）网点数量为715家，广泛分布于居民区、学校和商圈附近。二是差异服务融入社区生活。地处居民区的代理营业网点把差异化特色经营关注点放在社区“一老一小”群体上。如抓住时令节气举办亲民活动，冬至赠送居民白菜寓意“摆财”，端午节组织包粽子比赛，营销周边商户开展持银行卡消费优惠。结合社区居民兴趣爱好，开展老年摄影评选巡展、中医养生问诊和健步走活动。组织暑期儿童参与“小小理财家”、集邮大讲堂。活动中穿插开展理财知识、辨识假钞、防金融诈骗和打击非法集资宣传。使金融服务融入社区公共生活中，有效提升代理营业网点对居民和商铺客户的吸引力。

（三）运营成本显优势

在社区开展普惠金融服务必须解决商业可持续发展问题。邮储银行北京分行代理营业机构单一业务产品本身虽不具有明显竞争优势，但其基层网点依托邮政营业所设立，获取营业场所成本低廉，是保障普惠金融服务“保本微利”可持续经营的重要优势。经统计，北京市邮政公司现有邮政网点80%以上为自有房产或无偿使用，新获取的居住区公共服务设施配套网点以建安成本价格接收，具有较大的网点成本优势。

此外，代理营业机构人力资源储备丰富。由于邮政业务逐年萎缩，北京市邮政公司对代理金融条线人力资源倾斜力度不断加大，近两年通过校园招聘、定向培养等方式为代理营业机构补充千余人，用于充实网点负责人、理财经理、大堂经理等岗位人员储备。

（四）风险管控强保障

在监管持续推动下，邮储银行北京分行代理营业机构多维度强化了风险管控能力建设。在全国范围内较早推动代理营业网点配备专职负责人，改变了传统邮政支局统管多个代理营业网点代理金融和邮政业务的管理模式。强化代理营业网点负责人任职审查，探索专业条线管理，实施专项绩效考核。依托中国邮政集团、中国邮政储蓄银行整体资源，不断强化案件操作风险管控。推进代理营业网点柜面操作集中授权管理。加强专职合规检查队伍建设、网点人员专业资质和合规教育培训。加大资源投入，持续加强和改进网点安防设施建设。

二、面临的困难和问题

随着北京地区经济社会发展，特别是《京津冀协同发展规划纲要》出台，北京市有序疏解非首都功能和核心城区人口，对邮储银行北京分行代理营业机构城区网点布局产生了深远影响。目前面临的主要问题和困难有以下四个方面：

一是城区网点数量饱和，发展滞后。以北京市四环为分界线进行统计对比：代理营业机构四环内网点数量137家，点均服务面积2.5平方公里；而四环外网点数量292家，点均服务面积55.2平方公里。城区代理营业机构网点近三年营业收入平均增速4.52%，远低于郊区12.92%的增速。截至2015年8月末，城区代理营业机构网点点均交易量同比下降18.68%，而郊区网点同比上升5.07%。

二是疏解传统商圈等非首都功能产业导致部分网点面临关停。如动物园、大红门、天意等传统商圈疏解，预计将直接导致代理营业机构在西城区、丰台区等十余家网点关停。

三是城区老旧网点难以改造且租赁成本高涨。部分城区老旧代理营业机构网点因难以改造达到安防标准或因租赁到期无法续租等原因，不得不面临迁址，但核心城区租金成本不堪重负。

四是远郊金融服务薄弱区低成本网络资源优势有待发挥。与城区情况形成较大反差的是，随着新型城镇化建设的发展，在远郊区县和城乡结合部涌现了大量新聚居区。这些聚居区普遍规划有配套邮政局（所），人口数量平均在 3 万人左右，大多存在普惠金融服务不足问题。未来新机场建设、市政府整体搬迁等涉及京津冀一体化国家战略重点项目的实施将进一步加剧新聚居区普惠金融服务薄弱问题。

经统计，北京市邮政公司已接收和有接收意向的新建居民社区公共服务统建配套设施主要集中在昌平、房山、密云、顺义、大兴等远郊区乡镇、行政村以及城乡结合部，周边均在一定程度上存在金融服务薄弱问题。而这些统建配套设施建筑面积大，传统邮政业务用不完，具备开办代理金融业务硬件基础；地理位置深入社区，便于开展差异化的社区金融服务；获取成本低，具备提供持续普惠金融服务的有利条件。当地政府和居民对利用邮政营业机构开办普惠金融服务的呼声也很高。

三、政策建议

北京地区邮政代理营业机构开展社区金融服务具有较好的优势和条件，并取得了一些成效。推动代理营业机构进一步下沉服务重心、将网点从核心城区向城乡结合部、远郊区县广大农村地区延伸，贯彻了中央关于强化农村普惠金融服务战略部署，也是落实好中国银行业监督管理委员会（以下简称银监会）做好农村基础金融服务“村村通”以及完善社区金融服务、逐步实现城市社区和乡镇的金融机构全覆盖等工作要求的重要举措。

建议结合京津冀一体化国家战略下北京首都地区经济社会结构调整和普惠金融发展需求，引导邮储银行北京分行代理营业机构利用远郊区县、城乡结合部新聚居区邮政营业设施，在远郊区县以及城乡结合部的金融服务空白或薄弱地区新设代理营业网点，开办便利化、差异化金融业务，提供普惠金融服务。

（政邮处调研小组）

强化风险防控　引领创新发展
进一步做好新常态下外资银行监管工作

中国银行业监督管理委员会北京监管局

自 2006 年我国履行加入世界贸易组织承诺，给予外资银行国民待遇的十年以来，外资银行由当初跟随母国客户来华提供标准化服务，到本土化程度日益提高，人民币业务日益丰富，外资银行在华发展已发生根本性变化。与此同时，北京银监局认真贯彻落实银监会工作部署，积极适应新常态下外资银行发展变化，强化风险防控，发挥监管引领，促进改革创新，依法合规做好首都银行业对外开放工作，努力实现外资银行稳健健康运营。

一、辖内外资银行呈现新特点

（一）积极落户北京，围绕首都城市定位开展金融服务

“入世”以来的十年间，外资银行加快网点布局，纷纷在京设立网点。截至2015年6月末，辖内共有来自38个国家和地区的111家银行在京设立了营利性机构或代表处。尤其近三年来，辖内累计新增8家外国银行分行，多于2012年之前十年新增外国银行分行总和。

北京拥有总部经济、资金集中等优势，是“一带一路”、京津冀协同发展等国家重大战略的主要受益地区。《京津冀协同发展规划纲要》进一步明确了北京“四个中心”的定位。这些新变化给首都银行业带来了新的发展机遇。辖内外资银行紧密围绕北京城市定位，开展各项金融服务。一方面，积极推动北京金融领域国际间交流。如部分银行首席执行官、董事会主席等长期利用国际企业家顾问委员会平台建言献策。另一方面，大力支持科技型创新企业发展。如渣打银行（中国）北京分行联合中关村科技园区管理委员会（以下简称中关村管委会）等，通过“园区贷”的模式，为园区内创新创业企业提供首笔银行贷款，建立信用记录，并提供“一站式”的金融服务。

此外，辖内外资银行还积极探索开办新业务、新产品，为客户提供差异化的产品和服务。如韩亚银行（中国）在辖内韩资法人银行中第一个办理国内信用证代付业务；东亚银行（中国）将跨境人民币金融业务与融资租赁行业相结合，推出“租赁通”；花旗银行（中国）与支付宝合作为信用卡客户提供支付宝平台网上支付功能；星展银行（中国）作为首家外资银行推出网上基金交易平台。

（二）资产规模持续稳定增长，中资客户占比有所提高

外资银行进入北京以来，牢牢把握发展机遇，在大力拓展在京业务的同时，也实现了自身的规模扩张和稳健发展。2012～2014年，辖内外资银行资产规模、各项贷款分别以6.18%和3.74%的复合增长率增长。此外，表外授信及金融衍生产品业务分别以10.66%和12.19%的复合增长率增长。

在近年来的经营发展中，辖内外资银行越发认识到中资客户在业务拓展中的重要作用，将人民币业务作为重要业务手段，有效提高中资客户占比。截至2015年6月末，辖内外资银行人民币贷款占各项贷款的比例为74.83%。辖内韩资法人银行对中资客户的授信客户数已超过韩资授信客户数，是2012年末的3倍。

（三）盈利保持较好增速，充分开展境内外联动

近些年来，辖内外资银行一直保持良好的盈利能力，2012～2014年连续三年净利润以35.82%的复合增长率增长。盈利结构中，利息净收入占比达到70.86%，较2012年末下降12.34个百分点；中间业务收入比率为21.36%，较2012年末上升8.27个百分点。

辖内外资银行积极利用全球网络优势，充分开展境内外业务联动。如美国银行北京分行在岸对离岸业务规模持续增长的撬动和支持作用不断提高，与境外分行共享跨境业务的利润分成。

（四）金融服务种类多样化，差异化经营格局基本形成

近几年来，辖内外资银行充分结合母行优势，发挥自身专业特色，致力于为客户提供多样化的金融产品和服务，差异化

经营格局基本形成。如澳西银行北京分行充分利用母行在资源和农业等方面的专长，为资源行业、基础设施及农业行业的企业在澳洲发债提供承销服务。大华银行（中国）北京分行通过母行在东盟多国和地区设有超过400家分支机构的网络，专门为跨国投资企业提供“一站式”服务。

（五）母行和中国子行对在华和北京发展充满信心

虽然个别外资银行受国际金融危机和国际经济形势的影响对中国区业务有所收缩，但多数外资银行母行、中国董事会对在华发展的信心有所增强，投入进一步增加，对市场变化更有耐心。如大通银行2012年5月将大通银行（中国）注册资本金由40亿元增加至65亿元。友利银行同意友利银行（中国）2015年9月将营业场所搬迁至望京浦项中心并增加营业面积。

二、辖内外资银行发展比较优势明显

（一）利用全球优势，支持企业“走出去”成效突出

北京辖内外资银行积极利用母行网络优势和全球协同优势助力央企、国企“走出去”。同时，将中资企业境内外业务有效联动，在帮助企业海外布局、投资并购的同时，实现境内业务拓展，支持首都实体经济发展。

一是采取海外发债，降低企业融资成本。如德意志银行帮助中国石化集团发行美元及欧元双币种无期限高级票据，是中国发行人中最大规模的欧元高级债券。汇丰银行、澳新银行为北京首都创业集团并购新西兰垃圾处理企业提供“香港银团过桥贷款+境外发债”的“一揽子”金融服务，成功帮助企业减低融资成本。

二是充分利用专业优势，帮助农食企业国际化。如荷兰合作银行利用在农食领域的专业知识及成熟的牲畜抵押技术，成功克服了活体畜禽抵押难题，先后帮助新希望集团、中粮集团、中大北农、中纺集团等实现跨境发展。

（二）集中化管理特点明显，绩效考核机制适应性较强

一是主要风险及营运管理集中化特点明显。辖内外资法人银行普遍采用母行统一模式对市场风险、流动性风险及信用风险实施标准化管理。特别是欧美外资银行针对现金管理、贸易融资、交易业务较多的特点，业务操作大多实施集中处理模式，由一家分行处理全国或就近分行的营运后台操作。如蒙特利尔银行（中国）北京分行承担贸易融资和贷款的营运中心职能，负责全行贸易融资单据审核和议付操作，营运的集中管理优势明显。

二是激励考核机制适应性较强，考评目标更加多元化。辖内外资银行按照母行要求将绩效考评体系多元覆盖财务指标、风险控制指标、客户关系指标和员工发展指标等，并较为重视合规指标，大部分银行对合规问题零容忍。与多数中资银行侧重于追求业绩增长目标不同，外资银行将业绩目标的设定与中长期战略目标相结合，并可根据实际情况进行灵活调整，确保可持续性发展。如瑞士银行（中国）及时根据国内经济形势变化将资产管理规模目标适当下调，避免了潜在市场风险和操作风险，为未来稳健持续发展夯实了基础。

（三）交易业务开展活跃，产品竞争能力较强

辖内外资银行积极开展交易业务，金融衍生产品交易量迅速增长。2014年辖

内5家欧美外资法人银行[①]金融衍生产品交易量为4.4万亿元，较2012年增长近一倍。2015年上半年，金融衍生产品交易量为2.8万亿元，较上年同期增长36.58%。截至2014年末，辖内5家外资欧美法人银行金融衍生产品余额合计为0.98万亿元，是表内资产的6.4倍，而辖内中资银行这一比例仅为1.29%。

从产品上看，除传统的汇率和利率远期、掉期产品外，近几年外资银行发挥自身产品优势，敏锐捕捉金融市场改革机遇，为客户开发更复杂多样的对冲风险产品。个别银行设计外汇期权组合交易，通过执行价格不同的期权组合，满足企业既希望锁定汇率风险，又希望在人民币升值中获取一定收益的需求。从交易模式看，除了代客交易与自营交易外，辖内外资法人银行积极开展做市交易，已有多家外资银行成为银行间市场外汇业务做市商。

（四）储备大量优秀人才，开展公益活动培育企业文化

一是母行先进经验本土化过程中培养出大量优秀的高管人才。辖内外资银行在融入本地市场的过程中，也为我国金融市场带来了母行先进的经营管理模式、风险管理方法以及严格的合规文化，培育了有国际视野的高素质金融人才。目前，外资银行高管及董事会成员中已出现了中国面孔，且这一比例正在不断扩大。

二是积极开展慈善公益活动，培育企业文化凝聚员工队伍。如恒生银行（中国）每次董事会会议中均设有固定议程讨论企业社会责任内容，法国兴业银行（中国）成立了企业社会责任委员会。新韩银行（中国）将公益活动纳入绩效考评体系中，建立了一整套活动企划、执行及评价的管理体系，提高了公益项目的开展质效。

三、辖内外资银行发展面临的挑战

（一）经济下行和结构调整时期，风险可能加速积聚

一是多数发达国家和地区经济复苏乏力，一方面对我国外贸进出口造成负面影响，使依赖双边贸易开拓业务的外资银行发展放缓；另一方面，境外母行在这一背景下，可能会被迫进行战略调整，一定程度上影响了外资银行在中国市场开拓新业务的积极性。

二是随着京津冀产业调整升级不断加速，首都非核心功能疏解迫在眉睫，部分企业甚至行业都可能受到冲击，这对外资银行的风险防控能力提出更高的要求。同时，外资银行若不能及时培育新客户和退出旧客户，将可能错失市场良机。

三是在外资银行本土化发展进程中，有的外资银行在不熟悉的领域盲目跟随中资银行拓展客户，缺乏对国内行业和中资客户的深入了解，信息获取渠道和营销手段有限，自身风险管控能力不足以适应本土化快速发展的需要，导致问题和风险逐步暴露。

（二）管控半径较长，不利于业务发展和风险防控

出于成本控制考虑，外资银行在华设

① 辖内5家欧美外资法人银行指摩根大通银行（中国）、德意志银行（中国）、法国兴业银行（中国）、蒙特利尔银行（中国）和瑞士银行（中国），下同。

立的分支机构往往需辐射周边广阔地区，管控半径较长，造成一定风险隐患。

一是不同地区的经济差异导致总行整体战略未能有效落地，部分分行发展滞后。

二是个别银行产品研发及售后服务主要依靠母行支持，境内子行在“母行—子行—分支行”的管理链条中充当“二传手”的角色，降低了经营效率，导致本地客户流失。如有的外资银行对于全球具有优势的业务线产品在中国境内仅能提供其中部分产品的业务支持，金融服务能力受到影响。

三是外资银行分行管理范围较大，异地贷款业务占比较高。但由于信贷管理不到位，对异地客户经营和信用的变化情况掌握滞后，导致异地贷款信用风险加速暴露，如2015年上半年，有的外资银行新增不良客户中超过50%以上为异地贷款客户。

（三）分业经营要求下各自为战，尚未发挥协同优势

外资银行集团在华投资除设立法人银行外，还通过入股、设立合资公司等多种方式拓展金融版图，但受限于国内分业经营要求，外资银行难以发挥与集团其他子公司的协同发展优势。如部分外资银行所属集团在中国区设有多家合资公司，涵盖证券、期货、保险、直投、信托等多个金融领域。但目前各项业务按照条线化垂直管理，子公司间通过防火墙进行严格的风险隔离；另一方面，为适应国内分业监管所做的制度安排和职责分工，增加了集团公司跨领域金融业务协调汇报的难度，难以有效利用集团其他子公司金融业务，发挥跨业金融协同效应。

（四）面临来自中资银行的激烈竞争

辖内外资银行机构数量众多，不仅面临外资银行之间的相互竞争，作为北京地区的“外来者”还面临来自中资商业银行的激烈竞争。在传统业务方面，外资银行由于网点、人员数量较少，难以像中资商业银行一样对客户“贴身服务”，全方位满足客户需求。在创新业务方面，中资商业银行迅速反应，积极创新推出各类金融产品，迎接互联网金融时代；相比较而言，辖内外资银行受制于母行和中国子行的态度，在创新业务方面反应相对滞后。

四、进一步做好新常态下外资银行监管工作

2015年是“十二五”规划的收官之年，也是全面深化改革的关键之年。北京银监局将深入贯彻落实银监会要求，把握好外资银行监管政策导向，坚持简政放权和放管结合，坚持一手抓风险监管，筑牢各类风险底线，一手抓政策引领，提升服务实体经济能力，进一步推进北京外资银行监管工作再迈新台阶。

（一）引领夯实内功，提升服务实体经济能力

一是进一步提高外资银行各项风险管控质效。夯实内功的前提是做好风险防控。结合“两个加强、两个遏制”专项检查发现的问题，督导外资银行进一步加强合规经营和风险防控，切实履行风险管理第一责任人的义务，筑牢各类风险底线。

二是引领外资银行提升服务实体经济能力。积极适应经济新常态，根据辖内机构特点采取有针对性的监管措施，发挥扶优限劣的监管导向作用。引领外资银行充分发挥境内外联动优势、资源优势、管理优势和专业优势，积极服务“一带一路”、京津冀协同发展国家重大发展战略，以及民生、小微、创业等重点领域，不断提高服务实体经济发展的质效。

（二）加强沟通交流，助力外资银行本土化发展

一是深化工作层面监管交流，提高与外资银行地区管理总部、母行等直接沟通的频度，促使外资银行母行对中国发展树立信心，进一步支持子行服务中国实体经济发展。同时，通过列席银行董事会、电视电话会议、监管约谈、参与跨境监管联席会等方式，使外资银行母行增进对中国监管政策的理解和认识，推动部分在华子行和分行的重大风险问题在母行层面得到解决。

二是推动母行整体战略与在华子行业务重点的有效结合。促进母行整体发展战略根据在华子行地域特点进行更精细化的调整，使之与中国的区域经济、客户特点相匹配，强化战略的可落地性，逐步实施并扎根于当地的发展。

（三）做好监管服务，为外资银行展业创造良好环境

一是做好对外资银行展业的监管服务工作。鼓励外资银行培育经营特色，在市场准入灵活性、业务资质创新等方面研究支持外资银行实现差异化发展的政策。

二是努力为外资银行营造良好的外部环境。组织外资银行深入接触了解轨道交通、保障房项目、自主汽车品牌等优势发展的重点项目、行业及骨干公司，为外资银行更好地了解国内经济社会发展情况创造机会和搭建平台，增进与中资客户的交流合作。

（四）搭建交流平台，为外资银行对外沟通牵线搭桥

一是搭建监管与机构的交流平台。与央行、外汇管理局、专业协会等部门和组织积极合作，为辖内外资银行组织外汇管理政策、支付结算政策解读等各类业务专题培训会。组织召开辖内外资银行服务实体经济发展座谈会，深入了解辖内外资银行在经营和服务实体发展过程中遇到的困难和问题，积极向上反映，切实解决外资银行困难。

二是加强与相关政府部门的沟通和政策协调，为外资银行母行与国家发改委、国资委、国家税务总局等政府部门的联系牵线搭桥，帮助外资银行建立良好通畅的外部沟通渠道。

随着我国经济进入新常态，经济金融形势更加错综复杂，外资银行也面临更加突出的发展机遇和更大的挑战。北京银监局将进一步强化风险监管和政策引领，推动辖内外资银行坚持差异化经营，在秉承审慎稳健行业文化的前提下，结合中国实际开展创新，打造银行核心竞争力。与时俱进、锐意进取，在新时代改革洪流中为首都经济发展作出更多更好的贡献。

（逯剑）

北京辖区证券经营机构参与全国股转系统相关业务的调研报告

中国证券监督管理委员会北京监管局

作为我国多层次资本市场组成部分，全国中小企业股份转让系统（以下简称

全国股转系统）对我国资本市场有着深远和重要的意义，其自身也需要不断完善和成长。证券经营机构作为全国股转系统的重要中介机构，是支持、推动、完善市场机制和功能的重要角色和力量。本文以证券经营机构为切入点，分析辖区证券经营机构参与全国股转系统相关业务的风险隐患和存在问题，及时跟进新情况、新问题，为发展全国股转系统业务、规范证券经营机构执业水平、健全监管体系提出政策建议。

一、研究背景

2001 年 7 月，中关村代办股份转让系统正式开办以解决退市公司和两网（STAQ、NET）公司股份转让问题；2006 年，中国证券监督管理委员会（以下简称证监会）把三板纳入多层次资本市场建设的一部分，在老三板之外建立了“新三板”市场，即中关村科技园区非上市公司代办股份转让系统，支持科教兴国战略，解决高科技企业的股份转让和融资问题；2012 年 9 月，全国中小企业股份转让系统经国务院批准设立，“新三板”正式成为全国性的证券交易场所。

证券公司作为全国股转系统的重要中介机构，逐步参与其中的挂牌推荐、持续督导、做市、经纪、研究、融资等业务，服务中小微企业，推动股转系统业务和规模的扩展。2014 年 12 月 26 日，证监会下发了《关于证券经营机构参与全国股转系统相关业务有关问题的通知》（证监发〔2014〕118 号），进一步支持证券经营机构依托全国中小企业股份转让系统，更好地服务中小微企业，实现自身创新发展，并提出了相关要求。经过三年多的发展，部分证券公司在三板业务上已经形成核心优势，并为公司带来新的利润增长点。

同时，我们注意到，北京辖区证券公司开展“新三板”业务并未与“新三板”市场的发展状态相匹配，与其在行业中的地位也极不匹配，除个别公司推荐业务进入行业排名前十之外，其余均处在中下水平，未发挥地处北京的地缘优势；另一方面，证券公司在“新三板”业务上重“量”轻“质”的现象也逐步显现，今年以来，全国股转系统公司已经对部分主办券商陆续采取了自律监管措施。

对此，中国证券监督管理委员会北京监管局（以下简称北京证监局）开展此次调研。一是了解辖区证券公司“新三板”业务的现状，业务开展相对滞后的原因和困难；二是摸底券商在开展挂牌、做市、持续督导、经纪包括研究业务开展中存在的问题和建议；三是重点关注券商做市业务，以及市场流动性不足与做市业务的关系。

二、调研方法

一是开展问卷调查。向辖区证券公司及分支机构发放调研问卷，重点了解辖区证券公司参与股转系统相关业务的组织架构安排、决策机制、风险管理、合规管理和内控机制建设情况及挂牌、做市、经纪等业务发展规模及存在问题。

二是开展座谈交流。与辖区的中信建投证券、东兴证券、华融证券 3 家券商座谈交流，并邀请挂牌业务、做市业务市场排名在前的辖外公司申万宏源证券和中泰证券来北京证监局沟通交流。

三是进行现场调研。对全国股转系统公司进行调研，重点了解股转系统公司对中介机构的业务要求及自律监管；对天风证券、长江证券参与股转系统业务情况进行了实地调研。

三、证券公司开展股转系统业务的基本情况

截至2015年10月30日，全国股转系统挂牌公司家数为3 896家，其中，协议转让2 979家，做市转让917家，总股本2 126亿股，流动股本782亿股。

目前全国共有126家证券公司，其中80家主办券商开展推荐挂牌业务，78家券商开展做市业务。挂牌业务前三名券商依次为：申万宏源证券370家、中泰证券200家、国信证券167家；做市业务前三名券商依次为：中泰证券174家、兴业证券132家、天风证券122家见图1。

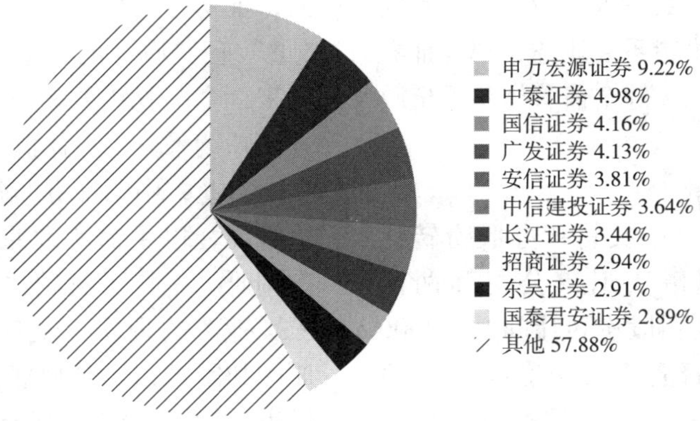

数据来源：Wind资讯。

各券商挂牌分布情况

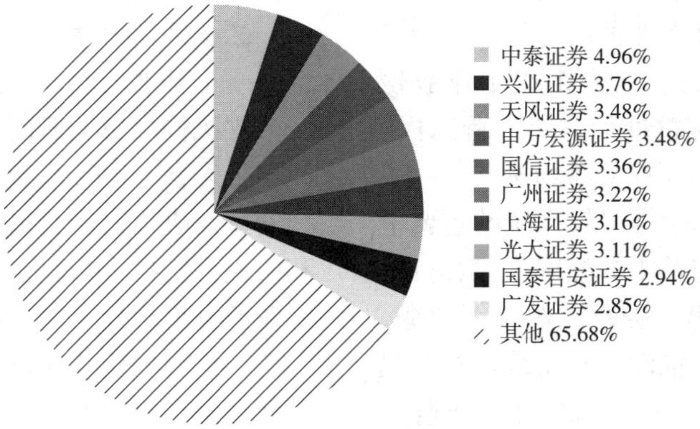

数据来源：Wind资讯。

做市转让股票个数分布图

图1

分析上述数据，我们关注到，排名在前的公司普遍是投行业务发展较好的公司，挂牌前5名公司在承销与保荐业务均排名前20，其中中信建投证券投行业务排名行业第二，广发证券排名第四、申万宏源证券排名第十。

而做市业务的排名与自营业务规模及净资本的规模并无明显关联，主要与公司业务战略布局相关。如天风证券净资本仅为20亿元左右，行业排名在中位数以下，因为其他业务发展平平，将“新三板”业务作为新的增长点和突破口，公司出资7亿元开展三板做市业务，1~10月取得收入2.8亿元，占全年收入总额的13.2%；中泰证券也出于战略布局的考虑，将“新三板”业务作为近期的重点业务拓展，同时受惠于地方政府的支持，三板业务发展明显领先于其他公司。

四、辖区证券经营机构开展股转系统业务的情况

（一）业务资格

北京辖区共有12家公司（银河证券、中信建投证券、民生证券、国都证券、首创证券、信达证券、民族证券、中金公司、新时代证券、华融证券、国开证券、东兴证券）取得了全国股转系统主办券商资格和做市业务资格。属合资券商的高华证券（高盛高华）、瑞银证券未开展此项业务。

（二）组织架构

1. 推荐挂牌。辖区公司负责股转系统业务推荐挂牌工作的部门不尽相同，主要分成两大类，一类是成立独立的一级部门负责推荐挂牌业务，银河证券等7家公司专门成立场外市场部（一级部门）负责具体业务的实施；另一类则是由投资银行总部下设的二级部门负责开展挂牌推荐业务，中信建投证券等5家公司由投资银行总部的二级部门负责开展具体业务。

2. 做市业务。辖区公司负责做市业务的组织形式有两种模式，一类是自营部门负责做市业务（一级部门），中信建投证券等4家公司在自营部门内部成立做市业务部，专门负责股转系统股票做市业务，做市与挂牌实现跨部门独立；另一类是由负责股转系统业务的场外市场部下设的做市业务部开展股票做市业务（二级部门），华融证券等8家公司采用此类管理模式，做市与挂牌两个二级部门统一归属一个一级部门管理。

3. 质控和内核。根据业务分工的原则，辖区12家获得全国股转系统业务资格的公司中，5家公司由投资银行质量控制部负责股转系统业务的质量控制（一级部门），7家公司专门在场外市场部门成立质量控制部（二级部门）负责质量控制。辖区公司均成立了跨部门的内核委员会，负责项目内核。

（三）业务开展情况

截至2015年10月30日，辖区公司成功推荐443家公司在股转系统挂牌，占全部挂牌企业的11.11%（见表1）；为243家挂牌公司提供做市服务。

表1　　北京辖区证券公司参与股转系统业务开展情况

证券公司	挂牌家数	挂牌家数行业排名	做市家数	做市家数行业排名
中信建投证券	146	6	40	32
东兴证券	57	22	26	44
中国银河证券	46	25	28	42
民生证券	32	43	15	58
首创证券	31	44	22	50
信达证券	30	45	7	69
华融证券	29	47	56	26

续表

证券公司	挂牌家数	挂牌家数行业排名	做市家数	做市家数行业排名
新时代证券	27	49	9	64
国都证券	21	56	29	40
中国民族证券	14	63	3	74
中国国际金融	7	72	8	65
国开证券	7	79	0	—
北京辖区合计	443	—	243	—
全国合计	3 986	—		—
北京公司占比	11.181%	—		—

注：数据截至2015年10月30日，数据来源于Wind。

在推荐挂牌家数和做市家数排名方面，除中信建投证券挂牌排名进入前10名以内，辖区其他公司均处于行业中下游水平，与其公司自身的资本实力及业务规模不相匹配。主要有三个原因：

一是战略布局晚，项目储备少。中信建投证券因一直参与中关村代办股份转让系统，对中小企业项目储备较多，因而业务占先，推荐挂牌公司数量居辖区之首。而辖区其他公司对“新三板”的普遍重视程度不够，包括银河证券都是2015年6月才组建专门的“新三板”团队，开始大力发展“新三板”。

二是人员储备不足。因业务规则中对主办券商推荐业务项目人员要求较高，要求注册会计师、律师及行业分析师资格人员至少各一人。大部分公司三板业务人员最初仅是由投行人员兼做，业务规模扩大后才组建专门的团队，但是人员招募和储备均需要一定时间。

三是净资本不足，做市收益不稳定。辖区证券公司净资本水平普遍偏低，低于行业平均水平，仅两家上市公司（银河证券、东兴证券）净资本尚属充裕，同时做市业务的盈利水平类似于自营，与挂牌公司的市场业绩表现及市场供求关系相关，盈利波动较大，因此受限于净资本压力及出于盈利考虑，各证券公司仅开展了很小规模的做市业务。

五、证券公司开展股转系统业务存在的问题

（一）挂牌业务方面

一是尽职调查不充分。“质”与“量”不相匹配，公司的激励与考核机制过度趋于业绩、排名和项目收益。二是挂牌业务的合规和内控管理存在问题。在项目密集的时候，存在项目外包、个别营业部违规承做的情况。根据《关于证券经营机构参与全国股转系统相关业务有关问题的通知》要求，“已取得股转系统推荐业务备案的证券公司分公司可以直接开展推荐业务”。证券公司营业部从事股转系统挂牌推荐业务，不符合上述要求，难以具备推荐业务所需的专业能力和合规风控意识。

（二）做市业务方面

一是现有做市商制度并未充分发挥市场组织者的作用。股转系统建立初期采用“协议转让”的方式完成交易，2014年8月增加做市商制度，其主要目的是增加市场流动性，然而证券公司普遍将做市业务视为利润的新增长点，以自营业务模式操作，通过库存股转让在二级市场盈利，并未有效承担更多市场组织者和流动性提供者的职责，究其原因主要在于：一级、二级市场的做市商利润空间逐渐的压缩，券商做市动力不足，短期套利明显；另外，国内券商牌照管理，券商数量及自有资金很难满足做市方面的跨越式发展。二是部分证券公司信息隔离存在隐患。银河证券、华融证券等9家公司负责做市业务的部门与负责推荐挂牌业务的部门统一归属一个一级部门，容易在推荐挂牌部门和做市部门之间发生敏感信息泄露的情况，存在违规隐患。三是部分做市商与投资机构存在利益输送、不当竞争。现有的做市商制度买卖股票均需与做市商进行对手交易，做市商可以与投资机构联手，哄抬挂牌公司股价，另外，证券公司发行的资管计划以及证券公司另类子公司发行的集合理财计划投资股转系统挂牌公司，与做市业务部门对手交易的概率较大，也存在利益输送的风险。四是撮合大宗交易被动操纵股价无法避免。由于股转系统尚未建立大宗交易平台，股东减持股票等大宗交易只能通过做市商中转的方式完成交易，证券公司在撮合大宗交易的同时，股票价格将被大宗交易价格所取代，进而被动操纵股价。

（三）持续督导方面

证券公司对持续督导工作普遍履职不到位。原因在于：一是持续督导收费较低，平均的标准是每家挂牌公司每年收取10万元人民币的督导费；二是部分挂牌公司法律和合规意识不强，加之公司规模较小，熟悉股转系统规则的人员短缺，在持续督导期内与证券公司配合不顺畅，导致证券公司的持续督导作用无法发挥；三是从事持续督导的人员较少，1个督导员负责10家挂牌公司的督导情况较为普遍，上述情况直接导致持续督导不受重视，流行形式，致使挂牌公司信息披露的规范性、合规性和统一性方面存在问题。截至目前，辖区累计5家券商因未能严格履行持续督导职责被股转公司采取监管措施。

（四）经纪业务方面

一是适当性管理问题。根据业务规则，符合股转系统的合格投资者是指开户前一交易日日终名下证券类资产市值500万元人民币以上。为了达到开户条件，个别不符合条件的投资者通过向外部机构垫资开户的方式违规开立账户。部分证券公司为了增加开户数量，默许了垫资开户的行为，违反了投资者适当性管理的要求。二是投资者教育问题。目前已经有相关投诉，投资者对协议交易的规则、交易制度不熟悉、不了解，直接导致交易出现巨额亏损。

（五）研究业务方面

投资价值报告不规范问题较为普遍。证券公司为使投资者参与挂牌公司定向增发，往往向投资者发送介绍挂牌公司基本情况的投资价值报告（有的也称作投价报告或研究报告），由于大部分证券公司研究部门尚未覆盖股转挂牌公司，相关投价报告往往由负责推荐挂牌的业务人员撰写，不具备证券分析师资格和经验，在分析的专业性、引用数据的严谨性、会计预测的正确性、报告格式的合规性等方面与证券分析师撰写的证券研究报告存在较大差距，有的投价报告甚至未进行必要的风险揭示，不符合监管规定，容易引起投诉纠纷。

六、相关建议

（一）对于健全股转系统监管体系的建议

1. 完善股转系统法律制度体系建设

现阶段，约束股转系统市场行为的法律法规主要是股转系统公司制定的自律性规范文件，涉及股转系统市场的法律法规建设相对滞后，建议证监会尽快制定配套法律法规，促进股转系统市场健康有序发展。

2. 优化监管模式，加强事中、事后监管

随着股转系统业务规模快速扩大，吸引了越来越多的挂牌公司、主办券商、其他中介机构、投资者等参与，仅靠股转系统公司的自律监管难以应付市场主体数量多、分布广的特点，无法做到对股转系统市场参与主体行为的事中、事后监管。为此，有必要完善监管协作机制：一是优化监管模式。以自律监管为核心，充分利用中央监管信息系统提高效率；以分层分类为手段，合理配置监管资源；以主办券商为抓手，优化非现场监管；以问题和风险为导向，提升现场检查效能。二是完善事中监管。北京辖区挂牌公司570家，主办券商12家，工作量大，应建立派出机构操作层面的工作指引、加强协作单位之间的信息传递，配备充足的监管力量，提高监管协作联动。三是强化事后监管。加强执法的力度（自律和行政），对造假和违规的发行人和中介机构严加查处。

（二）对于完善股转系统业务规则的建议

1. 改进业务规则，增加市场流动性

（1）评估优化现有做市商制度。进一步增加市场的流动性：一是降低或部分返还做市商交易经手费，提高做市积极性；二是增加做市资金来源渠道，改变目前做市资金来源单一的情况（目前唯一的来源是证券公司自有资金），允许证券公司通过各种融资渠道筹集做市资金；三是在条件适当的情况下，扩大做市队伍，允许其他机构开展做市业务。

（2）改进定向增发制度。股权集中是制约市场流动性的因素之一，建议放宽单次新增股东数量不得超过35人的限制。

2. 厘清市场主体责任边界

在首次公开募股（IPO）审核过程中，保荐机构对项目全面承担责任，需要对会计师、律师的工作全面复核。股转系统在审核中也基本沿袭这一思路，主办券商需要对申请挂牌公司的业务、财务、法律独立尽调，大量工作重复开展，中介机构责任边界并不清晰。建议明确界定挂牌公司和中介机构职责，各尽其责，各司其职，将主办券商从繁琐的材料制作环节解脱出来，将更多精力放在项目遴选、行业研究、估值定价、增值服务等方面。

3. 取消主办券商的部分限制规定

《主办券商推荐业务规定》，主办券商直接或间接合计持有申请挂牌公司7%以上的股份或者是其前5名股东之一，不得担任推荐主办券商。然而主办券商在股转系统的盈利主要依赖投资和做市，此规定严重限制主办券商投资与做市业务开展。区别于主板市场“保荐＋投资”可能产生的利益冲突，多数挂牌公司发展存在不确定性，引入“推荐＋投资＋做市”模式可以有效提高挂牌公司质量，丰富主办券商盈利模式，有助于股转系统的发展。建议提高或取消对主办券商持有申请挂牌公司股权比例的限制，鼓励主办券商（包括以直投公司、专项基金、资管计划等）在挂牌前对申请挂牌公司进行投资。

4. 完善市场退出制度

随着市场规模不断扩大，经营失败或质地不佳的挂牌公司必然增加，在挂牌门槛很低且没有财务指标要求的情况下，完善市场退出机制已经成为当务之急。例如，对于挂牌后连续期限内（比如两年）没有交易和融资的公司，鉴于其已经失去公众公司的意义，可以予以强制退市；对于发展前景不佳且运作不规范的挂牌公司，允许主办券商主动解除督导协议，一定期限内未能找到其他证券公司提高持续督导服务的，可以强制摘牌。

5. 增加挂牌公司培训力度

挂牌公司大多为中小微企业，董事、监事和高级管理人员的规范运作及信息披露意识不强，负责信息披露的相关人员水平参差不齐，造成挂牌公司信息披露质量不高，建议股转系统增加对于挂牌公司的业务培训力度，建立挂牌公司董秘资格认定制度等，强化公司自身的治理水平。

6. 建立大宗交易平台

建议比照沪深交易所建立大宗交易平台，通过该平台实现投资者之间的过户交易，从根本上消除大宗交易对股价的影响，杜绝约定交易价格、串通报价、账户对敲等违规行为的发生。

（三）对于规范辖区公司开展股转系统业务的建议

1. 督促证券公司加强信息隔离建设

进一步明确证券公司建立有关股转系统业务信息隔离制度的必要性和重要性，建议推荐挂牌和做市分属不同的业务部门管理。对于挂牌和做市同属一个部门管理的情况，要求公司建立严格的隔离墙，定期检查隔离情况，确保敏感信息不被利用。

2. 建立限制名单制度

建议证券公司将签署做市协议的挂牌公司股票列入限制名单，禁止公司自营、资管、子公司理财计划产品买卖被列入限制名单的股票。建立严格的信息隔离制度，杜绝自营、资管、子公司理财计划持仓信息外泄。

3. 指导规范证券公司认真开展持续督导工作

一是严格要求公司建立持续督导制度，增加督导人员的数量。二是定期开展业务培训，提高持续督导人员的业务水平。三是定期开展持续督导有效性检查，促进证券公司认真做好持续督导工作。

4. 做好投资者教育及适当性管理

一是禁止证券公司为不符合开户条件的投资者开立股转系统账户提供便利。二是禁止证券公司为客户和垫资公司合作提供便利，严格审核投资者的资产证明、收入来源等材料，无法提供合理证明材料的，禁止开立股转系统账户。三是做好“新三板”交易的投资者教育。

5. 规范投资价值报告发布流程

禁止未取得证券分析师资格的人员撰写和发布涉及股转系统挂牌公司的投资价值报告，督促证券公司按照发布证券研究报告的标准发布涉及股转系统挂牌公司的投资价值报告。

积极探索行业监管 推进上市公司监管转型

——以影视行业为例探索行业监管机制

中国证券监督管理委员会北京监管局

前 言

在监管转型的大背景下，证监会提出分行业监管的整体构想，北京证监局结合辖区监管模式迅速落实。一是调整内部分工，尝试分行业分组监管；二是非现场监管强化行业风险，引入行业风险预警系统；三是现场检查深化行业监管维度，事前加强行业研究、事中借助行业专家力量、事后总结行业特性。经过一系列探索和尝试，北京证监局积极构建风险导向型的行业监管新模式，取得了阶段性成果，但仍面临一些问题和困惑。

自2009年9月《文化产业振兴规划》颁布以来，文化传媒企业进入整体上市、民营企业上市的新时代，覆盖面由传统的出版、印刷等业务扩及动漫、影视、互联网等业务，文化产业利用资本市场做大做强的趋势更加明显。作为中国文化创意中心，北京辖区文化产业上市公司已初具规模，呈现出独特的板块特色，其中以影视行业最具代表性，有光线传媒、华录百纳等4家上市公司，以及中影集团、小马奔腾等10多家拟上市公司。本文以影视行业为切入点，在分析行业特点与风险的基础上，总结辖区行业监管经验，探索如何建立行业监管的有效机制。

一、影视行业概述

影视行业属于文化传媒行业的子行业，分为电影行业和电视剧行业。随着电视台栏目制作外包模式的兴起，不少影视剧制作公司涉足栏目制作业务。个别影视剧制作公司在产业链拓展的同时也会涉足演艺人员经纪业务。

（一）影视行业发展概况

1. 产业政策利好不断，影视行业进入黄金发展期

2014年以来，我国文化产业利好不断，国家频繁出台了《文化产业振兴规划》、《文化部关于加快文化产业发展的指导意见》、《关于金融支持文化产业振兴和发展繁荣的指导意见》等一系列促进文化产业发展的扶持政策，将我国文化产业发展与振兴提升到了国家发展战略的新高度。影视行业是文化产业中最为大众熟知的行业，也是支柱性产业，2012年以来，国内影视剧行业借助互联网的浪潮得到了空前的发展，整个影视行业的市场规模在2014年底已达到400多亿元见图1。

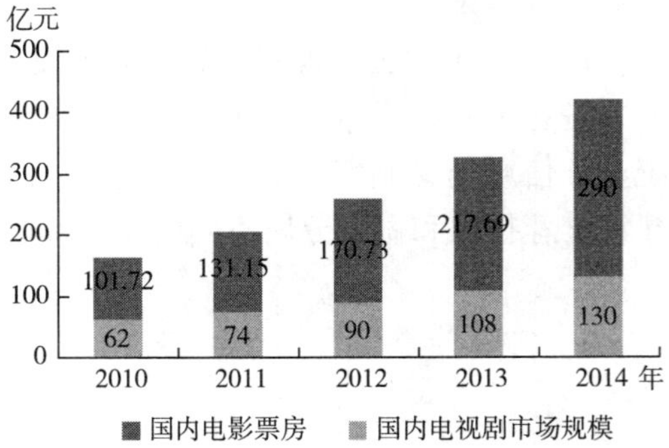

图1 国内电影电视剧整体规模走势

2. 文化与金融结合已成趋势，影视行业呈现“上市潮”

2009年创业板开板，一批具有影响力的影视企业登陆创业板，并借助资本市场迅速成长，形成了一定的规模优势，例如华谊兄弟、光线传媒等。2013年，党的十八届三中全会的决定中提出“建立多层次文化产品和要素市场，鼓励金融资本、社会资本、文化资源相结合”，文化与金融的结合渐成趋势。截至2015年9月底，通过首次公开募股（IPO）登陆资本市场的影视企业共计9家，其中，主板2家，中小板1家，创业板6家。另外，尚有包括中国电影、新丽传媒等5家影视企业在IPO审核中见表1。

表1　影视行业上市公司IPO情况一览表　单位：亿元

证券代码	证券简称	主要业务	总资产（2014.12.31）	营业收入（2014年度）	净利润（2014年度）
300027.SZ	华谊兄弟	电影制作、发行及衍生业务；电视剧的制作、发行及衍生业务；艺人经纪及相关服务业务；影院投资管理运营业务；实景娱乐项目；新媒体、游戏及其他互联网相关产品	98.1864	23.8902	10.3437
300133.SZ	华策影视	电影制作与发行、电视剧制作与发行、综艺节目制作、新媒体节目制作、植入广告与衍生业务	50.2355	19.1607	4.0657
300251.SZ	光线传媒	电影制作与发行、电视剧制作与发行、电视节目制作、广告、动漫游戏	49.8378	12.1807	3.5187
300291.SZ	华录百纳	电视剧制作与发行、电视栏目制作与运营、电影制作与发行、品牌内容整合营销、媒介代理及经纪业务	40.4940	7.5957	1.5013
600088.SH	中视传媒	影视基地开发、经营；电影摄制；电视剧节目制作；代理广告业务	15.0823	7.5604	0.5620
300336.SZ	新文化	电视剧、电影等内容产品的投资、制作、发行及衍生业务	14.0334	6.2069	1.2138
002071.SZ	长城影视	电视剧的投资、制作与发行；广告代理与发布	13.7921	5.0776	2.0660
300426.SZ	唐德影视	电视剧制作与发行、电影制作与发行	9.1081	4.0779	0.8571
000673.SZ	当代东方	影视/电视专题/电视综艺/动画故事节目的策划、制作、发行	1.2094	0.2240	-0.0057

3. 文化行业并购如火如荼，影视行业成为热点领域

随着政策支持力度加大及文化行业的高速发展，资本在文化传媒产业发展中开

始发力。作为文化传媒产业的支柱行业，影视行业当然也成为资本更为青睐的领域。2013 年以来，影视企业成为并购重组最热门的选项。根据 Wind 数据，2013 年以来，共发生影视行业并购事项约 145 起，交易金额近 1 200 亿元。

一方面，行业内龙头影视企业开始利用资金优势对产业大规模整合。例如，华谊兄弟 2.1 亿元入股耀莱影城、3.978 亿元收购永乐影视、2.52 亿元收购浙江常升，华录百纳 25.07 亿元收购蓝色火焰，华策影视 16.05 亿元收购上海克顿，光线传媒 8.29 亿元入股新丽传媒等。

另一方面，作为“门外汉”的传统行业也热衷于通过并购进入影视行业，大量二线、三线影视企业成为并购标的。例如，鹿港科技 2.48 亿元收购天意影视及北京艺能，皇氏集团 6.83 亿元收购御嘉影视，中南重工 2.6 亿元收购千易志诚，捷成股份 20.8 亿元收购中视精彩及瑞吉祥等。

（二）行业运作模式简介

影视剧制作行业具有产业和意识形态双重属性，在各个业务环节受到国家广播电影电视总局的严格监管，整体运作流程可概括为公司设立、项目备案及公示、取得制作许可、影视剧制作、取得发行许可、发行播放等环节。

具体业务流程可分为影视剧前期筹划环节、影视制作环节、发行销售环节。前期筹划环节主要包括影视剧的策划（剧本选择）、内部立项及项目的备案、确定投资方等。影视制作环节主要是建立剧组，组织拍摄与制作。电影与电视剧在筹划及制作环节差异不大，但在发行销售环节完全不同，电影业务的销售采用“院线 + 电影院”的发行模式，电影发行公司委托院线公司负责影片的放映工作，院线公司根据旗下所属影院的情况对影片放映进行统一的安排及管理；电视剧的发行对象为各级电视台，一般分为首轮发行、二轮及多轮发行。

（三）行业特点分析

1. 产品具有较强文化属性，经营风险较高

影视剧产品作为一种文化产品，缺乏外在有形的评判标准。观众主要根据自己的主观偏好和生活经验来决定是否观看影视剧作品，并且上述主观偏好和生活经验也会不断发生变化。因此，影视剧制作公司只能通过主观预测来生产，产品生产过程中无法试产，单一产品获得成功也无法复制。若不能及时、准确地把握观众主观偏好变化，公司的影视剧作品有可能因题材定位不准确、演职人员风格与影视剧作品不相适应等原因，不被市场接受和认可，公司经营风险较高。

2. 普遍采用轻资产运营，人/团队为核心资源

影视作品生产过程不需要购置生产型固定资产，投入资金主要在预付款项（预付供应商款项、联合摄制投资款等）、存货（剧本、影视剧作品存货等）、应收账款之间流转，使得影视剧制作企业体现出“轻资产”的运营特点。实现盈利的核心资源主要为编剧、导演、演员、制作人等核心岗位人员或团队。

3. 市场竞争加剧，制作成本不断上升

一方面，随着数字技术、网络技术的快速发展，网络剧、微电影等网络视频的兴起，支持网上购票和选座的电商平台的推出，以及其他互联网与传统影视行业跨界融合产品的不断涌现，在内容、渠道及广告资源等方面对影视行业均会产生竞争。

另一方面，剧本费用、导演及主演等主创人员的劳务报酬等影视剧相关制作费用不断提升，为了能够获得较好的票房收入或较高的收视率，制作单位往往选择好的剧本并聘请知名度高的导演和演员，为了保证制作质量，还会加长制作周期，从而使得影视作品的制作成本投入进一步上升。

4. 上游产业规模较小，下游客户端相对集中

影视剧行业的上游，主要包括剧本创作服务、演职人员劳务、摄制耗材、道具、服装、化妆用品等的采购，以及专用设施、设备和场景的经营租赁等，通常规模较小，甚至无法人实体。随着近年行业的快速发展，目前上游产业逐渐形成，如专业的影视剧拍摄制作公司、演员工作室、导演工作室等涌现，但个体规模仍较小。而下游主要为电视台、电影院、音像出版行业及近年兴起的新媒体行业，相对较为集中。

二、监管难点与风险分析

（一）规模普遍较小，抗风险能力弱

虽然上有政策阳光雨露，下有资本市场鼎力支持，但总体而言我国影视企业普遍规模仍然较小。9 家影视行业上市公司 2014 年营业收入平均 9.54 亿元，收入超过 10 亿元的影视行业上市公司仅 3 家。多数公司业务模式单一，收入来源不稳定，综合抗风险能力弱。行业政策收紧、市场竞争环境加剧、项目投资失败等都可能给公司经营造成重大打击，易引发违法违规事项的发生。

（二）社会关注度高，信息披露敏感性强

影视作品本身就具有高话题性、高关注度的特性，影视行业上市公司更易引发社会的高度关注，与传媒行业紧密联系的特性也决定了其信息传媒渠道广泛，信息披露敏感性强，信息披露监管的难度较大。例如，电视剧《蜗居》的火爆与禁播都对华谊兄弟的股价造成影响，但实质上《蜗居》在财务上对华谊兄弟的影响很小，远未构成信息披露标准，如何在信息披露规则与社会关注度之间找到平衡，无论是对公司还是监管机构都是一个挑战。

（三）财务基础薄弱，会计准则运用不到位

从监管实践来看，影视公司普遍财务基础相对薄弱，一是因为影视公司规模相对较小，单个项目投资成本高，部分公司一年仅投资 2～3 个项目，自身对财务的重视程度往往不够；二是影视行业上游基本为个人、团队等，往往无法人实体，外部环境决定其财务核算的规范化程度较弱。然而，影视行业的特性及业务特点又对公司的内部控制、财务核算水平、财务人员业务素质等有着较高的要求，例如，会计制度规定的计划收入比例法确认收入成本、期末对影视版权等无实体形态的存货价值的判断、互联网背景下对新盈利模式适用准则的选择等。同时，我国会计准则原则性的规定，行业会计制度无法适应新业务发展等制度现状，决定了对影视行业上市公司的会计监管也是一大难点。

（四）并购估价较高，后续监管风险隐现

影视行业成为市场并购热点的同时，对影视公司的估值也水涨船高，部分并购市盈率远高于市场平均水平，如捷成股份收购中视精彩市盈率为 227.46，收购瑞吉祥市盈率达 1 063.8。为支撑高市盈率，并购中往往签订较高的对赌条款，虽然在一定程度上能够保障上市公司股东的权益，但并购中过高的对赌压力有可能迫使

被收购影视企业采取非理性行为虚构利润，引发后续监管风险。同时，并购形成的过高商誉也给上市公司后续账务处理留下隐患。

三、监管对策与建议

（一）加强行业研究，建立统一细化的行业分类标准

传统行业划分标准主要是以收入规模的占比来确定行业类别，行业划分也多以生产模式、产品类型为中心，影视行业与广播、电视行业等分为一类。但从监管角度看，分行业监管核心在于将监管风险相同或相通的公司归为一类，应综合考虑上下游产业链条、利润贡献比重等多种因素，例如，广播、电视行业虽与影视行业产品相关性高，但在业务模式、收入来源、经营风险等方面仍有较大的差别，而影视设备制造公司、互联网视频播放平台公司，虽然从业务模式上看分别属于制造业、信息技术业，但从监管风险的角度看，更适合同影视公司一类。

建议加强顶层设计和规划，综合多种因素，建立统一细化的行业分类标准，并实行动态指标管理模式，根据公司并购、业务转型等变化及时调整行业分类，增强行业趋势分析的针对性和准确性，以更好地针对行业风险采取对应的监管措施。

（二）突出行业点与风险，制定针对性的信息披露规则

目前，公司在招股说明书中往往对行业地位、发展战略、竞争优势等行业信息有着较为详尽的披露，但在后续的定期报告中则基本上仅按照最低的信息披露标准披露财务数据，例如公司定期报告中往往仅披露存货的种类及数量，但对于影视公司来说，存货中储备的版权类型、在拍电视剧的题材等都对投资者判断公司未来经营状况至关重要。

建议制定针对性的行业信息披露规则，突出行业特点和风险，重点规范非财务信息的披露范围及内容，例如针对影视行业轻资产、高经营风险等特性，对无形资产、存货、商誉等资产应做出更详尽且针对性更强的披露要求，为投资者全面理解公司经营风险、财务状况、发展方向等提供有效信息。

（三）细化行业财务核算标准，增强财务信息可比性

相对于传统行业，影视行业的业务模式决定了其财务核算的特殊性，2004 年 12 月，财政部颁布《电影企业会计核算办法》（以下简称《办法》），统一规范了电影企业的会计核算，《办法》针对影视行业的经营模式规范了科目设置及核算内容等基础财务核算标准，能够满足影视行业基本的财务核算需求，但一方面在新企业会计准则体系下，随着会计概念框架体系的进一步完善，有必要基于新准则的理念重新审视上述《办法》中个别业务核算的恰当性，另一方面对于较为复杂业务的具体适用准则，《办法》也并未进行解释规范，例如，电视剧多轮播映时对预计总收入的确认方式、与收视率挂钩的收销售合同收入确认标准、合作摄制中收到的制片款的处理等。

建议针对影视行业在财务核算中的特殊性，出台针对性的会计准则应用指引，统一影视行业上市公司对特殊业务的处理标准，提高影视行业上市公司财务信息的可对比性，引导影视行业上市公司逐步提升财务核算水平。

（四）加深信息共享，构建多层次监管体系

行业监管必须立足于对行业的深入了

解与研究，仅限于单个辖区、单一方面的研究远远不够，应增加覆盖面，提高研究高度和深度，通过证监会的协调、指导，一方面强化派出机构地区间、派出机构与交易所之间的合作；另一方面加强与行业主管部门信息共享，及时了解中央宣传部、国家新闻出版广电总局等文化及行业监管政策，分析其对影视行业的影响，并及时将信息传达并应用到监管中。

同时，构建协调配合的多层次监管体系，证监会制定统一行业监管标准，包括行业分类标准、行业监管指引及配套的相关规程等，并根据一线监管反馈信息不断修订；派出机构及交易所在统一标准指导下，在一线监管中贯彻行业监管的理念，不断提升预判行业风险能力，并将发现的行业普遍问题及风险及时向证监会反馈，形成动态协调监管机制。

关于北京农产品指数保险试点情况的调研报告

中国保险监督管理委员会北京监管局

近年来，中国保险监督管理委员会北京监管局（以下简称北京保监局）积极贯彻落实党中央、国务院关于发展“三农”保险的有关要求，推动开展农产品指数保险试点，在发挥惠农作用、提升保险服务水平、推动首都农业转型升级等方面发挥了重要作用。为更好地推动农产品指数保险发展，我们以实地走访、座谈等形式开展调研，了解试点成效和发展中的问题，听取农户和保险公司的意见，并提出相关政策建议。

一、试点背景

自2007年5月北京建立政策性农业保险制度以来，农业保险得到快速发展，在保障农民收入、促进农业生产、维护农村稳定等方面成效显著，“稳定器”和“助推器”的作用凸显。2015年，北京农业保险保费收入5.7亿元，参保农户10.6万户次，提供风险保障261.5亿元，向9.9万户次农户支付赔款4.5亿元。

（一）气象灾害和市场风险影响凸显

近年来，重大气象灾害频繁发生，农产品价格下行压力不断加大，农业生产风险越发不可控。一是气象灾害损失巨大。干旱、洪涝、高温、暴风雪等极端气象事件会给农业生产带来毁灭性的打击，可能会导致农户致贫返贫。如2012年北京“7·21”暴雨灾害给农业生产造成了巨额损失，仅农业保险赔付即超过6 000万元。二是市场风险加大。以猪肉价格为例，近年来波动频率和幅度较大，2007年上涨、2009年暴跌以及2010～2014年以来持续的低迷，造成养殖户经营风险和收入不确定性加大，也影响了北京地区物价的平稳运行。

（二）传统农险业务发展不足逐步显现

随着传统农险业务的快速发展，其弊端和不足也逐步显现出来。一是传统农险产品以自然风险保障为主，缺少对市场风险的保障。随着土地流转速度加快，农业生产集约化、规模化趋势加强，新型农业经营主体不断壮大，对于市场风险的保障需求更加强烈，加之传统农险业务市场风险保障不足，需要指数保险的有效补充。二是传统农险业务固有的逆向选择、道德风险高等问题无法回避和有效解决，并且随着保障水平的提高和覆盖面的扩大，相关问题将逐步暴露出来。三是传统农险业务缺乏定损标准，实际损失难以准确测定，容易引发理赔纠纷。

（三）政府高度重视农产品指数保险发展

2013年《保监会关于加强农业保险条款和费率管理的通知》提出，鼓励保险公司根据当地农业发展实际和当地风险特点，开发指数保险等创新型农业保险条款和保险费率。2013年以来连续三年中央一号文件提出开展农产品价格保险试点。各地在实践中多采用价格指数保险的形式进行试点，成效较为显著。2014年《国务院关于加快发展现代保险服务业的若干意见》明确提出，开展农产品目标价格保险试点，探索天气指数保险等新兴产品和服务，丰富农业保险风险管理工具。近年来，越来越多的政府部门开始重视农产品指数保险，积极开展试点，将其作为农产品价格调控、自然风险保障的重要抓手。

二、试点开展情况

截至2015年底，北京已经试点开展了生猪价格指数、蜂业气象指数和玉米干旱气象指数三款指数保险产品。

（一）保险产品情况

一是科学设置保险指数。指数保险基于预先设定的参数作为理赔触发点，参数被触发后，保险公司按合同约定进行赔付。生猪价格指数保险以猪粮比6∶1作为触发点，蜂业气象指数保险以累计降水量140毫米或连阴天数5天为触发点，玉米气象指数保险则以累计降水量205毫米为触发点。一旦达到标准，保险公司将进行赔偿。上述理赔出发点的设定均由北京市农村工作委员委、北京市气象局等单位与保险公司成立课题小组，反复论证得到的结果，具有较高的科学性和可操作性。二是提高保障水平。指数保险保额普遍高于相应传统险种，不仅覆盖了农产品的物化成本，有些还涵盖了部分生产成本。其中，生猪价格指数保险保额每头1 000元，比生猪养殖保险全国平均保额高75%，基本覆盖了饲养成本；玉米干旱气象指数保险保额每亩1 000元，是玉米种植保险全国平均保额、物化成本的2倍多。蜂业气象指数保险保额为每蜂群420元，达到较高保障水平。三是优化理赔方式。生猪价格保险理赔周期由1年缩短为半年或1个月，可更好地应对价格周期波动。玉米干旱和蜂业气象指数保险对于一般标准的干旱灾害就给予赔偿，而传统险种则要求农作物损失率必须超过50%。

（二）政府支持情况

北京市及各区县成立协调机构，上下联动推动指数型农业保险发展。一是支持产品开发。北京市相关单位与保险公司联合开展调研和课题研究，广泛征求农户需求。此外，为保险公司提供气象、农产品价格、农业资源等数据支持，协助完成费率厘定和条款设计。二是提供保费补贴。为促进指数保险发展，北京市、区县两级财政提供保费补贴，补贴比例合计高达80%。三是推动业务开展。基层政府部门协助保险公司开展宣传、说明工作，通过召开条款说明会和理赔兑现会、发放宣传手册等方式，提高农户对指数保险的认识。同时，协助保险公司收集农户信息，确认投保数量、标的权属等重要内容。

（三）试点推动情况

指数保险作为新兴事物，经营模式和面临的风险与传统险种有较大不同。为积累经验并提升保险公司创新积极性，北京对创新险种设置保护期，一般为2年。在指数保险推出后，由产品开发公司选择1~2个有代表性的区县先行试点，待条件成熟后，纳入北京市统颁条款，逐步向全市推广。最早开展的生猪价格指数保险于2013年在北京顺义区试点，2015年开始逐步引入新的经营主体，经营范围扩展至全部8个生猪养殖大县。

（四）风险分散情况

为强化指数保险管理并有效分散经营风险，一是加快信息技术应用。推动保险公司应用卫星遥感、电子耳标等技术核实保险标的位置和规模，显著提高业务数据真实性，降低道德风险。二是合理安排再保险。全国农业保险再保险共同体成立后，各类指数保险分出比例已达40%~50%，有效降低了系统性风险。三是加强外部监管。在日常监管基础上，北京市还建立了绩效考核制度，将发放经营费用补贴与考核结果挂钩，并聘请会计师事务所开展定期审计。

三、试点取得的成效

2015年，北京农产品指数保险得到快速发展。其中，生猪价格指数保险已覆盖北京全部养殖大县（区），承保生猪137.1万头，实现保费收入5 119.5万元，同比增长1.2倍；蜂业气象指数保险承保蜂农650户，实现保费收入245.8万元，同比增长1.5倍；玉米干旱气象指数保险承保玉米1.2万亩，实现保费收入100.8万元。

（一）发挥了惠农作用

2015年，北京各类指数保险提供风险保障13.6亿元，覆盖种养大户1 081户。生猪价格指数保险支付赔款6 074.9万元，受益农户550余户，其中赔款最多的一位养殖大户获赔149.8万元，是其缴纳保费的11倍，有力抵御了生猪价格持续低迷的影响，稳定了农户收入。

（二）提高了财政支农效率

以生猪价格指数保险为例，2015年，实现保费收入5 119.5万元，市、区两级财政补贴4 096万元，提供风险保障13.3亿元，相当于政府财政投入1元，可以为农民获得32.4元的风险保障，进一步发挥了财政资金的杠杆效应。

（三）提升了保险服务水平

一是理赔服务更加便捷。指数保险无须农户报案和提供证明材料，保险到期后，根据理赔指数情况，保险公司直接将赔款支付到农户银行账号，理赔时效明显提高，最快在终期指数公布当日即可得到赔付。二是增值服务更加到位。保险公司及时将每期生猪价格、天气预警等信息通过短信发送至每个参保农户，确保农户知情权的同时，提示做好防灾减灾工作。2015年度推送各类信息达300余万条。三是农户满意程度高。指数保险承保理赔公开透明，农户与保险公司的合同纠纷明显减少，开办2年来监管部门未收到相关投诉或举报。同时，由于惠农作用明显，农户对指数保险高度认可，参保率明显上升。2015年，投保生猪养殖保险的农户中，有46.2%附加投保了价格指数保险，同比上升36.8个百分点。

（四）推动了首都农业转型升级

近年来，北京以“调结构、转方式、发展高效节水农业”为重点，加快土地流转，推进农业适度规模经营。指数保险从北京都市型现代农业特点出发，在产品设计上以种养大户、专业合作社和龙头企业等农业新型经营组织为重点，进一步提高保障水平，与传统产品相互配合，形成多重保障，满足现代农业更高层次的风险保障需求。

四、存在的主要问题

在各方的大力推动下，北京农产品指数保险得到快速发展，但也面临一些问题需要研究解决。

（一）关键数据收集难度大

指数保险产品开发需要长期稳定的历史数据，如猪粮比、降水、气温、农作物产量等，在实施过程中又需要及时准确的保险参数数据。目前，关键数据获取难度较大。一是数据采集和发布机制不健全。与传统数据相比，指数保险需要第三方提供的数据支持，如发改、气象、统计等单位数据。但目前相关数据发布频率低、及时性差，或者不同单位发布的数据口径不一致，造成难以确保相关参数的权威性和及时性。二是产量等数据难以准确测定。历史产量数据，特别是细化到乡镇层级的产量数据积累不足。同时，缺少测产标准和操作规范，具体实施的工作量也较大，保险公司的专业技术和服务能力有待加强。三是数据共享程度低。由于部分数据尚未对外公开，保险公司在产品设计和理赔测算使用的数据，需要相关单位提供数据支持。

（二）风险分散机制不健全

一是指数保险风险程度高。相比于传统产品，农产品指数保险面临的系统性风险更高，存在大范围赔付或巨额赔付的可能。如受上半年猪肉价格低迷影响，2015年，北京生猪价格指数保险简单赔付率达到118.7%，各经办公司均处于亏损状态。二是风险分散渠道有限。目前，保险公司最主要分散方式是纯商业性的再保险，但由于指数保险属于新兴事物，市场上缺乏历史赔付数据，再保险公司对指数保险持谨慎态度。如果一旦出现巨额赔付，再保险人将降低再保险意愿或者大幅度提高再保险费用，影响指数保险的可持续发展。

（三）农户接受程度有待提高

农产品指数保险在北京地区是新生事物，并且保险产品具有一定的复杂性，使得农户对其理解程度有限。同时，保险公司基层业务人员认识不到位，承保过程中宣传讲解不够，造成农户的投保积极性不高。据统计，2015年生猪价格指数保险投保率低于50%，玉米干旱气象指数保险投保率低于3%，蜂业气象指数保险还仅限于密云等少数区县，覆盖面还处于较低水平。

五、政策建议

为稳步推动北京农产品指数保险发展，更好地充分发挥指数保险的优势和保障功能，我们建议：

（一）完善数据标准和发布机制

一是建议发改、气象、统计、农业等政府单位加大相关数据的采集力度和精细化程度，同时建立制度明确农产品价格、气象、产量等数据的采集标准、发布机制、使用办法等重要内容。二是建立数据共享共用机制，为保险公司产品创新和承保理赔业务提供数据支持，进一步提升指数保险的精细化、科学化水平。

（二）健全指数保险风险分散机制

指数保险经营风险较大，单独依靠保险公司难以承担全部责任。因此，建议整合多方资源，建立财政支持下的指数保险风险分散机制，形成再保险、大灾风险准备金、巨灾风险基金等多层次的分散体系。同时，拓宽紧急融资渠道，确保大灾发生后，保险公司能够及时、足额支付赔款。

（三）提升各方对指数保险的认同程度

一是加强保险公司基层员工培训，提高员工对指数保险的理解，使其全面掌握保险产品设计理念、保险条款等内容，并能够向农户作出详细、准确的解释说明。二是加大宣传力度。一方面，依托村委会、农民合作社等基层组织，采用典型案例、现场讲解会、理赔发布会等农民喜闻乐见的形式进行宣传，深化农户对指数保险的认识。另一方面，发挥新闻媒体的舆论导向作用，对农产品指数保险试点的意义、特点、成效等进行重点宣传，提高政府部门、农业生产企业的重视程度。

（苗伟）

“十三五”时期首都多层次资本市场发展战略研究

北京市金融工作局　场外市场处

一、“十二五”时期首都多层次资本市场发展情况分析

“十二五”期间，伴随着我国多层次资本市场体制建设的推进，特别是A股首次公开募股（IPO）重启、新股发行体制改革、“新三板”建设加速推进、区域性股权交易市场和机构间报价系统启动等关键节点取得的阶段性成果，首都多层次资本市场体系初步形成、证券业组织体系进一步健全、服务首都经济转型发展效果显著、改革创新不断取得新突破、金融发展环境持续优化；但仍然存在资本市场的投融资功能尚未完全发挥、场外交易市场体系建设仍处在初级阶段、区域性股权交易市场的发展特色有待明晰、场外交易市场风险处置压力大等问题。

“十二五”期间首都多层次资本市场建设成绩

1. 首都多层次资本市场体系初步形成

“十二五”期间，首都资本市场建设以培育和发展多层次股票市场体系为突破口，以多层次股票市场体系初见雏形、债券市场快速发展、私募股权市场的规模迅猛增长为特点，初步形成多层次资本市场体系。

（1）多层次股票市场体系初见雏形

①企业上市呈现增长态势

“十二五”期间，北京地区A股上市公司数量呈现增长态势，从2010年年末的164家增加到2014年年末的234家，增长幅度达到43.9%；占全国A股上市公司总数的比例从7.99%上升到9.1%。2011～2014年末，A股上市公司数量在全国的排名一直保持在第二位（见图1）。

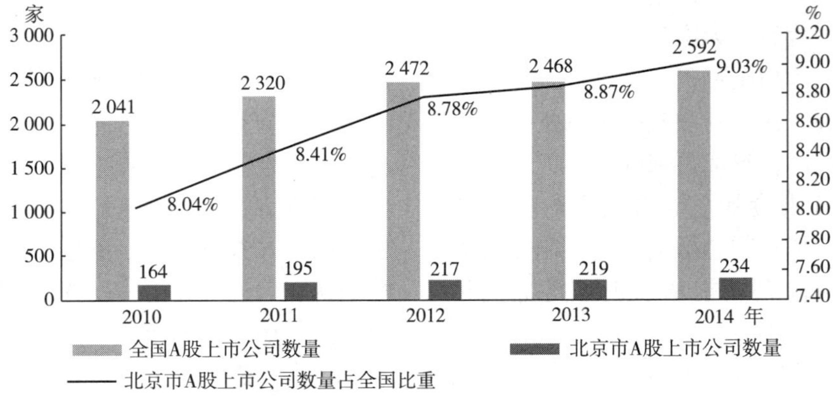

图1　2010~2014年北京地区A股上市公司数量情况

2011~2014年，北京地区共新增境内上市公司70家，占全国新增境内上市公司总数（551家）的12.7%；累计首发募集资金752.59亿元，占全国新增境内上市公司累计首发募集资金总数（4 527.64亿元）的16.6%（见图2）。

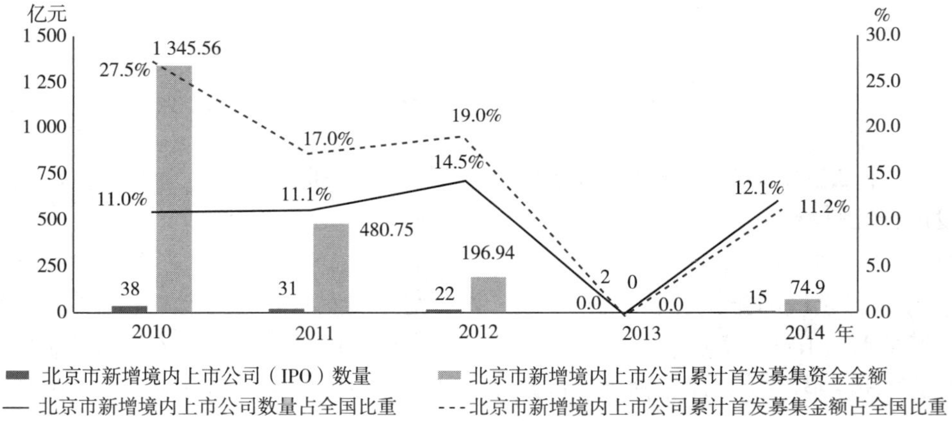

图2　2010~2014年北京地区新增境内上市公司数及首发募集资金

“十二五”期间，北京地区境外上市公司数量呈现增长态势，从2011年年末的175家增加到2014年年末的215家，增长幅度达到25.1%；占全国境外上市公司总数的比例从17.3%微降到17.1%。截至2014年年末，北京地区境外上市公司数量位列全国第一（见图3）。

②场外交易市场蓬勃发展

“新三板”市场辐射力持续增强、发展空间巨大。

2013年1月16日，全国中小企业股份转让系统有限责任公司举行全国中小企业股份转让系统（“新三板”）揭牌仪式。自此，北京市成为第三个具有全国资本交易市场功能的城市。

“新三板”正式运营以来，市场参与度大幅提升，金融协同效应初步显现。截至2015年6月底，共有88家主办券商、39家会计师事务所、412家律师事务所参与市场服务；合作银行总量达到30家。

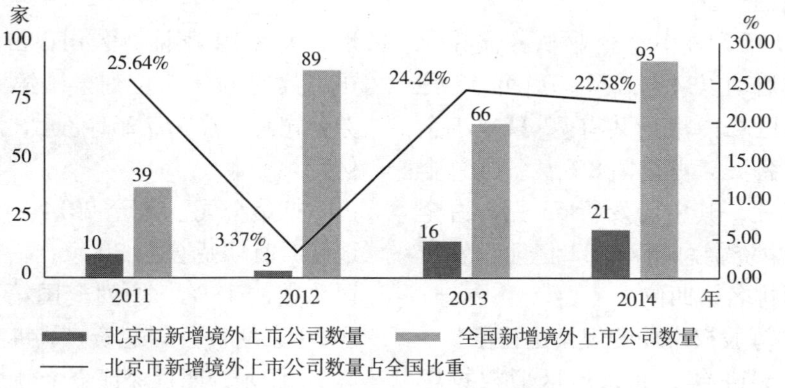

图 3　2011 ~ 2014 年北京地区境外上市公司数量情况

2014 年对挂牌公司贷款超过 430 亿元。2015 年以来，质押对象进一步丰富，包括国有银行、商业银行、投资机构、担保公司、保理公司和信托公司。

与此同时，北京地区“新三板”市场规模快速增长。从 2013 年 12 月 30 日到 2015 年 6 月 30 日，北京地区“新三板”挂牌公司数增加了 205 家，增长率为 82.66%。截至 2015 年 6 月 30 日，北京地区“新三板”挂牌公司达到 453 家，占全国的 17.19%，位居全国第一。在市场规模快速增长的同时，北京地区“新三板”挂牌公司的质量也得到显著提升。2015 年 1 ~ 6 月，北京地区“新三板”挂牌公司共计发行股票 121 次，共募集资金 33.8 亿元，“新三板”市场影响力和覆盖面逐步扩大。

区域性股权交易市场起点较高、发展规范。

2013 年 12 月 28 日，北京市正式启动区域性股权交易市场——北京股权交易中心。2015 年 5 月 8 日，北京股权交易中心正式更名为中关村股权交易服务集团，此举标志着北京区域性股权交易市场建设全面纳入中关村国家自主创新示范区先行先试的政策框架。

截至 2015 年 6 月底，北京市区域性股权交易市场展示企业 614 家、挂牌企业 27 家、登记托管企业 345 家，托管总股数 338.44 亿余股；备案 16 只私募债券，备案总金额 18.9 亿元，其中已成功发行 11 只，募集总金额 11.3 亿元；会员 59 家；合格投资者 148 户。

机构间报价系统建立。

自 2014 年 8 月 18 日发行第一只产品以来，机构间私募产品报价与服务系统功能不断丰富、完善、优化，为证券公司、基金管理公司、期货公司、私募基金以及商业银行等金融机构规范发展场外业务提供了全方位服务，已成为多层次资本市场的重要组成部分。

（2）债券市场发展迅速

截至 2015 年 6 月底，北京地区发行金融债存量 187 只，金额 13 896 亿元，发行金额和数量分别占全国的 44.35% 和 24.74%，均位居全国第一；发行公司债存量 117 只，金额 2 106 亿元，金额占全国的 25.99%，位居全国第一；发行企业债 63 只，金额 1 275.88 亿元。其中，金融债与公司债的存量只数和金额较 2010

年底均实现翻一番。

自2012年5月中小企业私募债券业务试点工作启动以来，截至2014年12月底，北京地区场内市场共有72只中小企业私募债券备案，占全国8%，备案总金额68.58亿元，其中已发行53只，占全国7%，募集资金总额44.82亿元，发行只数在全国排名第四位。

（3）私募股权市场的规模迅猛增长

2011～2014年，北京地区股权投资规模领先于其他省（市），共发生天使投资、创业投资和私募股权投资案例2 208起，投资金额共计3 342.16亿元，投资案例数和投资金额四年间增长率分别为16.5%和25.8%。

2. 证券业组织体系进一步健全

"十二五"时期，北京市以完善区域资本市场为目标，以推动各类证券经营中介机构、创业投资和股权投资管理机构等快速发展为主要内容，有重点、有步骤地建设证券业组织体系。

（1）全国性行业协会体系在京形成

以中国证券业协会、中国证券投资基金业协会、中国期货业协会、中国上市公司协会为主体的国家级证券业行业协会体系已经在京形成。各行业自律组织与国家监管部门、地方政府形成合力，共同构建吸引集聚金融机构的环境体系，促进证券期货业金融机构创新发展。

（2）各类证券期货业服务机构在京发展

"十二五"期间，登记结算公司、咨询及信息技术公司、金融信息服务平台等各类证券期货业服务机构成为首都资本市场的重要组成部分，为首都和全国证券期货业创新发展提供智力支持和运行保障。

（3）各类证券经营机构在京聚集

证券公司。截至2014年年末，北京地区共有19家证券公司，占全国证券公司总数的17%，位列全国第一；19家证券公司总资产为5 261亿元，净资本1 006亿元。

期货公司。截至2014年年末，北京地区共有期货公司20家，占全国期货公司总数的13%，位列全国第二；北京地区20家期货公司总资产544亿元，净资本78亿元，期货保证金余额420亿元。

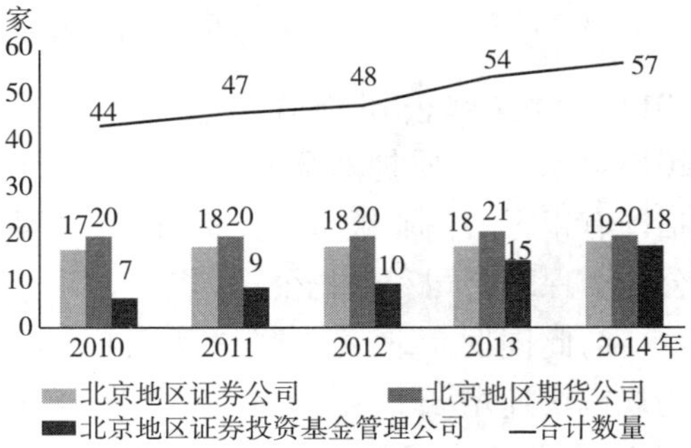

图4　2011～2014年北京地区证券、期货及基金管理公司数量情况

基金管理公司。截至2014年年末，北京地区共有18家证券投资基金管理公司，占全国证券投资基金管理公司总数的19%，位列全国第三。截至2014年年末，18家证券投资基金管理公司管理基金数409只。

（4）创业投资和股权投资管理机构稳步增长

"十二五"期间，北京市股权投资管理机构数量及管理资本量持续稳步增长。管理机构数量由2011年年末的711家增至2014年年末的957家，增长率为7.7%。管理资本总量也由2011年的10 702.48亿元增至12 646.89亿元，增长率为4.3%。

"十二五"期间，北京地区股权投资

市场活跃度全国领先，共募集新基金809只，新增可投资于中国大陆的资本总额合计4 928.95亿元，募集数量增长率-0.8%，募集金额复合增长率10.0%。

3. 多层次资本市场服务首都经济转型发展效果显著

“十二五”期间，初步形成的首都多层次资本市场通过存量整合和增量培育，有效地推动了首都经济转型升级，优化了经济结构。

（1）存量整合

“十二五”期间，北京地区通过实施增发和配股再融资共计3 189亿元。2014年，北京地区上市公司再融资占全国19%。北京地区共发生相关联的并购事件423起，总共涉及资金5 126.5亿元。涉及的并购重组事件中，买方为北京上市公司的共计83起，涉及金额为823.5亿元，完成实施过户的有2起。

（2）增量培育

“十二五”期间，首都资本市场通过发展场外交易市场，增强了对新兴产业、中小微企业的服务能力。以“新三板”市场为例，截至2015年3月31日，北京地区“新三板”挂牌公司总数达到417家。其中，信息传输、软件和信息技术服务业170家，占比40.77%；科学研究和技术服务业23家，占比5.52%。

此外，首都资本市场还通过新增上市公司转向民营企业和新兴产业，实现民营企业逐步占据上市公司主导地位和上市公司由传统行业为主导向新兴战略产业为主导转变。“十二五”期间，北京地区新增94家上市公司中，75家为民营企业，11家央企，3家市属企业，其他5家，民营企业增速明显加快。从上市公司的行业分布情况来看，信息技术类企业在北京地区挂牌公司和上市公司中主导地位凸显，所占比例分别达到50%和33%。

4. 资本市场改革创新不断取得新突破

“十二五”期间，首都资本市场的创新发展推动工作主要围绕股权众筹、优先股、资产证券化等领域展开，并取得了新的突破。

（1）股权众筹日益活跃

自国务院总理李克强于2014年11月在国务院常务会议上首次提出“开展股权众筹融资试点”后，北京地区股权众筹平台数量上升至25家，占北京地区众筹平台总数量的52.08%。

（2）积极推动优先股试点

自2014年3月证监会发布《优先股试点管理办法》以来，北京市积极将符合发行条件的实体企业组织起来，推动优先股在北京国资系统、银行系统试点先行。截至2014年末，北京地区共8家公司披露了优先股预案，占A股市场披露优先股预案公司的50%，排名全国第一。

（3）积极探索发行企业资产证券化产品

自2014年11月19日证监会发布《证券公司及基金管理公司子公司资产证券化业务管理规定》后，截至2015年6月底，北京地区企业累计发行6单企业资产证券化产品，融资规模达296.31亿元。

5. 金融发展环境持续优化

（1）政策支持体系化

“十二五”期间，北京市委、市政府发布了一系列引导机构聚集、促进企业上市、服务上市公司、支持中小企业直接融资、推进场外市场发展的政策和内幕交易防控制度，建立起促进首都金融发展的政策支持体系，涵盖聚集各类金融机构、服务企业利用资本市场健康发展、促进中小企业成长壮大。

（2）简政放权逐步推进

近年来，北京市积极稳妥协助推进股票发行注册制改革；加快多层次股权市场建设；鼓励市场化并购重组；完善退市制度。同时提出培育私募市场，对依法合规的私募发行不设行政审批。

（3）国际交流不断加强

“十二五”期间，北京市通过组织四届国际金融博览会（第七届至第十届）、四届国际金融论坛（IFF）年会、三届中国（北京）国际服务贸易交易会、五届京台金融合作论坛等大型活动不断深化首都与国际金融组织、金融城市的合作，北京地区国际金融交流活动不断加强，北京在国际金融领域的影响力和知名度得到巩固和提升。

二、“十三五”时期首都多层次资本市场发展目标、思路与重点工作

（一）发展目标

“十三五”时期，进一步深化改革，加快创新，扩大开放，拓展资本市场广度和深度，不断完善服务全市、京津冀乃至全国的功能。到2020年，培育一批市场竞争力较强、具有行业领先地位的上市公司，一大批符合条件的本地企业在全国中小企业股份转让系统和区域性股权市场挂牌融资，打造首都资本市场新的增长极。到2020年，全市直接融资占社会融资的比重达到国内领先水平，首都多层次资本市场改革创新取得明显成效，市场广度和深度进一步拓展，服务全市、京津冀乃至全国实体经济转型升级发展的功能不断完善，基本形成服务首都战略定位、各层次市场间要素充分流动、资源配置高效、满足各类企业特别是科技创新企业及文化创意企业多层次融资需求、促进开放合作的创新导向型多层次资本市场体系。

（二）总体思路

深入落实党的十八大以来中央和北京市委、市政府的重要战略部署，紧密围绕京津冀协同发展战略，以及首都“四个中心”城市战略定位和努力建设“国际一流和谐宜居之都”的目标，以提高全球资源配置能力为导向，着力增强首都各层次资本市场的活力，提高直接融资比重，体现首都资本市场的特色优势，支持“新三板”发展壮大，打造国际领先的债券市场，推动北京地区上市挂牌公司数量位居国内前列。增强资本市场的服务功能，促进资本市场与首都实体经济发展良性互动，推动首都经济提质增效升级，打造服务京津冀协同发展的区域性多层资本市场平台，助力京津冀协同发展战略的实施，显著提升首都资本市场的影响力与辐射力。

（三）重点工作

1. 积极促进京津冀资本市场协同发展

一是支持企业通过市场化并购重组在京津冀范围内整合产业链资源；二是建立区域内统一的股权交易平台；三是促进京津冀金融基础设施互联互通。

2. 支持企业利用证券交易所市场做大做强

一是积极促进企业上市；二是提高上市公司质量；三是督促上市公司履行好信息披露义务；四是鼓励上市公司利用资本市场工具和创新手段进行再融资。

3. 着力打造全国债券交易中心

一是支持北京市企业以多种形式发行债券进行融资；二是发行推广支持基础设施和重大项目建设的债券产品；三是支持

北京地区企业开展境外债券融资；四是增强对民营和中小企业专项扶持力度。

4. 大力支持"新三板"创新发展

一是加强"新三板"的科技创新导向；二是支持建立健全"新三板"分层管理制度；三是大力推动优先股、资产证券化、私募债交易等产品创新；四是积极推进并购重组业务在"新三板"的发展。

5. 积极发展股权投资和创业投资

一是积极发展股权投资；二是拓宽创业投资资金供给渠道；三是聚集互联网金融等新兴金融机构支持创新创业；四是完善创业投资引导机制。

6. 稳步推进金融衍生品市场发展

支持商品期货市场和金融期货期权市场的发展，进一步强化金融衍生品的价格发现和风险管理功能，充分发挥其对实体经济发展的重要作用，支持各类企业科学利用期货等衍生品工具对冲风险。

7. 增强首都场外市场服务科技创新的能力

一是支持"四板"市场互联网金融业务开展；二是支持机构间私募产品报价与服务系统发展；三是建立专门的并购服务平台；四是建设中小微企业发展综合政策运用的平台；五是建立健全"四板"市场对接高层次资本市场的制度。

8. 加强金融基础设施建设

进一步改善区域金融生态环境，支持股权众筹平台规范发展，加强金融基础设施建设，便利金融服务，加强对互联网金融、民间金融的引导，有效监测各类金融活动及其风险。

（四）保障措施

1. 利用首都优势积极争取中央政策支持

一是争取承担国家开放战略的政策；二是争取支持京津冀协同发展的金融创新政策；三是争取科技金融改革政策在中关村先行先试。

2. 发挥政府引导基金的带动作用

一是扩大引导基金规模；二是探索设立北京市级政府资本市场领投基金，统筹市区两级引导基金，带动区域资本市场和股权投资行业发展。

3. 优化首都资本市场发展环境

一是完善促进首都资本市场发展的各项配套政策；二是积极支持国家金融管理部门完善金融监管体制，推动首都金融业监管转型与创新；三是加大对金融人才的激励力度；四是提升中介服务质量。

4. 加强资本市场风险防范

一是健全资本市场风险监测预警和评估处置机制；二是进一步加强资本市场投资者特别是中小投资者合法权益保护，夯实资本市场持续健康发展的基础。

附：

2015 年专题与调研目录选编

中国人民银行营业管理部
2015 年优秀调研报告

一等奖

1. 通货紧缩的定义、度量及对当前形势的判断（金融研究处）

2. 我国人口红利与人口负债的平衡路径研究（调查统计处）

3. 跨境人民币业务宏观预警先行指标体系研究（跨境办）

二等奖

1. 2014 年中央银行流动性管理的回顾与展望（营业室）

2. 社会融资规模增量指标改进的探

析（调查统计处）

3. 利率市场化与企业融资约束——基于北京市企业数据的实证分析（金融研究处）

4. 跨国公司外汇资金集中运营管理框架下“展业三原则”运用探讨（外汇综合处）

5. 货币政策变化对我国跨境资金流动的影响（国际收支处）

6. 中外经济新常态与货币政策比较（金融研究处）

7. 中关村园区科技型企业融资情况问卷分析（中关村中心支行）

8 利率市场化进程中辖内金融机构存款利率定价情况调研（货币信贷管理处）

9. 从房贷新政的落实看房地产调控的挑战及对策（货币信贷管理处）

10. 中关村小微企业信用体系试验区建设的实践和思考（征信管理处）

11. 推进“一带一路”沿线国家人民币跨境使用的研究（跨境办）

12. 近年来我国信托公司创新业务的主要模式及其对金融统计的影响（调查统计处）

13. 释放政策潜力　推进可兑换改革（外汇综合处）

14. 北京地区贸易项下货物流与资金流不匹配的影响因素分析（国际收支处）

15. 金融租赁行业外汇业务发展瓶颈及建议（外汇检查处）

16. 借鉴美国经验完善我国个人信用修复机制（征信管理处）

17. 国际大宗商品价格变化对北京地区跨境资金流动的影响分析（经常项目处）

18. 第二代支付系统对参与者运行管理影响及建议（清算中心）

19. 北京地区银行机构反洗钱约束激励机制调查研究（反洗钱处）

20. 资产管理业监管逻辑及路径选择（金融稳定处）

21. 非现金支付对货币政策的影响研究——基于货币乘数的视角（支付结算处）

三等奖

1. 资本项目分类管理政策框架探讨（资本项目处）

2. 信托行业业务模式及影响分析（金融稳定处）

3. 国际油价波动对我国物价指数、货币政策的冲击路径研究（经常项目处）

4. 我国城镇居民消费函数分析：基于收入分组的面板数据（办公室）

5. 北京地区 12363 金融消费权益保护咨询投诉电话运行情况实证研究（法律事务处）

6. 北京金融支持企业“走出去”问题研究（办公室）

7. 主要国际货币国际化期间汇率变化的比较及启示（国际收支处）

8. 人行营业管理部推动工作为党的事业增添正能量探索与实践（离退休干部处）

9. 主体监管思路在中关村核心区应用实践及思考（中关村中心支行）

10. P2P 网贷平台国际发展与我国现状、困境及建议（金融稳定处）

11. 第二代支付系统灾备体系建设现状分析及建议（清算中心）

12. 立体库岗位风险发展趋势研究——以营业管理部货币金银处三年来差错统计与分析为例（货币金银处）

13. 金融支持战略新兴产业政策体系的国际比较研究（办公室）

14. 个人通过分拆规避限额监管行为呈现新特点（外汇检查处）

15. 辖内商业银行 2014 年度会计报表分析报告（会计财务处）

16. 土地财政的机理、风险与转型对策浅析（国库处）

17. 关于 ACS 系统上线后人民银行对账工作的思考（事后监督中心）

18. 大数据在打击假币犯罪工作中的应用研究（货币金银处）

19. “高利贷”治理刍议（法律事务处）

20. 以探索“质量管理标准化”为抓手 深入推进文明单位创建工作（宣传群工部）

21. 银行业“营改增”宏微观效应分析（会计财务处）

22. 北京地区财务公司票据业务发展情况的调研报告（货币信贷管理处）

23. 中国人民银行营业管理部培育和践行社会主义核心价值观调研报告（宣传群工部）

24. 银行大数据应用的方向和建议（反洗钱处）

25. 国际货币政策协调的理论及实践成果评述（支付结算处）

26. 从审计报告看人民银行依法行政工作（内审处）

27. 关于营业管理部民主管理工作的调研报告（工会办公室）

28. 大数据征信在个人金融领域的应用和问题研究（中关村中心支行）

29. 直接投资外汇统计与管理研究（资本项目处）

30. 北京辖区金融数据报送电子化的思考（科技处）

31. 基层人民银行集中采购常见问题及其对策研究（会计财务处）

32. 对事后监督工作的思考（事后监督中心）

33. PDCA 循环理论在央行工会财务管理中的应用设想（工会办公室）

34. 内部审计增加组织价值的研究与思考（内审处）

35. 营业管理部积极运用风险监督管理系统强化岗位（廉政）风险防控（纪检监察办公室）

八、统计资料

（一）金融业务综合统计

表1.1　北京市金融机构（含外资）本外币信贷收支统计

单位：亿元

项目名称	余额	比年初	项目名称	余额	比年初
一、各项存款	128 573	15 249	一、各项贷款	58 559	4 822
（一）境内存款	127 495	15 485	（一）境内贷款	54 707	4 076
1. 住户存款	27 704	1 677	1. 住户贷款	11 182	1 784
（1）活期存款	11 381	1 653	（1）短期贷款	1 874	-3
（2）定期及其他存款	16 322	24	消费贷款	768	103
2. 非金融企业存款	46 337	5 009	经营贷款	1 105	-106
（1）活期存款	16 971	3 905	（2）中长期贷款	9 308	1 786
（2）定期及其他存款	29 366	1 104	消费贷款	8 152	1 612
3. 广义政府存款	26 642	2 693	经营贷款	1 157	174
（1）财政性存款	1 455	-735	2. 非金融企业及机关团体贷款	43 082	1 912
（2）机关团体存款	25 187	3 428	（1）短期贷款	16 033	233
4. 非银行业金融机构存款	26 813	6 106	（2）中长期贷款	24 363	1 020
（二）境外存款	1 077	-236	（3）票据融资	2 379	525
二、金融债券	988	522	（4）融资租赁	253	112
其中：境外发行			（5）各项垫款	54	22
三、卖出回购资产	3	-40	3. 非银行业金融机构贷款	443	380
四、借款及非银行业金融机构拆入	355	-90	（二）境外贷款	3 852	746
五、联行往来（净）			二、债券投资	8 505	861
六、应付及暂收款	2 471	-109	其中：境外债券	3	1
七、各项准备	1 492	298	三、股权及其他投资	4 976	47
八、所有者权益	3 279	702	四、买入返售资产	528	-82
其中：实收资本	668	132	五、存放非银行业金融机构款项	50	-13
九、其他	7 334	5 860	六、联行往来（净）	70 753	14 423
			其中：境内存放二级准备金	4 651	-75
			七、金银占款		
			八、外汇占款		
			九、应收及预付款	639	2 344
			十、投资性房地产	2	
			十一、固定资产	484	-9
资金来源总计	144 495	22 392	资金运用总计	144 495	22 392

表 1.2　北京市中资金融机构本外币信贷收支统计

单位：亿元

项目名称	余额	比年初	项目名称	余额	比年初
一、各项存款	126 165	15 312	一、各项贷款	57 281	4 982
（一）境内存款	125 277	15 559	（一）境内贷款	53 503	4 241
1. 住户存款	27 510	1 680	1. 住户贷款	11 038	1 754
（1）活期存款	11 290	1 638	（1）短期贷款	1 872	-3
（2）定期及其他存款	16 219	43	消费贷款	768	103
2. 非金融企业存款	44 499	5 126	经营贷款	1 104	-105
（1）活期存款	16 397	3 735	（2）中长期贷款	9 166	1 757
（2）定期及其他存款	28 102	1 391	消费贷款	8 013	1 582
3. 广义政府存款	26 641	2 695	经营贷款	1 153	175
（1）财政性存款	1 455	-735	2. 非金融企业及机关团体贷款	42 033	2 079
（2）机关团体存款	25 186	3 430	（1）短期贷款	15 460	341
4. 非银行业金融机构存款	26 627	6 059	（2）中长期贷款	23 985	1 034
（二）境外存款	888	-248	（3）票据融资	2 281	569
二、金融债券	988	522	（4）融资租赁	253	112
其中：境外发行			（5）各项垫款	54	22
三、卖出回购资产	3	-40	3. 非银行业金融机构贷款	433	409
四、借款及非银行业金融机构拆入	303	-68	（二）境外贷款	3 778	741
五、联行往来（净）			二、债券投资	8 476	834
六、应付及暂收款	2 435	-94	其中：境外债券	1	1
七、各项准备	1 469	299	三、股权及其他投资	4 976	47
八、所有者权益	3 073	670	四、买入返售资产	528	-82
其中：实收资本	668	132	五、存放非银行业金融机构款项	43	-12
九、其他	8 098	5 858	六、联行往来（净）	70 139	14 340
			其中：境内存放二级准备金	4 648	-76
			七、金银占款		
			八、外汇占款		
			九、应收及预付款	609	2 358
			十、投资性房地产	2	
			十一、固定资产	481	-9
资金来源总计	142 533	22 459	资金运用总计	142 533	22 459

表 1.3 北京市外资银行本外币信贷收支统计

单位：亿元

项目名称	余额	比年初	项目名称	余额	比年初
一、各项存款	2 461	-40	一、各项贷款	1 994	-85
（一）境内存款	2 271	-51	（一）境内贷款	1 920	-90
1. 个人存款	194	-3	1. 短期贷款	1 053	-132
其中：活期储蓄存款	91	16	（1）个人贷款及透支	2	
定期储蓄存款	77	1	其中：个人消费贷款		
结构性存款	24	-20	（2）单位贷款及透支	573	-108
2. 单位存款	1 839	-119	经营贷款及透支	450	-50
其中：活期存款	574	168	固定资产贷款	4	-1
定期存款	481	-236	并购贷款		
保证金存款	24	-12	贸易融资	119	-56
结构性存款	309	-103	（3）非存款类金融机构贷款	478	-24
3. 国库定期存款			2. 中长期贷款	768	86
4. 非存款类金融机构存款	238	71	（1）个人贷款	142	29
（二）境外存款	190	11	其中：个人消费贷款	139	30
二、代理财政性存款			（2）单位贷款	378	-15
三、金融债券			经营贷款	188	-11
其中：境外发行			固定资产贷款	179	-5
四、卖出回购资产			并购贷款		
五、向中央银行借款			贸易融资	11	2
六、银行业存款类金融机构往来	77	45	（3）非存款类金融机构贷款	248	71
七、借款及非存款类金融机构拆入	52	-23	3. 票据融资	98	-45
八、联行往来（净）			4. 融资租赁		
九、应付及暂收款	36	-14	5. 各项垫款		
其中：应付利息	18	-9	（二）境外贷款	74	5
十、其他负债	145	32	二、债券投资	29	27
十一、所有者权益	206	33	三、股权及其他投资		
其中：实收资本			四、买入返售资产		
			五、存放中央银行存款	28	-22
			六、缴存中央银行财政性存款		
			七、银行业存款类金融机构往来	255	27
			八、存放非存款类金融机构款项	7	-1
			九、联行往来	614	83
			其中：境内存放二级准备金	3	
			十、库存现金	2	
			十一、应收及预付款	30	-14
			其中：应收利息	19	-6
			十二、投资性房地产		
			十三、固定资产	3	
			十四、其他资产	37	16
			十五、减：各项准备	23	-2
			其中：贷款减值准备	22	-2
资金来源总计	2 977	32	资金运用总计	2 977	32

表 1.4　北京市金融机构（含外资）人民币信贷收支统计

单位：亿元

项目名称	余额	比年初	项目名称	余额	比年初
一、各项存款	123 767	15 328	一、各项贷款	50 560	5 021
（一）境内存款	122 952	15 643	（一）境内贷款	50 466	4 974
1. 住户存款	26 741	1 434	1. 住户贷款	11 178	1 784
（1）活期存款	10 863	1 497	（1）短期贷款	1 871	-2
（2）定期及其他存款	15 878	-63	消费贷款	765	103
2. 非金融企业存款	43 862	5 473	经营贷款	1 105	-106
（1）活期存款	15 960	3 755	（2）中长期贷款	9 307	1 786
（2）定期及其他存款	27 901	1 718	消费贷款	8 151	1 612
3. 广义政府存款	26 295	2 566	经营贷款	1 157	174
（1）财政性存款	1 455	-735	2. 非金融企业及机关团体贷款	38 845	2 806
（2）机关团体存款	24 840	3 301	（1）短期贷款	14 521	1 304
4. 非银行业金融机构存款	26 055	6 170	（2）中长期贷款	21 639	845
（二）境外存款	816	-315	（3）票据融资	2 379	525
二、金融债券	988	522	（4）融资租赁	253	112
其中：境外发行			（5）各项垫款	53	22
三、卖出回购资产	3	-40	3. 非银行业金融机构贷款	443	384
四、借款及非银行业金融机构拆入	156	-9	（二）境外贷款	94	48
五、联行往来（净）			二、债券投资	8 463	820
六、应付及暂收款	2 413	37	其中：境外债券		
七、各项准备	1 216	235	三、股权及其他投资	4 976	73
八、所有者权益	3 126	630	四、买入返售资产	528	-82
其中：实收资本	668	132	五、存放非银行业金融机构款项	16	-8
九、其他	5 191	6 195	六、联行往来（净）	71 265	14 622
			其中：境内存放二级准备金	4 617	-48
			七、金银占款		
			八、外汇买卖	36	-15
			九、应收及预付款	606	2 475
			十、投资性房地产	2	
			十一、固定资产	482	-9
资金来源总计	136 860	22 898	资金运用总计	136 860	22 898

表 1.5 北京市中资金融机构人民币信贷收支统计

单位：亿元

项目名称	余额	比年初	项目名称	余额	比年初
一、各项存款	121 879	15 498	一、各项贷款	49 531	5 047
（一）境内存款	121 148	15 809	（一）境内贷款	49 449	5 002
1. 住户存款	26 620	1 451	1. 住户贷款	11 035	1 754
（1）活期存款	10 813	1 491	（1）短期贷款	1 869	-2
（2）定期及其他存款	15 807	-40	消费贷款	765	103
2. 非金融企业存款	42 347	5 668	经营贷款	1 104	-105
（1）活期存款	15 632	3 668	（2）中长期贷款	9 166	1 757
（2）定期及其他存款	26 716	2 000	消费贷款	8 013	1 582
3. 广义政府存款	26 295	2 568	经营贷款	1 153	175
（1）财政性存款	1 455	-735	2. 非金融企业及机关团体贷款	37 982	2 839
（2）机关团体存款	24 839	3 303	（1）短期贷款	14 024	1 336
4. 非银行业金融机构存款	25 886	6 121	（2）中长期贷款	21 372	801
（二）境外存款	730	-311	（3）票据融资	2 281	569
二、金融债券	988	522	（4）融资租赁	253	112
其中：境外发行			（5）各项垫款	52	22
三、卖出回购资产	3	-40	3. 非银行业金融机构贷款	433	409
四、借款及非银行业金融机构拆入	156	-4	（二）境外贷款	82	45
五、联行往来（净）			二、债券投资	8 461	820
六、应付及暂收款	2 388	49	其中：境外债券		
七、各项准备	1 200	239	三、股权及其他投资	4 976	73
八、所有者权益	2 992	607	四、买入返售资产	528	-82
其中：实收资本	668	132	五、存放非银行业金融机构款项	16	-8
九、其他	5 723	6 139	六、联行往来（净）	70 797	14 712
			其中：境内存放二级准备金	4 614	-48
			七、金银占款		
			八、外汇买卖	48	-27
			九、应收及预付款	588	2 483
			十、投资性房地产	2	
			十一、固定资产	481	-9
资金来源总计	135 329	23 010	资金运用总计	135 329	23 010

表1.6　北京市外资银行人民币信贷收支统计

单位：亿元

项目名称	余额	比年初	项目名称	余额	比年初
一、各项存款	2 461	-40	一、各项贷款	1 994	-85
（一）境内存款	2 271	-51	（一）境内贷款	1 920	-90
1. 个人存款	194	-3	1. 短期贷款	1 053	-132
其中：活期储蓄存款	91	16	（1）个人贷款及透支	2	
定期储蓄存款	77	1	其中：个人消费贷款		
结构性存款	24	-20	（2）单位贷款及透支	573	-108
2. 单位存款	1 839	-119	经营贷款及透支	450	-50
其中：活期存款	574	168	固定资产贷款	4	-1
定期存款	481	-236	并购贷款		
保证金存款	24	-12	贸易融资	119	-56
结构性存款	309	-103	（3）非存款类金融机构贷款	478	-24
3. 国库定期存款			2. 中长期贷款	768	86
4. 非存款类金融机构存款	238	71	（1）个人贷款	142	29
（二）境外存款	190	11	其中：个人消费贷款	139	30
二、代理财政性存款			（2）单位贷款	378	-15
三、金融债券			经营贷款	188	-11
其中：境外发行			固定资产贷款	179	-5
四、卖出回购资产			并购贷款	0	0
五、向中央银行借款			贸易融资	11	2
六、银行业存款类金融机构往来	77	45	（3）非存款类金融机构贷款	248	71
七、借款及非存款类金融机构拆入	52	-23	3. 票据融资	98	-45
八、联行往来（净）			4. 融资租赁		
九、应付及暂收款	36	-14	5. 各项垫款		
其中：应付利息	18	-9	（二）境外贷款	74	5
十、其他负债	145	32	二、债券投资	29	27
十一、所有者权益	206	33	三、股权及其他投资		
其中：实收资本			四、买入返售资产		
			五、存放中央银行存款	28	-22
			六、缴存中央银行财政性存款		
			七、银行业存款类金融机构往来	255	27
			八、存放非存款类金融机构款项	7	-1
			九、联行往来	614	83
			其中：境内存放二级准备金	3	0
			十、库存现金	2	0
			十一、应收及预付款	30	-14
			其中：应收利息	19	-6
			十二、投资性房地产		
			十三、固定资产	3	
			十四、其他资产	37	16
			十五、减：各项准备	23	-2
			其中：贷款减值准备	22	2
资金来源总计	2 977	32	资金运用总计	2 977	32

表 1.7　北京市金融机构（含外资）外汇信贷收支统计

单位：亿美元

项目名称	余额	比年初	项目名称	余额	比年初
一、各项存款	740	-58	一、各项贷款	1 232	-108
（一）境内存款	700	-69	（一）境内贷款	653	-187
1. 住户存款	148	31	1. 住户贷款	1	
（1）活期存款	80	21	（1）短期贷款		
（2）定期及其他存款	68	10	消费贷款		
2. 非金融企业存款	381	-99	经营贷款		
（1）活期存款	156	15	（2）中长期贷款		
（2）定期及其他存款	226	-114	消费贷款		
3. 广义政府存款	53	17	经营贷款		
（1）财政性存款			2. 非金融企业及机关团体贷款	653	-186
（2）机关团体存款	53	17	（1）短期贷款	233	-189
4. 非银行业金融机构存款	117	-18	（2）中长期贷款	419	3
（二）境外存款	40	10	（3）票据融资		
二、金融债券			（4）融资租赁		
其中：境外发行			（5）各项垫款		
三、卖出回购资产			3. 非银行业金融机构贷款		-1
四、借款及非银行业金融机构拆入	31	-15	（二）境外贷款	579	79
五、联行往来（净）	79	28	二、债券投资	6	6
六、应付及暂收款	9	-24	其中：境外债券		
七、外汇买卖	-6	-3	三、股权及其他投资		-4
八、各项准备	43	8	四、买入返售资产		
九、所有者权益	23	10	五、存放非银行业金融机构款项	5	-1
其中：实收资本			六、联行往来（净）		
十、其他	330	-74	其中：境内存放二级准备金	5	-5
			七、应收及预付款	5	-22
			八、投资性房地产		
			九、固定资产		
资金来源总计	1 249	-129	资金运用总计	1 249	-129

表 1.8　北京市中资金融机构外汇信贷收支统计

单位：亿美元

项目名称	余额	比年初	项目名称	余额	比年初
一、各项存款	660	-71	一、各项贷款	1 194	-84
（一）境内存款	636	-80	（一）境内贷款	624	-163
1. 住户存款	137	29	1. 住户贷款		
（1）活期存款	73	19	（1）短期贷款		
（2）定期及其他存款	63	10	消费贷款		
2. 非金融企业存款	331	-109	经营贷款		
（1）活期存款	118	4	（2）中长期贷款		
（2）定期及其他存款	213	-113	消费贷款		
3. 广义政府存款	53	17	经营贷款		
（1）财政性存款			2. 非金融企业及机关团体贷款	624	-163
（2）机关团体存款	53	17	（1）短期贷款	221	-176
4. 非银行业金融机构存款	114	-17	（2）中长期贷款	402	14
（二）境外存款	24	9	（3）票据融资		
二、金融债券			（4）融资租赁		
其中：境外发行			（5）各项垫款		
三、卖出回购资产			3. 非银行业金融机构贷款		
四、借款及非银行业金融机构拆入	23	-12	（二）境外贷款	569	79
五、联行往来（净）	101	55	二、债券投资	2	2
六、应付及暂收款	7	-24	其中：境外债券		
七、外汇买卖	-7	-4	三、股权及其他投资		-4
八、各项准备	41	7	四、买入返售资产		
九、所有者权益	12	9	五、存放非银行业金融机构款项	4	-1
其中：实收资本			六、联行往来（净）		
十、其他	365	-68	其中：境内存放二级准备金	5	-5
			七、应收及预付款	3	-21
			八、投资性房地产		
			九、固定资产		
资金来源总计	1 203	-107	资金运用总计	1 203	-107

表 1.9　北京市外资银行外汇信贷收支统计

单位：亿美元

项目名称	余额	比年初	项目名称	余额	比年初
一、各项存款	80	12	一、各项贷款	49	-25
（一）境内存款	64	10	（一）境内贷款	39	-25
1. 个人存款	11	2	1. 短期贷款	16	-14
其中：活期储蓄存款	6	1	（1）个人贷款及透支		
定期储蓄存款	5	1	其中：个人消费贷款		
结构性存款			（2）单位贷款及透支	12	-13
2. 单位存款	50	10	经营贷款及透支	9	-9
其中：活期存款	38	11	固定资产贷款		
定期存款	11	-1	并购贷款		
保证金存款			贸易融资	3	-4
结构性存款			（3）非存款类金融机构贷款	4	-1
3. 国库定期存款			2. 中长期贷款	23	-10
4. 非存款类金融机构存款	3	-1	（1）个人贷款	0	0
（二）境外存款	16	2	其中：个人消费贷款	0	0
二、代理财政性存款			（2）单位贷款	17	-11
三、金融债券			经营贷款	13	-8
其中：境外发行			固定资产贷款	3	-3
四、卖出回购资产			并购贷款		
五、向中央银行借款			贸易融资	1	
六、银行业存款类金融机构往来	5	1	（3）非存款类金融机构贷款	6	
七、借款及非存款类金融机构拆入	8	-3	3. 票据融资		
八、联行往来（净）		-4	4. 融资租赁		
九、外汇买卖（净）	1	1	5. 各项垫款		
十、应付及暂收款	2		（二）境外贷款	10	
其中：应付利息			二、债券投资	4	4
十一、其他负债	9	-1	三、股权及其他投资		
十二、所有者权益	11	1	四、买入返售资产		
其中：实收资本			五、存放中央银行存款		
			六、缴存中央银行财政性存款		
			七、银行业存款类金融机构往来	33	3
			八、存放非存款类金融机构款项	1	0
			九、联行往来	22	22
			其中：境内存放二级准备金		
			十、外汇买卖（净）		
			十一、库存现金		
			十二、应收及预付款	2	-1
			其中：应收利息		
			十三、投资性房地产		
			十四、固定资产		
			十五、其他资产	5	3
			十六、减：各项准备	1	
			其中：贷款损失准备	1	
资金来源总计	116	6	资金运用总计	116	6

表1.10　北京市金融机构（含外资）本外币存贷款总量情况

单位：亿元、亿美元、%

项目名称	余额		同比增长	
	2015年	同比	2015年	2014年
一、金融机构存款				
（一）本外币存款	128 573	13.0	15 249	15 495
（二）人民币存款	123 767	13.7	15 328	14 776
其中：中资全国性大型银行	68 734	14.2	8 553	5 360
中资全国性中小银行	48 433	14.0	6 589	7 967
中资区域性中小银行	5 118	14.5	643	510
外资金融机构	1 941	-6.8	-142	-40
（三）外币存款	740	-7.3	-58	115
二、金融机构贷款				
（一）本外币贷款	58 559	9.1	4 822	3 892
（二）人民币贷款	50 560	11.2	5 021	3 083
其中：中资全国性大型银行	26 954	5.9	1 497	599
中资全国性中小银行	19 043	11.2	1 864	1 742
中资区域性中小银行	2 857	3.8	106	286
外资金融机构	1 677	2.9	48	241
（三）外币贷款	1 232	-8.1	-108	128

表1.11　北京市金融机构（含外资）存贷款总量全国占比情况

单位：亿元、亿美元、%

项目名称	北京		全国		占比	
	比年初累计增加	余额同比增长	比年初累计增加	余额同比增长	余额占比	增量占比
本外币存款	15 248.7	13.0	153 048.5	12.4	9.2	10.0
其中：人民币存款	15 328.3	13.7	149 674.1	12.4	9.1	10.2
外币存款	-58.3	-7.3	167.5	3.2	11.8	-34.8
本外币贷款	4 822.1	9.1	117 278.8	13.4	5.9	4.1
其中：人民币贷款	5 021.2	11.2	117 238.6	14.3	5.4	4.3
外币贷款	-108.0	-8.1	-501.8	-5.8	14.8	21.5

表 1.12 北京市金融机构（含外资）贷款行业分布

单位：亿元、亿美元

项目	本外币		人民币		外币	
	余额	比年初	余额	比年初	余额	比年初
A. 农、林、牧、渔业	308.4	-16.3	300.3	-16.6	1.2	0.0
B. 采矿业	2 475.4	-698.6	1 367.9	-275.8	170.5	-79.5
C. 制造业	6 010.6	349.8	5 474.8	372.2	82.5	-8.7
D. 电力、热力、燃气及水的生产和供应业	3 510.6	448.4	3 394.6	360.7	17.9	13.2
E. 建筑业	1 788.1	-119.0	1 550.6	-98.4	36.6	-5.6
F. 批发和零售业	4 953.2	-554.6	3 603.9	-15.1	207.8	-100.9
G. 交通运输、仓储和邮政业	7 353.1	484.1	7 062.8	622.5	44.7	-25.3
H. 住宿和餐饮业	292.0	-5.1	292.0	-5.1	0.0	
I. 信息传输、软件和信息技术服务业	1 217.5	372.0	1 200.9	371.7	2.6	-0.1
J. 金融业	3 622.6	-417.2	3 289.9	-407.6	51.2	-4.7
K. 房地产业	5 655.2	372.4	5 607.2	334.3	7.4	5.8
L. 租赁和商务服务业	3 653.0	627.4	3 406.0	606.3	38.0	1.1
M. 科学研究和技术服务业	185.0	-24.5	183.1	-16.6	0.3	-1.3
N. 水利、环境和公共设施管理业	1 066.3	-179.4	1 064.6	-179.1	0.2	-0.1
O. 居民服务、修理和其他服务业	68.9	-1.5	68.8	-1.2		-0.1
P. 教育	48.9	4.3	48.9	4.3		
Q. 卫生和社会工作	68.4	9.0	68.3	9.0		
R. 文化、体育和娱乐业	279.4	93.3	248.5	67.0	4.8	4.0
S. 公共管理、社会保障和社会组织	1 155.8	-0.5	1 153.8	1.0	0.3	-0.3
T. 国际组织						
对境外贷款	3 852.3	746.4	93.8	47.6	578.8	78.8
个人贷款及透支	11 181.7	1 784.9	11 177.9	1 785.0	0.6	-0.1
贷款总计	58 746.4	3 275.4	50 658.7	3 566.0	1 245.5	-123.7

注：贷款总计不包括委托贷款、票据融资。

表 1.13　北京市金融机构（含外资）境内大中小微企业贷款情况

单位：亿元、%

项目名称	本外币		人民币	
	余额	比年初	余额	比年初
境内大型企业				
一般贷款	24 062.8	1 836.7	20 380.5	2 238.5
票据贴现	313.9	16.8	313.9	16.8
表外授信	10 595.4	1 405.5	7 932.1	1 088.6
其中：票据承兑	1 703.2	305.1	1 703.2	305.1
境内中型企业				
一般贷款	8 414.0	113.2	7 999.4	517.9
票据贴现	215.0	102.3	215.0	102.3
表外授信	3 295.0	733.2	2 545.5	570.7
其中：票据承兑	962.3	232.1	962.3	232.1
境内小型企业				
一般贷款	4 220.5	450.2	4 135.9	499.1
票据贴现	177.4	82.3	177.4	82.3
表外授信	1 234.5	194.9	982.7	168.3
其中：票据承兑	381.9	93.2	381.9	93.2
境内微型企业				
一般贷款	1 014.7	205.1	1 003.0	201.8
票据贴现	16.0	7.4	16.0	7.4
表外授信	273.8	32.4	245.5	16.9
其中：票据承兑	74.3	-2.9	74.3	-2.9

表 1.14　北京市金融机构（含外资）境内大中小微企业人民币贷款行业分布

单位：亿元

项目名称	大型企业贷款	中型企业贷款	小型企业贷款	微型企业贷款
贷款合计	**20 380.5**	**7 999.4**	**4 135.9**	**1 003.0**
A. 农、林、牧、渔业	164.7	100.6	12.2	12.0
B. 采矿业	1 132.8	174.1	55.1	1.8
C. 制造业	3 742.7	635.0	484.8	73.1
D. 电力、热力、燃气及水生产和供应业	2 304.3	539.9	457.2	80.5
E. 建筑业	1 153.8	243.9	105.6	31.9
F. 批发和零售业	1 880.0	1 111.7	563.5	48.0
G. 交通运输、仓储和邮政业	5 629.8	599.9	530.5	94.4
H. 住宿和餐饮业	101.6	66.8	100.4	23.3
I. 信息传输、软件和信息技术服务业	866.7	149.0	162.1	12.1
J. 金融业	174.8	149.5	40.5	1.2
K. 房地产业	1 243.5	2 612.7	388.7	555.5
L. 租赁和商务服务业	1 290.3	1 148.7	897.7	58.0
M. 科学研究和技术服务业	56.7	47.1	56.6	3.7
N. 水利、环境和公共设施管理业	506.9	306.3	142.4	0.8
O. 居民服务、修理和其他服务业	10.1	22.2	29.6	2.5
P. 教育	4.9	5.4	9.7	0.4
Q. 卫生和社会工作	8.7	18.1	20.5	0.2
R. 文化、体育和娱乐业	98.2	65.8	73.5	3.8
S. 公共管理、社会保障和社会组织	10.0	2.7	5.4	
T. 国际组织				

表 1.15　北京市银行业（含外资）本外币房地产信贷情况

单位：亿元

项目名称	余额		比年初	
	2015 年	同比增长	2015 年	2014 年
合计	**11 636**	**18.0**	**1 774**	**452**
一、房地产开发贷款	4 764	8.9	389	-105
1. 地产开发贷款	1 711	-6.7	-123	-266
其中：政府土地储备机构贷款	965	-17.8	-210	-422
2. 房产开发贷款	3 053	20.2	512	160
（1）住房开发贷款	1 750	15.5	235	79
其中：保障性住房开发贷款	719	63.9	280	-11
（2）商业用房开发贷款	994	15.3	131	95
（3）其他房产开发贷款	308	89.1	145	-13
二、购房贷款	6 859	25.0	1 372	557
1. 企业购房贷款	392	-9.5	-41	
（1）商业用房贷款	363	-11.7	-48	-8
（2）住房贷款	30	31.8	7	7
2. 机关团体购房贷款	2	25.1		
（1）商业用房贷款		-100.0		
（2）住房贷款	2	40.0		
3. 个人购房贷款	6 465	28.0	1413	558
（1）个人商业用房贷款	573	7.9	42	93
（2）个人住房贷款	5 892	30.3	1371	465
a. 新建房贷款	3 265	16.1	452	258
其中：抵押贷款	3 118	17.3	460	264
b. 再交易房贷款	2 627	53.9	920	207
三、证券化的房地产贷款	12		12	
1. 证券化个人住房贷款	7		7	
2. 其他证券化房地产贷款	5		5	
附：个人购买保障性住房贷款	51	19.3	8	5
附：企业收购、租赁保障性住房贷款	26	32.2	6	6
附：机关团体收购、租赁购买保障性住房贷款	2	40.0		1

表 1. 16 北京市银行业（含外资）个人住房贷款发放、偿还情况

单位：亿元、笔

项目名称	累计	
	2015 年	2014 年
个人住房贷款发放总额	2 079. 4	983. 6
其中：发放新建房贷款	8 81. 5	591. 9
发放再交易房贷款	1 197. 9	391. 7
住房贷款偿付总额	695. 0	523. 4
其中：正常还款	223. 2	184. 1
部分提前还款	112. 9	107. 7
全额提前还款	359. 0	231. 6
批准笔数	116 835	71 031

注：以上统计表由中国人民银行营业管理部调查统计处提供。

表 1. 17 北京辖区直接外债余额

单位：亿美元

年份	总计	为上年（%）	中长期债务	占总计（%）	短期债务	占总计（%）
2008	1 332	105. 22	889	66. 74	443	33. 26
2009	1 443	108. 33	972	67. 36	471	32. 64
2010	1 950	135. 14	1 027	52. 67	923	47. 33
2011	3 114	159. 69	1 154	37. 06	1 960	62. 94
2012	3 299	105. 94	1 257	38. 10	2 042	61. 90
2013	4 922	149. 21	1 205	24. 49	3 717	75. 51
2014	5 956	121. 01	1 309	21. 98	4 647	78. 02
2015	4 142	69. 55	1 276	30. 81	2 866	69. 20

注：本统计表由国家外汇管理局北京外汇管理部资本项目管理处根据外汇局资本项目信息系统数据提供。

表 1. 18 2015 年北京地区储蓄国债统计（凭证式）

单位：亿元

期 数	金 额
一期	48. 76
二期	47. 66
三期	44. 49
四期	46. 08
合计	186. 99

表 1.19　2015 年北京地区储蓄国债统计（电子式）

单位：亿元

期　数	金　额
一期	38.03
二期	27.15
三期	37.03
四期	30.12
五期	29.53
六期	29.53
七期	36.98
八期	37.11
九期	33.89
十期	35.85
合计	335.22

注：以上统计表由中国人民银行营业管理部国库处提供。

表 1.20　证券市场交易额情况（1994～2015 年）

单位：亿元

年　份	证券市场交易额	股票交易	基金交易	债券交易	年末证券市场累计开户数（万户）
1994	183.26	135.51		47.75	
1995	1 619.04	520.48		152.31	
1996	5 224.77	2 900.63		2 324.06	
1997	7 934.42	3 900.93		3 844.82	
1998	10 241.50	3 426.37	187.02	6 435.43	
1999	10 694.46	5 268.19	341.74	5 005.52	88.93
2000	14 456.98	9 136.52	346.02	4 825.91	115.18
2001	12 596.50	5 339.61	400.61	6 729.69	148.95
2002	12 565.91	3 788.22	485.77	8 216.53	154.99
2003	23 369.83	5 041.40	110.45	18 048.37	162.39
2004	18 512.92	7 247.72	78.94	10 928.92	166.21
2005	9 322.49	4 343.65	91.30	4 567.28	169.83
2006	19 557.06	14 851.55	298.27	2 075.20	189.37
2007	97 978.66	77 487.83	1 534.96	2 060.09	314.92
2008	62 773.56	46 231.27	1 389.37	4 052.52	373.62
2009	92 148.02	78 339.50	2 253.54	1 791.32	426.10
2010	87 575.38	79 843.07	1 714.94	3 384.28	475.14
2011	79 103.13	61 743.17	1 494.81	15 275.31	521.53
2012	85 412.95	44 993.38	2 355.87	37 388.61	551.50
2013	145 932.74	61 596.27	4 104.79	69 625.37	563.61
2014	232 318.56	85 714.54	7 311.67	110 657.53	587.47
2015	597 169.73	305 252.89	24 054.20	182 495.03	758.78

注：本统计表摘自北京统计信息网。

表 1.21　北京辖区上市公司情况统计（2011～2015 年）

项目	2011 年	2012 年	2013 年	2014 年	2015 年
股票市价总值（亿元）	104 298.53	108 299.26	97 040.23	158 109.31	133 059.03
其中：股票流通市值（亿元）	63 141.97	67 077.95	67 570.99	108 491.60	115 451.13
境内上市公司数（家）	194	217	217	235	264
其中：A 股（家）	169	191	191	207	238
A＋B 股（家）	1	1	1	1	1
A＋H 股（家）	24	25	25	27	25

表 1.22　北京地区基金管理公司业务综合统计

指标	2015 年		2014 年	
	绝对值	同比增长	绝对值	同比增长
主要经营地在辖区基金管理公司数（家）	25	8.70%	23	15%
其中：中外合资基金管理公司数（家）	11	－8.33%	12	0%
辖区法人基金管理公司数（家）	17	－5.56%	18	20%
其中：中外合资基金管理公司数（家）	8	－11.11%	9	－25%
辖区法人基金管理公司管理基金数（只）	360	44.58%	249	29%
其中：封闭式基金数（只）	8	33.33%	6	－14%
开放式基金数（只）	352	44.86%	243	31%
辖区法人基金管理公司管理基金季末总规模（亿份）	14 861.69	91.73%	7 751.18	46%
其中：封闭式基金总规模（亿份）	43.57	－48.06%	83.88	－40%
开放式基金总规模（亿份）	14 818.12	93.26%	7 667.30	48%
辖区法人基金管理公司管理基金资产季末净值（亿元）	16 368.74	91.20%	8 560.97	61%
其中：封闭式基金资产净值（亿元）	54.17	－43.40%	95.71	－33%
开放式基金资产净值（亿元）	16 314.57	92.72%	8 465.26	63%
辖区法人基金管理公司 QDII 总规模（亿份）	73.05	－46.53%	136.62	－19%
辖区法人基金管理公司 QDII 总净值（亿元）	85.1	－26.90%	116.42	－23%
辖区法人基金管理公司当年新发基金数（只）	134	103.03%	66	20%
辖区法人基金管理公司新发基金首次募集规模（亿份）	3 137.54	216.57%	991.1	－21%
辖区法人基金管理公司新发基金首次募集金额（亿元）	3 137.54	216.57%	991.1	－21%
辖区法人基金管理公司新发基金年末净值（亿元）				

注：以上统计表由中国证券监督管理委员会北京监管局提供。

表 1.23　保险业务情况（1997～2015 年）

单位：亿元

年　份	原保险保费收入	人身险	财产险	赔付支出	人身险	财产险
1997	102.5					
1998	88.6					
1999	91.8			29.9		
2000	93.4			28.4		
2001	141.3			32.0		
2002	234.1			46.9		
2003	282.5			48.0		
2004	279.3			55.3		
2005	498.2			75.4		
2006	411.5	327.2	84.4	84.0	45.1	38.9
2007	498.1	386.3	111.8	135.4	85.7	49.7
2008	585.9	451.8	134.1	188.9	121.0	67.9
2009	697.6	533.2	164.4	196.0	110.6	85.4
2010	966.5	754.2	212.3	199.7	1 05.9	93.7
2011	820.9	588.4	232.6	232.8	113.8	119.0
2012	923.1	656.1	267.0	286.2	133.9	152.3
2013	994.4	706.4	288.0	318.2	152.9	165.3
2014	1 207.2	892.5	314.8	407.2	224.6	182.7
2015	1 403.9	1 059.2	344.7	506.6	300.0	206.6

表 1.24　保险业务情况

单位：亿元

项　　目	原保险保费收入		赔付支出	
	2015 年	2014 年	2015 年	2014 年
合计	**1 403.9**	**1 207.2**	**506.6**	**407.2**
人身险业务小计	**1 059.2**	**892.5**	**300.0**	**224.6**
人寿保险	778.2	708.7	231.7	164.7
非分红产品	350.0	246.5	22.6	17.1
分红产品	424.0	457.9	207.8	146.6
投资连结产品	0.5	0.5	0.3	0.1
万能产品	3.7	3.8	1.0	1.0
意外伤害保险	37.7	34.6	11.5	9.2
健康保险	243.3	149.2	56.8	50.7
财产险业务小计	**344.7**	**314.8**	**206.6**	**182.7**
企业财产保险	34.9	34.0	30.6	25.1
家庭财产保险	1.6	0.9	0.4	0.3
机动车辆及第三者责任保险	243.6	224.1	143.0	135.0
货物运输保险	9.9	11.0	5.2	4.0
责任保险	24.7	18.8	11.5	6.6
工程险	7.8	7.8	3.0	2.4

注：以上统计表摘自北京统计信息网。

表 1.25　2015 年北京市保险业务统计

单位：万元

指标项目	2015 年	2014 年	增长率
一、原保险保费收入	**14 038 901.29**	**12 072 445.21**	**16.29%**
1. 财产险	3 446 649.51	3 147 587.01	9.50%
其中：机动车辆保险	2 436 479.00	2 240 587.15	8.74%
2. 人身意外伤害险	377 053.52	346 354.29	8.86%
3. 健康险	2 433 213.03	1 491 606.30	63.13%
4. 寿险	7 781 985.24	7 086 897.61	9.81%
二、赔付支出	**5 066 180.80**	**4 072 464.87**	**24.40%**
1. 财产保险	2 066 336.99	1 826 722.58	13.12%
其中：机动车辆保险	1 430 079.26	1 350 186.71	5.92%
2. 人身意外伤害险	114 754.85	91 654.44	25.20%
3. 健康险	568 062.40	507 119.41	12.02%
4. 寿险	2 317 026.56	1 646 968.44	40.68%

注：1. “原保险保费收入”为按《企业会计准则（2006）》设置的统计指标，指保险企业确认的原保险合同保费收入。

2. “原保险赔付支出”为按《企业会计准则（2006）》设置的统计指标，指保险企业支付的原保险合同赔付款项。

3. 原保险保费收入、原保险赔付支出为本年累计数。

4. 上述数据来源于各公司报送的保险数据，未经审计。

表 1.26　北京市各财产保险公司业务统计

单位：万元、%

	公司名称	本年累计			
		保费收入	同比增长	赔款支出	同比增长
中资	人保股份京分	1 211 777.10	10.52	736 359.51	9.10
	平安财京分	798 208.25	11.92	403 441.64	15.95
	太保财京分	543 545.28	3.98	310 069.58	2.77
	国寿财产京分	183 483.62	7.90	102 460.26	25.26
	华泰京分	120 490.17	-5.14	53 428.10	0.91
	中华联合京分	105 399.99	16.75	62 738.30	11.22
	英大财产京分	100 354.42	8.46	39 250.25	33.07
	太平保险京分	70 192.83	2.89	36 412.28	22.31
	阳光财产京分	53 107.49	23.27	27 131.02	15.22
	中石油专属保险京分(虚拟)	41 539.51	237.03	3 205.78	567.06
	大地财产京分	36 494.91	8.95	17 694.34	-48.81
	中银保险京分	25 269.78	-2.94	12 912.43	30.10
	天安京分	21 569.29	23.86	11 604.90	16.85
	永诚京分	18 676.01	20.89	25 682.28	151.19
	华安京分	18 232.09	48.17	6 390.41	-11.36
	安邦京分	17 342.62	1.14	9 802.30	11.19

续表

	公司名称	本年累计			
		保费收入	同比增长	赔款支出	同比增长
中资	富德财险京分	14 301.98	56.18	5 779.94	102.44
	永安京分	11 696.66	38.84	6 849.92	-1.92
	众安财产京分（虚拟）	11 367.34	188.48	9 176.11	341.84
	安华农业京分	10 298.81	41.46	10 475.90	26.91
	长安责任京分	10 172.33	22.60	5 923.35	32.85
	信达财险京分	7 191.82	-32.62	8 378.66	-12.86
	紫金财产京分	5 691.88	52.36	2 921.92	-51.68
	华农京分	5 434.52	-30.66	4 460.47	-3.68
	长江财险京分	3 332.48		486.10	
	渤海京分	3 108.93	43.20	1 610.37	-2.47
	都邦京分	1 684.47	-11.55	1 525.91	-64.00
	浙商财产京分	801.92	-81.35	2 091.90	-57.46
	民安京分	654.47	-7.77	703.86	-67.78
	中铁自保京分（虚拟）	340.94		0.28	
	合众财产京分（虚拟）	330.21		16.53	
	安诚京分	211.79	-72.99	570.34	-63.40
	泰山保险京分	1.84		11.11	
	泰康在线京分（虚拟）	1.62			
小计		3 452 307.39	10.40	1 919 566.08	10.37
外资	苏黎世京分	43 805.79	-1.95	14 989.80	95.61
	利宝互助京分	20 869.56	23.35	12 101.45	-3.22
	中意财产京分（虚拟）	18 950.85	10.31	5 988.58	-0.51
	安盛天平京分	14 904.64	-25.98	10 088.85	-12.17
	美亚京分	11 254.92	11.96	2 910.93	28.26
	现代财产京分（虚拟）	10 852.56	-3.18	177 631.09	75.58
	国泰财产京分	8 485.83	33.16	3 301.35	-8.03
	三井京分	7 359.55	2.01	4 068.13	-64.65
	东京海上京分	7 026.48	-19.56	3 582.50	8.60
	三星京分	5 254.28	-67.16	1 897.39	8.96
	瑞再企商京分	2 476.63	0.11	405.95	-12.54
	日本财产京分	1 271.69	4.42	554.36	395.75
	史带财产京分	1 228.22	11.28	368.69	141.11
	劳合社京分	517.07	0.00	0.30	
小计		154 258.05	-5.53	237 889.38	46.87
合计		3 606 565.45	9.61	2 157 455.46	13.48

注：虚拟是指已在北京开展业务但未设立北京分公司的保险公司。

表 1.27　北京市财产保险公司各险种保费收入与赔付支出统计

单位：万元、%

险　种	保费收入	同比增长	赔款支出	同比增长
1. 企业财产保险	348 929.04	2.70	306 091.64	22.19
2. 家庭财产保险	15 578.06	69.17	4 432.66	39.69
其中：投资型家财险	781.15	58.19	11.80	2.11
3. 机动车辆保险	2 436 479.00	8.74	1 430 079.26	5.92
其中：交强险	442 007.34	5.61	220 699.08	6.56
4. 工程保险	78 289.00	0.19	30 393.49	28.04
5. 责任保险	247 130.22	31.38	115 105.23	73.63
6. 信用保险	21 248.03	29.24	8 015.88	71.29
7. 保证保险	46 143.55	21.43	16 044.85	179.08
其中：机动车辆消费贷款保证保险	731.51	731.17	-2.10	95.67
其中：个人贷款抵押房屋保证保险	-211.98	21.24	12.21	-67.64
8. 船舶保险	11 272.36	0.71	25 171.53	37.07
9. 货物运输保险	98 737.06	-9.94	52 228.67	29.03
10. 特殊风险保险	78 010.72	19.34	26 222.39	56.59
11. 农业保险	57 404.63	27.11	45 724.65	6.58
12. 健康险	71 675.24	20.13	59 690.48	32.32
其中：投资型健康险				
13. 意外伤害保险	88 240.70	6.30	31 427.99	7.12
其中：投资型意外险	147.80	1 356.13	431.91	-16.44
14. 其他险	7 427.83	24.11	6 826.73	74.50
合计	3 606 565.45	9.61	2 157 455.46	13.48

表1.28 北京市各人身保险公司业务统计

单位：万元、%

公司	原保费收入	同比	退保金	同比	赔款支出	同比	死伤医疗给付	同比	满期给付	同比	年金给付	同比
国寿股份京分	821 852.61	7.76	339 521.22	35.52	94 208.40	40.24	18 772.31	16.78	245 379.38	-18.39	16 169.97	72.13
太保寿京分	394 955.72	1.34	94 212.76	-28.25	3 919.25	-13.31	10 266.52	31.01	186 543.47	5 929.85	28 335.27	14.89
平安寿京分	1 412 509.21	7.02	106 276.45	14.77	3 724.50	-21.03	56 635.10	20.30	112 333.77	-11.57	72 032.41	10.69
新华京分	969 277.80	4.92	401 626.32	26.39	23 633.55	10.17	19 939.64	2.36	186 169.23	121.50	123 684.24	56.31
泰康京分	388 898.98	-4.39	126 185.94	-19.82	12 223.81	-33.50	9 249.33	19.93	243 919.96	101.97	38 337.36	28.26
太平人寿京分	508 223.14	29.49	147 784.13	167.90	520.79	-5.89	3 012.07	8.69	146 481.07	201.39	33 267.20	64.34
中宏人寿京分	10 355.57	18.36	761.54	42.08	702.72	429.56	280.73	7.55	20.40	1 940.00	125.55	-9.42
建信人寿京分	171 063.70	25.29	83 935.09	161.35	1 283.92	51.53	560.78	46.19			622.87	3 090.95
中德安联京分	48 105.93	25.11	911.39	-3.52	1 661.16	54.47	423.03	166.87	3 302.50	-48.67	2 239.96	64.46
工银安盛京分	344 481.48	26.87	30 460.20	104.56	8 867.06	-1.86	980.89	-13.90	139.31	-95.15	2 834.52	13.53
信诚京分	175 425.85	26.55	3 423.22	-20.76	6 615.02	13.97	3 315.04	32.63	13 955.62	380.88	176.91	98.92
交银康联京分	52 498.83	14.47	30 185.27	566.83	12.18	404.38	58.43	-17.77	37.22	174.29	23.34	13.67
天安人寿京分（虚拟）	386 882.34	2 005.28	7 220.71	71.32	2 909.90	135.99	56.17	487.91			532.67	176.95
中意京分	162 590.07	16.86	34 166.99	10.14	20 711.26	-1.63	1 416.93	17.41	15 260.40	-25.21	162 722.10	0.27
光大永明京分	45 430.57	8.72	8 190.39	-36.11	6 713.78	-38.08	1 419.87	10.95	59 088.82	47.18	285.45	-67.33
友邦京分	224 964.82	20.47	12 506.00	-32.97	7 101.46	39.85	6 767.25	22.64	25 319.63	37.62	4 213.90	19.53
北大方正人寿京分	1 194.41				0.35						0.71	
中荷人寿京分	72 584.35	-1.12	8 337.24	12.25	2 291.73	143.26	530.41	-24.93	24 352.65	10 736.79	128.39	43.54
中英人寿京分	66 970.10	5.60	6 302.29	-37.89	5 367.82	23.87	1 425.15	54.11	39 268.40	-6.34	1 833.20	14.93
同方全球人寿京分	28 787.78	11.21	1 672.23	-57.65	12 646.99	14.13	182.90	83.01	2 955.00	-49.41	749.04	-5.80
民生人寿京分	22 778.86	-12.79	13 125.03	40.59	440.65	-34.68	600.21	-1.48	1 789.30	-51.01	1 439.38	21.68
招商信诺京分	182 260.68	74.24	5 685.95	54.30	13 814.24	-2.46	1 069.44	11.97	33 184.30		9.09	-68.62
长生人寿京分	4 809.49	-25.15	1 817.21	60.55	997.32	-2.21	14.69	209.44	14.40	177.69		
恒安标准京分	11 609.47	-25.46	2 508.23	12.72	1 293.87	-41.51	333.75	146.74		-100.00	604.78	30.33
瑞泰人寿京分（虚拟）	20 706.94	201.99	57.39	-48.56	879.42	2 117.56	133.65	-85.20				
富德生命人寿京分	153 928.67	71.99	55 231.03	58.09	2 198.59	-2.35	696.51	-13.05	30 564.59	27.29	0.81	
国寿存续京分	25 884.12	-2.14	1 191.48	-0.72	55.66	-19.20	4 106.85	13.83	5 251.01	-8.80	39 297.24	60.05
中法人寿京分（虚拟）	2.50	-98.94	3 782.87	-24.79			45.43	-10.09	8 119.46	-58.40		
平安养老京分	103 665.04	26.34	230.51	-90.88	58 416.97	21.45		-100.00			307.12	5.25
中融人寿京分	3 277.56	18.89	1 851.22	303.98	5.12	-49.37	8.58				4.03	

续表

公司	原保费收入	同比	退保金	同比	赔款支出	同比	死伤医疗给付	同比	满期给付	同比	年金给付	同比
合众人寿京分	66 480.28	23.51	11 796.64	13.14	1 284.26	-22.89	447.74	-15.78	24 418.19	51.36	1 031.79	51.89
华泰人寿京分	11 057.40	17.69	6 931.89	-42.96	2 213.55	-5.53	318.55	-14.97	42 364.46	194.07	383.02	18.55
陆家嘴国泰人寿京分	2 644.96	76.23	31.18	-22.65	813.61	27.58	4.94	-86.03	3.30	1 000.00	58.63	-0.32
太平养老京分	36 858.23	-24.47	11 736.23	59 474.76	5 746.88	19.17	655.41	50.40				
中美联泰京分	261 888.98	8.72	15 368.91	15.17	3 519.77	103.81	6 545.91	27.86	24 766.28	2 856.99	668.20	5.93
平安健康京分	25 416.67	37.36	55.09	-0.40	15 645.30	54.59	1 660.21	45.46				
人保健康京分	102 623.24	52.52	32 631.59	429.41	39 035.84	5.70	408.58	72.10	142.37	-82.07		
华夏人寿京分	52 048.58	65.41	2 121.36	-13.28	820.33	45.52	1 123.59	17.35	787.34	16.74	2 775.73	72.07
中银三星京分	51 284.10	125.06	2 865.40	45.38	1 238.58	5.41	244.07	116.65	991.13		745.05	131.89
君康人寿京分	10 456.50	463.23	2 033.47	51.50	75.15	127.59	0.05	-97.96	2 441.10	854.83		
信泰京分	2 631.20	-4.78	691.64	-32.30	132.72	-22.54	81.15	86.19	3 801.18	1 085.46	65.58	151.68
农银人寿京分	72 081.79	-22.05	10 838.88	67.36	309.71	26.06	818.89	105.10	28 209.14	51.30	108.00	4.17
长城京分	18 865.18	2.73	7 449.59	-37.15	435.72	7.76	349.68	8.13	50 795.17		371.45	-46.13
昆仑健康京分	7 930.09	-11.33	110.01	58.15	6 634.21	3.85	52.45	-62.66	0.31	52.20		
和谐健康京分	799 485.13	12 420.35	1 845.46	18 380.85	51.03	-95.56	6.92	-94.25				
人保寿险京分	591 949.94	-15.75	413 209.06	45.58	33 359.99	20.21	46 188.17	-40.56	44 373.03	-69.65	8 400.67	144.87
国华人寿京分	28 639.22	-4.99	3 430.81	-9.45	3.16	100.88	53.14	-79.29	19 333.02	1 844.72	1 504.99	89.89
英大人寿京分	50 961.71	76.86	2 511.90	-46.60	6 167.26	-5.01	356.23	38.03	7 935.46	-49.77	730.79	23.14
泰康养老京分	54 451.25	1 155.43	243.92	2 680.35	7 686.95	43 317.38	223.50	777.16	640.79			
幸福人寿京分	106 839.41	-7.51	55 681.14	419.18	2 863.16	10.60	311.57	50.16	27 946.15	-34.72	293.44	58.02
阳光人寿京分	105 156.67	0.66	43 743.18	-20.56	1 394.92	24.90	1 221.85	-15.58	50 415.10	247.28		
新光海航京分（虚拟）	6 078.00	-53.23	3 211.67	396.75	1 120.90	1.57	308.11	11.70	7 068.40	1 232.32	147.77	-24.78
汇丰人寿京分	37 287.53	39.60	1 597.89	214.45			136.85				494.94	38.94
百年人寿京分	82 490.64	135.20	13 117.46	0.62	1 975.44	-49.66	106.72	41.80	3 000.74		184.01	24.72
中邮人寿京分	41 601.04	47.44	20 067.60	-46.67	367.60	7 033.21	249.58	33.76	5 749.96		56.71	10.84
安邦人寿京分	768 144.57	-29.49	30 546.58	489.49	0.02	-93.82	1 079.57	227.55			1.92	80.43
利安人寿京分	1 420.30	275 418.29	0.55		19.01						63.73	
弘康人寿京分（虚拟）	428.54		0.30		1.63						31.15	
安邦养老京分	219 129.50	-6.44	192 060.56	276.31	20.00	400.00	587.95	167.44				
太保安联健康京分	20.35				0.51							
合计	10 432 335.84	18.79	2 415 090.25	38.44	426 154.71	15.74	205 843.04	-3.48	1 728 632.51	50.24	548 095.08	24.78

注：虚拟是指已在北京开展业务但未设立北京分公司的保险公司。

表 1.29 北京市人身保险公司各险种保费收入与赔付支出统计

单位：万元

险种名称	原保险保费收入	赔款支出	死伤医疗给付	满期给付	年金给付	退保金
一、寿险小计	7 781 985.24		66 547.47	1 702 384.01	548 095.08	2 117 617.47
1. 普通寿险	3 500 420.12		27 768.00	32 480.99	165 825.46	712 253.88
（1）定期寿险	37 989.66		8 110.48	150.78		684.11
（2）两全寿险	1 453 810.89		7 568.72	22 941.89	10 928.52	533 638.33
（3）终身寿险	184 150.97		8 643.33	236.30		5 212.45
（4）年金保险	1 824 468.60		3 445.47	9 152.02	154 896.94	172 719.00
2. 分红寿险	4 240 042.31		34 123.88	1 662 560.93	381 551.59	1 405 261.49
（1）定期寿险						
（2）两全寿险	2 659 581.84		28 123.30	1 656 336.23	76 305.87	1 272 537.00
（3）终身寿险	311 492.68		2 729.00	42.85		9 321.64
（4）年金保险	1 268 967.78		3 271.58	6 181.85	305 245.72	123 402.85
3. 投资连结保险	4 521.79		335.51	2 237.34	0.00	7.44
4. 万能保险	37 001.02		4 320.08	5 104.76	718.03	94.66
二、意外伤害险小计	288 812.82	83 326.86				
1. 一年期以内业务	26 698.35	753.52				
2. 一年期业务	217 621.16	82 573.34				
3. 一年期以上业务	44 493.31					
三、健康险小计	2 361 537.78	342 827.85	139 295.57	26 248.50		297 472.78
1. 短期业务	541 990.91	342 827.85				
2. 长期业务	1 819 546.87		139 295.57	26 248.50		297 472.78
合计	10 432 335.84	426 154.71	205 843.04	1 728 632.51	548 095.08	2 415 090.25

注：以上统计表由中国保险监督管理委员会北京监管局提供。

表 1.30 中国人民银行对金融机构存款利率

单位：年利率%

	2012－02－21	2003－12－21	2005－03－17	2008－11－27
一、金融机构存款				
准备金存款	1.89	1.89	1.89	1.62
超额准备金	1.89	1.62	0.99	0.72
欠交准备金①	按日利率万分之六计收利息	同前		
二、保险公司存款	1.89	1.89	1.89	
三、邮政储蓄转存款②	4.347	4.131		

注：①2004 年 12 月 30 日银发〔2004〕302 号文，规定金融机构未按照中国人民银行规定交存存款准备金的，按照相关法规规定处罚；依法减轻处罚的，对其欠交存款准备金不足部分按每日万分之六的比例处以罚款。

②2002 年 12 月 31 日银发〔2002〕393 号文，规定从 2003 年 1 月 1 日起邮政储蓄转存款利率暂调整为 4.131%。2003 年 9 月 1 日银发〔2003〕177 号文，规定自 2003 年 8 月 1 日起，邮政储蓄新增存款转存人民银行的部分，按照金融机构准备金存款利率（年利率为 1.89%）计息；此前的邮政储蓄在人民银行的转存款暂按现行转存款利率计息（年利率为 4.131%）。

表 1.31　中国人民银行对金融机构贷款利率

单位：年利率%

项目[①]	2010－12－26	2014－03－20	2014－12－19	2015－05－28	2015－11－05
一、流动性再贷款[②]					
1 个月	3.25				2.9
3 个月	3.55				3.2
6 个月	3.75				3.4
1 年	3.85				3.5
二、信贷政策支持再贷款					
（一）支农再贷款	③				
3 个月	3.05		2.8	2.55	2.45
6 个月	3.25		3.0	2.75	2.65
1 年	3.35		3.1	2.85	2.75
（二）支小再贷款					
3 个月		3.7	3.3	3.05	2.95
6 个月		3.9	3.5	3.25	3.15
1 年		4.0	3.6	3.35	3.25
三、再贴现	2.25	同前	同前	同前	同前
四、逾期贷款	按日利率万分之五计收利息	同前	同前	同前	同前

注：①2014 年 2 月 7 日银发〔2014〕36 号文，决定对再贷款分类予以调整，将流动性再贷款划分为流动性再贷款和信贷政策支持再贷款，金融稳定再贷款和专项政策性再贷款分类总体不变。流动性再贷款利率执行人民银行总行确定的流动性再贷款利率，信贷政策支持再贷款执行人民银行总行确定的信贷政策支持再贷款利率。

②2014 年 2 月 7 日银发〔2014〕36 号文指出，人民银行对全国性存款类金融机构发放的流动性再贷款，期限设置为 1 个月、3 个月、6 个月、1 年四个档次。在此之前流动性再贷款期限为二十天以内、三个月以内、六个月以内和一年。

③该时点利率为对农村信用社再贷款（不含紧急贷款）利率。2014 年 12 月 29 日银发〔2014〕396 号文指出，将正常支农再贷款各期限档次利率分别下调 0.25 个百分点，贫困地区支农再贷款利率再调整后的正常支农再贷款利率基础上下调 1 个百分点。

表 1.32　金融机构存款利率

单位：年利率%

项目	2002-02-21	2004-10-29	2006-04-28	2006-08-19	2007-03-18	2007-05-19	2007-07-21	2007-08-22	2007-09-15	2007-12-21	2008-10-09	2008-10-30	2008-11-27	2008-12-23
一、活期存款	0.72	0.72	0.72	0.72	0.72	0.72	0.81	0.81	0.81	0.72	0.72	0.72	0.36	0.36
二、定期存款														
1. 整存整取														
三个月	1.71	1.71	1.71	1.8	1.98	2.07	2.34	2.61	2.88	3.33	3.15	2.88	1.98	1.71
半年	1.89	2.07	2.07	2.25	2.43	2.61	2.88	3.15	3.42	3.78	3.51	3.24	2.25	1.98
一年	1.98	2.25	2.25	2.52	2.79	3.06	3.33	3.6	3.87	4.14	3.87	3.6	2.52	2.25
二年	2.25	2.7	2.7	3.06	3.33	3.69	3.96	4.23	4.5	4.68	4.41	4.14	3.06	2.79
三年	2.52	3.24	3.24	3.69	3.96	4.41	4.68	4.95	5.22	5.4	5.13	4.77	3.6	3.33
五年	2.79	3.6	3.6	4.14	4.41	4.95	5.22	5.49	5.76	5.85	5.58	5.13	3.87	3.6
2. 零存整取、整存零取、存本取息														
一年	1.71	1.71	1.71	1.8	1.98	2.07	2.34	2.61	2.88	3.33	3.15	2.88	1.98	1.71
三年	1.89	2.07	2.07	2.25	2.43	2.61	2.88	3.15	3.42	3.78	3.51	3.24	2.25	1.98
五年	1.98	2.25	2.25	2.52	2.79	3.06	3.33	3.6	3.87	4.14	3.87	3.6	2.52	2.25
3. 定活两便	按一年以内定期整存整取同档次利率60%执行	按一年以内定期整存整取同档次利率60%执行	同前	同前	同前	同前	同前	同前	同前	同前	同前	同前	同前	同前
三、协定存款	1.44	1.44	1.44	1.44	1.44	1.44	1.53	1.53	1.53	1.53	1.53	1.53	1.17	1.17
四、通知存款														
一天	1.08	1.08	1.08	1.08	1.08	1.08	1.17	1.17	1.17	1.17	1.17	1.17	0.81	0.81
七天	1.62	1.62	1.62	1.62	1.62	1.62	1.71	1.71	1.71	1.71	1.71	1.71	1.35	1.35

续表

项目	2009-12-31	2010-10-20	2010-12-26	2011-02-09	2011-04-06	2011-07-07	2012-06-08	2012-07-06①	2014-11-22②	2015-03-01③	2015-05-11④	2015-06-28	2015-08-26⑤	2015-10-24⑥
一、活期存款	0.36	0.36	0.36	0.40	0.50	0.50	0.40	0.35	0.35	0.35	0.35	0.35	0.35	0.35
二、定期存款														
1. 整存整取														
三个月	1.71	1.91	2.25	2.60	2.85	3.10	2.85	2.60	2.35	2.10	1.85	1.60	1.35	1.10
半年	1.98	2.2	2.5	2.80	3.05	3.30	3.05	2.80	2.55	2.30	2.05	1.80	1.55	1.30
一年	2.25	2.5	2.75	3.00	3.25	3.50	3.25	3.00	2.75	2.50	2.25	2.00	1.75	1.50
二年	2.79	3.25	3.55	3.90	4.15	4.40	4.10	3.75	3.35	3.10	2.85	2.60	2.35	2.10
三年	3.33	3.85	4.15	4.50	4.75	5.00	4.65	4.25	4.00	3.75	3.50	3.25	3.00	2.75
五年	3.6	4.2	4.55	5.00	5.25	5.50	5.10	4.75						
2. 零存整取、整存零取、存本取息														
一年	1.71	1.91	2.25	2.60	2.85	3.10	2.85	2.60	2.35	2.10	1.85	1.60	1.35	1.10
三年	1.98	2.2	2.5	2.80	3.05	3.30	3.05	2.80	2.55	2.30	2.05	1.80	1.55	1.30
五年	2.25	2.5	2.75	3.00	3.25	3.50	3.25	3.00						
3. 定活两便	同前	同前	同前	同前	同前	同前	同前	同前	同前	同前	同前	同前	同前	同前
三、协定存款	1.17	1.17	1.17	1.21	1.31	1.31	1.21	1.15	1.15	1.15	1.15	1.15	1.15	1.15
四、通知存款														
一天	0.81	0.81	0.81	0.85	0.95	0.95	0.85	0.80	0.80	0.80	0.80	0.80	0.80	0.80
七天	1.35	1.35	1.35	1.39	1.49	1.49	1.39	1.35	1.35	1.35	1.35	1.35	1.35	1.35

注：①自2012年6月8日起，金融机构存款利率浮动区间由基准利率的（0，1］倍调整为（0，1.1］倍。

②自2014年11月22日起，存款利率浮动区间的上限由基准利率的1.1倍调整为1.2倍。并且人民银行不再公布人民币五年期定期存款基准利率。

③自2015年3月1日起，人民币存款利率浮动区间的上限由基准利率的1.2倍调整为1.3倍。

④自2015年5月11日起，存款利率浮动区间上限由基准利率的1.3倍调整为1.5倍。

⑤自2015年8月26日起，一年以上（不含一年）定期存款利率浮动上限放开，其余期限品种存款利率浮动上限仍为基准利率的1.5倍。

⑥自2015年10月24日起，活期存款、一年以内（含）定期存款、协定存款、通知存款利率上限放开。

表 1.33　金融机构贷款利率

单位：年利率%

项目	2002－02－21	2004－10－29	2005－03－17	2006－04－28	2006－08－19	2007－03－18	2007－05－19	2007－07－21	2007－08－22	2007－09－15	2007－12－21	2008－09－16	2008－10－09	2008－10－30	2008－11－27	2008－12－23
一、短期贷款																
六个月以内（含六个月）	5.04	5.22	5.22	5.4	5.58	5.67	5.85	6.03	6.21	6.48	6.57	6.21	6.12	6.03	5.04	4.86
六个月至一年（含一年）	5.31	5.58	5.58	5.85	6.12	6.39	6.57	6.84	7.02	7.29	7.47	7.2	6.93	6.66	5.58	5.31
二、中长期贷款																
一至三年（含三年）	5.49	5.76	5.76	6.03	6.3	6.57	6.75	7.02	7.2	7.47	7.56	7.29	7.02	6.75	5.67	5.4
三至五年（含五年）	5.58	5.85	5.85	6.12	6.48	6.75	6.93	7.2	7.38	7.65	7.74	7.56	7.29	7.02	5.94	5.76
五年以上	5.76	6.12	6.12	6.39	6.84	7.11	7.2	7.38	7.56	7.83	7.83	7.74	7.47	7.2	6.12	5.94
三、贴现	在再贴现利率基础上，按不超过同期贷款利率（含浮动）加点	在再贴现利率基础上，按不超过同期贷款利率（含浮动）加点	同前	同前	同前	同前	同前	同前	同前	同前	同前	同前	同前	同前	同前	同前
四、个人住房贷款																
1. 个人住房公积金贷款																
五年以下（含五年）	3.60	3.78	3.96	4.14	4.14	4.32	4.41	4.5	4.59	4.77	4.77	4.59	4.32	4.05	3.51	3.33
五年以上	4.05	4.23	4.41	4.59	4.59	4.77	4.86	4.95	5.04	5.22	5.22	5.13	4.86	4.59	4.05	3.87
2. 自营性个人住房贷款①																
五年以下（含五年）	4.77	4.95	取消优惠利率，改按商业性贷款利率执行	同前	同前	同前	同前	同前	同前	同前	同前	同前	同前	同前	同前	同前
五年以上	5.04	5.31														

续表

项目	2009-12-31	2010-10-20	2010-12-26	2011-02-09	2011-04-06	2011-07-07	2012-06-08	2012-07-06	2013-07-20	2014-11-22	2015-03-01	2015-05-11	2015-06-28	2015-08-26	2015-10-24
一、短期贷款							②	③	④	⑤					
六个月以内（含六个月）	4.86	5.1	5.35	5.60	5.85	6.10	5.85	5.60	同前	5.60	5.35	5.10	4.85	4.60	4.35
六个月至一年（含一年）	5.31	5.56	5.81	6.06	6.31	6.56	6.31	6.00		5.60	5.35	5.10	4.85	4.60	4.35
二、中长期贷款							②	③	④	⑤					
一至三年（含三年）	5.4	5.6	5.85	6.10	6.40	6.65	6.40	6.15	同前	6.00	5.75	5.50	5.25	5.00	4.75
三至五年（含五年）	5.76	5.96	6.22	6.45	6.65	6.90	6.90	6.40		6.00	5.75	5.50	5.25	5.00	4.75
五年以上	5.94	6.14	6.4	6.60	6.80	7.05	6.80	6.55		6.15	5.90	5.65	5.40	5.15	4.90
三、贴现	同前	同前	同前	同前	同前	同前	同前	同前	改变贴现利率在再贴现利率基础上加点确定的方式，由金融机构自主确定④	同前	同前	同前	同前	同前	同前
四、个人住房贷款															
1. 个人住房公积金贷款															
五年以下（含五年）	3.33	3.5	3.75	4.00	4.20	4.45	4.20	4.00	同前	3.75	3.50	3.25	3.00	2.75	2.75
五年以上	3.87	4.05	4.3	4.50	4.70	4.90	4.70	4.50		4.25	4.00	3.75	3.50	3.25	3.25
2. 自营性个人住房贷款①															
五年以下（含五年）	同前	同前	同前	同前	同前	同前	同前	同前	同前	同前	同前	同前	同前	同前	同前
五年以上															

注：①自 2006 年 8 月 19 日起，商业银行个人住房贷款利率的下限扩大为贷款基准利率的 0.85 倍，自 2008 年 10 月 27 日起，商业银行个人住房贷款利率的下限扩大为贷款基准利率的 0.7 倍，其他商业性贷款利率下限仍保持 0.9 倍不变。

②自 2012 年 6 月 8 日起，金融机构贷款利率的下限由基准利率的 0.9 倍调整为 0.8 倍。

③自 2012 年 7 月 6 日起，金融机构贷款利率的下限由基准利率的 0.8 倍调整为 0.7 倍。

④自 2013 年 7 月 20 日起，取消金融机构贷款利率 0.7 倍的下限，个人住房贷款利率仍保持原区间不变；取消票据贴现利率管制，改变贴现利率在再贴现利率基础上加点确定的方式，由金融机构自主确定；取消农村信用社贷款利率 2.3 倍的上限。

⑤自 2014 年 11 月 22 日起，贷款基准利率期限档次简并为一年以内（含一年）、一至五年（含五年）和五年以上三个档次。

⑥以上统计表由中国人民银行营业管理部货币信贷管理处提供。

表 1.34　　**2015 年中国人民银行发行普通纪念币、纪念钞一览表**

名称	发行日期	材质	规格	面值（元）	图案		发行数量
					正面	背面	
2015 年贺岁普通纪念币	2015－02－06	双色铜合金	直径 27mm	10	正面刊“中国人民银行”、“10 元”、汉语拼音字母“SHIYUAN”及年号“2015”	背面主景图案为一只传统装饰造型的小山羊，背景为宫灯和花朵，币面左方刊“乙未”字样	8000 万枚
中国人民抗日战争暨世界反法西斯战争胜利 70 周年纪念币	2015－10－12	镍包钢	直径 25mm	1	正面图案为中华人民共和国国徽，内缘上方刊“中华人民共和国”国名，下方刊年号“2015”	背面图案为数字“70”与时间“1945～2015”共同组成的标志性符号，其上方为 5 只和平鸽由远及近展翅飞翔，衬景为以长城图案展现胜利的“V”字，内缘上方刊“中国人民抗日战争暨世界反法西斯战争胜利 70 周年”字样，右下方刊面额“1 元”	5 亿枚
中国航天普通纪念币	2015－11－26	双色铜合金	直径 27mm	10	正面主景图案为国徽图案，其上方刊“中华人民共和国”国名，下方刊年号“2015”	背面主景图案为神舟九号近轨对接航天器图案，背景外环上方自右起分别为东方红一号卫星、神舟五号、嫦娥一号、探月月球车、代表中国古代飞天梦的民间图腾图案，左下方为抽象的地球和长 2F 运载火箭图案，右下方为由和平鸽变成的五角星和星星图案	1 亿枚
中国航天纪念钞	2015－11－26	纸	长 155mm 宽 77mm	100	正面主色调为蓝色。主景图案为神舟九号飞船与天宫一号交会对接图案。左上方为国徽图案、“中国人民银行”行名，其下方为东方红一号卫星图案。票面左下方为面额数字“100”和汉字“壹佰圆”。主景图案右侧为嫦娥一号卫星图案，其上方为面额数字“100”和“中国航天纪念”字样	背面主色调为蓝色。主景图案由上至下依次为嫦娥一号卫星图案、2020 年中国空间站“天宫”、喷气式客机、冯如 2 号双翼螺旋桨飞机、飞禽海东青图案。票面左上角为风筝局部图案，右上角为面额数字“100”。票面下方为行长章与年号“2015”，中国人民银行汉语拼音字母和蒙、藏、维、壮四种民族文字的“中国人民银行”字样，面额数字“100”，汉语拼音字母“YUAN”	3 亿张

注：1. 根据《中国人民银行公告》（〔2015〕第 25 号），中国人民银行决定自 2015 年 8 月 20 日起陆续发行中国人民抗日战争暨世界反法西斯战争胜利 70 周年纪念币一套。该套纪念币包括金银纪念币 3 枚、镍包钢纪念币 1 枚。其中镍包钢纪念币于 2015 年 10 月 12 日开始发行。

2. 本表由中国人民银行营业管理部货币金银处提供。

（二）金融机构业务统计

表 2.1　国家开发银行北京市分行人民币信贷收支统计

单位：万元

项目名称	余额	比年初	项目名称	余额	比年初
一、各项存款	8 826 002	4 440 303	一、各项贷款	55 921 625	5 875 686
（一）境内存款	8 825 999	4 440 303	（一）境内贷款	55 919 673	5 875 711
1. 个人存款			1. 短期贷款	12 959 980	2 171 284
其中：活期储蓄存款			（1）个人贷款及透支		
定期储蓄存款			其中：个人消费贷款		
结构性存款			（2）单位贷款及透支	12 959 980	2 171 284
2. 单位存款	8 821 085	4 604 336	经营贷款及透支	7 674 782	1 393 612
其中：活期存款	5 842 350	3 958 234	固定资产贷款	5 285 198	787 672
定期存款	823 770	-235 232	并购贷款		
保证金存款	7 949	6 548	贸易融资		-10 000
结构性存款	350 000	290 000	（3）非存款类金融机构贷款		
3. 国库定期存款		-166 000	2. 中长期贷款	42 959 693	3 704 427
4. 非存款类金融机构存款	4 914	1 967	（1）个人贷款		
（二）境外存款	3		其中：个人消费贷款		
二、代理财政性存款			（2）单位贷款	42 959 693	3 704 427
三、金融债券			经营贷款	1 727 346	622 540
其中：境外发行			固定资产贷款	40 104 970	2 921 591
四、卖出回购资产			并购贷款	696 220	-117 000
五、向中央银行借款			贸易融资	431 157	277 296
六、银行业存款类金融机构往来	1 904 874	1 625 451	（3）非存款类金融机构贷款		
七、借款及非存款类金融机构拆入			3. 票据融资		
八、联行往来（净）	48 615 211	5 109 658	4. 融资租赁		
九、外汇买卖（净）			5. 各项垫款		
十、应付及暂收款	106 379	25 597	（二）境外贷款	1 952	-25
其中：应付利息	21 561	3 631	二、债券投资	155 000	85 000
十一、其他负债	69 955	-153 738	三、股权及其他投资	7 500	
十二、所有者权益	382 120	-269 943	四、买入返售资产		
其中：实收资本			五、存放中央银行存款	157 571	123 777
			六、缴存中央银行财政性存款		
			七、银行业存款类金融机构往来	5 515 000	5 515 000
			八、存放非存款类金融机构款项		
			九、联行往来		
			其中：境内存放二级准备金		
			十、外汇买卖（净）	14 786	2 609
			十一、库存现金		
			十二、应收及预付款	127 327	24 844
			其中：应收利息	126 472	24 534
			十三、投资性房地产		
			十四、固定资产	19 595	-148 374
			十五、其他资产	52 895	-152 194
			十六、减：各项准备	2 066 759	549 020
			其中：贷款损失准备	2 066 759	549 020
资金来源总计	59 904 540	10 777 328	资金运用总计	59 904 540	10 777 328

表2.2　中国进出口银行北京分行人民币信贷收支统计

单位：万元

项目名称	余额	比年初	项目名称	余额	比年初
一、各项存款	48 561	-13 403	一、各项贷款	7 239 144	1 150 255
（一）境内存款	48 560	-13 403	（一）境内贷款	7 128 184	1 109 295
1. 个人存款			1. 短期贷款	789 108	-221 371
其中：活期储蓄存款			（1）个人贷款及透支		
定期储蓄存款			其中：个人消费贷款		
结构性存款			（2）单位贷款及透支	789 108	-221 371
2. 单位存款	48 559	-13 404	经营贷款及透支	53 300	-150 700
其中：活期存款	26 193	3 419	固定资产贷款		
定期存款		-5 000	并购贷款		
保证金存款	22 366	-11 823	贸易融资	735 808	-70 671
结构性存款			（3）非存款类金融机构贷款		
3. 国库定期存款			2. 中长期贷款	6 339 076	1 330 665
4. 非存款类金融机构存款	1	1	（1）个人贷款		
（二）境外存款	1		其中：个人消费贷款		
二、代理财政性存款			（2）单位贷款	6 339 076	1 330 665
三、金融债券			经营贷款	1 505 280	-126 270
其中：境外发行			固定资产贷款	3 036 545	1 191 346
四、卖出回购资产			并购贷款	451 002	29 000
五、向中央银行借款			贸易融资	1 346 249	236 589
六、银行业存款类金融机构往来			（3）非存款类金融机构贷款		
七、借款及非存款类金融机构拆入			3. 票据融资		
八、联行往来（净）	7 021 127	1 105 941	4. 融资租赁		
九、外汇买卖（净）			5. 各项垫款		
十、应付及暂收款	26 318	11 568	（二）境外贷款	110 960	40 960
其中：应付利息	11 299	3 465	二、债券投资		
十一、其他负债	32 339	4 973	三、股权及其他投资		
十二、所有者权益	27 080	27 080	四、买入返售资产		
其中：实收资本			五、存放中央银行存款	1 837	-27 471
			六、缴存中央银行财政性存款		
			七、银行业存款类金融机构往来		
			八、存放非存款类金融机构款项		
			九、联行往来		
			其中：境内存放二级准备金		
			十、外汇买卖（净）		
			十一、库存现金	2	-3
			十二、应收及预付款	20 592	3 878
			其中：应收利息	20 532	4 289
			十三、投资性房地产		
			十四、固定资产	262	8
			十五、其他资产	38	-17
			十六、减：各项准备	106 451	-9 509
			其中：贷款损失准备	106 421	-9 168
资金来源总计	7 155 424	1 136 159	资金运用总计	7 155 424	1 136 159

表 2.3　中国农业发展银行北京市分行人民币信贷收支统计

单位：万元

项目名称	余额	比年初	项目名称	余额	比年初
一、各项存款	1 383 296	630 260	一、各项贷款	4 531 964	-992 018
（一）境内存款	1 383 296	630 260	（一）境内贷款	4 531 964	-992 018
1. 个人存款			1. 短期贷款	1 266 085	18 982
其中：活期储蓄存款			（1）个人贷款及透支		
定期储蓄存款			其中：个人消费贷款		
结构性存款			（2）单位贷款及透支	1 266 085	18 982
2. 单位存款	1 382 887	632 322	经营贷款及透支	1 259 085	18 982
其中：活期存款	1 121 118	601 300	固定资产贷款	7 000	
定期存款	189 244	-15 278	并购贷款		
保证金存款	9 212	2 280	贸易融资		
结构性存款			（3）非存款类金融机构贷款		
3. 国库定期存款			2. 中长期贷款	1 412 333	-679 516
4. 非存款类金融机构存款	409	-2 061	（1）个人贷款		
（二）境外存款			其中：个人消费贷款		
二、代理财政性存款	112 501	57 027	（2）单位贷款	1 412 333	-679 516
三、金融债券			经营贷款		
其中：境外发行			固定资产贷款	1 412 333	-679 516
四、卖出回购资产			并购贷款		
五、向中央银行借款			贸易融资		
六、银行业存款类金融机构往来	3 000	-300 000	（3）非存款类金融机构贷款		
七、借款及非存款类金融机构拆入			3. 票据融资	1 853 545	-331 483
八、联行往来（净）	4 411 706	-1 483 794	4. 融资租赁		
九、外汇买卖（净）			5. 各项垫款		
十、应付及暂收款	8 402	-4 688	（二）境外贷款		
其中：应付利息	2 302	-4 632	二、债券投资		
十一、其他负债	27 745		三、股权及其他投资		
十二、所有者权益	42 213	-21 952	四、买入返售资产		-179 867
其中：实收资本			五、存放中央银行存款	6 225	2 555
			六、缴存中央银行财政性存款		
			七、银行业存款类金融机构往来	1 340 991	38 819
			八、存放非存款类金融机构款项		-2 064
			九、联行往来		
			其中：境内存放二级准备金		
			十、外汇买卖（净）		
			十一、库存现金	230	-27
			十二、应收及预付款	4 052	-104
			其中：应收利息	2 892	-1 231
			十三、投资性房地产		
			十四、固定资产	102 357	6 628
			十五、其他资产	3 044	2 931
			十六、减：各项准备		
			其中：贷款损失准备		
资金来源总计	5 988 863	-1 123 148	资金运用总计	5 988 863	-1 123 148

表2.4　中国工商银行北京市分行人民币信贷收支统计

单位：万元

项目名称	余额	比年初	项目名称	余额	比年初
一、各项存款	297 564 583	24 239 424	一、各项贷款	58 768 056	2 857 422
（一）境内存款	296 801 853	24 239 709	（一）境内贷款	58 731 913	2 856 189
1. 个人存款	75 473 156	-355 274	1. 短期贷款	14 526 145	1 866 119
其中：活期储蓄存款	29 879 407	3 400 964	（1）个人贷款及透支	100 549	76 958
定期储蓄存款	43 213 884	-1 679 842	其中：个人消费贷款	96 530	75 462
结构性存款	898 340	-3 381 420	（2）单位贷款及透支	14 425 597	1 989 161
2. 单位存款	194 823 957	15 272 868	经营贷款及透支	11 597 568	2 689 478
其中：活期存款	47 264 357	8 940 348	固定资产贷款	135 221	60 813
定期存款	111 910 161	1 197 582	并购贷款		
保证金存款	233 067	4 756	贸易融资	2 692 808	-761 129
结构性存款	2 138 343	-1 157 867	（3）非存款类金融机构贷款		-200 000
3. 国库定期存款	190 000	-147 000	2. 中长期贷款	43 309 310	1 023 491
4. 非存款类金融机构存款	26 314 740	9 469 115	（1）个人贷款	11 990 338	2 524 290
（二）境外存款	762 729	-285	其中：个人消费贷款	10 657 058	2 434 798
二、代理财政性存款	5 667 874	-6 241 499	（2）单位贷款	29 302 971	619 201
三、金融债券			经营贷款	3 892 718	1 815 156
其中：境外发行			固定资产贷款	24 544 302	-1 259 995
四、卖出回购资产			并购贷款	865 952	64 040
五、向中央银行借款		-33 143	贸易融资		
六、银行业存款类金融机构往来	16 973 559	6 342 122	（3）非存款类金融机构贷款	2 016 000	-2 120 000
七、借款及非存款类金融机构拆入	699	699	3. 票据融资	896 458	-33 421
八、联行往来（净）			4. 融资租赁		
九、外汇买卖（净）	28 139	1 743	5. 各项垫款		
十、应付及暂收款	6 971 355	973 164	（二）境外贷款	36 143	1 234
其中：应付利息	4 076 146	-276 085	二、债券投资	25 421 666	-7 348 544
十一、其他负债	644 590	213	三、股权及其他投资	18 373 902	-2 447 349
十二、所有者权益	3 980 809	938 643	四、买入返售资产		
其中：实收资本			五、存放中央银行存款	13 135	-670 833
			六、缴存中央银行财政性存款	6 029 955	-8 617 117
			七、银行业存款类金融机构往来	9 585	9 585
			八、存放非存款类金融机构款项	2 023	2 023
			九、联行往来	221 988 994	15 849 449
			其中：境内存放二级准备金		
			十、外汇买卖（净）		
			十一、库存现金	492 527	-138 829
			十二、应收及预付款	1 166 690	26 839 172
			其中：应收利息	629 454	-308 007
			十三、投资性房地产		
			十四、固定资产	601 808	-16 320
			十五、其他资产	-96 740	-230 742
			十六、减：各项准备	939 993	-133 449
			其中：贷款损失准备	931 111	-133 472
资金来源总计	331 831 608	26 221 366	资金运用总计	331 831 608	26 221 366

表 2.5　中国农业银行北京市分行人民币信贷收支统计

单位：万元

项目名称	余额	比年初	项目名称	余额	比年初
一、各项存款	96 389 855	30 893 291	一、各项贷款	30 759 798	-2 611 636
（一）境内存款	96 163 192	30 863 191	（一）境内贷款	30 755 542	-2 610 971
1. 个人存款	24 198 781	1 834 851	1. 短期贷款	9 527 046	-3 383 351
其中：活期储蓄存款	11 150 681	703 152	（1）个人贷款及透支	412 541	-106 365
定期储蓄存款	11 784 792	816 671	其中：个人消费贷款	310 635	-35 362
结构性存款	502 794	10 772	（2）单位贷款及透支	9 114 505	-315 486
2. 单位存款	34 289 920	4 002 538	经营贷款及透支	8 921 253	-426 761
其中：活期存款	13 697 700	948 990	固定资产贷款	155	-26 445
定期存款	10 538 904	2 152 154	并购贷款		
保证金存款	166 452	-54 302	贸易融资	193 098	137 720
结构性存款	1 346 500	-307 790	（3）非存款类金融机构贷款		-2 961 500
3. 国库定期存款	673 000	486 000	2. 中长期贷款	20 774 153	711 979
4. 非存款类金融机构存款	37 001 491	24 539 802	（1）个人贷款	6 089 292	1 395 755
（二）境外存款	226 663	30 100	其中：个人消费贷款	5 844 069	1 443 540
二、代理财政性存款	2 385	-5 977	（2）单位贷款	13 734 861	-1 633 776
三、金融债券			经营贷款	2 277 443	-43 741
其中：境外发行			固定资产贷款	11 129 274	-1 346 237
四、卖出回购资产			并购贷款	328 144	-243 797
五、向中央银行借款			贸易融资		
六、银行业存款类金融机构往来	2 300 500	761 929	（3）非存款类金融机构贷款	950 000	950 000
七、借款及非存款类金融机构拆入		-20 000	3. 票据融资	259 417	-51 074
八、联行往来（净）			4. 融资租赁		
九、外汇买卖（净）	42 204	9 316	5. 各项垫款	194 926	111 474
十、应付及暂收款	1 346 494	31 440	（二）境外贷款	4 256	-665
其中：应付利息	1 092 776	108 118	二、债券投资	172 572	162 978
十一、其他负债	136 778	-689	三、股权及其他投资		
十二、所有者权益	1 225 582	620 268	四、买入返售资产		-1 080 073
其中：实收资本			五、存放中央银行存款		-152 535
			六、缴存中央银行财政性存款	7 136	-2 485
			七、银行业存款类金融机构往来		-3 400 230
			八、存放非存款类金融机构款项		
			九、联行往来	70 398 751	39 715 207
			其中：境内存放二级准备金		
			十、外汇买卖（净）		
			十一、库存现金	273 678	-775
			十二、应收及预付款	77 266	-181 861
			其中：应收利息	52 448	-173 243
			十三、投资性房地产		
			十四、固定资产	932 448	-32 288
			十五、其他资产	81 150	9 494
			十六、减：各项准备	1 259 001	136 216
			其中：贷款损失准备	1 189 176	87 326
资金来源总计	101 443 798	32 289 580	资金运用总计	101 443 798	32 289 580

表2.6　中国银行北京市分行人民币信贷收支统计

单位：万元

项目名称	余额	比年初	项目名称	余额	比年初
一、各项存款	66 942 372	4 316 054	一、各项贷款	29 557 646	-2 137 844
（一）境内存款	65 770 058	4 537 568	（一）境内贷款	29 078 812	-2 562 132
1. 个人存款	16 154 983	730 612	1. 短期贷款	10 459 959	-3 317 916
其中：活期储蓄存款	5 878 854	612 365	（1）个人贷款及透支	833 918	-4 599
定期储蓄存款	9 699 357	-388 018	其中：个人消费贷款	829 753	4 942
结构性存款			（2）单位贷款及透支	9 622 851	2 842 270
2. 单位存款	39 336 074	4 185 083	经营贷款及透支	9 388 425	2 752 942
其中：活期存款	11 072 758	2 875 969	固定资产贷款		
定期存款	13 100 074	-821 999	并购贷款		
保证金存款	403 921	-132 832	贸易融资	234 426	89 328
结构性存款			（3）非存款类金融机构贷款	3 189	-6 155 587
3. 国库定期存款	563 000	363 000	2. 中长期贷款	17 876 563	716 226
4. 非存款类金融机构存款	9 716 000	-741 127	（1）个人贷款	5 333 155	1 020 531
（二）境外存款	1 172 314	-221 514	其中：个人消费贷款	4 957 281	934 554
二、代理财政性存款	4 874	-12 338	（2）单位贷款	12 447 108	-304 305
三、金融债券			经营贷款	1 758 147	22 788
其中：境外发行			固定资产贷款	9 995 541	-264 620
四、卖出回购资产			并购贷款	351 418	-41 078
五、向中央银行借款			贸易融资	342 002	-21 394
六、银行业存款类金融机构往来	2 502 132	-5 207 596	（3）非存款类金融机构贷款	96 300	
七、借款及非存款类金融机构拆入			3. 票据融资	726 448	23 717
八、联行往来（净）			4. 融资租赁		
九、外汇买卖（净）			5. 各项垫款	15 842	15 842
十、应付及暂收款	1 448 746	-166 805	（二）境外贷款	478 833	424 287
其中：应付利息	1 149 138	-100 706	二、债券投资	15 019	-6 780
十一、其他负债	299 503	-197 803	三、股权及其他投资		
十二、所有者权益	351 209	351 209	四、买入返售资产		
其中：实收资本			五、存放中央银行存款	11 173 655	-1 074 510
			六、缴存中央银行财政性存款	13 036	-25 304
			七、银行业存款类金融机构往来	20 000	-4 688 919
			八、存放非存款类金融机构款项		
			九、联行往来	30 961 859	8 211 596
			其中：境内存放二级准备金		
			十、外汇买卖（净）		
			十一、库存现金	257 759	-128 998
			十二、应收及预付款	136 662	-865 566
			其中：应收利息	87 313	-858 078
			十三、投资性房地产		
			十四、固定资产	260 648	8 553
			十五、其他资产	59 258	-4 046
			十六、减：各项准备	906 704	205 460
			其中：贷款损失准备	862 394	210 928
资金来源总计	71 548 837	-917 278	资金运用总计	71 548 837	-917 278

表 2.7　中国建设银行北京市分行人民币信贷收支统计

单位：万元

项目名称	余额	比年初	项目名称	余额	比年初
一、各项存款	134 667 189	7 327 420	一、各项贷款	56 053 778	6 702 902
（一）境内存款	133 700 635	6 924 962	（一）境内贷款	56 031 453	6 707 888
1. 个人存款	33 312 627	1 224 115	1. 短期贷款	23 488 553	4 988 975
其中：活期储蓄存款	13 106 665	949 449	（1）个人贷款及透支	1 370 698	145 592
定期储蓄存款	15 913 688	－1 499 698	其中：个人消费贷款	1 368 881	148 705
结构性存款	1 404 178	343 250	（2）单位贷款及透支	15 822 355	2 835 884
2. 单位存款	62 446 487	4 120 301	经营贷款及透支	14 779 883	2 811 838
其中：活期存款	20 990 377	2 140 275	固定资产贷款	398 200	391 000
定期存款	13 532 415	－2 124 080	并购贷款		
保证金存款	2 281 741	1 471 468	贸易融资	644 272	－366 955
结构性存款	5 075 783	127 139	（3）非存款类金融机构贷款	6 295 500	2 007 500
3. 国库定期存款	677 000	448 000	2. 中长期贷款	31 809 540	1 464 438
4. 非存款类金融机构存款	37 264 521	1 132 546	（1）个人贷款	11 082 604	2 042 448
（二）境外存款	966 554	402 457	其中：个人消费贷款	10 378 981	2 072 425
二、代理财政性存款	427 591	－854 367	（2）单位贷款	20 326 936	－578 010
三、金融债券			经营贷款	3 008 712	577 701
其中：境外发行			固定资产贷款	16 488 399	－1 384 582
四、卖出回购资产			并购贷款	770 195	182 395
五、向中央银行借款			贸易融资	59 630	46 476
六、银行业存款类金融机构往来	7 290 455	3 120 637	（3）非存款类金融机构贷款	400 000	
七、借款及非存款类金融机构拆入		－140 000	3. 票据融资	689 784	219 048
八、联行往来（净）			4. 融资租赁		
九、外汇买卖（净）			5. 各项垫款	43 576	35 427
十、应付及暂收款	1 890 119	75 703	（二）境外贷款	22 325	－4 987
其中：应付利息	1 493 610	－27 657	二、债券投资	41 916	9 375
十一、其他负债	2 112 371	1 247 234	三、股权及其他投资	2 981	2 981
十二、所有者权益	456 996	34 834	四、买入返售资产	1 543 750	424 878
其中：实收资本			五、存放中央银行存款	49 587	－18 622
			六、缴存中央银行财政性存款	159 430	－1 208 349
			七、银行业存款类金融机构往来	6 451 707	－517 687
			八、存放非存款类金融机构款项		
			九、联行往来	79 154 148	3 899 773
			其中：境内存放二级准备金	16 716 999	－1 750 218
			十、外汇买卖（净）		
			十一、库存现金	258 048	－28 603
			十二、应收及预付款	521 087	－30 256
			其中：应收利息	490 131	87 908
			十三、投资性房地产		
			十四、固定资产	438 715	－13 317
			十五、其他资产	2 172 987	1 588 926
			十六、减：各项准备	3 411	541
			其中：贷款损失准备	30	30
资金来源总计	146 844 722	10 811 460	资金运用总计	146 844 722	10 811 460

表2.8　交通银行北京市分行人民币信贷收支统计

单位：万元

项目名称	余额	比年初	项目名称	余额	比年初
一、各项存款	61 719 456	8 452 395	一、各项贷款	29 378 466	1 459 659
（一）境内存款	61 436 334	9 432 636	（一）境内贷款	29 344 014	1 455 753
1. 个人存款	11 812 561	1 173 591	1. 短期贷款	9 629 891	2 967 375
其中：活期储蓄存款	5 000 565	686 938	（1）个人贷款及透支	413 793	379 232
定期储蓄存款	4 276 962	-139 943	其中：个人消费贷款	353 601	321 536
结构性存款	2 068 914	532 603	（2）单位贷款及透支	9 216 097	2 588 143
2. 单位存款	27 903 162	4 505 944	经营贷款及透支	8 128 524	2 258 413
其中：活期存款	5 416 395	-340 072	固定资产贷款	27 595	27 595
定期存款	6 176 044	379 526	并购贷款		
保证金存款	578 034	-481 295	贸易融资	1 059 978	302 135
结构性存款	8 150 397	3 770 590	（3）非存款类金融机构贷款		
3. 国库定期存款	549 000	156 000	2. 中长期贷款	18 836 957	-1 654 465
4. 非存款类金融机构存款	21 171 611	3 597 101	（1）个人贷款	6 524 891	228 306
（二）境外存款	283 122	-980 241	其中：个人消费贷款	5 834 206	279 487
二、代理财政性存款	4	-90	（2）单位贷款	12 312 066	-1 882 771
三、金融债券			经营贷款	1 914 151	-1 042 976
其中：境外发行			固定资产贷款	10 377 665	-849 445
四、卖出回购资产			并购贷款	20 250	9 650
五、向中央银行借款			贸易融资		
六、银行业存款类金融机构往来	13 482 782	-197 174	（3）非存款类金融机构贷款		
七、借款及非存款类金融机构拆入			3. 票据融资	858 641	138 716
八、联行往来（净）			4. 融资租赁		
九、外汇买卖（净）	88 690	88 562	5. 各项垫款	18 526	4 126
十、应付及暂收款	1 080 695	-665 921	（二）境外贷款	34 452	3 906
其中：应付利息	949 400	43 278	二、债券投资		-3 527
十一、其他负债	201 075	649	三、股权及其他投资		-250
十二、所有者权益	445 035	670 202	四、买入返售资产		-584 984
其中：实收资本			五、存放中央银行存款	157 229	4 905
			六、缴存中央银行财政性存款	1 224	1 083
			七、银行业存款类金融机构往来	38 565	-567 839
			八、存放非存款类金融机构款项		
			九、联行往来	47 120 939	9 457 439
			其中：境内存放二级准备金	3 638 794	
			十、外汇买卖（净）		
			十一、库存现金	109 055	-9 709
			十二、应收及预付款	143 073	-1 128 783
			其中：应收利息	118 882	43 827
			十三、投资性房地产		
			十四、固定资产	449 905	-20 947
			十五、其他资产	136 366	-96 486
			十六、减：各项准备	517 084	161 937
			其中：贷款损失准备	515 349	160 202
资金来源总计	77 017 736	8 348 624	资金运用总计	77 017 736	8 348 624

表 2.9　招商银行北京分行人民币信贷收支统计

单位：万元

项目名称	余额	比年初	项目名称	余额	比年初
一、各项存款	49 065 563	5 283 524	一、各项贷款	17 129 915	1 375 523
（一）境内存款	48 160 302	5 213 952	（一）境内贷款	17 104 296	1 372 760
1. 个人存款	19 966 563	4 239 418	1. 短期贷款	5 761 500	-884 854
其中：活期储蓄存款	14 493 367	4 674 357	（1）个人贷款及透支	568 727	-678 886
定期储蓄存款	4 638 615	-851 255	其中：个人消费贷款	163 035	6 281
结构性存款	398 915	93 191	（2）单位贷款及透支	5 072 773	213 932
2. 单位存款	20 105 621	3 991 042	经营贷款及透支	4 669 504	302 194
其中：活期存款	9 390 552	3 109 598	固定资产贷款		-36 289
定期存款	3 901 276	455 691	并购贷款		-21 400
保证金存款	488 846	69 053	贸易融资	403 269	-30 573
结构性存款	1 135 254	-935 040	（3）非存款类金融机构贷款	120 000	-419 900
3. 国库定期存款	322 000	129 000	2. 中长期贷款	10 572 854	1 732 662
4. 非存款类金融机构存款	7 766 118	-3 145 508	（1）个人贷款	6 631 899	2 201 889
（二）境外存款	905 261	69 572	其中：个人消费贷款	4 569 744	1 700 615
二、代理财政性存款	58	-10 787	（2）单位贷款	3 740 955	-144 227
三、金融债券			经营贷款	593 852	21 179
其中：境外发行			固定资产贷款	2 872 907	-294 261
四、卖出回购资产	704 815	704 815	并购贷款	267 251	124 430
五、向中央银行借款	12 329	-26 146	贸易融资	6 945	4 425
六、银行业存款类金融机构往来	6 071 628	-324 590	（3）非存款类金融机构贷款	200 000	-325 000
七、借款及非存款类金融机构拆入			3. 票据融资	768 445	524 952
八、联行往来（净）			4. 融资租赁		
九、外汇买卖（净）	39 893	34 598	5. 各项垫款	1 497	
十、应付及暂收款	734 401	-26 361	（二）境外贷款	25 619	2 763
其中：应付利息	458 794	-103 167	二、债券投资		
十一、其他负债	375 843	297 343	三、股权及其他投资	5 888 618	4 443 687
十二、所有者权益	708 056	58 594	四、买入返售资产	150 000	-1 385 059
其中：实收资本			五、存放中央银行存款	219 987	125 086
			六、缴存中央银行财政性存款	3 584	-6 793
			七、银行业存款类金融机构往来	31 797	31 085
			八、存放非存款类金融机构款项	2	2
			九、联行往来	34 025 085	1 238 870
			其中：境内存放二级准备金		
			十、外汇买卖（净）		
			十一、库存现金	136 850	-15 779
			十二、应收及预付款	62 384	11 027
			其中：应收利息	51 376	6 547
			十三、投资性房地产		
			十四、固定资产	48 458	-4 145
			十五、其他资产	344 878	206 356
			十六、减：各项准备	328 972	28 870
			其中：贷款损失准备	327 718	29 047
资金来源总计	57 712 586	5 990 990	资金运用总计	57 712 586	5 990 990

表 2.10　上海浦东发展银行北京分行人民币信贷收支统计

单位：万元

项目名称	余额	比年初	项目名称	余额	比年初
一、各项存款	36 930 469	11 614 142	一、各项贷款	10 010 149	324 696
（一）境内存款	36 776 037	12 365 891	（一）境内贷款	10 004 789	325 025
1. 个人存款	2 491 817	146 105	1. 短期贷款	2 985 812	-1 000 476
其中：活期储蓄存款	979 167	189 747	（1）个人贷款及透支	687 623	-50 462
定期储蓄存款	789 414	23 285	其中：个人消费贷款	532 178	-39 765
结构性存款	323 829	15 687	（2）单位贷款及透支	2 183 189	-1 065 014
2. 单位存款	16 029 573	2 331 050	经营贷款及透支	1 114 954	-779 410
其中：活期存款	6 213 982	2 203 625	固定资产贷款	3 000	3 000
定期存款	2 206 304	-2 549 657	并购贷款		-34 985
保证金存款	366 757	-280 035	贸易融资	1 065 235	-253 619
结构性存款	2 734 602	1 952 811	（3）非存款类金融机构贷款	115 000	115 000
3. 国库定期存款	309 000	157 000	2. 中长期贷款	6 330 317	810 493
4. 非存款类金融机构存款	17 945 647	9 731 736	（1）个人贷款	1 447 432	247 152
（二）境外存款	154 432	-751 749	其中：个人消费贷款	1 276 031	259 587
二、代理财政性存款	1 329	-4 161	（2）单位贷款	4 882 885	563 341
三、金融债券			经营贷款	2 311 221	297 608
其中：境外发行			固定资产贷款	2 369 907	324 216
四、卖出回购资产	695 110	695 110	并购贷款	201 757	-58 483
五、向中央银行借款	11 036	-1 167	贸易融资		
六、银行业存款类金融机构往来	8 615 420	3 996 830	（3）非存款类金融机构贷款		
七、借款及非存款类金融机构拆入			3. 票据融资	688 660	515 008
八、联行往来（净）			4. 融资租赁		
九、外汇买卖（净）	1 062	335	5. 各项垫款		
十、应付及暂收款	355 597	-595 861	（二）境外贷款	5 360	-329
其中：应付利息	269 118	-50 309	二、债券投资	7 945 545	5 002 982
十一、其他负债	401 869	-142	三、股权及其他投资		
十二、所有者权益	429 037	39 855	四、买入返售资产	495 127	171 769
其中：实收资本			五、存放中央银行存款	104 489	39 301
			六、缴存中央银行财政性存款	577	-4 751
			七、银行业存款类金融机构往来	2 082 675	562 011
			八、存放非存款类金融机构款项		-200 000
			九、联行往来	26 666 011	10 312 090
			其中：境内存放二级准备金		
			十、外汇买卖（净）		
			十一、库存现金	52 926	2 040
			十二、应收及预付款	213 237	-433 432
			其中：应收利息	111 475	95 092
			十三、投资性房地产		
			十四、固定资产	22 997	-1 273
			十五、其他资产	7 119	521
			十六、减：各项准备	159 923	31 013
			其中：贷款损失准备	124 981	12 163
资金来源总计	47 440 929	15 744 941	资金运用总计	47 440 929	15 744 941

表 2.11　广发银行北京分行人民币信贷收支统计

单位：万元

项目名称	余额	比年初	项目名称	余额	比年初
一、各项存款	19 799 716	−152 204	一、各项贷款	3 282 007	−1 324 195
（一）境内存款	19 777 235	356 452	（一）境内贷款	3 281 601	−1 324 038
1. 个人存款	1 284 182	−164 871	1. 短期贷款	1 543 324	−1 141 240
其中：活期储蓄存款	583 932	44 765	（1）个人贷款及透支	499 421	−111 009
定期储蓄存款	280 731	−25 971	其中：个人消费贷款	1 256	1 148
结构性存款	411 867	−176 413	（2）单位贷款及透支	1 043 903	−532 816
2. 单位存款	13 474 507	3 281 441	经营贷款及透支	1 032 394	−533 015
其中：活期存款	2 357 635	319 103	固定资产贷款		
定期存款	2 558 904	852 397	并购贷款		
保证金存款	529 449	172 987	贸易融资	11 509	199
结构性存款	3 825 502	1 711 058	（3）非存款类金融机构贷款		−497 415
3. 国库定期存款	65 000	65 000	2. 中长期贷款	1 378 474	−444 242
4. 非存款类金融机构存款	4 953 546	−2 825 118	（1）个人贷款	653 961	−9 309
（二）境外存款	22 481	−508 656	其中：个人消费贷款	345 021	−26 320
二、代理财政性存款			（2）单位贷款	724 513	−434 933
三、金融债券			经营贷款	138 261	−132 103
其中：境外发行			固定资产贷款	585 202	−286 469
四、卖出回购资产			并购贷款		
五、向中央银行借款			贸易融资	1 050	−16 361
六、银行业存款类金融机构往来	2 635 910	−20 532	（3）非存款类金融机构贷款		
七、借款及非存款类金融机构拆入			3. 票据融资	354 846	257 487
八、联行往来（净）			4. 融资租赁		
九、外汇买卖（净）	386	386	5. 各项垫款	4 957	3 957
十、应付及暂收款	271 276	−103 685	（二）境外贷款	406	−157
其中：应付利息	250 273	−18 893	二、债券投资	4 326	317
十一、其他负债	73 075	−6 725	三、股权及其他投资		−895 397
十二、所有者权益	231 769	−12 886	四、买入返售资产	1 754 796	368 836
其中：实收资本			五、存放中央银行存款	60 118	−23 270
			六、缴存中央银行财政性存款	344	−361
			七、银行业存款类金融机构往来	1 444	−98 606
			八、存放非存款类金融机构款项		
			九、联行往来	17 829 500	1 705 937
			其中：境内存放二级准备金		
			十、外汇买卖（净）		−303
			十一、库存现金	25 748	−5 521
			十二、应收及预付款	29 678	−4 771
			其中：应收利息	11 822	−11 739
			十三、投资性房地产		
			十四、固定资产	30 444	−1 974
			十五、其他资产	30 002	7 183
			十六、减：各项准备	36 275	23 521
			其中：贷款损失准备	36 274	23 520
资金来源总计	23 012 132	−295 646	资金运用总计	23 012 132	−295 646

表2.12　兴业银行北京分行人民币信贷收支统计

单位：万元

项目名称	余额	比年初	项目名称	余额	比年初
一、各项存款	28 783 901	4 172 496	一、各项贷款	11 145 792	2 732 638
（一）境内存款	28 773 112	4 180 355	（一）境内贷款	11 144 378	2 733 909
1. 个人存款	2 171 012	112 415	1. 短期贷款	6 333 945	1 178 436
其中：活期储蓄存款	1 236 827	291 270	（1）个人贷款及透支	888 693	341 810
定期储蓄存款	844 119	-43 982	其中：个人消费贷款	202 202	44 450
结构性存款	18 053	-143 518	（2）单位贷款及透支	3 534 895	452 269
2. 单位存款	15 282 213	1 786 976	经营贷款及透支	3 459 379	451 040
其中：活期存款	5 570 214	1 121 696	固定资产贷款		
定期存款	2 495 622	-2 279 623	并购贷款		
保证金存款	298 812	34 368	贸易融资	75 516	1 229
结构性存款	1 014 100	887 390	（3）非存款类金融机构贷款	1 910 357	384 357
3. 国库定期存款	506 000	357 000	2. 中长期贷款	4 682 649	1 459 932
4. 非存款类金融机构存款	10 813 887	1 923 963	（1）个人贷款	1 651 648	885 223
（二）境外存款	10 789	-7 859	其中：个人消费贷款	1 386 382	772 382
二、代理财政性存款	7	-58	（2）单位贷款	3 031 001	574 709
三、金融债券			经营贷款	423 888	183 134
其中：境外发行			固定资产贷款	2 512 510	374 971
四、卖出回购资产			并购贷款	52 000	-26 000
五、向中央银行借款			贸易融资	42 604	42 604
六、银行业存款类金融机构往来	7 197 400	-1 928 539	（3）非存款类金融机构贷款		
七、借款及非存款类金融机构拆入			3. 票据融资	77 384	67 583
八、联行往来（净）			4. 融资租赁		
九、外汇买卖（净）			5. 各项垫款	50 400	27 958
十、应付及暂收款	453 557	-143 345	（二）境外贷款	1 414	-1 271
其中：应付利息	332 207	-156 094	二、债券投资	535 474	-1 034 128
十一、其他负债	105 415	-1 124 689	三、股权及其他投资	2 849 949	-1 139 981
十二、所有者权益	269 313	-285 744	四、买入返售资产	837 050	-2 440 164
其中：实收资本			五、存放中央银行存款	15 559	11 472
			六、缴存中央银行财政性存款	1 840	1 333
			七、银行业存款类金融机构往来	29 891	-50 311
			八、存放非存款类金融机构款项	1	1
			九、联行往来	21 266 190	2 766 770
			其中：境内存放二级准备金		
			十、外汇买卖（净）		
			十一、库存现金	34 943	-2 786
			十二、应收及预付款	256 852	166 461
			其中：应收利息	53 141	-34 320
			十三、投资性房地产		
			十四、固定资产	163 090	-3 990
			十五、其他资产	62 051	-65 668
			十六、减：各项准备	389 090	251 528
			其中：贷款损失准备	232 629	134 362
资金来源总计	36 809 592	690 120	资金运用总计	36 809 592	690 120

表 2.13　平安银行北京分行人民币信贷收支统计

单位：万元

项目名称	余额	比年初	项目名称	余额	比年初
一、各项存款	18 504 688	3 184 061	一、各项贷款	5 579 699	-171 185
（一）境内存款	18 478 157	3 175 330	（一）境内贷款	5 576 114	-168 871
1. 个人存款	1 574 137	82 818	1. 短期贷款	1 883 045	-531 917
其中：活期储蓄存款	833 821	180 138	（1）个人贷款及透支	744 312	-353 885
定期储蓄存款	271 518	-151 602	其中：个人消费贷款	33 110	9 061
结构性存款			（2）单位贷款及透支	1 138 734	-178 032
2. 单位存款	10 133 564	2 361 781	经营贷款及透支	1 100 042	-132 433
其中：活期存款	2 542 391	499 685	固定资产贷款	32 555	7 555
定期存款	2 621 552	388 815	并购贷款		
保证金存款	1 402 880	451 003	贸易融资	6 136	-53 153
结构性存款			（3）非存款类金融机构贷款		
3. 国库定期存款	276 000	130 000	2. 中长期贷款	3 668 989	429 564
4. 非存款类金融机构存款	6 494 457	600 731	（1）个人贷款	1 234 903	93 320
（二）境外存款	26 531	8 731	其中：个人消费贷款	1 073 684	115 956
二、代理财政性存款		-42	（2）单位贷款	2 434 086	336 244
三、金融债券			经营贷款	907 521	340 412
其中：境外发行			固定资产贷款	1 397 485	-20 441
四、卖出回购资产			并购贷款	63 620	63 620
五、向中央银行借款		-4 785	贸易融资	65 461	-47 347
六、银行业存款类金融机构往来	413 953	-1 744 779	（3）非存款类金融机构贷款		
七、借款及非存款类金融机构拆入	12 025	12 025	3. 票据融资	21 590	-68 400
八、联行往来（净）			4. 融资租赁		
九、外汇买卖（净）			5. 各项垫款	2 490	1 882
十、应付及暂收款	324 997	-90 536	（二）境外贷款	3 584	-2 314
其中：应付利息	250 632	-5 114	二、债券投资		
十一、其他负债	46 626	1 681	三、股权及其他投资	1 542 832	-109 111
十二、所有者权益	268 354	-78 727	四、买入返售资产		
其中：实收资本			五、存放中央银行存款		-76 698
			六、缴存中央银行财政性存款	377	-260
			七、银行业存款类金融机构往来	580 626	-121 493
			八、存放非存款类金融机构款项		
			九、联行往来	11 784 545	1 974 344
			其中：境内存放二级准备金		
			十、外汇买卖（净）		
			十一、库存现金	33 521	-2 597
			十二、应收及预付款	140 821	-65 654
			其中：应收利息	88 418	28 771
			十三、投资性房地产		
			十四、固定资产	20 635	3 146
			十五、其他资产	87 936	-3 448
			十六、减：各项准备	200 350	148 146
			其中：贷款损失准备	200 161	148 119
资金来源总计	19 570 643	1 278 898	资金运用总计	19 570 643	1 278 898

表 2.14　中信银行总行营业部人民币信贷收支统计

单位：万元

项目名称	余额	比年初	项目名称	余额	比年初
一、各项存款	48 673 573	6 254 050	一、各项贷款	26 186 971	5 770 521
（一）境内存款	47 366 776	5 973 105	（一）境内贷款	26 137 286	5 775 058
1. 个人存款	5 379 956	377 484	1. 短期贷款	9 011 055	2 575 174
其中：活期储蓄存款	1 984 411	310 412	（1）个人贷款及透支	911 394	-574 832
定期储蓄存款	2 015 348	-134 923	其中：个人消费贷款	347 693	-204 783
结构性存款	857 682	216 329	（2）单位贷款及透支	4 452 161	407 506
2. 单位存款	32 778 568	5 631 271	经营贷款及透支	3 962 168	352 274
其中：活期存款	9 543 507	2 694 599	固定资产贷款		
定期存款	10 211 178	-2 610 125	并购贷款		
保证金存款	862 846	-104 794	贸易融资	489 993	55 233
结构性存款	2 211 500	1 759 500	（3）非存款类金融机构贷款	3 647 500	2 742 500
3. 国库定期存款	401 000	214 000	2. 中长期贷款	16 432 645	2 918 768
4. 非存款类金融机构存款	8 807 252	-249 650	（1）个人贷款	7 119 976	1 004 045
（二）境外存款	1 306 797	280 945	其中：个人消费贷款	5 085 644	-115 308
二、代理财政性存款	404	-1 806	（2）单位贷款	9 312 669	1 914 723
三、金融债券			经营贷款	701 349	-60 981
其中：境外发行			固定资产贷款	6 511 391	419 022
四、卖出回购资产			并购贷款	645 081	209 540
五、向中央银行借款	5 397	-1 629	贸易融资	1 454 849	1 347 142
六、银行业存款类金融机构往来	8 527 437	153 497	（3）非存款类金融机构贷款		
七、借款及非存款类金融机构拆入			3. 票据融资	693 586	285 214
八、联行往来（净）			4. 融资租赁		
九、外汇买卖（净）	43 460	43 460	5. 各项垫款		-4 099
十、应付及暂收款	806 582	126 143	（二）境外贷款	49 685	-4 537
其中：应付利息	478 916	13 587	二、债券投资		-6 793
十一、其他负债	144 208	-644	三、股权及其他投资		
十二、所有者权益	705 411	198 595	四、买入返售资产	712 345	120 931
其中：实收资本			五、存放中央银行存款	285 242	-57 343
			六、缴存中央银行财政性存款	1 605	-3 345
			七、银行业存款类金融机构往来	1 219 457	673 738
			八、存放非存款类金融机构款项		
			九、联行往来	30 219 356	130 338
			其中：境内存放二级准备金		
			十、外汇买卖（净）		-18 319
			十一、库存现金	92 764	-6 826
			十二、应收及预付款	375 557	215 241
			其中：应收利息	93 273	32 110
			十三、投资性房地产		
			十四、固定资产	35 541	-490
			十五、其他资产	20 241	-20 976
			十六、减：各项准备	242 608	25 010
			其中：贷款损失准备	238 894	24 539
资金来源总计	58 906 472	6 771 667	资金运用总计	58 906 472	6 771 667

表 2.15　中国光大银行北京分行人民币信贷收支统计

单位：万元

项目名称	余额	比年初	项目名称	余额	比年初
一、各项存款	32 258 935	5 040 177	一、各项贷款	9 836 922	-638 585
（一）境内存款	32 215 170	5 096 000	（一）境内贷款	9 827 669	-635 752
1. 个人存款	4 556 886	502 153	1. 短期贷款	4 060 774	-794 858
其中：活期储蓄存款	1 496 860	432 586	（1）个人贷款及透支	55 512	-40 746
定期储蓄存款	1 355 426	-69 836	其中：个人消费贷款	25 684	19 103
结构性存款	1 567 083	116 690	（2）单位贷款及透支	4 005 262	-354 112
2. 单位存款	17 589 211	849 610	经营贷款及透支	3 283 550	69 970
其中：活期存款	3 041 358	-763 663	固定资产贷款	3 350	-18 377
定期存款	8 699 585	403 738	并购贷款		
保证金存款	379 215	-271 501	贸易融资	718 362	-405 705
结构性存款	2 136 750	820 558	（3）非存款类金融机构贷款		-400 000
3. 国库定期存款	336 000	172 000	2. 中长期贷款	5 021 947	-407 642
4. 非存款类金融机构存款	9 733 073	3 572 237	（1）个人贷款	2 600 466	171 076
（二）境外存款	43 765	-55 823	其中：个人消费贷款	1 596 404	341 330
二、代理财政性存款	12 200	10 337	（2）单位贷款	2 421 481	-578 718
三、金融债券			经营贷款	373 076	-102 064
其中：境外发行			固定资产贷款	1 898 517	-443 488
四、卖出回购资产			并购贷款		
五、向中央银行借款			贸易融资	149 888	-33 166
六、银行业存款类金融机构往来	2 341 845	188 481	（3）非存款类金融机构贷款		
七、借款及非存款类金融机构拆入			3. 票据融资	717 774	613 003
八、联行往来（净）			4. 融资租赁	15	
九、外汇买卖（净）			5. 各项垫款	27 159	-46 255
十、应付及暂收款	581 384	-74 162	（二）境外贷款	9 253	-2 833
其中：应付利息	478 212	-84 389	二、债券投资	8 915	2 443
十一、其他负债	204 881	98 031	三、股权及其他投资	3 034	-1 642 812
十二、所有者权益	261 260	-4 990	四、买入返售资产		-1 113 349
其中：实收资本			五、存放中央银行存款	58 424	-4 028
			六、缴存中央银行财政性存款	10 125	5 797
			七、银行业存款类金融机构往来	20 446	-889 106
			八、存放非存款类金融机构款项		
			九、联行往来	25 760 141	9 594 062
			其中：境内存放二级准备金	1 648 687	409 359
			十、外汇买卖（净）		
			十一、库存现金	48 824	-5 074
			十二、应收及预付款	35 643	-39 668
			其中：应收利息	31 977	-40 367
			十三、投资性房地产		
			十四、固定资产	23 039	-605
			十五、其他资产	57 076	-882
			十六、减：各项准备	202 084	10 319
			其中：贷款损失准备	201 819	10 348
资金来源总计	35 660 505	5 257 874	资金运用总计	35 660 505	5 257 874

表2.16　华夏银行北京分行人民币信贷收支统计

单位：万元

项目名称	余额	比年初	项目名称	余额	比年初
一、各项存款	25 529 151	-672 566	一、各项贷款	11 299 334	1 381 009
（一）境内存款	25 505 468	614 515	（一）境内贷款	11 292 616	1 382 002
1. 个人存款	4 906 622	-64 905	1. 短期贷款	3 558 392	-273 810
其中：活期储蓄存款	3 660 462	137 457	（1）个人贷款及透支	71 813	11 707
定期储蓄存款	890 224	-115 178	其中：个人消费贷款	1 947	1 414
结构性存款	7 120	-111 780	（2）单位贷款及透支	3 456 579	-315 516
2. 单位存款	14 264 270	1 082 386	经营贷款及透支	3 313 269	-353 919
其中：活期存款	6 674 932	3 150 584	固定资产贷款	1 510	-58 490
定期存款	2 423 990	-3 180 988	并购贷款		
保证金存款	642 446	169 639	贸易融资	141 800	96 893
结构性存款	478 300	-427 832	（3）非存款类金融机构贷款	30 000	30 000
3. 国库定期存款			2. 中长期贷款	7 581 176	1 620 289
4. 非存款类金融机构存款	6 334 576	-402 967	（1）个人贷款	2 032 924	36 841
（二）境外存款	23 683	-1 287 081	其中：个人消费贷款	1 643 879	73 400
二、代理财政性存款	191	73	（2）单位贷款	5 548 253	1 583 448
三、金融债券			经营贷款	1 231 882	226 417
其中：境外发行			固定资产贷款	4 241 781	1 316 532
四、卖出回购资产			并购贷款	17 900	
五、向中央银行借款			贸易融资	56 689	40 500
六、银行业存款类金融机构往来	1 301 501	-429 085	（3）非存款类金融机构贷款		
七、借款及非存款类金融机构拆入			3. 票据融资	149 376	35 554
八、联行往来（净）			4. 融资租赁		
九、外汇买卖（净）			5. 各项垫款	3 672	-32
十、应付及暂收款	535 243	-22 979	（二）境外贷款	6 718	-993
其中：应付利息	233 075	9 395	二、债券投资		
十一、其他负债	85 515	936	三、股权及其他投资		
十二、所有者权益	173 474	-80 394	四、买入返售资产	2 182 628	-1 948 416
其中：实收资本			五、存放中央银行存款		-66 675
			六、缴存中央银行财政性存款	1 859	528
			七、银行业存款类金融机构往来	776	-1 000 382
			八、存放非存款类金融机构款项		
			九、联行往来	13 980 251	440 153
			其中：境内存放二级准备金	1 445 188	112 029
			十、外汇买卖（净）	325	-22
			十一、库存现金	45 794	-36 402
			十二、应收及预付款	285 465	53 555
			其中：应收利息	184	40
			十三、投资性房地产		
			十四、固定资产	29 235	-1 572
			十五、其他资产	10 058	-2 055
			十六、减：各项准备	210 649	23 736
			其中：贷款损失准备	206 060	30 426
资金来源总计	27 625 076	-1 204 015	资金运用总计	27 625 076	-1 204 015

表 2.17 中国民生银行北京分行人民币信贷收支统计

单位：万元

项目名称	余额	比年初	项目名称	余额	比年初
一、各项存款	73 569 140	10 762 462	一、各项贷款	18 169 607	2 240 056
（一）境内存款	73 456 159	10 745 014	（一）境内贷款	18 152 830	2 245 842
1. 个人存款	6 585 712	569 356	1. 短期贷款	11 172 866	1 944 334
其中：活期储蓄存款	2 056 855	246 105	（1）个人贷款及透支	5 109 041	586 935
定期储蓄存款	2 169 438	-439 272	其中：个人消费贷款	615 782	481 906
结构性存款	410 887	177 318	（2）单位贷款及透支	5 683 825	977 399
2. 单位存款	31 278 736	4 989 863	经营贷款及透支	5 670 825	1 037 236
其中：活期存款	9 406 030	2 606 180	固定资产贷款	4 000	-59 837
定期存款	10 266 057	415 243	并购贷款		
保证金存款	1 654 019	-692 782	贸易融资	9 000	
结构性存款	2 563 176	1 308 344	（3）非存款类金融机构贷款	380 000	380 000
3. 国库定期存款	436 000	255 000	2. 中长期贷款	5 778 557	-236 122
4. 非存款类金融机构存款	35 155 711	4 930 795	（1）个人贷款	1 032 843	-139 522
（二）境外存款	112 981	17 448	其中：个人消费贷款	917 935	-122 561
二、代理财政性存款	1 771	1 138	（2）单位贷款	4 745 714	-96 600
三、金融债券			经营贷款	1 605 330	186 896
其中：境外发行			固定资产贷款	3 006 165	-281 414
四、卖出回购资产			并购贷款	133 714	-1 252
五、向中央银行借款	5 863	-19 616	贸易融资	505	-829
六、银行业存款类金融机构往来	4 650 925	-70 722	（3）非存款类金融机构贷款		
七、借款及非存款类金融机构拆入			3. 票据融资	1 110 020	525 404
八、联行往来（净）			4. 融资租赁		
九、外汇买卖（净）			5. 各项垫款	91 387	12 225
十、应付及暂收款	735 147	-154 528	（二）境外贷款	16 778	-5 786
其中：应付利息	605 137	-171 281	二、债券投资		
十一、其他负债	149 554	8 364	三、股权及其他投资		
十二、所有者权益	-486 533	-135 826	四、买入返售资产	2 101 557	-3 042 467
其中：实收资本			五、存放中央银行存款	190 300	118 482
			六、缴存中央银行财政性存款	345	-1 024
			七、银行业存款类金融机构往来	348 247	-2 284 343
			八、存放非存款类金融机构款项		
			九、联行往来	57 891 965	13 416 241
			其中：境内存放二级准备金		
			十、外汇买卖（净）		
			十一、库存现金	65 981	-3 791
			十二、应收及预付款	147 305	-16 442
			其中：应收利息	99 980	-33 837
			十三、投资性房地产		
			十四、固定资产	44 096	1 667
			十五、其他资产	92 862	59 336
			十六、减：各项准备	426 397	96 443
			其中：贷款损失准备	424 859	95 796
资金来源总计	78 625 868	10 391 271	资金运用总计	78 625 868	10 391 271

表 2.18 渤海银行北京分行人民币信贷收支统计

单位：万元

项目名称	余额	比年初	项目名称	余额	比年初
一、各项存款	6 469 847	1 805 434	一、各项贷款	2 637 417	1 006 555
（一）境内存款	6 466 221	1 805 400	（一）境内贷款	2 635 526	1 006 725
1. 个人存款	343 014	-17 363	1. 短期贷款	545 378	-56 329
其中：活期储蓄存款	124 195	16 919	（1）个人贷款及透支	5 624	-6 188
定期储蓄存款	146 132	157	其中：个人消费贷款	1 940	-2 045
结构性存款	70 008	-32 565	（2）单位贷款及透支	539 754	-50 141
2. 单位存款	3 244 569	724 664	经营贷款及透支	499 754	-9 241
其中：活期存款	985 242	74 157	固定资产贷款		-80 900
定期存款	580 374	214 816	并购贷款		
保证金存款	539 899	336 803	贸易融资	40 000	40 000
结构性存款	237 600	138 200	（3）非存款类金融机构贷款		
3. 国库定期存款			2. 中长期贷款	1 656 262	645 749
4. 非存款类金融机构存款	2 878 637	1 098 099	（1）个人贷款	1 082 460	487 882
（二）境外存款	3 626	34	其中：个人消费贷款	852 897	470 248
二、代理财政性存款			（2）单位贷款	573 802	157 867
三、金融债券			经营贷款	116 592	-44 644
其中：境外发行			固定资产贷款	450 979	196 279
四、卖出回购资产			并购贷款		
五、向中央银行借款			贸易融资	6 232	6 232
六、银行业存款类金融机构往来	2 839 192	-576 800	（3）非存款类金融机构贷款		
七、借款及非存款类金融机构拆入			3. 票据融资	432 763	416 180
八、联行往来（净）			4. 融资租赁		
九、外汇买卖（净）			5. 各项垫款	1 125	1 125
十、应付及暂收款	200 297	11	（二）境外贷款	1 891	-170
其中：应付利息	187 247	2 062	二、债券投资		
十一、其他负债	19 887	6 049	三、股权及其他投资	3 585 277	-709 360
十二、所有者权益	154 540	67 602	四、买入返售资产		-345 599
其中：实收资本			五、存放中央银行存款		-20 447
			六、缴存中央银行财政性存款	6	3
			七、银行业存款类金融机构往来	206 339	-139 613
			八、存放非存款类金融机构款项		
			九、联行往来	3 185 886	1 510 483
			其中：境内存放二级准备金		
			十、外汇买卖（净）		
			十一、库存现金	3 863	-1 598
			十二、应收及预付款	43 990	3 792
			其中：应收利息	36 112	3 016
			十三、投资性房地产		
			十四、固定资产	18 445	-1 244
			十五、其他资产	2 540	-674
			十六、减：各项准备		
			其中：贷款损失准备		
资金来源总计	9 683 764	1 302 297	资金运用总计	9 683 764	1 302 297

表 2.19　浙商银行北京分行人民币信贷收支统计

单位：万元

项目名称	余额	比年初	项目名称	余额	比年初
一、各项存款	7 599 262	2 464 684	一、各项贷款	2 230 739	-257 918
（一）境内存款	7 599 237	2 464 659	（一）境内贷款	2 230 739	-257 918
1. 个人存款	36 314	322	1. 短期贷款	993 307	-478 375
其中：活期储蓄存款	27 301	3 917	（1）个人贷款及透支	341 306	84 941
定期储蓄存款	8 814	-3 018	其中：个人消费贷款	540	-2 213
结构性存款			（2）单位贷款及透支	652 001	-513 317
2. 单位存款	5 147 613	1 732 617	经营贷款及透支	627 230	35 681
其中：活期存款	966 255	77 319	固定资产贷款	900	-43 100
定期存款	1 354 643	526 778	并购贷款		
保证金存款	2 020 824	1 063 878	贸易融资	23 871	-505 897
结构性存款			（3）非存款类金融机构贷款		-50 000
3. 国库定期存款			2. 中长期贷款	680 094	-323 321
4. 非存款类金融机构存款	2 415 309	731 720	（1）个人贷款	18 719	5 875
（二）境外存款	26	26	其中：个人消费贷款	7 030	7 030
二、代理财政性存款			（2）单位贷款	661 375	50 804
三、金融债券			经营贷款	169 125	66 264
其中：境外发行			固定资产贷款	492 250	-15 460
四、卖出回购资产			并购贷款		
五、向中央银行借款			贸易融资		
六、银行业存款类金融机构往来	1 336 447	242 754	（3）非存款类金融机构贷款		-380 000
七、借款及非存款类金融机构拆入			3. 票据融资	557 338	543 779
八、联行往来（净）			4. 融资租赁		
九、外汇买卖（净）			5. 各项垫款		
十、应付及暂收款	28 054	16 015	（二）境外贷款		
其中：应付利息	5 696	1 985	二、债券投资		
十一、其他负债	10 018	-5 599	三、股权及其他投资	4 400 000	2 717 700
十二、所有者权益	98 718	-1 824	四、买入返售资产	54 932	-408 052
其中：实收资本			五、存放中央银行存款		-21 948
			六、缴存中央银行财政性存款		
			七、银行业存款类金融机构往来	764 493	49 039
			八、存放非存款类金融机构款项		
			九、联行往来	1 472 135	563 239
			其中：境内存放二级准备金	172 829	52 545
			十、外汇买卖（净）		
			十一、库存现金	548	-164
			十二、应收及预付款	21 427	-3 738
			其中：应收利息	16 873	-7 208
			十三、投资性房地产		
			十四、固定资产	1 083	-155
			十五、其他资产	127 142	78 027
			十六、减：各项准备		
			其中：贷款损失准备		
资金来源总计	9 072 499	2 716 031	资金运用总计	9 072 499	2 716 031

表 2.20　恒丰银行北京分行人民币信贷收支统计

单位：万元

项目名称	余额	比年初	项目名称	余额	比年初
一、各项存款	3 431 864	2 533 375	一、各项贷款	1 024 924	554 789
（一）境内存款	3 391 553	2 493 063	（一）境内贷款	1 024 924	554 789
1. 个人存款	380 330	377 452	1. 短期贷款	667 199	492 200
其中：活期储蓄存款	7 554	4 851	（1）个人贷款及透支	23 527	23 527
定期储蓄存款	371 435	371 349	其中：个人消费贷款	102	102
结构性存款			（2）单位贷款及透支	643 672	468 673
2. 单位存款	2 332 628	2 097 907	经营贷款及透支	618 600	483 600
其中：活期存款	419 539	246 019	固定资产贷款		
定期存款	1 359 822	1 359 822	并购贷款		
保证金存款	429 368	408 188	贸易融资	25 072	-14 927
结构性存款	5 000	5 000	（3）非存款类金融机构贷款		
3. 国库定期存款			2. 中长期贷款	211 324	182 324
4. 非存款类金融机构存款	678 596	17 703	（1）个人贷款	4 784	4 784
（二）境外存款	40 312	40 312	其中：个人消费贷款	593	593
二、代理财政性存款			（2）单位贷款	206 540	177 540
三、金融债券			经营贷款	206 540	177 540
其中：境外发行			固定资产贷款		
四、卖出回购资产	104 542	104 542	并购贷款		
五、向中央银行借款			贸易融资		
六、银行业存款类金融机构往来	614 221	564 221	（3）非存款类金融机构贷款		
七、借款及非存款类金融机构拆入			3. 票据融资	146 402	-119 734
八、联行往来（净）			4. 融资租赁		
九、外汇买卖（净）			5. 各项垫款		
十、应付及暂收款	29 047	25 140	（二）境外贷款		
其中：应付利息	24 975	22 115	二、债券投资		
十一、其他负债	12 293	-1 137	三、股权及其他投资		
十二、所有者权益	477	477	四、买入返售资产	363 687	363 687
其中：实收资本			五、存放中央银行存款	3 340	-989
			六、缴存中央银行财政性存款		
			七、银行业存款类金融机构往来	418	36
			八、存放非存款类金融机构款项		
			九、联行往来	2 803 263	2 310 041
			其中：境内存放二级准备金	844 759	728 323
			十、外汇买卖（净）		
			十一、库存现金	591	110
			十二、应收及预付款	6 392	6 059
			其中：应收利息	5 975	6 287
			十三、投资性房地产		
			十四、固定资产	1 211	-373
			十五、其他资产	3 702	3 638
			十六、减：各项准备	15 082	10 381
			其中：贷款损失准备	15 082	10 381
资金来源总计	4 192 445	3 226 618	资金运用总计	4 192 445	3 226 618

表 2.21　中国邮政储蓄银行北京分行人民币信贷收支统计

单位：万元

项目名称	余额	比年初	项目名称	余额	比年初
一、各项存款	21 227 417	5 864 829	一、各项贷款	9 096 247	2 822 015
（一）境内存款	21 222 824	5 870 060	（一）境内贷款	9 096 247	2 822 015
1. 个人存款	12 595 788	-4 031	1. 短期贷款	3 535 805	1 625 589
其中：活期储蓄存款	5 048 495	342 081	（1）个人贷款及透支	545 155	51 609
定期储蓄存款	4 893 035	-2 426 338	其中：个人消费贷款	712	613
结构性存款			（2）单位贷款及透支	2 990 650	1 573 980
2. 单位存款	7 855 038	5 527 858	经营贷款及透支	2 669 345	1 670 661
其中：活期存款	3 099 644	1 510 979	固定资产贷款	1 649	-2 268
定期存款	520 872	137 361	并购贷款		
保证金存款	26 296	17 572	贸易融资	319 656	-94 412
结构性存款			（3）非存款类金融机构贷款		
3. 国库定期存款	426 000	251 000	2. 中长期贷款	3 989 334	-48 823
4. 非存款类金融机构存款	345 997	95 233	（1）个人贷款	1 436 845	108 506
（二）境外存款	4 594	-5 231	其中：个人消费贷款	1 391 394	191 789
二、代理财政性存款			（2）单位贷款	2 552 489	-157 329
三、金融债券			经营贷款	154 050	-258 919
其中：境外发行			固定资产贷款	2 398 439	101 590
四、卖出回购资产			并购贷款		
五、向中央银行借款			贸易融资		
六、银行业存款类金融机构往来	2 466 966	1 427 071	（3）非存款类金融机构贷款		
七、借款及非存款类金融机构拆入			3. 票据融资	1 571 109	1 245 249
八、联行往来（净）			4. 融资租赁		
九、外汇买卖（净）			5. 各项垫款		
十、应付及暂收款	344 949	-7 535	（二）境外贷款		
其中：应付利息	262 252	-15 632	二、债券投资		
十一、其他负债	1 940 356	575 559	三、股权及其他投资	2 358 835	-545 915
十二、所有者权益	160 134	60 936	四、买入返售资产		-993 186
其中：实收资本			五、存放中央银行存款	338	-44
			六、缴存中央银行财政性存款	33	20
			七、银行业存款类金融机构往来	2 086	478
			八、存放非存款类金融机构款项		
			九、联行往来	24 445 824	13 175 314
			其中：境内存放二级准备金	5 363 043	
			十、外汇买卖（净）	213	
			十一、库存现金	101 047	-13 933
			十二、应收及预付款	94 609	4 800
			其中：应收利息	87 464	4 200
			十三、投资性房地产		
			十四、固定资产	246 862	6 295
			十五、其他资产	-10 048 688	-6 491 361
			十六、减：各项准备	157 583	43 623
			其中：贷款损失准备	157 415	43 455
资金来源总计	26 139 822	7 920 860	资金运用总计	26 139 822	7 920 860

表 2.22　北京银行人民币信贷收支统计（全国）

单位：万元

项目名称	余额	比年初	项目名称	余额	比年初
一、各项存款	123 277 745	19 592 603	一、各项贷款	79 410 585	9 192 491
（一）境内存款	123 051 888	19 517 975	（一）境内贷款	79 363 390	9 189 407
1. 个人存款	20 545 212	2 280 235	1. 短期贷款	31 790 936	975 052
其中：活期储蓄存款	5 885 722	1 303 832	（1）个人贷款及透支	3 031 991	212 370
定期储蓄存款	9 062 489	-782 108	其中：个人消费贷款	787 422	141 472
结构性存款	4 939 266	1 343 778	（2）单位贷款及透支	25 337 722	512 524
2. 单位存款	75 057 556	8 892 917	经营贷款及透支	24 856 839	507 422
其中：活期存款	32 250 530	5 576 824	固定资产贷款	68 175	-32 872
定期存款	12 491 888	-460 694	并购贷款	14 145	14 145
保证金存款	5 820 777	300 698	贸易融资	398 562	23 829
结构性存款	9 039 129	1 522 214	（3）非存款类金融机构贷款	3 421 224	250 158
3. 国库定期存款	1 468 000	-651 000	2. 中长期贷款	45 038 993	6 778 132
4. 非存款类金融机构存款	25 981 121	8 995 823	（1）个人贷款	15 796 561	3 418 790
（二）境外存款	225 857	74 628	其中：个人消费贷款	13 310 072	2 784 205
二、代理财政性存款	24 870	9 782	（2）单位贷款	25 723 232	3 085 742
三、金融债券	8 835 026	4 843 093	经营贷款	6 438 034	813 936
其中：境外发行			固定资产贷款	16 455 821	1 436 425
四、卖出回购资产	4 628 428	-1 257 266	并购贷款	916 862	293 370
五、向中央银行借款	1 001 454	-998 546	贸易融资	1 912 516	542 010
六、银行业存款类金融机构往来	24 838 888	6 390 391	（3）非存款类金融机构贷款	3 519 200	273 600
七、借款及非存款类金融机构拆入	50 000	-54 690	3. 票据融资	2 528 461	1 437 123
八、联行往来（净）	0	-28 907	4. 融资租赁		
九、外汇买卖（净）	117 272	-74 855	5. 各项垫款	5 000	-900
十、应付及暂收款	2 632 928	672 829	（二）境外贷款	47 195	3 084
其中：应付利息	1 393 922	49 089	二、债券投资	34 412 325	6 342 438
十一、其他负债	424 995	287 031	三、股权及其他投资	7 718 285	843 304
十二、所有者权益	11 682 120	2 069 394	四、买入返售资产	13 858 364	535 064
其中：实收资本	1 754 411	698 392	五、存放中央银行存款	14 722 091	-3 488 577
			六、缴存中央银行财政性存款	9 357	-1 863
			七、银行业存款类金融机构往来	26 144 354	17 465 941
			八、存放非存款类金融机构款项	138 746	102 735
			九、联行往来	411 494	411 494
			十、外汇买卖（净）		
			十一、库存现金	319 426	-28 456
			十二、应收及预付款	1 355 289	304 190
			其中：应收利息	1 086 591	219 895
			十三、投资性房地产	32 380	-1 685
			十四、固定资产	705 609	87 900
			十五、其他资产	1 176 772	399 531
			十六、减：各项准备	2 901 351	713 650
			其中：贷款损失准备	2 281 659	497 406
资金来源总计	177 513 727	31 450 859	资金运用总计	177 513 727	31 450 859

表 2.23　北京银行人民币信贷收支统计（北京）

单位：万元

项目名称	余额	比年初	项目名称	余额	比年初
一、各项存款	81 680 966	10 011 803	一、各项贷款	42 798 554	2 902 966
（一）境内存款	81 516 265	9 953 632	（一）境内贷款	42 792 869	2 902 812
1. 个人存款	17 033 621	1 805 326	1. 短期贷款	17 627 388	1 675 014
其中：活期储蓄存款	4 745 858	1 072 254	（1）个人贷款及透支	2 188 697	256 629
定期储蓄存款	7 937 477	-517 481	其中：个人消费贷款	721 982	119 129
结构性存款	3 795 212	893 116	（2）单位贷款及透支	12 938 468	680 227
2. 单位存款	51 796 589	5 579 549	经营贷款及透支	12 697 058	634 519
其中：活期存款	26 454 934	4 317 549	固定资产贷款	67 958	-24 066
定期存款	7 171 000	-378 079	并购贷款	14 145	14 145
保证金存款	1 054 296	129 571	贸易融资	159 307	55 628
结构性存款	6 102 268	828 369	（3）非存款类金融机构贷款	2 500 224	738 158
3. 国库定期存款	644 000	-1 475 000	2. 中长期贷款	24 937 178	1 040 686
4. 非存款类金融机构存款	12 042 054	4 043 756	（1）个人贷款	7 158 099	1 348 760
（二）境外存款	164 701	58 172	其中：个人消费贷款	6 159 356	1 132 154
二、代理财政性存款	24 869	9 781	（2）单位贷款	15 209 879	68 326
三、金融债券	8 835 026	4 843 093	经营贷款	3 248 740	-44 912
其中：境外发行			固定资产贷款	9 388 280	-681 121
四、卖出回购资产	4 628 428	-1 257 266	并购贷款	718 756	226 764
五、向中央银行借款	1 000 000	-1 000 000	贸易融资	1 854 103	567 594
六、银行业存款类金融机构往来	18 896 596	8 278 880	（3）非存款类金融机构贷款	2 569 200	-376 400
七、借款及非存款类金融机构拆入	50 000	-54 690	3. 票据融资	228 303	187 112
八、联行往来（净）			4. 融资租赁		
九、外汇买卖（净）	117 272	-74 855	5. 各项垫款		
十、应付及暂收款	2 153 046	725 729	（二）境外贷款	5 685	154
其中：应付利息	1 024 679	58 690	二、债券投资	34 412 325	6 342 438
十一、其他负债	424 817	287 230	三、股权及其他投资	3 032 339	-252 342
十二、所有者权益	11 019 604	1 939 705	四、买入返售资产	5 598 908	-2 797 803
其中：实收资本	1 754 411	698 392	五、存放中央银行存款	14 498 276	-3 219 388
			六、缴存中央银行财政性存款	9 355	-1 863
			七、银行业存款类金融机构往来	8 681 322	5 535 770
			八、存放非存款类金融机构款项	138 746	102 735
			九、联行往来	18 694 350	14 951 594
			其中：境内存放二级准备金	8 259 140	785 524
			十、外汇买卖（净）		
			十一、库存现金	260 612	-37 332
			十二、应收及预付款	1 096 696	244 915
			其中：应收利息	834 112	162 810
			十三、投资性房地产	16 347	-1 124
			十四、固定资产	296 302	66 450
			十五、其他资产	1 301 762	388 987
			十六、减：各项准备	2 005 271	516 592
			其中：贷款损失准备	1 540 779	339 840
资金来源总计	128 830 624	23 709 410	资金运用总计	128 830 624	23 709 410

表 2.24　天津银行北京分行人民币信贷收支统计

单位：万元

项目名称	余额	比年初	项目名称	余额	比年初
一、各项存款	4 253 997	340 360	一、各项贷款	1 362 566	-466 876
（一）境内存款	4 253 997	405 030	（一）境内贷款	1 362 566	-466 876
1. 个人存款	210 827	-10 772	1. 短期贷款	605 093	-485 730
其中：活期储蓄存款	65 204	18 296	（1）个人贷款及透支	132 898	-46 116
定期储蓄存款	145 251	-29 429	其中：个人消费贷款	71 472	-23 353
结构性存款			（2）单位贷款及透支	472 195	-239 614
2. 单位存款	1 605 400	196 445	经营贷款及透支	350 519	-361 290
其中：活期存款	786 464	-45 921	固定资产贷款	121 676	121 676
定期存款	631 235	276 758	并购贷款		
保证金存款	120 453	-79 370	贸易融资		
结构性存款			（3）非存款类金融机构贷款		-200 000
3. 国库定期存款	67 000	67 000	2. 中长期贷款	747 134	67 208
4. 非存款类金融机构存款	2 370 770	152 357	（1）个人贷款	317 235	32 198
（二）境外存款		-64 670	其中：个人消费贷款	227 390	6 745
二、代理财政性存款			（2）单位贷款	429 899	35 010
三、金融债券			经营贷款	30 273	-777
其中：境外发行			固定资产贷款	399 626	35 787
四、卖出回购资产			并购贷款		
五、向中央银行借款			贸易融资		
六、银行业存款类金融机构往来	1 638 499	640 254	（3）非存款类金融机构贷款		
七、借款及非存款类金融机构拆入			3. 票据融资	6 000	-50 726
八、联行往来（净）			4. 融资租赁		
九、外汇买卖（净）			5. 各项垫款	4 339	2 372
十、应付及暂收款	65 025	11 026	（二）境外贷款		
其中：应付利息	61 901	13 568	二、债券投资	923 700	290 000
十一、其他负债	16 085	185	三、股权及其他投资		
十二、所有者权益	45 663	450	四、买入返售资产	47 000	-920 077
其中：实收资本			五、存放中央银行存款	9 099	-32 473
			六、缴存中央银行财政性存款		
			七、银行业存款类金融机构往来	619	-821
			八、存放非存款类金融机构款项		
			九、联行往来	3 666 239	2 121 000
			其中：境内存放二级准备金		-173 035
			十、外汇买卖（净）		
			十一、库存现金	2 245	416
			十二、应收及预付款	2 465	-282
			其中：应收利息	1 894	-624
			十三、投资性房地产		
			十四、固定资产	2 366	913
			十五、其他资产	2 970	475
			十六、减：各项准备		
			其中：贷款损失准备		
资金来源总计	6 019 269	992 275	资金运用总计	6 019 269	992 275

表 2.25　大连银行北京分行人民币信贷收支统计

单位：万元

项目名称	余额	比年初	项目名称	余额	比年初
一、各项存款	1 129 078	-281 646	一、各项贷款	613 592	-138 149
（一）境内存款	1 128 595	-281 467	（一）境内贷款	613 592	-138 149
1. 个人存款	70 597	-2 350	1. 短期贷款	374 380	-138 753
其中：活期储蓄存款	22 855	10 597	（1）个人贷款及透支	16 918	-10 627
定期储蓄存款	45 980	-12 815	其中：个人消费贷款	6 015	-2 250
结构性存款			（2）单位贷款及透支	357 462	-128 126
2. 单位存款	548 897	-359 866	经营贷款及透支	357 462	-125 626
其中：活期存款	269 129	79 120	固定资产贷款		-2 500
定期存款	109 152	-121 532	并购贷款		
保证金存款	75 364	-270 395	贸易融资		
结构性存款			（3）非存款类金融机构贷款		
3. 国库定期存款			2. 中长期贷款	108 786	-1 821
4. 非存款类金融机构存款	509 100	80 749	（1）个人贷款	8 786	-1 821
（二）境外存款	483	-178	其中：个人消费贷款	8 322	-1 270
二、代理财政性存款			（2）单位贷款	100 000	
三、金融债券			经营贷款		
其中：境外发行			固定资产贷款	100 000	
四、卖出回购资产			并购贷款		
五、向中央银行借款			贸易融资		
六、银行业存款类金融机构往来	230 000	-30 000	（3）非存款类金融机构贷款		
七、借款及非存款类金融机构拆入			3. 票据融资	130 426	2 425
八、联行往来（净）			4. 融资租赁		
九、外汇买卖（净）			5. 各项垫款		
十、应付及暂收款	20 585	-2 928	（二）境外贷款		
其中：应付利息	19 777	-1 687	二、债券投资	25	-69
十一、其他负债	15 457	-1 436	三、股权及其他投资		-267 050
十二、所有者权益	649	-19 783	四、买入返售资产		
其中：实收资本			五、存放中央银行存款	5 599	-5 166
			六、缴存中央银行财政性存款	2	1
			七、银行业存款类金融机构往来	94 750	-135 747
			八、存放非存款类金融机构款项		
			九、联行往来	688 901	214 437
			其中：境内存放二级准备金	96 508	-62 730
			十、外汇买卖（净）		
			十一、库存现金	1 059	-294
			十二、应收及预付款	2 240	-1 603
			其中：应收利息	1 139	-1 708
			十三、投资性房地产		
			十四、固定资产	491	-158
			十五、其他资产	3 216	-776
			十六、减：各项准备	14 106	1 218
			其中：贷款损失准备	14 106	1 218
资金来源总计	1 395 769	-335 792	资金运用总计	1 395 769	-335 792

表 2.26 杭州银行北京分行人民币信贷收支统计

单位：万元

项目名称	余额	比年初	项目名称	余额	比年初
一、各项存款	4 482 194	-623 864	一、各项贷款	1 508 805	98 454
（一）境内存款	4 481 443	-613 782	（一）境内贷款	1 508 805	98 454
1. 个人存款	263 195	-23 772	1. 短期贷款	677 931	-192 704
其中：活期储蓄存款	82 625	12 612	（1）个人贷款及透支	214 824	-63 066
定期储蓄存款	132 137	9 644	其中：个人消费贷款	1 332	-4 798
结构性存款	9 143	-66 813	（2）单位贷款及透支	463 107	-129 638
2. 单位存款	3 156 977	486 120	经营贷款及透支	447 207	-109 038
其中：活期存款	1 884 957	303 086	固定资产贷款	500	-19 500
定期存款	906 930	366 764	并购贷款	1 200	-1 300
保证金存款	223 413	-106 595	贸易融资	14 200	200
结构性存款		-151 800	（3）非存款类金融机构贷款		
3. 国库定期存款	73 000	73 000	2. 中长期贷款	704 649	226 646
4. 非存款类金融机构存款	988 271	-1 149 130	（1）个人贷款	80 147	35 742
（二）境外存款	751	-10 082	其中：个人消费贷款	35 662	17 197
二、代理财政性存款			（2）单位贷款	624 502	190 904
三、金融债券			经营贷款	257 791	187 499
其中：境外发行			固定资产贷款	277 890	-50 416
四、卖出回购资产			并购贷款	87 400	52 400
五、向中央银行借款			贸易融资	1 421	1 421
六、银行业存款类金融机构往来	516 088	-120 451	（3）非存款类金融机构贷款		
七、借款及非存款类金融机构拆入			3. 票据融资	117 874	62 242
八、联行往来（净）			4. 融资租赁		
九、外汇买卖（净）			5. 各项垫款	8 352	2 269
十、应付及暂收款	65 548	-15 683	（二）境外贷款		
其中：应付利息	57 396	-8 348	二、债券投资		
十一、其他负债	11 797	944	三、股权及其他投资	2 295 739	1 898 227
十二、所有者权益	-48 223	-106 108	四、买入返售资产		
其中：实收资本			五、存放中央银行存款	40 740	-34 930
			六、缴存中央银行财政性存款	0	-12
			七、银行业存款类金融机构往来	825 093	-121 487
			八、存放非存款类金融机构款项		
			九、联行往来	377 315	-2 665 242
			其中：境内存放二级准备金	499 091	-41 760
			十、外汇买卖（净）		
			十一、库存现金	5 839	85
			十二、应收及预付款	29 613	248
			其中：应收利息	25 850	-744
			十三、投资性房地产		
			十四、固定资产	718	-265
			十五、其他资产	4 776	-574
			十六、减：各项准备	61 235	39 665
			其中：贷款损失准备	61 235	39 665
资金来源总计	5 027 404	-865 161	资金运用总计	5 027 404	-865 161

表 2.27　南京银行北京分行人民币信贷收支统计

单位：万元

项目名称	余额	比年初	项目名称	余额	比年初
一、各项存款	3 280 687	647 748	一、各项贷款	1 455 776	193 093
（一）境内存款	3 279 101	647 717	（一）境内贷款	1 455 776	193 093
1. 个人存款	453 442	170 720	1. 短期贷款	669 863	－12 579
其中：活期储蓄存款	110 869	42 386	（1）个人贷款及透支	113 972	61 776
定期储蓄存款	338 348	124 162	其中：个人消费贷款	93 339	45 213
结构性存款			（2）单位贷款及透支	555 891	－74 355
2. 单位存款	2 363 284	427 509	经营贷款及透支	555 891	－64 355
其中：活期存款	663 539	126 606	固定资产贷款		－10 000
定期存款	653 651	173 896	并购贷款		
保证金存款	337 740	－47 287	贸易融资		
结构性存款	145 600	－3 200	（3）非存款类金融机构贷款		
3. 国库定期存款			2. 中长期贷款	561 408	20 142
4. 非存款类金融机构存款	462 375	49 488	（1）个人贷款	197 698	40 925
（二）境外存款	1 586	31	其中：个人消费贷款	169 926	33 290
二、代理财政性存款			（2）单位贷款	363 710	－20 783
三、金融债券			经营贷款	168 526	－68 226
其中：境外发行			固定资产贷款	61 791	4 857
四、卖出回购资产			并购贷款		
五、向中央银行借款		－9 956	贸易融资	133 393	42 586
六、银行业存款类金融机构往来	180 059	137 057	（3）非存款类金融机构贷款		
七、借款及非存款类金融机构拆入			3. 票据融资	220 403	181 428
八、联行往来（净）			4. 融资租赁		
九、外汇买卖（净）			5. 各项垫款	4 102	4 102
十、应付及暂收款	55 133	10 540	（二）境外贷款		
其中：应付利息	41 523	8 603	二、债券投资		
十一、其他负债	10 000		三、股权及其他投资		
十二、所有者权益	－42 763	－42 763	四、买入返售资产		
其中：实收资本			五、存放中央银行存款		－40 468
			六、缴存中央银行财政性存款	1	1
			七、银行业存款类金融机构往来	5 096	－6 746
			八、存放非存款类金融机构款项		
			九、联行往来	2 065 851	652 293
			其中：境内存放二级准备金		
			十、外汇买卖（净）		
			十一、库存现金	3 341	812
			十二、应收及预付款	5 425	－3 933
			其中：应收利息	1 428	－2 790
			十三、投资性房地产		
			十四、固定资产	858	－179
			十五、其他资产	1 620	－803
			十六、减：各项准备	54 852	51 444
			其中：贷款损失准备	54 852	51 444
资金来源总计	3 483 116	742 626	资金运用总计	3 483 116	742 626

表 2.28　盛京银行北京分行人民币信贷收支统计

单位：万元

项目名称	余额	比年初	项目名称	余额	比年初
一、各项存款	6 068 105	120 566	一、各项贷款	1 856 325	-22 443
（一）境内存款	6 068 105	120 566	（一）境内贷款	1 856 325	-22 443
1. 个人存款	154 255	32 671	1. 短期贷款	878 027	137 645
其中：活期储蓄存款	14 823	-26 022	（1）个人贷款及透支	6 018	-5 797
定期储蓄存款	109 073	34 841	其中：个人消费贷款	28	13
结构性存款			（2）单位贷款及透支	872 009	143 442
2. 单位存款	2 862 757	-2 798 138	经营贷款及透支	871 879	143 312
其中：活期存款	796 712	-429 348	固定资产贷款	130	130
定期存款	722 381	-2 690 567	并购贷款		
保证金存款	569 170	-183 075	贸易融资		
结构性存款			（3）非存款类金融机构贷款		
3. 国库定期存款			2. 中长期贷款	978 298	-160 088
4. 非存款类金融机构存款	3 051 093	2 886 033	（1）个人贷款	2 244	1 108
（二）境外存款			其中：个人消费贷款	990	224
二、代理财政性存款			（2）单位贷款	976 054	-161 196
三、金融债券			经营贷款	779 388	-157 562
其中：境外发行			固定资产贷款	196 666	-3 634
四、卖出回购资产			并购贷款		
五、向中央银行借款			贸易融资		
六、银行业存款类金融机构往来	85 346	-1 073 583	（3）非存款类金融机构贷款		
七、借款及非存款类金融机构拆入			3. 票据融资		
八、联行往来（净）			4. 融资租赁		
九、外汇买卖（净）			5. 各项垫款		
十、应付及暂收款	124 318	33 422	（二）境外贷款		
其中：应付利息	118 415	35 731	二、债券投资		-659 358
十一、其他负债	1 346	1 346	三、股权及其他投资		
十二、所有者权益	111 611	111 611	四、买入返售资产		
其中：实收资本			五、存放中央银行存款	7 084	-890
			六、缴存中央银行财政性存款		
			七、银行业存款类金融机构往来	1 310 918	-1 707 376
			八、存放非存款类金融机构款项		
			九、联行往来	3 115 724	1 629 864
			其中：境内存放二级准备金	28 054	-25 887
			十、外汇买卖（净）		
			十一、库存现金	1 965	-5
			十二、应收及预付款	75 519	-44 930
			其中：应收利息	74 670	-44 904
			十三、投资性房地产		
			十四、固定资产	22 432	-1 647
			十五、其他资产	759	147
			十六、减：各项准备		
			其中：贷款损失准备		
资金来源总计	6 390 726	-806 638	资金运用总计	6 390 726	-806 638

表 2.29　上海银行北京分行人民币信贷收支统计

单位：万元

项目名称	余额	比年初	项目名称	余额	比年初
一、各项存款	2 076 069	-2 952 542	一、各项贷款	2 751 830	729 522
（一）境内存款	2 075 357	-2 947 928	（一）境内贷款	2 751 830	729 522
1. 个人存款	45 998	-688	1. 短期贷款	887 148	569 035
其中：活期储蓄存款	19 368	2 815	（1）个人贷款及透支	1 663	424
定期储蓄存款	26 504	-2 808	其中：个人消费贷款	936	-303
结构性存款			（2）单位贷款及透支	885 485	568 611
2. 单位存款	1 628 972	495 539	经营贷款及透支	590 006	274 790
其中：活期存款	492 878	106 873	固定资产贷款		
定期存款	411 715	338 350	并购贷款		
保证金存款	127 762	-76 610	贸易融资	295 479	293 821
结构性存款	84 500	56 500	（3）非存款类金融机构贷款		
3. 国库定期存款			2. 中长期贷款	352 502	-188 709
4. 非存款类金融机构存款	400 387	-3 442 779	（1）个人贷款	10 971	4 448
（二）境外存款	712	-4 614	其中：个人消费贷款	10 929	4 454
二、代理财政性存款		-5	（2）单位贷款	141 531	-193 157
三、金融债券			经营贷款	77 881	27 731
其中：境外发行			固定资产贷款	63 650	-220 888
四、卖出回购资产			并购贷款		
五、向中央银行借款			贸易融资		
六、银行业存款类金融机构往来	311 782	275 542	（3）非存款类金融机构贷款	200 000	
七、借款及非存款类金融机构拆入			3. 票据融资	1 512 180	349 196
八、联行往来（净）	405 754	405 754	4. 融资租赁		
九、外汇买卖（净）		-3	5. 各项垫款		
十、应付及暂收款	29 780	-44 757	（二）境外贷款		
其中：应付利息	16 063	-48 596	二、债券投资		
十一、其他负债	10 001	-4 636	三、股权及其他投资		
十二、所有者权益	70 166	15 834	四、买入返售资产		
其中：实收资本			五、存放中央银行存款	118 832	24 538
			六、缴存中央银行财政性存款	1	-6
			七、银行业存款类金融机构往来	24 708	-236 164
			八、存放非存款类金融机构款项		
			九、联行往来		-2 799 351
			其中：境内存放二级准备金		
			十、外汇买卖（净）		
			十一、库存现金	3 712	-830
			十二、应收及预付款	3 240	-18 532
			其中：应收利息	24	24
			十三、投资性房地产		
			十四、固定资产	1 517	-588
			十五、其他资产	2 182	-977
			十六、减：各项准备	2 470	2 425
			其中：贷款损失准备	2 470	2 425
资金来源总计	2 903 552	-2 304 813	资金运用总计	2 903 552	-2 304 813

表 2.30　江苏银行北京分行人民币信贷收支统计

单位：万元

项目名称	余额	比年初	项目名称	余额	比年初
一、各项存款	9 941 628	1 438 207	一、各项贷款	2 763 764	388 146
（一）境内存款	9 930 736	1 430 943	（一）境内贷款	2 763 764	388 146
1. 个人存款	244 415	50 378	1. 短期贷款	1 738 783	155 299
其中：活期储蓄存款	80 234	10 064	（1）个人贷款及透支	117 262	49 270
定期储蓄存款	114 108	29 507	其中：个人消费贷款	37 767	15 511
结构性存款	33 108	24 718	（2）单位贷款及透支	1 621 521	106 029
2. 单位存款	4 556 912	1 006 925	经营贷款及透支	1 616 443	100 951
其中：活期存款	1 279 195	530 365	固定资产贷款		
定期存款	879 573	-98 534	并购贷款		
保证金存款	965 916	223 478	贸易融资	5 078	5 078
结构性存款	541 791	283 111	（3）非存款类金融机构贷款		
3. 国库定期存款			2. 中长期贷款	776 962	214 780
4. 非存款类金融机构存款	5 129 409	373 640	（1）个人贷款	222 865	55 281
（二）境外存款	10 892	7 264	其中：个人消费贷款	179 683	57 820
二、代理财政性存款			（2）单位贷款	554 097	159 499
三、金融债券			经营贷款	105 960	30 463
其中：境外发行			固定资产贷款	443 637	124 536
四、卖出回购资产	91 000	91 000	并购贷款		
五、向中央银行借款			贸易融资	4 500	4 500
六、银行业存款类金融机构往来	1 817 011	-464 954	（3）非存款类金融机构贷款		
七、借款及非存款类金融机构拆入			3. 票据融资	248 019	18 067
八、联行往来（净）			4. 融资租赁		
九、外汇买卖（净）			5. 各项垫款		
十、应付及暂收款	93 255	6 289	（二）境外贷款		
其中：应付利息	82 043	8 355	二、债券投资		
十一、其他负债	17 309	-1 157	三、股权及其他投资		
十二、所有者权益	92 619	92 619	四、买入返售资产	1 150 102	-540 912
其中：实收资本			五、存放中央银行存款	30 377	16 108
			六、缴存中央银行财政性存款	9	5
			七、银行业存款类金融机构往来	4 709	510
			八、存放非存款类金融机构款项		
			九、联行往来	8 069 547	1 293 635
			其中：境内存放二级准备金	404 316	38 542
			十、外汇买卖（净）		
			十一、库存现金	3 264	-88
			十二、应收及预付款	16 206	4 619
			其中：应收利息	4 992	-149
			十三、投资性房地产		
			十四、固定资产	50 490	-3 329
			十五、其他资产	-616	8 818
			十六、减：各项准备	35 030	5 508
			其中：贷款损失准备	35 001	5 480
资金来源总计	12 052 822	1 162 004	资金运用总计	12 052 822	1 162 004

表 2.31　宁波银行北京分行人民币信贷收支统计

单位：万元

项目名称	余额	比年初	项目名称	余额	比年初
一、各项存款	1 633 611	122 273	一、各项贷款	784 287	155 292
（一）境内存款	1 632 345	121 736	（一）境内贷款	784 287	155 292
1. 个人存款	95 154	-15 474	1. 短期贷款	475 107	104 825
其中：活期储蓄存款	45 054	-4 142	（1）个人贷款及透支	235 813	61 226
定期储蓄存款	49 587	-36	其中：个人消费贷款	233 955	62 533
结构性存款		-10 800	（2）单位贷款及透支	239 294	43 599
2. 单位存款	1 164 095	98 200	经营贷款及透支	239 294	44 946
其中：活期存款	680 917	123 250	固定资产贷款		
定期存款	192 051	65 388	并购贷款		
保证金存款	104 120	22 866	贸易融资		-1 347
结构性存款	5 000	-82 731	（3）非存款类金融机构贷款		
3. 国库定期存款	73 000	53 000	2. 中长期贷款	132 736	-21 024
4. 非存款类金融机构存款	300 096	-13 990	（1）个人贷款	6 767	-1 814
（二）境外存款	1 266	537	其中：个人消费贷款	4 678	-1 084
二、代理财政性存款			（2）单位贷款	125 969	-19 210
三、金融债券			经营贷款	46 836	-6 143
其中：境外发行			固定资产贷款	79 133	-13 067
四、卖出回购资产			并购贷款		
五、向中央银行借款		-7 062	贸易融资		
六、银行业存款类金融机构往来	394	-187 520	（3）非存款类金融机构贷款		
七、借款及非存款类金融机构拆入			3. 票据融资	176 444	71 491
八、联行往来（净）			4. 融资租赁		
九、外汇买卖（净）			5. 各项垫款		
十、应付及暂收款	24 883	1 112	（二）境外贷款		
其中：应付利息	8 008	-2 094	二、债券投资		
十一、其他负债	10 108	49	三、股权及其他投资		
十二、所有者权益	18 042	1 139	四、买入返售资产		
其中：实收资本			五、存放中央银行存款		-14 507
			六、缴存中央银行财政性存款	3	3
			七、银行业存款类金融机构往来	1 264	-2 342
			八、存放非存款类金融机构款项		
			九、联行往来	866 745	-201 719
			其中：境内存放二级准备金	408 555	113 312
			十、外汇买卖（净）		
			十一、库存现金	1 887	-652
			十二、应收及预付款	1 031	755
			其中：应收利息	48	40
			十三、投资性房地产		
			十四、固定资产	51 380	-2 576
			十五、其他资产	1 679	284
			十六、减：各项准备	21 238	4 547
			其中：贷款损失准备	21 238	4 547
资金来源总计	1 687 038	-70 009	资金运用总计	1 687 038	-70 009

表 2.32　包商银行北京分行人民币信贷收支统计

单位：万元

项目名称	余额	比年初	项目名称	余额	比年初
一、各项存款	4 160 197	-16 661	一、各项贷款	893 776	516 468
（一）境内存款	4 158 931	-17 815	（一）境内贷款	893 776	516 468
1. 个人存款	106 912	-30 787	1. 短期贷款	433 623	176 260
其中：活期储蓄存款	67 667	36 408	（1）个人贷款及透支	32 832	-104 646
定期储蓄存款	38 859	-66 041	其中：个人消费贷款	917	-1 057
结构性存款			（2）单位贷款及透支	400 791	280 906
2. 单位存款	1 135 991	-16 205	经营贷款及透支	397 191	277 306
其中：活期存款	364 162	109 400	固定资产贷款	3 600	3 600
定期存款	410 007	-79 191	并购贷款		
保证金存款	337 364	43 585	贸易融资		
结构性存款			（3）非存款类金融机构贷款		
3. 国库定期存款			2. 中长期贷款	399 243	279 298
4. 非存款类金融机构存款	2 916 028	29 177	（1）个人贷款	284 663	261 648
（二）境外存款	1 266	1 154	其中：个人消费贷款	271 037	261 176
二、代理财政性存款			（2）单位贷款	114 580	17 650
三、金融债券			经营贷款	96 480	24 550
其中：境外发行			固定资产贷款	18 100	-6 900
四、卖出回购资产			并购贷款		
五、向中央银行借款			贸易融资		
六、银行业存款类金融机构往来	661 500	-643 300	（3）非存款类金融机构贷款		
七、借款及非存款类金融机构拆入			3. 票据融资	23 950	23 950
八、联行往来（净）			4. 融资租赁		
九、外汇买卖（净）			5. 各项垫款	36 960	36 960
十、应付及暂收款	75 032	-63 635	（二）境外贷款		
其中：应付利息	69 359	-63 641	二、债券投资		
十一、其他负债	15 785	5 785	三、股权及其他投资		
十二、所有者权益	6 875	-24 493	四、买入返售资产		
其中：实收资本			五、存放中央银行存款	5 540	144
			六、缴存中央银行财政性存款	1	1
			七、银行业存款类金融机构往来	2 000	1 000
			八、存放非存款类金融机构款项		
			九、联行往来	3 927 909	-1 249 257
			其中：境内存放二级准备金		
			十、外汇买卖（净）	3	3
			十一、库存现金	1 992	136
			十二、应收及预付款	6 374	1 941
			其中：应收利息	1 062	-1 385
			十三、投资性房地产		
			十四、固定资产	87 455	-5 894
			十五、其他资产	7 768	5 674
			十六、减：各项准备	13 429	12 520
			其中：贷款损失准备	13 429	12 520
资金来源总计	4 919 389	-742 304	资金运用总计	4 919 389	-742 304

表 2.33　锦州银行北京分行人民币信贷收支统计

单位：万元

项目名称	余额	比年初	项目名称	余额	比年初
一、各项存款	4 506 400	1 602 295	一、各项贷款	848 851	406 649
（一）境内存款	4 470 474	1 566 789	（一）境内贷款	848 851	406 649
1. 个人存款	303 445	168 807	1. 短期贷款	279 940	87 604
其中：活期储蓄存款	44 420	8 640	（1）个人贷款及透支	67 562	-2 185
定期储蓄存款	257 308	166 304	其中：个人消费贷款	861	801
结构性存款			（2）单位贷款及透支	212 378	89 789
2. 单位存款	4 166 950	1 397 928	经营贷款及透支	212 171	89 582
其中：活期存款	239 229	-46 182	固定资产贷款		
定期存款	1 558 021	408 170	并购贷款		
保证金存款	851 573	387 704	贸易融资	207	207
结构性存款	548 976	313 456	（3）非存款类金融机构贷款		
3. 国库定期存款			2. 中长期贷款	568 911	319 045
4. 非存款类金融机构存款	79	54	（1）个人贷款	27 359	8 090
（二）境外存款	35 926	35 506	其中：个人消费贷款	4 922	3 653
二、代理财政性存款			（2）单位贷款	541 552	310 955
三、金融债券			经营贷款	414 148	276 098
其中：境外发行			固定资产贷款	127 404	34 857
四、卖出回购资产			并购贷款		
五、向中央银行借款			贸易融资		
六、银行业存款类金融机构往来	102 788	-759 715	（3）非存款类金融机构贷款		
七、借款及非存款类金融机构拆入			3. 票据融资		
八、联行往来（净）			4. 融资租赁		
九、外汇买卖（净）			5. 各项垫款		
十、应付及暂收款	89 176	15 288	（二）境外贷款		
其中：应付利息	85 859	14 913	二、债券投资		
十一、其他负债	13 116	3 079	三、股权及其他投资	768 070	-626 650
十二、所有者权益	169 095	169 095	四、买入返售资产		
其中：实收资本			五、存放中央银行存款	9 579	651
			六、缴存中央银行财政性存款	8	6
			七、银行业存款类金融机构往来	986	-220 475
			八、存放非存款类金融机构款项		
			九、联行往来	3 189 656	1 466 453
			其中：境内存放二级准备金		
			十、外汇买卖（净）		
			十一、库存现金	888	295
			十二、应收及预付款	18 153	1 271
			其中：应收利息	17 631	1 142
			十三、投资性房地产		
			十四、固定资产	38 055	-1 865
			十五、其他资产	6 329	3 707
			十六、减：各项准备		
			其中：贷款损失准备		
资金来源总计	4 880 575	1 030 042	资金运用总计	4 880 575	1 030 042

表 2.34　厦门国际银行北京分行人民币信贷收支统计

单位：万元

项目名称	余额	比年初	项目名称	余额	比年初
一、各项存款	8 843 128	2 475 001	一、各项贷款	2 484 987	725 640
（一）境内存款	7 826 807	2 632 434	（一）境内贷款	2 484 987	725 640
1. 个人存款	171 244	134 794	1. 短期贷款	638 975	-205 653
其中：活期储蓄存款	12 237	9 714	（1）个人贷款及透支	54	54
定期储蓄存款	37 643	37 166	其中：个人消费贷款	54	54
结构性存款	89 058	55 607	（2）单位贷款及透支	638 921	-205 706
2. 单位存款	6 288 202	1 737 983	经营贷款及透支	637 921	-200 928
其中：活期存款	1 327 125	648 791	固定资产贷款	1 000	-4 693
定期存款	896 133	-668 144	并购贷款		
保证金存款	2 141 795	912 282	贸易融资		-85
结构性存款	1 743 008	953 089	（3）非存款类金融机构贷款		
3. 国库定期存款			2. 中长期贷款	1 845 114	969 873
4. 非存款类金融机构存款	1 367 361	759 657	（1）个人贷款	426	366
（二）境外存款	1 016 321	-157 433	其中：个人消费贷款	426	366
二、代理财政性存款			（2）单位贷款	1 844 689	969 507
三、金融债券			经营贷款	1 580 798	914 401
其中：境外发行			固定资产贷款	263 890	55 105
四、卖出回购资产			并购贷款		
五、向中央银行借款			贸易融资		
六、银行业存款类金融机构往来	1 023 681	-2 262 239	（3）非存款类金融机构贷款		
七、借款及非存款类金融机构拆入			3. 票据融资		-38 581
八、联行往来（净）			4. 融资租赁		
九、外汇买卖（净）	136 634	136 634	5. 各项垫款	898	
十、应付及暂收款	110 166	-40 118	（二）境外贷款		
其中：应付利息	75 298	-42 843	二、债券投资		
十一、其他负债	-126 634	-136 634	三、股权及其他投资	3 873 580	-12 884
十二、所有者权益	88 285	17 383	四、买入返售资产		
其中：实收资本			五、存放中央银行存款	12 391	2 331
			六、缴存中央银行财政性存款		
			七、银行业存款类金融机构往来	1 116 383	-1 086 778
			八、存放非存款类金融机构款项		
			九、联行往来	2 546 845	554 874
			其中：境内存放二级准备金		
			十、外汇买卖（净）		
			十一、库存现金	1 648	1 222
			十二、应收及预付款	36 539	4 063
			其中：应收利息	33 758	6 804
			十三、投资性房地产		
			十四、固定资产	948	376
			十五、其他资产	1 938	1 182
			十六、减：各项准备		
			其中：贷款损失准备		
资金来源总计	10 075 260	190 027	资金运用总计	10 075 260	190 027

表 2.35　北京农商银行人民币信贷收支统计

单位：万元

项目名称	余额	比年初	项目名称	余额	比年初
一、各项存款	49 525 924	6 010 453	一、各项贷款	27 911 090	1 018 595
（一）境内存款	49 521 885	6 012 489	（一）境内贷款	27 911 090	1 018 595
1. 个人存款	23 424 252	1 390 789	1. 短期贷款	8 142 055	-303 358
其中：活期储蓄存款	5 130 362	467 197	（1）个人贷款及透支	161 494	17 319
定期储蓄存款	17 957 197	752 429	其中：个人消费贷款	98 836	26 270
结构性存款	186 066	43 187	（2）单位贷款及透支	6 909 763	-1 391 474
2. 单位存款	22 866 072	3 995 136	经营贷款及透支	6 555 851	-1 329 347
其中：活期存款	14 092 915	2 183 939	固定资产贷款	4 028	-1 695
定期存款	4 806 429	284 785	并购贷款		
保证金存款	91 369	15 910	贸易融资	349 884	-60 433
结构性存款	767 122	334 856	（3）非存款类金融机构贷款	1 070 798	1 070 798
3. 国库定期存款	804 000	-378 000	2. 中长期贷款	12 315 210	1 284 413
4. 非存款类金融机构存款	2 427 561	1 004 564	（1）个人贷款	550 283	64 572
（二）境外存款	4 040	-2 036	其中：个人消费贷款	505 415	72 616
二、代理财政性存款	43 762	35 762	（2）单位贷款	11 645 326	1 519 941
三、金融债券	510 000	10	经营贷款	2 265 250	-228 390
其中：境外发行			固定资产贷款	8 816 387	1 229 392
四、卖出回购资产	3 119 604	2 068 118	并购贷款		
五、向中央银行借款	692 500	641 293	贸易融资	563 690	518 940
六、银行业存款类金融机构往来	3 484 466	1 053 962	（3）非存款类金融机构贷款	119 600	-300 100
七、借款及非存款类金融机构拆入	50 000		3. 票据融资	7 441 654	32 644
八、联行往来（净）	12 953	12 953	4. 融资租赁		
九、外汇买卖（净）	47	47	5. 各项垫款	12 171	4 896
十、应付及暂收款	1 508 046	214 165	（二）境外贷款		
其中：应付利息	1 020 050	156 792	二、债券投资	14 836 782	5 308 034
十一、其他负债	395 775	-65 139	三、股权及其他投资	30 583	1 687
十二、所有者权益	3 572 700	397 479	四、买入返售资产	5 105 629	1 510 753
其中：实收资本	1 214 847		五、存放中央银行存款	7 441 436	-735 758
			六、缴存中央银行财政性存款	50 527	29 941
			七、银行业存款类金融机构往来	6 889 521	3 288 230
			八、存放非存款类金融机构款项	17 171	-10 900
			九、联行往来		-72 395
			其中：境内存放二级准备金	6 617 950	-668 206
			十、外汇买卖（净）		-10 982
			十一、库存现金	270 837	34 818
			十二、应收及预付款	258 357	28 415
			其中：应收利息	185 275	31 365
			十三、投资性房地产	22	-140
			十四、固定资产	582 571	23 379
			十五、其他资产	746 117	1 486
			十六、减：各项准备	1 224 865	46 059
			其中：贷款损失准备	988 793	18 276
资金来源总计	62 915 777	10 369 103	资金运用总计	62 915 777	10 369 103

表 2.36　北京密云汇丰村镇银行人民币信贷收支统计

单位：万元

项目名称	余额	比年初	项目名称	余额	比年初
一、各项存款	22 422	4 510	一、各项贷款	11 781	-2 633
（一）境内存款	22 385	5 556	（一）境内贷款	11 781	-2 633
1. 个人存款	4 595	400	1. 短期贷款	11 471	-2 699
其中：活期储蓄存款	1 347	-54	（1）个人贷款及透支	4 158	1 021
定期储蓄存款	3 154	390	其中：个人消费贷款		
结构性存款			（2）单位贷款及透支	7 312	-3 720
2. 单位存款	17 791	5 156	经营贷款及透支	7 312	-3 720
其中：活期存款	15 714	10 227	固定资产贷款		
定期存款	2 077	-4 038	并购贷款		
保证金存款			贸易融资		
结构性存款			（3）非存款类金融机构贷款		
3. 国库定期存款			2. 中长期贷款	310	66
4. 非存款类金融机构存款			（1）个人贷款	310	66
（二）境外存款	37	-1 045	其中：个人消费贷款	183	-8
二、代理财政性存款			（2）单位贷款		
三、金融债券			经营贷款		
其中：境外发行			固定资产贷款		
四、卖出回购资产			并购贷款		
五、向中央银行借款			贸易融资		
六、银行业存款类金融机构往来		-1 923	（3）非存款类金融机构贷款		
七、借款及非存款类金融机构拆入			3. 票据融资		
八、联行往来（净）			4. 融资租赁		
九、外汇买卖（净）			5. 各项垫款		
十、应付及暂收款	344	55	（二）境外贷款		
其中：应付利息	208	17	二、债券投资		
十一、其他负债	9	4	三、股权及其他投资		
十二、所有者权益	4 420	192	四、买入返售资产		
其中：实收资本	5 000		五、存放中央银行存款	2 274	-429
			六、缴存中央银行财政性存款		
			七、银行业存款类金融机构往来	13 095	5 844
			八、存放非存款类金融机构款项		
			九、联行往来		
			其中：境内存放二级准备金		
			十、外汇买卖（净）		
			十一、库存现金	131	-49
			十二、应收及预付款	132	28
			其中：应收利息	31	-54
			十三、投资性房地产		
			十四、固定资产	45	6
			十五、其他资产	31	6
			十六、减：各项准备	295	-66
			其中：贷款损失准备	295	-66
资金来源总计	27 195	2 838	资金运用总计	27 195	2 838

表 2.37　北京延庆村镇银行人民币信贷收支统计

单位：万元

项目名称	余额	比年初	项目名称	余额	比年初
一、各项存款	56 365	11 140	一、各项贷款	43 547	6 302
（一）境内存款	56 365	11 140	（一）境内贷款	43 547	6 302
1. 个人存款	32 074	8 488	1. 短期贷款	19 156	1 615
其中：活期储蓄存款	2 796	-87	（1）个人贷款及透支	19 156	1 885
定期储蓄存款	28 750	8 354	其中：个人消费贷款	31	-123
结构性存款			（2）单位贷款及透支		-270
2. 单位存款	24 291	2 652	经营贷款及透支		-270
其中：活期存款	15 414	2 413	固定资产贷款		
定期存款	7 686	596	并购贷款		
保证金存款	1 141	-407	贸易融资		
结构性存款			（3）非存款类金融机构贷款		
3. 国库定期存款			2. 中长期贷款	24 391	4 688
4. 非存款类金融机构存款			（1）个人贷款	24 251	4 738
（二）境外存款			其中：个人消费贷款	714	-72
二、代理财政性存款			（2）单位贷款	140	-50
三、金融债券			经营贷款	140	-50
其中：境外发行			固定资产贷款		
四、卖出回购资产			并购贷款		
五、向中央银行借款			贸易融资		
六、银行业存款类金融机构往来	2 069	-2 999	（3）非存款类金融机构贷款		
七、借款及非存款类金融机构拆入			3. 票据融资		
八、联行往来（净）			4. 融资租赁		
九、外汇买卖（净）			5. 各项垫款		
十、应付及暂收款	1 180	273	（二）境外贷款		
其中：应付利息	864	255	二、债券投资		
十一、其他负债	30	5	三、股权及其他投资		
十二、所有者权益	6 959	840	四、买入返售资产		
其中：实收资本	3 000		五、存放中央银行存款	6 942	-1 497
			六、缴存中央银行财政性存款		
			七、银行业存款类金融机构往来	16 212	4 468
			八、存放非存款类金融机构款项		
			九、联行往来		
			其中：境内存放二级准备金		
			十、外汇买卖（净）		
			十一、库存现金	345	132
			十二、应收及预付款	160	26
			其中：应收利息	160	26
			十三、投资性房地产		
			十四、固定资产	67	30
			十五、其他资产	419	-44
			十六、减：各项准备	1 089	158
			其中：贷款损失准备	1 089	158
资金来源总计	66 603	9 259	资金运用总计	66 603	9 259

表 2.38 北京怀柔村镇银行人民币信贷收支统计

单位：万元

项目名称	余额	比年初	项目名称	余额	比年初
一、各项存款	141 688	-7 690	一、各项贷款	68 903	-18 873
（一）境内存款	141 685	-7 489	（一）境内贷款	68 903	-18 873
1. 个人存款	24 328	368	1. 短期贷款	50 096	-11 290
其中：活期储蓄存款	13 477	2 518	（1）个人贷款及透支	14 929	-10 320
定期储蓄存款	10 124	-1 826	其中：个人消费贷款	39	39
结构性存款			（2）单位贷款及透支	35 168	-970
2. 单位存款	117 357	-7 857	经营贷款及透支	35 168	-970
其中：活期存款	89 714	-9 079	固定资产贷款		
定期存款	19 804	-5 343	并购贷款		
保证金存款	6 840	5 565	贸易融资		
结构性存款			（3）非存款类金融机构贷款		
3. 国库定期存款			2. 中长期贷款	16 406	-6 628
4. 非存款类金融机构存款			（1）个人贷款	12 908	-7 228
（二）境外存款	3	-201	其中：个人消费贷款	4 326	-2 051
二、代理财政性存款			（2）单位贷款	3 498	600
三、金融债券			经营贷款	3 498	600
其中：境外发行			固定资产贷款		
四、卖出回购资产			并购贷款		
五、向中央银行借款			贸易融资		
六、银行业存款类金融机构往来			（3）非存款类金融机构贷款		
七、借款及非存款类金融机构拆入			3. 票据融资	2 400	-955
八、联行往来（净）			4. 融资租赁		
九、外汇买卖（净）			5. 各项垫款		
十、应付及暂收款	1 181	1	（二）境外贷款		
其中：应付利息	612	72	二、债券投资		
十一、其他负债			三、股权及其他投资		
十二、所有者权益	18 069	2 554	四、买入返售资产		
其中：实收资本	10 000		五、存放中央银行存款	25 234	970
			六、缴存中央银行财政性存款		
			七、银行业存款类金融机构往来	33 255	7 435
			八、存放非存款类金融机构款项		
			九、联行往来	33 605	5 403
			其中：境内存放二级准备金		
			十、外汇买卖（净）		
			十一、库存现金	538	-24
			十二、应收及预付款	547	-176
			其中：应收利息	245	13
			十三、投资性房地产		
			十四、固定资产	255	-79
			十五、其他资产	514	-266
			十六、减：各项准备	1 912	-475
			其中：贷款损失准备	1 912	-475
资金来源总计	160 938	-5 135	资金运用总计	160 938	-5 135

表 2.39　北京大兴华夏村镇银行人民币信贷收支统计

单位：万元

项目名称	余额	比年初	项目名称	余额	比年初
一、各项存款	57 389	5 944	一、各项贷款	32 925	-1 845
（一）境内存款	57 389	5 944	（一）境内贷款	32 925	-1 845
1. 个人存款	8 807	1 080	1. 短期贷款	27 029	-3 582
其中：活期储蓄存款	2 542	-251	（1）个人贷款及透支	5 514	-815
定期储蓄存款	6 147	1 553	其中：个人消费贷款	40	40
结构性存款			（2）单位贷款及透支	21 515	-2 767
2. 单位存款	48 582	4 864	经营贷款及透支	21 515	-2 767
其中：活期存款	35 396	22 501	固定资产贷款		
定期存款	3 032	3 027	并购贷款		
保证金存款	8 774	-1 628	贸易融资		
结构性存款			（3）非存款类金融机构贷款		
3. 国库定期存款			2. 中长期贷款	4 803	643
4. 非存款类金融机构存款			（1）个人贷款	86	52
（二）境外存款			其中：个人消费贷款	36	22
二、代理财政性存款			（2）单位贷款	4 716	591
三、金融债券			经营贷款	4 716	591
其中：境外发行			固定资产贷款		
四、卖出回购资产			并购贷款		
五、向中央银行借款	2 741	2 741	贸易融资		
六、银行业存款类金融机构往来			（3）非存款类金融机构贷款		
七、借款及非存款类金融机构拆入			3. 票据融资		
八、联行往来（净）			4. 融资租赁		
九、外汇买卖（净）			5. 各项垫款	1 093	1 093
十、应付及暂收款	975	-270	（二）境外贷款		
其中：应付利息	351	49	二、债券投资		
十一、其他负债			三、股权及其他投资		
十二、所有者权益	13 561	79	四、买入返售资产		
其中：实收资本	12 500		五、存放中央银行存款	11 498	2 140
			六、缴存中央银行财政性存款		
			七、银行业存款类金融机构往来	29 750	8 526
			八、存放非存款类金融机构款项		
			九、联行往来	1	-484
			其中：境内存放二级准备金		
			十、外汇买卖（净）		
			十一、库存现金	396	130
			十二、应收及预付款	158	64
			其中：应收利息	141	55
			十三、投资性房地产		
			十四、固定资产	226	-10
			十五、其他资产	687	77
			十六、减：各项准备	973	104
			其中：贷款损失准备	973	104
资金来源总计	74 667	8 495	资金运用总计	74 667	8 495

表 2.40　北京昌平兆丰村镇银行人民币信贷收支统计

单位：万元

项目名称	余额	比年初	项目名称	余额	比年初
一、各项存款	31 833	-883	一、各项贷款	44 873	21 003
（一）境内存款	31 833	-883	（一）境内贷款	44 873	21 003
1. 个人存款	16 880	6 549	1. 短期贷款	30 906	10 602
其中：活期储蓄存款	1 261	384	（1）个人贷款及透支	16 962	10 580
定期储蓄存款	15 319	5 865	其中：个人消费贷款	1 038	992
结构性存款			（2）单位贷款及透支	13 943	22
2. 单位存款	14 953	-7 432	经营贷款及透支	13 943	22
其中：活期存款	5 316	-5 335	固定资产贷款		
定期存款	7 474	-2 830	并购贷款		
保证金存款	63	-367	贸易融资		
结构性存款			（3）非存款类金融机构贷款		
3. 国库定期存款			2. 中长期贷款	13 967	10 401
4. 非存款类金融机构存款			（1）个人贷款	11 186	8 292
（二）境外存款			其中：个人消费贷款	2 261	1 525
二、代理财政性存款			（2）单位贷款	2 781	2 109
三、金融债券			经营贷款	2 781	2 109
其中：境外发行			固定资产贷款		
四、卖出回购资产			并购贷款		
五、向中央银行借款			贸易融资		
六、银行业存款类金融机构往来	15 000	12 000	（3）非存款类金融机构贷款		
七、借款及非存款类金融机构拆入			3. 票据融资		
八、联行往来（净）			4. 融资租赁		
九、外汇买卖（净）			5. 各项垫款		
十、应付及暂收款	11 023	10 467	（二）境外贷款		
其中：应付利息	557	225	二、债券投资		
十一、其他负债			三、股权及其他投资		
十二、所有者权益	4 986	-373	四、买入返售资产		
其中：实收资本	7 000		五、存放中央银行存款	4 534	-1 638
			六、缴存中央银行财政性存款		
			七、银行业存款类金融机构往来	12 126	1 005
			八、存放非存款类金融机构款项		
			九、联行往来		
			其中：境内存放二级准备金		
			十、外汇买卖（净）		
			十一、库存现金	461	200
			十二、应收及预付款	310	51
			其中：应收利息	200	27
			十三、投资性房地产		
			十四、固定资产	483	99
			十五、其他资产	1 176	302
			十六、减：各项准备	1 122	-190
			其中：贷款损失准备	1 122	-190
资金来源总计	62 842	21 211	资金运用总计	62 842	21 211

表 2.41　北京大兴九银村镇银行人民币信贷收支统计

单位：万元

项目名称	余额	比年初	项目名称	余额	比年初
一、各项存款	238 640	101 437	一、各项贷款	87 409	-5 178
（一）境内存款	238 640	101 437	（一）境内贷款	87 409	-5 178
1. 个人存款	42 873	6 162	1. 短期贷款	60 113	-6 086
其中：活期储蓄存款	13 582	1 599	（1）个人贷款及透支	38 876	7 376
定期储蓄存款	27 774	4 001	其中：个人消费贷款	1 379	662
结构性存款			（2）单位贷款及透支	21 237	-13 462
2. 单位存款	195 766	95 275	经营贷款及透支	21 237	-13 462
其中：活期存款	160 089	96 142	固定资产贷款		
定期存款	30 734	-1 035	并购贷款		
保证金存款	1 133	-1 611	贸易融资		
结构性存款			（3）非存款类金融机构贷款		
3. 国库定期存款			2. 中长期贷款	6 850	3 701
4. 非存款类金融机构存款			（1）个人贷款	4 760	2 561
（二）境外存款			其中：个人消费贷款	1 277	1 031
二、代理财政性存款			（2）单位贷款	2 090	1 140
三、金融债券			经营贷款	2 090	1 140
其中：境外发行			固定资产贷款		
四、卖出回购资产			并购贷款		
五、向中央银行借款			贸易融资		
六、银行业存款类金融机构往来	6 554	59	（3）非存款类金融机构贷款		
七、借款及非存款类金融机构拆入			3. 票据融资	20 100	-3 138
八、联行往来（净）			4. 融资租赁		
九、外汇买卖（净）			5. 各项垫款	345	345
十、应付及暂收款	1 561	316	（二）境外贷款		
其中：应付利息	1 117	186	二、债券投资		
十一、其他负债			三、股权及其他投资		
十二、所有者权益	15 343	-526	四、买入返售资产		
其中：实收资本	12 000		五、存放中央银行存款	55 709	28 953
			六、缴存中央银行财政性存款		
			七、银行业存款类金融机构往来	169 418	129 438
			八、存放非存款类金融机构款项		
			九、联行往来		
			其中：境内存放二级准备金		
			十、外汇买卖（净）		
			十一、库存现金	1 703	-193
			十二、应收及预付款	176	34
			其中：应收利息	62	-35
			十三、投资性房地产		
			十四、固定资产	928	-110
			十五、其他资产	-50 561	-51 361
			十六、减：各项准备	2 683	297
			其中：贷款损失准备	2 683	297
资金来源总计	262 098	101 286	资金运用总计	262 098	101 286

表 2.42　北京顺义银座村镇银行人民币信贷收支统计

单位：万元

项目名称	余额	比年初	项目名称	余额	比年初
一、各项存款	642 578	169 336	一、各项贷款	227 775	12 688
（一）境内存款	642 578	169 340	（一）境内贷款	227 775	12 688
1. 个人存款	230 492	38 256	1. 短期贷款	218 543	11 107
其中：活期储蓄存款	94 646	9 646	（1）个人贷款及透支	208 315	13 651
定期储蓄存款	135 507	29 122	其中：个人消费贷款	9 362	5 725
结构性存款			（2）单位贷款及透支	10 228	-2 544
2. 单位存款	412 086	131 084	经营贷款及透支	10 228	-2 544
其中：活期存款	162 054	779	固定资产贷款		
定期存款	249 718	132 511	并购贷款		
保证金存款	14	-6	贸易融资		
结构性存款			（3）非存款类金融机构贷款		
3. 国库定期存款			2. 中长期贷款	4 814	4 043
4. 非存款类金融机构存款			（1）个人贷款	4 814	4 043
（二）境外存款		-4	其中：个人消费贷款	4 164	3 548
二、代理财政性存款			（2）单位贷款		
三、金融债券			经营贷款		
其中：境外发行			固定资产贷款		
四、卖出回购资产			并购贷款		
五、向中央银行借款			贸易融资		
六、银行业存款类金融机构往来			（3）非存款类金融机构贷款		
七、借款及非存款类金融机构拆入			3. 票据融资	4 417	-2 462
八、联行往来（净）	397	397	4. 融资租赁		
九、外汇买卖（净）			5. 各项垫款		
十、应付及暂收款	11 804	3 100	（二）境外贷款		
其中：应付利息	10 266	4 037	二、债券投资		
十一、其他负债	48	-19	三、股权及其他投资		
十二、所有者权益	35 665	7 605	四、买入返售资产		
其中：实收资本	15 000		五、存放中央银行存款	72 425	-553
			六、缴存中央银行财政性存款		
			七、银行业存款类金融机构往来	389 076	168 042
			八、存放非存款类金融机构款项		
			九、联行往来		
			其中：境内存放二级准备金		
			十、外汇买卖（净）		
			十一、库存现金	2 125	-443
			十二、应收及预付款	3 382	1 353
			其中：应收利息	2 934	1 226
			十三、投资性房地产		
			十四、固定资产	378	-146
			十五、其他资产	1 493	262
			十六、减：各项准备	6 163	784
			其中：贷款损失准备	6 150	773
资金来源总计	690 491	180 419	资金运用总计	690 491	180 419

表 2.43　北京通州国开村镇银行人民币信贷收支统计

单位：万元

项目名称	余额	比年初	项目名称	余额	比年初
一、各项存款	212 158	166 876	一、各项贷款	13 926	2 053
（一）境内存款	212 158	166 876	（一）境内贷款	13 926	2 053
1. 个人存款	1 910	1 297	1. 短期贷款	8 306	-3 038
其中：活期储蓄存款	556	256	（1）个人贷款及透支	1 937	-823
定期储蓄存款	1 355	1 046	其中：个人消费贷款		
结构性存款			（2）单位贷款及透支	6 369	-2 215
2. 单位存款	210 247	165 580	经营贷款及透支	6 369	-2 215
其中：活期存款	204 695	166 233	固定资产贷款		
定期存款	5 134	-462	并购贷款		
保证金存款	418	-191	贸易融资		
结构性存款			（3）非存款类金融机构贷款		
3. 国库定期存款			2. 中长期贷款	5 620	5 090
4. 非存款类金融机构存款			（1）个人贷款	210	180
（二）境外存款			其中：个人消费贷款	174	174
二、代理财政性存款			（2）单位贷款	5 410	4 910
三、金融债券			经营贷款	5 410	4 910
其中：境外发行			固定资产贷款		
四、卖出回购资产			并购贷款		
五、向中央银行借款			贸易融资		
六、银行业存款类金融机构往来			（3）非存款类金融机构贷款		
七、借款及非存款类金融机构拆入			3. 票据融资		
八、联行往来（净）			4. 融资租赁		
九、外汇买卖（净）			5. 各项垫款		
十、应付及暂收款	574	382	（二）境外贷款		
其中：应付利息	141	-5	二、债券投资		
十一、其他负债			三、股权及其他投资		-12 008
十二、所有者权益	13 464	1 662	四、买入返售资产		
其中：实收资本	10 000		五、存放中央银行存款	126 083	116 800
			六、缴存中央银行财政性存款		
			七、银行业存款类金融机构往来	85 501	61 965
			八、存放非存款类金融机构款项		
			九、联行往来		
			其中：境内存放二级准备金		
			十、外汇买卖（净）		
			十一、库存现金	17	6
			十二、应收及预付款	627	490
			其中：应收利息	622	488
			十三、投资性房地产		
			十四、固定资产	102	-35
			十五、其他资产	470	-116
			十六、减：各项准备	530	233
			其中：贷款损失准备	530	233
资金来源总计	226 196	168 921	资金运用总计	226 196	168 921

表2.44　北京门头沟珠江村镇银行人民币信贷收支统计

单位：万元

项目名称	余额	比年初	项目名称	余额	比年初
一、各项存款	117 282	7 675	一、各项贷款	46 774	17 701
（一）境内存款	117 282	7 675	（一）境内贷款	46 774	17 701
1. 个人存款	16 265	6 151	1. 短期贷款	44 189	18 193
其中：活期储蓄存款	4 215	3 425	（1）个人贷款及透支	15 001	7 185
定期储蓄存款	11 114	2 289	其中：个人消费贷款		-118
结构性存款			（2）单位贷款及透支	23 688	5 508
2. 单位存款	101 017	1 525	经营贷款及透支	23 688	5 508
其中：活期存款	24 266	-8 721	固定资产贷款		
定期存款	49 394	8 247	并购贷款		
保证金存款	1 238	-889	贸易融资		
结构性存款			（3）非存款类金融机构贷款	5 500	5 500
3. 国库定期存款			2. 中长期贷款	2 585	-492
4. 非存款类金融机构存款			（1）个人贷款	2 427	-342
（二）境外存款			其中：个人消费贷款	1 199	-425
二、代理财政性存款			（2）单位贷款	158	-150
三、金融债券			经营贷款	158	-150
其中：境外发行			固定资产贷款		
四、卖出回购资产			并购贷款		
五、向中央银行借款			贸易融资		
六、银行业存款类金融机构往来	50 500	50 500	（3）非存款类金融机构贷款		
七、借款及非存款类金融机构拆入			3. 票据融资		
八、联行往来（净）		-1	4. 融资租赁		
九、外汇买卖（净）			5. 各项垫款		
十、应付及暂收款	2 003	957	（二）境外贷款		
其中：应付利息	1 362	576	二、债券投资		
十一、其他负债			三、股权及其他投资	59 403	59 403
十二、所有者权益	11 550	439	四、买入返售资产		
其中：实收资本	10 000		五、存放中央银行存款	19 145	-1 165
			六、缴存中央银行财政性存款		
			七、银行业存款类金融机构往来	55 900	-15 658
			八、存放非存款类金融机构款项		
			九、联行往来	4	4
			其中：境内存放二级准备金		
			十、外汇买卖（净）		
			十一、库存现金	224	-245
			十二、应收及预付款	352	
			其中：应收利息	341	-9
			十三、投资性房地产		
			十四、固定资产	164	-47
			十五、其他资产	717	53
			十六、减：各项准备	1 348	476
			其中：贷款损失准备	1 348	476
资金来源总计	181 335	59 571	资金运用总计	181 335	59 571

表 2.45　北京房山沪农商村镇银行人民币信贷收支统计

单位：万元

项目名称	余额	比年初	项目名称	余额	比年初
一、各项存款	132 059	-43 481	一、各项贷款	79 372	7 082
（一）境内存款	132 054	-43 486	（一）境内贷款	79 372	7 082
1. 个人存款	22 898	11 202	1. 短期贷款	71 860	12 515
其中：活期储蓄存款	7 953	5 178	（1）个人贷款及透支	9 265	2 990
定期储蓄存款	14 655	5 900	其中：个人消费贷款	189	169
结构性存款			（2）单位贷款及透支	62 595	9 525
2. 单位存款	109 157	5 312	经营贷款及透支	62 595	9 525
其中：活期存款	68 126	33 674	固定资产贷款		
定期存款	19 702	-12 159	并购贷款		
保证金存款	1	1	贸易融资		
结构性存款			（3）非存款类金融机构贷款		
3. 国库定期存款			2. 中长期贷款	7 513	-5 432
4. 非存款类金融机构存款		-60 000	（1）个人贷款	1 953	-692
（二）境外存款	5	5	其中：个人消费贷款	563	-289
二、代理财政性存款			（2）单位贷款	5 560	-4 740
三、金融债券			经营贷款	5 560	-4 740
其中：境外发行			固定资产贷款		
四、卖出回购资产			并购贷款		
五、向中央银行借款	5 000	5 000	贸易融资		
六、银行业存款类金融机构往来			（3）非存款类金融机构贷款		
七、借款及非存款类金融机构拆入			3. 票据融资		
八、联行往来（净）	5	3	4. 融资租赁		
九、外汇买卖（净）			5. 各项垫款		
十、应付及暂收款	1 303	-114	（二）境外贷款		
其中：应付利息	804	-186	二、债券投资		
十一、其他负债			三、股权及其他投资		
十二、所有者权益	14 341	2 520	四、买入返售资产		
其中：实收资本	10 000		五、存放中央银行存款	31 169	11 989
			六、缴存中央银行财政性存款		
			七、银行业存款类金融机构往来	42 557	-55 266
			八、存放非存款类金融机构款项		
			九、联行往来		
			其中：境内存放二级准备金		
			十、外汇买卖（净）		
			十一、库存现金	274	95
			十二、应收及预付款	488	-2
			其中：应收利息	130	-174
			十三、投资性房地产		
			十四、固定资产	174	-8
			十五、其他资产	923	39
			十六、减：各项准备	2 250	
			其中：贷款损失准备	2 250	
资金来源总计	152 708	-36 072	资金运用总计	152 708	-36 072

表2.46　昆仑银行国际业务结算中心人民币信贷收支统计

单位：万元

项目名称	余额	比年初	项目名称	余额	比年初
一、各项存款	223 638	95 641	一、各项贷款		
（一）境内存款	223 638	95 641	（一）境内贷款		
1. 个人存款			1. 短期贷款		
其中：活期储蓄存款			（1）个人贷款及透支		
定期储蓄存款			其中：个人消费贷款		
结构性存款			（2）单位贷款及透支		
2. 单位存款	223 638	95 641	经营贷款及透支		
其中：活期存款	201 721	95 965	固定资产贷款		
定期存款	3 401	373	并购贷款		
保证金存款	11 985	9 394	贸易融资		
结构性存款			（3）非存款类金融机构贷款		
3. 国库定期存款			2. 中长期贷款		
4. 非存款类金融机构存款			（1）个人贷款		
（二）境外存款			其中：个人消费贷款		
二、代理财政性存款			（2）单位贷款		
三、金融债券			经营贷款		
其中：境外发行			固定资产贷款		
四、卖出回购资产			并购贷款		
五、向中央银行借款			贸易融资		
六、银行业存款类金融机构往来			（3）非存款类金融机构贷款		
七、借款及非存款类金融机构拆入			3. 票据融资		
八、联行往来（净）			4. 融资租赁		
九、外汇买卖（净）			5. 各项垫款		
十、应付及暂收款	897	554	（二）境外贷款		
其中：应付利息	157	138	二、债券投资		
十一、其他负债	10 000		三、股权及其他投资		
十二、所有者权益	2 723	2 723	四、买入返售资产		
其中：实收资本			五、存放中央银行存款	1 003	1 003
			六、缴存中央银行财政性存款		
			七、银行业存款类金融机构往来	370	370
			八、存放非存款类金融机构款项		
			九、联行往来	235 741	97 935
			其中：境内存放二级准备金		
			十、外汇买卖（净）		
			十一、库存现金		
			十二、应收及预付款		
			其中：应收利息		
			十三、投资性房地产		
			十四、固定资产	493	-42
			十五、其他资产		
			十六、减：各项准备	348	348
			其中：贷款损失准备	348	348
资金来源总计	237 258	98 917	资金运用总计	237 258	98 917

表 2.47　国家开发银行北京市分行外汇信贷收支统计

单位：万美元

项目名称	余额	比年初	项目名称	余额	比年初
一、各项存款	58 063	-95 793	一、各项贷款	8 031 791	-307 204
（一）境内存款	7 552	-74 207	（一）境内贷款	2 927 611	-694 614
1. 个人存款			1. 短期贷款	506 215	-505 255
其中：活期储蓄存款			（1）个人贷款及透支		
定期储蓄存款			其中：个人消费贷款		
结构性存款			（2）单位贷款及透支	506 215	-505 255
2. 单位存款	7 552	-74 207	经营贷款及透支	506 215	-490 064
其中：活期存款	6 550	-47 584	固定资产贷款		
定期存款	1 002	-26 624	并购贷款		
保证金存款			贸易融资		-15 191
结构性存款			（3）非存款类金融机构贷款		
3. 国库定期存款			2. 中长期贷款	2 421 396	-189 359
4. 非存款类金融机构存款			（1）个人贷款		
（二）境外存款	50 511	-21 586	其中：个人消费贷款		
二、代理财政性存款			（2）单位贷款	2 421 396	-189 359
三、金融债券			经营贷款	371 777	-314 445
其中：境外发行			固定资产贷款	1 839 932	169 944
四、卖出回购资产			并购贷款	209 686	-44 858
五、向中央银行借款			贸易融资		
六、银行业存款类金融机构往来	54 124	54 124	（3）非存款类金融机构贷款		
七、借款及非存款类金融机构拆入		-15 191	3. 票据融资		
八、联行往来（净）	7 528 005	-294 123	4. 融资租赁		
九、外汇买卖（净）	2 277	287	5. 各项垫款		
十、应付及暂收款	1 082	-547	（二）境外贷款	5 104 180	387 410
其中：应付利息	1 064	-551	二、债券投资		
十一、其他负债	715	2	三、股权及其他投资		
十二、所有者权益	27 370	-30 654	四、买入返售资产		
其中：实收资本			五、存放中央银行存款		
			六、缴存中央银行财政性存款		
			七、银行业存款类金融机构往来		
			八、存放非存款类金融机构款项		
			九、联行往来		
			其中：境内存放二级准备金		
			十、外汇买卖（净）		
			十一、库存现金		
			十二、应收及预付款	16 033	4 577
			其中：应收利息	19 966	3 877
			十三、投资性房地产		
			十四、固定资产		
			十五、其他资产	831	-4
			十六、减：各项准备	377 020	79 266
			其中：贷款损失准备	377 020	79 266
资金来源总计	7 671 636	-381 896	资金运用总计	7 671 636	-381 896

表 2.48　中国进出口银行北京分行外汇信贷收支统计

单位：万美元

项目名称	余额	比年初	项目名称	余额	比年初
一、各项存款	1 274	-21 917	一、各项贷款	387 551	57 167
（一）境内存款	1 274	-21 917	（一）境内贷款	359 764	30 816
1. 个人存款			1. 短期贷款	92 982	44 260
其中：活期储蓄存款			（1）个人贷款及透支		
定期储蓄存款			其中：个人消费贷款		
结构性存款			（2）单位贷款及透支	92 982	44 260
2. 单位存款	1 274	-21 917	经营贷款及透支	74 450	53 009
其中：活期存款	924	-17 792	固定资产贷款		
定期存款			并购贷款		
保证金存款	349	-4 125	贸易融资	18 533	-8 749
结构性存款			（3）非存款类金融机构贷款		
3. 国库定期存款			2. 中长期贷款	266 782	-13 444
4. 非存款类金融机构存款			（1）个人贷款		
（二）境外存款			其中：个人消费贷款		
二、代理财政性存款			（2）单位贷款	266 782	-13 444
三、金融债券			经营贷款	125 027	-18 353
其中：境外发行			固定资产贷款	69 955	4 189
四、卖出回购资产			并购贷款	44 769	3 184
五、向中央银行借款			贸易融资	27 031	-2 463
六、银行业存款类金融机构往来			（3）非存款类金融机构贷款		
七、借款及非存款类金融机构拆入	2 700	324	3. 票据融资		
八、联行往来（净）	372 465	71 787	4. 融资租赁		
九、外汇买卖（净）			5. 各项垫款		
十、应付及暂收款	263	58	（二）境外贷款	27 787	26 351
其中：应付利息	254	59	二、债券投资		
十一、其他负债	3 159	1 166	三、股权及其他投资		
十二、所有者权益	4 292	4 292	四、买入返售资产		
其中：实收资本			五、存放中央银行存款		
			六、缴存中央银行财政性存款		
			七、银行业存款类金融机构往来	558	115
			八、存放非存款类金融机构款项		
			九、联行往来		
			其中：境内存放二级准备金		
			十、外汇买卖（净）		
			十一、库存现金		
			十二、应收及预付款	537	54
			其中：应收利息	537	54
			十三、投资性房地产		
			十四、固定资产		
			十五、其他资产		
			十六、减：各项准备	4 494	1 626
			其中：贷款损失准备	4 494	1 626
资金来源总计	384 153	55 710	资金运用总计	384 153	55 710

表 2.49　中国农业发展银行北京市分行外汇信贷收支统计

单位：万美元

项目名称	余额	比年初	项目名称	余额	比年初
一、各项存款	57	-2 147	一、各项贷款	99	99
（一）境内存款	57	-2 147	（一）境内贷款	99	99
1. 个人存款			1. 短期贷款	99	99
其中：活期储蓄存款			（1）个人贷款及透支		
定期储蓄存款			其中：个人消费贷款		
结构性存款			（2）单位贷款及透支	99	99
2. 单位存款	57	-2 147	经营贷款及透支		
其中：活期存款	57	-2 147	固定资产贷款		
定期存款			并购贷款		
保证金存款			贸易融资	99	99
结构性存款			（3）非存款类金融机构贷款		
3. 国库定期存款			2. 中长期贷款		
4. 非存款类金融机构存款			（1）个人贷款		
（二）境外存款			其中：个人消费贷款		
二、代理财政性存款			（2）单位贷款		
三、金融债券			经营贷款		
其中：境外发行			固定资产贷款		
四、卖出回购资产			并购贷款		
五、向中央银行借款			贸易融资		
六、银行业存款类金融机构往来			（3）非存款类金融机构贷款		
七、借款及非存款类金融机构拆入			3. 票据融资		
八、联行往来（净）	40	40	4. 融资租赁		
九、外汇买卖（净）			5. 各项垫款		
十、应付及暂收款			（二）境外贷款		
其中：应付利息			二、债券投资		
十一、其他负债			三、股权及其他投资		
十二、所有者权益	1		四、买入返售资产		
其中：实收资本			五、存放中央银行存款		
			六、缴存中央银行财政性存款		
			七、银行业存款类金融机构往来		
			八、存放非存款类金融机构款项		
			九、联行往来		-2 205
			其中：境内存放二级准备金		
			十、外汇买卖（净）		
			十一、库存现金		
			十二、应收及预付款		
			其中：应收利息		
			十三、投资性房地产		
			十四、固定资产		
			十五、其他资产		
			十六、减：各项准备		
			其中：贷款损失准备		
资金来源总计	99	-2 107	资金运用总计	99	-2 107

表 2.50　中国工商银行北京市分行外汇信贷收支统计

单位：万美元

项目名称	余额	比年初	项目名称	余额	比年初
一、各项存款	1 044 838	211 110	一、各项贷款	605 274	-32 871
（一）境内存款	1 036 309	209 721	（一）境内贷款	516 232	-58 809
1. 个人存款	346 618	76 420	1. 短期贷款	422 649	-55 067
其中：活期储蓄存款	210 919	45 722	（1）个人贷款及透支		
定期储蓄存款	134 060	30 349	其中：个人消费贷款		
结构性存款	98		（2）单位贷款及透支	422 649	-55 067
2. 单位存款	333 321	-5 344	经营贷款及透支	44 817	-33 873
其中：活期存款	101 766	21 690	固定资产贷款		-31 442
定期存款	207 871	44 837	并购贷款		
保证金存款	5 130	-90 424	贸易融资	377 832	10 248
结构性存款			（3）非存款类金融机构贷款		
3. 国库定期存款			2. 中长期贷款	93 582	-3 738
4. 非存款类金融机构存款	356 370	138 644	（1）个人贷款		
（二）境外存款	8 529	1 389	其中：个人消费贷款		
二、代理财政性存款			（2）单位贷款	93 582	-3 738
三、金融债券			经营贷款	2 000	-5 600
其中：境外发行			固定资产贷款	91 582	1 862
四、卖出回购资产			并购贷款		
五、向中央银行借款			贸易融资		
六、银行业存款类金融机构往来	741 563	96 696	（3）非存款类金融机构贷款		
七、借款及非存款类金融机构拆入	24 457	-8 103	3. 票据融资		-4
八、联行往来（净）			4. 融资租赁		
九、外汇买卖（净）			5. 各项垫款		
十、应付及暂收款	17 754	7 508	（二）境外贷款	89 042	25 938
其中：应付利息	1 678	-153	二、债券投资		
十一、其他负债	62 355	15 209	三、股权及其他投资		
十二、所有者权益	3 682	1 211	四、买入返售资产		
其中：实收资本			五、存放中央银行存款		
			六、缴存中央银行财政性存款		
			七、银行业存款类金融机构往来	1 538	-43 420
			八、存放非存款类金融机构款项	808	-280
			九、联行往来	1 217 452	376 133
			其中：境内存放二级准备金		
			十、外汇买卖（净）	4 333	79
			十一、库存现金	19 025	6 647
			十二、应收及预付款	1 773	-873
			其中：应收利息	1 169	-576
			十三、投资性房地产		
			十四、固定资产		
			十五、其他资产	53 287	15 884
			十六、减：各项准备	8 841	-2 332
			其中：贷款损失准备	8 840	-2 332
资金来源总计	1 894 648	323 631	资金运用总计	1 894 648	323 631

表 2.51　中国农业银行北京市分行外汇信贷收支统计

单位：万美元

项目名称	余额	比年初	项目名称	余额	比年初
一、各项存款	354 096	36 154	一、各项贷款	279 877	-143 641
（一）境内存款	353 454	36 085	（一）境内贷款	279 877	-143 641
1. 个人存款	22 144	8 265	1. 短期贷款	58 051	-133 351
其中：活期储蓄存款	11 736	5 040	（1）个人贷款及透支	561	-53
定期储蓄存款	10 360	3 232	其中：个人消费贷款	561	-53
结构性存款			（2）单位贷款及透支	57 490	-133 298
2. 单位存款	301 502	27 037	经营贷款及透支	16 000	-41 345
其中：活期存款	102 498	-2 954	固定资产贷款		
定期存款	27 084	-82 195	并购贷款		
保证金存款	171 920	112 186	贸易融资	41 490	-91 953
结构性存款			（3）非存款类金融机构贷款		
3. 国库定期存款			2. 中长期贷款	219 446	-10 741
4. 非存款类金融机构存款	29 808	783	（1）个人贷款		
（二）境外存款	642	68	其中：个人消费贷款		
二、代理财政性存款			（2）单位贷款	219 446	-10 741
三、金融债券			经营贷款	97 000	-101 485
其中：境外发行			固定资产贷款	122 446	90 744
四、卖出回购资产			并购贷款		
五、向中央银行借款			贸易融资		
六、银行业存款类金融机构往来	5 823	-10 303	（3）非存款类金融机构贷款		
七、借款及非存款类金融机构拆入		-3 901	3. 票据融资		
八、联行往来（净）		-90 963	4. 融资租赁		
九、外汇买卖（净）	4		5. 各项垫款	2 380	451
十、应付及暂收款	4 864	-296	（二）境外贷款		
其中：应付利息	1 716	-680	二、债券投资		
十一、其他负债	6 779		三、股权及其他投资		
十二、所有者权益	3 173	-2 666	四、买入返售资产		
其中：实收资本			五、存放中央银行存款		
			六、缴存中央银行财政性存款		
			七、银行业存款类金融机构往来		-18 000
			八、存放非存款类金融机构款项		
			九、联行往来	91 537	91 537
			其中：境内存放二级准备金		-45 844
			十、外汇买卖（净）		
			十一、库存现金	2 429	194
			十二、应收及预付款	897	-2 067
			其中：应收利息	851	-2 054
			十三、投资性房地产		
			十四、固定资产		
			十五、其他资产		
			十六、减：各项准备		
			其中：贷款损失准备		
资金来源总计	374 739	-71 977	资金运用总计	374 739	-71 977

表2.52　中国银行北京市分行外汇信贷收支统计

单位：万美元

项目名称	余额	比年初	项目名称	余额	比年初
一、各项存款	1 296 191	527 516	一、各项贷款	312 778	-173 832
（一）境内存款	1 269 145	531 462	（一）境内贷款	229 515	-222 593
1. 个人存款	437 244	65 312	1. 短期贷款	161 310	-220 947
其中：活期储蓄存款	229 421	41 553	（1）个人贷款及透支	2 301	-434
定期储蓄存款	206 143	23 535	其中：个人消费贷款	2 301	-434
结构性存款			（2）单位贷款及透支	159 009	-200 513
2. 单位存款	740 637	440 200	经营贷款及透支	32 507	-85 403
其中：活期存款	434 993	270 387	固定资产贷款		
定期存款	302 557	174 299	并购贷款		
保证金存款	3 087	-4 486	贸易融资	126 502	-115 110
结构性存款			（3）非存款类金融机构贷款		-20 000
3. 国库定期存款			2. 中长期贷款	68 205	-1 646
4. 非存款类金融机构存款	91 264	25 949	（1）个人贷款	189	51
（二）境外存款	27 046	-3 945	其中：个人消费贷款	189	51
二、代理财政性存款			（2）单位贷款	68 016	-1 697
三、金融债券			经营贷款	3 329	-265
其中：境外发行			固定资产贷款	58 384	-3 653
四、卖出回购资产			并购贷款	5 755	2 244
五、向中央银行借款			贸易融资	547	-23
六、银行业存款类金融机构往来	847 698	-292 538	（3）非存款类金融机构贷款		
七、借款及非存款类金融机构拆入	2 043	-11 060	3. 票据融资		
八、联行往来（净）			4. 融资租赁		
九、外汇买卖（净）			5. 各项垫款		
十、应付及暂收款	1 095	-16 817	（二）境外贷款	83 264	48 761
其中：应付利息	887	-16 637	二、债券投资		
十一、其他负债	1 192 028	-1 135 758	三、股权及其他投资		
十二、所有者权益	88 802	88 802	四、买入返售资产		
其中：实收资本			五、存放中央银行存款	61 273	24 710
			六、缴存中央银行财政性存款		
			七、银行业存款类金融机构往来		-228 484
			八、存放非存款类金融机构款项		
			九、联行往来	3 042 232	-372 570
			其中：境内存放二级准备金		
			十、外汇买卖（净）		
			十一、库存现金	18 964	-2 987
			十二、应收及预付款	2 200	-85 380
			其中：应收利息	1 679	-85 516
			十三、投资性房地产		
			十四、固定资产		
			十五、其他资产	2 433	-777
			十六、减：各项准备	12 024	535
			其中：贷款损失准备	11 849	417
资金来源总计	3 427 857	-839 854	资金运用总计	3 427 857	-839 854

表 2.53　中国建设银行北京市分行外汇信贷收支统计

单位：万美元

项目名称	余额	比年初	项目名称	余额	比年初
一、各项存款	504 194	-78 112	一、各项贷款	899 810	41 166
（一）境内存款	498 659	-81 027	（一）境内贷款	899 810	41 166
1. 个人存款	88 983	28 327	1. 短期贷款	271 767	-109 732
其中：活期储蓄存款	37 605	12 642	（1）个人贷款及透支	1 532	-64
定期储蓄存款	46 470	13 269	其中：个人消费贷款	1 532	-64
结构性存款		-651	（2）单位贷款及透支	270 235	-107 668
2. 单位存款	153 091	-91 335	经营贷款及透支	49 121	-23 058
其中：活期存款	109 006	25 722	固定资产贷款		
定期存款	32 249	-46 408	并购贷款		
保证金存款	4 835	-2 992	贸易融资	221 114	-84 610
结构性存款		-70 349	（3）非存款类金融机构贷款		-2 000
3. 国库定期存款			2. 中长期贷款	628 031	150 898
4. 非存款类金融机构存款	256 585	-18 019	（1）个人贷款	2	
（二）境外存款	5 536	2 915	其中：个人消费贷款	2	
二、代理财政性存款			（2）单位贷款	628 029	150 898
三、金融债券			经营贷款	272 502	239 498
其中：境外发行			固定资产贷款	303 644	-99 627
四、卖出回购资产			并购贷款	15 988	15 988
五、向中央银行借款			贸易融资	35 895	-4 961
六、银行业存款类金融机构往来	524 228	-128 712	（3）非存款类金融机构贷款		
七、借款及非存款类金融机构拆入	36 115	-78 850	3. 票据融资		
八、联行往来（净）			4. 融资租赁		
九、外汇买卖（净）			5. 各项垫款	11	
十、应付及暂收款	4 798	-20 846	（二）境外贷款		
其中：应付利息	2 262	-1 374	二、债券投资		
十一、其他负债	388	-330	三、股权及其他投资		
十二、所有者权益	344	5 065	四、买入返售资产		
其中：实收资本			五、存放中央银行存款		
			六、缴存中央银行财政性存款		
			七、银行业存款类金融机构往来	434	-71 199
			八、存放非存款类金融机构款项		
			九、联行往来	157 934	-277 219
			其中：境内存放二级准备金	19 083	3 736
			十、外汇买卖（净）	0	0
			十一、库存现金	4 726	1 090
			十二、应收及预付款	4 554	3 411
			其中：应收利息	1 754	997
			十三、投资性房地产		
			十四、固定资产		
			十五、其他资产	2 609	966
			十六、减：各项准备		
			其中：贷款损失准备		
资金来源总计	1 070 067	-301 786	资金运用总计	1 070 067	-301 786

表 2.54　交通银行北京市分行外汇信贷收支统计

单位：万美元

项目名称	余额	比年初	项目名称	余额	比年初
一、各项存款	284 308	-47 648	一、各项贷款	25 865	-74 359
（一）境内存款	282 889	-42 356	（一）境内贷款	22 524	-77 700
1. 个人存款	90 523	18 139	1. 短期贷款	17 346	-74 590
其中：活期储蓄存款	29 127	9 965	（1）个人贷款及透支		
定期储蓄存款	18 103	5 159	其中：个人消费贷款		
结构性存款	42 109	2 850	（2）单位贷款及透支	17 346	-74 590
2. 单位存款	162 254	19 733	经营贷款及透支		-47 786
其中：活期存款	74 056	2 819	固定资产贷款		
定期存款	32 570	-6 595	并购贷款		
保证金存款	55 628	23 509	贸易融资	17 346	-26 804
结构性存款			（3）非存款类金融机构贷款		
3. 国库定期存款			2. 中长期贷款	5 178	-3 109
4. 非存款类金融机构存款	30 112	-80 229	（1）个人贷款		
（二）境外存款	1 419	-5 292	其中：个人消费贷款		
二、代理财政性存款			（2）单位贷款	5 178	-3 109
三、金融债券			经营贷款		
其中：境外发行			固定资产贷款	5 178	-1 410
四、卖出回购资产			并购贷款		
五、向中央银行借款			贸易融资		-1 700
六、银行业存款类金融机构往来	21 490	7 584	（3）非存款类金融机构贷款		
七、借款及非存款类金融机构拆入		-4 874	3. 票据融资		-1
八、联行往来（净）			4. 融资租赁		
九、外汇买卖（净）			5. 各项垫款		
十、应付及暂收款	9 657	-186 768	（二）境外贷款	3 340	3 340
其中：应付利息	1 755	-2 025	二、债券投资		
十一、其他负债	3 312		三、股权及其他投资		
十二、所有者权益		5 380	四、买入返售资产		
其中：实收资本			五、存放中央银行存款		
			六、缴存中央银行财政性存款		
			七、银行业存款类金融机构往来	4 474	1 560
			八、存放非存款类金融机构款项	1 119	-285
			九、联行往来	271 779	-48 189
			其中：境内存放二级准备金		
			十、外汇买卖（净）	13 658	13 637
			十一、库存现金	2 230	34
			十二、应收及预付款	239	-117 019
			其中：应收利息	167	-640
			十三、投资性房地产		
			十四、固定资产		
			十五、其他资产	45	-2 318
			十六、减：各项准备	642	-613
			其中：贷款损失准备	642	-613
资金来源总计	318 768	-226 326	资金运用总计	318 768	-226 326

表 2.55 招商银行北京分行外汇信贷收支统计

单位：万美元

项目名称	余额	比年初	项目名称	余额	比年初
一、各项存款	427 568	-261 410	一、各项贷款	86 932	-55 267
（一）境内存款	420 858	-262 801	（一）境内贷款	86 932	-55 267
1. 个人存款	175 423	62 025	1. 短期贷款	79 466	-53 869
其中：活期储蓄存款	130 848	51 944	（1）个人贷款及透支		
定期储蓄存款	44 575	10 081	其中：个人消费贷款		
结构性存款			（2）单位贷款及透支	79 466	-53 869
2. 单位存款	205 105	-349 295	经营贷款及透支		
其中：活期存款	99 024	-5 703	固定资产贷款		
定期存款	4 292	-173 907	并购贷款		
保证金存款	101 789	-169 685	贸易融资	79 466	-53 869
结构性存款			（3）非存款类金融机构贷款		
3. 国库定期存款			2. 中长期贷款	7 466	-1 398
4. 非存款类金融机构存款	40 330	24 469	（1）个人贷款		
（二）境外存款	6 710	1 391	其中：个人消费贷款		
二、代理财政性存款			（2）单位贷款	7 466	-1 398
三、金融债券			经营贷款		
其中：境外发行			固定资产贷款		
四、卖出回购资产			并购贷款		
五、向中央银行借款			贸易融资	7 466	-1 398
六、银行业存款类金融机构往来	162 967	52 128	（3）非存款类金融机构贷款		
七、借款及非存款类金融机构拆入	2 602	-2 667	3. 票据融资		
八、联行往来（净）			4. 融资租赁		
九、外汇买卖（净）			5. 各项垫款		
十、应付及暂收款	5 540	-9 153	（二）境外贷款		
其中：应付利息	5 539	-9 140	二、债券投资		
十一、其他负债			三、股权及其他投资		
十二、所有者权益	5 176	-2 269	四、买入返售资产		
其中：实收资本			五、存放中央银行存款		
			六、缴存中央银行财政性存款		
			七、银行业存款类金融机构往来	1 950	-2 496
			八、存放非存款类金融机构款项		
			九、联行往来	507 323	-169 548
			其中：境内存放二级准备金		
			十、外汇买卖（净）	6 127	5 283
			十一、库存现金	2 881	246
			十二、应收及预付款	385	-2 688
			其中：应收利息	377	-2 694
			十三、投资性房地产		
			十四、固定资产		
			十五、其他资产		
			十六、减：各项准备	1 745	-1 099
			其中：贷款损失准备	1 745	-1 099
资金来源总计	603 853	-223 371	资金运用总计	603 853	-223 371

表2.56　上海浦东发展银行北京分行外汇信贷收支统计

单位：万美元

项目名称	余额	比年初	项目名称	余额	比年初
一、各项存款	105 024	-45 320	一、各项贷款	4 846	-39 063
（一）境内存款	104 837	-45 348	（一）境内贷款	4 846	-39 063
1. 个人存款	17 047	3 637	1. 短期贷款	4 186	-38 943
其中：活期储蓄存款	11 029	2 755	（1）个人贷款及透支		
定期储蓄存款	5 805	1 489	其中：个人消费贷款		
结构性存款	185	-635	（2）单位贷款及透支	4 186	-2 943
2. 单位存款	87 651	-26 104	经营贷款及透支	2 056	766
其中：活期存款	85 369	75 375	固定资产贷款		
定期存款	54	-13 333	并购贷款		
保证金存款	2 228	-82 619	贸易融资	2 130	-3 709
结构性存款		-5 527	（3）非存款类金融机构贷款		-36 000
3. 国库定期存款			2. 中长期贷款	660	-120
4. 非存款类金融机构存款	139	-22 881	（1）个人贷款		
（二）境外存款	187	28	其中：个人消费贷款		
二、代理财政性存款			（2）单位贷款	660	-120
三、金融债券			经营贷款		
其中：境外发行			固定资产贷款	660	-120
四、卖出回购资产			并购贷款		
五、向中央银行借款			贸易融资		
六、银行业存款类金融机构往来	827	200	（3）非存款类金融机构贷款		
七、借款及非存款类金融机构拆入			3. 票据融资		
八、联行往来（净）			4. 融资租赁		
九、外汇买卖（净）			5. 各项垫款		
十、应付及暂收款	591	-1 873	（二）境外贷款		
其中：应付利息	21	-1 355	二、债券投资		
十一、其他负债	503	-2	三、股权及其他投资		
十二、所有者权益	53	-818	四、买入返售资产		
其中：实收资本			五、存放中央银行存款		
			六、缴存中央银行财政性存款		
			七、银行业存款类金融机构往来	462	-65 534
			八、存放非存款类金融机构款项		
			九、联行往来	100 767	57 549
			其中：境内存放二级准备金		
			十、外汇买卖（净）	164	47
			十一、库存现金	549	-33
			十二、应收及预付款	206	-783
			其中：应收利息	10	-783
			十三、投资性房地产		
			十四、固定资产		
			十五、其他资产	4	4
			十六、减：各项准备		
			其中：贷款损失准备		
资金来源总计	106 998	-47 813	资金运用总计	106 998	-47 813

表 2.57　广发银行北京分行外汇信贷收支统计

单位：万美元

项目名称	余额	比年初	项目名称	余额	比年初
一、各项存款	95 777	-83 005	一、各项贷款	33 710	-7 451
（一）境内存款	95 487	-82 669	（一）境内贷款	33 710	-7 451
1. 个人存款	9 808	4 260	1. 短期贷款	31 928	-7 451
其中：活期储蓄存款	1 468	649	（1）个人贷款及透支		
定期储蓄存款	8 238	3 600	其中：个人消费贷款		
结构性存款			（2）单位贷款及透支	31 928	-7 451
2. 单位存款	85 084	-68 500	经营贷款及透支	18 727	-15 915
其中：活期存款	15 258	-3 134	固定资产贷款		
定期存款	31 699	-58 594	并购贷款		
保证金存款	31 127	-3 271	贸易融资	13 201	8 464
结构性存款	7 000	-3 501	（3）非存款类金融机构贷款		
3. 国库定期存款			2. 中长期贷款	1 782	
4. 非存款类金融机构存款	595	-18 429	（1）个人贷款		
（二）境外存款	290	-336	其中：个人消费贷款		
二、代理财政性存款			（2）单位贷款	1 782	
三、金融债券			经营贷款		
其中：境外发行			固定资产贷款	1 782	
四、卖出回购资产			并购贷款		
五、向中央银行借款			贸易融资		
六、银行业存款类金融机构往来	189	-30 403	（3）非存款类金融机构贷款		
七、借款及非存款类金融机构拆入	28	-1 448	3. 票据融资		
八、联行往来（净）			4. 融资租赁		
九、外汇买卖（净）		-52	5. 各项垫款		
十、应付及暂收款	1 320	-1 364	（二）境外贷款		
其中：应付利息	1 306	-1 361	二、债券投资		
十一、其他负债	46	-2 568	三、股权及其他投资		-30 926
十二、所有者权益	1 680	1 090	四、买入返售资产		
其中：实收资本			五、存放中央银行存款		
			六、缴存中央银行财政性存款		
			七、银行业存款类金融机构往来	386	-3 850
			八、存放非存款类金融机构款项		
			九、联行往来	64 247	-72 561
			其中：境内存放二级准备金		
			十、外汇买卖（净）	59	59
			十一、库存现金	376	-115
			十二、应收及预付款	203	-339
			其中：应收利息	203	-338
			十三、投资性房地产		
			十四、固定资产		
			十五、其他资产	59	-2 567
			十六、减：各项准备		
			其中：贷款损失准备		
资金来源总计	99 040	-117 750	资金运用总计	99 040	-117 750

表 2.58 兴业银行北京分行外汇信贷收支统计

单位：万美元

项目名称	余额	比年初	项目名称	余额	比年初
一、各项存款	77 837	-431 289	一、各项贷款	50 309	-433 064
（一）境内存款	77 717	-431 258	（一）境内贷款	50 309	-433 064
1. 个人存款	6 990	2 101	1. 短期贷款	50 309	-433 064
其中：活期储蓄存款	4 932	1 625	（1）个人贷款及透支		
定期储蓄存款	2 058	476	其中：个人消费贷款		
结构性存款			（2）单位贷款及透支	50 309	-419 064
2. 单位存款	69 753	-434 051	经营贷款及透支	4 792	-6 136
其中：活期存款	4 028	-1 466	固定资产贷款		
定期存款	13 701	-1 021	并购贷款		
保证金存款	52 024	-424 715	贸易融资	45 517	-412 928
结构性存款			（3）非存款类金融机构贷款		-14 000
3. 国库定期存款			2. 中长期贷款		
4. 非存款类金融机构存款	975	692	（1）个人贷款		
（二）境外存款	119	-31	其中：个人消费贷款		
二、代理财政性存款			（2）单位贷款		
三、金融债券			经营贷款		
其中：境外发行			固定资产贷款		
四、卖出回购资产			并购贷款		
五、向中央银行借款			贸易融资		
六、银行业存款类金融机构往来	72	-42 149	（3）非存款类金融机构贷款		
七、借款及非存款类金融机构拆入	14 373	9 873	3. 票据融资		
八、联行往来（净）			4. 融资租赁		
九、外汇买卖（净）			5. 各项垫款		
十、应付及暂收款	645	-2 405	（二）境外贷款		
其中：应付利息	580	-2 412	二、债券投资		
十一、其他负债			三、股权及其他投资		
十二、所有者权益	3 553	7 905	四、买入返售资产		
其中：实收资本			五、存放中央银行存款		
			六、缴存中央银行财政性存款		
			七、银行业存款类金融机构往来	778	215
			八、存放非存款类金融机构款项		
			九、联行往来	45 273	-28 354
			其中：境内存放二级准备金		
			十、外汇买卖（净）		
			十一、库存现金	326	15
			十二、应收及预付款	385	-1 094
			其中：应收利息	385	-1 094
			十三、投资性房地产		
			十四、固定资产		
			十五、其他资产		
			十六、减：各项准备	592	-4 216
			其中：贷款损失准备	592	-4 216
资金来源总计	96 479	-458 065	资金运用总计	96 479	-458 065

表 2.59 平安银行北京分行外汇信贷收支统计

单位：万美元

项目名称	余额	比年初	项目名称	余额	比年初
一、各项存款	334 006	-1 890	一、各项贷款	98 894	-31 581
（一）境内存款	333 798	-2 010	（一）境内贷款	98 894	-31 581
1. 个人存款	4 167	2 690	1. 短期贷款	41 042	-83 938
其中：活期储蓄存款	1 425	826	（1）个人贷款及透支		
定期储蓄存款	2 736	1 866	其中：个人消费贷款		
结构性存款			（2）单位贷款及透支	41 042	-83 938
2. 单位存款	282 339	83 527	经营贷款及透支	36 611	-73 579
其中：活期存款	12 106	-21 930	固定资产贷款		
定期存款	860	-64 440	并购贷款		
保证金存款	269 374	174 776	贸易融资	4 431	-10 359
结构性存款			（3）非存款类金融机构贷款		
3. 国库定期存款			2. 中长期贷款	57 775	52 280
4. 非存款类金融机构存款	47 292	-88 226	（1）个人贷款		
（二）境外存款	208	121	其中：个人消费贷款		
二、代理财政性存款			（2）单位贷款	57 775	52 280
三、金融债券			经营贷款	57 775	52 280
其中：境外发行			固定资产贷款		
四、卖出回购资产			并购贷款		
五、向中央银行借款			贸易融资		
六、银行业存款类金融机构往来	4 152	-26 275	（3）非存款类金融机构贷款		
七、借款及非存款类金融机构拆入		-8 578	3. 票据融资		
八、联行往来（净）			4. 融资租赁		
九、外汇买卖（净）			5. 各项垫款	77	77
十、应付及暂收款	7 856	1 461	（二）境外贷款		
其中：应付利息	3 926	-1 096	二、债券投资		
十一、其他负债	11	-63	三、股权及其他投资		
十二、所有者权益	-5 377	4 879	四、买入返售资产		
其中：实收资本			五、存放中央银行存款		
			六、缴存中央银行财政性存款		
			七、银行业存款类金融机构往来	195	81
			八、存放非存款类金融机构款项		
			九、联行往来	243 010	2 852
			其中：境内存放二级准备金		
			十、外汇买卖（净）		
			十一、库存现金	237	35
			十二、应收及预付款	928	-536
			其中：应收利息	895	-520
			十三、投资性房地产		
			十四、固定资产		
			十五、其他资产		
			十六、减：各项准备	2 615	1 316
			其中：贷款损失准备	2 588	1 316
资金来源总计	340 648	-30 466	资金运用总计	340 648	-30 466

表 2.60　中信银行总行营业部外汇信贷收支统计

单位：万美元

项目名称	余额	比年初	项目名称	余额	比年初
一、各项存款	619 629	-309 586	一、各项贷款	71 704	-89 381
（一）境内存款	607 796	-313 895	（一）境内贷款	59 369	-70 242
1. 个人存款	39 185	-7 651	1. 短期贷款	25 582	-90 579
其中：活期储蓄存款	25 314	6 163	（1）个人贷款及透支		
定期储蓄存款	11 890	6 100	其中：个人消费贷款		
结构性存款	1 981	-19 914	（2）单位贷款及透支	25 582	-90 579
2. 单位存款	526 436	-122 678	经营贷款及透支		-72 271
其中：活期存款	137 124	-80 620	固定资产贷款		
定期存款	293 035	-87 218	并购贷款		
保证金存款	96 277	45 276	贸易融资	25 582	-18 308
结构性存款			（3）非存款类金融机构贷款		
3. 国库定期存款			2. 中长期贷款	33 786	20 336
4. 非存款类金融机构存款	42 175	-183 566	（1）个人贷款		
（二）境外存款	11 832	4 309	其中：个人消费贷款		
二、代理财政性存款			（2）单位贷款	33 786	20 336
三、金融债券			经营贷款		-9 962
其中：境外发行			固定资产贷款	29 748	27 528
四、卖出回购资产			并购贷款		
五、向中央银行借款			贸易融资	4 039	2 771
六、银行业存款类金融机构往来	124 113	98 236	（3）非存款类金融机构贷款		
七、借款及非存款类金融机构拆入		-5 645	3. 票据融资		
八、联行往来（净）			4. 融资租赁		
九、外汇买卖（净）		-2 997	5. 各项垫款		
十、应付及暂收款	3 915	-7 040	（二）境外贷款	12 335	-19 139
其中：应付利息	1 443	-8 883	二、债券投资		
十一、其他负债	94	-399	三、股权及其他投资		
十二、所有者权益	-4 314	12 944	四、买入返售资产		
其中：实收资本			五、存放中央银行存款		
			六、缴存中央银行财政性存款		
			七、银行业存款类金融机构往来	1 124	-74 620
			八、存放非存款类金融机构款项	22 415	-679
			九、联行往来	640 899	-56 492
			其中：境内存放二级准备金		
			十、外汇买卖（净）	6 691	6 691
			十一、库存现金	1 598	-186
			十二、应收及预付款	149	-464
			其中：应收利息	139	-452
			十三、投资性房地产		
			十四、固定资产		
			十五、其他资产		-493
			十六、减：各项准备	1 143	-1 138
			其中：贷款损失准备	1 143	-1 138
资金来源总计	743 438	-214 487	资金运用总计	743 438	-214 487

表 2.61　中国光大银行北京分行外汇信贷收支统计

单位：万美元

项目名称	余额	比年初	项目名称	余额	比年初
一、各项存款	276 959	-32 462	一、各项贷款	14 579	-106 887
（一）境内存款	275 397	-31 557	（一）境内贷款	14 579	-106 887
1. 个人存款	54 968	5 084	1. 短期贷款	14 579	-84 976
其中：活期储蓄存款	16 743	7 313	（1）个人贷款及透支		
定期储蓄存款	6 522	1 722	其中：个人消费贷款		
结构性存款	31 532	-3 969	（2）单位贷款及透支	14 579	-84 976
2. 单位存款	14 576	-117 575	经营贷款及透支	7 353	-55 560
其中：活期存款	11 250	-5 166	固定资产贷款		
定期存款	1 468	-111 483	并购贷款		
保证金存款	1 858	-926	贸易融资	7 226	-29 416
结构性存款			（3）非存款类金融机构贷款		
3. 国库定期存款			2. 中长期贷款		-21 911
4. 非存款类金融机构存款	205 853	80 934	（1）个人贷款		
（二）境外存款	1 562	-905	其中：个人消费贷款		
二、代理财政性存款			（2）单位贷款		-21 911
三、金融债券			经营贷款		-10 848
其中：境外发行			固定资产贷款		
四、卖出回购资产			并购贷款		
五、向中央银行借款			贸易融资		-11 063
六、银行业存款类金融机构往来	4 908	3 373	（3）非存款类金融机构贷款		
七、借款及非存款类金融机构拆入	560	-5 158	3. 票据融资		
八、联行往来（净）			4. 融资租赁		
九、外汇买卖（净）			5. 各项垫款		
十、应付及暂收款	2 262	-896	（二）境外贷款		
其中：应付利息	2 254	-861	二、债券投资		
十一、其他负债	11 699	684	三、股权及其他投资		
十二、所有者权益	-1 997	-1 289	四、买入返售资产		
其中：实收资本			五、存放中央银行存款		
			六、缴存中央银行财政性存款		
			七、银行业存款类金融机构往来	2 339	-85
			八、存放非存款类金融机构款项		
			九、联行往来	277 272	72 070
			其中：境内存放二级准备金	25 305	-6 026
			十、外汇买卖（净）		
			十一、库存现金	914	-128
			十二、应收及预付款	82	-2 187
			其中：应收利息	82	-2 187
			十三、投资性房地产		
			十四、固定资产		
			十五、其他资产	1	-9
			十六、减：各项准备	796	-1 478
			其中：贷款损失准备	796	-1 478
资金来源总计	294 391	-35 748	资金运用总计	294 391	-35 748

表 2.62　华夏银行北京分行外汇信贷收支统计

单位：万美元

项目名称	余额	比年初	项目名称	余额	比年初
一、各项存款	43 520	−20 976	一、各项贷款	13 642	3 313
（一）境内存款	43 023	−21 333	（一）境内贷款	13 642	3 313
1. 个人存款	4 918	1 931	1. 短期贷款	12 211	4 955
其中：活期储蓄存款	2 289	799	（1）个人贷款及透支		
定期储蓄存款	2 140	686	其中：个人消费贷款		
结构性存款			（2）单位贷款及透支	12 211	4 955
2. 单位存款	38 104	−23 264	经营贷款及透支	10 620	6 685
其中：活期存款	23 452	−29 678	固定资产贷款		
定期存款	11 955	11 330	并购贷款		
保证金存款	2 698	−4 916	贸易融资	1 591	−1 730
结构性存款			（3）非存款类金融机构贷款		
3. 国库定期存款			2. 中长期贷款	1 431	−1 642
4. 非存款类金融机构存款	1		（1）个人贷款		
（二）境外存款	496	356	其中：个人消费贷款		
二、代理财政性存款			（2）单位贷款	1 431	−1 642
三、金融债券			经营贷款		
其中：境外发行			固定资产贷款	1 431	−1 642
四、卖出回购资产			并购贷款		
五、向中央银行借款			贸易融资		
六、银行业存款类金融机构往来	503		（3）非存款类金融机构贷款		
七、借款及非存款类金融机构拆入	18 317	−2 763	3. 票据融资		
八、联行往来（净）			4. 融资租赁		
九、外汇买卖（净）	50	−6	5. 各项垫款		
十、应付及暂收款	352	−1 129	（二）境外贷款		
其中：应付利息	58	33	二、债券投资		
十一、其他负债			三、股权及其他投资		
十二、所有者权益	−287	905	四、买入返售资产		
其中：实收资本			五、存放中央银行存款		
			六、缴存中央银行财政性存款		
			七、银行业存款类金融机构往来	104	−182
			八、存放非存款类金融机构款项		
			九、联行往来	47 893	−27 191
			其中：境内存放二级准备金		
			十、外汇买卖（净）		
			十一、库存现金	491	49
			十二、应收及预付款	520	68
			其中：应收利息		
			十三、投资性房地产		
			十四、固定资产		
			十五、其他资产		
			十六、减：各项准备	195	27
			其中：贷款损失准备	195	27
资金来源总计	62 455	−23 969	资金运用总计	62 455	−23 969

表 2.63　中国民生银行北京分行外汇信贷收支统计

单位：万美元

项目名称	余额	比年初	项目名称	余额	比年初
一、各项存款	403 703	-27 614	一、各项贷款		
（一）境内存款	402 462	-27 621	（一）境内贷款		
1. 个人存款	22 573	4 302	1. 短期贷款		
其中：活期储蓄存款	8 899	2 246	（1）个人贷款及透支		
定期储蓄存款	11 557	1 639	其中：个人消费贷款		
结构性存款		-61	（2）单位贷款及透支		
2. 单位存款	379 753	-32 031	经营贷款及透支		
其中：活期存款	46 722	-8 968	固定资产贷款		
定期存款	229 658	-47 391	并购贷款		
保证金存款	83 829	20 632	贸易融资		
结构性存款		-8 000	（3）非存款类金融机构贷款		
3. 国库定期存款			2. 中长期贷款		
4. 非存款类金融机构存款	137	108	（1）个人贷款		
（二）境外存款	1 241	8	其中：个人消费贷款		
二、代理财政性存款			（2）单位贷款		
三、金融债券			经营贷款		
其中：境外发行			固定资产贷款		
四、卖出回购资产			并购贷款		
五、向中央银行借款			贸易融资		
六、银行业存款类金融机构往来	292	-40 468	（3）非存款类金融机构贷款		
七、借款及非存款类金融机构拆入		-2 578	3. 票据融资		
八、联行往来（净）			4. 融资租赁		
九、外汇买卖（净）			5. 各项垫款		
十、应付及暂收款	1 889	-1 455	（二）境外贷款		
其中：应付利息	1 647	-1 657	二、债券投资		
十一、其他负债	9	9	三、股权及其他投资		
十二、所有者权益	-3 064	2 288	四、买入返售资产		
其中：实收资本			五、存放中央银行存款		
			六、缴存中央银行财政性存款		
			七、银行业存款类金融机构往来	30 917	29 990
			八、存放非存款类金融机构款项		
			九、联行往来	365 781	-93 932
			其中：境内存放二级准备金		
			十、外汇买卖（净）		
			十一、库存现金	1 329	-334
			十二、应收及预付款	181	-15
			其中：应收利息	175	-21
			十三、投资性房地产		
			十四、固定资产		
			十五、其他资产	4 622	-5 526
			十六、减：各项准备	1	1
			其中：贷款损失准备		
资金来源总计	402 829	-69 818	资金运用总计	402 829	-69 818

表 2.64 渤海银行北京分行外汇信贷收支统计

单位：万美元

项目名称	余额	比年初	项目名称	余额	比年初
一、各项存款	32 031	4 494	一、各项贷款	101 145	63 456
（一）境内存款	32 031	4 494	（一）境内贷款	101 145	63 456
1. 个人存款	242	204	1. 短期贷款	5 752	-14 913
其中：活期储蓄存款	229	206	（1）个人贷款及透支		
定期储蓄存款	13	-2	其中：个人消费贷款		
结构性存款			（2）单位贷款及透支	5 752	-14 913
2. 单位存款	31 762	4 302	经营贷款及透支	4 628	-3 513
其中：活期存款	2 219	100	固定资产贷款		
定期存款	22 518	4 202	并购贷款		
保证金存款	7 025		贸易融资	1 123	-11 400
结构性存款			（3）非存款类金融机构贷款		
3. 国库定期存款			2. 中长期贷款	95 394	78 369
4. 非存款类金融机构存款	27	-12	（1）个人贷款		
（二）境外存款			其中：个人消费贷款		
二、代理财政性存款			（2）单位贷款	95 394	78 369
三、金融债券			经营贷款	95 394	78 369
其中：境外发行			固定资产贷款		
四、卖出回购资产			并购贷款		
五、向中央银行借款			贸易融资		
六、银行业存款类金融机构往来	2		（3）非存款类金融机构贷款		
七、借款及非存款类金融机构拆入	253	-228	3. 票据融资		
八、联行往来（净）	68 063	52 198	4. 融资租赁		
九、外汇买卖（净）			5. 各项垫款		
十、应付及暂收款	436	245	（二）境外贷款		
其中：应付利息	430	241	二、债券投资		
十一、其他负债			三、股权及其他投资		
十二、所有者权益	1 107	866	四、买入返售资产		
其中：实收资本			五、存放中央银行存款		
			六、缴存中央银行财政性存款		
			七、银行业存款类金融机构往来	628	-5 895
			八、存放非存款类金融机构款项		
			九、联行往来		
			其中：境内存放二级准备金		
			十、外汇买卖（净）		
			十一、库存现金	11	-2
			十二、应收及预付款	109	17
			其中：应收利息	109	17
			十三、投资性房地产		
			十四、固定资产		
			十五、其他资产		
			十六、减：各项准备		
			其中：贷款损失准备		
资金来源总计	101 893	57 575	资金运用总计	101 893	57 575

表 2.65　浙商银行北京分行外汇信贷收支统计

单位：万美元

项目名称	余额	比年初	项目名称	余额	比年初
一、各项存款	41 792	-9 802	一、各项贷款	54 962	8 092
（一）境内存款	41 678	-9 423	（一）境内贷款	54 962	8 092
1. 个人存款	39	34	1. 短期贷款	38 962	-7 908
其中：活期储蓄存款	4	1	（1）个人贷款及透支		
定期储蓄存款	35	33	其中：个人消费贷款		
结构性存款			（2）单位贷款及透支	38 962	-7 908
2. 单位存款	41 639	-5 757	经营贷款及透支	3 447	-37 182
其中：活期存款	3 823	3 778	固定资产贷款		
定期存款	37 692	-9 660	并购贷款		
保证金存款	125	125	贸易融资	35 515	29 273
结构性存款			（3）非存款类金融机构贷款		
3. 国库定期存款			2. 中长期贷款	16 000	16 000
4. 非存款类金融机构存款		-3 700	（1）个人贷款		
（二）境外存款	113	-379	其中：个人消费贷款		
二、代理财政性存款			（2）单位贷款	16 000	16 000
三、金融债券			经营贷款	16 000	16 000
其中：境外发行			固定资产贷款		
四、卖出回购资产			并购贷款		
五、向中央银行借款			贸易融资		
六、银行业存款类金融机构往来	32 706	-45 232	（3）非存款类金融机构贷款		
七、借款及非存款类金融机构拆入			3. 票据融资		
八、联行往来（净）			4. 融资租赁		
九、外汇买卖（净）			5. 各项垫款		
十、应付及暂收款			（二）境外贷款		
其中：应付利息			二、债券投资		
十一、其他负债			三、股权及其他投资		-11 000
十二、所有者权益	121	86	四、买入返售资产		
其中：实收资本			五、存放中央银行存款		
			六、缴存中央银行财政性存款		
			七、银行业存款类金融机构往来	6	1
			八、存放非存款类金融机构款项		
			九、联行往来	19 238	-51 951
			其中：境内存放二级准备金		
			十、外汇买卖（净）		
			十一、库存现金	6	
			十二、应收及预付款	407	-89
			其中：应收利息	407	-89
			十三、投资性房地产		
			十四、固定资产		
			十五、其他资产		
			十六、减：各项准备		
			其中：贷款损失准备		
资金来源总计	74 618	-54 947	资金运用总计	74 618	-54 947

表 2.66 恒丰银行北京分行外汇信贷收支统计

单位：万美元

项目名称	余额	比年初	项目名称	余额	比年初
一、各项存款	74 357	74 357	一、各项贷款	77 511	77 511
（一）境内存款	74 185	74 185	（一）境内贷款	77 511	77 511
1. 个人存款	2	2	1. 短期贷款	44 737	44 737
其中：活期储蓄存款	2	2	（1）个人贷款及透支		
定期储蓄存款			其中：个人消费贷款		
结构性存款			（2）单位贷款及透支	44 737	44 737
2. 单位存款	1 583	1 583	经营贷款及透支	41 650	41 650
其中：活期存款	1 174	1 174	固定资产贷款		
定期存款			并购贷款		
保证金存款	409	409	贸易融资	3 087	3 087
结构性存款			（3）非存款类金融机构贷款		
3. 国库定期存款			2. 中长期贷款	32 774	32 774
4. 非存款类金融机构存款	72 600	72 600	（1）个人贷款		
（二）境外存款	171	171	其中：个人消费贷款		
二、代理财政性存款			（2）单位贷款	32 774	32 774
三、金融债券			经营贷款	32 774	32 774
其中：境外发行			固定资产贷款		
四、卖出回购资产			并购贷款		
五、向中央银行借款			贸易融资		
六、银行业存款类金融机构往来			（3）非存款类金融机构贷款		
七、借款及非存款类金融机构拆入			3. 票据融资		
八、联行往来（净）	2 765	2 765	4. 融资租赁		
九、外汇买卖（净）			5. 各项垫款		
十、应付及暂收款	233	233	（二）境外贷款		
其中：应付利息	205	205	二、债券投资		
十一、其他负债			三、股权及其他投资		
十二、所有者权益	322	322	四、买入返售资产		
其中：实收资本			五、存放中央银行存款		
			六、缴存中央银行财政性存款		
			七、银行业存款类金融机构往来		
			八、存放非存款类金融机构款项		
			九、联行往来		
			其中：境内存放二级准备金		
			十、外汇买卖（净）		
			十一、库存现金	3	3
			十二、应收及预付款	163	163
			其中：应收利息	163	163
			十三、投资性房地产		
			十四、固定资产		
			十五、其他资产		
			十六、减：各项准备		
			其中：贷款损失准备		
资金来源总计	77 677	77 677	资金运用总计	77 677	77 677

表 2.67　北京银行外汇信贷收支统计（全国）

单位：万美元

项目名称	余额	比年初	项目名称	余额	比年初
一、各项存款	701 197	41 454	一、各项贷款	760 336	233 416
（一）境内存款	699 735	41 843	（一）境内贷款	434 935	-90 246
1. 个人存款	39 643	15 171	1. 短期贷款	434 935	-78 989
其中：活期储蓄存款	11 179	5 032	（1）个人贷款及透支	195	31
定期储蓄存款	12 607	2 970	其中：个人消费贷款	195	31
结构性存款	15 844	-7 163	（2）单位贷款及透支	404 255	2 396
2. 单位存款	484 489	-45 841	经营贷款及透支	117 457	-28 773
其中：活期存款	46 375	-6 253	固定资产贷款		
定期存款	213 054	-40 082	并购贷款		
保证金存款	225 011	444	贸易融资	286 798	31 169
结构性存款			（3）非存款类金融机构贷款	30 485	-81 415
3. 国库定期存款			2. 中长期贷款		-10 747
4. 非存款类金融机构存款	175 603	72 513	（1）个人贷款		
（二）境外存款	1 462	-390	其中：个人消费贷款		
二、代理财政性存款			（2）单位贷款		-10 747
三、金融债券			经营贷款		-4 980
其中：境外发行			固定资产贷款		-5 767
四、卖出回购资产			并购贷款		
五、向中央银行借款			贸易融资		
六、银行业存款类金融机构往来	124 547	31 298	（3）非存款类金融机构贷款		
七、借款及非存款类金融机构拆入	101 253	-21 403	3. 票据融资		-6
八、联行往来（净）	2	1	4. 融资租赁		
九、外汇买卖（净）			5. 各项垫款		-505
十、应付及暂收款	9 663	2 350	（二）境外贷款	325 401	323 662
其中：应付利息	3 036	-1 212	二、债券投资	22 388	21 095
十一、其他负债	12 043	23	三、股权及其他投资	15	
十二、所有者权益	-4 508	-7 559	四、买入返售资产		
其中：实收资本			五、存放中央银行存款	36 806	5 121
			六、缴存中央银行财政性存款		
			七、银行业存款类金融机构往来	93 811	-187 278
			八、存放非存款类金融机构款项	15 938	-9 278
			九、联行往来		
			十、外汇买卖（净）	18 059	-12 886
			十一、库存现金	2 341	403
			十二、应收及预付款	2 248	-2 118
			其中：应收利息	2 219	-2 061
			十三、投资性房地产		
			十四、固定资产		
			十五、其他资产	30	29
			十六、减：各项准备	7 774	2 341
			其中：贷款损失准备	6 743	2 026
资金来源总计	944 198	46 163	资金运用总计	944 198	46 163

表 2.68　北京银行外汇信贷收支统计（北京）

单位：万美元

项目名称	余额	比年初	项目名称	余额	比年初
一、各项存款	274 847	-605	一、各项贷款	432 666	257 308
（一）境内存款	274 351	-564	（一）境内贷款	107 265	-66 354
1. 个人存款	36 616	13 485	1. 短期贷款	107 265	-61 866
其中：活期储蓄存款	10 040	4 364	（1）个人贷款及透支	195	31
定期储蓄存款	12 156	2 780	其中：个人消费贷款	195	31
结构性存款	14 416	6 337	（2）单位贷款及透支	76 586	19 519
2. 单位存款	105 430	-45 544	经营贷款及透支	43 568	13 328
其中：活期存款	36 463	-7 696	固定资产贷款		
定期存款	66 791	-39 177	并购贷款		
保证金存款	2 125	1 279	贸易融资	33 017	6 190
结构性存款			（3）非存款类金融机构贷款	30 485	-81 415
3. 国库定期存款			2. 中长期贷款		-4 482
4. 非存款类金融机构存款	132 305	31 494	（1）个人贷款		
（二）境外存款	496	-41	其中：个人消费贷款		
二、代理财政性存款			（2）单位贷款		-4 482
三、金融债券			经营贷款		-4 482
其中：境外发行			固定资产贷款		
四、卖出回购资产			并购贷款		
五、向中央银行借款			贸易融资		
六、银行业存款类金融机构往来	7 867	-13 583	（3）非存款类金融机构贷款		
七、借款及非存款类金融机构拆入	10 418	-57	3. 票据融资		-6
八、联行往来（净）	308 046	254 629	4. 融资租赁		
九、外汇买卖（净）			5. 各项垫款		
十、应付及暂收款	6 996	3 254	（二）境外贷款	325 401	323 662
其中：应付利息	435	-248	二、债券投资	22 388	21 095
十一、其他负债	9 043	23	三、股权及其他投资	15	
十二、所有者权益	-2 164	-5 525	四、买入返售资产		
其中：实收资本			五、存放中央银行存款	33 342	5 070
			六、缴存中央银行财政性存款		
			七、银行业存款类金融机构往来	92 485	-22 478
			八、存放非存款类金融机构款项	15 938	-9 278
			九、联行往来		
			其中：境内存放二级准备金		
			十、外汇买卖（净）	18 059	-12 886
			十一、库存现金	1 613	197
			十二、应收及预付款	1 035	42
			其中：应收利息	1 005	37
			十三、投资性房地产		
			十四、固定资产		
			十五、其他资产	30	29
			十六、减：各项准备	2 518	965
			其中：贷款损失准备	1 828	699
资金来源总计	615 053	238 135	资金运用总计	615 053	238 135

表 2.69　天津银行北京分行外汇信贷收支统计

单位：万美元

项目名称	余额	比年初	项目名称	余额	比年初
一、各项存款	60 879	861	一、各项贷款	7 504	-17 543
（一）境内存款	60 798	1 173	（一）境内贷款	7 504	-17 543
1. 个人存款	87	48	1. 短期贷款	7 504	-17 543
其中：活期储蓄存款	5	2	（1）个人贷款及透支		
定期储蓄存款	82	46	其中：个人消费贷款		
结构性存款			（2）单位贷款及透支	7 504	-17 543
2. 单位存款	60 711	1 125	经营贷款及透支	6 982	-12 582
其中：活期存款	284	-13 698	固定资产贷款		
定期存款	60 424	20 013	并购贷款		
保证金存款	3	3	贸易融资	522	-4 961
结构性存款			（3）非存款类金融机构贷款		
3. 国库定期存款			2. 中长期贷款		
4. 非存款类金融机构存款			（1）个人贷款		
（二）境外存款	81	-312	其中：个人消费贷款		
二、代理财政性存款			（2）单位贷款		
三、金融债券			经营贷款		
其中：境外发行			固定资产贷款		
四、卖出回购资产			并购贷款		
五、向中央银行借款			贸易融资		
六、银行业存款类金融机构往来			（3）非存款类金融机构贷款		
七、借款及非存款类金融机构拆入			3. 票据融资		
八、联行往来（净）			4. 融资租赁		
九、外汇买卖（净）			5. 各项垫款		
十、应付及暂收款	1	-304	（二）境外贷款		
其中：应付利息	1	-304	二、债券投资		
十一、其他负债	49	-1	三、股权及其他投资		
十二、所有者权益	-798	-763	四、买入返售资产		
其中：实收资本			五、存放中央银行存款		
			六、缴存中央银行财政性存款		
			七、银行业存款类金融机构往来	39	22
			八、存放非存款类金融机构款项		
			九、联行往来	52 581	17 526
			其中：境内存放二级准备金		
			十、外汇买卖（净）		
			十一、库存现金	7	-2
			十二、应收及预付款		-210
			其中：应收利息		-210
			十三、投资性房地产		
			十四、固定资产		
			十五、其他资产		
			十六、减：各项准备		
			其中：贷款损失准备		
资金来源总计	60 131	-207	资金运用总计	60 131	-207

表 2.70　大连银行北京分行外汇信贷收支统计

单位：万美元

项目名称	余额	比年初	项目名称	余额	比年初
一、各项存款	1 627	−2 468	一、各项贷款		−2 246
（一）境内存款	38	6	（一）境内贷款		−2 246
1. 个人存款	37	11	1. 短期贷款		−2 246
其中：活期储蓄存款	10	2	（1）个人贷款及透支		
定期储蓄存款	28	9	其中：个人消费贷款		
结构性存款			（2）单位贷款及透支		−2 246
2. 单位存款		−5	经营贷款及透支		
其中：活期存款		−5	固定资产贷款		
定期存款			并购贷款		
保证金存款			贸易融资		−2 246
结构性存款			（3）非存款类金融机构贷款		
3. 国库定期存款			2. 中长期贷款		
4. 非存款类金融机构存款			（1）个人贷款		
（二）境外存款	1 589	−2 474	其中：个人消费贷款		
二、代理财政性存款			（2）单位贷款		
三、金融债券			经营贷款		
其中：境外发行			固定资产贷款		
四、卖出回购资产			并购贷款		
五、向中央银行借款			贸易融资		
六、银行业存款类金融机构往来			（3）非存款类金融机构贷款		
七、借款及非存款类金融机构拆入			3. 票据融资		
八、联行往来（净）			4. 融资租赁		
九、外汇买卖（净）			5. 各项垫款		
十、应付及暂收款	6	1	（二）境外贷款		
其中：应付利息	6	1	二、债券投资		
十一、其他负债	100		三、股权及其他投资		
十二、所有者权益	41	8	四、买入返售资产		
其中：实收资本			五、存放中央银行存款		
			六、缴存中央银行财政性存款		
			七、银行业存款类金融机构往来	26	−4
			八、存放非存款类金融机构款项		
			九、联行往来	1 730	−244
			其中：境内存放二级准备金		
			十、外汇买卖（净）		
			十一、库存现金	17	7
			十二、应收及预付款	0	−10
			其中：应收利息	0	−10
			十三、投资性房地产		
			十四、固定资产		
			十五、其他资产		
			十六、减：各项准备		−38
			其中：贷款损失准备		−38
资金来源总计	1 774	−2 459	资金运用总计	1 774	−2 459

表 2.71　杭州银行北京分行外汇信贷收支统计

单位：万美元

项目名称	余额	比年初	项目名称	余额	比年初
一、各项存款	11 119	8 811	一、各项贷款	2 287	−976
（一）境内存款	11 117	8 809	（一）境内贷款	2 287	−976
1. 个人存款	1 048	317	1. 短期贷款	2 287	−976
其中：活期储蓄存款	17	13	（1）个人贷款及透支		
定期储蓄存款	1 031	304	其中：个人消费贷款		
结构性存款			（2）单位贷款及透支	2 287	−976
2. 单位存款	10 069	8 491	经营贷款及透支		−1 575
其中：活期存款	2 273	696	固定资产贷款		
定期存款	7 796	7 796	并购贷款		
保证金存款			贸易融资	2 287	599
结构性存款			（3）非存款类金融机构贷款		
3. 国库定期存款			2. 中长期贷款		
4. 非存款类金融机构存款			（1）个人贷款		
（二）境外存款	3	3	其中：个人消费贷款		
二、代理财政性存款			（2）单位贷款		
三、金融债券			经营贷款		
其中：境外发行			固定资产贷款		
四、卖出回购资产			并购贷款		
五、向中央银行借款			贸易融资		
六、银行业存款类金融机构往来	1 351	1 351	（3）非存款类金融机构贷款		
七、借款及非存款类金融机构拆入		−759	3. 票据融资		
八、联行往来（净）		−397	4. 融资租赁		
九、外汇买卖（净）			5. 各项垫款		
十、应付及暂收款	19	5	（二）境外贷款		
其中：应付利息	19	5	二、债券投资		
十一、其他负债			三、股权及其他投资		
十二、所有者权益	82	−118	四、买入返售资产		
其中：实收资本			五、存放中央银行存款		
			六、缴存中央银行财政性存款		
			七、银行业存款类金融机构往来	99	−229
			八、存放非存款类金融机构款项		
			九、联行往来	10 155	10 155
			其中：境内存放二级准备金		
			十、外汇买卖（净）		
			十一、库存现金	28	−13
			十二、应收及预付款	3	−42
			其中：应收利息	3	−42
			十三、投资性房地产		
			十四、固定资产		
			十五、其他资产		
			十六、减：各项准备		
			其中：贷款损失准备		
资金来源总计	12 572	8 895	资金运用总计	12 572	8 895

表 2.72　南京银行北京分行外汇信贷收支统计

单位：万美元

项目名称	余额	比年初	项目名称	余额	比年初
一、各项存款	12 660	10 329	一、各项贷款	16 028	12 613
（一）境内存款	12 655	10 490	（一）境内贷款	16 028	12 613
1. 个人存款	199	113	1. 短期贷款	16 028	12 613
其中：活期储蓄存款	53	38	（1）个人贷款及透支		
定期储蓄存款	146	75	其中：个人消费贷款		
结构性存款			（2）单位贷款及透支	16 028	12 613
2. 单位存款	12 456	10 377	经营贷款及透支	8 117	6 167
其中：活期存款	599	478	固定资产贷款		
定期存款	130	130	并购贷款		
保证金存款	5 934	3 976	贸易融资	7 911	6 446
结构性存款			（3）非存款类金融机构贷款		
3. 国库定期存款			2. 中长期贷款		
4. 非存款类金融机构存款			（1）个人贷款		
（二）境外存款	5	-161	其中：个人消费贷款		
二、代理财政性存款			（2）单位贷款		
三、金融债券			经营贷款		
其中：境外发行			固定资产贷款		
四、卖出回购资产			并购贷款		
五、向中央银行借款			贸易融资		
六、银行业存款类金融机构往来	1 751	995	（3）非存款类金融机构贷款		
七、借款及非存款类金融机构拆入	1 514	1 306	3. 票据融资		
八、联行往来（净）		-154	4. 融资租赁		
九、外汇买卖（净）			5. 各项垫款		
十、应付及暂收款	97	54	（二）境外贷款		
其中：应付利息	41	31	二、债券投资		
十一、其他负债	10		三、股权及其他投资		
十二、所有者权益	-149	-149	四、买入返售资产		
其中：实收资本			五、存放中央银行存款		
			六、缴存中央银行财政性存款		
			七、银行业存款类金融机构往来	17	-16
			八、存放非存款类金融机构款项		
			九、联行往来	62	62
			其中：境内存放二级准备金		
			十、外汇买卖（净）		
			十一、库存现金	43	17
			十二、应收及预付款	80	52
			其中：应收利息	80	52
			十三、投资性房地产		
			十四、固定资产		
			十五、其他资产		
			十六、减：各项准备	347	347
			其中：贷款损失准备	347	347
资金来源总计	15 883	12 381	资金运用总计	15 883	12 381

表 2.73 盛京银行北京分行外汇信贷收支统计

单位：万美元

项目名称	余额	比年初	项目名称	余额	比年初
一、各项存款	5 067	-7 118	一、各项贷款	20 048	1 029
（一）境内存款	5 067	-7 118	（一）境内贷款	20 048	1 029
1. 个人存款	138	3	1. 短期贷款	20 048	1 029
其中：活期储蓄存款	64	-10	（1）个人贷款及透支		
定期储蓄存款	74	13	其中：个人消费贷款		
结构性存款			（2）单位贷款及透支	20 048	1 029
2. 单位存款	4 929	-7 121	经营贷款及透支	15 678	6 271
其中：活期存款	3 151	-547	固定资产贷款		
定期存款	1 778	-6 093	并购贷款		
保证金存款		-481	贸易融资	4 370	-5 242
结构性存款			（3）非存款类金融机构贷款		
3. 国库定期存款			2. 中长期贷款		
4. 非存款类金融机构存款			（1）个人贷款		
（二）境外存款			其中：个人消费贷款		
二、代理财政性存款			（2）单位贷款		
三、金融债券			经营贷款		
其中：境外发行			固定资产贷款		
四、卖出回购资产			并购贷款		
五、向中央银行借款			贸易融资		
六、银行业存款类金融机构往来			（3）非存款类金融机构贷款		
七、借款及非存款类金融机构拆入			3. 票据融资		
八、联行往来（净）	14 492	7 563	4. 融资租赁		
九、外汇买卖（净）	1	1	5. 各项垫款		
十、应付及暂收款	17	-15	（二）境外贷款		
其中：应付利息	17	-14	二、债券投资		
十一、其他负债			三、股权及其他投资		
十二、所有者权益	593	593	四、买入返售资产		
其中：实收资本			五、存放中央银行存款		
			六、缴存中央银行财政性存款		
			七、银行业存款类金融机构往来	30	-14
			八、存放非存款类金融机构款项		
			九、联行往来		
			其中：境内存放二级准备金		
			十、外汇买卖（净）		
			十一、库存现金	24	-4
			十二、应收及预付款	68	13
			其中：应收利息	68	13
			十三、投资性房地产		
			十四、固定资产		
			十五、其他资产		
			十六、减：各项准备		
			其中：贷款损失准备		
资金来源总计	20 170	1 024	资金运用总计	20 170	1 024

表2.74 上海银行北京分行外汇信贷收支统计

单位：万美元

项目名称	余额	比年初	项目名称	余额	比年初
一、各项存款	121 332	-6 332	一、各项贷款	152 810	50 636
（一）境内存款	121 284	-6 379	（一）境内贷款	152 810	50 636
1. 个人存款	123	76	1. 短期贷款	132 496	30 322
其中：活期储蓄存款	114	79	（1）个人贷款及透支		
定期储蓄存款	9	-3	其中：个人消费贷款		
结构性存款			（2）单位贷款及透支	132 496	30 322
2. 单位存款	112 060	-14 550	经营贷款及透支	18 219	7 739
其中：活期存款	910	-1 821	固定资产贷款		
定期存款		-35 000	并购贷款		
保证金存款	111 150	27 637	贸易融资	114 277	22 583
结构性存款			（3）非存款类金融机构贷款		
3. 国库定期存款			2. 中长期贷款	20 314	20 314
4. 非存款类金融机构存款	9 101	8 095	（1）个人贷款		
（二）境外存款	48	47	其中：个人消费贷款		
二、代理财政性存款			（2）单位贷款	20 314	20 314
三、金融债券			经营贷款	20 314	20 314
其中：境外发行			固定资产贷款		
四、卖出回购资产			并购贷款		
五、向中央银行借款			贸易融资		
六、银行业存款类金融机构往来	984	984	（3）非存款类金融机构贷款		
七、借款及非存款类金融机构拆入	112 503	22 615	3. 票据融资		
八、联行往来（净）			4. 融资租赁		
九、外汇买卖（净）		-2	5. 各项垫款		
十、应付及暂收款	209	-725	（二）境外贷款		
其中：应付利息	209	-723	二、债券投资		
十一、其他负债			三、股权及其他投资		
十二、所有者权益	-516	2 023	四、买入返售资产		
其中：实收资本			五、存放中央银行存款		
			六、缴存中央银行财政性存款		
			七、银行业存款类金融机构往来	56	-11
			八、存放非存款类金融机构款项		
			九、联行往来	81 424	-31 963
			其中：境内存放二级准备金		
			十、外汇买卖（净）	2	2
			十一、库存现金	15	-1
			十二、应收及预付款	205	-100
			其中：应收利息		
			十三、投资性房地产		
			十四、固定资产		
			十五、其他资产		
			十六、减：各项准备		
			其中：贷款损失准备		
资金来源总计	234 512	18 563	资金运用总计	234 512	18 563

表 2.75　江苏银行北京分行外汇信贷收支统计

单位：万美元

项目名称	余额	比年初	项目名称	余额	比年初
一、各项存款	27 395	-15 423	一、各项贷款	20 960	-12 948
（一）境内存款	27 268	-15 143	（一）境内贷款	20 960	-12 948
1. 个人存款	88	37	1. 短期贷款	20 960	-12 948
其中：活期储蓄存款	46	22	（1）个人贷款及透支		
定期储蓄存款	42	15	其中：个人消费贷款		
结构性存款			（2）单位贷款及透支	20 960	-12 948
2. 单位存款	13 880	-9 778	经营贷款及透支	12 065	2 668
其中：活期存款	10 994	9 747	固定资产贷款		
定期存款	1 000	-17 369	并购贷款		
保证金存款	1 886	1 844	贸易融资	8 895	-15 616
结构性存款			（3）非存款类金融机构贷款		
3. 国库定期存款			2. 中长期贷款		
4. 非存款类金融机构存款	13 300	-5 402	（1）个人贷款		
（二）境外存款	127	-280	其中：个人消费贷款		
二、代理财政性存款			（2）单位贷款		
三、金融债券			经营贷款		
其中：境外发行			固定资产贷款		
四、卖出回购资产			并购贷款		
五、向中央银行借款			贸易融资		
六、银行业存款类金融机构往来		-21 000	（3）非存款类金融机构贷款		
七、借款及非存款类金融机构拆入			3. 票据融资		
八、联行往来（净）			4. 融资租赁		
九、外汇买卖（净）			5. 各项垫款		
十、应付及暂收款	156	-637	（二）境外贷款		
其中：应付利息	156	-637	二、债券投资		
十一、其他负债		-108	三、股权及其他投资		
十二、所有者权益	472	472	四、买入返售资产		
其中：实收资本			五、存放中央银行存款		
			六、缴存中央银行财政性存款		
			七、银行业存款类金融机构往来	92	72
			八、存放非存款类金融机构款项		
			九、联行往来	6 811	-23 689
			其中：境内存放二级准备金	5 215	-811
			十、外汇买卖（净）		
			十一、库存现金	10	5
			十二、应收及预付款	150	-136
			其中：应收利息	150	-136
			十三、投资性房地产		
			十四、固定资产		
			十五、其他资产		
			十六、减：各项准备		
			其中：贷款损失准备		
资金来源总计	28 023	-36 696	资金运用总计	28 023	-36 696

表 2.76　宁波银行北京分行外汇信贷收支统计

单位：万美元

项目名称	余额	比年初	项目名称	余额	比年初
一、各项存款	29 698	3 001	一、各项贷款	7 416	-11 463
（一）境内存款	29 453	2 785	（一）境内贷款	7 416	-11 463
1. 个人存款	133	-108	1. 短期贷款	7 416	-11 463
其中：活期储蓄存款	108	103	（1）个人贷款及透支		
定期储蓄存款	25	-211	其中：个人消费贷款		
结构性存款			（2）单位贷款及透支	7 416	-11 463
2. 单位存款	28 270	17 543	经营贷款及透支	5 250	-10 450
其中：活期存款	4 290	2 027	固定资产贷款		
定期存款	8 485	8 485	并购贷款		
保证金存款	3 553	3 553	贸易融资	2 166	-1 013
结构性存款			（3）非存款类金融机构贷款		
3. 国库定期存款			2. 中长期贷款		
4. 非存款类金融机构存款	1 050	-14 650	（1）个人贷款		
（二）境外存款	245	216	其中：个人消费贷款		
二、代理财政性存款			（2）单位贷款		
三、金融债券			经营贷款		
其中：境外发行			固定资产贷款		
四、卖出回购资产			并购贷款		
五、向中央银行借款			贸易融资		
六、银行业存款类金融机构往来		-325	（3）非存款类金融机构贷款		
七、借款及非存款类金融机构拆入		-120	3. 票据融资		
八、联行往来（净）			4. 融资租赁		
九、外汇买卖（净）			5. 各项垫款		
十、应付及暂收款	151	114	（二）境外贷款		
其中：应付利息	151	114	二、债券投资		
十一、其他负债	2		三、股权及其他投资		
十二、所有者权益	309	65	四、买入返售资产		
其中：实收资本			五、存放中央银行存款		
			六、缴存中央银行财政性存款		
			七、银行业存款类金融机构往来	6	2
			八、存放非存款类金融机构款项		
			九、联行往来	22 687	14 190
			其中：境内存放二级准备金	1 655	967
			十、外汇买卖（净）		
			十一、库存现金	50	6
			十二、应收及预付款		
			其中：应收利息		
			十三、投资性房地产		
			十四、固定资产		
			十五、其他资产	1	
			十六、减：各项准备		
			其中：贷款损失准备		
资金来源总计	30 160	2 735	资金运用总计	30 160	2 735

表 2.77　包商银行北京分行外汇信贷收支统计

单位：万美元

项目名称	余额	比年初	项目名称	余额	比年初
一、各项存款	101	-3	一、各项贷款		
（一）境内存款	101	29	（一）境内贷款		
1. 个人存款	100	63	1. 短期贷款		
其中：活期储蓄存款	15	15	（1）个人贷款及透支		
定期储蓄存款	85	48	其中：个人消费贷款		
结构性存款			（2）单位贷款及透支		
2. 单位存款	1	-34	经营贷款及透支		
其中：活期存款	1	-34	固定资产贷款		
定期存款			并购贷款		
保证金存款			贸易融资		
结构性存款			（3）非存款类金融机构贷款		
3. 国库定期存款			2. 中长期贷款		
4. 非存款类金融机构存款			（1）个人贷款		
（二）境外存款		-32	其中：个人消费贷款		
二、代理财政性存款			（2）单位贷款		
三、金融债券			经营贷款		
其中：境外发行			固定资产贷款		
四、卖出回购资产			并购贷款		
五、向中央银行借款			贸易融资		
六、银行业存款类金融机构往来			（3）非存款类金融机构贷款		
七、借款及非存款类金融机构拆入			3. 票据融资		
八、联行往来（净）			4. 融资租赁		
九、外汇买卖（净）			5. 各项垫款		
十、应付及暂收款			（二）境外贷款		
其中：应付利息			二、债券投资		
十一、其他负债			三、股权及其他投资		
十二、所有者权益	7	21	四、买入返售资产		
其中：实收资本			五、存放中央银行存款		
			六、缴存中央银行财政性存款		
			七、银行业存款类金融机构往来	3	
			八、存放非存款类金融机构款项		
			九、联行往来	66	12
			其中：境内存放二级准备金		
			十、外汇买卖（净）		
			十一、库存现金	39	6
			十二、应收及预付款		
			其中：应收利息		
			十三、投资性房地产		
			十四、固定资产		
			十五、其他资产		
			十六、减：各项准备		
			其中：贷款损失准备		
资金来源总计	108	18	资金运用总计	108	18

表 2.78　锦州银行北京分行外汇信贷收支统计

单位：万美元

项目名称	余额	比年初	项目名称	余额	比年初
一、各项存款	112	-14 338	一、各项贷款	49 205	-8 512
（一）境内存款	111	-14 339	（一）境内贷款	49 205	-8 512
1. 个人存款	20	12	1. 短期贷款	49 205	-8 512
其中：活期储蓄存款	11	7	（1）个人贷款及透支		
定期储蓄存款	9	5	其中：个人消费贷款		
结构性存款			（2）单位贷款及透支	49 205	-8 512
2. 单位存款	91	-14 351	经营贷款及透支	5 380	-125
其中：活期存款	91	49	固定资产贷款		
定期存款			并购贷款		
保证金存款			贸易融资	43 825	-8 387
结构性存款			（3）非存款类金融机构贷款		
3. 国库定期存款			2. 中长期贷款		
4. 非存款类金融机构存款			（1）个人贷款		
（二）境外存款	1	1	其中：个人消费贷款		
二、代理财政性存款			（2）单位贷款		
三、金融债券			经营贷款		
其中：境外发行			固定资产贷款		
四、卖出回购资产			并购贷款		
五、向中央银行借款			贸易融资		
六、银行业存款类金融机构往来			（3）非存款类金融机构贷款		
七、借款及非存款类金融机构拆入			3. 票据融资		
八、联行往来（净）	49 615	5 704	4. 融资租赁		
九、外汇买卖（净）			5. 各项垫款		
十、应付及暂收款		-353	（二）境外贷款		
其中：应付利息		-353	二、债券投资		
十一、其他负债			三、股权及其他投资		
十二、所有者权益	117	117	四、买入返售资产		
其中：实收资本			五、存放中央银行存款		
			六、缴存中央银行财政性存款		
			七、银行业存款类金融机构往来	3	-2
			八、存放非存款类金融机构款项		
			九、联行往来		
			其中：境内存放二级准备金		
			十、外汇买卖（净）		
			十一、库存现金	5	4
			十二、应收及预付款	631	-360
			其中：应收利息	631	-360
			十三、投资性房地产		
			十四、固定资产		
			十五、其他资产		
			十六、减：各项准备		
			其中：贷款损失准备		
资金来源总计	49 844	-8 870	资金运用总计	49 844	-8 870

表 2.79　厦门国际银行北京分行外汇信贷收支统计

单位：万美元

项目名称	余额	比年初	项目名称	余额	比年初
一、各项存款	70 367	55 100	一、各项贷款	8 638	-29 050
（一）境内存款	26 811	21 914	（一）境内贷款	8 638	-18 596
1. 个人存款	4 986	137	1. 短期贷款	997	-22 030
其中：活期储蓄存款	12	12	（1）个人贷款及透支		
定期储蓄存款	4 973	125	其中：个人消费贷款		
结构性存款			（2）单位贷款及透支	997	-22 030
2. 单位存款	21 274	21 226	经营贷款及透支	997	-21 742
其中：活期存款	21 274	21 228	固定资产贷款		
定期存款			并购贷款		
保证金存款		-2	贸易融资		-288
结构性存款			（3）非存款类金融机构贷款		
3. 国库定期存款			2. 中长期贷款	7 641	3 433
4. 非存款类金融机构存款	551	551	（1）个人贷款		-7
（二）境外存款	43 555	33 186	其中：个人消费贷款		-7
二、代理财政性存款			（2）单位贷款	7 641	3 441
三、金融债券			经营贷款	7 641	3 441
其中：境外发行			固定资产贷款		
四、卖出回购资产			并购贷款		
五、向中央银行借款			贸易融资		
六、银行业存款类金融机构往来		-6 400	（3）非存款类金融机构贷款		
七、借款及非存款类金融机构拆入		-288	3. 票据融资		
八、联行往来（净）		-16 132	4. 融资租赁		
九、外汇买卖（净）			5. 各项垫款		
十、应付及暂收款	-233	649	（二）境外贷款		-10 454
其中：应付利息	61	-43	二、债券投资		
十一、其他负债	21 041	21 041	三、股权及其他投资		
十二、所有者权益	-208	-1 338	四、买入返售资产		
其中：实收资本			五、存放中央银行存款		
			六、缴存中央银行财政性存款		
			七、银行业存款类金融机构往来	130	2
			八、存放非存款类金融机构款项		
			九、联行往来	61 060	61 060
			其中：境内存放二级准备金		
			十、外汇买卖（净）	21 041	21 041
			十一、库存现金	28	24
			十二、应收及预付款	70	-444
			其中：应收利息	70	-444
			十三、投资性房地产		
			十四、固定资产		
			十五、其他资产		
			十六、减：各项准备		
			其中：贷款损失准备		
资金来源总计	90 967	52 633	资金运用总计	90 967	52 633

表 2.80　中国邮政储蓄银行北京分行外汇信贷收支统计

单位：万美元

项目名称	余额	比年初	项目名称	余额	比年初
一、各项存款	53 263	258	一、各项贷款	30 000	
（一）境内存款	53 263	258	（一）境内贷款	30 000	
1. 个人存款	3 094	252	1. 短期贷款		
其中：活期储蓄存款	1 181	48	（1）个人贷款及透支		
定期储蓄存款	1 904	195	其中：个人消费贷款		
结构性存款			（2）单位贷款及透支		
2. 单位存款	68	5	经营贷款及透支		
其中：活期存款	68	5	固定资产贷款		
定期存款			并购贷款		
保证金存款			贸易融资		
结构性存款			（3）非存款类金融机构贷款		
3. 国库定期存款			2. 中长期贷款	30 000	
4. 非存款类金融机构存款	50 101		（1）个人贷款		
（二）境外存款			其中：个人消费贷款		
二、代理财政性存款			（2）单位贷款	30 000	
三、金融债券			经营贷款	30 000	
其中：境外发行			固定资产贷款		
四、卖出回购资产			并购贷款		
五、向中央银行借款			贸易融资		
六、银行业存款类金融机构往来			（3）非存款类金融机构贷款		
七、借款及非存款类金融机构拆入			3. 票据融资		
八、联行往来（净）			4. 融资租赁		
九、外汇买卖（净）			5. 各项垫款		
十、应付及暂收款	160	127	（二）境外贷款		
其中：应付利息	58	24	二、债券投资		
十一、其他负债	396	-2	三、股权及其他投资		
十二、所有者权益	1 456	1 001	四、买入返售资产		
其中：实收资本			五、存放中央银行存款		
			六、缴存中央银行财政性存款		
			七、银行业存款类金融机构往来		-2
			八、存放非存款类金融机构款项		
			九、联行往来		
			其中：境内存放二级准备金		
			十、外汇买卖（净）		
			十一、库存现金	204	-214
			十二、应收及预付款	184	-1
			其中：应收利息	39	
			十三、投资性房地产		
			十四、固定资产		
			十五、其他资产	25 488	1 601
			十六、减：各项准备	601	
			其中：贷款损失准备	601	
资金来源总计	55 275	1 384	资金运用总计	55 275	1 384

表 2.81 北京农商银行外汇信贷收支统计

单位：万美元

项目名称	余额	比年初	项目名称	余额	比年初
一、各项存款	22 223	14 911	一、各项贷款	18 377	10 760
（一）境内存款	22 222	14 910	（一）境内贷款	18 377	10 760
1. 个人存款	1 886	639	1. 短期贷款	4 126	203
其中：活期储蓄存款	985	154	（1）个人贷款及透支		
定期储蓄存款	899	484	其中：个人消费贷款		
结构性存款			（2）单位贷款及透支	4 126	203
2. 单位存款	10 336	4 271	经营贷款及透支	1 580	－1 020
其中：活期存款	2 398	261	固定资产贷款		
定期存款	7 575	3 650	并购贷款		
保证金存款	363	360	贸易融资	2 546	1 223
结构性存款			（3）非存款类金融机构贷款		
3. 国库定期存款			2. 中长期贷款	14 251	10 558
4. 非存款类金融机构存款	10 000	10 000	（1）个人贷款		
（二）境外存款	1	1	其中：个人消费贷款		
二、代理财政性存款			（2）单位贷款	14 251	10 558
三、金融债券			经营贷款		
其中：境外发行			固定资产贷款	3 259	－435
四、卖出回购资产			并购贷款		
五、向中央银行借款			贸易融资	10 992	10 992
六、银行业存款类金融机构往来	10 485	5 792	（3）非存款类金融机构贷款		
七、借款及非存款类金融机构拆入	1 000	1 000	3. 票据融资		
八、联行往来（净）	1 001	1 001	4. 融资租赁		
九、外汇买卖（净）		－1 795	5. 各项垫款		
十、应付及暂收款	102	－52	（二）境外贷款		
其中：应付利息	5	－21	二、债券投资		
十一、其他负债	7 000		三、股权及其他投资		
十二、所有者权益	284	30	四、买入返售资产		
其中：实收资本			五、存放中央银行存款	404	115
			六、缴存中央银行财政性存款		
			七、银行业存款类金融机构往来	20 987	9 329
			八、存放非存款类金融机构款项	1 648	771
			九、联行往来		
			其中：境内存放二级准备金	258	－31
			十、外汇买卖（净）	7	7
			十一、库存现金	105	－27
			十二、应收及预付款	569	－69
			其中：应收利息	3	－5
			十三、投资性房地产		
			十四、固定资产		
			十五、其他资产		
			十六、减：各项准备		
			其中：贷款损失准备		
资金来源总计	42 096	20 887	资金运用总计	42 096	20 887

表 2.82　昆仑银行国际业务结算中心外汇信贷收支统计

单位：万美元

项目名称	余额	比年初	项目名称	余额	比年初
一、各项存款	3 569	1 615	一、各项贷款	1 819	642
（一）境内存款	3 569	1 615	（一）境内贷款	1 819	642
1. 个人存款			1. 短期贷款		-1 177
其中：活期储蓄存款			（1）个人贷款及透支		
定期储蓄存款			其中：个人消费贷款		
结构性存款			（2）单位贷款及透支		-1 177
2. 单位存款	3 569	1 615	经营贷款及透支		
其中：活期存款	3 569	1 615	固定资产贷款		
定期存款			并购贷款		
保证金存款			贸易融资		-1 177
结构性存款			（3）非存款类金融机构贷款		
3. 国库定期存款			2. 中长期贷款	1 819	1 819
4. 非存款类金融机构存款			（1）个人贷款		
（二）境外存款			其中：个人消费贷款		
二、代理财政性存款			（2）单位贷款	1 819	1 819
三、金融债券			经营贷款		
其中：境外发行			固定资产贷款		
四、卖出回购资产			并购贷款		
五、向中央银行借款			贸易融资	1 819	1 819
六、银行业存款类金融机构往来			（3）非存款类金融机构贷款		
七、借款及非存款类金融机构拆入			3. 票据融资		
八、联行往来（净）			4. 融资租赁		
九、外汇买卖（净）			5. 各项垫款		
十、应付及暂收款	139	-19	（二）境外贷款		
其中：应付利息			二、债券投资		
十一、其他负债	77	-51	三、股权及其他投资		
十二、所有者权益	185	185	四、买入返售资产		
其中：实收资本			五、存放中央银行存款		
			六、缴存中央银行财政性存款		
			七、银行业存款类金融机构往来		
			八、存放非存款类金融机构款项		
			九、联行往来	2 151	1 087
			其中：境内存放二级准备金		
			十、外汇买卖（净）		
			十一、库存现金		
			十二、应收及预付款		
			其中：应收利息		
			十三、投资性房地产		
			十四、固定资产		
			十五、其他资产		
			十六、减：各项准备		
			其中：贷款损失准备		
资金来源总计	3 970	1 730	资金运用总计	3 970	1 730

注：以上统计表由中国人民银行营业管理部调查统计处提供。

（三）机构、人员统计

表 3.1　北京辖区内金融管理机构数量与从业人员数量统计

2015 年 12 月 31 日

单位：家、人

机构名称	机构数量	职工人数
中国人民银行营业管理部	1	518
中国银行业监督管理委员会北京监管局	1	232
中国证券监督管理委员会北京监管局	1	121
中国保险监督管理委员会北京监管局	1	84
北京市金融工作局	1	66
合计	5	1 021

注：表中数据由表中各部门提供。

表 3.2　北京辖区内银行及其他金融机构数量与从业人员数量统计

2015 年 12 月 31 日

单位：家、人

机构名称	机构数			从业人员数	营业员工数
	法人机构	分行级（含总行营业部、办事处、代表处）	支行及支行以下营业网点		
国家开发银行在京营业机构		2		355	
政策性银行合计		3	13	573	270
中国进出口银行北京分行		1	0	81	8
中国农业发展银行在京营业机构		2	13	492	262
国有商业银行合计		7	1 805	52 711	33 673
中国工商银行北京市分行		1	562	18 702	11 501
中国农业银行北京市分行		2	359	7 835	5 180
中国银行北京市分行		1	293	9 958	6 277
中国建设银行北京市分行		2	447	11 640	7 306
交通银行北京市分行		1	144	4 576	3 409
股份制商业银行合计		12	898	23 003	16 588
中信银行总行营业部		1	71	2 888	1 948
中国光大银行北京分行		1	122	2 785	2 092
华夏银行北京分行		1	69	2 006	1 374
广发银行北京分行		1	56	1 780	1 227

续表

机构名称	机构数			从业人员数	营业员工数
	法人机构	分行级（含总行营业部、办事处、代表处）	支行及支行以下营业网点		
平安银行北京分行		1	66	1 865	1 370
招商银行北京分行		1	111	4 189	3 423
上海浦东发展银行北京分行		1	74	1 496	1 104
兴业银行北京分行		1	63	1 636	1 316
民生银行北京分行		1	226	3 139	2 124
浙商银行北京分行		1	5	395	136
渤海银行北京分行		1	35	672	440
恒丰银行北京分行		1	0	152	34
城市商业银行合计	1	17	338	10 486	6 889
北京银行	1	5	235	6 552	4 742
天津银行北京分行		1	12	381	269
大连银行北京分行		1	5	218	77
杭州银行北京分行		1	15	443	282
南京银行北京分行		1	5	214	238
盛京银行北京分行		1	11	377	133
上海银行北京分行		1	5	250	73
江苏银行北京分行		1	20	566	396
宁波银行北京分行		1	6	371	141
包商银行北京分行		1	9	317	133
锦州银行北京分行		1	5	205	77
厦门国际银行北京分行		1	10	557	328
昆仑银行国际业务结算中心		1		35	
农村金融机构合计	12		719	9 644	9 644
北京农商银行	1		693	8 913	8 913
村镇银行	11		26	731	731
中国邮政储蓄银行北京分行		1	567	3 080	1 655
卡中心		11	1	7 932	
外资银行	9	46	66	5 651	2 079
外资银行代表处		66		214	
外资非银行代表处		16		50	
非银行金融机构合计	93	5		11 013	
资产管理公司		4		246	
企业集团财务公司	70	1		4 404	
信托公司	11			2 585	
金融租赁公司	3			271	
汽车金融公司	7			2 951	
消费金融公司	1			414	
货币经纪公司	1			142	
合计	115	190	4 407	124 958	70 798

注：1. 营业员工数指营业网点的所有员工数。

2. 中国工商银行票据营业部北京分部的数据计入“中国工商银行北京市分行”。

3. 本表由中国银行业监督管理委员会北京监管局提供。

表 3.3　北京辖区内证券机构数量与从业人员数量统计

2015 年 12 月 31 日

单位：家、人、万户

机构类别	机构数量	从业人员数量	投资者开户数
证券公司	18	33 034	1 521
证券分公司	67	10 494	850
证券营业部	380		
基金管理公司	25	4 510	
基金分公司	54		
期货公司	20	4 537	54. 46
期货分支机构	96	865	10. 86
证券投资咨询公司	19	1 329	23. 81
上市公司			
外资代表处	37		

注：本统计表由中国证券监督管理委员会北京监管局提供。

表 3.4　北京辖区内保险机构数量与从业人员数量统计

2015 年 12 月 31 日

单位：家、人

机构类别	总公司	分公司	支公司	营业部	营销服务部	专属机构（电销中心）	公司职工	保险营销员
中资产险	12	29	140	43	69			
中资寿险	21	35	88	12	182	11		
中资再保险	3							
外资产险	3	12	0	1				
外资寿险	8	21	2	1	34	9		
外资再保险		3						
政策性保险	1							
资产管理公司	10							
保险集团	7							
合计	65	100	230	57	285	20		
中介法人机构								
其中：代理公司	170	344					41 099	
经纪公司	171	51					10 266	
公估公司	48	11					1 093	
总计	389	406					52 458	111 397

注：1. 总公司是指注册地在北京的保险公司总公司。

2. 本表由中国保险监督管理委员会北京监管局提供。

九、大 事 记

1月

1月1日　北京保险行业开始开展北京地区人身保险销售从业人员销售资质考试。该考试针对产品形态较为复杂的人身保险产品设立分红型、万能险和投连险、变额年金保险两类销售资质，北京地区人身保险销售从业人员销售上述保险产品时，需通过销售资格考试并获得相应资质。

1月8日　中国工商银行北京市分行成功投产北京地区移动手机费、联通手机费、联通固话费、热力集团热费、自来水集团水费、燃气集团燃气费、电力公司智能表购电等缴费项目。

1月28日　中国建行银行北京市分行首家智慧银行在丰盛支行正式开业。

1月　中国银行北京地区首家智慧银行旗舰店——中国银行北京西单支行正式营业。该网点主要包括自助交易与预处理区、客户体验与产品展示区、柜台服务区、营销服务区和中高端客户服务区5个区域。在设置日常业务办理区域及相关设备的基础上，以自助发卡机、互动体感屏、自助填单台、远程专家平台等智能设备为亮点，实现各项业务办理的全程自助化。此外，该网点还在厅堂内架设了免费WiFi，为客户提供网上银行、手机银行、微信银行等智能服务。

2月

2月1日　“12378保险消费者投诉维权热线”北京分中心上线运行。为承接该中心转办的保险消费者维权案件，北京保险行业协会制定相关转办事项处理流程，方便会员公司尽快通过行业调解处理各类投诉问题。截至年末，北京保险行业协会受理“12378热线”转办保险消费者维权案件立案854件，占全年立案总量的65%。

2月2日　韩亚银行（中国）有限公司举行开业典礼。该行由韩亚银行（中国）有限公司与外换银行（中国）有限公司合并而成，合并后的韩亚银行总资产为436亿元，贷款190亿元，存款347亿元，人员数813人，分支机构30家。

2月3日　由北京市银行业协会主办的“2014年度北京榜样——首都银行榜样”表彰大会在京召开。大会对首都银行十大榜样人物（或集体）及首都银行十大感动人物进行了表彰，并对全行业员工发出了“学习榜样事迹、践行榜样精神”的倡议。中国工商银行北京市分行的杨爱军、北京银行的刘世忠等人获评10大榜样人物；中国银行北京市分行的许远、中国邮政储蓄银行北京分行的李鹏等人获评10大感动人物；中国农业银行北京市分行的杨涛、北京大兴九银村镇银行的张颖等人获评20位月榜人物。

2月8日　北京京港地铁有限公司与北京市人民政府举行《北京地铁十六号线项目特许协议》签约仪式。为保障《特许协议》的实施，北京京港地铁有限公司与中国工商银行北京市分行、中国银行北京市分行和北京农商银行联合签署《银企战略合作协议》，实现了北京市轨道交通项目跨地域、多渠道和有竞争力的融资方案组合。

2月12日　北京银监局召开“2015年北京银行业监督管理工作会议”，贯彻落实党的十八届三中、四中全会及中央经济工作会议和全国银行业监督管理工作会议精神，总结2014年工作，部署2015年工作任务。

3月

3月2日 中国人民银行中关村国家自主创新示范区中心支行（国家外汇管理局中关村国家自主创新示范区中心支局）正式履职并开展工作。中国人民银行副行长范一飞、北京市副市长张工、国家外汇管理局副局长兼人民银行营业管理部主任李超赴该中支调研，北京市金融工作局书记霍学文、中关村管委会副主任杨建华、海淀区书记隋振江、区长孙文锴等相关部门领导参加了调研活动。

中国人民银行中关村国家自主创新示范区中心支行（国家外汇管理局中关村国家自主创新示范区中心支局）是中国人民银行在全国高新区范围内设立的首家中心支行，是人民银行营业管理部的首家分支机构，其主要职责为：负责货币信贷政策在示范区的贯彻执行，维护辖区金融稳定；承担辖区统计研究、支付结算管理、征信管理、外汇管理等职责，以及营业管理部授权的其他业务。机构设置上，目前设置了办公室、金融创新科、金融服务科、监测分析科和外汇业务科5个科室。

3月10日 国家外汇管局北京外汇管理部正式下发《中关村国家自主创新示范区核心区外债宏观审慎管理外汇改革试点实施细则》。《细则》规定，在中关村示范区核心区内注册，拥有中关村高新技术证书的公司法人或者经中关村管委会认定确有借用外债需求，并为科技企业服务的非金融企业，可在不超过上年末经审计的净资产2倍的额度内借用外债，且借用的外币外债资金可以按规定结汇使用或者对外支付。

3月15日 中国银行业协会召开《2014年度中国银行业服务改进情况报告》发布暨文明规范服务千佳示范单位表彰会。北京地区有48家网点获得2014年度“中国银行业文明规范服务千佳示范单位”称号，58家网点获得“中国银行业文明规范服务五星级营业网点”称号，北京市银行业协会荣获2014年度“中国银行业文明规范服务工作最佳组织奖”。

3月16日 北京银行与天津市人民政府签署全面战略合作协议，双方将围绕京津冀协同发展、天津自贸区、“一带一路”建设、国家自主创新示范区和滨海新区开发开放等发展战略机遇进一步深化合作。根据协议，在2015年至2017年3年内，北京银行将给予天津市企业或项目1 000亿元资金支持，主要投向基础设施、港口、物流、制造业等重点项目建设，同时支持科技、文化及惠民中小微企业融资以及天津居民个人信贷服务。

3月18日 中国工商银行北京市分行中关村小微金融业务中心正式成立，并同时发布科技行业“创业通”产品。

3月31日 交通银行北京市分行正式推出私人银行“家庭工作室”服务。此项服务突破了以往单一客户的服务理念，强调以客户为圆心，立足整个家庭的螺旋式财富管理和服务体系。

4月

4月15日 中国金融工会北京工作委员会恢复建立大会在京召开，中国金融工会、北京市总工会、北京市金融局工作局、北京银监局、北京保监局等有关部门领导以及成员单位工会负责人、非成员单位金融机构代表等共120余人参加会议。作为中国金融工会的省级派出机构，中国金融工会北京工作委员会将接受中国金融工会和北京市总工会的双重领导，以中国金融工会领导为主。中国金融工会北京工作委员会现有成员单位38家，包括人行营业管理部、北京银监局、北京证监局、北京保监局及银行、证券、保险等金融业在京机构，首批吸收职工会员近8万人。

4月16日 北京保监局与北京市农村工作委员会、北京市金融工作局联合下发《关于在大兴区建立创新型“三农”保险示范区的试点意见》，明确了2015～2017年三年试点期间示范区的五项重点任务。

4月29日 北京银行与腾讯公司举行全面战略合作协议签约仪式。根据协议，北京银行将向腾讯公司提供意向性授信100亿元，并将围绕京医通项目、第三方支付、集团现金管理、零售金融等领域开展业务合作。

北京保险行业协会37家财产险会员公司共同签署的《关于北京保险行业向车险客户切实履行明确说明义务的自律公约》生效。为配合公约的实施，北京地区车险客户身份信息电子识别系统同时上线运行。在保持现有处理流程不变的基础上，保险公司及其委托的4S店、修理厂等中介机构在办理个人名下机动车的交强险和商业险投保、保单信息变更以及退保等业务时，必须使用专用设备扫描车主的第二代身份证原件，验证记录车主的手机号码，并做好“面对面”告知说明。

4～8月 北京市开展打击非法集资专项整治行动。该行动主要对私募股权投资、投资咨询等非法集资案件高发行业的重点机构，金融从业人员参与“飞单”等重点行为，互联网广告、小广告等重点载体，在朝阳区、西城区等重点区域开展整治。

5月

5月7日 中信银行总行营业部与同方股份有限公司签署战略合作协议，并发布“中信清华同方联名卡”，联名卡首批将发行2万张。

5月8日 由原北京股权交易中心有限公司变更设立的中关村股权交易服务集团有限公司揭牌。该集团下设三个全资子公司：新设的北京股权交易中心有限公司作为负责各类权益交易的平台；北京股权登记管理中心有限公司作为负责各类权益登记托管的独立第三方平台；北京京股投资管理有限公司作为负责对外投资和资金统筹管理的平台。

5月23日 在北京开幕的清华五道口全球金融论坛，同时举行了2014年度孙冶方金融创新奖颁奖典礼。人行营业管理部李宏谨的《市场预期、利率期限结构与间接货币政策转型》、潘功胜的《大行蝶变——中国大型银行复兴之路》、彭文生的《渐行渐远的红利——寻找中国新平衡》、周小川的《国际金融危机：观察、分析与应对》在内的6位作者和著作获得孙冶方金融创新奖第一届获奖著作，10篇论文获奖。

5月23～24日 2015年清华五道口全球金融论坛在清华大学举行，来自“一行三会”的主要负责人、国际金融机构决策者以及学术界、金融界和实业界50多位代表人物围绕经济新常态下的全球和中国金融业的机遇和挑战，就货币政策、银行业变革、财富管理、资本市场创新、互联网金融以及“一带一路”战略中的金融支持与合作等重要课题展开研讨，共吸引国内外累计1万余人次参会，中外媒体300多人参与报道。在论坛期间，还举办了2014年度孙冶方金融创新奖颁奖典礼和清华五道口全球金融论坛年度研究报告颁奖典礼。共有6部著作、10篇论文获奖。著作奖获奖者包括李宏谨、潘功胜、彭文生、蒲坚、张杰、周小川等。论文奖获奖者包括李扬、廖理、王坦等。

5月28日 中国进出口银行北京分行联合北京市发展和改革委员会、北京市商务委员会、中关村科技园区管理委员会等部门召开“一带一路”建设战略研讨会。

5月28日 清华控股集团财务有限公司正式开业。

6月

6月11日 中国银行北京市分行与百度金融事业部签署战略合作协议。根据协议，中国银行北京市分行将向百度及百度生态企业提供100亿元的意向授信合作额度，双方将围绕百度体系内企业，提供包括“联盟贷”在内的中小企业授信服务，并在个人消费金融服务等方面进行探索，共同打造有竞争力的互联网金融创新产品与服务。

6月18日 北京银行中关村分行设立中关村小巨人创客中心，成为国内银行业首家推出创客中心的银行。该中心实行会员制管理，包括创业会员、成长会员、机构会员、创客导师四类。12月23日，该中心正式开业。

6月19日 北京银行资金运营中心正式挂牌成立，成为首家定位于为京津冀区域协同发展提供创新金融服务的资金专营机构。该中心投资运营资金规模近2 000亿元。

上海浦东发展银行金融市场部（北京）成立揭牌仪式在金融街洲际酒店举行。该部门按照银行、信托、保险、证券基金等十大重点行业设立专业化行业客户经理团队，负责制定行业营销规则，进行客户分层，并根据客户分类确定不同层级客户的差异化服务模式。

6月25日 北京银行信用卡中心正式挂牌成立。同时宣布与独立第三方信用评估及信用管理机构“芝麻信用”正式签约，与其携手共同打造“全能智慧信用卡”，同时启动“一日园丁”慈善公益行动并向“大爱基金”首批受助学校——河北滦平第四小学进行爱心捐赠。

6月26日 中国人民财产保险公司北京市分公司与石景山区人民政府签署《石景山区公共管理综合保险协议》。政府通过引入商业保险参与社会管理，推进了城市管理体制的改革深化，提升了民生保障水平，促进了经济社会的和谐发展。

6月30日 中国太平洋财产保险公司北京分公司与北京华天饮食集团签署合作协议，为该集团提供总保额约1．8亿元的安全生产责任保险保障。

中华联合财产保险公司北京分公司与北京市气象局共同研发推出玉米干旱气象指数保险，并选取顺义区作为新产品试点地区。该险种保险金额为1 000元/亩，费率为8.5%，保险费为85元/亩，保险责任期间自7月11日至8月31日。6月30日，顺义区李遂镇葛代子村金振启成为玉米干旱气象指数保险的首单签约客户，为合作社种植的7 639.80亩玉米投保了总保额为763.98万元的玉米干旱气象指数保险保障。

6~8月 北京银监局、北京市银行业协会组织开展北京银行业防范打击非法集资宣教活动。本次宣教活动以97家在京中外资银行、11家信托公司为主力军，充分发挥全市4 000余家银行业经营网点遍布城乡、覆盖区县、贴近客户的宣教优势，综合利用折页、海报、展板、电子显示屏、电视、广播、网互联、微信等宣教媒介资源，着力构建全方位、多层次、持续性的银行业宣教体系。

7月

7月5日 由北京保监局、北京保险行业协会、北京保险学会主办的“保险相伴 呵护无限”保险公众日主题活动在朝阳公园举办。本次活动共有58家保险公司设立展台参与，共计发放宣传折页5万余份、宣传礼品8千余份。

7月7日 北京保监局发布《关于进一步加强人身保险产品销售管理的通知》，重点针对产品说明会和银邮渠道的销售管理，进一步明确和细化了监管要求。该通知自2015年9月1日起实施。

7月15日 北京银行举行北京银行北京分行成立揭牌暨支持小微企业项目签约仪式。北京银行发布了北京银行北京分行支持小微企业发展的六项举措，北京银行北京分行分别与康得投资集团、北京东方雨虹防水技术公司、北京华韵尚德国际文化传播公司和北京尚农林丰农产品专业合作社签署小微企业战略合作协议。

7月24日 陈军任中国农业银行北京市分行行长，中国农业银行党委委员、副行长李振江不再兼任北京市分行行长职务。（农行）

7月28日 2015年第一批北京市政府置换债券通过财政部国债发行投标系统承销子系统在银行间市场成功发行，杭州银行北京分行作为本期北京市地方债承销商，圆满完成承销工作，并以3.26%的利率中标1.3亿元北京市政府专项债券。

8月

8月5日 北京保监局与北京银监局签署《金融监管分工合作备忘录》，旨在建立北京保险业与银行业监管分工合作交流的平台，避免监管真空和重复监管，提高监管效率，鼓励金融创新，以达到辖内银行类、保险类金融机构及其从事的金融业务都能得到持续有效的监管，保障北京银行业和保险业稳健运行和健康发展。

北京市银行业协会发起成立中关村国家自主创新示范区金融业务服务工作委员会。该委员会共有成员单位31家，中国工商银行北京市分行当选为主任单位。

8月20日 北京市人民政府正式印发《关于加快发展现代保险服务业的实施意见》，提出了北京全面落实《国务院关于加快发展现代保险服务业的若干意见》的总体目标、重点任务和政策措施，明确了到2020年，基本建成保障全面、功能完善、安全稳健、诚信规范，与首都经济社会发展和人民群众需求相适应的现代保险服务业。9月17日，北京市人民政府召开新闻发布会，对《实施意见》进行解读，北京市金融局王红局长介绍了《实施意见》出台背景、主要内容、特点，北京保监局郭左践局长介绍了北京保险业服务首都经济社会发展情况，并针对媒体关心的问题进行了解答。

8月27日 北京农商银行与河北省农村信用社联合社签署人民币理财业务合作框架协议，并实现第一笔理财业务异地办理。

9月

9月2日 中国银行北京市分行选派优秀员工进驻阅兵村生活服务中心，为参加中国人民抗日战争暨世界反法西斯战争胜利70周年阅兵活动的各国官兵提供优质金融服务。

9月8 中国邮政储蓄银行北京分行首家面向高端客户的专属综合理财服务机构——邮益财富中心正式开业。

9月15日 中国太平洋财产保险公司北京分公司与北京首金中小微企业金融服务有限公司签署《中小企业短期借款履约保证保险合作协议》，开启国内互联网金融"担保+保险"模式，缓解小微企业融资难题。

9月17日 北京市金融工作局、北京市国有资产监督管理委员会、中关村科技园区管理委员会、北京证监局、全国中小企业股份转让系统公司、中关村股权交易服务集团共同签署《促进全国中小企业股份转让系统、北京市区域性股权市场建设六方合作机制备忘录》。合作机制备忘录基于依法合规、平等协作、优势互补的合作原则，明确了从企业培育和发展、市场建设和创新、风险防范和处置三个方面开展合作。

9月29日 保监会联合最高人民法院召开"全国保险纠纷诉讼与调解对接机制建设工作推进会"。会议确定北京为开展"保险纠纷诉调对接工作"全国10家试点地区之一。10月20日，北京保险行业协会与北京市第四中级人民法院举行"保险纠纷诉调对接签字仪式暨典型案例新闻发布会"，现场签署《关于建立保险纠纷诉调对接机制的实施意见》，标志着北京地区"保险纠纷诉调对接工作"迈上了一个新的台阶。

9月30日 北京银行正式推出"银税通"产品并与首批企业签署协议，向14家企业发放"银税通"贷款超过2 600万元，为海淀区A级纳税企业发展提供有力地支持。

9月 中华联合财产保险公司与北京纬世财富管理咨询有限公司、南京银行北京分行推出"新三板"股票质押融资工具，为创新型、创业型、成长型中小微企业发展服务，缓解其融资困难题。中华联合财产保险公司北京分公司完成保险行业首单"新三板"企业股权质押保证保险业务，北京胜龙科技股份有限公司成为该保险业务的第一位受益者。

10月

10月15日 中国太平洋财产保险公司北京分公司向其承保的中粮肉食投资有限公司预付赔款5 000万元，帮助这家在在"8·12天津爆炸事故"中遭受损失的企业尽快恢复生产。

10月16日 华夏银行北京分行首家二级分行——北京中关村管理部正式成立。该管理部将以"两个定位"、"六个创新"、"六个突破"为原则，着力打造华夏银行服务中关村科技金融新模式。

10月20日 北京市第四中级人民法院、北京保监局、北京保险行业协会召开新闻通报会。会议通报了北京市第四中级人民法院与北京保险行业协会保险纠纷诉调对接、诉非衔接机制建设情况，并举行了签约仪式。北京市16家保险公司作为代表参加了新闻通报会和签约仪式。

10月23日 中国农业银行北京市分行“三农”事业部在密云支行正式挂牌成立。

10月29日 杭州银行北京石景山文创支行与石景山区人民政府签订北京市第一个《政府风险补偿资金贷款合作协议》，并与首批获得贷款支持的两家企业签约。

10月29日~11月1日 “第十一届北京国际金融博览会”在北京展览馆举办。本届金博会主题为“新常态，新金融，新功能”。

10月 由北京市社会科学界联合会主办，北京市金融学会承办的“京津冀协同发展与金融支持”学术论坛在京举行。本次论坛围绕“京津冀协同发展与金融支持”这一主题，探讨交流京津冀三地政府、人民银行、金融机构在支持京津冀协同发展方面的工作思路和工作进展，并就区域经济一体化过程中如何更好地发挥金融对区域经济发展的助推作用建言献策。来自北京市社会科学界联合会、中国人民银行研究局、人民银行营业管理部、中国人行天津分行、中国人行石家庄中支、北京市发展和改革委员会、北京银监局、北京证监局、北京市金融学会部分会员单位、部分高校和科研机构等35家单位的嘉宾和代表近70人出席了本次论坛。

11月

11月2日 中国人民财产保险公司北京市分公司的首台（套）重大技术装备综合保险服务团队与北大青鸟集团签订保险协议，为该公司小粒煤热解分质利用成套设备提供总价值1.3亿元的风险保障。

11月7~9日 2015年北京国际钱币博览会在北京国家会议中心举行。本届博览会共有来自16个国家和地区的250余家国内外展商参展。

11月9日 北京农商银行参与了北京市财政局、北京市人力资源和社会保障局、北京市社会保险基金管理中心组织的机关事业单位养老保险和职业年金开立银行账户投标工作，成为机关事业单位养老保险开立银行账户唯一中标银行。

11月10日 中国太平洋财产保险公司北京分公司出具首单诉讼财产保全责任保险保单。诉讼财产保全责任保险是对《民事诉讼法》规定的诉讼财产保全担保制度的创新，即当申请人因申请错误给被申请人造成损失时，由保险人直接承担赔偿责任。

11月17日 中国邮政储蓄银行北京分行实现对北京邮政金融567家网点总行授权集中系统推广上线工作，对98类交易进行集中授权，提升业务集中处理效率。

11月20日 北京保监局与北京市公安局公安交通管理局、北京保险行业协会共同研发的“事故e处理”手机APP应用程序正式在北京地区全面试点。借助“事故e处理”，车主可自行上传事故现场照片，还可协商认定责任和保险理赔，有利于缩短事故车辆占路时间和当事人等候时间，有效节省警力，提升事故处理效率和理赔服务质量，缓解首都交通拥堵。

12 月

12 月 2 日 北京保监局、北京银监局与北京证监局召开了北京银行业、证券业、保险业监管协调会。会上各局分别通报了所监管金融机构运行、监管工作开展以及跨业监管与合作等相关情况，审议了联合开展跨市场金融知识宣传及消费者教育活动、加强银证保监管信息交流与共享、加强北京地区银证保热点难点事项联合调研与协同监管3项议题，并就监管协调会议开会频次、下一步合作方向等方面达成了一致意见。

北京市国家税务局与中国银行北市分行、交通银行北京市分行、中国光大银行北京分行、北京银行、北京农商银行举行《“征信互认银税互动”合作框架协议》签约仪式，现场还与各家银行签订了《综合金融服务协议》，为企业发展提供包括信贷在内的综合金融服务支持。

12 月 22 日 北京银行举办“北京通·京医通”卡发卡启动仪式，“京医通”卡正式纳入“北京通”范畴。

12 月 23 日 中国农业银行北京中关村分行正式成立。该行辖属中国农业银行北京市分行，是农业银行积极响应国家“大众创业、万众创新”号召而设立的二级分行，将按照“综合经营、突出特色”的基本方针和“创新、开放、协调、共享”的发展思路，重点为中关村园区内各类优质企业，尤其是科技型企业、社会公众和重大基础设施项目、科技创新配套项目提供金融支持。

华夏银行北京分行车公庄支行柜员李小仪被北京市人民政府国有资产监督管理委员会党委授予“国企楷模·北京榜样”荣誉称号。

12 月 28 日 中国建设银行北京市分行“刘艳快线”品牌被中国金融工会命名为“全国金融系统劳模创新工作室”。

12 月 29 日 中国银行业协会印发《关于命名中国银行业文明规范服务五星级、四星级、三星级营业网点的决定》，公布了全国星级网点。北京地区共命名了54 家五星级营业网点、56 家四星级营业网点和62 家三星级营业网点。

北京银监局印发《北京银监局关于创新开展农村集体经营性建设用地入市试点融资的意见》，鼓励银行业金融机构积极创新开展入市农村集体经营性建设用地相关权能的抵质押融资试点工作。

12 月 30 日 北京银监局印发《北京银监局关于北京银行业加强科技金融创新的意见》，积极推进北京银行业包括组织体系创新、产品创新、管理创新、服务方式创新、考核机制创新、监管创新在内的“六项创新”工作，鼓励北京银行业加大科技金融服务支持力度。

12 月 天津银行北京分行承销的北京海国鑫泰投资控股中心 2015 年度第一期债权融资计划在北京金融资产交易所成功发行，这是全国首单场内市场化发行的债权融资计划，发行总额 5 亿元，期限 2 年，发行利率 5. 30% 。

十、附　　录

（一）北京市金融机构名录

（截至 2015 年 12 月 31 日）

1. 金融管理机构

机构名称	地址	邮编	电话
中国人民银行营业管理部	西城区月坛南街 79 号	100045	68559550
（国家外汇管理局北京外汇管理部）	（海淀区莲花池东路 39 号西金大厦）	100036	（68559918）
中国银行业监督管理委员会北京监管局	西城区金融大街 20 号交通银行大厦 B 座	100033	58391815
中国证券监督管理委员会北京监管局	西城区金融街 26 号金阳大厦 6 层	100033	88088060
中国保险监督管理委员会北京监管局	西城区金融大街 15 号鑫茂大厦北楼 9 层	100033	66060530
北京市金融工作局	西城区槐柏树街 2 号市府大楼 2 号楼	100053	63020601

2. 银行业机构

（1）中资银行

机构名称	地址	邮编	电话
国家开发银行股份有限公司北京市分行	西城区复兴门内大街 158 号远洋大厦 8 层	100031	63223100
国家开发银行股份有限公司企业局	西城区太平桥大街 16 号丰融国际大厦 11 层	100032	66000900
中国进出口银行北京分行	东城区北河沿大街 77 号	100009	64099688
中国农业发展银行北京市分行	西城区月坛北街甲 2 号月坛大厦南楼	100045	68081842

中国农业发展银行总行营业部	西城区月坛北街甲2号月坛大厦南楼	100045	68081456
中国工商银行股份有限公司北京市分行	西城区复兴门南大街2号天银大厦B座	100031	66410579
中国农业银行股份有限公司北京市分行	东城区朝阳门北大街13号	100027	61128111
中国银行股份有限公司北京市分行	东城区朝阳门内大街2号凯恒中心C座、E座	100010	85121710
中国建设银行股份有限公司北京市分行	西城区宣武门西大街28号楼4门	100053	63603682
交通银行股份有限公司北京市分行	西城区金融大街22号	100033	88668000
中国建设银行股份有限公司北京中关村分行	海淀区知春路96号	100086	82118322
中国农业银行股份有限公司北京中关村分行	海淀区知春路6号	100091	82270080－1038
中信银行股份有限公司总行营业部	西城区金融大街甲27号投资广场A座	100033	66211809
中国光大银行股份有限公司北京分行	西城区宣武门内大街1号	100031	66567647
中国民生银行股份有限公司北京分行	西城区复兴门内大街2号	100032	58560626
华夏银行股份有限公司北京分行	西城区金融大街11号	100032	58598600
兴业银行股份有限公司北京分行	朝阳区朝阳门北大街20号兴业银行大厦	100020	59886666
广发银行股份有限公司北京分行	东城区东长安街甲2号	100005	65169007
平安银行股份有限公司北京分行	西城区复兴门内大街158号远洋大厦	100031	66292424
上海浦东发展银行股份有限公司北京分行	西城区太平桥大街18号丰融国际大厦	100032	84085589
招商银行股份有限公司北京分行	西城区复兴门内大街156号	100031	66426889
渤海银行股份有限公司北京分行	西城区复兴门内大街28号凯晨世贸中心东座F1	100031	66270036
浙商银行股份有限公司北京分行	西城区金融大街甲1号－1	100033	88006040
恒丰银行股份有限公司北京分行	西城区金融大街8号C座	100033	50961888
中国邮政储蓄银行股份有限公司北京分行	朝阳区建国门北大街光华路50号	100600	65217190
北京银行股份有限公司	西城区金融大街丙17号北京银行大厦	100033	66426500
北京银行股份有限公司中关村分行	海淀区中关村大街甲28号	100086	82533039
天津银行股份有限公司北京分行	西城区东河沿胡同73号宣武门大厦	100052	83175805
大连银行股份有限公司北京分行	朝阳区建国路93号万达广场B座	100022	65812510

杭州银行股份有限公司北京分行	东城区建国门内大街26号	100005	64088400
盛京银行股份有限公司北京分行	朝阳区光华路4号东方梅地亚中心D座	100026	85570016
南京银行股份有限公司北京分行	西城区金融大街10号	100033	83399001
上海银行股份有限公司北京分行	朝阳区建国门外大街丙12号	100022	57610006
江苏银行股份有限公司北京分行	西城区金融大街8号楼华融大厦1~5层	100028	56986086
宁波银行股份有限公司北京分行	海淀区西三环北路100号1~2层、11~15层	100037	53266091
包商银行股份有限公司北京分行	朝阳区北四环东路115号8号楼	100101	64816060
锦州银行股份有限公司北京分行	东城区建国门北大街5号	100005	85072111
厦门国际银行股份有限公司北京分行	西城区三里河东路5号中商大厦	100045	68533333－603
北京农村商业银行股份有限公司	朝阳区朝阳门北大街16号	100020	85605068
北京延庆村镇银行股份有限公司	延庆区高塔街73号	102199	69178738
北京密云汇丰村镇银行有限责任公司	密云区新东路126－1号	101500	58120710
北京怀柔融兴村镇银行有限责任公司	怀柔区南华园2区甲41号楼	101400	61620106
北京大兴九银村镇银行股份有限公司	大兴区西红门镇欣荣北大街18号院3号	100162	80255566
北京昌平包商村镇银行有限责任公司	昌平区南环东路32－6号	102200	60783888
北京大兴华夏村镇银行股份有限公司	大兴区黄村镇兴业大街（三段）32号－2	102600	69221122
北京顺义银座村镇银行股份有限公司	顺义区西辛南区乙62号	101300	61408713
北京通州国开村镇银行股份有限公司	通州区杨庄南里甲66号	101121	52998500
北京门头沟珠江村镇银行股份有限公司	门头沟区永定镇石龙南路8号	102308	60865137
北京房山沪农商村镇银行股份有限公司	房山区良乡拱辰北大街1号2号楼	102488	61378796
北京平谷新华村镇银行股份有限公司	平谷区迎宾花园4号楼1~3层	101200	89999790

（2）中资银行分支机构

中国农业发展银行北京市分行

机构名称	地　　址	邮　编	电　话
分行营业部	西城区月坛北街甲2号南座北侧1层、2层	100045	68081050
天坛支行	东城区东花市南里东区15号楼底商	100062	87103181
西三环支行	海淀区西三环北路87号	100089	88568363
门头沟区支行	门头沟区滨河路87号	102300	69828640
房山区支行	房山区良乡西路乙28号	102488	69373003
通州区支行	通州区新华北路55号	101100	69518973
昌平区支行	昌平区北环路4号	102200	89784518
顺义区支行	顺义区怡馨家园3号楼	101300	69449488
大兴区支行	大兴区黄村镇兴华中里14号	102622	69209352
平谷区支行	平谷区平谷镇太和园甲7号	101200	89980049
怀柔区支行	怀柔区后横街15号	101400	69684840
密云区支行	密云区新南路73号	101500	69043434
延庆区支行	延庆区妫水南街33号1幢－1至3层102	102100	69188337

中国工商银行股份有限公司北京市分行

机构名称	地　　址	邮　编	电　话
分行营业部	西城区复兴门南大街2号天银大厦B座	100031	66411138
东城支行	东城区东四十条24号	100007	84020260
王府井支行	东城区王府井大街237号	100006	65282037

和平里支行	东城区和平里北街14号	100013	64216766
长安支行	西城区宣内大街乙6号	100031	66031114
新街口支行	西城区西直门内大街143号	100035	62218008
南礼士路支行	西城区阜外大街8号	100037	68039698
金融街支行	西城区太平桥大街丰汇园11号	100032	58362273
地安门支行	西城区德外大街77号D座	100088	82251116
崇文支行	东城区永定门外大街86号	100075	87205462
宣武支行	西城区广安门内大街116号	100055	63264148
广安门支行	西城区广外南滨河路3号楼	100055	63480658
珠市口支行	东城区珠市口东大街15号	100062	67050807
朝阳支行	朝阳区朝外大街1号	100020	65993696
九龙山支行	朝阳区广渠路甲40号	100022	67783294
亚运村支行	朝阳区慧忠北里407号	100012	64863545
望京支行	朝阳区酒仙桥路10号	100102	64368207
商务中心区支行	朝阳区建国路108号	100022	65669958
海淀支行	海淀区中关村东路100号	100080	62524784
海淀西区支行	海淀区北四环西路65号	101200	82887672
中关村支行	海淀区上地信息路2号	100085	82896276
翠微路支行	海淀区阜成路79号	100036	88127226
西客站支行	海淀区莲花池东路39号	100055	63955387
丰台支行	丰台区文体路19号	100071	63815968
方庄支行	丰台区芳城园三区18号楼	100078	67690160
经济技术开发区支行	北京经济技术开发区荣昌东街甲5号隆盛大厦A座2层	100176	67863557
石景山支行	石景山区石景山路63号	100043	68878416

门头沟支行	门头沟区新桥大街12号	102300	69844598
房山支行	房山区良乡西潞北大街32号	102488	89350799
通州支行	通州区新华大街155号	101100	69546362
大兴支行	大兴区兴政街24号	102600	69269131
顺义支行	顺义区石园西路	101300	69443932
昌平支行	昌平区昌平镇鼓楼西街35号	102200	69746269
怀柔支行	怀柔区商业街23号	101400	69642388
密云支行	密云区鼓楼南大街	101500	69042424
平谷支行	平谷区府前西街14号	101200	69961425
延庆支行	延庆区延庆镇东大街37号	102100	69143392

中国农业银行股份有限公司北京市分行

机构名称	地　址	邮　编	电　话
分行营业部	东城区朝阳门北大街13号	100010	68358266
东城支行	东城区金宝街58号华丽大厦	100005	65283536
西城支行	西城区车公庄北街16号院1号	100044	88319655
崇文支行	东城区珠市口东大街1号新阳商务楼A座	100062	67089993－8816
宣武支行	西城区宣武门外大街甲1号	100053	53266831
朝阳支行	朝阳区朝外工体路东2号	100020	65522914
海淀支行	海淀区海淀大街37号	100080	62533651
丰台支行	丰台区东大街9号	100071	63811911
石景山支行	石景山区八角南路18号	100043	68885947
万寿路支行	海淀区西四环中路16号院6号楼	100039	68276732
亚运村支行	朝阳区安定路33号化信大厦A座8层	100029	64411376

开发区支行	北京经济技术开发区中和街3号	100176	67884542
海淀东区支行	海淀区学院路丁11号	100083	82376481
朝阳东区支行	朝阳区建外大街8号IFC大厦B座31层	100022	85660996－8017
通州支行	通州区八里桥南街1号院9号楼	101100	69542656
顺义支行	顺义区府前西街2号	101300	69444435
昌平支行	昌平区西环路25号蓝郡嘉苑13号楼	102200	69742829
大兴支行	大兴区兴丰南大街128号	102600	69243488
房山支行	房山区良乡拱辰北大街19号	102488	81389559
怀柔支行	怀柔区青春路39号	101400	69644982
平谷支行	平谷区府前街23号	101200	69961393
密云支行	密云区滨河路24号	101500	69041923
延庆支行	延庆区东外大街73号	102100	69141625
中关村分行	海淀区知春路6号锦秋国际大厦A座	100191	82961104

中国银行股份有限公司北京市分行

机构名称	地　址	邮　编	电　话
王府井支行	东城区东方广场W2座103号	100738	85190600
奥运村支行	朝阳区北辰东路8号院1号楼1层	100101	64818119
东城支行	东城区交道口东大街81号	100007	64065202
西城支行	西城区阜外大街5号	100037	68001383
崇文支行	东城区广渠门内大街47号1～4层	100062	67027078
宣武支行	西城区南新华街1号	100052	63916159
朝阳支行	朝阳区东三环北路霞光里18号	100027	59207000
海淀支行	海淀区北四环西路58号	100080	82607378

丰台支行	丰台区西三环南路14号院1号楼	100073	53256988
房山支行	房山区良乡拱辰北大街3号	102488	89356347
首都机场支行	顺义区首都机场四纬路9号C区1层42室	100621	64558010－161
通州支行	通州区车站路44号	101100	80506044
经济技术开发区支行	北京经济技术开发区荣京东街3号	100176	67825900
顺义支行	顺义区府前西街4号	101300	69420847
昌平支行	昌平区南环路57号	102200	69742986
密云支行	密云区密云镇鼓楼南大街24号	101500	69043818
怀柔支行	怀柔区开放路33号	101400	69644897
延庆支行	延庆区延庆镇庆园街12号	102100	69144079
商务区支行	朝阳区北三环东路8号	100028	64689535
金融中心支行	西城区金融大街15号北楼1层	100033	66555033
使馆区支行	朝阳区三里屯路5号	100027	84429019
石景山支行	石景山区八角西街57号	100043	68864969
雅宝路支行	朝阳区雅宝路8号3号楼	100020	85662950
方庄中心支行	丰台区南三环东路23号1号楼	100078	59763751
世纪财富中心支行	朝阳区光华东里8号院1号楼F1层	100020	85875200
大兴支行	大兴区黄村镇兴丰大街199号	102600	81291666
中关村中心支行	海淀区海淀大街8号中钢国际广场A座	100080	62687060
中银大厦支行	西城区复兴门内大街1号1层G区	100818	66591141
平谷支行	平谷区林荫北街11号	101200	69965648
国际贸易中心支行	朝阳区建国门外大街1号－1号院8号楼L302A	100004	65052608
中银营业部	西城区复兴门内大街1号1层	100818	66596688

中国建设银行股份有限公司北京市分行

机构名称	地　址	邮　编	电　话
中关村分行	海淀区知春路96号	100086	82118322
东四支行	东城区美术馆后街8号	100010	51997801
西四支行	西城区阜外大街甲26号	100037	51999906
前门支行	东城区西打磨厂街1号	100062	51992008
城建支行	丰台区方庄蒲芳路28号	100078	51999175
宣武支行	西城区广内大街314号	100053	63209509
铁道专业支行	丰台区莲花池东路114－1	100055	51996540
朝阳支行	朝阳门外大街乙10号楼	100020	51995616
丰台支行	丰台区西四环南路54号	100161	63826958
石景山支行	石景山区石景山路22号	100043	51993506
长安支行	海淀区复兴路33号翠微大厦西配楼	100036	68151098
开发区支行	北京经济技术开发区景园北街2号55栋	100176	67881039
安华支行	朝阳区安定路35号	100029	51993461
西单支行	西城区西单北大街34号	100032	66035636
安慧支行	朝阳区北辰东路8号汇欣大厦B座	100101	84970085
光华支行	朝阳区光华路7号汉威大厦	100004	65614009
月坛支行	西城区金融大街19号富凯大厦B座	100033	66573046
金安支行	海淀区复兴路戊12号恩菲科技大厦	100038	63955793
鼎昆支行	西城区黄寺大街23号	100120	51996248
保利支行	东城区朝阳门北大街1号新保利大厦	100010	65263453
苏州桥支行	海淀区北三环西路99号西海国际中心118号	100086	68431720

阜成路支行	海淀区阜成路19号	100048	68726207
东大街支行	丰台区东大街25号	100071	63818305
北环支行	海淀区北三环中路43号	100088	62075591
望京支行	朝阳区花家地北里1号	100102	64729808
华贸支行	朝阳区建国路89号院18号楼北座	100025	51996592
地坛支行	东城区安定门外大街138号皇城国际大厦1层	100011	64268442
右安门支行	西城区广安门南街24号	100053	63293918
房山支行	房山区良乡拱辰北大街1号	102488	81389590
门头沟支行	门头沟区双峪路22号	102300	69835874
通州支行	通州区玉带河西街25号	101100	69543798
顺义支行	顺义区府前中街7号	101300	69443295
昌平支行	昌平区东环路95号	102200	69743173
延庆支行	延庆区东外大97号	102100	69189302
怀柔支行	怀柔区南大街22号	101400	69644594
密云支行	密云区新南路71号	101500	69044986
平谷支行	平谷区文化南街19号	101200	69961565
大兴支行	大兴区兴政街25号	102600	69244497

交通银行股份有限公司北京市分行

机构名称	地 址	邮 编	电 话
分行营业部	西城区金融大街33号	100033	66101115
金融街支行	西城区金融大街22号、20号	100033	88668030
东单支行	东城区大雅宝胡同8号	100005	65125868
东单北大街支行	东城区东单北大街乙112号	100005	65274814

王府井支行	东城区王府井大街200号	100005	65289470
工体北路支行	东城区新中街68号	100027	65521157
东大桥支行	朝阳区工体东路20号	100020	65862053
建国门支行	朝阳区雅宝路8号南华声国际大厦1层	100020	51201605
亚运村支行	朝阳区安慧里二区4号楼	100101	64912512
慧忠北里支行	朝阳区慧忠北里111号	100012	64800993
育惠东路支行	朝阳区小营路12号亚运花园B座1层	100101	84624402
亚北支行	朝阳区安立路60号院润丰花园6号楼X座西段	100101	64820734
北苑支行	朝阳区北苑6号院1区102号楼公建04号房天怡家园底商1层	100012	84945329
媒体村支行	朝阳区北辰绿色家园天朗园C座1层西侧	110107	84932021
和平里支行	朝阳区外馆东街51号柳清居裙房	100011	64408085
胜古园支行	朝阳区胜古西庄胜古家园3号楼	100029	64426223
兴化路支行	东城区和平里兴化路11号	100013	64283083
中轴路支行	朝阳区安贞西里三区26楼	100029	84134538
西坝河支行	朝阳区西坝河西里28号英特公寓1层及3层南侧	100028	64476041
太阳宫支行	朝阳区太阳宫火星园10号楼	100028	84158643
阜外支行	西城区车公庄大街9号院1号楼	100044	88395396
西直门支行	海淀区高粱桥斜街59号院2号楼09号	100044	62239929
百万庄支行	西城区百万庄大街11号	100037	68342240
三里河支行	西城区三里河一区五号院8号楼1层	100034	68521075
官园支行	西城区车公庄路新华里16－3号京侨国际公馆	100044	88359267
时代之光支行	海淀区西直门北大街45号2号楼	100082	82582582
海淀支行	海淀区苏州街16号神州数码大厦	100080	82608175

双榆树支行	海淀区双榆树都市网景E座1层	100086	62142618
中关村支行	海淀区成府路蓝旗营高校住宅楼	100084	62768691
万柳支行	海淀区长春桥路11号万柳亿城大厦B座北侧1层、2层	100089	58816702
农科院支行	海淀区学院南路55号6号楼	100081	62119831
西区支行	海淀区复兴路四十号中国铁道建筑总公司综合办公大厦	100039	52689830
永定路支行	海淀区永定路66号	100039	68230978
翠微路支行	海淀区翠微路5号新华联商业大厦102商业用房	100036	68250874
定慧寺支行	海淀区恩济庄二区北3号楼新洲商务大厦1层	100142	88119807
丰台东路支行	丰台区万芳园1区1号楼1层02号	100070	83683722
大成路支行	丰台区大成路25号	100141	88255570
三元支行	朝阳区曙光西里28号中冶大厦	100028	84493935
团结湖支行	朝阳区农展馆南路13号瑞晨国际中心1层1号铺	100125	85983575
麦子店支行	朝阳区枣营路甲4号永安宾馆	100125	65935314
水碓子支行	朝阳区水碓子北里19号楼	100026	85960974
东润支行	朝阳区南十里居28号东润枫景底商	100016	64361088
八里庄北里支行	朝阳区八里庄北里128号楼1层23号底商	100025	85852528
天坛支行	东城区天坛东里北区12号	100061	67197198
华威路支行	朝阳区华威北里20号	100021	67785143
东城门支行	东城区东兴隆街56号	100062	67027608
木樨园支行	丰台区东木樨园9号	100075	87299717
松榆里支行	朝阳区弘燕路周庄山水文园（二期）201号楼103号房屋	100022	67328200

东方庄支行	丰台区芳城东里 9 号楼 1 层	100078	87623896
福海国际支行	丰台区南苑 5 号金泰彤翔商厦 2 楼 1 层 1009 号	100075	87275521
彩虹城支行	丰台区光彩路 65 号 1 号楼 101 – C 底商	100075	87866609
西单支行	西城区西长安街甲 17 号	100031	66229970
北蜂窝路支行	海淀区北蜂窝路乙 15 号	100038	63985369
经济技术开发区支行	北京经济技术开发区隆庆街 3 号	100176	67883551
东高地支行	丰台区南苑路警备东路 6 号方仕国际酒店	100076	67063671
文化园西路支行	北京经济技术开发区文化园西路 8 号院 30 号楼 1 层 108 室	100176	87220063
望京支行	朝阳区望京街 9 号	100102	59203677
望京中环路支行	朝阳区望京西园 304 号楼	100102	64751171
望京南湖中园支行	朝阳区望京南湖中园 K3 – 301 号楼	100102	84713883
望京西园支行	朝阳区望京西园 4 区 416 号楼	100102	64713569
酒仙桥支行	朝阳区酒仙桥路 10 号星城国际大厦 C 座	100016	64350991
顺义支行	顺义区仓上街 AMB 大厦 B 区 1 层	101300	89448050
顺义天竺支行	顺义区天竺花园天韵广场 109 – 4 商铺	101312	64577282
顺义石门支行	顺义区石门街 6 号顺义供销社大厦	101300	60416538
东区支行	朝阳区广渠路 21 号	100124	58202964
广渠路支行	朝阳区双井 1 号优仕阁大厦 B 座和 c 座 1 层	100022	58614207
永安里支行	朝阳区建外永安东里甲 3 号通用时代国际中心 1 层	100022	65699303
工大桥支行	朝阳区东四环南路 9 号 1 层 1105 号商铺	100022	67302009
东三环中路支行	朝阳区东三环中路 61 号	100022	59037431
双井支行	朝阳区广渠路 36 号院 5 号楼	100022	67043110
金茂支行	朝阳区广渠路 23 号院 1 楼	100124	67043878

林萃路支行	朝阳区林萃路倚林家园24号楼	100192	82724866
安翔里支行	朝阳区安翔路1号	100101	64853142
清河支行	海淀区龙岗路清景园4号楼1层	100192	52718580
西三旗支行	昌平区建材城西路87号院8号楼新龙大厦	100096	82969332
建材城西路支行	海淀区建材城西路27号1层116	100096	82463362
丰台支行	丰台区南四环西路188号5区24号楼	100070	63705569
玉泉营支行	丰台区草桥欣园1区6号楼1层102号	100070	87584450
长辛店支行	丰台区张郭庄16号	100072	83880276
丰台北路支行	丰台区丰台北路36号	100071	83897709
西三环支行	海淀区西三环北路89号	100089	88825870
紫竹桥支行	海淀区紫竹院路1号人济山庄D座裙房103号、203号	100044	88825877
阜成路支行	海淀区阜成路14号1号楼1层	100048	68768149
车公庄西路支行	海淀区车公庄西路20号	100044	68415660
通州支行	通州区九棵树街187号	101100	81521200
通州梨园支行	通州区九棵树东路156号	101100	60553287
临河里支行	通州区临河里53号楼1层	101101	81595602
世纪星支行	通州区通朝大街305号	101100	56865645
世纪城支行	海淀区蓝靛厂世纪城小区金夕园甲1号楼4段	100097	88463291
闵庄路支行	海淀区闵庄南路9号玉泉馨苑服务楼1层	100195	88403062
田村路支行	海淀区畅茜园景宜里7号楼1层	110143	88181633
观山园支行	海淀区蓝靛厂观山园5号楼	100097	88879878
半壁店支行	海淀区永定路2号院5号楼1层	100143	57797303
青年路支行	朝阳区青年路27号院1号楼	100025	56089566
常营支行	朝阳区常营丽景园6号楼	100024	56303350

朝阳北路支行	朝阳区朝阳北路99号楼	100123	85526505
朝阳路支行	朝阳区八里庄西里99号	100025	85795583
常通路支行	朝阳区常通路3号院2号楼1层112号	100024	85094930
西城支行	西城区广安门内大街319号1层、2层	100055	83131682
马连道支行	西城区广外大街248号机械大厦	100055	63327912
右安门支行	西城区白纸坊东街10号	100054	63513255
西便门支行	西城区西城门西大街甲129号	100031	66412659
政务中心支行	丰台区西三环南路1号	100161	89151024
东直门支行	东城区东直门外大街48号东方银座大厦	100027	84476501
春秀路支行	朝阳区春秀路甲1号	100027	64152845
和平里东街支行	东城区和平里东街民旺园31号楼1层南侧	100013	84252417
国土房管局大厦支行	东城区和平里北街6号	100013	64409445
上地支行	海淀区上地科技路甲2号	100085	62980467
北清路支行	昌平区北清路1号永旺国际商城购物中心1层104号	102208	80700786
学府树支行	海淀区学府树家园二区8－1～21号1层	100085	60603286
北三环中路支行	西城区北三环中路29号院2号楼1层	100029	82251033
马甸支行	西城区德胜门外大街5号	100088	62381996
北太平庄支行	海淀区花园东路32号仰源大厦1层	100191	62352647
德胜门支行	西城区德外关厢地区中交大厦	100088	82015220
黄寺大街支行	西城区黄寺大街23号院1号楼1层	100120	82235080
大望路支行	朝阳区西大望路3号蓝堡北区写字楼101～103号	100026	85997420
光华路支行	朝阳区光华路甲8号	100026	65832625
建国路支行	朝阳区建国路90号	100022	85891257

大兴支行	大兴区龙河街127号	102600	69206535
兴华大街支行	大兴区兴华大街二段13号院3号楼-2号	102600	80220731
西红门支行	大兴区西红门北一街1号院3号楼1层106号	100162	80220725
中关村园区支行	海淀区中关村新科祥园甲6号楼1层、2层东南侧	100190	82523200
五道口支行	海淀区中关村东路16号院1号楼1层	100083	62423913
五棵松支行	海淀区复兴路69号A1-02号房	100036	88213725
西四环中路支行	丰台区靛厂路26号12号楼底商	100039	68265676
公主坟支行	海淀区复兴路甲14号	100036	63969655
慧忠里支行	朝阳区慧忠北里413号楼	100012	64924239
宝盛里支行	海淀区黑泉路8号1幢康健宝胜广场A座1层1002号	100192	62998836
来广营支行	朝阳区来广营西路7号院18号楼	100012	84363511
奥运村支行	朝阳区清林路1号院7号楼1层103	100107	84940897
华贸天地支行	朝阳区清河营南街7号院7号楼	100012	84870662
芳群园支行	丰台区方庄芳群园4区23号	100078	67672631
东三环支行	朝阳区东三环北路19号嘉盛中心B2座中青大厦1~2层	100020	65869832
朝外支行	朝阳区朝阳门外大街16号	100021	85253857
天通苑支行	昌平区天通苑小区203B-4单元	102218	84826491
石景山支行	石景山区石景山路29号京燕饭店西配楼	100043	68871196
璟都会支行	石景山区时代花园南路19号院20号楼1层106	100043	68800712
海特花园支行	石景山区海特花园57号楼1层	100041	68800876
回龙观支行	昌平区回龙观镇天龙苑25号1层01房屋	102208	81748391

招商银行股份有限公司北京分行

机构名称	地　址	邮　编	电　话
北辰大厦支行	朝阳区北辰东路 8 号院 1 号楼北辰时代大厦 30 层	100101	84977479
北三环支行	东城区北三环东路 36 号 D 座	100086	59575075
北太平庄支行	海淀区北太平庄路 18 号	100083	82274783
北苑路支行	朝阳区北苑路 168 号 1 层	100101	84468546
财富中心支行	朝阳区东三环中路 5 号楼	100102	65969957
彩虹城社区支行	丰台区光彩路 65 号院 1 号楼	100075	67858219
莱户营支行	丰台区丽泽路 5 号	100073	63384813
草桥社区支行	丰台区北甲地路 15 号院 3 号楼	100068	87599915
常营支行	朝阳区常惠路 6 号	100024	65406701
朝外大街支行	朝阳区朝外大街 26 号	100020	85653253
朝阳公园支行	朝阳区朝阳公园路佳隆国际大厦 1 层	100125	65398883
朝阳门支行	东城区朝阳门北大街 6 号	100027	85282349
晨光家园社区支行	朝阳区晨光家园 326 号楼 1 层	100025	85852764
崇文门支行	东城区东兴隆街 58 号	100062	67089468
大成路支行	丰台区大成路 8 号	100141	68291432
大屯路支行	朝阳区大屯路南沙滩 66 号华源冠军城 1 号楼	100089	82884290
大望路支行	朝阳区西大望路 15 号 3 号楼 1 层	100022	87723210
大运村支行	海淀区知春路 27 号	100086	82357645
德胜门支行	西城区德胜门外大街 81 号	100088	82065228
蝶翠华庭社区支行	西城区广安门外大街 305 号 2 区	100045	63425271

东方广场支行	东城区东长安街1号东方广场E3座2层	100005	85150201
东三环支行	朝阳区东三环北路1号	100027	64623026
东四环支行	朝阳区东四环中路56号远洋国际中心1层	100025	59080172
东直门支行	东城区东直门外大街46号	100027	84608015
方庄支行	丰台区方庄通润商务会馆B区1层	100078	87656923
分行	西城区复兴门内大街156号北京招商国际金融中心A座	100031	66426889
分行营业部	西城区复兴门内大街156号A座	100031	66426622
丰台科技园支行	丰台区科学城中核路1号03号楼	100070	83816865
凤凰商街支行	朝阳区曙光西里甲5号院10号楼	100028	58668980
阜外大街支行	西城区阜成门外大街22号外经贸大厦1层	100037	68784023
富力城支行	朝阳区东三环中路55号楼1、2层	100022	58767070
富力又一城支行	朝阳区黄厂南里2号院12号楼1层	100121	59643762
甘家口支行	西城区百万庄大街甲39号	100037	68365433
工体支行	朝阳区新东路10号楼	100006	65272067
公益西桥支行	丰台区城南嘉园益城园16号楼	100068	67525031
光华路支行	朝阳区光华路1号嘉里中心2层	100020	85296382
广渠路支行	朝阳区广渠路36号院5号楼	100022	61655881
广渠门支行	东城区广渠门内大街27号	100062	87103306
海淀黄庄支行	海淀区丹棱街6号	100080	57569765
海淀支行	海淀区北四环西路56号	100080	62695363
后现代城社区支行	朝阳区百子湾路16号百子园5号楼C单元106号	100124	87765828
华贸中心支行	朝阳区建国路79号、81号北京华贸中心	100025	65981757
回龙观支行	昌平区回龙观西大街16号院1号楼	100085	59548108

惠新西街社区支行	朝阳区惠新西街 9 号院惠新苑 7 号	100029	64966375
慧忠北里支行	朝阳区慧忠北里 305 号楼	100012	64880995
嘉铭桐城社区支行	朝阳区北苑路 86 号院 215 号楼 1 层	100101	84830772
建国路支行	朝阳区建国路 116 号	100022	65660168
建国门支行	朝阳区建国门外大街 24 号京华公寓	100022	65150612
建外大街支行	朝阳区东三环中路 39 号建外 SOHO 小区 6 号楼	100022	59000510
交大嘉园社区支行	海淀区交通大学路 1 号院 5 号楼 1 层	100044	82162436
金融街支行	西城区金融大街 35 号	100033	88091265
金融街中心支行	西城区金融大街 16 号	100033	66290749
京广桥支行	朝阳区东三环北路 38 号院 1 号楼 1 层	100026	85879760
静安里支行	朝阳区北三环东路 8 号	100028	64666006
旧宫东路支行	大兴区旧宫镇旧桥路 1 号院 3 号楼	100076	57862361
科荟路支行	朝阳区林萃西里 16 号	100192	57761780
立水桥支行	朝阳区北苑路 13 号院 1 号楼	100012	52086577
六里桥支行	丰台区华源四里甲 4 号	100161	63634346
鲁谷支行	石景山区玉泉西里 1 区 2 号楼	100040	68547146
米市社区支行	西城区菜市口大街 6 号院 6 号楼 1 层	100052	83985505
青年路支行	朝阳区青年路西里 5 号院 15 号楼 1 层、2 层	100123	85563076
清河橡树湾社区支行	海淀区学府树家园 2 区 1 号楼	100085	82816510
清河支行	海淀区清河中街 68 号	100085	82810951
清华东路支行	海淀区学院路 6 号 1 号楼	100083	62313361
清华科技园支行	海淀区中关村东路 1 号院 8 号楼 1 层	100086	62602911
清华园支行	海淀区清华大学东门外紫光大厦	100084	62793655
润枫欣尚社区支行	昌平区东小口镇中东路 5 号院 7 号楼 1 层	102208	64127326
三环新城支行	丰台区丰桥路 7 号院 8 号楼	100070	83615332

三元桥支行	朝阳区曙光西里甲1号	100028	58220767
上地支行	海淀区农大南路1号院2号楼B座1层	100085	62667340
十里河支行	朝阳区东三环南路19号联合国际大厦1层	100122	87667094
石景山支行	石景山区政达路6号院3号楼	100040	57796493
世纪城观山园社区支行	海淀区蓝靛厂观山园5号楼	100097	88478710
世纪城支行	海淀区蓝靛厂垂虹园甲1号楼	100089	88876703
首体支行	海淀区西直门外大街168号腾达大厦	100044	88577116
双榆树支行	海淀区白石桥路7号理工科技大厦1层	100081	62467183
太阳宫支行	朝阳区太阳宫南街21号楼	100028	84158938
陶然亭支行	西城区南纬路39号–1至3层3单元	100050	59362234
天鹅湾社区支行	朝阳区雅成2里20号楼1层106	100123	59075386
天通苑支行	昌平区东小口镇天通中苑F区商业楼1~2层	102218	57859588
通州支行	通州区九棵树中路1至9号（单号）	101121	56865615
万达广场支行	朝阳区建国路93号万达广场7号楼	100022	58203546
万科红社区支行	丰台区宋庄路26号院10号楼1层	100079	87165104
万泉河支行	海淀区万柳东路阳春光华家园甲5号	100089	82573007
万泉庄社区支行	海淀区万柳东路25号1层101	100089	82552078
万寿路支行	海淀区复兴路乙20号	100036	68286557
万通中心支行	朝阳区朝外大街甲6号万通中心1层	100020	59070211
望京利泽支行	朝阳区利泽西街8号院1号楼	100102	84676819
望京西路支行	朝阳区南湖中园316号楼	100102	64728174
望京西园支行	朝阳区望京西园134号楼1层	100102	64789785
望京支行	朝阳区南湖南路15号院甲1号金隅丽港城	100102	64799870
西翠路支行	海淀区西翠路17号院	100036	68277623
西二旗支行	海淀区上地10街1号院6号楼	100085	62410167

西客站支行	丰台区西客站南广场东区	100073	63301781
西三环支行	海淀区阜成路 67 号	100036	68716009
西直门支行	海淀区西直门北大街 32 号院	100082	62252085
小关支行	朝阳区惠新东街 2 号小营珠宝城 1 层	100101	64822450
小屯路支行	丰台区兆丰园三区 1 号楼	100040	58313193
宣武门支行	西城区宣外大街 30 号	100052	63164385
雅世合金社区支行	海淀区永定路 2 号院 7 号楼	100039	57797049
亚运村支行	朝阳区北辰东路 8 号	100101	84987476
阳光丽景社区支行	西城区黄寺大街 23 号 -1 号楼 1 层	100011	82235938
阳光上东支行	朝阳区东四环北路 6 号 2 区 1 号楼 1 层	100016	52509479
姚家园支行	朝阳区星火西路 17 号楼	100123	85855171
亦庄文化园支行	北京经济技术开发区文化园西路 8 号院 30 号楼	100176	87520584
亦庄支行	北京经济技术开发区 4 号街区	100176	57862359
玉泉路支行	海淀区复兴路 83 号景藏健康大厦 1 层	100039	68170065
长安街支行	东城区建国门内大街 11 号	100736	65292024
中关村支行	海淀区中关村南大街 2 号数码大厦 A 座 2 层	100086	52786212

上海浦东发展银行股份有限公司北京分行

机构名称	地　址	邮　编	电　话
分行营业部	西城区太平桥大街 18 号丰融国际大厦	100032	57395588
金融街支行	西城区金融大街 35 号国际企业大厦 A 座	100033	88091847
宣武支行	西城区广安门内大街 316 号	100053	63585776
黄寺支行	东城区安德里北街 21 号	100120	84138702
中关村支行	海淀区海淀南路 15 号	100080	62550747

朝阳支行	朝阳区朝阳门外大街19号	100020	65802602
建国路支行	朝阳区建国路99号中服大厦	100020	65819177
万寿路支行	海淀区万寿路西街2号	100036	68233372
安外支行	东城区安外大街甲88号	100011	64264903
阜成支行	西城区车公庄大街3号	100044	88383590
雅宝路支行	东城区建国门北大街8号	100005	85192337
海淀园支行	海淀区北四环西路62号中国化工集团公司大厦1层	100080	82660900
西直门支行	西城区西直门外大街18号楼金贸大厦1单元	100044	88026239
东三环支行	朝阳区曙光西里甲6号时间国际中心	100028	84584729
亚运村支行	朝阳区媒体村天畅园8号楼底商1层、2层	100107	84891031
知春路支行	海淀区知春路9号蓟门坤讯大厦	100083	82319520
安华桥支行	朝阳区安贞西里3区15号凯康海油大厦	100029	64417341
东长安街支行	东城区建国门内大街28号民生金融中心B座1层、2层	100005	85116060
电子城支行	朝阳区酒仙桥路10号	100016	64350556
经济技术开发区支行	北京经济技术开发区荣华南路10号院2号楼	100176	67890993
永定路支行	海淀区永定路甲51号	100039	68152005
复兴路支行	海淀区北蜂窝路5号1号楼	100038	51932666
花园路支行	海淀区花园东路10号高德大厦C座1层南侧	100191	82030630
丰盛支行	西城区广宁伯街2号1层、2层	100033	52601900
紫竹院支行	海淀区紫竹院路116号嘉豪国际中心C座	100097	51709797
马连道支行	西城区红莲南路55－2号	100055	59321959
和平里支行	朝阳区和平西苑20号楼B座	100013	52081598
马家堡支行	丰台区马家堡西路15号时代风帆大厦	100068	67562966

世纪城支行	海淀区蓝靛厂晨月园甲1号楼	100097	88895800
清华园支行	海淀区中关村东路1号院5号楼文津国际酒店1层	100084	62618572
富丰路支行	丰台区西四环南路1号	100070	83208200
三里屯支行	朝阳区工体北路甲6号中宇大厦	100027	59752555
望京支行	朝阳区望京花园西区101号楼	100102	84780661
北沙滩支行	朝阳区北沙滩1号院31号楼B座	100083	64866883
德胜支行	西城区德胜门外大街乙10号1层及2层南侧	100088	82063208
东四支行	东城区东四十条68号平安发展大厦	100007	84086436
富力城支行	朝阳区东三环中路61号万丽酒店	100022	59037768
通州支行	通州区梨园镇云景东路432号隆孚大厦	101101	57902222
东花市支行	东城区东花市南里东区1号楼1层	100062	87102681
大望路支行	朝阳区西大望路3号院2号楼1层S117号	100022	85997995
慧忠支行	朝阳区慧忠北里小区214号楼北京中奥华美达酒店	100012	64872366
金台路支行	朝阳区水碓子北里1号楼	100026	59079680
丰台支行	丰台区万柳西园8号楼1层、2层	100070	63259702
方庄支行	丰台区紫芳园四区5号楼	100078	87557088
顺义支行	顺义区怡馨家园1号楼集美家具城	101300	61429550
大兴支行	大兴区兴华大街2号1幢1层	102600	80220031
天华园支行	北京经济技术开发区天华园2里19号	100176	67891180
昌平支行	昌平区南环东路24号1~3层	102200	69741599

广发银行股份有限公司北京分行

机构名称	地址	邮编	电话
分行营业部	东城区东长安街甲2号	100005	65169303
月坛支行	西城区月坛北街2号	100045	68083556
中关村支行	海淀区中关村大街45号	100086	62510783
亚运村支行	朝阳区北辰东路8号	100101	64993863
建国路支行	朝阳区建国路112号	100022	65669647
西三环支行	海淀区西三环北路72号A座1层	100037	88415097
国展支行	朝阳区西坝河东里18号	100028	84603165
朝阳门支行	东城区朝阳门内大街288号院1号楼	100010	65255322
新外支行	海淀区新街口外大街19号	100875	62202585
西客站支行	西城区广莲路1号	100055	63954853
甘家口支行	西城区阜外大街34号	100832	68510355
东直门支行	东城区东中街9号东环广场A座1层	100027	64182989
车公庄支行	海淀区车公庄西路乙19号	100044	88018701
翠微路支行	海淀区复兴路乙20号	100036	66803719
方庄支行	丰台区方庄路5号	100078	87681097
安贞支行	朝阳区安定路39号	100029	64445660
太阳宫支行	朝阳区夏家园11号楼1层03号、04号	100028	64253052
金融街支行	西城区金融大街16号	100033	63190613
京广支行	朝阳区朝外大街甲6号万通中心1层	100020	59070890
知春路支行	海淀区知春路希格玛大厦49号	100190	88099482
王府井支行	东城区王府井大街301-1号	100006	65271103

奥运村支行	朝阳区北沙滩甲 1 号中科电大厦 1 层	100083	64836760
黄寺支行	西城区德外大街 12 号	100011	62039133
天通苑支行	昌平区天通苑北 1 区甲 6 号楼	102218	81758219
莲花支行	海淀区莲花池东路 39 号 2 层	100036	63970761
大望路支行	朝阳区西大望路 15 号 4 号楼外企大厦 B 座	100022	87723795
望京支行	朝阳区望京悠乐汇中心 E 座	100102	84787933
潘家园支行	朝阳区华威里 10 号	100021	87785266
上地支行	海淀区农大南路 1 号院 4 号楼	100084	82349373
国贸支行	朝阳区光华东里 8 号院 1 号楼	100020	59772151
中轴路支行	东城区鼓楼外大街甲 56 号	100011	84130503
广渠门支行	东城区广渠门内大街 27 号	100062	87103902
五棵松支行	海淀区西四环中路 16 号院 1 号楼	100039	68285001
万达广场支行	朝阳区建国路 93 号 B 座	100022	58205791
宣武门支行	西城区宣武门外大街甲 1 号	100052	83151388
学院路支行	海淀区学院路 30 号	100083	62660291
海淀支行	海淀区海淀大街 27 号 8 号楼	100080	62623602
日坛支行	朝阳区建国门外大街 17 号 38 ~ 39 栋	100020	85306905
西单支行	西城区复兴门内大街 45 号 1 号楼西南侧配楼	100801	88088268
动物园地铁支行	西城区西直门外大街元沃天地商场 A503 号	100081	88332458
大红门支行	丰台区大红门西马场甲 14 号	100076	52264037
万柳支行	海淀区万柳中路蜂鸟家园 2 号楼 1 ~ 3 层 5 号	100089	62423063
安立路支行	朝阳区慧忠北里 105 号楼 B 段	100012	84504056
东二环支行	东城区南竹杆胡同 2 号	100010	65206522
石景山支行	石景山区实兴大街 30 号院 15 号楼 1 层 102 室	100144	68809228
西直门支行	西城区西直门外大街 18 号楼金贸大厦 1 层	100044	88333595

工体支行	朝阳区新东路12号院3号楼1层	100027	84004115
世纪城支行	海淀区远大路1号居然之家1层	100123	85516207
朝阳北路支行	朝阳区朝阳北路99号1层	101300	61429587
顺义支行	顺义区仁和镇新顺南大街8号院1幢	101300	67711879
双井支行	朝阳区广渠门外大街9号3号楼1层裙房西部	100022	67711879
夕照寺街社区支行	东城区夕照寺街16号院1层	100061	87167574
花园路社区支行	海淀区花园路甲2号院2号楼1层	100191	82076761
龙旗广场社区支行	昌平区回龙观镇黄土店黄平路19号院永辉超市C0218113商铺	100096	82540396
翠城社区支行	朝阳区垡头路翠成馨园甲401号c0202136商铺	100023	56350536
文慧桥社区支行	海淀区西直门北大街41号天兆家园南部1层103号商铺	100044	62440829
马家堡社区支行	丰台区马家堡东路106号新天地写字楼1层C0220110号商铺	100068	58030019

兴业银行股份有限公司北京分行

机构名称	地　址	邮　编	电　话
分行营业部	朝阳区朝阳门北大街20号	100020	64415117
西城支行	西城区新街口外大街冰窖口胡同8号院8号楼	100088	82808762
广安门支行	西城区广安门内大街315号信息大厦A座1层、2层	100053	63691593
西单支行	西城区宣内大街甲6号西单东南大厦4层	100031	66033087
月坛支行	西城区车公庄大街9号	100044	88395803
丽泽支行	西城区马连道中新佳园2区商业楼南侧1层、2层	100055	59560751

金融街支行	西城区金融大街 F4 地块 C 座	100033	63211313
陶然亭社区支行	西城区陶然亭路 2 号 9 号楼 1 层	100050	83953697
菜市口支行	西城区菜市口大街危改小区 1 号地 1－4 楼 1 层	100052	83985636
中轴路支行	东城区鼓楼外大街 26 号	100120	84131535
东单支行	东城区东单三条 8－2 号中国国家话剧院 1 层	100005	63959952
永定门支行	东城区永定门外大街 101 号百荣世贸商城 2 期 1 层、2 层	100077	87804898
崇文门支行	东城区珠市口东大街 5 号	100062	67016186
东四支行	东城区朝阳门北大街 3 号、5 号、7 号 B 座 1 层、2 层	100010	64088828－113
东长安街支行	东城区灯市口大街 50 号 1 层 B 单元	100005	65980025
国瑞城社区支行	东城区西花市大街 39 号	100062	87863968
新奥洋房社区支行	东城区景泰西里东区 1 号楼 1 层	100075	87863968
朝阳支行	朝外大街 22 号 2 层及 1 层西侧 03 单元	100020	65887592
朝外支行	朝阳区朝外大街 77 号	100020	65522236
亚运村支行	朝阳区亚运村安慧里 4 区 16 楼	100101	84885263
东外支行	朝阳区东直门外大街 23 号	100600	64688172
安华支行	朝阳区安贞西里三区福建大厦 1 层	100029	64450942
三元桥支行	朝阳区东三环北路宵云路 21 号大通大厦南楼 1 层	100027	84540867
光华路支行	朝阳区东三环中路 25 号住总大厦 1 层、2 层	100020	65083386
望京支行	朝阳区望京阜荣街 15 号院 3 号楼 1 层	100102	84763940
安立花园社区支行	朝阳区安立路 66 号 1 号楼 1 层	100101	64907570
媒体村支行	朝阳区天溪园 20 号楼商业 17 号	100107	84920906
华纺易城社区支行	朝阳区青年路 29 号院 20 号楼 1 层	100123	58777895

富力城社区支行	朝阳区广渠门外大街5号院13号楼11号	100022	58623219
沿海赛洛城社区支行	朝阳区百子湾东里314－07	100124	87213689
太阳宫社区支行	朝阳区太阳宫南街17号楼1层	100028	84298494
甘家口支行	海淀区三里河路19号	100037	59886975
中关村支行	海淀区中关村南大街32号A座11层、B座1层	100081	62140582
上地支行	海淀区农大南路1号院2号楼B座	100084	62960285
西客站支行	海淀区复兴路12号恩菲科技大厦1层	100038	63959952
长安支行	海淀区复兴路65号电信实业大厦1层	100036	68220101－307
西直门支行	海淀区西直门北大街42号节能大厦1层	100082	62218689
知春路支行	海淀区知春路59号1层	100190	62615405
花园路支行	海淀区花园东路19号	100191	82247800－1009
世纪坛支行	海淀区复兴路甲1号	100038	68526303
海淀支行	海淀区丹陵街3号	100080	82607656
金源支行	海淀区蓝靛厂东路金源时代商务中心2号楼A座1层	100080	88891401
首体支行	海淀区首体南路9号主语商务中心2号楼	100048	68790767
魏公村支行	海淀区中关村南大街17号韦伯时代中心C座1层	100081	88571570
五道口支行	海淀区中关村甲3号1楼1层105	100190	82362867
碧水云天社区支行	海淀区万柳星标家园11号楼1层底商	100089	82566980
方庄支行	丰台区方庄紫芳园三区5号商业楼1层、2层	100078	87660224
石景山支行	石景山区玉泉西里2区1号楼	100040	68638655
石景山科技园区支行	石景山八角东街25号院1号楼1层	100043	56350093
石景山鲁谷支行	石景山区石景山乙18号院2号楼9层	100040	57796815
怡海花园支行	丰台区怡海花园怡海路3号4区6号铺	100070	63717929

大成郡支行	丰台区大成南里四区2号楼	100141	68291031
彩虹城社区支行	丰台区光彩路68号院西区1号楼1层	100079	87862126
苹果园社区支行	石景山区海特饭店写字楼1层西侧2号	100041	88795915
万年花城社区支行	丰台区万芳园2区13号楼底商甲19号	100070	
经济技术开发区支行	北京经济技术开发区荣京东街3号荣京丽都大厦1层102号	100176	67871927
大兴支行	大兴区兴华中路9号1层、2层	102600	81297431
大兴旧宫支行	大兴区旧宫镇旧忠路12号院2号楼17门	100076	87153142
大兴瀛海支行	大兴区瀛海镇南海家园六里5号楼	100076	50927002
通州支行	通州区车站路39号1栋、2栋	101100	60569988
顺义支行	顺义区府前东街甲2号裕龙西区9号楼1层、2层	101300	64582783
通州运河支行	通州区玉带河东街2号院运河明珠家园1号楼底商20号	101100	80542152
顺义天竺支行	顺义区天竺村小天竺路1号蓝天商务中心C栋首层	100621	64588538
昌平支行	昌平区龙水路26号	102200	57700001

平安银行股份有限公司北京分行

机构名称	地　址	邮 编	电 话
分行营业部	西城区复兴门内大街158号首层	100031	66292288
神华支行	东城区安德路16号洲际大厦首层	100011	64485661
花园路支行	海淀区花园东路11号泰兴大厦首层	100029	57625566
西三环支行	海淀区复兴路甲14号华鹰大厦首层	100036	63956620

中关村支行	海淀区苏州街 1 号首层	100080	82569902
三元桥支行	朝阳区新源南路 9 号首层	100027	84538668
朝阳门支行	朝阳区关东店北街国安宾馆首层	100020	65061188
官园支行	西城区车公庄大街乙 1 号首层	100044	88370088
建国门支行	东城区建国门内大街 18 号首层	100005	65188100
知春路支行	海淀区知春路 113 号首层	100086	62637497
海淀支行	海淀区中关村南大街甲 32 号首层	100081	62187508
东直门支行	东城区东直门外大街 48 号首层	100027	84477237
东城支行	东城区金宝街 58 号首层	100005	65127997
和平支行	东城区和平里 9 区甲 4 号首层	100013	64464691
宣武支行	西城区南新华街甲 1 号首层	100051	63152605
亚运村支行	朝阳区安立路 66 号 1 号楼首层	100101	64907572
万柳支行	海淀区万柳中路 35 号万柳蜂鸟家园 2 号楼首层	100089	82871700
德胜门支行	西城区安德路 81 号首层	100011	82063887
光华路支行	朝阳区光华路 4 号东方梅地亚中心 A 座首层	100026	65832833
望京支行	朝阳区望京新城南湖西园 125 号首层	100101	84721880
花园桥支行	海淀区西三环北路 87 号首层	100089	88820405
东四环支行	朝阳区八里庄西里 100 号 1 号楼首层	100102	85866189
开阳桥支行	丰台区开阳路 1 号瀚海花园大厦首层	100069	83973602
亚奥支行	朝阳区北辰东路 8 号 5 号楼 2 层	100101	84970866
清华园支行	海淀区成府路 113 号首层	100084	62760580
丰台支行	丰台区华源四里甲 4 号楼首层	100073	63252112
财满街支行	朝阳区朝阳路 67 号 5 号楼首层	100084	52323150
朝外支行	朝阳区朝外大街 18 号首层	100020	65881991
广渠门支行	东城区广渠家园 5 号楼首层	100022	87512336

方庄支行	丰台区紫芳园四区5号楼5-03号首层	100078	87669591
丰盛支行	西城区丰盛胡同20号B座首层	100032	57041380
世纪金源支行	海淀区蓝靛厂东路2号院2号楼首层	100097	88877366
国贸支行	朝阳区光华路5号院2号楼首层	100020	50949230
天通苑支行	昌平区东小口镇立汤路186号甲5幢首层	102218	84673911
亦庄支行	北京经济技术开发区文化园西路6号院18号楼首层	100176	87927816
总部基地支行	丰台区南四环西路188号16区18号楼首层	100028	50949321
大红门支行	丰台区石榴庄西街232号1幢首层	100075	87866366
北苑支行	朝阳区天畅园5号楼首层	100107	84828566
金融街支行	西城区金融大街23号首层	100033	50949266
十里河支行	朝阳区东三环南路19号院1号楼首层	100122	87667616
首体南路支行	海淀区首体南路甲20号首层	100044	88356696
双井支行	朝阳区广渠门39号院2号楼首层	100022	50916388
石景山支行	石景山区石景山路2号北京台湾街C-02-10号楼首层	100040	66171701
木樨园支行	丰台区果园8号楼首层	100068	50868333
崇文门支行	东城区崇文门外大街7号、9号1幢南段首层	100062	67091966
学院南路支行	海淀区学院南路15号院10号楼首层	100082	82418196
白云路支行	西城区莲花池东路甲5号院1号楼首层	100038	63377088
大兴新航城支行	大兴区榆垡镇南十路3号首层	102602	89219360
上地支行	海淀区上地西路41号院1号楼首层	100085	50960913
通州支行	通州区临河里33号楼首层	101101	50838708
东三环支行	朝阳区新源南路1号首层	100027	57309496
大兴支行	大兴区兴华大街3段25号1层101号	102600	81297123

中信银行股份有限公司总行营业部

机构名称	地址	邮编	电话
总行营业部	西城区金融大街甲27号投资广场A座	100033	66293513
营业结算部	西城区金融大街甲27号投资广场A座	100033	66293012
国际大厦支行	朝阳区建国门外大街19号	100004	65122233－225
京城大厦支行	朝阳区新源里南路6号	100004	84865386
富华大厦支行	东城区朝阳门北大街8号富华大厦E座1层	100027	65558365
朝阳支行	朝阳区农展馆南里12号	100026	65389575
中关村支行	海淀区中关村南大街1号友谊宾馆苏园公寓13－1328号	100086	62187401
富力支行	朝阳区双花园南里二区13号楼	100022	65687793
广安门支行	西城区广安门外南滨河路1号	100055	63288394
海淀支行	海淀区海淀北1街2号首创拓展大厦1～3层	100190	62613870
东大桥支行	朝阳区工体东路18号	100020	65944950
知春路支行	海淀区知春路14号	100088	62369830
新兴支行	海淀区西三环中路17号新兴宾馆写字楼1层	100036	68212510
奥运村支行	朝阳区大屯路慧忠北里309号楼D1层	100012	64802827
阜成门支行	西城区太平桥大街17号	100034	66579713
酒仙桥支行	朝阳区酒仙桥路14号兆维大厦1层	100016	64319780
崇文支行	东城区东花市南里富贵园三区底商裙房	100062	67151791
西单支行	西城区复兴门内大街45号	100801	66035493
万达广场支行	朝阳区建国路93号北京万达广场东区商业B座	100022	58208406
首体南路支行	海淀区首体南路22号国兴大厦1层	100044	88354581

中粮广场支行	东城区建国门内大街8号	100005	65228710
金运大厦支行	海淀区西直门北大街甲43号1号楼	100044	62294402
上地支行	海淀区上地东里1区4号楼科贸大厦1层	100085	62969970
经济技术开发区支行	北京经济技术开发区天华园1里三区14号楼1层	100176	67874552
安贞支行	朝阳区安贞西里三区26号浙江大厦1层、5层	100029	64417162
广渠路支行	朝阳区东三环外广渠路九龙商厦1层	100022	87768422
望京支行	朝阳区望京利泽中园2区208号院内B座1层	100102	64391220
清华科技园支行	海淀区中关村东路1号清华科技园9号楼威新国际大厦1层	100084	58722191
三元桥支行	朝阳区曙光西里甲1号1层	100028	58221129
世纪城支行	海淀区蓝靛厂世纪城三期垂虹园甲2号	100097	88862208
尚都国际中心支行	朝阳区东大桥路8号尚都国际中心	100020	58700920
紫竹桥支行	海淀区北洼路9号世纪新景园7号楼	100089	88583990
花园路支行	海淀区塔院志新村2号飞利信大厦1层	100031	82036521
万柳支行	海淀区万柳星标家园	100089	82567560
来福士支行	东城区东直门南大街1号来福士中心	100007	64008190
财富中心支行	朝阳区东三环中路7号北京财富中心一期商铺E101、E205	100020	65309351
长安支行	朝阳区东三环中路39号建外SOHO小区17号楼	100022	59002847
北辰支行	朝阳区慧忠里320号住总大厦	100101	84837995
出国中心支行	朝阳区小亮马桥西路6号院7号楼1层	100016	84551178
福码大厦支行	朝阳区广顺路北大街33号院1号楼福码大厦B座1层102室	100102	84729727
观湖国际支行	朝阳区姚家园路105号3号楼万企控股大厦	100025	59283846

太阳宫支行	朝阳区夏家园12号楼半岛国际公寓12号楼102号	100028	84419951
媒体村支行	朝阳区红军营南路北辰绿色家园天朗园C座1层	100012	84910928
国奥村支行	朝阳区林萃东路2号楼甲3号楼	100101	84370723
通州支行	通州区翠景北里7号楼底商	101101	81593083
金泰国际支行	朝阳区广渠路11号院1号楼	100022	87213209
瑞城中心支行	朝阳区亮马桥路48号院4号楼1层	100125	60837085
丰台支行	丰台区太平路桥华源四里甲7号楼1层底商	100073	63252031
顺义支行	顺义区站前街2号办公楼	101399	60416922
回龙观支行	昌平区回龙观西大街北侧北店时代广场宜尚百货1层	102208	60728206
北苑支行	朝阳区清河营南街7号院华贸奥苑1F－S01号商铺	100012	84360115
中信城支行	西城区菜市口大街甲2号院6号楼	100052	83194420
房山支行	房山区西潞街道良乡西路26号西路时代大厦1层、2层	102488	69389317
珠市口支行	东城区珠市口东大街5号楼光明日报社办公楼西侧1楼底商	100062	67029851
密云支行	密云县鼓楼东大街19号院密东广场	101500	61094656
怀柔支行	怀柔区青春路21号慧友大厦	101400	61628741
方庄支行	丰台区方庄紫芳园四区3号楼	100164	87153978
石景山支行	石景山区政达路6号院4号楼、5号楼	100041	68705670
和平里支行	东城区和平里六区8号1段	100013	84504966
德外支行	西城区德胜门外大街甲10号中轻大厦	100011	62426501

八里庄支行	朝阳区八里庄东里1号A区1号楼	100025	65501797
三里屯支行	朝阳区新东路8号院3号楼	100027	84185830
大兴支行	大兴区金星西路6号兴创大厦	102627	60260012
高碑店支行	朝阳区高碑店兴隆街2号兴隆小区综合楼潮青汇百货1层东侧	100005	85787801
天桥支行	西城区天桥南大街1号天桥艺术大厦B座	100050	83132981
十里河支行	朝阳区周庄山水文园201号楼101房	100122	67480452
翠微路支行	海淀区复兴路20号	100840	68267230
金茂府支行	朝阳区广渠路23号院6号楼底商	100022	61654807
西红门支行	大兴区西红门鸿坤广场购物中心F1－18C、F2－16C	100162	80225561
南新仓支行	东城区朝阳门北大街9号东方文化大厦1层	100010	89936588
橡树湾支行	海淀区学府树家园3号楼3－1号至3－12号	100085	62845296

中国光大银行股份有限公司北京分行

机构名称	地　址	邮 编	电 话
分行营业部	西城区宣武门内大街1号	100031	66567688
朝内支行	东城区朝阳门北大街17号人保大厦1层	100010	65279078
宣武支行	西城区广安门外大街1号深圳大厦1层	100055	63271188－8697
德胜门支行	西城区黄寺大街23号北广大厦1层	100011	82236900
海淀支行	海淀区中关村大街18号科贸电子城1层	100190	82598021－800
朝阳支行	朝阳区朝外大街16号中国人寿大厦1层	100020	85252009
建国门支行	朝阳区建国门外大街甲6号中环世贸中心D座1层	100022	65630255
复兴路支行	海淀区复兴路47号天行建商务大厦	100036	51921033

学院路支行	海淀区西直门北大街56号生命人寿大厦1层	100082	63018827
天宁寺支行	西城区莲花池东路1号	100045	63489739
西城支行	西城区车公庄大街甲4号物华大厦1～2层	100044	68008608
中关村支行	海淀区知春路63号	100190	62563410
东城支行	东城区东四北大街337号	100010	64079747
新源支行	朝阳区新源西里中街12号	100027	64648252
安定门支行	东城区安定门外大街208号三利大厦	100011	64280003
礼士路支行	西城区南礼士路66号建威大厦	100045	68025382
亚运村支行	朝阳区惠忠路5号远大中心C座1层	100101	84891160
交大支行	海淀区西直门外上园村3号交大知行大厦	100044	62249612
阜城路支行	海淀区西三环北路100号金玉大厦1层	100037	68727490
花园路支行	海淀区花园东路10号高德大厦B段1层	100191	82038352
三里河支行	西城区月坛南街71号1层配楼1～3层	100045	68519372
工体路支行	东城区东中街46号鸿基大厦1层、2层	100027	64171771
定慧桥支行	海淀区阜成路99号	100142	88504835
西直门支行	西城区德宝新园22号德宝饭店1层	100044	68332338
方庄支行	丰台区方庄芳古园1区29号楼	100078	87673414
长安支行	西城区复兴门外大街6号光大大厦	100045	68561246
长虹桥支行	朝阳区东三环北路17号新时代大厦1层	100027	65958221
世纪城支行	海淀区板井路59号	100097	88508844
万柳支行	海淀区万柳中路11号	100089	82362712
北太平庄支行	海淀区北太平庄路18号城建大厦B座1层	100088	62091421
惠新西街支行	朝阳区安外小关东里14号	100029	64417446
望京支行	朝阳区望京中环南路花家地街花家地商业1号楼	100102	84723281
金源支行	海淀区蓝靛厂垂虹园甲5号	100097	88878901

光华路支行	朝阳区光华路 2 号阳光 100G 座	100026	65063528
亦庄支行	北京经济技术开发区天宝园 5 里 2 区 1－C2 号	100176	67820492
金融街支行	西城区金融大街 28 号院 2 号楼 1 层	100032	66578055
石景山支行	石景山区阜石路 166 号泽洋大厦北座 1 层	100043	52638610
京广桥支行	朝阳区东三环中路 7 号北京财富中心写字楼 A 座 1 层	100020	65309889
崇文支行	东城区广渠门内大街 27 号	100062	87103728
苏州街支行	海淀区苏州街 18 号长远天地 D 座 1 层	100080	82609760
丰台支行	丰台区南四环西路 168 号汉威国际广场 4 区 6 号楼 1 层	100070	83368199
劲松桥支行	朝阳区东三环南路甲 52 号－1	100022	67727118
清华园支行	海淀区双青路 88 号华园世纪商务楼 1 层	100083	82527673
上地支行	海淀区上地三街 9 号嘉华大厦 B 座 1 层	100085	62978318
顺义支行	顺义区站前西街 3 号顺鑫国际商务中心 1 层	101300	61409500
东高地支行	丰台区东高地万源西里 36 栋—甲 44 栋航天万源广场 1 层	100076	68753688
东长安街支行	朝阳区建国门外大街乙 12 号 LG 双子座大厦	100022	58287555
西坝河支行	朝阳区西坝河北里 23 号恒川广场 1 层	100028	64473806
富力城支行	朝阳区双井富力城 A2 楼	110105	58764958
金融街丰盛支行	西城区太平桥大街 25 号	100032	63639100
奥运支行	朝阳区南沙滩 66 号院 1 号楼	100101	84097001
五棵松支行	海淀区西四环中路 16 号院 1 号楼	100143	59739704
望京西支行	朝阳区望京新城南湖西园 125 号楼	100102	64751830
和平里支行	东城区和平里东街 10 号院 1 号楼	100013	64212258
姚家园路支行	朝阳区星火西路 19 号楼	100025	85855778

马连道西支行	丰台区华源四里甲4号楼	100073	63259978
经济技术开发区支行	北京经济技术开发区景园北街2号59幢	100176	87163918
安慧支行	朝阳区安慧北里逸园29号楼	100101	84860620
建国门内大街支行	东城区建国门内大街18号恒基中心1层	100005	65188876
大兴金星路支行	大兴区金星路12院3号楼	102628	69221131
大兴支行	大兴区兴华南路1号	102628	81281531
通州支行	通州区新华东街296号1层	101100	80882801
双井桥支行	朝阳区广渠路39号院2号楼汉督国际中心1层02单元	100022	87759599
科技园支行	丰台区科学城恒富街2号院5号楼阳光四季1层	100070	63712533
顺义后沙浴支行	顺义区后沙浴镇安富街8号院1号楼1层103号	101300	60408695
文创园小微支行	西城区车公庄大街4号院3号楼1层	100044	68292944
四季青支行	海淀区通汇路12号	100195	56081879

华夏银行股份有限公司北京分行

机构名称	地　　址	邮　编	电　话
石景山支行	石景山区石景山路66号	100041	88294148
和平门支行	西城区前门西大街14号	100052	63163290
紫竹桥支行	海淀区广源闸5号	100081	68703275
东四支行	东城区东四十条21号北京一商集团大厦1层	100007	64019779
长安支行	西城区三里河东路5号	100045	68535115
中关村支行	海淀区北四环56号	100080	62695278
知春支行	海淀区知春路111号理想大厦1层	100086	82665348
灯市口支行	东城区灯市口大街33号	100006	65261075

平安支行	西城区平安里西大街 16 号	100035	66187120
安定门支行	东城区安定门外大街甲 68 号	100011	84287858
建国门支行	东城区建国门内大街 5 号	100005	65132004
朝阳门支行	朝阳区工体西路 18 号光彩国际公寓 S107 号	100020	65536200
京广支行	朝阳区东三环中路 7 号北京财富中心	100020	65330559
首体支行	海淀区西直门外大街 168 号腾达大厦 1 层	100044	88576283
公主坟支行	海淀区复兴路甲 11 号	100036	63986290
亮马河支行	朝阳区东三环北路 3 号幸福大厦 B 座	100027	64688003
东直门支行	朝阳区东土城路 14 号	100013	85271101
中轴路支行	东城区鼓楼外大街 45 号	100011	62361848
奥运村支行	朝阳区慧忠北里 410 号楼 1 层	100101	64858139
万柳支行	海淀区万柳中路 29 号	100089	82577095
两广支行	东城区东珠市口 1 号	100062	67086078
国贸支行	朝阳区双花园南里三区合生国际花园 24 号楼1～2 层	100022	65667131
光华支行	朝阳区光华路 8 号	100026	65832410
魏公村支行	海淀区中关村南大街甲 12 号	100081	62109308
阜外支行	西城区阜外大街甲 34 号	100034	68528798
东单支行	东城区建内大街 22 号	100005	85237918
北沙滩支行	朝阳区德胜门外北沙滩 1 号	100083	64848676
德外支行	西城区德外大街 3 号	100088	82011388
西直门支行	海淀区西直门北大街 60 号	100088	82295260
分行营业部	西城区金融大街 11 号	100034	58598428
望京支行	朝阳区望京广顺大街 222 号	100102	84725997
世纪城支行	海淀区蓝靛厂 2 号金源时代商务中心 2 号楼 A 座	100089	88861768

车公庄支行	西城区车公庄大街12号核建大厦1层	100037	88306398
秀水支行	朝阳区秀水东街8号秀水市场5层	100020	65930679
东外支行	东城区东外大街35号	100027	84511042
上地支行	海淀区信息路甲28号科实大厦	100085	82771598
丰台科支行	丰台区航丰路1号时代财富天地大厦	100070	58090566
广外支行	西城区广安门外大街甲397号	100055	63328322
青年路支行	朝阳区青年路雅成一里19号世丰国际大厦1层	100025	85521533
通州支行	通州区梨园北杨洼25号商务楼	101100	81537960
北三环支行	西城区北三环中路6号	100011	58572871
亦庄支行	北京经济技术开发区荣昌东街甲5号隆盛大厦A座1层	100176	67806862
顺义支行	顺义区石园南区33号楼1层	101300	89443092
房山支行	房山区良乡苏庄东街9号	102488	69369931
怀柔支行	怀柔区青春路26号工会综合楼	101400	61604075
大望路支行	朝阳区百子湾南2路70号1层	100124	87724593
天通苑支行	昌平区天通苑北一区甲4号	102218	80782905
玉泉路支行	石景山区鲁谷路74号中国瑞达大厦1层	100040	68608568
方庄支行	丰台区方庄芳古园一区28号楼-2号	100078	84827482
莱户营支行	丰台区莱户营58号	100054	63356771
姚家园支行	朝阳区姚家园路105号观湖国际大厦	100025	59282276
学院路支行	海淀区学院路30号科技园大厦	100083	62660706
媒体村支行	朝阳区红军营南路媒体村天畅园8号楼1层	100107	84827683
新发地支行	丰台区新发地锦程园19号楼	100045	83790335
四道口支行	海淀区四道口2号	100081	82481231
陶然支行	西城区太平街8号院朱雀门30号	100050	83197751

永安支行	朝阳区建国门外大街3号京伦饭店1层	100020	56765757
朝内支行	东城区朝内大街南竹杆胡同2号银河 SOHO1 层	100010	56765293
西客站支行	丰台区广安路9号国投财富广场1号楼1层、2层	100055	83665598

中国民生银行股份有限公司北京分行

机构名称	地　址	邮　编	电　话
总行营业部	西城区复兴门内大街2号	100031	58560088
木樨地支行	海淀区复兴路甲3号	100038	68579345
阜成门支行	西城区阜外大街2号万通新世界广场B座	100037	68588449
建国门支行	朝阳区建国门外大街21号国际俱乐部	100020	65325937
中关村支行	海淀区知春路113号银网中心	100086	62619096
西坝河支行	朝阳区西坝河北里甲24号1层	100028	64474590
工体北路支行	朝阳区工体北路9号	100027	64155280
安定门支行	朝阳区安外大街1号信义大厦	100011	58295809
万寿路支行	海淀区复兴路甲65号	100036	68169091
西客站支行	丰台区西客站南广场中盐大厦	100055	63485530
正义路支行	东城区正义路3号共青团中央综合楼	100006	65262023
上地支行	海淀区上地东里一区4号楼科贸大厦	100085	62971290
国贸支行	朝阳区建国路128号一航大厦	100022	65676300
首体支行	西城区西直门外大街甲143号凯旋大厦	100044	68310386
金融街支行	西城区金融街33号通泰大厦B座	100140	88087334
什刹海支行	东城区地安门东大街56号	100009	84050115
北太平庄支行	西城区新街口外大街2号金辉科技楼	100088	62382766
广安门支行	西城区广内大街338号港中旅大厦	100053	83512515

方庄支行	丰台区芳古园一区28－3号通润会馆	100078	67670385
朝阳门支行	朝阳区朝外大街22号泛利大厦	100020	65884529
紫竹支行	海淀区紫竹院路31号华澳中心嘉慧苑	100089	88510821
魏公村支行	海淀区中关村南大街16号科技出版社	100081	68937489
东单支行	东城区金鱼胡同18号丽苑公寓	100006	85110682
亚运村支行	朝阳区北四环东路131号中国藏学研究中心院内中国西藏博物馆	100101	64916864
苏州街支行	海淀区海淀南路32号中信国安数码港	100080	62526249
西直门支行	海淀区西直门大街45号时代之光名苑	100044	62266015
和平里支行	东城区青龙胡同一号歌华大厦B座	100007	84186208
崇文门支行	东城区崇外大街9号正仁大厦	100062	67089851
奥运村支行	朝阳区北辰西路8号院2号楼北辰世纪中心A座2层	100101	84377376
三元支行	朝阳区东三环北路甲2号京信大厦西南配楼	100027	84489520
西单支行	西城区西单北大街107号北京电信综合楼	100032	58503909
劲松支行	朝阳区劲松三区甲302号华腾大厦	100021	87730408
成府路支行	海淀区成府路298号中关村方正大厦	100080	82529408
德胜门支行	西城区德外大街新风街2号天成科技大厦	100088	82271439
电子城支行	朝阳区酒仙桥路14号兆维大厦	100015	58671027
首都机场支行	朝阳区航安路首都机场“职工之家”综合楼	100621	64595916
西二环支行	西城区平安里西大街26号新时代大厦	100034	88009826
空港支行	顺义区天竺空港工业区经纬四街9号院办公楼	101318	64595916
西长安街支行	西城区复兴门内大街2号民生银行大厦	100031	58560383
南二环支行	东城区永定门外大街101号百荣世贸商城A区	100077	87804382
建国门外支行	朝阳区建国门外大街甲12号新华保险大厦	100022	65693081

京广支行	朝阳区西大望路3号院2号楼	100026	65974216
航天桥支行	海淀区西三环北路100号1层	100048	88516466-600
中关村西区支行	海淀区海淀北二街10号泰鹏大厦	100080	62684314
望京支行	朝阳区南湖东园122号博泰国际B座	100102	64755278
环保园支行	海淀区地锦路5号中关村环保园原动力空间1号楼	100095	59738716
首体南路支行	海淀区首体南路9号中国电工大厦	100048	68790947
大兴支行	大兴区黄村镇永华路1号兴政家园	102600	69228357
东二环支行	东城区东直门南大街甲3号居然大厦	100007	64012217
顺义支行	顺义区大东路3号院27号商住楼	101300	81487783
总部基地支行	丰台区丰台镇富丰路2号星火科技大厦2-6幢	100070	83739712
世纪金源支行	海淀区蓝靛厂垂虹园甲4号楼	100097	88877430
国奥支行	朝阳区安立路66号4号楼	100101	64906808
朝阳北路支行	朝阳区朝阳北路107号院58号楼	100025	58626018
亦庄支行	北京经济技术开发区隆庆街7号1幢	100076	67879915
通州支行	通州区九棵树西路京洲园195号楼1~2层	101121	81595959
长椿街支行	西城区宣武门西大街97号2号楼	100031	88086601
光华支行	朝阳区金桐西路10号	100020	85906828
华威支行	朝阳区松榆南路38号院1号楼	100122	87328256
顺义新城支行	顺义区顺安南路68号1层	101300	56360188
万柳支行	海淀区万柳中路6号院2号楼	100089	82362533
广渠门支行	东城区广渠家园10号楼1层101室	100022	85003233
昌平支行	昌平区白浮泉路26号院2号楼	102200	80112288-8018
房山支行	房山区拱辰街道政通路12号1号楼1层大厅	102488	60305550
陶然桥支行	东城区永定门西滨河路8号院7楼	100077	57837821
石景山支行	石景山区银河南街2号院1号楼1层2单元	100040	68633588

西大望路支行	朝阳区西大望路19号院1号楼1层	100022	87756735
回龙观支行	昌平区回龙观西大街16号院1号楼	102208	60779375
媒体村支行	朝阳区天朗园C座1层01商业	100107	84923352－600
亮马桥支行	朝阳区亮马桥路48号院4号楼1层	100125	84401191
万丰路支行	丰台区万丰路303号梦都酒家1层	100161	63858550
林萃路支行	朝阳区林萃西里16号楼1层	100085	50866206
常营支行	朝阳区常惠路4号楼1至2层	100024	65774955
杏石口支行	海淀区杏石口路80号益园文化创意产业基地A区1号楼108号	100095	65884508
东坝支行	朝阳区朝新嘉园东里六区1号楼1至2层112室和3层	100018	65676308
大兴新城支行	大兴区枣园东巷1号院1号楼	102611	60280088
榆垡支行	大兴区榆垡镇今荣街9号1层、2层	102602	89210011
香山支行	海淀区闵庄路3号清华科技园玉泉慧谷2期1号楼1层	100097	88405400
望京科技园支行	朝阳区望京东园五区502号楼1～2层	100102	64799009
东四支行	东城区东四北大街265号	100007	64025688
南苑支行	丰台区马家堡东路189号院2号楼1层	100077	56678898

渤海银行股份有限公司北京分行

机构名称	地　　址	邮　编	电　话
分行营业部	西城区复兴门内大街28号凯晨世贸中心东C座F1层	100031	66270781
魏公村支行	海淀区中关村南大街31号神舟科技大厦	100081	68729077

商务中心区支行	朝阳区光华路15号泰达时代中心1号楼	100600	85885416
亚运村支行	朝阳区慧忠里318号	100101	64953799
朝阳门支行	朝阳区吉庆里9号、10号楼蓝筹名座E座	100020	65538038
万柳支行	海淀区长春桥路11号亿城中心4号楼	100089	62416917
望京支行	朝阳区广顺南大街21号	100102	64775011
德胜门支行	西城区德外大街36号楼德胜凯旋大厦A座	100120	82069650
京广支行	朝阳区呼家楼京广中心商务楼1层	100020	65973500
东二环支行	东城区南竹杆胡同2号银河SOHO	100010	65206625
航天桥支行	西城区莲花池东路106号汇融大厦底商	100055	63943100
西客站支行	海淀区西三环北路100号光耀东方中心底商	100048	68729121
中关村支行	海淀区海淀大街3号1幢1层101北侧及2层201北侧	100080	82696321
总部基地支行	丰台区南四环西路188号一区31号楼	100070	83203087
首体南路支行	海淀区首体南路20号	100044	88357178
安贞支行	朝阳区安定路35号1层餐厅	100029	64443055
万寿路支行	海淀区万寿路西街2号1层北侧	100036	88175373
经济技术开发区支行	北京经济技术开发区天华北街11号院2号楼	100176	67866885
炫彩嘉轩社区支行	朝阳区望京西园一区134号楼	100102	64789011
万城华府社区支行	海淀区万柳华府龙园1号楼3单元S－12－6号房屋	100089	82568973
珠江骏景社区支行	丰台区骏景园北区25号楼1层103号	100075	87805923
三环新城社区支行	丰台区丰桥路六号院甲8号1层03号	100071	83625529
清林路社区支行	朝阳区清林路1号院7号楼1层107号	100107	84913763
远洋风景社区支行	海淀区德胜门西大街15号1号楼D3区	100082	82290301
双井社区支行	朝阳区天力街16号楼8号房屋	100022	58621559

橡树湾社区支行	海淀区学府树家园二区7－1号至7－20号7－5房屋	100085	82815613
紫金长安社区支行	海淀区西翠路17号院18号楼1层2单元商铺5房屋	100036	68212123
远洋山水社区支行	石景山区玉泉西里二区3号楼1层D号房屋	100073	68636908
林肯公园社区支行	北京经济技术开发区文化园西路8号院30号楼1层110号	100176	87925275
百子湾社区支行	朝阳区百子湾路16号百子园后现代城社区5号楼1层A单元102号	100124	87765688

浙商银行股份有限公司北京分行

机构名称	地　址	邮　编	电　话
分行营业部	西城区金融街甲一号－1金亚光大厦C座	100033	88006077
中关村支行	海淀区中关村南大街甲12号寰太大厦	100081	62109815
丰台支行	丰台区南四环西路188号17区1号楼	100070	83362524
五方支行	朝阳区王四营甲2号观音堂文化大道观68号	100023	87661411
大洋支行	朝阳区十八里店乡大羊坊闽龙广场1层东南侧	100122	67327752
朝阳支行	朝阳区东坝乡新嘉园东里五区18号楼	100018	65432522
大兴支行	大兴区兴华大街三段25号－1号	102600	61210030

北京银行股份有限公司

机构名称	地　址	邮　编	电　话
总行营业部	西城区金融大街甲17号、乙17号	100033	66225025

北京分行	西城区复兴门内大街156号D座、B座	100031	66426708
中关村分行	海淀区彩和坊路6号首层	100080	60190041
车公庄支行	西城区车公庄大街乙8号	100044	68341546
德外支行	西城区德胜门外大街8号德胜园区	100120	82029815
西四支行	西城区西单北大街30号	100032	66072541
阜成支行	西城区阜外大街2号	100037	68032848
复兴支行	西城区月坛南街14号	100045	68525276
展览路支行	西城区西直门外南路8号	100044	68355049
三里河支行	西城区月坛南街85号	100045	68587528
月坛支行	西城区阜外大街27号1层	100037	68104632
华安支行	西城区地安门西大街171号	100034	66112950
西直门支行	西城区冠英园西区31号楼	100035	66537790
燕京支行	西城区复兴门外大街甲19号	100045	68561704
金融街支行	西城区金融大街丁26号	100033	88087441
官园支行	西城区平安里西大街22号1层、2层	100034	66110674
慧园支行	西城区教场口街9号院7号楼及9号楼1层	100120	82061216
西单支行	西城区复兴门内大街156号招商国际金融中心B座	100031	66426677
长安街支行	西城区真武庙一号中国职工之家C座首层	100045	68563182
西内大街支行	西城区西直门内大街275号	100035	82141644
北三环支行	西城区北三环中路6号1幢1层、2层	100120	82087500
马连道支行	西城区马连道南街1号院2号楼	100055	63282060
百万庄社区支行	西城区百万庄大街21号院1号楼配套底商1～2号商铺	100037	68104621
白塔寺支行	西城区太平桥大街8号院10号楼	100034	59352616
右安门支行	西城区右安门内大街65号	100054	63514476

前门支行	西城区前门西大街正阳市场1号楼	100051	63037838
琉璃厂支行	西城区南新华街48号	100052	63044326
广安支行	西城区广安门外白菜湾5号楼1层	100055	63486028
报国寺支行	西城区广安门内大街甲306－3号	100053	63547801
天宁支行	西城区核桃园西街36号	100053	63041992
滨河路支行	西城区枣林前街119号	100053	63517012
白云支行	西城区广安门外小马厂西里2号	100055	63408261
陶然支行	西城区永定门内西街5号	100050	83162553
宣武门支行	西城区广安门内大街6号	100053	83513740
广源支行	西城区广安门外大街305号院7号楼1层	100055	63459126
陶然亭路支行	西城区陶然亭路45号网信鸿玺宾馆1层	100052	83559985
永定门支行	西城区天桥南大街1号1座1层01单元	100050	67217268
南纬路支行	西城区南纬路35号1层	100050	83150491
工体北路支行	东城区新中西里13号巨石大厦首层	100027	51909895
和平里支行	东城区和平里东街1号	100013	84232251
建国支行	东城区建国门内大街乙18号	100005	65265285
东四支行	东城区东四北大街303－8号	100007	64062934
长城支行	东城区金鱼胡同18号万富大厦首层	100006	65258088
灯市口支行	东城区灯市口大街50号	100006	65248163
景山支行	东城区东四十条24号青蓝大厦1层西侧	100007	64016958
中轴路支行	东城区安德路16号洲际大厦首层	100011	84882626
沙滩支行	东城区北河沿大街97号	100006	65220219
东单支行	东城区建内大街19号中纺大厦1层	100005	65262730
安定门支行	东城区交道口南大街16号	100007	64075243
东直门支行	东城区东直门南大街9号4号楼1层	100007	84098610

海运支行	东城区东直门南大街5号	100007	58156081
雍和支行	东城区东直门北小街青龙胡同1号歌华大厦首层	100007	84186329
忠实里支行	东城区忠实里西区7号楼1层	100022	67799887
天桥支行	东城区珠市口东大街20号	100050	67075138
天坛支行	东城区天坛东路76号	100061	67169114
花市支行	东城区东花市北里中区甲27号楼	100062	67189320
光明支行	东城区光明路13－3号北京银行	100061	67129144
广渠门支行	东城区夕照寺街2号北京市电信工程局办公大楼1层	100061	67184883
广渠门外大街支行	东城区广渠家园5号首东国际大厦1层101号	100022	87521598
紫竹支行	海淀区车道沟10号院中国兵器大厦首层	100089	58830116
新街口北大街支行	海淀区德胜门西大街15号远洋风景8号楼1单元102号	100082	82293543
新华支行	海淀区万柳中路15号1层底商	100089	82565336
上地支行	海淀区上地信息路1号院3号楼首层东部	100085	82895594
清华大学支行	海淀区清华大学照澜院商业楼1层	100084	62788731
双榆树支行	海淀区双榆树东里甲22号	100086	82116611
翠微路支行	海淀区复兴路33号	100036	68172288
中关村支行	海淀区中关村科学院南路12号住宅	100086	62572919
魏公村支行	海淀区中关村南大街25号中扬大厦	100081	68937791
大钟寺支行	海淀区中关村南大街12号培训中心01～02层	100081	62169408
学院路支行	海淀区学院路30号	100083	62312492
燕园支行	海淀区西草场1号	100080	82851817
清华园支行	海淀区双清路西王庄同方大厦	100084	62770454
万寿路支行	海淀区万寿路17号院综合楼B座	100036	68162752

西客站支行	海淀区羊坊店路21号1层东北角	100038	63953594
永定路支行	海淀区复兴路40号中国铁建科研大厦首层西侧	100039	52689316
白石桥支行	海淀区中关村南大街48号	100081	62196712
北太平庄支行	海淀区北三环中路戊40号	100088	62043336
北洼路支行	海淀区北洼路28号	100089	68414040
四道口支行	海淀区西直门外大柳树路2号铁科院北区11号楼	100081	62243859
航天支行	海淀区海淀南路30号	100080	82671123
学知支行	海淀区北土城西路197号	100191	62382509
双秀支行	海淀区北三环中路31号	100088	82005320
阜裕支行	海淀区阜成路28号	100142	68456363
甘家口支行	海淀区三里河路39号	100037	68331858
金运支行	海淀区西直门北大街甲43号金运大厦A座	100044	52129213
北京大学支行	海淀区成府路298号方正大厦1层北侧	100871	82529710
国兴家园支行	海淀区首体南路20号	100044	88355436
海淀路支行	海淀区中关村大街22号中科大厦B座中段	100190	62617710
友谊支行	海淀区中关村南大街3号海淀科技大厦1层	100081	68945858
中关村科技园区支行	海淀区中关村大街甲28号海淀文化艺术大厦B座1层	100086	82533000
世纪城支行	海淀区板井路69号世纪金源国际公寓东区首层商业	100097	88462516
北航支行	海淀区学院路35号世宁大厦首层	100191	82315523
四季青支行	海淀区蓝靛厂世纪城三期时雨园甲1－1	100097	88892385
北清路支行	海淀区北清路107号	100094	82789927
永丰支行	海淀区西北旺德政路南茉莉园甲19号楼Ⅱ段	100094	82403379

万泉路支行	海淀区新建宫门路1号	100091	62872154
中关村海淀园支行	海淀区海淀北一街2号鸿城拓展大厦1~2层	100080	62699732
清河支行	海淀区清河清景园5号商业楼地上1层A区	100192	62990536
田村支行	海淀区田村路畅茜园圣华里小区9号楼1层	100049	68162750
橡树湾支行	海淀区学府树家园二区1号楼	100085	82815415
五棵松支行	海淀区复兴路75号1幢101号东北角	100850	56765770
温泉支行	海淀区温泉路临58号1层	100095	62403420
东升科技园支行	海淀区西小口路66号中关村东升科技园B区2号楼1层B105室	100096	82830702
互联网金融中心支行	海淀区丹棱街1号院1号楼101号	100080	82362040
西翠路社区支行	海淀区西翠路17号院1号楼1层商铺7	100036	68211927
玉渊潭支行	海淀区美丽园中路16号院5号楼裕友大厦	100097	88506911
中关村创业大街小微支行	海淀区海淀西大街29号院1层115号、117号	100080	61934677
苏家坨支行	海淀区凤仪佳苑七里8号楼	100194	57809300
朝外支行	朝阳区朝外大街12号海蓝云天商城1层西门	100020	65993325
望京支行	朝阳区望京西园429号楼底商	100102	64775719
东大桥支行	朝阳区东直门外大街22号楼东侧	100027	64168005
酒仙桥支行	朝阳区酒仙桥路3号	100015	64362269
九龙山支行	朝阳区农光里117号	100021	67342062
芳草地支行	朝阳区东大桥路10号	100020	65867822
金台路支行	朝阳区团结湖路52号	100026	85985900
亚运村支行	朝阳区慧忠北里天创世缘309楼A座首层	100012	64802490
八里庄支行	朝阳区朝外红庙延静西里2号	100025	65949698
新源支行	朝阳区北三环东路6号	100028	64643177
安华路支行	朝阳区外馆东街51号商业楼首层	100011	64408638

樱花支行	朝阳区北三环东路15号北京化工大学校门旁	100029	64418052
关东店支行	朝阳区东大桥三角地	100020	65062512
北辰路支行	朝阳区北辰东路8号汇珍楼1层	100101	84971480
现代城支行	朝阳区建国路88号现代城A区S座0101室	100022	85803045
商务中心区支行	朝阳区光华路丙12号首层	100020	65083280
雅宝路支行	朝阳区雅宝路2号天雅大厦1层	100020	51362661
红星支行	朝阳区朝外大街20号	100020	65885738
北苑路支行	朝阳区北苑路172号万兴苑11号楼1层04室	100101	84854563
东长安街支行	朝阳区建国门外大街乙12号双子座大厦西塔1层	100022	65683696
健翔支行	朝阳区安翔北里甲11号	100101	64889925
惠新支行	朝阳区惠新东街4号	100029	84663958
孙河支行	朝阳区孙河乡康营家园小区KY15区D8R号楼	100015	84591236
双桥支行	朝阳区双柳北街39号商业2层203号	100024	65734009
大望路支行	朝阳区广渠路28号甲201号楼1层	100022	57528618
燕莎支行	朝阳区亮马桥路42号光明饭店1层、3层	100125	84418576
望京科技园支行	朝阳区望京西园一区134号楼101号	100102	64789992
远洋国际中心支行	朝阳区东四环中路56号远洋国际中心A座	100025	85865177
奥北支行	朝阳区天乐园1号楼1层	100107	84927536
奥东支行	朝阳区惠新西街19号	100029	51300080
高碑店支行	朝阳区高碑店北路5号	100123	51361730
奥运村支行	朝阳区北辰西路8号院2号楼	100101	84378372
富力又一城支行	朝阳区黄厂南里2号院31号楼1层	100121	59643615
电子城支行	朝阳区高家园二区14号	100015	64363756
朝阳北路支行	朝阳区朝阳北路102号楼	100123	85790459

姚家园支行	朝阳区星火西路19号楼1层、2层	100025	85855636
太阳宫支行	朝阳区夏家园11号楼1层5号商业和2层11号商业	100028	84298352
国贸支行	朝阳区建国门外大街1号院1号楼58层	100004	57068900
芍药居支行	朝阳区芍药居16号楼	100029	84648865
常营支行	朝阳区朝阳北路17号楼	100024	50866270
力源里社区支行	朝阳区力源里北街2号院5号楼1层	100025	85757767
华侨城支行	朝阳区金蝉欢乐园2号院甲1号楼N2－F1－02、N2－F2－01	100023	67366850
东四环支行	朝阳区慈云寺北里210号楼1层	100025	58048568
甘露园社区支行	朝阳区甘露园4号楼1层	100123	85773241
西坝河支行	朝阳区太阳宫火星园1号楼1层	100028	84299756
松榆南路社区支行	朝阳区松榆南路38号院1号楼B座	100021	68735179
丰台支行	丰台区丰台镇东安街1号	100071	63822841
西罗园支行	丰台区洋桥12号综合楼1层101室	100068	67253444
两桥支行	丰台区西四环南路31号	100071	63825045
方庄支行	丰台区方庄芳星园2区甲3号院6号	100078	67665046
成寿寺支行	丰台区南三环四方景园二区配套商业	100164	87647377
总部基地支行	丰台区南四环西路188号三区5号	100070	63701838
三环新城支行	丰台区丰桥路7号院8号楼28号	100070	83631804
金融港支行	丰台区南四环西路188号17区15号1层	100070	63298514
东高地支行	丰台区东高地万源西里41栋	100076	88524555
玉泉营支行	丰台区南三环西路16号3号楼1层	100068	87576150
马家堡支行	丰台区星河苑2号院9号楼01～03商业	100068	67500706
太平桥支行	丰台区华源四里甲2	100073	63380829

青塔支行	丰台区青塔西路9号	100141	68211713
丰体南路社区支行	北京市丰台区丰体南路3号	100166	63876516
政务中心支行	丰台区西三环南路1号	100073	89151001
南三环中路小微支行	丰台区南三环中路67号6号楼1层	100076	67253040
光彩路社区支行	丰台区贾家花园3号院13号楼112号	100076	87822559
京源路支行	石景山区石景山路23号中础大厦1层	100049	88706621
石景山支行	石景山区石景山路42号	100043	88706585
远洋山水支行	石景山区玉泉西里二区18号楼1层	100040	68547511
杨庄中区社区支行	石景山区杨庄中区21号楼3单元101号	100043	88706368
银河大街社区支行	石景山区双锦园16号楼1层	100043	68635090
昌平支行	昌平区政府街2号	102200	80103925
天通苑支行	昌平区东小口镇立汤路188号北方明珠大厦商业首层	102218	58608621
回龙观支行	昌平区回龙观镇北店时代广场商业综合楼E段地上1层	102208	80750306
龙水路支行	昌平区龙水路28-12号底商	102200	69711931
北七家支行	昌平区北七家镇立汤路58号王子大厦瑰宝商业中心	102209	89756452
西三旗支行	昌平区建材城西路87号2号楼1层	100096	82969620
宏福科技园支行	昌平区北七家镇宏福创业园商业街D栋	102209	81775199
顺义支行	顺义区站前街粮食局商办楼	101300	81482121
天竺支行	顺义区天竺地区天竺花园天韵阁1层	101312	64561937
石园支行	顺义区仁和镇石园南区33号楼102号	101300	89452683
首都国际机场支行	顺义区首都机场三号航站楼A2E3-1	100621	64532594
新国展支行	顺义区天竺空港工业区B区空港融慧园4号楼	101318	80470186

绿港国际中心支行	顺义区首都机场四纬路2号绿港国际商务中心	100621	84169602
石门支行	顺义区仁和镇前进花园石门苑甲13号国泰宏城购物广场F1－2	101300	89418302
航港支行	顺义区南法信镇顺平路566号ACLP国际大厦	101300	69479250
裕龙支行	顺义区裕龙花园三区7号楼5号	101300	89430810
顺义新城支行	顺义区佳和宜园1号楼	101300	56441347
燕山支行	房山区燕山岗南路东一巷6号C座1层	102500	69344783
房山支行	房山区良乡月华大街3号龙建大厦首层	102488	81388783
加州水郡支行	房山区长阳镇昊天北大街48号加州水郡东区商业中心A座106室	102445	80393773
良乡支行	房山区西潞街道长虹西路71号	102488	60330575
通州支行	通州区新华西街59号4号楼1层	101100	89501576
瑞都支行	通州区九棵树街165号、167号、171号、175号	101100	89501820
运河支行	通州区通胡大街11号－1	101100	80853166
光机电园区支行	通州区次二村南6号1幢1层	101111	81509319
马驹桥支行	通州区马驹桥镇245号院12号商业楼105号	101100	60570929
国际新城支行	通州区梨园南大街326号	101100	81531790
大兴支行	大兴区黄村镇兴政街29号	102600	69232938
经济技术开发区支行	北京经济技术开发区宏达北路12号	100176	67873396
黄村支行	大兴区黄村镇兴华路212号	102600	69237798
西红门支行	大兴区西红门镇北一街1号院24号楼1层103号	100162	80258233
亦庄支行	北京经济技术开发区文化园西路8号院25号楼	100176	87925534
大兴经济开发区支行	大兴区金星路12号院2号楼1层西侧	102600	69261626
魏善庄支行	大兴区魏善庄镇魏北路28号院18号楼	102611	89232810
怀柔支行	怀柔区府前街3号楼	101400	69697032

门头沟支行	门头沟区双峪路5号	102300	69863186
石龙经济开发区支行	门头沟区石龙经济开发区永安路20号3号楼	102308	69802619
平谷支行	平谷区迎宾环岛东南角金谷园21号楼1层商铺	101200	89999875
府前街支行	平谷区平谷镇新平东路13号	101200	61995618
密云支行	密云区鼓楼东大街19－5	101500	69087741
季庄支行	密云区果园新里北区综合楼1层	101500	69026772
延庆支行	延庆区延庆镇高塔街67号2幢	102100	61125600

天津银行股份有限公司北京分行

机构名称	地　址	邮　编	电　话
朝外支行	朝阳区朝外大街乙6号朝外SOHOD座0185室	100020	59004326
三元桥支行	朝阳区东三环北路乙2号圣元中心A座101号	100027	84471038
新兴桥支行	海淀区复兴路21号海育大厦1层	100036	68573491
中关村支行	海淀区海淀中街15号远中悦来大厦	100080	58730476
金融街支行	西城区二龙路甲33号新龙大厦B座	100032	66227910
丰台支行	丰台区南四环西路188号三区15号楼	100070	63706631
西直门支行	西直门北大街52号太平金融大厦1层	100082	82206728
东城支行	东城区朝内大街8号	100010	57929206
广渠门支行	东城区广渠家园3号楼	100022	87521500
东直门支行	东城区东直门外大街46号1号楼	100027	84608981
航天桥支行	海淀区西三环北路100号	100037	68456337
房山支行	房山区良乡政通西里小区	102488	60309340

大连银行股份有限公司北京分行

机构名称	地　址	邮　编	电　话
分行营业部	朝阳区建国路93号万达广场B座	100022	65813121
西城支行	西城区金融大街甲9号	100033	66016356
海淀支行	海淀区中关村南大街6号中电信息大厦1层	100086	62308122
经济技术开发区支行	北京经济技术开发区宏达北路16号	100176	87220795
丰台支行	丰台区科学城中核路1号院	100070	63713132
朝阳支行	朝阳区阜通东大街10号楼	100102	87328618

杭州银行股份有限公司北京分行

机构名称	地　址	邮　编	电　话
分行营业部	东城区建国门内大街26号1号1层南侧	100005	64088117
安贞支行	朝阳区安定路10号中国有色大厦1层	100029	64423711
顺义支行	顺义区府前东街10号自来水公司1层	101300	60417021
朝阳支行	朝阳区甜水园东街10号	100026	65000847
中关村支行	海淀区彩和坊西小街1号中湾国际1层	100080	59260522
通州支行	通州区九棵树街177号	101100	89542750
丰台支行	丰台区周庄子望园东里28号楼	100161	63822337
大兴支行	大兴区兴华大街（二段）13号院2号楼	102606	80255721
平谷支行	平谷区新平北路南侧紫贵庄园西侧9号楼10号	101200	61997288
房山支行	房山区良乡西潞南大街8号楼1-1号	102401	69389718
昌平支行	昌平区府学路1-3号	102200	89787271

上地支行	海淀区小营西路33号金山软件大厦底层	100085	57041785
石景山文创支行	石景山区石景山路45号	100043	88952010
次渠支行	通州区次渠南里120号	101111	80823357
东城支行	东城区朝阳门北大街3号五矿广场A座	100010	57649280
顺义裕龙支行	顺义区裕龙四区甲5号	101300	61426870

南京银行股份有限公司北京分行

机构名称	地址	邮编	电话
分行营业部	西城区金融大街10号	100033	83399112
车公庄支行	海淀区首体南路20号4号楼、5号楼	100044	88334001
万寿路支行	海淀区万寿路28号	100036	88619369
万柳支行	海淀区万泉庄路28号万柳新贵大厦A座1~2层	100089	58720008
中关村支行	海淀区中关村南三街6号中科资源大厦裙楼	100080	82649800
西坝河支行	朝阳区西坝河北里23号恒川广场	100028	64473898
朝阳门支行	东城区朝阳门南小街2号	100005	65267509
呼家楼支行	朝阳区呼家楼北街7号1~2层	100026	65860699
顺义支行	顺义区南法信镇华英园9号	101300	89425691
北辰支行	朝阳区北辰东路8号汇园公寓M座首层北侧	100101	84975583
通州支行	通州区滨河中路249号1层、251号1层、253号1~2层	101101	80570207
方庄支行	丰台区四方景园二区配套商业1-3号	100078	87656026

盛京银行股份有限公司北京分行

机构名称	地　址	邮　编	电　话
分行营业部	朝阳区光华路4号东方梅地亚中心D座	100026	85597777
中关村支行	海淀区海淀北2街8号金和国际大厦	100080	82012999
官园支行	西城区车公庄大街9号院1号楼	100044	85251177
五棵松支行	海淀区复兴路69号3号楼	100038	88199777
顺义支行	顺义区新顺南大街8号	101399	85886222
大兴支行	大兴区兴业大街3段26号楼	102600	69267591
石景山支行	石景山区玉泉西里1区2号楼107室	100040	68636855

上海银行股份有限公司北京分行

机构名称	地　址	邮　编	电　话
营业部	朝阳区建国门外大街丙12号宝钢大厦1层	100022	57610106
中关村支行	海淀区北四环西路66号	100080	62418659
安贞支行	东城区安定路20号	100029	84109289
学院南路支行	海淀区学院南路15号	100088	82418630
复兴门支行	西城区鲍家街43号	100031	66411223
金融街支行	西城区金融大街甲9号	100033	66528799

江苏银行股份有限公司北京分行

机构名称	地　址	邮　编	电　话
分行营业部	朝阳区光熙家园1号楼	100028	56986950

德胜支行	西城区德胜门外大街36号德胜凯旋大厦A座	100120	82063188
东直门支行	东城区东直门南大街甲3号居然大厦	100007	64025328
宣武门支行	西城区宣武门外大街甲1号环球财讯中心大厦	100052	63039950
西三环支行	海淀区西三环北路87号国际财经中心	100089	88824955
朝阳门支行	东城区朝阳门内大街8号朝阳首府大厦	100010	57929210
东四环支行	朝阳区百子湾东里101号楼1层	100124	67048235
马连道支行	西城区红莲南路28号楼红莲大厦A座	100055	63325956
安定门支行	东城区安定门外大街丁88号	100011	64407800
石景山支行	石景山区石景山路31号盛景国际广场	100043	57537005
中关村支行	海淀区中关村南三街6号中科资源大厦1层	100190	62631232
中关村西区支行	海淀区善缘街1号立方庭大厦1层	100080	82483853
亚运村支行	朝阳区安慧北里秀园16号楼118	100101	84468312
总部基地支行	丰台区南四环西路128号院3号楼诺德中心1层	100070	83816960
东三环支行	朝阳区东三环北路甲26号楼博瑞大厦	100011	65167590
望京支行	朝阳区望京园601号楼1层	100102	84766295
亦庄支行	北京经济技术开发区荣华南路10号院4号楼1层	100176	50949890
通州支行	通州区九棵树东路152号	101101	56175691
上地支行	海淀区马连洼北路亿城国际中心1层	100085	50955736
光华路支行	朝阳区光华路5号院世纪财富中心3号楼1层及夹层103单元	100026	50953462

包商银行股份有限公司北京分行

机构名称	地　址	邮　编	电　话
分行营业部	朝阳区北四环东路115号	100101	64816060

中关村支行	海淀区彩和坊路8号	100080	60190675
大红门支行	丰台区马家堡东路101号阳光花园	100070	57704006
通州支行	通州区九棵树东路150号	101100	60552315
望京支行	朝阳区望京西路47号	100102	64790081
国贸支行	朝阳区呼家楼新苑4号楼锐创大厦	100020	56175308
方庄支行	丰台区方庄紫芳园四区5号楼	100078	56175717

宁波银行股份有限公司北京分行

机构名称	地　址	邮　编	电　话
分行营业部	海淀区西三环北路100号	100037	53266393
中关村支行	海淀区海淀大街1号1层、6层	100080	53239636
丰台支行	丰台区万丰路300号	100161	53239556
东城支行	东城区东兴隆街58号06	100062	53239519
望京支行	朝阳区酒仙桥中路26号院1号楼1层	100015	53231700
亚运村支行	朝阳区慧忠北里214号	100012	53232233

北京农村商业银行股份有限公司

机构名称	地　址	邮　编	电　话
金融街支行	西城区金融大街9号楼1层、3层	100033	56175630
朝阳支行	朝阳区北苑路90号	100101	64945311
将台支行	朝阳区酒仙桥路14号51号楼兆维华灯大厦1层	100015	84799322
金盏支行	朝阳区金盏乡长店组团13号综合楼1层底商	100018	84334505
来广营支行	朝阳区望京北路18号	100102	64390751

高碑店支行	朝阳区建国路29号兴隆家园9号楼	100123	85775890
和平支行	朝阳区来广营东路5号东郊农场综合服务楼	100103	84701595
光华路支行	朝阳区光华路甲14号诺安大厦1层	100020	51309953
双井支行	朝阳区天力街1号楼B1－1号	100022	59060190
新源支行	朝阳区新源里16号琨莎中心1座	100027	84683590
太阳宫支行	朝阳区西坝河北里15号楼	100028	64215209
商务中心区支行	朝阳区朝阳门北大街16号	100020	85605330
小红门支行	朝阳区小红门乡宋家楼4号	100176	67697520
南磨房支行	朝阳区大望路平乐园路口南300米	100022	67311917
王四营支行	朝阳区王四营乡官庄大队陶庄个体公园南侧	100023	67382042
双桥支行	朝阳区朝阳路管庄路口西20米	100021	65761658
京粮支行	朝阳区东三环中路16号	100022	51672307
大望路支行	朝阳区西大望路15号3号楼1层	100022	87723809
亚运村支行	朝阳区安外安立路甲56号	100012	84802802
丰台支行	丰台区西局南街101号	100161	63842592
成寿寺支行	丰台区四方景园2区配套商业2－11	100078	87644286
花乡支行	丰台区看丹路甲15号	100070	63736453
六里桥支行	丰台区华源1街2号楼	100073	63334756
两广路支行	西城区广安门内大街311号院2号楼1层	100053	83130710
世界公园支行	丰台区丰葆路富锦嘉园综合服务楼1层北段	100070	83623032
新发地支行	丰台区新发地京新酒店西侧	100070	83727020
政务中心支行	丰台区西三环南路1号	100161	89151011
卢沟桥支行	丰台区丰台体育中心北路1号	100166	63814573
小屯支行	丰台区卢沟桥张仪村路125号院18号	100071	63811247
王佐支行	丰台区云岗南宫路3号	100074	83318546

长辛店支行	丰台区长辛店杜家坎南路甲6号	100072	83840581
马连道支行	西城区马连道南街1号依莲轩小区D座	100055	63326122
丽泽支行	西城区北京西站南路80号院6号楼1层	100073	83062902
宛平支行	丰台区卢沟桥晓月中路5号楼B1、B2	100165	83896722
右安门支行	丰台区右安门外大街56号2号楼底商	100069	83974591
石景山支行	石景山区杨庄东路78号	100043	68877815
八角支行	石景山区八角南路7号	100043	68872063
西山支行	石景山区西黄新村西里4号楼1层3单元	100144	88701303
京原支行	石景山区玉泉路玉泉大厦1层	100040	88255285
海淀支行	海淀区苏州街77号	100089	82518896
世纪城支行	海淀区蓝靛厂晴波园甲5号楼	100097	62881232
东升支行	海淀区清华东路甲1号	100083	62312130
志新路支行	海淀区志新路2里庄35号	100083	59862769
清河支行	海淀区西三旗花园三里76号1层	100192	62913272
八里庄支行	海淀区阜成路81号	100142	88130053
莲花路支行	丰台区莲花池西里6号院综合楼	100161	63957532
大钟寺支行	海淀区北三环西路甲18号中鼎大厦B座	100098	62123603
海淀新区支行	海淀区丰秀中路3号院14号楼	100094	62475162
上地支行	海淀区上地信息路7号	100085	62983467
西北旺支行	海淀区西北旺镇百旺新城A4地块6号综合办公楼	100094	82404104
上庄支行	海淀区上庄镇上庄路72号	100095	62478333
温泉支行	海淀区温泉镇温泉路59号	100095	62456901
苏家坨支行	海淀区苏家坨镇温阳路18号	100095	62454903
北安河支行	海淀区苏家坨镇北安河路5号	100095	62454950
四季青支行	海淀区板井路81号	100097	88432571

军博支行	海淀区会城门北口路东	100038	63264781
阜外支行	西城区车公庄大街9号院1号楼商业2	100044	88312313
中关村支行	海淀区彩和坊路10号中关村瀚海国际大厦	100080	62535994
门头沟支行	门头沟区滨河路115号滨河大厦1层、12层	102300	69820909
斋堂支行	门头沟区斋堂镇斋堂大街43号	102300	69816714
永定支行	门头沟区永兴小区15号楼底商	102300	69809509
城龙支行	门头沟区门头沟路38号	102300	69825126
龙泉支行	门头沟区滨河路47号2幢	102300	69838943
昌平支行	昌平区东环路中医院路口往西20米少年宫对面	102200	69744185
兴昌支行	昌平区昌平镇东环路中医院对面	102200	69744889
南口支行	昌平区南口镇东大街保温瓶厂南侧	102201	69771185
小汤山支行	昌平区小汤山镇地税所西院	102211	61781226
兴寿支行	昌平区兴寿镇兴寿村709号	102211	61726064
阳坊支行	昌平区阳坊镇南阳路大都饭店北侧	102205	69760458
沙河支行	昌平区沙河镇展思门路29号	102206	69731309
马池口支行	昌平区马池口镇马池口村新街347号	102202	60772425
崔村支行	昌平区崔村镇西崔村11号	102212	60721355
南邵支行	昌平区南环路南邵回迁小区11号、12号	102200	60732142
十三陵支行	昌平区十三陵镇胡庄	102213	89761489
北环支行	昌平区昌平镇北环路2号金兰大厦	102200	69709342
天通苑支行	昌平区东小口镇中滩村东镇政府后面	102218	84811232
回龙观支行	昌平区回龙观镇昌平路410号	100096	62713086
北七家支行	昌平区北七家镇政府街八仙别墅北	102209	69751147
天通苑东区支行	昌平区东小口镇天通苑东苑东三区2号楼	102218	61765510
通州支行	通州区梨园北街63号、65号	101101	69540796

永顺支行	通州区新华北街 31 号	101100	69544516
宋庄支行	通州区宋庄文化创意产业集聚区京榆旧路南公共服务平台	101118	69595718
潞城支行	通州区潞城镇政府东侧	101117	89581155
西集支行	通州区西集镇国防路 39 号	101108	61576524
漷县支行	通州区漷县镇漷兴 1 街北侧	101109	80586191
永乐店支行	通州区永乐店镇永乐大街 54 号	101105	69568495
张家湾支行	通州区张家湾镇光华路西侧	101113	69572793
台湖支行	通州区台湖镇政府西 200 米	101116	61532735
晶城支行	通州区通胡大街 11 号 –2	101100	89526810
梨园支行	通州区梨园镇九棵树大街 17 号	101101	81514458
翠屏北里支行	通州区翠屏北里（西区）商 11 号、12 号	101100	81510142
马驹桥支行	通州区马驹桥镇兴华南街 245 号院 12 号楼 106 号、107 号	101102	60509385
光机电支行	通州区中关村科技园区通州园区光机电 1 体化产业基地政府路 8 号	101111	81500307
顺义支行	顺义区新顺南大街 15 号	101300	69443744
仁和支行	顺义区石园南区 33 号楼	101300	89448105
建新东街支行	顺义区建南东街 2 号	101300	69443034
平各庄支行	顺义区顺通路 20 号	101300	89492041
马坡支行	顺义区马坡地区西马坡村西	101300	69402009
赵全营支行	顺义区赵全营镇政府西 300 米	101300	60432619
杨镇支行	顺义区杨镇顺平路杨镇段 53 号	101300	61451286
南彩支行	顺义区南彩镇顺平路南彩段 45 号	101300	89469253
北小营支行	顺义区北小营府前街 11 号	101300	60483974

高丽营支行	顺义区高丽营镇顺沙路高丽营段 7 号	101300	69455929
光明街支行	顺义区光明北街 9 号	101300	69429097
空港支行	顺义区天竺镇府前街 37 号	101312	80467224
南法信支行	顺义区华英园 9 号	101300	69478100
李家桥支行	顺义区李桥中心街 53 号	101304	81473831
后沙峪支行	顺义区后沙峪镇双裕街 15 号	101318	80496752
机场南路支行	朝阳区首都机场南路 3 号	100621	64573633
大兴支行	大兴区黄村东大街 9 号	102600	69255471
旧宫支行	大兴区旧宫镇旧宫东路 90 号	100076	87965968
西红门支行	大兴区西红门镇政府西侧 1 米	100076	60253045
北臧村支行	大兴区庆丰西路 1 号院 17 号楼 104 ~ 105 号	102609	61253449
庞各庄支行	大兴区庞各庄镇农行分理处南 1 米	102601	89287439
榆垡支行	大兴区榆垡镇卫生院东侧 5 米	102602	89217898
安定支行	大兴区安定镇农行分理处西侧 1 米	102607	80231261
玫瑰城支行	大兴区黄村玫瑰城商业中心大楼东侧	102600	69237085
青云店支行	大兴区青云店大东新村 B 区 47 号楼	102605	80285780
清澄支行	大兴区黄村镇清澄名苑南区 31 号楼政府综合服务大厅内	102600	81296803
采育支行	大兴区采育镇电管站西侧 2 米	102606	80271469
金星支行	大兴区西红门镇金星庄村黄亦路 50 号	100162	61285905
黄村支行	大兴区黄村镇兴华路 216 号	102600	69266642
经济技术开发区支行	北京经济技术开发区荣京东街 3 号 A 座	100176	67879275
亦庄支行	大兴区亦庄镇政府内	100176	67881644
瀛海支行	大兴区瀛海镇政府北侧 20 米	100076	69278315
房山支行	房山区良乡长虹东路 1 号	102488	69367916

燕房支行	房山区城关镇南大街 16 号	102400	69313461
阎村支行	房山区阎村镇紫园路 115 号	102412	89318563
青龙湖支行	房山区青龙湖镇豆各庄村下 4 区 43 号	102447	60322343
琉璃河支行	房山区琉璃河镇东街 28 号	102403	89382853
河北镇支行	房山区河北镇李各庄村	102417	60377229
长阳支行	房山区长阳镇北广阳城村西 5 号	102445	80351557
窦店支行	房山区窦店镇窦店村	102433	69391813
张坊支行	房山区张坊镇张坊村中 2 区 61 号	102409	61338351
长沟支行	房山区长沟镇长沟大街 48 号	102407	61361345
西潞支行	房山区良乡西路东里甲 1 号西潞商业大厦 1 层	102488	89368225
良乡支行	房山区良乡中路 26 号	102401	69361014
平谷支行	平谷区平谷镇新平北路平乐街 8 号	101200	89989578
东高村支行	平谷区东高村镇兴业路 6 号	101200	69900799
王辛庄支行	平谷区王辛庄镇齐各庄前街 75 号	101200	89990798
马坊支行	平谷区马坊镇西大街 17 号	101204	60995562
金海湖支行	平谷区金海湖镇韩庄北街 154 号	101201	69992097
南独乐河支行	平谷区南独乐河镇同乐路 128 号	101212	60920737
大华山支行	平谷区大华山镇大华山大街 136 号	101207	61948597
峪口支行	平谷区峪口镇峪口村西大街 2 号	101206	61906024
大兴庄支行	平谷区大兴庄镇大兴庄村东	101205	89932423
新开街支行	平谷区平谷镇林荫北街 13 号	101200	69975132
绿谷支行	平谷区光明西小区 5 号	101200	69961228
密云支行	密云区鼓楼南大街 25 号	101500	69045330
穆家峪支行	密云区穆家峪镇南穆家峪村南侧	101500	61051835
河南寨支行	密云区河南寨镇滨河工业开发区	101500	61086583

十里堡支行	密云区十里堡镇政府东侧	101500	89096276
溪翁庄支行	密云区溪翁庄镇溪翁庄村委会北楼	101512	69012347
巨各庄支行	密云区巨各庄镇巨各庄村南侧	101501	61030163
高岭支行	密云区高岭镇高岭村政府路东侧	101507	81081281
季庄支行	密云区果园西路21号	101500	89099803
檀州支行	密云区鼓楼东大街世豪大酒店对面	101500	69043475
怀柔支行	怀柔区迎宾北路18号	101400	69626174
泉河支行	怀柔区迎宾北路32号	101400	69646145
杨宋支行	怀柔区杨宋镇凤翔科技开发区4园1号	101400	61679451
雁栖支行	怀柔区雁栖镇下庄村435号	101407	61641348
怀北支行	怀柔区怀北镇西庄村317号	101408	69662627
渤海支行	怀柔区渤海镇沙峪村350号	101405	61631741
庙城支行	怀柔区庙城镇庙城村派出所对面	101401	60693356
桥梓支行	怀柔区桥梓镇桥梓村村北	101402	57496022
汤河口支行	怀柔区汤河口镇汤河口村16号	101411	89671055
富乐支行	怀柔区富乐大街乐红园小区1号楼	101400	89688706
青春路支行	怀柔区青春路8号	101400	69642910
延庆支行	延庆区东外大街109号	102100	69189202
夏都支行	延庆区高塔路62号	102100	69141623
张山营支行	延庆区张山营镇张山营村南	102115	69111994
永宁支行	延庆区永宁镇北门口	102104	60171284
八达岭支行	延庆区八达岭镇政府院内	102102	69129421
旧县支行	延庆区旧县镇村北侧	102109	61152932
南菜园支行	延庆区延庆镇南菜园开发区17号	102100	69171149
西城支行	西城区复兴门外大街4号	100045	68562977

北三环支行	朝阳区北三环东路 28 号	100013	64405347
北太平庄支行	西城区新街口外大街 12 号	100088	82083385
车公庄支行	海淀区首体南路 9 号主语家园 17 号楼	100048	68790579
西外支行	海淀区西直门北大街 32 号枫蓝国际中心商场 C 座 1 层	100082	62243267
宣武支行	西城区广安门南街 6 号广安大厦 1 层、4 层	100053	83533578
宣外大街支行	西城区前青厂胡同 66 号、68 号	100052	83152708
牛街支行	西城区牛街 20 和 22 号	100053	83530366
东城支行	东城区北三环东路 37 号 A 座	100013	52979440
东长安支行	东城区东长安街 12 号	100742	85229650
王府井支行	东城区东单北大街 3 号	100005	65229768
北京站支行	东城区北京站西街 1 号自西向东 1 号商铺	100005	65284120
工体支行	东城区工体西路工体综合楼 1 层	100025	65515361
雍和宫支行	东城区安定门东大街 28 号 2 号楼 B1、B2 号	100007	64097201
崇文支行	东城区崇文门外大街 9 号正仁大厦	100062	67086326
建国门支行	朝阳区东三环中路 39 号建外 SOHO12 号楼 1200 商铺	100022	58696372
尚都支行	朝阳区东大桥路 8 号	100020	59000362
广渠门支行	东城区东花市南里东区 15 号楼 2－101 号	100062	87101003
天坛支行	东城区光明路 13 号 1 层	100062	67167698
东四十条支行	东城区东四十条甲 22 号	100007	52185020

中国邮政储蓄银行股份有限公司北京分行

机构名称	地　址	邮　编	电　话
百荣支行	东城区永外大街 101 号	100077	87802003

崇文支行	东城区崇文门外大街11号-7和11号-212	100078	67086252
建内大街支行	东城区站西路2号	100001	65196657
交道口东大街支行	东城区交道口东大街10号楼低商B	100007	64003719
金融大街支行	西城区金融大街3号A座1层、2层	100808	66555571
永安路支行	西城区虎坊路21-7号、21-8号	100052	51251400
牛街支行	西城区牛街4号	100053	83555017
西四支行	西城区西四南大街16号	100034	66176773
广安门支行	西城区广安门外大街172号	100055	63279593
西外大街支行	西城区西外大街德宝新园甲22号	100044	68352749
西城区支行	西城区阜成门北大街17号	100047	68334197
南滨河路支行	宣武区南滨河路27号	100055	63364461
新华里支行	西城区新华里16号院2号楼商业02号	100044	88359069
新街口支行	西城区西内大街32号	100035	66181633
真武庙支行	西城区真武庙路四条8号院4号楼	100045	68032808
三里河支行	西城区月坛南街65号	100045	68539131
广顺北大街支行	朝阳区广顺北大街19号1层	100102	64724599
农光里支行	朝阳区农光里102号楼	100021	67341867
南湖西园支行	朝阳区南湖西园216号楼1层	100102	52039391
双龙南里支行	朝阳区双龙南里204号楼	100122	87321621
吕家营支行	朝阳区观筑庭园801号楼	100122	87641653
望京支行	朝阳区望京西园一区120号楼	100102	84718103
三间房支行	朝阳区三间房223号	100024	65762454
水碓子支行	朝阳区金台北街6号楼	100026	65005146
左家庄中街支行	朝阳区左家庄中街6号院9号楼	100028	64628165
工体东路支行	朝阳区工人体育场东路甲2号1层	100027	85871416

北苑支行	朝阳区朝来绿色家园赢秋苑 18 号楼底商	100012	84953875
姚家园路支行	朝阳区姚家园路甲一号活力东方奥特莱斯购物广场首层	100123	51193713
朝阳区支行	朝阳区西大望路 59 号甲 3 号楼	100022	67753157
万科星园支行	朝阳区仰山路万科星园甲 7 号	100107	84921227
双井支行	朝阳区广渠东路 48 号楼	100022	67716753
吉庆里支行	朝阳区吉庆里 6 号楼	100020	65520455
常营支行	朝阳区朝阳北路万象新天家园 426 号楼 1 层	100024	65431812
杨闸支行	朝阳区朝阳路 8 号杨闸环岛西南侧朗廷大厦底商	100024	85583351
花家地支行	朝阳区花家地北里 1 号楼	100102	64737340
垡头支行	朝阳区垡头一区 4 号楼东	100023	67385807
东城区支行	朝阳区光华路 50 号	100600	65217055
大山子支行	朝阳区酒仙桥路 13 号	100015	64333112
亚运村支行	朝阳区安慧里 2 区 11 号楼	100101	64938202
开阳里支行	丰台区开阳里五区三号楼	100069	83559587
东高地支行	丰台区东高地斜街 13 号	100073	67994791
科学城支行	丰台区帝京路 5 号	100070	63714433
丰台大街支行	丰台区西四环南路 94 号	100071	63823385
京温服装市场支行	丰台区高庄 60 号京温服装市场大厦地下 1 层	100068	87244995
丰台南路支行	丰台区风格与林苑甲 9 号楼 1 层	100068	83712880
方庄支行	丰台区蒲方路 22 号	100078	67628469
云岗支行	丰台区云岗南里 2 号	100074	83310974
长辛店支行	丰台区长辛店大街 1 号	100072	83876260
大红门服装城支行	丰台区南苑路 15 号大红门服装商贸城 4 层	100068	87255518
公益西桥支行	丰台区角门 18 号枫竹苑二区 1 号楼 1 层底商	100068	67500829

大瓦窑支行	丰台区大瓦窑新村住宅楼 A15 物管楼底商	100166	63910500
彩虹城支行	丰台区光彩路 66 号院 5 号楼 1 层 103 号	100075	87866180
丰台区支行	丰台区西罗园 1 区 15 号楼	100077	87255517
莱户营支行	丰台区三路居路 88 号院 18 号楼 1 层	100073	83204657
金顶街支行	石景山区金顶街二区甲 2 栋	100041	88713519
重兴园支行	石景山区重兴园甲 1 号	100040	68632039
石景山区支行	石景山区琅山苗圃南园子金辉苑小区 C3 配套服务楼底商	100041	52651257
鲁谷支行	石景山区鲁谷路 39 号	100040	88685282
石新古城支行	石景山区古城南里 2－3 号楼	100043	68876096
知春路支行	海淀区知春路 1 号	100083	82310721
阜玉路支行	海淀区玉泉路六号院玉阜嘉园 1 号楼 1 层 10 号底商	100039	58971472
晋元庄支行	海淀区建西苑晋元庄小区 33 号楼商业 9 号	100043	58971472
清河镇支行	海淀区清河三街	100085	62929688
中关村南大街支行	海淀区中关村南大街甲 27 号	100081	68930703
德政路支行	海淀区西北旺德政路南百旺茉莉园底商	100094	82405177
上地支行	海淀区农大南路 1 号院 2 号楼	100085	62668380
首体南路支行	海淀区首体南路 9 号主语家园 17 号楼底商 9－12 号	100048	68790664
紫竹院路支行	海淀区紫竹院路 116 号嘉豪国际中心	100097	51709058
中关村西区支行	海淀区彩和坊路 10 号	100080	82483432
育新花园支行	海淀区西三旗东路育新花园小区	100096	82908575
学院路支行	海淀区成府路 17 号	100083	82373385
苏州街支行	海淀区厂洼 2 号楼	100089	68423230

文慧园西路支行	海淀区文慧园小区15号楼、16号楼底商A段1层	100082	62235092
永定路支行	海淀区永定路甲88号	100039	68285870
海淀区支行	海淀区圆明园西路骚子营小区内	100091	62875156
魏公村支行	海淀区中关村南大街17号	100081	88578918
上地信息产业开发区支行	海淀区上地信息产业开发区综合楼	100085	62976834
中关村支行	海淀区海淀路87号	100080	62610262
香山支行	海淀区北辛村55号	100093	82592744
万寿寺支行	海淀区西三环北路25号	100089	88569680
会城门支行	海淀区北蜂窝1号	100038	63952700
万寿路支行	海淀区万寿路7号	100036	68153866
世纪城支行	海淀区世纪城小区烟树园1号楼	100097	88874740
北太平庄支行	海淀区马甸村1号	100088	62029544
门头沟区支行	门头沟区河滩路6号	102300	69842927
永定支行	门头沟区永定镇冯村商业街	102308	60804074
滨河路支行	门头沟区滨河西区皓月园6号楼底商11－3	102300	69828692
政通路支行	房山区拱辰街道政通路23号	102488	89352352
农林路支行	房山区城关农林路燕宾鑫源商贸中心	102400	69323310
窦店支行	房山区窦店镇山水汇豪苑66号1层底商	102433	80307206
长虹东路支行	房山区良乡地区鸿顺园商业1号楼1层	102488	69387298
迎风街支行	房山区燕山迎风街43号	102500	69347148
城关支行	房山区兴房大街19号	102400	69314309
房山区支行	房山区良乡镇良乡西路11号	102488	89358306
良乡支行	房山区良乡昊天大街47号	102401	69351297
中仓支行	通州区中仓小区	101100	80882381

通州区支行	通州区运河西大街174号	101100	81587584
永顺支行	通州区永顺西里46号楼	101100	81597149
通胡大街支行	通州区通胡大街25号院－1至－10号	101100	89537237
新华支行	通州区新华西街57号	101100	69554110
马驹桥支行	通州区马驹桥镇兴华西大街南侧潼关三区底商	101102	60597058
国门支行	顺义区李桥镇李天路南半壁店段11号	101300	69423020
顺义区支行	顺义区新顺南大街	101300	69424651
石园南区支行	顺义区石园南区花园路南侧新华书店1层底商	101300	89440898
东兴路支行	顺义区绿港家园1区9号楼	101300	89403552
双裕街支行	顺义区后沙峪镇双裕街甲7号	101300	80490822
双阳南区支行	顺义区双阳南区甲14号楼	101300	61459196
回龙观西大街支行	昌平区回龙观西大街118号1幢	102208	59812456
昌平路支行	昌平区昌平路380号院1号楼底商	100096	82965230
龙水路支行	昌平区畅春阁小区龙水路22号院1号楼1层	102200	60741046
东小口支行	昌平区中滩村6号院6号楼1层	102218	64127938
昌崔路支行	昌平区昌崔路201号大厦1层	102200	80107709
黄平路支行	昌平区东小口镇上坡佳园黄平路202号院1号楼	102208	60788518
天通北苑支行	昌平区天通北苑二区甲11号楼1门	102218	81771247
昌平区支行	昌平区政府街	102200	69746413
沙河支行	昌平区沙河镇	102206	69732648
龙锦苑支行	昌平区回龙观龙锦苑五区	102208	80757025
北七家支行	昌平区北七家镇定泗路北侧雅安商厦C号商业1层	102209	80126276
兴华路支行	大兴区黄村镇兴华路二段6号院	102627	60243749
埝坛支行	大兴区天河西路19号	102629	61252695

黄村西大街支行	大兴区黄村镇兴华大街中段 27 号	102600	89295357
大兴区支行	大兴区兴丰大街 22 号	102600	69243272
经济技术开发区支行	北京经济技术开发区隆庆街 4 号	100179	67889408
迎宾路支行	怀柔区滨湖小区 1 号	101400	60639501
怀柔区支行	怀柔区青春路 18 号	101400	69626806
平谷区支行	平谷区旧城街 16 号	101200	69962700
乐园支行	平谷区平谷镇乐园西小区乙 17 号	101200	69982710
紫贵支行	平谷区紫贵庄园 13 号楼 1 至 2 层	101200	89979702
双燕街支行	密云区双燕街 6 号 1 幢	101500	61096063
果园西路支行	密云区果园西路 42 号、44 号	101500	69099490
密云区支行	密云区鼓楼东大街 36 号 1 号楼 1 层东大厅	101500	69042963
延庆区支行	延庆区城关东门外大街 79 号	102100	69185122

（3）专营机构

机构名称	地　址	邮　编	电　话
北京银行股份有限公司资金运营中心	西城区金融大街丙 17 号北京银行大厦 21 层	100033	66223690
北京银行股份有限公司信用卡中心	丰台区南四环西路 188 号 17 区 15 号楼	100070	63298896
昆仑银行股份有限公司国际业务结算中心	西城区金融大街 1 号金亚光大厦 B 座 1 层	100033	89026269
中国工商银行股份有限公司牡丹卡中心	西城区金融大街 5 号，甲 5 号	100033	66100123
中国银行股份有限公司银行卡中心	西城区宣武门内大街 8 号浩阳大厦	100031	83265518
交通银行股份有限公司太平洋信用卡中心北京分中心	朝阳区望京阜荣街 10 号首开广场 8 层 A 区	100024	56676288
中国光大银行股份有限公司信用卡中心	石景山区政达路 6 号院 1 号楼 B 座	100040	56963872
中国民生银行股份有限公司信用卡中心	丰台区海鹰路 6 号院 9 号楼	100070	63628888

中国民生银行股份有限公司信用卡中心北京第一分中心	朝阳区南磨房路37号华腾北搪商务大厦12楼	100022	51905969
中国民生银行股份有限公司信用卡中心北京第二分中心	海淀区大钟寺13号院1号楼华杰大厦A座2层	100085	82133668
中国民生银行股份有限公司信用卡中心华北分中心	丰台区海鹰路8号院3号楼南楼9层	100070	63628888
中国工商银行股份有限公司票据营业部北京分部	西城区西单北大街129号9号楼三层及3号楼9层	100031	83361811
华夏银行股份有限公司信用卡中心	石景山区政达路6号院6号楼	100040	63698874
华夏银行股份有限公司信用卡中心北京分中心	西城区月坛北街26号恒华国际商务中心A座706室	100045	56297755－6785
中信银行股份有限公司信用卡中心北京分中心	朝阳区夏家园半岛国际公寓11号楼	100028	64137759

（4）外资银行

机构名称	地　　址	邮　编	电　话
摩根大通银行（中国）有限公司	西城区金融大街7号英蓝国际金融中心19层	100140	59318000
友利银行（中国）有限公司	朝阳区望京东园四区13号楼A座11～12层	100102	84123000
韩亚银行（中国）有限公司	西城区西长安街88号中国人保大厦	100140	66581133
德意志银行（中国）有限公司	朝阳区建国路81号华贸中心1号写字楼26层	100025	59698888
新韩银行（中国）有限公司	朝阳区工体北路甲6号中宇大厦	100027	85290101
法国兴业银行（中国）有限公司	西城区武定侯街2号泰康国际大厦17层、18层	100033	58513888
蒙特利尔银行（中国）有限公司	朝阳区建国路77号华贸中心3号写字楼27层03B、05单元	100025	85881671

国民银行（中国）有限公司	西城区建国门外大街甲6号1幢19层01～05室、08室	100022	56712800
瑞士银行（中国）有限公司	西城区金融大街7号英蓝国际金融中心1217～1230单元	100140	58327000
德意志银行（中国）有限公司北京分行	朝阳区建国路81号华贸中心1号写字楼26层	100025	59698899
摩根大通银行（中国）有限公司北京分行	西城区金融大街7号英蓝国际金融中心19层	100034	59318800
法国兴业银行（中国）有限公司北京分行	西城区武定侯大街2号泰康国际大厦16层	100004	58513888
蒙特利尔银行（中国）有限公司北京分行	朝阳区建国路77号华贸中心3号写字楼27层	100005	85881688
友利银行（中国）有限公司北京分行	朝阳区东三环北路丙2号天元港中心A座1层	100020	84538880
韩亚银行（中国）有限公司北京分行	朝阳区霄云路38号现代汽车大厦	100027	84581111
新韩银行（中国）有限公司北京分行	朝阳区工体北路甲6号中宇大厦首层	100027	85235555
国民银行（中国）有限公司北京分行	朝阳区建国门外大街甲6号1幢	100022	56712937
汇丰银行（中国）有限公司北京分行	朝阳区东三环中路5号财富金融中心	100005	59998888
渣打银行（中国）有限公司北京分行	朝阳区东三环中路1号环球金融中心东楼	100020	85188838
东亚银行（中国）有限公司北京分行	朝阳区光华路5号院1号楼东亚银行大厦	100020	65891000
花旗银行（中国）有限公司北京分行	西城区武定侯大街6号卓著中心	100020	59376000
瑞穗银行（中国）有限公司北京分行	朝阳区东三环中路1号环球金融中心西楼8层	100020	65251888
三菱东京日联银行（中国）有限公司北京分行	朝阳区东三环北路5号北京发展大厦	100004	65908888
星展银行（中国）有限公司北京分行	朝阳区东三环中路5号楼	100140	58397500
恒生银行（中国）有限公司北京分行	朝阳区光华路1号北京嘉里中心南办公楼第18层	100027	85293601
大华银行（中国）有限公司北京分行	朝阳区景华南街5号远洋光华国际C栋	100025	65051863
三井住友银行（中国）有限公司北京分行	朝阳区光华路一号嘉里中心北楼16层、南楼16层	100020	59204600

南洋商业银行（中国）有限公司北京分行	朝阳区东三环北路霞光里18号佳程广场B座	100027	58390888
澳新银行（中国）有限公司北京分行	朝阳区建国路77号、79号	100004	65998188
法国巴黎银行（中国）有限公司北京分行	朝阳区建国门外大街1号国贸大厦20层	100004	65350851
华侨银行（中国）有限公司北京分行	西城区武定侯街6号卓著中心11层1107～1108室	100140	59315188
中信银行国际（中国）有限公司北京分行	朝阳区东三环中路富尔大厦	100020	85911161
企业银行（中国）有限公司北京分行	朝阳区工人体育场北路8号院1号楼	100027	85270585
盘谷银行（中国）有限公司北京分行	朝阳区建国门外大街甲12号新华保险大厦1层东区	100022	65690059
东方汇理银行（中国）有限公司北京分行	朝阳区东三环北路38号院1号楼泰康金融大厦10层	100025	65004562
苏格兰皇家银行（中国）有限公司北京分行	西城区金融大街7号英蓝国际金融中心7层	100033	59279000
永亨银行（中国）有限公司北京分行	朝阳区建国路91号金地中心B座写字楼28层	100022	85713697
摩根士丹利国际银行（中国）有限公司北京分行	西城区太平桥大街18号丰融国际大厦11层	100032	83563019
奥地利奥合国际银行股份有限公司北京分行	朝阳区建国门外大街21号北京国际俱乐部200室	100020	65323388
加拿大皇家银行有限公司北京分行	西城区金融大街7号英蓝国际金融中心921单元	100033	58399388
美国道富银行有限公司北京分行	西城区金融大街7号英蓝国际金融中心808～810单元	100033	66574501
美国北美信托银行有限公司北京分行	朝阳区建外大街2号银泰中心C座2106B	100022	85135300
美国银行有限公司北京分行	朝阳区建国门外大街1号院1号楼国贸大厦35层01～21室	100004	58358888
美国纽约梅隆银行有限公司北京分行	西城区金融大街7号英蓝国际金融中心7层727～730室	100033	88007500

德国商业银行股份有限公司北京分行	朝阳区建国门外大街乙12号双子座大厦东塔25层	100022	85676888
荷兰合作银行有限公司北京分行	朝阳区东三环中路1号环球金融中心西楼21层14~15单元	100020	56951000
韩国产业银行北京分行	朝阳区建国门外大街乙12号双子座大厦西塔27层	100022	65688858
澳大利亚西太平洋银行有限公司北京分行	朝阳区东三环中路1号环球金融中心西楼14层09~11单元	100020	85877339
澳大利亚澳洲联邦银行公众股份有限公司北京分行	朝阳区建国门外大街1号国贸大厦46层	100004	56803000
马来西亚马来亚银行有限公司北京分行	朝阳区建国门外大街1号国贸大厦32层	100004	85351855
西班牙桑坦德银行有限公司北京分行	朝阳区光华路1号北京嘉里中心1118单元	100020	56511000
澳大利亚国民银行有限公司北京分行	朝阳区建国门外大街1号国贸写字楼1座23层	100004	65359800
荷兰安智银行股份有限公司北京分行	朝阳区东三环北路8号亮马河大厦4号楼1507~1512室	100004	65906606
法国外贸银行股份有限公司北京分行	东城区东长安街1号东方广场东方经贸城东一办公楼12层2室	100738	69000588
美国富国银行有限公司北京分行	西城区金融大街7号英蓝国际金融中心7层F721~F723单元	100033	59407888

（5）外资银行分支机构

大华银行（中国）有限公司

机构名称	地　址	邮　编	电　话
北京东城支行	东城区朝阳门北大街7号第五广场C座1层108单元	100020	64088699

北京燕莎中心支行	朝阳区亮马桥路50号燕莎中心1号楼	100016	84893866

东亚银行（中国）有限公司

机构名称	地　址	邮　编	电　话
北京雅宝路支行	朝阳区朝外雅宝路12号G02	100020	85636566
北京望京支行	朝阳区望京中环南路甲2号金业大厦1层4号	100102	84720036
北京富华支行	东城区朝阳门北大街8号富华大厦A座	100027	65543110
北京中关村支行	海淀区彩和坊路8号8号楼1层109号、2层209号	100080	62682151
北京金融街支行	西城区武定侯街2号泰康国际大厦首层106单元	100004	59315060
北京经济技术开发区支行	北京经济技术开发区荣华南路12号兴基铂尔曼饭店首层103号	100176	67885198
北京首体支行	海淀区西直门外大街168号腾达大厦23层	100000	65543110

法国兴业银行（中国）有限公司

机构名称	地　址	邮　编	电　话
北京光华支行	朝阳区金桐西路10号远洋光华中心AB座1层	100600	58573701

汇丰银行（中国）有限公司

机构名称	地　址	邮　编	电　话
北京京伦支行	朝阳区建国门外大街3号京伦饭店1层西侧W－2～6单元	100020	58669866

北京中关村支行	海淀区中关村南大街2号北京科技会展中心数码大厦A座1层	100086	62159288
北京燕莎中心支行	朝阳区亮马桥路50号凯宾斯基饭店	100016	84519500
北京英蓝国际金融中心支行	西城区金融大街7号英蓝国际金融中心首层	100140	66555288
北京丽都广场支行	朝阳区将台路6号丽都A2商业楼首层商场208室	100016	64338800
北京中关村西区支行	海淀区丹棱街3号中国电子大厦B座1层	100080	59997288
北京北辰支行	朝阳区北辰东路8号北辰时代大厦首层0101单元	100101	59997711
北京远大路支行	海淀区远大路1号金源燕莎商厦首层1002单元	100097	59997888
北京华贸支行	朝阳区建国路89号院13号楼L09单元商铺地下1层及地上1层	100025	59997268
北京翠微路支行	海淀区翠微路17号B楼底商	100036	59997968
北京光华路支行	朝阳区光华路丙12号数码01大厦1层102号商铺	100020	59997999
北京中粮广场支行	东城区建国门内大街8号中粮广场A座	100005	59998859
北京东直门支行	东城区东直门南大街3号楼国华投资大厦1层102单元	100007	59996589
北京清华科技园支行	海淀区中关村东路1号院9号楼搜狐网络大厦1层07A单元	100084	59996566

花旗银行（中国）有限公司

机构名称	地　址	邮　编	电　话
北京中关村支行	海淀区北四环西路58号理想国际大厦首层	100080	82607250

北京金宝街支行	东城区东单北大街1号1号楼商业中心商场1层	100020	65618800
北京阳光上东支行	朝阳区东四环北路6号阳光上东中环商业广场A09～A15单元	100016	51307100
北京嘉里中心支行	朝阳区光华路1号嘉里中心办公楼	100020	65009988
北京盈科中心支行	朝阳区工体北路甲2号盈科中心商场1层	100027	59272300
北京长安支行	东城区建国门内大街7号光华长安大厦101室	100005	65102458
北京亚运村支行	朝阳区慧忠里103号楼洛克时代中心C座、B座	100101	59377050

恒生银行（中国）有限公司

机构名称	地　址	邮　编	电　话
北京中关村支行	海淀区丹棱街3号中国电子大厦A座103室	100080	62500000
北京酒仙桥支行	朝阳区酒仙桥路18号1层159单元	100005	85293507
北京工体北路支行	东城区工体北路66号1号楼	100007	85293726
北京嘉里中心支行	朝阳区光华路1号嘉里中心写字楼首层03单元	100020	85293556

韩亚银行（中国）有限公司

机构名称	地　址	邮　编	电　话
北京望京新城支行	朝阳区望京街9号望京国际商业中心A座212～213室	100102	59203780
北京五道口支行	海淀区成府路28号优盛大厦1层C101室	100083	62666710
北京长安街支行	东城区建国门内大街18号恒基中心办公楼2座5层	100005	65183105
北京望京支行	朝阳区望京广顺北大街33号福码大厦1层101A	100102	64721111

南洋商业银行（中国）有限公司

机构名称	地　址	邮　编	电　话
北京建国门支行	朝阳区建国门外大街乙八号丽晶苑1层	100022	65684728
北京中关村支行	海淀区海淀北二街8号中关村SOHO大厦1层	100080	59718565
北京五路居支行	海淀区西四环北路160号二区	100097	65684728

瑞士银行（中国）有限公司

机构名称	地　址	邮　编	电　话
北京华贸支行	朝阳区建国路79号	100025	59696048

三菱东京日联银行（中国）有限公司

机构名称	地　址	邮　编	电　话
北京经济技术开发区支行	北京经济技术开发区荣华中路10号亦城国际中心1号楼16层	100176	59578000

新韩银行（中国）有限公司

机构名称	地　址	邮　编	电　话
北京顺义支行	顺义区站前街三号顺鑫国际商务中心1层01号、2层01号	100005	60406008
北京望京支行	朝阳区望京西园429号楼1层103号	100102	64729866

星展银行（中国）有限公司

机构名称	地　址	邮　编	电　话
北京金地中心支行	朝阳区建国路91号金地中心A座1层101单元	100022	85713303
北京三里屯支行	朝阳区工人体育场北路8号院三里屯SOHO中心1号办公商业楼	100027	57529201
北京中关村支行	海淀区海淀东三街2号欧美汇大厦1层102单元	100080	57529290
北京将台支行	朝阳区酒仙桥路18号	100016	57529336
北京金融大街支行	西城区金融大街7号英蓝国际金融中心F105～106单元	100032	57529130
北京亚运村支行	朝阳区北辰东路8号25号楼1层102单元	100101	57529051
北京东方广场支行	东城区东长安街1号北京东方广场东方新天地商场首层SS03号店铺	100078	57529552

友利银行（中国）有限公司

机构名称	地　址	邮　编	电　话
北京望京支行	朝阳区阜荣街10号1层	100102	84718866
北京顺义支行	顺义区仓上街2号AMB大厦A区1层	101300	89452220
北京三元桥支行	朝阳区东三环北路丙2号天元港中心1层05号、2层09号	100027	84407177

渣打银行（中国）有限公司

机构名称	地　址	邮　编	电　话
北京燕莎中心支行	朝阳区亮马桥路 50 号北京燕莎中心写字楼 S102B 室	100016	64668803
北京中关村支行	海淀区海淀中街 6 号中关村金融中心 B 座首层	100080	62569990
北京华贸支行	朝阳区建国路 77－81 号华贸中心 L1－L2 层	100025	59627888
北京东方广场支行	东城区东长安街 1 号东方广场东方经贸城中一办公楼	100006	58172888
北京亚运村支行	朝阳区慧忠里 103 楼洛克时代中心 1 层	100101	59113728
北京紫竹支行	海淀区首体南路 9 号主语商务中心 4 号楼 101 室	100044	58737017
北京东直门支行	东城区东直门南大街 1 号北京来福士中心办公楼 1 层、2 层	100007	59185986
北京金融街支行	西城区金融大街 7 号英蓝国际金融中心 F107 单元、F930 单元。	100033	59188966
北京永定门支行	东城区永定门西滨河路 8 号院 7 楼中海地产广场西塔 2 层 01 单元	100077	59182530
北京亦庄支行	北京经济技术开发区荣华中路 10 号亦城国际中心 1 幢裙房底商 1 层 103 号	100176	59188339

（6）资产管理公司

机构名称	地　址	邮　编	电　话
中国华融资产管理股份有限公司北京市分公司	西城区阜成门内大街 293 号	100034	66511186

中国长城资产管理公司北京办事处	朝阳区工体南路东2号	100020	65528862
中国东方资产管理公司北京办事处	东城区崇文门外大街44号大康大厦4层	100062	87559933
中国信达资产管理股份有限公司北京市分公司	东城区北三环东路36号环球贸易中心E座17~18层	100013	59025003

（7）信托公司

机构名称	地　址	邮　编	电　话
中诚信托有限责任公司	东城区安定门外大街2号	100013	84267000
中信信托有限责任公司	朝阳区新源南路6号京城大厦9层	100004	84861376
中国对外经济贸易信托有限公司	西城区复兴门内大街28号凯晨世贸中心中座6层	100031	59568855
中粮信托有限责任公司	朝阳区朝阳门南大街8号中粮福临门大厦11层	100005	85005188
中国金谷国际信托有限责任公司	西城区金融大街33号通泰大厦C座10层	100140	88088223
华鑫国际信托有限公司	西城区宣武门内大街2号中国华电大厦B座11层	100031	83568246
英大国际信托有限责任公司	东城区建国门内大街乙18号院1号楼	100005	51960225
中国民生信托有限公司	东城区建国门内大街28号民生金融中心C座19层	100005	85259066
北京国际信托有限公司	朝阳区安立路30号院1号、2号楼	100012	59680888
国民信托有限公司	东城区西滨河路18号	100011	84268088
国投信托有限公司	西城区西直门南小街147号	100037	88006630

（8）金融租赁公司

机构名称	地　　址	邮　编	电　话
建信金融租赁股份有限公司	西城区闹市口大街1号长安兴融中心4号楼6层	100031	67594579
北银金融租赁有限公司	西城区复兴门内大街156号C座8层、9层	100031	66420755
中国外贸金融租赁有限公司	海淀区三里河路1号北京市西苑饭店11号楼	100044	68321925

（9）汽车金融公司

机构名称	地　　址	邮　编	电　话
丰田汽车金融（中国）有限公司	朝阳区东三环中路1号环球金融中心西楼7层	100020	57639999
梅赛德斯－奔驰汽车金融有限公司	朝阳区望京街8号院3号楼	100102	84178297
沃尔沃汽车金融（中国）有限公司	朝阳区景华南街5号远洋光华中心C座11层	100020	65982199
大众汽车金融（中国）有限公司	朝阳区望京阜荣街15号院3号楼	100102	65897222
东风标致雪铁龙汽车金融有限公司	朝阳区光华路7号汉威大厦东区9A6	100004	65628288
宝马汽车金融（中国）有限公司	朝阳区东三环北路霞光里18号佳程广场B座22层	100027	84147052
北京现代汽车金融有限公司	朝阳区太阳宫中路12号冠城大厦16层	100028	56713076

（10）财务公司

机构名称	地　　址	邮　编	电　话
大唐电信集团财务有限公司	海淀区学院路40号一区26号楼5层北区	100191	62303239

国电财务有限公司	西城区西直门外大街18号金贸大厦D座4层7单元501室、502室	100044	58682580
国药集团财务有限公司	海淀区知春路20号中国医药大厦7层	100191	82092605
西门子财务服务有限责任公司	朝阳区望京中环南路7号	100102	64762305
北京首都旅游集团财务有限公司	朝阳区广渠路38号北京一轻大厦9层	100022	60157508
中煤财务有限责任公司	朝阳区黄寺大街1号中煤大厦6层	100120	82277109
中国移动通信集团财务有限公司	西城区丰盛胡同20号B座11~12层	100032	52601608
三峡财务有限责任公司	海淀区玉渊潭南路1号	100038	57081375
中海石油财务有限责任公司	东城区朝阳门北大街25号	100010	84527081
国投财务有限公司	西城区西直门南小街147号9层	100034	88006779
国机财务有限责任公司	海淀区丹棱街3号A座8层	100080	82606822
海航集团财务有限公司	朝阳区霄云路甲26号海航大厦写字楼22层	100125	57583779
京能集团财务有限公司	朝阳区永安东里16号国际大厦23层	100022	85218508
南车财务有限公司	海淀区西四环中路16号5号楼5层	100039	51872522
神华财务有限公司	东城区安定门西滨河路26号北京汉华国际饭店写字楼8层、10层	100011	58131410
首都机场集团财务有限公司	顺义区首都国际机场首都机场集团公司综合楼5层	100621	64557035
亿利集团财务有限公司	西城区复兴门内大街28号凯晨世贸中心东座6层	100031	57387336
中国北车集团财务有限公司	丰台区芳城园一区15号楼中国北车大厦14层	100078	52608023
中核财务有限责任公司	西城区三里河南四巷1号	100045	68555835
北京控股集团财务有限公司	朝阳区东三环北路38号院4楼10层	100026	65879800
北京金隅财务有限公司	东城区北三环东路36号B座2102	100013	59575721
中油财务有限责任公司	西城区鼓楼外大街5号	100007	59983669

中国石化财务有限责任公司	朝阳区朝阳门北大街22号石化大厦7层	100027	59966461
中航工业集团财务有限责任公司	朝阳区东三环中路乙10号艾维克大厦18层	100022	65675086
五矿集团财务有限责任公司	海淀区三里河路5号	100044	68495776
航天科工财务有限责任公司	海淀区紫竹院路116号嘉豪国际中心B座12层	100097	58931089
中节能财务有限公司	西城区平安里西大街26号新时代大厦5层、8层、16层	100034	83496176
中国铁路财务有限责任公司	海淀区北蜂窝路5号院1－1号楼	100038	51875809
北京汽车集团财务有限公司	丰台区汽车博物馆东路6号院4号楼G座17～19层	100160	57318958
兵工财务有限责任公司	东城区安定门外青年湖南街19号	100011	84122859
兵器装备财务有限责任公司	海淀区车道沟10号院3号科研办公楼5层	100089	68966776
诚通财务有限责任公司	丰台区南四环西路188号总部基地6区17号楼7层	100070	83673718
国核财务有限公司	西城区西直门外大街18号楼11层	100032	56625824
中国电子财务有限责任公司	海淀区中关村东路62号科贸大厦23层、25层	100190	62672051
中国航空集团财务有限责任公司	朝阳区霄云路36号国航大厦2401B	100027	84475749
中国航油集团财务有限公司	顺义区后沙峪镇安福街6号3层	101318	80476278
中国化工财务有限公司	海淀区北四环西路62号	100080	82677968
中铝财务有限责任公司	海淀区西直门北大街62号7层	100082	82298439
中外运长航财务有限公司	海淀区西直门北大街甲43号金运大厦B座18层	100044	66296319
供销集团财务有限公司	西城区宣武门外大街甲1号C座2层	100052	59338777
中国黄金集团财务有限公司	东城区安定门外大街9号1层	100010	56353750
物美商业财务有限责任公司	海淀区西四环北路158号慧科大厦12层	100142	88192008
首钢集团财务有限公司	石景山区古城大街36号院1号楼	100043	88295319
中船重工财务有限责任公司	海淀区昆明湖南路72号中船重工科技研发大厦3层	100097	88475391

中信财务有限公司	朝阳区新源南路6号京城大厦B座	100004	59668280
保利财务有限责任公司	东城区朝阳门北大街1号新保利大厦28层	100010	84192373
北大方正集团财务有限公司	海淀区成阜路298号方正大厦9层	100871	82529801
华联财务有限责任公司	西城区金融大街33号通泰大厦B座4层	100018	88086596－666
通用技术集团财务有限责任公司	丰台区西三环中路90号通用技术大厦6层	100055	63348328
中电投财务有限公司	西城区西直门外大街18号金茂大厦C1座15～18层	100044	56625820
中国大唐集团财务有限责任公司	西城区菜市口大街1号13～14层	100053	83956885
中国华电集团财务公司	西城区宣武门内大街2号中国华电大厦B座10层	100031	83568005
中化工程集团财务有限公司	东城区东直门内大街2号化学工程大厦13层	100007	59765345
中远财务有限责任公司	西城区月坛北街2号月坛大厦A座19层	100045	66492505
中铁财务有限责任公司	海淀区复兴路69号中国中铁大厦C座5层	100039	51952345
清华控股集团财务有限公司	海淀区中关村东路1号院8号楼清华科技园科技大厦A座10层	100084	82159898
中国核工业建设集团财务有限公司	西城区车公庄大街12号核建大厦2层东侧	100037	88306215
中国电力财务有限公司	东城区建国门内大街乙18号院1号楼英大国际大厦	100005	51960798
中国华能财务有限责任公司	西城区复兴门南大街丙2号天银大厦C段西区7～8层	100031	63080885
航天科技财务有限责任公司	西城区平安里西大街31号	100035	66498836
中国电子科技财务有限公司	海淀区复兴路17号国海广场A座16层	100036	59706039
中国铁建财务有限责任公司	海淀区复兴路40号中国铁建大厦10层东	100855	52689022
中建财务有限责任公司	海淀区三里河路15号	100037	88084589
中冶集团财务有限公司	朝阳区曙光西里28号中冶大厦	100028	59869863
中材集团财务有限公司	朝阳区望京北路16号中材国际大厦2层	100102	64398069

中交财务有限公司	西城区德胜门外大街83号德胜国际中心B座16层	100088	82016357
北京金融街集团财务有限公司	西城区真武庙路四条8号院	100045	68065876
中化集团财务有限责任公司	西城区复兴门内大街28号凯晨世贸中心中座F3层	100031	59569458
中粮财务有限责任公司	朝阳区朝阳门南大街8号中粮福临门大厦19层	100020	85006324
中国电建集团财务有限责任公司	海淀区西直门外大街168号腾达大厦8层	100044	58368982
中国电力财务有限公司华北分公司	丰台区右安门外东滨河路6号	100069	51968076

（11）货币经纪公司

机构名称	地　址	邮　编	电　话
中诚宝捷思货币经纪有限公司	西城区太平桥大街18号丰融国际大厦1008～1010室	100032	63195000

（12）消费金融公司

机构名称	地　址	邮　编	电　话
北银消费金融有限公司	海淀区中关村大街22号中科大厦B座	100080	62521181

（13）外国银行北京代表处

机构名称	地　址	邮　编	电　话
德国巴登—符腾堡州银行北京代表处	朝阳区东三环北路8号亮马大厦2座1130室	100004	65900166
德国中央合作银行股份有限公司北京代表处	朝阳区建国门外大街19号国际大厦22－1B室	100004	85261162

德国迈世勒银行股份公司北京代表处	朝阳区亮马桥路50号燕莎中心C502室	100125	64600458
意大利联合圣保罗银行股份有限公司北京代表处	朝阳区新源南路6号京城大厦2108室	100004	84862108
意大利西雅那银行股份有限公司北京代表处	朝阳区建国门外大街1号国贸写字楼1座1602～1605室	100004	65053136
意大利裕信银行股份有限公司北京代表处	朝阳区建国门外大街19号国际大厦2604室	100004	65127183
法国工商银行有限公司北京代表处	朝阳区建国门内大街7号光华长安大厦1座310室	100005	65102167
法国标致雪铁龙融资银行有限公司北京代表处	朝阳区光华路7号汉威大厦11层11A10号	100020	59275981
俄罗斯工业通讯银行开放式股份有限公司北京代表处	朝阳区建国门外大街22号赛特大厦1308室	100004	85120068
俄罗斯外贸银行公开股份公司北京代表处	朝阳区建国门外大街19号国际大厦18BC室	100020	85262800
俄罗斯信贷商业银行北京代表处	朝阳区建国门外大街24号京泰大厦1703室	100022	65159517
俄罗斯开发与对外经济银行国有公司北京代表处	朝阳区建国门外大街19号国际大厦20A室	100004	65928905
俄罗斯天然气工业银行股份公司北京代表处	朝阳区建国门外大街甲6号中环世贸中心C座1205室	100022	65630516
俄罗斯兴盛银行开放式股份公司北京代表处	朝阳区朝阳门外大街甲6号1座401－4A层－046室	100022	51235136
俄罗斯欧洲金融莫斯科人民银行公开股份有限公司	东城区东直门外大街35号5号楼A104	100027	64674091
俄罗斯联邦商业储蓄银行公开股份公司北京代表处	朝阳区亮马桥50号北京燕莎中心办公楼C305～306A室	100016	64627039
白俄罗斯银行储蓄银行公开股份公司北京代表处	朝阳区建国路93号万达广场4号楼3103室	100022	59604292

瑞士苏黎世州银行北京代表处	朝阳区东三环北路38号3号楼6层705室	100125	64672539
瑞士信贷银行有限公司北京代表处	朝阳区东三环北路2号南银大厦31层	100027	64106866－405
北欧银行瑞典有限公司北京代表处	朝阳区东三环北路5号发展大厦818室	100004	65909070
瑞典商业银行公共有限公司北京代表处	朝阳区建国门外大街19号国际大厦21B/C室	100004	65004310
瑞典北欧斯安银行有限公司北京代表处	朝阳区东三环北路8号亮马大厦1座603室	100004	65900120
西班牙对外银行有限公司北京代表处	东城区建国门内大街7号光华长安大厦2座618室	100005	65170937
西班牙萨瓦德尔银行股份有限公司北京代表处	东城区东直门外大街46号天恒大厦8层805室	100027	84608366
西班牙巴塞罗那储蓄银行北京代表处	东城区建国门内大街7号光华长安大厦1座610～611室	100005	59111199
英国巴克莱银行有限公司北京代表处	东城区建国门北大街8号华润大厦2108室	100005	58165023
英国高盛国际银行无限责任公司北京代表处	西城区金融大街7号英蓝国际金融中心17层1731房间	100140	66273138
英国野村国际银行有限公司北京代表处	朝阳区东三环北路5号北京发展大厦1218室	100004	59025902
巴基斯坦国民银行股份有限公司北京代表处	朝阳区新源南路2号昆仑饭店435室	100004	65903388－435
巴基斯坦哈比银行有限责任公司北京代表处	东城区东长安街1号东方广场中1楼10层1003室	100738	85151500－103
巴基斯坦联合银行股份有限公司北京代表处	朝阳区建国路乙118号京汇大厦2110	100022	65675560
巴基斯坦艾尔哈比银行有限公司北京代表处	西城区金融大街9号楼2幢南楼10层19室	100033	57379677
菲律宾首都银行及信托有限公司北京代表处	东城区建国门内大街18号恒基中心办公一楼1座1410室	100005	65183359
哈萨克斯坦人民储蓄银行股份公司北京代表处	朝阳区东四环中路41号嘉泰国际大厦A座2006室	100025	84532708
韩国输出入银行北京代表处	朝阳区大望京科技商务园区宏泰东街浦项中心A栋29层2901室	100102	64653371

韩国农协银行股份公司北京代表处	朝阳区阜东大街6号院3号楼26层2608室	100102	84783510
日本三菱日联信托银行股份有限公司北京代表处	朝阳区建国门外大街甲26号长富宫办公楼304室	100022	65139016
日本住友信托银行股份有限公司北京代表处	朝阳区建国门外大街甲26号长富宫办公楼7009室	100022	65139020
日本农林中央金库有限公司北京代表处	朝阳区建国门外大街甲26号长富宫办公楼601室	100022	65130858
泰国开泰银行（大众）有限公司北京代表处	朝阳区建国门外大街19号国际大厦22层C室	100004	65008333
泰国汇商银行大众有限公司北京代表处	朝阳区建国门外大街1号国贸大厦（三期）15层	100004	57372681
朝鲜华丽银行有限公司北京代表处	东城区朝内北小街2号凯龙宾馆807室	100060	67081380
合作金库商业银行股份有限公司北京代表处	东城区建国门内大街18号恒基中心办公室1座1805室	100005	65188175
中国信托商业银行股份有限公司北京代表处	朝阳区光华路甲8号和乔大厦B座111室	100026	65813700
印度银行北京代表处	朝阳区西大望路3号院蓝堡国际中心1209室	100022	85997447
印度联合银行北京代表处	朝阳区建国门外大街乙12号双子座大厦东塔10层A2单元	100022	51235186
伊朗德佳拉特银行北京代表处	朝阳区亮马桥路50号燕莎中心写字楼C208室	100125	84551116
蒙古国郭勒穆特银行有限公司北京代表处	朝阳区建国门外大街19号中信国际大厦A座10E室	100004	65033876
塞浦路斯玛芬大众银行公共有限公司北京代表处	朝阳区建国门外大街1号（一期）国贸写字楼1座10层06~08室	100004	65057763
阿联酋国民银行股份有限公司北京代表处	朝阳区亮马桥路50号燕莎中心C519室	100125	64650056
古巴国民银行北京代表处	朝阳区建国门外大街24号京泰大厦710室	100022	65156586

加拿大帝国商业银行有限公司北京代表处	朝阳区建国门外大街乙12号双子座大厦西塔11层1107室	100022	65667071
加拿大丰业银行有限公司北京代表处	东城区建国门北大街8号华润大厦503室	100005	85192050
美国远东国民银行有限公司北京代表处	朝阳区建国门外大街22号赛特大厦9层911房间	100004	65159115
美国华美银行股份有限公司北京代表处	东城区建国门内大街7号光华长安大厦6楼609室	100005	65101551
智利银行股份有限公司北京代表处	朝阳区建国门外大街乙12号双子座大厦西塔606室	100022	58794301
摩洛哥外贸银行股份有限公司北京代表处	东城区建国门内大街18号恒基中心1座1203层	100005	65182363
喀麦隆非洲第一银行有限公司北京代表处	朝阳区建国路93号院1号楼1903室	100028	64640029
尼日利亚第一银行股份有限公司北京代表处	东城区建国门内大街8号中粮广场B座1431室	100005	65286820
尼日利亚詹尼斯银行股份有限公司北京代表处	西城区金融大街7号英蓝国际金融中心208－6室	100033	58332228
加纳西非商业银行有限公司北京代表处	西城区武定侯街2号6层601－11室	100033	66290521
阿根廷国民银行北京代表处	朝阳区建国门外大街1号国贸大厦（二期）7层19室	100004	65051661
菲律宾金融银行股份有限公司北京代表处	朝阳区建国门外大街1号国贸大厦（一期）16幢24层09～10单元	100004	65053793
俄罗斯农业银行开放式股份公司北京代表处			
丹麦银行有限公司北京代表处			
巴基斯坦阿斯卡利银行股份有限公司北京代表处			

（14）外国非银行金融机构北京代表处

机构名称	地址	邮编	电话
大来信用证（香港）有限公司北京代表处	西城区武定侯街6号卓著中心1602室	100033	59376888
比利时欧洲清算银行有限公司北京代表处	西城区武定侯街6号卓著中心308室	100140	58543266
瑞士利顺金融公司北京代表处	西城区武定侯街6号卓著中心1210室	100033	65187959
英国路透集团交易服务有限公司北京代表处	西城区复兴门内大街28号凯晨世茂中心中座F2层	100031	66271288
英国公共有限公司北京代表处	东城区东方广场E2座1901室22单元	100738	85200021
美国万事达卡国际组织北京代表处	东城区建国门北大街8号华润大厦701~702室	100005	85199309
西联金融服务公司北京代表处	朝阳区建国门外大街乙12号双子座大厦东塔22层2208A	100022	85165903
中银信用卡（国际）有限公司北京代表处	朝阳区永安东利8号华彬国际大厦901B	100022	85288366
韩国货币经纪株式会社北京代表处	朝阳区建国门外大街甲6号中环世贸中心C座29层2923室	100022	65639965
美国嘉盛集团北京代表处	朝阳区建国门外大街甲6号中环世贸中心C座29层2909室	100022	65693345
美国威士国际组织（亚太）有限公司北京代表处	朝阳区光华路5号世纪财富中心2号楼1804室	100020	85873018
日本国际信用卡公司北京代表处	朝阳区建国路乙118号京汇大厦2006室	100022	65675655
昆仑国际（新西兰）有限公司北京代表处	朝阳区东三环北路霞光里18号佳程广场A座11层11027室	100027	59222081
英国银星速汇有限公司北京代表处	朝阳区新源里16号琨莎中心1座1003室	100027	84683286
宝捷思资本市场（香港）有限公司北京代表处	海淀区科学院南路2号5层506室	100190	59822102
日本爱可梦株式会社北京代表处	朝阳区呼家楼京广中心商务楼1407室	100020	85911740

3. 证券业机构

（1）证券公司

机构名称	地　址	邮　编	电　话
北京高华证券有限责任公司	西城区金融大街7号英蓝国际中心18层	100034	66273000
第一创业摩根大通证券有限责任公司	西城区武定侯街6号卓著中心10层	100033	63212287
东兴证券股份有限公司	西城区金融大街5号新盛大厦B座12～15层	100033	66555383
高盛高华证券有限责任公司	西城区金融大街7号英蓝国际中心18层	100034	65353000
国都证券有限责任公司	东城区东直门南大街3号国华投资大厦9～10层	100007	84183333
国开证券有限责任公司	西城区阜成门外大街29号	100007	58199800
华融证券股份有限公司	西城区金融大街8号A座3层、5层	100033	58568199
民生证券股份有限公司	东城区建国门内大街28号民生金融中心A座16～18层	100005	85127999
瑞信方正证券有限责任公司	西城区金融大街甲9号金融街中心南楼15层	100033	66538666
瑞银证券有限责任公司	西城区金融大街7号英蓝国际金融中心15层	100034	58328888
首创证券有限责任公司	西城区德胜门外大街115号	100088	59360000
新时代证券股份有限公司	海淀区北三环西路99号西海国际中心1号楼15层	100086	83561000
信达证券股份有限公司	西城区闹市口大街9号院1号楼信达金融中心	100031	63081000
中德证券有限责任公司	朝阳区建国路81号华贸中心写字楼一座22层	100025	59026793
中国国际金融有限公司	东城区建国门外大街甲6号凯德大厦38层	100022	65051166
中国民族证券有限责任公司	朝阳区北四环中路27号院5号楼北京盘古大观写字楼40～43层	100140	59355800

中国银河证券股份有限责任公司	西城区金融大街35号国际企业大厦C座	100035	66568888
中信建投证券股份有限公司	东城区朝内大街188号	100010	85130588

（2）证券分公司

机构名称	地址	邮编	电话
安信证券股份有限公司北京分公司	西城区金融大街5号新盛大厦B座1901室	100033	66581818
渤海证券股份有限公司北京分公司	西城区西直门外大街甲143号C座第F2层M单元	100044	88016557
财达证券有限责任公司北京分公司	海淀区花园路2号3号楼2层	100191	62355006
长城证券股份有限公司北京分公司	西城区西直门外大街112号阳光大厦10层	100044	88362851
长江证券股份有限公司北京分公司	西城区金融大街17号中国人寿中心606室	100033	68358232
川财证券有限责任公司北京分公司	西城区平安里西大街28号12层	100034	66495966
大同证券有限责任公司北京公司	朝阳区光华东里8号院2号楼11层1101内1209室	100020	88086040
德邦证券股份有限公司北京分公司	西城区西直门外大街1号楼15层	100020	85715277
东北证券股份有限公司北京分公司	西城区锦什坊街28号	100045	63210855
东莞证券股份有限公司北京分公司	海淀区万柳中路11号派顿大厦7层708室	100080	58472833
东吴证券股份有限公司北京分公司	西城区金融大街19号富凯大厦B座1003室	100033	66573700
方正证券股份有限公司北京分公司	西城区丰盛胡同28号楼10层1001B	100032	59355841
方正证券股份有限公司北京资产管理分公司	西城区阜外大街甲34号方正证券大厦7层	100037	68585030
方正证券股份有限公司北京自营分公司	西城区丰盛胡同28号太平洋保险大厦10层	100032	57398012
光大证券股份有限公司北京分公司	西城区月坛北街2号月坛大厦东配楼5层	100045	68081186
广发证券股份有限公司北京分公司	西城区月坛北街2号月坛大厦18层	100045	59136733
广州证券股份有限公司北京分公司	西城区武定侯街2号、4号	100033	68521889

国海证券股份有限公司北京分公司	海淀区西直门外大街168号腾达大厦1509室	100044	88576898
国联证券股份有限公司北京分公司	海淀区首体南路9号主语国际4号楼12层	100048	63170199
国盛证券有限责任公司北京分公司	西城区德胜门外大街83号德胜国际中心B座3层	100088	62657337
国泰君安证券股份有限公司北京分公司	海淀区知春路7号致真大厦202室	100191	82311188－8731
国信证券股份有限公司北京分公司	海淀区三里河路13号12层	100034	68330110
国元证券股份有限公司北京分公司	东城区东直门外大街46号天恒大厦21层A	100027	84608712
海通证券股份有限公司北京分公司	海淀区中关村南大街甲56号方圆大厦	100044	88027068
宏信证券有限责任公司北京分公司	朝阳区广渠路38号一轻大厦1层	100022	56715711
华安证券股份有限公司北京分公司	西城区西直门南大街2号成铭大厦C座21层	100035	67765152
华宝证券有限责任公司北京分公司	朝阳区建国门外大街丙12号楼1层东北侧及15层1501单元	100022	57610088
华创证券有限责任公司北京分公司	海淀区复兴路21号1幢8层805～808室	100036	68053239
华福证券有限责任公司北京分公司	朝阳区北三环中路安贞西里三区11号福建大厦4层	100029	64427093
华林证券股份有限公司北京分公司	西城区金融大街35号1栋1501～1504室	100035	88091460
华龙证券股份有限公司北京分公司	西城区金融街通泰大厦B座603室	100033	88086668
华融证券股份有限公司北京分公司	西城区金融大街8号3层	100033	58568139
华泰证券股份有限公司北京分公司	西城区太平桥大街丰盛胡同28号太平洋保险大厦15层	100032	63211377
金元证券股份有限公司北京分公司	海淀区新家口外大街19号1区6层	100875	62200539
九州证券股份有限公司北京分公司	西城区金融大街7号－4至19层	100032	66555496
开源证券股份有限公司北京分公司	西城区锦什坊街35号院1号楼2层201室		
联讯证券股份有限公司北京分公司	朝阳区红军营南路媒体村天畅园6号2层	100107	64408535
南京证券股份有限公司北京分公司	东城区南竹杆胡同6号楼4层	100010	87820582

平安证券股份有限公司北京分公司	西城区金融大街23号平安大厦10层	100140	66299501
日信证券有限责任公司北京分公司	西城区闹市口大街1号长安兴融中心西楼11层	100031	83991888
山西证券股份有限公司北京分公司	海淀区大柳树富海中心2号楼7层701室	100081	62235588
申万宏源证券有限公司北京分公司	朝阳区劲松9区909楼	100021	67737485
申万宏源证券有限公司承销保荐分公司	西城区太平桥大街19号恒奥中心	100033	88085558
申万宏源证券有限公司资产管理分公司	西城区太平桥大街19号恒奥中心	100033	88085558
世纪证券有限责任公司北京分公司	东城区东四十条68号3层301房间	100007	59833005
首创证券股份有限公司北京分公司	朝阳区北辰东路8号8号楼2层212室	100101	84975825
太平洋证券股份有限公司北京分公司	西城区北展北街5~17号（单号）	100044	88321933
天风证券股份有限公司北京分公司	西城区佟麟阁路36号1幢1201~1230室	100045	65522557
网信证券有限责任公司北京分公司	朝阳区建国门外大街8号楼23层2305A	100022	56372000
西部证券股份有限公司北京第一分公司	海淀区中关村南大街1号友谊宾馆苏园写字楼	100081	68945225
西部证券股份有限公司北京第二分公司	西城区月坛南街59号3层317室	100045	95582
西南证券股份有限公司北京分公司	西城区金融大街35号国际企业大厦A座4层	100035	62015677
湘财证券股份有限公司北京投行分公司	西城区太平桥丰盛胡同28号太平洋保险大厦A座9层	100032	56510920
湘财证券股份有限公司北京资管分公司	西城区太平桥丰盛胡同28号太平洋保险大厦A座9层	100032	56510777
新时代证券股份有限公司北京分公司	海淀区中关村东路66号楼21层	100190	62672771
信达证券股份有限公司北京分公司	石景山区八角西街68号1层、2层	100000	68887451
兴业证券股份有限公司北京分公司	西城区锦什坊街35号院1号楼	100033	66290199
银河证券股份有限公司北京分公司	西城太平桥大街111号4层414~416室	100032	58872713
招商证券股份有限公司北京分公司	西城区金融大街1号金融街中心6层	1000140	65682299
浙商证券股份有限公司北京分公司	西城区广安门外大街1号深圳大厦	100052	65682299
中航证券有限公司北京分公司	朝阳区安立路60号润枫德尚6号楼3层	100101	84803620

中泰证券股份有限公司北京分公司	石景山区石景山路31号院盛景国际广场3号楼6层617室	100037	66553309
中国中投证券有限责任公司北京分公司	西城区太平桥大街18号丰融国际大厦12层、15层	100032	84976181
中信证券股份有限公司北京分公司	东城区建国门北大街5号金城建国5号4层	100027	84683886
中银国际证券有限责任公司北京分公司	西城区西单北大街110号7层	100033	66229287
中邮证券有限责任公司北京分公司	西城区西直门内大街56号生命人寿大厦9层	100082	68858133
中原证券股份有限公司北京分公司	西城区广安门外大街168号1栋8~9层	100055	83067928

（3）证券营业部

机构名称	地　址	邮编	电　话
爱建证券有限责任公司北京朝阳门内大街证券营业部	东城区朝阳门内大街298号盈地大厦601室	100032	85112998
安信证券股份有限公司北京北三环东路证券营业部	东城区北三环东路36号环球贸易中心A座26层	100013	59113466
安信证券股份有限公司北京朝阳路证券营业部	朝阳区朝阳路71号锐城国际大厦2层229室	100025	85743005
安信证券股份有限公司北京东升科技园证券营业部	海淀区西小口路66号中关村东升科技园北领地B－2号楼1层	100192	62928212
安信证券股份有限公司北京阜荣街证券营业部	朝阳区望京园601号楼9层1009室	100102	84766301
安信证券股份有限公司北京复兴门外大街证券营业部	西城区复兴门外大街A2号中化大厦11层	100045	68616000
安信证券股份有限公司北京建国门外大街证券营业部	朝阳区建国门外大街乙24号1层N101	100021	88893661

安信证券股份有限公司北京青塔西路证券营业部	丰台区青塔西路52号院10号楼1~2层2单元甲37	100071	68616020
安信证券股份有限公司北京万柳华府北街证券营业部	海淀区万柳华府龙园2号楼1层4单元S-11-8	100089	62198879
安信证券股份有限公司北京小武基北路证券营业部	朝阳区金蝉欢乐园2号院甲1号楼101内N1-F2-06	100028	68616020
安信证券股份有限公司北京远大路证券营业部	海淀区远大路1号金源购物中心2期B区写字楼1203室	100097	88893680
安信证券股份有限公司北京政通路证券营业部	房山区拱辰街道政通路12号501室、502室	102401	88874666
安信证券股份有限公司北京中关村南大街证券营业部	海淀区中关村南大街甲32号中关村科技发展大厦B座2层	100081	62140234
北京高华证券有限责任公司北京金融大街证券营业部	西城区金融大街7号英蓝国际金融中心18层	100034	66273000
渤海证券股份有限公司北京大兴三中西巷证券营业部	大兴区黄村镇三中西巷9号	102600	69224995
渤海证券股份有限公司北京慧忠里证券营业部	朝阳区北辰东路8号汇欣大厦1号楼	100101	64892168
渤海证券股份有限公司北京望京广顺北大街证券营业部	朝阳区望京广顺北大街33号福码大厦A座705~706室	100102	64776858
渤海证券股份有限公司北京西外大街证券营业部	西城区西直门外大街甲143号凯旋大厦C座2层	100044	88016458
财达证券有限责任公司北京花园路证券营业部	海淀区花园路2号牡丹集团院内	100083	62356660
财达证券有限责任公司北京首体南路证券营业部	海淀区首体南路20号国兴家园D座	100044	88354677

财富证券有限责任公司北京德胜门外大街证券营业部	西城区德胜门外大街13号院1号楼305室（德胜园区）	100037	68003001
财富证券有限责任公司北京市东三环中路证券营业	朝阳区东三环中路39号院14号楼11层1203室	100022	85659245
财富证券有限责任公司北京中关村东路证券营业部	海淀区中关村东路89号3层301室	100080	62617176
财通证券股份有限公司北京朝阳北路证券营业部	朝阳区朝阳北路润枫嘉尚底商202室	100025	85518655
财通证券股份有限公司北京成府路证券营业部	海淀区成府路28号优盛大厦D座15层	100083	62660158
长城国瑞证券有限公司北京工体南路证券营业部	朝阳区工体南路西4楼京九旅馆内25号、23号	100020	50947395
长城国瑞证券有限公司北京远大路证券营业部	海淀区远大路22号B区11号楼101号	100097	88596635
长城国瑞证券有限公司北京月坛北街证券营业部	西城区月坛北街2号月坛大厦C座3层	100045	68086500
长城证券股份有限公司北京通胡大街证券营业部	通州区通胡大街25号10号楼2号	101100	89529069
长城证券股份有限公司北京望京西路证券营业部	朝阳区望京西路甲50号1号楼卷石天地大厦A座7层	100102	64561190
长城证券股份有限公司北京西直门外大街证券营业部	西城区西直门外大街18号金贸大厦	100037	68338376
长城证券股份有限公司北京中关村大街证券营业部	海淀区中关村大街甲28号海淀文化艺术大厦B座11层	100086	82533168
长城证券股份有限公司北京中核路证券营业部	丰台区中核路一号3号楼2层201～203室	100070	83670701

长江证券股份有限公司北京百万庄证券营业部	西城区百万庄大街22号院	100037	68364388－118
长江证券股份有限公司北京广渠门内大街证券营业部	东城区广渠门内大街80号11层	100062	4008888999
长江证券股份有限公司北京万柳东路证券营业部	海淀区长春桥路11号亿城中心A座9层	100089	58818698
长江证券股份有限公司北京新源西里东街证券营业部	朝阳区新源里16号琨莎中心B座3A4层	100027	64679391
网信证券有限责任公司北京朝阳门南大街证券营业部	东城区南竹竿胡同2号1幢2层	100020	65206036
网信证券有限责任公司北京霄云路证券营业部	朝阳区霄云路28号院2号楼1层	100027	89929917
大通证券股份有限公司北京建国路证券营业部	朝阳区建国路93号万达广场9号楼2层	100022	58207416
大同证券有限责任公司北京西四环中路证券营业部	海淀区西四环中路39－7号万地名苑大厦1层	100039	68155388
德邦证券股份有限公司北京朝阳北路证券营业部	朝阳区朝阳北路237号复星国际中心2508层	100020	65085758
第一创业证券股份有限公司北京阜石路证券营业部	石景山区阜石路165号院3号楼	100043	88956766
第一创业证券股份有限公司北京新街口北大街证券营业部	西城区新街口北大街3号6层605~606室	100035	51651688
东北证券股份有限公司北京朝外大街证券营业部	朝阳区朝外大街乙6号20层	100020	59000715
东北证券股份有限公司北京三里河东路证券营业部	西城区三里河东路5号中商大厦4层	100045	68573836

东方证券股份有限公司北京安苑路证券营业部	朝阳区小关北里45号世纪嘉园5号楼5层	100029	84896400－410
东方证券股份有限公司北京学院路证券营业部	海淀区学院路30号科大天工大厦B座12层	100083	62660253
东海证券股份有限公司北京安苑北里证券营业部	朝阳区安苑北里25号长白山国际酒店3层	100101	64993238
东海证券股份有限公司北京西三环北路证券营业部	海淀区西三环北路89号9层4－902～906室	100089	84892358
东莞证券股份有限公司北京黄村东大街证券营业部	大兴区黄村镇龙河路107号	102600	62699600
东吴证券股份有限公司北京安德里北街证券营业部	东城区鼓楼外大街27号万网大厦2层	100120	84117711
东吴证券股份有限公司北京东三环中路证券营业部	朝阳区东三环中路39号院6号楼8层0901室	102600	69228589
东兴证券股份有限公司北京北四环中路证券营业部	海淀区北四环中路229号海泰大厦2层	100083	82884280
东兴证券股份有限公司北京大望路证券营业部	朝阳区西大望路15号院4号楼外企大厦B座4层	100022	67771888
东兴证券股份有限公司北京复兴路证券营业部	海淀区复兴路20号翠微商业楼2段	100036	88218659
东兴证券股份有限公司北京金融大街证券营业部	西城区金融大街5号、甲5号6层601室	100033	66555236
方正证券股份有限公司北京阜外大街证券营业部	西城区阜外大街甲34号	100037	68583728
方正证券股份有限公司北京和平里东街证券营业部	东城区和平里东街6区8号	100013	84215535

方正证券股份有限公司北京回龙观西大街证券营业部	昌平区回龙观西大街18号一段1－102室	102208	57766997
方正证券股份有限公司北京玉带河东街证券营业部	通州区玉带河东街105号1~2层	101100	57965907
光大证券股份有限公司北京东中街证券营业部	东城区东中街29号东环广场B座写字楼2层	100027	64182858
光大证券股份有限公司北京广顺北大街证券营业部	朝阳区广顺北大街17号2层A13号	100102	64182898
光大证券股份有限公司北京丽泽路证券营业部	丰台区广安门外菜户营东街60号北京哈特商务酒店1层、2层	100054	83067056
光大证券股份有限公司北京天通苑证券营业部	昌平区东小口镇立汤路188号院北方明珠大厦1楼5层	102218	58607586
光大证券股份有限公司北京小营路证券营业部	朝阳区小营路25号房地置业大厦1层、7层	100029	59046206
光大证券股份有限公司北京月坛北街证券营业部	西城区月坛北街2号月坛大厦东配楼5层	100045	68081286
光大证券股份有限公司北京中关村大街证券营业部	海淀区海淀北二街10号2层201室	100080	59851080
广发证券股份有限公司北京安立路证券营业部	朝阳区安立路68号飘亮阳光广场3层	100027	63281999
广发证券股份有限公司北京朝阳门北大街证券营业部	东城区朝阳门北大街6号首创大厦3层	100027	85282382
广发证券股份有限公司北京阜成门南大街证券营业部	西城区阜成门南大街甲3号	100037	68022088
广发证券股份有限公司北京广安门内大街证券营业部	西城区广安门内大街316号京粮大厦6层	100053	63547165

广发证券股份有限公司北京建外大街证券营业部	朝阳区建外大街19号国际大厦A座3层	100004	65155163
广发证券股份有限公司北京鲁谷路证券营业部	石景山区鲁谷路74号中国瑞达大厦F606~F609	100040	68609562
广发证券股份有限公司北京中关村东路证券营业部	海淀区中关村东路8号东升大厦A座6层	100083	82527515
广州证券股份有限公司北京三里河东路证券营业部	西城区月坛南街49号2幢2层	100036	68521889
国都证券股份有限公司北京北三环中路证券营业部	西城区北三环中路23号燕莎盛世大厦8层	100029	64890703
国都证券股份有限公司北京朝阳大望路证券营业部	朝阳区建国路93号院10号楼3层306室	100022	56409125
国都证券股份有限公司北京朝阳路证券营业部	朝阳区八里庄西里97号楼1506号	100025	65505078
国都证券股份有限公司北京阜外大街证券营业部	西城区阜外大街22号外经贸大厦1幢3层301室	100037	68329055
国都证券股份有限公司北京工体北路证券营业部	东城区工体北路北京工人体育馆南区2层	100027	65533232
国都证券股份有限公司北京九棵树街证券营业部	通州区九棵树街	101100	59392161
国都证券股份有限公司北京鲁谷路证券营业部	石景山区鲁谷路74号中国瑞达大厦10层F1008~1010室	100040	68176013
国都证券股份有限公司北京三元西桥证券营业部	朝阳区曙光西里甲6号院9号楼2层	100025	59762885
国都证券股份有限公司北京双峪路证券营业部	门头沟区双峪路5号楼5层2号	102300	69829803

国都证券股份有限公司北京西直门外大街证券营业部	西城区西直门外大街110号中糖大厦101室	100044	59812666
国都证券股份有限公司北京中关村南大街证券营业部	海淀区中关村南大街9号理工科技大厦303室	100081	68949680
国海证券股份有限公司北京和平街证券营业部	朝阳区和平街11区38号楼	100013	64283164
国金证券股份有限公司北京长椿街证券营业部	西城区长椿街3号2－101	100033	66215599
国金证券股份有限公司北京朝内大街证券营业部	东城区南竹竿胡同2号1幢6层	100010	4006600109
国开证券有限责任公司北京南滨河路证券营业部	丰台区莱户营58号财富西环3层	100054	63385671
国开证券有限责任公司北京中关村南大街证券营业部	海淀区中关村南大街6号中电信息大厦5层	100086	82168390
国开证券有限责任公司北京珠市口东大街证券营业部	东城区珠市口东大街14号	100062	67072600
国联证券股份有限公司北京朝阳门南大街证券营业部	东城区南竹竿胡同2号银河搜候中心1层D座	100010	59576205
国联证券股份有限公司北京建材城西路证券营业部	昌平区建材西路87号上奥世纪2号楼21层	100096	57391101
国联证券股份有限公司北京石景山路证券营业部	石景山区石景山路乙18号院2号楼12层	100040	88685951
国联证券股份有限公司北京首体南路证券营业部	海淀区首体南路9号主语国际4号楼1202室	100048	63170199
国盛证券有限责任公司北京德胜门外大街证券营业部	西城区德胜门大街83号德胜门国际中心B座3层	100088	62631969

国盛证券有限责任公司北京乐园路证券营业部	大兴区乐园路4号院2号楼1单元301室	102600	80223383
国泰君安证券股份有限公司北京朝内大街证券营业部	东城区南竹竿胡同2号银河搜候中心2层10203室	100010	50953121
国泰君安证券股份有限公司北京德外大街证券营业部	西城区德外大街新风街2号天成科技大厦A座1层	100088	62034788
国泰君安证券股份有限公司北京方庄路证券营业部	丰台区方庄路1号	100078	67638335
国泰君安证券股份有限公司北京怀柔府前街证券营业部	怀柔区府前街3号	101400	69680303
国泰君安证券股份有限公司北京建国路证券营业部	朝阳区建国路93号院5号楼	100022	50953118
国泰君安证券股份有限公司北京金融街证券营业部	西城区金融街28号盈泰中心2号楼	100140	59312793
国泰君安证券股份有限公司北京金桐西路证券营业部	朝阳区金桐西路12号1层	100020	50953130
国泰君安证券股份有限公司北京鲁谷路证券营业部	石景山区鲁谷路35号电科大厦裙楼1层	100040	68659759
国泰君安证券股份有限公司北京通州新华西街证券营业部	通州区新华西街60号院1号楼1层101室	101100	69542299
国泰君安证券股份有限公司北京亦庄宏达北路证券营业部	北京经济技术开发区宏达北路16号101室	100176	51062201
国泰君安证券股份有限公司北京知春路证券营业部	海淀区知春路7号致真大厦B座	100083	82311880
国泰君安证券股份有限公司北京中关村大街证券营业部	海淀区海淀北二街8号1层107室	100080	50953100

国信证券股份有限公司北京北苑路证券营业部	朝阳区北苑路32号院2号楼1层106~107室	100101	95536
国信证券股份有限公司北京昌平西环路证券营业部	昌平区北街道西环路29号楼4层	102299	95536
国信证券股份有限公司北京朝阳北路证券营业部	朝阳区呼家楼北街7号楼	100026	95536
国信证券股份有限公司北京成府路证券营业部	海淀区成府路28号11层3-1107	100083	95536
国信证券股份有限公司北京马家堡西路证券营业部	丰台区马家堡西路15号	100068	95536
国信证券股份有限公司北京三里河东路证券营业部	海淀区三里河路13号中国建筑文化中心北塔楼1层	100034	95536
国信证券股份有限公司北京石景山阜石路证券营业部	石景山阜石路300号1层125号	100041	95536
国信证券股份有限公司北京顺义双河大街证券营业部	顺义区林河北大街21号院4幢1层101室	101320	95536
国信证券股份有限公司北京通州九棵树证券营业部	通州区翠景北里21号楼金成中心708室	101101	95536
国元证券股份有限公司北京东直门外大街证券营业部	东城区东直门外大街46号天恒大厦9层	100027	84608839
国元证券股份有限公司北京西坝河南路证券营业部	朝阳区西坝河南路1号金泰大厦409室	100028	64402348
海通证券股份有限公司北京阜外大街证券营业部	西城区阜成门外大街2号A2010室	100037	88026896
海通证券股份有限公司北京工体北路证券营业部	东城区工体北路66号瑞士公寓A3层	100028	64620913

海通证券股份有限公司北京光华路证券营业部	朝阳区光华路甲8－1号合乔大厦C座3层	100026	65831381
海通证券股份有限公司北京亮马桥路证券营业部	朝阳区亮马桥路50号1号楼S109A	100125	65831388
海通证券股份有限公司北京密云鼓楼东大街证券营业部	密云区鼓楼东大街19号密云广场	101500	89081200
海通证券股份有限公司北京平谷金乡路证券营业部	平谷区金乡路1号1层、3层	101200	89999236
海通证券股份有限公司北京知春路证券营业部	海淀区知春路甲63号卫星大厦5层	100080	82625096
海通证券股份有限公司北京中关村南大街证券营业部	海淀区中关村南大街甲56号方圆大厦5层	100044	88027676
恒泰证券股份有限公司北京安德路证券营业部	东城区安德路地兴居9号	100011	84128825
恒泰证券股份有限公司北京北辛庄路证券营业部	海淀区四季青镇北辛庄路北软双新科创园A座308房间	100093	62592609
恒泰证券股份有限公司北京朝阳八里庄西里证券营业部	朝阳区八里庄西里99号2层210室	100025	85772321
恒泰证券股份有限公司北京东三环北路证券营业部	朝阳区东三环北路丙2号5层06A09	100020	57851503
恒泰证券股份有限公司北京东三环中路证券营业部	朝阳区百子湾南2路76号院乐成国际5号楼1层11A、2层11B	100022	87751481
恒泰证券股份有限公司北京建国路证券营业部	朝阳区建国路93号院19号楼117号、118号	100025	59603202
恒泰证券股份有限公司北京金融大街证券营业部	西城区金融大街33号C座5层507室	100041	56673868

恒泰证券股份有限公司北京南滨河路证券营业部	西城区广安门外南滨河路1号高新大厦2层、5层	100055	63429711
恒泰证券股份有限公司北京南湖南路证券营业部	朝阳区南湖南路16号院4号楼102室	100102	64738862
恒泰证券股份有限公司北京上地三街证券营业部	海淀区上地信息产业基地三街3号楼1层3门102室	100085	57851503
恒泰证券股份有限公司北京苏州街证券营业部	海淀区苏州街29号11－16幢	100080	62423585
恒泰证券股份有限公司北京万丰路证券营业部	丰台区万丰路316号万开中信A座2层A2－13单元	100161	83369805
恒泰证券股份有限公司北京西四环北路证券营业部	海淀区西四环北路160号1层一区109	100031	57851503
红塔证券股份有限公司北京板井路证券营业部	海淀区板井路69号世纪金源酒店1层西侧	100097	88464659
红塔证券股份有限公司北京于家园南街证券营业部	怀柔区于家园南街6号院2号楼4号1层	101499	69642666
宏信证券有限责任公司北京广渠路证券营业部	朝阳区广渠路38号楼1层102号	100037	64406698
宏信证券有限责任公司北京石佛营证券营业部	朝阳区八里庄北里129号院10号楼1～2层	100025	85857235
宏信证券有限责任公司北京雅宝路证券营业部	朝阳区朝外雅宝路12号3层207室	100020	4008366366
华安证券股份有限公司北京东三环中路营业部	朝阳区广渠路39号院2号楼3层1&2单元	100022	67765100
华安证券股份有限公司北京慧忠北里证券营业部	朝阳区慧忠北里305号	100012	64849373

华安证券股份有限公司北京万柳中路证券营业部	海淀区万柳中路11号万柳派顿大厦8A层8907室	100089	82449958
华安证券股份有限公司北京西三环北路证券营业部	海淀区西三环北路72号世纪经贸大厦B座	100037	88820169
华宝证券有限责任公司北京建国门外大街证券营业部	朝阳区建国门外大街丙12号楼1层东北侧及15层1501单元	100062	57610228
华创证券有限责任公司北京东三环中路证券营业部	朝阳区东三环中路24号乐成中心B座1501室	100061	59370923
华创证券有限责任公司北京万寿路证券营业部	海淀区复兴路47号1204室	100036	53553968
华创证券有限责任公司北京新兴桥证券营业部	海淀区复兴路21号1幢6层、8层801室、802室	100036	59370992
华福证券有限责任公司北京海淀南路营业部	海淀区海淀南路30号1层	100080	89926933
华金证券有限责任公司北京呼家楼证券营业部	朝阳区东三环北路88号院1号楼	100061	85879639
华金证券有限责任公司北京万柳中路证券营业部	海淀区万柳中路35号蜂鸟社区商业楼CD区2楼	100089	82871515
华林证券有限股份公司北京北三环东路证券营业部	朝阳区北三环东路28号易亨大厦2层	100013	64405985
华林证券有限股份公司北京太平桥大街证券营业部	西城区太平桥大街8号院2号楼1~2层17号	100034	59352968
华龙证券股份有限公司北京安外大街证券营业部	东城区安外大街191号天鸿宝景大厦西配楼3层	100101	64401206
华融证券股份有限公司北京金融大街证券营业部	西城区金融大街8号1~2层	100033	58568052

华融证券股份有限公司北京石景山路证券营业部	石景山区石景山路22号长城大厦A座	100043	68687503
华融证券股份有限公司北京朝外大街证券营业部	朝阳区天福园8号楼底商	100020	85619001
华融证券股份有限公司北京太平桥路证券营业部	丰台区太平桥路华源四里2号楼2层	100073	63380688
华融证券股份有限公司北京文慧园证券营业部	海淀区文慧园北路9号今典花园9号楼1层北侧	100082	62440060
华泰证券股份有限公司北京广渠门内大街证券营业部	东城区广渠门内大街43号雍贵中心4层	100045	63433789
华泰证券股份有限公司北京苏州街证券营业部	海淀区苏州街29号18号楼维亚大厦9层901～903室	100080	62526229
华泰证券股份有限公司北京西三环北路证券营业部	海淀区西三环北路72号中经大厦3层	100037	68733706
华泰证券股份有限公司北京雍和宫证券营业部	东城区安定门东大街28号F座5层501室	100013	84273969
华泰证券股份有限公司北京月坛南街证券营业部	西城区月坛南街甲12号万丰怡和商务会馆3层	100045	68010996
华泰证券股份有限公司北京中关村南大街证券营业部	海淀区中关村南大街11号光大国信大厦3层	100081	68733973
华西证券股份有限公司北京通州北苑南路营业部	通州区北苑南路42号院6号楼1层	101101	4008888818
华西证券股份有限公司北京彰化路证券营业部	海淀区彰化路5号楼1层	100097	4008888818
华西证券股份有限公司北京紫竹院路证券营业部	海淀区紫竹院路31号华澳中心2层	100089	68716366

华鑫证券有限责任公司北京菜市口大街证券营业部	西城区菜市口西大街2号院中信城底商1－201号	100052	88306959
华鑫证券有限责任公司北京阜成门外大街证券营业部	西城区阜成门外大街甲28号西楼	100037	88306678
华鑫证券有限责任公司北京平安大街证券营业部	西城区平安里西大街31号1层	100034	82830860
江海证券有限公司北京东三环南路证券营业部	朝阳区东三环南路58号富顿中心A座2层	100022	58674977
江海证券有限公司北京慧忠里证券营业部	朝阳区慧忠里103号洛克中心B座	100101	58674977
江海证券有限公司北京团结湖证券营业部	朝阳区农展馆南路13号5层	100026	65915177
金元证券股份有限公司北京方庄芳古园证券营业部	丰台区方庄芳古园一区29~43层	100078	67646920
金元证券股份有限公司北京新外大街证券营业部	海淀区新外大街19号京师大厦6层	100875	62200539
开源证券股份有限公司北京金鱼池证券营业部	东城区金鱼池中街2号楼1~2层	100069	83570869
联讯证券股份有限公司北京北辰东路证券营业部	朝阳区北辰东路8号3号楼8层东区	100101	62279238
联讯证券股份有限公司北京北苑证券营业部	朝阳区媒体村天畅园6号楼1层	100011	64408900
联讯证券股份有限公司北京房山证券营业部	房山区良乡地区西潞东里甲1号楼2层	102488	61378408
民生证券股份有限公司北京北蜂窝路证券营业部	海淀区北蜂窝路5号院1号写字楼2层	100038	63980641
民生证券股份有限公司北京菜市口大街证券营业部	西城区菜市口大街1号3层301室	100053	83555905
民生证券股份有限公司北京工体北路证券营业部	朝阳区工体北路甲6号中宇大厦501室	100027	85236010

民生证券股份有限公司北京航丰路证券营业部	丰台区航丰路1号院2号楼507室	100070	58090966
民生证券股份有限公司北京顺义府前东街证券营业部	顺义区府前东街2号1号楼顺建大厦8楼	101300	69465097
南京证券股份有限公司北京东三环南路证券营业部	朝阳区东三环南路19号院1号楼4层	100021	64913500
南京证券股份有限公司北京南大街证券营业部	怀柔区南大街25号楼1－25－1室	101499	52412658
平安证券股份有限公司北京东花市证券营业部	东城区东花市北里西区23号楼B座	100062	67172171
平安证券股份有限公司北京金融大街证券营业部	西城区金融大街23号平安大厦10层	100140	67172171
平安证券股份有限公司北京知春路证券营业部	海淀区知春路108号1号楼1808室	100043	59731820
日信证券有限责任公司北京北辰东路证券营业部	朝阳区北辰东路8号12号楼3层2号	100101	84981104
日信证券有限责任公司北京东四环中路证券营业部	朝阳区东四环中路82号2－2座1层101室	100022	52088310
日信证券有限责任公司北京中关村大街证券营业部	海淀区中关村大街甲59号文化大厦2层203室	100086	82200303
瑞银证券有限责任公司北京金融大街证券营业部	西城区金融大街7号英蓝国际金融中心15层	100140	58328117
山西证券股份有限公司北京太平庄证券营业部	海淀区太平庄13号	100081	62235588
上海证券有限责任公司北京和平里北街证券营业部	东城区和平里北街16号楼院北京和平里大酒店	100007	84085505

上海证券有限责任公司北京万寿路证券营业部	海淀区万寿路翠微中里14号楼	100036	68254012
申万宏源证券有限公司北京安定路证券营业部	朝阳区安定路39长新大厦3层	100029	64448210
申万宏源证券有限公司北京金融大街证券营业部	西城区太平桥大街19号	100140	88085853
申万宏源证券有限公司北京东四环中路证券营业部	朝阳区东四环中路25号远洋国际中心A座25层	100025	82031568
申万宏源证券有限公司北京丰北路证券营业部	丰台区丰北路望园东里28号楼2层	100073	63898151
申万宏源证券有限公司北京劲松九区证券营业部	朝阳区劲松九区909楼	100021	021－962505
申万宏源证券有限公司北京紫竹院路证券营业部	海淀区紫竹院路116号嘉豪国际A座西侧2~3层	100089	88511326
世纪证券有限责任公司北京南礼士路证券营业部	西城区南礼士路66号1号楼2层	100045	68085325
世纪证券有限责任公司北京平安大街营业部	东城区东十四条68号平安发展大厦3层	100020	65868567
首创证券有限责任公司北京北辰东路证券营业部	朝阳区北辰东路8号汇园公寓Q座1层、2层	100101	84976731
首创证券有限责任公司北京长阳昊天北大街证券营业部	房山区长阳镇昊天北大街48号加州水郡东区商业中心A301－18	102401	4006200620
首创证券有限责任公司北京五道口证券营业部	海淀区成府路蓝旗营小区1号楼东2层	100084	62793481
首创证券有限责任公司北京延庆东顺城街证券营业部	延庆区延庆镇东街2号南侧5层	102199	84976731

首创证券有限责任公司北京雍和宫证券营业部	东城区安定门东大街28号1号楼B单元507号	100013	84292611
首创证券有限责任公司北京中关村东三街证券营业部	海淀区丹棱街6号一幢1层101室	100080	57569555
太平洋证券股份有限公司北京北展北街证券营业部	西城区北展北街5~17号（单号）	100044	88321939
太平洋证券股份有限公司北京海淀大街证券营业部	海淀区彩和坊路11号华一控股大厦18层1805室	100080	82602867
太平洋证券股份有限公司北京志新东路证券营业部	海淀区北四环中路211号太极大厦819室	100083	89055131
天风证券股份有限公司北京海淀长春桥证券营业部	海淀区长春桥路11号1号6楼605	100089	58816940
天风证券股份有限公司北京佟麟阁路证券营业部	西城区佟麟阁路36号1幢1103~1105室	100031	66012258
万联证券有限责任公司北京上地创业路证券营业部	海淀区上地创业路17号楼1层北区	100031	66062626
五矿证券有限公司北京广安门外大街证券营业部	西城区广安门内大街248号机械大厦508室	100055	63367231
西部证券股份有限公司北京德胜门外大街证券营业部	西城区德胜门外大街乙10号泰富大厦4层	100088	62013151
西部证券股份有限公司北京学院南路证券营业部	海淀区大柳树路富海中心2号楼301室	100081	62120091
西藏同信证券股份有限公司北京陶然亭路证券营业部	西城区陶然亭路16号	100054	83537678
西南证券股份有限公司北京北三环中路证券营业部	西城区北三环中路27号商房大厦4层	100011	62015677

西南证券股份有限公司北京昌平证券营业部	昌平区城北街道中山口路31号	102200	69725243
西南证券股份有限公司北京东城证券营业部	东城区朝阳北大街8号富华大厦A座11层	100010	69720922
西南证券股份有限公司北京房山证券营业部	房山区拱辰街道楸树家园北里5号楼1单元2层	102488	56216462
西南证券股份有限公司北京海淀证券营业部	海淀区四季青镇杏石路口65号院东配楼3层	100195	59217930
西南证券股份有限公司北京平谷证券营业部	平谷区紫贵庄园8号楼1至2层02号	101200	69717491
西南证券股份有限公司北京西城证券营业部	西城区太平街6号6层D721	100050	63180369
湘财证券股份有限公司北京北四环东路证券营业部	朝阳区芍药居北里101号世奥国际中心7层703室	100025	84646666
湘财证券股份有限公司北京朝外大街证券营业部	朝阳区朝外大街10号（A1区）8层	100020	85638510
湘财证券股份有限公司北京建国门内大街证券营业部	东城区建国门内大街7号16层、17室	100025	65586162
湘财证券股份有限公司北京首体南路证券营业部	海淀区首体南路9号主语国际5号楼3层	100089	82518108
湘财证券股份有限公司北京顺义府前西街证券营业部	顺义区府前西街10号3层	101300	81496902
新时代证券股份有限公司北京北三环西路证券营业部	海淀区北三环西路99号院1号楼4层	100086	83561157
新时代证券股份有限公司北京东三环北路证券营业部	朝阳区东三环北路17号新时代证券大厦11层	100027	83561141
新时代证券股份有限公司北京管庄路证券营业部	朝阳区鑫兆佳园15号楼3层0301内西侧	100024	62672766
新时代证券股份有限公司北京马家堡西路证券营业部	丰台区星河苑2号院22号楼3层	100067	67528236
新时代证券股份有限公司北京南礼士路证券营业部	西城区南礼士路3号海通大厦3~4层	100037	68025299

新时代证券股份有限公司北京天通苑证券营业部	昌平区东小口镇天通苑405号楼2层	102218	84819718
新时代证券股份有限公司北京田村中街证券营业部	海淀区田村路雪芳里1号楼底商06号	100049	68608501
新时代证券股份有限公司北京中关村东路证券营业部	海淀区中关村东路66号世纪科贸大厦B座25层	100190	62672766
信达证券股份有限公司北京北辰东路证券营业部	朝阳区北辰东路8号北辰时代大厦12层	100100	85983698
信达证券股份有限公司北京朝阳路证券营业部	朝阳区朝阳路67号8号楼2层272室	100025	85786680
信达证券股份有限公司北京朝阳门证券营业部	东城区南竹竿胡同2号银河搜候中心50210室	100010	59576718
信达证券股份有限公司北京古城路证券营业部	石景山区八角西街68号	100043	68843741
信达证券股份有限公司北京前门证券营业部	东城区东交民巷28号红都商务会馆B座1层、2层	100006	65285638
信达证券股份有限公司北京万寿路证券营业部	海淀区万寿路17号A座3层301~320室	100036	68252099
信达证券股份有限公司北京西单北大街证券营业部	西城区华远北街2号通港大厦1层、4层	100032	66127193
信达证券股份有限公司北京裕民路证券营业部	朝阳区裕民路12号中国国际科技会展中心C座4层	100029	82253889
兴业证券股份有限公司北京朝阳公园路证券营业部	朝阳区朝阳公园19号佳隆国际大厦	100125	65397039
兴业证券股份有限公司北京西直门北大街证券营业部	海淀区西直门北大街32号院1号楼6层	100088	82000172

银泰证券有限责任公司北京马甸路证券营业部	海淀区马甸路2号冠城园8号楼冠海大厦1层	100006	65287668
银泰证券有限责任公司北京南横东街证券营业部	西城区菜市口大街6号院2号楼1层102室	100052	4008505505
英大证券有限责任公司北京东直门证券营业部	东城区海运仓胡同1号5层520室	100007	84002095
招商证券股份有限公司北京安立路证券营业部	朝阳区安立路甲56号2层	100088	62073496
招商证券股份有限公司北京安外大街证券营业部	东城区安定门外大街2号安贞大厦	100013	64287707
招商证券股份有限公司北京北三环东路证券营业部	朝阳区北三环东路西坝河东里18号三元大厦2层	100028	84603492
招商证券股份有限公司北京北苑证券营业部	朝阳区北苑路甲13号院2号楼01层101内105B	100107	84920966
招商证券股份有限公司北京朝外大街证券营业部	朝阳区朝外大街6号新城国际5号楼1～5层	100088	51603108
招商证券股份有限公司北京车公庄西路证券营业部	海淀区车公庄西路甲19号华通大厦A座3层	100044	68488335
招商证券股份有限公司北京东三环北路证券营业部	朝阳区东三环北路19号楼2层201室	100020	65860272
招商证券股份有限公司北京东四十条证券营业部	东城区东四十条甲22号南新仓国际大厦	100007	65951602
招商证券股份有限公司北京方庄路证券营业部	丰台区紫芳园四区2号楼1～2层202室	100078	87608097
招商证券股份有限公司北京光明路证券营业部	东城区光明路天玉大厦5层	100006	67119776

招商证券股份有限公司北京建国路证券营业部	朝阳区建国路118号招商局大厦8层	100022	65684890
招商证券股份有限公司北京金融街证券营业部	西城区金融大街33号通泰大厦C座	100140	88086655
招商证券股份有限公司北京上地农大南路证券营业部	海淀区农大南路1号院2号楼5层	100084	62667620
招商证券股份有限公司北京顺义仓上街证券营业部	顺义区仓上街2号AMB智能大厦B座8层	101300	89452551
招商证券股份有限公司北京西直门北大街证券营业部	海淀区西直门北大街60号首钢国际大厦6层	100088	82291140
招商证券股份有限公司北京颐和园路证券营业部	海淀区颐和园路1号北大资源燕园宾馆1~2层	100080	62641188
招商证券股份有限公司北京远大路证券营业部	海淀区远大路39号1号楼418室	100097	65860272
招商证券股份有限公司北京知春东里证券营业部	海淀区知春东里15号楼	100086	82137708
招商证券股份有限公司北京中核路证券营业部	丰台区中核路3号院3号楼607室、608室	100070	63789056
浙商证券股份有限公司北京朝阳门北大街证券营业部	东城区朝阳门北大街8号富华大厦E座4层	100027	65546300
浙商证券股份有限公司北京广安门外大街证券营业部	西城区广安门外大街1号深圳大厦	100052	83555728
中国国际金融股份有限公司北京建国门外大街证券营业部	朝阳区建国门外大街甲6号	100022	85679888
中国国际金融股份有限公司北京科学院南路证券营业部	海淀区科学院南路2号A座6层608单元	100082	82861086

中国民族证券有限责任公司北京安慧东里证券营业部	朝阳区安慧东里36号4号楼	100039	68188538
中国民族证券有限责任公司北京彩和坊路证券营业部	海淀区彩和坊路8号1层101～102室	100080	51727044
中国民族证券有限责任公司北京丰台东大街证券营业部	丰台区东大街东里7号楼南	100071	51129702
中国民族证券有限责任公司北京佟麟阁路证券营业部	西城区佟麟阁路95号尚信大厦6～7层	100031	66413223
中国民族证券有限责任公司北京西坝河证券营业部	朝阳区西坝河南路22号	100028	64222168
中国银河证券股份有限公司北京朝阳门北大街证券营业部	东城区朝阳门北大街5号第五广场B座6层	100037	68362033
中国银河证券股份有限公司北京方庄南路证券营业部	丰台区方庄南路2号1层、4层	100078	57539008
中国银河证券股份有限公司北京阜成路证券营业部	海淀区阜成路67号银都大厦3层	100036	88411327
中国银河证券股份有限公司北京广渠门内大街证券营业部	东城区广渠门内大街27号7层	100062	87103775
中国银河证券股份有限公司北京呼家楼证券营业部	朝阳区向军北里甲6号楼2层	100020	65912966
中国银河证券股份有限公司北京黄寺大街证券营业部	西城区黄寺大街21号中银利华大厦1～2层	100120	51297760
中国银河证券股份有限公司北京建国路证券营业部	朝阳区建国路126号瑞赛大厦1～3层	100078	65662092
中国银河证券股份有限公司北京金融街证券营业部	西城区太平桥大街111号湘西大厦3～4层	100032	58872889

中国银河证券股份有限公司北京太阳宫证券营业部	朝阳区夏家园11号楼1层2号商业、2层9号商业	100013	64464775
中国银河证券股份有限公司北京陶然桥证券营业部	丰台区马家堡东路1号9层901~906房	100068	67578176
中国银河证券股份有限公司北京望京证券营业部	朝阳区望京阜通东大街12号宝能中心2层	100102	64748888
中国银河证券股份有限公司北京学清路证券营业部	海淀区学清路甲38号金码大酒店7层	100083	82838908
中国银河证券股份有限公司北京学院南路证券营业部	海淀区学院南路34号1~3层	100082	62276491
中国银河证券股份有限公司北京亦庄荣京东街证券营业部	北京经济技术开发区荣京东街3号1栋B座4层	100176	58357979
中国银河证券股份有限公司北京中关村大街证券营业部	海淀区中关村南大街甲18号院1－4号楼D座03－3D	100081	62512318
中国中投证券有限责任公司北京北三环证券营业部	东城区北三环东路36号环球贸易中心A座1~2层	100101	58257705
中国中投证券有限责任公司北京朝阳路证券营业部	朝阳区朝阳路延静里中街3号长信大厦3层	100025	65082922
中国中投证券有限责任公司北京阜安西路证券营业部	朝阳区望京西园一区134号楼1层	100040	88684886
中国中投证券有限责任公司北京复兴路证券营业部	海淀区复兴路乙20号	100036	67642201
中国中投证券有限责任公司北京酒仙桥路证券营业部	朝阳区酒仙桥路13号151号楼106室	100016	64312866
中国中投证券有限责任公司北京丽泽路证券营业部	丰台区丽泽路5号3层301室	100073	63363666

中国中投证券有限责任公司北京宋庄路证券营业部	丰台区宋庄路71号院1号楼11～12层	100078	67642201
中航证券有限公司北京慧忠路证券营业部	朝阳区慧忠路5号A座9层	100012	84801300
中山证券有限责任公司北京车公庄大街证券营业部	西城区车公庄大街乙1号富通大厦2层	100044	68348878
中泰证券股份有限公司北京安慧里证券营业部	朝阳区安慧里四区15号楼5层519室及1层大厅	100101	58603999
中泰证券股份有限公司北京百万庄大街证券营业部	西城区百万庄大街16号	100040	66553309
中泰证券股份有限公司北京朝外大街证券营业部	朝阳区朝外大街20号联合大厦2层	100020	65882608
中泰证券股份有限公司北京方庄南路证券营业部	丰台区方庄南路9号院7号楼谱田大厦	100078	53352219
中泰证券股份有限公司北京高粱斜街证券营业部	海淀区高粱桥斜街59号院2号楼3层	100044	53370636
中泰证券股份有限公司北京广渠路证券营业部	朝阳区广渠路36号院5号楼2层206室	100022	87728790
中泰证券股份有限公司北京建国门外大街证券营业部	朝阳区建国门外大街22号赛特大厦6层610室	100022	65158517
中泰证券股份有限公司北京苏州桥证券营业部	海淀区北三环西路99号1号楼2层	100086	82887698
中泰证券股份有限公司北京信息路证券营业部	海淀区信息路甲28号7层A座07B	100044	62985995
中天证券有限责任公司北京朝阳证券营业部	朝阳区百子湾西里403号楼2层206室	100124	57193917
中天证券有限责任公司北京丰台证券营业部	丰台区方庄芳古园一区29号3层C3号	100078	67607279

中信建投证券股份有限公司北京安立路证券营业部	朝阳区安立路66号安立花园C座	100101	64906210
中信建投证券股份有限公司北京北辰西路证券营业部	朝阳区北土城西路7号1层6单元	100029	82994802
中信建投证券股份有限公司北京昌平昌崔路证券营业部	昌平区城北街道昌崔路203号楼1层	102200	89787158
中信建投证券股份有限公司北京丹棱街证券营业部	海淀区丹棱街18号1层108号、2层	100030	82666938
中信建投证券股份有限公司北京东三环中路证券营业部	朝阳区东三环中路9号	100020	85911109
中信建投证券股份有限公司北京东直门南大街证券营业部	东城区东直门南大街6号	100027	64172758
中信建投证券股份有限公司北京方庄路证券营业部	丰台区紫芳园四区1号楼	100078	87161717
中信建投证券股份有限公司北京富丰路证券营业部	丰台区丰台镇富丰路2号星火科技大厦1层	100070	83739065
中信建投证券股份有限公司北京怀柔府前街证券营业部	怀柔区府前街3号	101499	60685098
中信建投证券股份有限公司北京回龙观西大街证券营业部	昌平区回龙观镇西大街85号	102208	57536727
中信建投证券股份有限公司北京金融大街证券营业部	西城区金融大街5号、甲5号501A室	100033	66555976
中信建投证券股份有限公司北京酒仙桥路证券营业部	朝阳区酒仙桥路甲10号3号楼	100015	53805898
中信建投证券股份有限公司北京良乡拱辰南大街证券营业部	房山区拱辰南大街1号1层105室	102401	69389199

中信建投证券股份有限公司北京马家堡西路证券营业部	丰台区马家堡西路 15 号时代风帆大厦 1 层	100068	67578532
中信建投证券股份有限公司北京南大红门路证券营业部	丰台区南大红门路 15 号梅源市场南段	100076	68759942
中信建投证券股份有限公司北京农大南路证券营业部	海淀区农大南路 1 号硅谷亮城 2A 座 1 层	100084	82349798
中信建投证券股份有限公司北京青年路证券营业部	朝阳区青年路 29 号院 11 号楼 1 层	100123	58777809
中信建投证券股份有限公司北京三里河路证券营业部	海淀区三里河 39 号	100037	88381545
中信建投证券股份有限公司北京时代花园南路证券营业部	石景山区时代花园南路 17 号 1 层 102 室	100043	88980277
中信建投证券股份有限公司北京顺义站前街证券营业部	顺义区站前街顺鑫国际商务中心 7 层	101300	61490987
中信建投证券股份有限公司北京太平桥路证券营业部	丰台区太平桥路华源四里 13 号楼 F09	100073	63259608
中信建投证券股份有限公司北京太阳宫中路证券营业部	朝阳区太阳宫火星园 8 号楼 205 门	100028	84150996
中信建投证券股份有限公司北京通州通朝大街证券营业部	通州区翠屏西路 10 号 1 ~ 2 层	101121	50952289
中信建投证券股份有限公司北京望京中环南路证券营业部	朝阳区望京中环南路 9 号望京大厦 3 号楼 7 层及 2 号楼 1 层部分	100102	64723010
中信建投证券股份有限公司北京西翠路证券营业部	海淀区西翠路 17 号院 20 号楼 1 层商铺	100036	68186626
中信建投证券股份有限公司北京宣武门外大街证券营业部	西城区宣武门外大街 26 ~ 30 号（双号）2 幢 A308、309 室	100052	63175505

中信建投证券股份有限公司北京燕山燕房路证券营业部	房山区燕房路临99号燕山金融楼	102500	81337718
中信建投证券股份有限公司北京亦庄荣华中路证券营业部	北京经济技术开发区荣华中路10号A座	100176	57780069
中信建投证券股份有限公司北京远大路证券营业部	海淀区蓝靛厂金源时代购物中心B区2B座5G室	100097	88871811
中信建投证券股份有限公司北京知春路证券营业部	海淀区知春路6号锦秋国际大厦1层B02单元	100015	82666371
中信证券股份有限公司北京安外大街证券营业部	朝阳区安定门外大街1号信义大厦1层	100011	4008895548
中信证券股份有限公司北京北三环中路证券营业部	海淀区北三环中路43－3号	100088	82013236
中信证券股份有限公司北京北苑证券营业部	朝阳区天朗园C座1层商业内1－015号	100107	84840192
中信证券股份有限公司北京东三环中路证券营业部	朝阳区广渠路39号院2号楼7层01单元	100078	87645762
中信证券股份有限公司北京复外大街证券营业部	西城区白云路1号3层、8层	100045	63261166
中信证券股份有限公司北京国贸证券营业部	朝阳区建国路甲92号世茂大厦B座5层	100020	84122033
中信证券股份有限公司北京呼家楼证券营业部	朝阳区向军北里28号院1号楼瀚海文化大厦3层	100020	57602571
中信证券股份有限公司北京建国路证券营业部	朝阳区建国路98号院5号楼3层101内306－1房间	100102	95548
中信证券股份有限公司北京建国门证券营业部	东城区建国门北大街5号金成建国5号4层	100191	4008895548
中信证券股份有限公司北京建外大街证券营业部	朝阳区建国门外大街19号1号楼20层BCD室	100022	59400588

中信证券股份有限公司北京金融大街证券营业部	西城区金融大街35号1层107单元	100033	95548
中信证券股份有限公司北京京城大厦证券营业部	朝阳区新源南路1号1号楼2404室	100027	4008895548
中信证券股份有限公司北京三元桥证券营业部	朝阳区曙光西里甲5号院16号楼102单元	100028	84554110
中信证券股份有限公司北京天通苑证券营业部	昌平区天通北苑一区甲4号楼	102218	80127369
中信证券股份有限公司北京望京证券营业部	朝阳区阜通东大街6号方恒国际C座	100102	84785403
中信证券股份有限公司北京中关村大街证券营业部	海淀区丹棱街1号院1号楼102单元	100071	52217106
中信证券股份有限公司北京中关村东路证券营业部	海淀区中关村东路8号东升大厦B座503B室、807B室	100083	95548
中信证券股份有限公司北京紫竹院路证券营业部	海淀区紫竹院路69号中国兵器大厦9层	100089	68966606
中信证券股份有限公司北京总部证券营业部	朝阳区亮马桥路48号18层	100026	60838721
中银国际证券有限责任公司北京北四环西路证券营业部	海淀区北四环西路9号	100190	82525151
中银国际证券有限责任公司北京宣外大街证券营业部	西城区宣武门外大街甲1号环球财讯中心E座3层	100052	63109966
中邮证券有限责任公司北京宣武门东大街证券营业部	西城区宣武门东大街2号2幢1层东侧、2层东侧	100082	82291798
中原证券股份有限公司北京广安门外大街证券营业部	西城区广安门外大街168号朗琴国际大厦8层	100055	83067928
中原证券股份有限公司北京酒仙桥路证券营业部	朝阳区酒仙桥路14号51号楼1层A158	100016	58671108

联储证券有限责任公司北京望京阜安西路证券营业部	朝阳区望京西园一区134号楼2层215房间－1号	100102	64789928

（4）基金管理公司

机构名称	地址	邮编	电话
华夏基金管理有限公司	西城区金融大街33号通泰大厦B座8层	100032	4008186666
嘉实基金管理有限公司	东城区建国门北大街8号华润大厦8层	100005	4006008800
长盛基金管理有限公司	海淀区北太平庄路18号北京城建大厦A座20～22层	100088	4008882666
银华基金管理有限公司	东城区东方广场东方经贸城C2办公楼10层2～8室	100738	4006783333
泰达宏利基金管理有限公司	西城区金融大街8号英蓝国际金融中心2～3层	100034	4006988888
东方基金管理有限责任公司	西城区锦什坊街28号1～4层	100033	4006285888
工银瑞信基金管理有限公司	西城区金融大街丙17号北京银行大厦8层	100033	4008119999
建信基金管理有限责任公司	西城区金融大街7号英蓝国际金融中心16层	100034	4008195533
华商基金管理有限公司	西城区平安里西大街28号中海国际中心19层	100035	4007008880
益民基金管理有限公司	西城区宣外大街6号庄胜广场中央办公楼南翼13A	100052	4006508808
中邮创业基金管理股份有限公司	海淀区西直门北大街60号首钢国际大厦10层	100088	4008801618
方正富邦基金管理公司	西城区太平桥大街18号丰融国际大厦北区11层	100032	4008180990
国金基金管理有限公司	海淀区西三环北路87号国际财经中心D座14层	100089	4000200018
英大基金管理有限公司	朝阳区环球金融中心西塔22楼	100020	4008905288
江信基金管理有限公司	海淀区北三环西路99号西海国际中心A座20层	100086	57380888
中加基金管理有限公司	丰台区南四环西路188号17区15号北京银行大楼	100070	4000095526

中融基金管理有限公司	东城区建国门外大街28号民生金融中心A座7层	100005	85003210
国开泰富基金管理有限责任公司	东城区朝阳门北大街7号五矿广场C座10层	100010	59363299
中信建投基金管理有限公司	东城区朝内大街2号凯恒中心E座2层	100010	4009108108
国寿安保基金管理有限公司	西城区金融大街28号盈泰商务中心2号楼11层、12层	100033	50850888
中金基金管理有限公司	朝阳区建国门外大街1号国贸写字楼2座26层05室	100020	63211122
北信瑞丰基金管理有限公司	海淀区首体南路9号主语国际大厦4座3层	101299	68619400
九泰基金管理有限公司	西城区广宁伯街2号金泽大厦6楼	100033	52601666
泓德基金管理有限公司	西城区德胜门外大街125号	100088	59850188
新沃基金管理有限公司	海淀区丹棱街3号中国电子大厦B座16层	100080	58290600

（5）基金子公司

机构名称	地　址	邮　编	电　话
华夏资本管理有限公司	西城区金融大街33号通泰大厦B座8层	100032	88066688
嘉实资本管理有限公司	东城区建国门北大街8号华润大厦16层	100005	65215588
工银瑞信投资管理有限公司	西城区金融大街丙17号北京银行大厦8层	100033	4008119999
首誉资产管理有限公司	西城区平安里西大街28号中海国际中心6层601室	100034	83496800
银华财富资本管理（北京）有限公司	东方广场东方经贸城C2办公楼10层2~8室	100738	4006783333
国泓资产管理有限公司	西城区宣外大街6号庄胜广场中央办公楼南翼13A	100052	4006508808
北京千石创富资本管理有限公司	海淀区西三环北路87号国际财经中心D座14层	100089	4000200018
北京方正富邦创融资产管理有限公司	西城区太平桥大街18号丰融国际大厦北区11层	100032	4008180990

建信资本管理有限责任公司	西城区金融大街7号英蓝国际金融中心16层	100034	4008195533
东方汇智资产管理有限公司	西城区锦什坊街28号1~4层	100033	4006285888
中融（北京）资产管理有限公司	东城区建国门外大街28号民生金融中心A座7层	100005	85003210
长盛创富资产管理有限公司	海淀区北太平庄路18号北京城建大厦A座20~22层	100088	4008882666
北银丰业资产管理有限公司	丰台区南四环西路188号17区15号北京银行大楼	100070	4000095526
北京国开泰富资产管理有限公司	东城区朝阳门北大街7号五矿广场C座10层	100010	59363299
国寿财富管理有限公司	西城区金融大街17号中国人寿中心17层	100033	66221116
上海北信瑞丰资产管理有限公司	海淀区首体南路9号主语国际4号楼3层	100048	4000617297
深圳英大资本管理有限公司	朝阳区东三环中路1号环球金融中心西塔22楼	100020	59112013
元达信资本管理（北京）有限公司销售子公司	东城区朝内大街2号凯恒中心E座2层	100010	59100288
九泰基金销售（北京）有限公司	西城区华远北街二号通港大厦8层818室	100032	4006280606
嘉实财富管理有限公司	朝阳区建国路91号金地中心A座6层	100022	4000218850
上海国金通用财富资产管理有限公司	上海市浦东新区芳甸路1088号紫竹国际大厦1703室	201204	021－60870952
上海华夏财富投资管理有限公司	上海市虹口区东大名路687号一幢2楼268室	200080	88066632

（6）基金分公司

机构名称	地　址	邮　编	电　话
国泰基金管理有限公司北京分公司	西城区金融大街7号英蓝国际金融中心5层	100034	66553055
南方基金管理有限公司北京分公司	西城区武定侯街6号卓著中心1603室	100140	66573399
华夏基金管理有限公司北京分公司	西城区金融大街33号通泰大厦B座12层	100033	4008186666
华安基金管理有限公司北京分公司	西城区金融大街7号英蓝国际金融中心522室	100033	57635999

博时基金管理有限公司北京分公司	东城区建国门内大街18号恒基中心1座23层	100005	65171166
鹏华基金管理有限公司北京分公司	西城区金融大街甲9号金融街中心南楼502房	100033	88082426
嘉实基金管理有限公司北京分公司	东城区建国门北大街8号华润大厦8层	100005	4006008800
长盛基金管理有限公司北京分公司	海淀区北太平庄路18号北京城建大厦A座20～22层	100088	4008882666
大成基金管理有限公司北京分公司	西城区平安里西大街28号中海国际中心1601室	100034	88009300
富国基金管理有限公司北京分公司	西城区武定侯街6号卓著中心508室	100033	82292390
银华基金管理有限公司北京分公司	东城区东长安街1号东方广场东方经贸城中二办公楼10层	100738	58163000
易方达基金管理有限公司北京分公司	西城区金融大街19号富凯大厦B1703室	100033	4008818088
融通基金管理有限公司北京分公司	西城区金融街35号国际企业大厦C座1241室	100033	66190999
国投瑞银基金管理有限公司北京分公司	西城区金融大街7号英蓝国际金融中心815室	100033	66555550
银河基金管理有限公司北京分公司	西城区月坛西街6号院A－F座3层	100045	56086900
泰达宏利基金管理有限公司北京分公司	西城区金融大街7号英蓝国际金融中心南楼3层	100033	66577730
金鹰基金管理有限公司北京分公司	西城区西单民丰胡同31号中水大厦303	100085	66159951
华宝兴业基金管理有限公司北京分公司	朝阳区建国门外大街乙12号双子座大厦西塔2503室	100022	58260666
摩根士丹利华鑫基金管理有限公司北京分公司	西城区太平桥大街18号丰融国际大厦1005室	100032	66155568
海富通基金管理有限公司北京分公司	西城区金融大街7号英蓝国际金融中心南楼621室	100140	59379001
长信基金管理有限公司北京分公司	西城区金融大街17号中国人寿中心6层604室	100140	68042292
天治基金管理有限公司北京分公司	西城区金融街19号富凯大厦B703A	100033	66578008
景顺长城基金管理有限公司北京分公司	西城区金融大街7号英蓝国际金融中心608－610室	100033	66555001

广发基金管理有限公司北京分公司	西城区宣武门外大街甲1号环球财讯中心D座11层	100052	68083113
申万菱信基金管理有限公司北京分公司	西城区金融大街19号富凯大厦B座1006室	100033	66574388
中海基金管理有限公司北京分公司	西城区复兴门内大街158号1号楼F211B	100031	66493582
光大保德信基金管理有限公司北京分公司	西城区武定侯街6号卓著中心3层300单元	100020	66215307
上投摩根基金管理有限公司北京分公司	西城区金融大街7号英蓝国际金融中心19层1925室	100033	4008894888
国海富兰克林基金管理有限公司北京分公司	西城区武定侯街2号泰康国际大厦1507室	100140	59315299
天弘基金管理有限公司北京分公司	西城区月坛北街2号月坛大厦A座20层	100140	83571789
华泰柏瑞基金管理有限公司北京分公司	西城区太平桥大街丰盛胡同28号中国太平洋保险大厦1802室	100032	66582808
新华基金管理有限公司北京分公司	海淀区西三环北路11号海通时代商务中心C1座	100089	68726666
汇添富基金管理股份有限公司北京分公司	西城区金融大街19号富凯大厦B座1703室	100033	021－28932768
交银施罗德基金管理有限公司北京分公司	西城区金融大街7号英蓝国际金融中心1105室	100140	66584999
益民基金管理有限公司北京分公司	西城区宣武门外大街10号庄胜广场中央办公楼南翼13A	100052	63101218
信达澳银基金管理有限公司北京分公司	西城区阜成门外大街22号1幢11层	100045	58569988
泰信基金管理有限公司北京分公司	西城区广成街4号金宸国际公寓1号楼305～306室	100033	66215978
中银基金管理有限公司北京分公司	西城区西单北大街110号西单汇大厦8层	100033	88000688
招商基金管理有限公司北京分公司	西城区丰盛胡同28号太平洋保险大厦2层西侧	100140	0755－83196666
建信基金管理有限公司北京分公司	西城区金融大街7号英蓝国际金融中心16层	100033	66228888
长城基金管理有限公司北京分公司	西城区金融大街7号英蓝国际金融中心916～917室	100033	88091157

中欧基金管理有限公司北京分公司	西城区复兴门南大街 2 号天银大厦 A 座 9 层 A306 室	100031	63082766
兴业全球基金管理有限公司北京分公司	西城区锦什坊街 35 号 6 层 615 室	100033	66290189
工银瑞信基金管理有限公司北京分公司	西城区金融大街丙 17 号北京银行大厦 8 层 805 室	100033	66583239
安信基金管理有限公司北京分公司	西城区金融大街 15 号鑫茂大厦北楼 406 室	100033	4008088088
东方基金管理有限公司北京分公司	西城区锦什坊街 28 号楼 2 层 201 室	100033	66295888
东海基金管理有限北京分公司	海淀区西三环北路 87 号 15 层	100048	88825682
国联安基金管理有限公司北京代表处	西城区金融大街 28 号盈泰中心 2 号楼 10 层	100033	59312803
前海开源基金管理有限公司北京分公司	东城区东直门南大街 11 号中汇广场 C 座	100007	4001666998
财通基金管理有限公司北京分公司	西城区广成街 4 号院 3 号楼 5 单元 404 室	100033	4008209888
国寿安保基金管理有限公司北京分公司	西城区金融大街 17 号中国人寿中心 17 层	100033	50850888
万家基金管理有限公司北京分公司	西城区丰盛胡同 28 号太平洋保险大厦 4 层	100032	59013764
泓德基金管理有限公司北京分公司	西城区德胜门外大街 125 号 3 层	100088	4009100888

(7) 基金管理公司理财中心

机构名称	地　址	邮　编	电　话
大成基金管理有限公司投资理财中心	东城区东直门南大街 5 号中青旅大厦 105 ~ 106 室	100007	88009300
诺安基金管理有限公司投资理财中心	朝阳区光华路甲 14 号 901 室	100026	59027888
华夏基金管理有限公司北京海淀投资理财中心	海淀区中关村南大街 11 号光大国信大厦 1 层	100081	68458598
华夏基金管理有限公司北京朝阳投资理财中心	朝阳区东三环中路 39 号建外 SOHOB 座 0104 室	100022	67718453

华夏基金管理有限公司北京东中街投资理财中心	东城区东中街29号东环广场B座1层	100027	64185187
华夏基金管理有限公司北京科学院南路投资理财中心	海淀区中关村科学院南路新科祥园甲3号	100080	82523195
华夏基金管理有限公司北京崇文投资理财中心	东城区安化寺幸福家园1层	100062	67133687
华夏基金管理有限公司北京西三环投资理财中心	海淀区西三环北路甲35号	100089	52723129
华夏基金管理有限公司北京世纪城投资理财中心	海淀区蓝靛厂时雨园甲2－4号	100089	88892837
华夏基金管理有限公司北京望京投资理财中心	朝阳区望京南湖东园122楼博泰国际商业广场1层F－36号	100102	64742505
华夏基金管理有限公司北京亚运村投资理财中心	朝阳区慧中里103号洛克时代中心1层	100101	84871039
华夏基金管理有限公司北京东四环投资理财中心	朝阳区八里庄西里100号1幢103号	100025	85869663
华夏基金管理有限公司北京朝外大街投资理财中心	朝阳区朝外大街6号新城国际6号楼101号	100020	65336597

（8）证券投资咨询公司

机构名称	地　　址	邮　编	电　话
北京博星投资顾问有限公司	海淀区中关村南大街乙56号方圆大厦10层	100035	58561100
北京鼎信汇金投资管理有限公司	海淀区中关村东路1号院8号楼C座	100084	65541328
北京东方高圣投资顾问有限公司	朝阳区东四环中路41号嘉泰国际大厦A座17层	100026	65842004

北京海问咨询有限公司	朝阳区东大桥路 8 号尚都国际中心 A 座	100020	58700055
北京和众汇富咨询有限公司	丰台区南三环西路 16 号	100066	87562519
北京盛世华商投资咨询有限公司	海淀区北四环西路 58 号理想国际大厦 1610 室	100080	64920429
北京首证投资顾问有限公司	海淀区中关村南大街甲 56 号 8 至 9 层 A0903 室	100007	82871150
北京亿群证券投资顾问有限公司	朝阳区北苑路 108 号鸿华高尔夫球会 A09 栋	100093	84351198
北京金美林投资顾问有限公司	西城区金融大街 27 号投资广场 B1707	100033	84497361
天一星辰（北京）科技有限公司	东城区后永康胡同 17 号 A211 室	100007	51690109
北京中方信富投资管理咨询有限公司	朝阳区东三环北路甲 19 号嘉盛中心	100022	68575862
北京中富金石投资顾问有限责任公司	朝阳区工体东路 20 号 6 层 1 单元	100022	59670992
北京中和应泰财务顾问有限公司	海淀区大柳树北路 17 号富海国际港 1201 室	100081	62129358
北京中资北方投资顾问有限公司	朝阳区北四环中路华严北里 8 号院 1 号楼 1204 房间	100029	52968888
天相投资顾问有限公司	西城区金融大街 5 号新盛大厦 4～5 层	100010	66045666
和讯信息科技有限公司	朝阳区朝阳门大街 22 号泛利大厦 10 层	100022	59001777
北京指南针科技发展股份有限公司	朝阳区望京东路 8 号锐创国际 2 号楼 4 层	100020	85650803
北京股商证券投资顾问有限公司	海淀区巨山路燕西台嘉苑甲 15 号楼 3 层 3015 室、3016 室	100044	57327758
北部资产经营股份有限公司	西城区金融大街甲 23 号平房 1～9 单元	100033	6216566

（9）期货公司

机构名称	地　址	邮　编	电　话
安信期货有限责任公司	东城区北三环东路 36 号环球贸易中心 A 座 26 层	100013	4008001001
北京首创期货有限责任公司	西城区闹市口大街 1 号长安兴融中心 4 号楼 11 层	100031	4007009595

第一创业期货有限责任公司	西城区新街口北大街3号6层603室、604室	100035	4008881888
方正中期期货有限公司	朝阳区东三环北路38号院1号楼泰康金融大厦22层	100026	4008802277
格林大华期货有限公司	朝阳区光华东里8号中海广场中楼6层	100020	4007009898
冠通期货有限公司	朝阳区朝阳门外大街甲6号万通中心4座18层	100020	4007007588
国都期货有限公司	东城区东直门南大街3号国华投资大厦8层、10层	100007	4007007588
国元期货有限公司	东城区东直门外大街46号1号楼19层1901室	100027	4008888218
宏源期货有限公司	西城区太平桥大街19号4层4B	100034	4006008899
九州期货有限公司	海淀区西直门北大街甲43号1号楼1-26-1418号	100044	82211853
金鹏期货经纪有限公司	西城区复兴门内金融街投资广场B座9层	100033	66211412
首创京都期货有限公司	朝阳区北辰东路8号辰运大厦2层B区	100101	59366004
民生期货有限公司	东城区建国门内大街28号民生金融中心A座16层	100005	85127599
银河期货有限公司	朝阳区朝外大街16号1幢13层1302单元	100020	4008867799
银建期货经纪有限责任公司	丰台区方庄芳古园一区29号楼	100078	4006963852
英大期货有限公司	朝阳区呼家楼京广中心3层301室	100020	4000188688
中钢期货有限公司	海淀区海淀大街8号A座19层	100080	4007006700
中国国际期货有限公司	朝阳区建国门外光华路14号1幢	100020	95162
中粮期货有限公司	东城区东直门南大街5号中青旅大厦	100007	4007060158
中衍期货有限公司	朝阳区东四环中路82号金长安大厦B座7层	100022	4006881117

（10）期货营业部

机构名称	地址	邮编	电话
宝城期货有限责任公司北京营业部	朝阳区望京西路甲50号1号楼7层1－09内701～02单元	100102	64795221
北京首创期货有限责任公司北京北辰东路营业部	朝阳区北辰东路8号亚运村1号门	100101	51269918
北京首创期货有限责任公司北京长虹桥营业部	朝阳区东三环北路19号楼15层1501内06室	100020	65088620
倍特期货有限公司北京营业部	东城区南竹竿胡同2号1幢3层	100013	58257901
渤海期货有限公司北京营业部	朝阳区朝外大街乙6号朝外SOHO23层2306室	100020	59002617
财达期货有限公司北京首体南路营业部	海淀区首体南路20号国兴大厦D座2层西侧	100044	88315000
财富期货有限公司北京建外大街营业部	朝阳区建国门外大街甲6号爱思开大厦3807A室、3808室	100022	85679699
长江期货有限公司北京复兴路营业部	海淀区复兴路乙12号	100036	59817097
长江期货有限公司北京建国门北大街营业部	东城区建国门北大街8号华润大厦1层103单元	100005	84682186
大地期货有限公司北京分公司	海淀区车公庄西路乙19号6层621室	100048	88019159
大地期货有限公司北京西三环北路营业部	海淀区西三环北里89号11层B－04	100089	68731889
大连良运期货经纪有限公司北京永安东里营业部	朝阳区建国路93号院9号楼2层206～208室	100022	58207273
大通期货经纪有限公司北京营业部	西城区德胜门外大街36号楼9层2单元	100025	65914450
大有期货有限公司北京北辰西路营业部	朝阳区北辰西路69号2层2单元	100029	58772051
道通期货经纪有限公司北京蓝靛厂东路营业部	海淀区蓝靛厂东路2号院2号楼2单元B座2F	100097	88596865

东方汇金期货有限公司北京分公司	东城区永定门西滨河路8号院7楼东塔5层07单元	100077	59947995
东方汇金期货有限公司北京营业部	东城区永定门西滨河路8号院7楼东塔5层05单元	100077	59947998
东海期货有限责任公司北京西三环北路营业部	海淀区西三环北路87号15层	100089	88825107
东兴期货有限责任公司北京营业部	东城区安定门东大街28号2号楼8层802室	100007	66553323
方正中期期货有限公司北京彩和坊路营业部	海淀区彩和坊路8号2层213室	100080	82868030
方正中期期货有限公司北京阜外大街营业部	西城区阜成门外大街甲34号2楼	100037	68578687
格林大华期货有限公司北京建国门外大街营业部	朝阳区建国门外大街乙12号双子座大厦西塔12层1201A	100022	66215289
冠通期货有限公司北京知春路营业部	海淀区苏州街18号院2号楼4层3A03室	100086	62578153
光大期货有限公司北京营业部	西城区月坛北街2号月坛大厦东配楼5层	100045	68084131
广发期货有限公司北京营业部	朝阳区安慧里四区15号院2号楼12层	100101	64923490
广州期货股份有限公司北京营业部	西城区月坛北街26号写字楼410室	100045	58565351
国金期货有限责任公司北京长椿街营业部	西城区长椿街3号3号楼1层	100053	66218298
国联期货有限责任公司北京营业部	朝阳区北辰西路69号8至9层3单元	100101	58773608
国泰君安期货有限公司北京建国门外大街营业部	朝阳区建国门外大街乙12号双子座大厦东塔7层06单元	100022	58795788
国投中谷期货有限公司北京营业部	西城区广安门外南滨河路1号8-9层	100034	58747657
国信期货有限责任公司北京营业部	朝阳区北辰东路8号汇欣大厦1号楼B0801室	100101	84988801
海航东银期货有限公司北京营业部	朝阳区芍药居北里101号世奥国际中心A座	100029	65973708
海通期货有限公司北京南礼士路营业部	西城区南礼士路66号1号楼建威大厦812~815室	100045	68086819
弘业期货股份有限公司北京营业部	东城区安定门外大街丁88号9层	100011	68014686

宏源期货有限公司北京西直门北大街营业部	海淀区西直门北大街甲43号1幢6层	100044	62296655
华泰长城期货有限公司北京营业部	朝阳区北三环东路28号易亨大厦1209室	100013	64405199
华闻期货经纪有限公司北京营业部	海淀区马甸东路17号6层717室	100005	84464135
华西期货有限责任公司北京营业部	东城区建国门内大街18号	100005	65174391
华信万达期货股份有限公司北京营业部	西城区德胜门外大街123号101室	100088	59321087
徽商期货有限责任公司北京南竹竿胡同营业部	东城区南竹竿胡同6号楼4层	100010	58641775
混沌天成期货股份有限公司北京营业部	丰台区广安路9号院3号楼1313号	100055	63397961
集成期货股份有限公司北京营业部	朝阳区高碑店乡半壁店村惠河南街1111号国投尚科大厦1层	100124	85270316
建信期货有限责任公司北京营业部	西城区宣武门大街28号大成广场7门5层501室	100101	84970661
江海汇鑫期货有限公司北京营业部	海淀区西三环北路105号科原大厦9层	100020	58697671
金谷期货有限公司北京朝阳路营业部	朝阳区东三环北路泰康金融大厦1016室	100026	58140616
金鹏期货经纪有限公司丰台营业部	丰台区汽车博物馆东路1号院4号楼北座902室	100070	83681815
金鹏期货经纪有限公司西城营业部	西城区太平街6号9层	100050	83132218
金瑞期货有限公司北京营业部	东城区安定门东大街28号1号楼D单元1206号	100007	66555673
锦泰期货有限公司北京朝外大街营业部	朝阳区朝外大街26号13层B1601	100020	85653839
鲁证期货股份有限公司北京营业部	海淀区北三环西路99号院1号楼02层	100086	82194421
迈科期货经纪有限公司北京朝阳门北大街营业部	东城区朝阳门北大街1号新保利大厦11层	100010	64082006
美尔雅期货有限公司北京长虹桥营业部	朝阳区农展馆南路12号通广大厦5012室	100125	84463679
民生期货有限公司北京新街口北大街营业部	西城区新街口北大街3号星街坊大厦5层509室	100029	82270085
南华期货股份有限公司北京分公司	西城区宣武门外大街28号2幢	100052	63163006
南华期货股份有限公司北京营业部	西城区宣武门外大街28号2幢	100052	57286026

瑞达期货股份有限公司北京大柳树路营业部	海淀区大柳树路17号富海中心3号楼602室	100081	62156260
上海大陆期货有限公司北京首体南路营业部	海淀区首体南路9号5楼3层0301~02号	100044	65180889
上海东亚期货有限公司北京营业部	朝阳门北大街乙12号1号楼17层17公寓G	100007	51690960
上海东证期货有限公司北京安苑路营业部	朝阳区小关北里45号世纪嘉园5号楼6层	100029	84897986
上海东证期货有限公司北京朝阳门营业部	朝阳区三丰北里7号楼17层1702室	100020	65539951
上海中财期货有限公司北京海淀营业部	海淀区莲花苑5号楼11层	100044	82205581
上海中期期货有限公司北京广安路营业部	丰台区广安路9号4号楼1711~1713室	100055	59714689
申银万国期货有限公司北京劲松九区营业部	朝阳区劲松九区909楼4层	100021	67780608
深圳瑞龙期货有限公司北京营业部	朝阳区朝阳门外大街甲6号9层3座	100020	59070622
神华期货有限公司北京营业部	海淀区苏州街18号院长远天地大厦4号楼	100080	82613279
晟鑫期货经纪有限公司北京东直门外大街营业部	东城区东直门外大街46号天恒大厦1203室	100000	84608408
天风期货股份有限公司北京营业部	朝阳区安贞西里26楼5层503~505室	100026	64414066
天富期货有限公司北京营业部	东城区东中街40号1号楼3层01号	100027	64178233
五矿经易期货有限公司北京东中街营业部	东城区东中街9号北写字楼第6层F号	100027	64185063
新湖期货有限公司北京分公司	东城区海运仓胡同1号9层901号	100007	64001136
新纪元期货有限公司北京东四十条营业部	东城区东四十条68号平安发展大厦4层407室	100027	84263892
信达期货有限公司北京裕民路营业部	朝阳区裕民路12号中国国际科技会展中心A座506室	100029	82252929
兴业期货有限公司北京营业部	朝阳区朝阳门北大街20号1至25层101内2503室	100020	69000897
兴证期货有限公司北京西直门北大街营业部	海淀区西直门北大街32号院1号楼6层	100044	62237670
一德期货有限公司北京北三环东路营业部	东城区北三环东路36号E栋7层02~03房间	100013	88312828
银河期货有限公司北京朝外大街营业部	朝阳区朝外大街16号1幢13层1307单元	100020	68569588

银河期货有限公司北京分公司	朝阳区朝外大街16号1幢13层1303～1306单元	100020	68569798
银河期货有限公司北京广渠门营业部	东城区广渠门内大街80号8层815号	100022	57799801
银河期货有限公司北京营业部	朝阳区曙光西里甲5号院16号楼23层2303～2305单元	100026	85879509
英大期货有限公司北京东三环中路营业部	朝阳区呼家楼京广中心3层301室	100020	65978338
永安期货股份有限公司北京营业部	东城区金宝街58号6层	100005	65120600
招金期货有限公司北京朝阳北路营业部	朝阳区朝阳北路237号楼26层	100125	85951297
招商期货有限公司北京西直门北大街营业部	海淀区西直门北大街60号首钢国际大厦5层0507～0508号	100082	82292293
浙江新世纪期货有限公司北京营业部	朝阳区北城东路8号7号楼11层1106室	100011	82232818
浙商期货有限公司北京光华路营业部	朝阳区光华路甲14号1幢12层1202室、1203室	100020	65083926
中大期货有限公司北京营业部	东城区安定门外大街138号地坛大厦	100011	65086889
中电投先融期货有限公司北京营业部	朝阳区东大桥路8号院3号楼11层	100020	53658278
中钢期货有限公司北京安外大街营业部	东城区安定门外大街甲88号中联大厦701室	100011	64251379
中国国际期货有限公司北京朝阳营业部	朝阳区建国门外光华路14号1幢4层	100125	59539999
中国国际期货有限公司北京中关村大街营业部	海淀区中关村大街27号6层609～610号	100080	51905951
中粮期货有限公司北京营业部	朝阳区北辰东路8号汇欣大厦A608室	100101	84981579
中融汇信期货有限公司北京营业部	朝阳区东三环中路20号楼10层03单元	100022	67766695
中投天琪期货有限公司北京营业部	朝阳区朝外大街18号1501B、1502A	100020	65880648
中信建投期货有限公司北京营业部	东城区朝阳门北大街6号首创大厦207室	100027	85282866
中信期货有限公司北京分公司	东城区广渠门内大街47号7层	100007	57762888
中信期货有限公司北京营业部	东城区广渠门内大街47号7层	100007	57762971

（11）外国证券机构北京代表处

机构名称	地址	邮编	电话
布朗兄弟哈里曼（香港）有限公司北京代表处	朝阳区建国门外大街1号国贸中心2座20层02～04单元	100004	57832300
城市信贷投资银行有限公司北京代表处	西城区金融街15号鑫茂大厦北楼601A单元	100020	58643107
德意志银行股份有限公司（证券业务）北京代表处	朝阳区建国路81号华贸中心1座写字楼28层	100025	59698088
法国巴黎资本（亚洲）有限公司北京代表处	朝阳区建国门外大街1号国贸大厦20层2016室	100004	65353335
高盛（中国）有限责任公司北京代表处	西城区金融大街7号英蓝国际金融中心	100033	66273400
韩国韩亚大投证券株式会社北京代表处	朝阳区景华南街5号17层1703B	100020	85906388
韩国三星证券北京代表处	朝阳区建国路乙118号京汇大厦910单元	100022	56931690
韩国未来资产证券株式会社北京代表处	西城区金融大街7号英蓝国际金融中心9层918室	100033	58369114
花旗环球金融中国有限公司北京代表处	西城区武定侯大街6号卓著中心18层1801～1803室	100032	59376666
汇富金融服务有限公司北京代表处	朝阳区东三环中路7号财富中心写字楼A座801室	100020	65308792
交银国际控股有限公司北京代表处	西城区金融大街33号通泰大厦A座	100034	88009798
京华山一国际（香港）有限公司北京代表处	东城区建国门内大街18号恒基中心1座1101室	100005	65182871－76
洛希尔中国控股有限公司北京代表处	西城区金融大街7号英蓝国际金融中心9层912A	100033	66555660

美林国际有限公司北京代表处	朝阳区建国门外大街1号国贸大厦2座	100004	65050290
蒙特利尔银行利时证券公司北京代表处	东城区东长安街1号东方广场东1座1503室	100025	85185821
摩根士丹利亚洲有限公司北京代表处	西城区太平桥大街18号丰融国际中心1座12层3B单元	100032	83563976
日本大和证券株式会社北京代表处	朝阳区光华路1号北楼3层301~302单元	100020	65006688
日本摩乃科斯证券股份有限公司北京代表处	西城区武定侯6号11层1206H室	100022	88003732
日本瑞穗证券股份有限公司北京代表处	朝阳区建国门外大街甲26号长富宫办公楼8层	100022	65234779
日本三井住友信托银行股份有限公司（证券业务）北京代表处	朝阳区建国门外大街26号长富宫办公楼5层5011室	100022	65598556
日本野村证券株式会社北京代表处	朝阳区东三环北路5号北京发展大厦1708室	100004	65908181－1304
瑞士信贷（香港）有限公司北京代表处	朝阳区东三环北路2号南银大厦31层	100033	88090588
瑞银证券亚洲有限公司北京代表处	西城区金融大街7号英蓝国际金融中心1121~1123室	100033	58327619
三菱日联证券控股股份有限公司北京代表处	朝阳区光华路5号院世纪财富中心2座1705室	100004	65908770－160
台湾宝来证券股份有限公司北京代表处	西城区闹市口大街1号北京长安兴融中心3座13层1318室	100031	65101266
台湾富邦综合证券股份有限公司北京代表处	朝阳区建国路91号金地中心A座1211室	100022	58658658
香港第一上海融资有限公司北京代表处	东城区建国门内大街7号光华长安大厦2座1025号	100005	65102588
香港国浩资本有限公司北京代表处	西城区金融大街35号国际企业大厦B座	100035	88092244
香港加皇投资理财有限公司北京代表处	西城区金融街大7号英蓝国际金融中心9层925室	100034	58399393
香港摩根大通证券（亚太）有限公司北京代表处	西城区金融大街7号英蓝国际金融中心	100033	59318888
香港上海汇丰银行有限公司（证券业务）北京代表处	朝阳区建国门外大街1号国贸大厦1座	100004	59998230

香港星展亚洲融资有限公司北京代表处	西城区金融大街7号英蓝国际金融中心5层531室	100033	58397609
新百利有限公司北京代表处	东城区建国门内大街7号光滑长安大厦2座1126室	100005	65179186
元大宝来证券股份有限公司北京代表处	东城区建国门内大街7号光华长安大厦2座1722室	100005	65101266
渣打证券（香港）有限公司北京代表处	朝阳区东三环中路1号环球金融中心渣打大厦12层04单元	100025	59186317
兆丰资本（亚洲）有限公司北京代表处	西城区复兴门内大街158号远洋大厦F409室	100037	66421618
中银国际控股有限公司北京代表处	西城区金融大街28号盈泰中心2号楼15层	100033	66229031

（12）外国资产管理类机构北京代表处

机构名称	地　　址	邮　编	电　话
施罗德集团北京代表处	西城区金融大街7号英蓝国际金融中心926室	100034	66555388
宏富投资管理有限公司北京代表处	朝阳区光华路7号汉威大厦A座11A16室	100004	85261820
美国先锋投资管理公司北京代表处	朝阳区建国门外大街22号赛特大厦810室	100022	65157288
邓普顿国际股份有限公司北京代表处	西城区武定侯街6号卓著中心1100室	100033	88091365
信安环球投资有限公司北京代表处	朝阳区建国门外大街1号16幢4层414B室、415室	100004	64637989
标准人寿投资公司北京代表处	东城区建国门北大街8号华润大厦1201－01室	100005	58111700
法国巴黎资产管理有限公司北京代表处	朝阳区建国门外大街1号国贸大厦20层	100004	65350825
法国东方汇理基金管理公司北京代表处	朝阳区建外大街乙12号双子座大厦西塔办公楼1101B	100022	65632498
香港景顺投资管理有限公司北京代表处	西城区金融大街7号英蓝国际金融中心6层F627单元	100034	66555866

香港摩根资产管理有限公司北京代表处	西城区金融大街7号英蓝国际金融中心19层1926单元	100034	59318486
香港威灵顿环球投资管理有限公司北京代表处	西城区武定侯街6号卓著中心19层1906室	100033	66227600
富达基金（香港）有限公司北京代表处	西城区金融大街7号英蓝国际金融中心9层F905A	100034	66553282
香港贝莱德资产管理北亚有限公司北京代表处	西城区武定侯街6号卓著中心1907室	100032	66190586
法国法盛全球资产管理公司北京代表处	朝阳区工体北路甲6号中宇大厦2001室	100027	59752825
澳大利亚罗素投资集团有限公司北京代表处	朝阳区建国门外大街1号国贸写字楼1座21层2105室	100004	65058006
新加坡摩根士丹利投资管理公司北京代表处	西城区太平桥大街18号12层8B室	100035	83563893
美国桥水投资公司北京代表处	朝阳区建外大街1号国贸大厦47层4701室	100004	57061666
法国安盛投资管理巴黎公司北京代表处	西城区武定侯街6号卓著中心1207室	100033	66525880
英国百能投资管理有限公司北京代表处	东城区建国门内大街8号中粮广场B座1201室	100005	65278423
中国（香港）英仕曼投资有限公司北京代表处	朝阳区建国门外大街1号国贸写字楼1座30层26~30室	100004	65059179
领航投资香港有限公司北京代表处	朝阳区建国路77号24层2425~2426室	100020	85880130

4. 保险业机构

（1）中资保险公司

机构名称	地　址	邮　编	电　话
中国人民财产保险股份有限公司北京市分公司	东城区朝阳门北大街17号	100010	58195885
中国大地财产保险股份有限公司北京分公司	海淀区西直门北大街54号伊泰大厦4~5层	100082	61043999

中华联合财产保险股份有限公司北京分公司	东城区安外西滨河路18号首府大厦3号楼	100011	64519985
中国太平洋财产保险股份有限公司北京分公司	西城区复兴门内大街158号远洋大厦F6层	100031	66414787
中国平安财产保险股份有限公司北京分公司	西城区金融大街23号平安大厦15层	100140	59700010
天安财产保险股份有限公司北京分公司	海淀区万寿路西街2号文博大厦2层201室	100036	68423636
华安财产保险股份有限公司北京分公司	海淀区紫竹院路81号院3号楼北方地产大厦12A	100089	88829888
永安财产保险股份有限公司北京分公司	朝阳区朝阳北路145号红领巾公园南门西侧办公楼	100022	65733606
太平财产保险有限公司北京分公司	西城区太平桥大街丰汇园11号楼丰汇时代大厦东翼9层	100032	66532288
民安财产保险有限公司北京分公司	海淀区羊坊店路21号5层547～551室	100038	82299969
中银保险有限公司北京分公司	东城区朝阳门内大街2号凯恒中心E座7层701～705单元	100010	85290888
永诚财产保险股份有限公司北京分公司	海淀区知春路甲48号1号楼25A、25B、26A	100062	58721599
安华农业保险股份有限公司北京分公司	朝阳区望京西路50号卷石天地大厦1号楼11层	100102	15810189797
阳光财产保险股份有限公司北京分公司	通州区九棵树西路92号1层	101121	60558371
都邦财产保险股份有限公司北京分公司	海淀区玉渊潭南路晾果厂6号都邦大厦9层	100027	68097828
渤海财产保险股份有限公司北京分公司	西城区南滨河路27号7号楼17层1717～1719室	100077	82294377
华农财产保险股份有限公司北京市分公司	海淀区万泉庄路28号万柳新贵B座6层东侧	100089	58720456
中国人寿财产保险股份有限公司北京市分公司	朝阳区朝外大街16号	100020	85253888
安诚财产保险股份有限公司北京分公司	东城区白桥大街22号北京工商联大厦2层	100062	59095559
长安责任保险股份有限公司北京市分公司	西城区西站南路80号院6号楼1层	100073	13901169622

英大泰和财产保险股份有限公司北京分公司	西城区西单北大街111号西单国际大厦9层	100022	51967360
紫金财产保险股份有限公司北京分公司	海淀区复兴路65号电信实业大厦2层	100039	18632118118
浙商财产保险股份有限公司北京分公司	东城区东花市南里东区8号楼4层	100062	87101409
信达财产保险股份有限公司北京分公司	丰台区六里桥1号11层	100082	63885118
华泰财产保险有限公司北京分公司	西城区德胜门外大街125号	100088	59375999
安邦财产保险股份有限公司北京分公司	朝阳区东三环中路55号富力城双子座B座8层	100020	59229888
富德财产保险股份有限公司北京分公司	海淀区西直门北大街56号6层	100082	58978228
长江财产保险股份有限公司北京分公司	西城区西直门外大街18号金贸大厦C2座12层	100044	58687360
泰山财产保险股份有限公司北京分公司	西城区西直门外大街1号院3号楼23D1～D3A室	100044	15810026051
中国人寿保险股份有限公司北京市分公司	朝阳区朝外大街16号1号楼23～32层	100020	85659860
中国太平洋人寿保险股份有限公司北京分公司	西城区复兴门内大街158号	100031	66414860
中国平安人寿保险股份有限公司北京分公司	西城区金融街23号平安大厦	100140	59730008
新华人寿保险股份有限公司北京分公司	东城区东四十条68号平安发展大厦	100007	84189449
泰康人寿保险股份有限公司北京分公司	朝阳区东三环中路39号建外SOHO23号楼	100026	85919766
太平人寿保险有限公司北京分公司	海淀区西直门北大街52号太平金融大厦1层	100082	82299688
建信人寿保险有限公司北京分公司	西城区月坛北街2号	100045	13301396131
光大永明人寿保险有限公司北京分公司	东城区建国门内大街28号民生金融中心	100005	59128000
民生人寿保险股份有限公司北京分公司	朝阳区东三环北路38号院2号楼民生大厦6层	100026	59206622
富德生命人寿保险股份有限公司北京分公司	海淀区西直门北大街56号生命人寿大厦4层	100082	82290099
平安养老保险股份有限公司北京分公司	西城区金融街23号平安大厦	100140	59730058
合众人寿保险股份有限公司北京分公司	朝阳区朝外大街乙12号昆泰国际大厦20层	100022	58797755
太平养老保险股份有限公司北京分公司	东城区东直门南大街1号北京来福士中心办公楼5层01～05单元	100700	59579000

中国人民健康保险股份有限公司北京分公司	西城区阜外大街7号国投大厦	100037	58696688
华夏人寿保险股份有限公司北京分公司	西城区宣武门外大街6号14层	100101	63106600
君康人寿保险股份有限公司北京分公司	东城区永定门西滨河路8号院7楼东塔0305室	100077	68293311
信泰人寿保险股份有限公司北京分公司	西城区宣武门西大街甲127号大成大厦5层	100031	52612077
农银人寿保险股份有限公司北京分公司	海淀区苏州街3号大恒科技大厦北座16层	100081	82827788
长城人寿保险股份有限公司北京分公司	西城区高粱桥路6号1层1A1号及2层A区02A1号	100044	59238900
昆仑健康保险股份有限公司北京分公司	朝阳区建华南路6号院	100022	59719600
和谐健康保险股份有限公司北京分公司	朝阳区东三环中路55号楼7层	100022	59229348
中国人民人寿保险股份有限公司北京市分公司	海淀区首体南路38号创景大厦	100037	50826600
国华人寿保险股份有限公司北京分公司	朝阳区朝阳北路237号复星国际中心5层	100020	59272266
中国人寿养老保险股份有限公司北京市分公司	朝阳区朝外大街16号中国人寿大厦19层南区	100020	63635860
英大泰和人寿保险股份有限公司北京分公司	西城区宣武门外大街28号富卓大厦A座10层	100052	58684101
泰康养老保险股份有限公司北京分公司	东城区东长安街1号东方广场西三办公楼	100031	85159118
幸福人寿保险股份有限公司北京分公司	东城区珠市口东大街13号1层101室	100050	63505098
阳光人寿保险股份有限公司北京分公司	通州区云景北里53号C座16层	101101	59753565
百年人寿保险股份有限公司北京分公司	东城区东直门南大街11号华普中心大厦1段	100007	56759488
中邮人寿保险股份有限公司北京分公司	西城区阜成门北大街19号	100037	65123009
中融人寿保险股份有限公司北京分公司	西城区丰盛胡同28号楼B座17层	100033	57503508
安邦人寿保险股份有限公司北京分公司	朝阳区东三环中路55号楼6层	100022	59229719
利安人寿保险股份有限公司北京分公司	西城区复兴门外大街A2号1层108室	100045	13390909870
安邦养老保险股份有限公司北京分公司	海淀区彩和坊路11号	100080	85286650

太保安联健康保险股份有限公司北京分公司	东城区东长安街1号东方经贸城中一办公楼5层1室	100005	58045303

（2）中资保险公司分支机构

中国人民财产保险股份有限公司北京市分公司

机构名称	地　址	邮　编	电　话
东城支公司	东城区王家园胡同16号	100027	65548700
西城支公司	西城区德外大街73号	100088	62370120
崇文支公司	东城区左安门内大街5号	100061	67199893
宣武支公司	西城区菜市口南大街平原里20号楼	100054	83526226
朝阳支公司	朝阳区霄云里4号	100125	84485277
朝阳营业部	朝阳区晨光家园306号楼5层	100125	85813081
海淀支公司	海淀区阜成路81号	100036	88140542
海淀营业部	海淀区黄庄中关村大厦1层106~109室	100036	82856783
丰台支公司	丰台东大街11号	100071	63812308
石景山支公司	石景山区时代花园南路17号	100043	88980531
门头沟支公司	门头沟区新桥大街18号	102300	69843284
房山支公司	房山区良乡政通路6号	102488	89369534
通州支公司	通州区玉带河大街4号	101100	60560602
顺义支公司	顺义区新顺南大街	101300	69441191
空港营业部	顺义区天竺镇府前一街32号	101300	64588029
昌平支公司	昌平区城区镇北环路21号	102200	69723366
天通苑营业部	昌平区北七家镇天通苑东苑三区2号楼29门	102200	80141601
大兴支公司	大兴区黄村兴政街26号	102600	69244765

大兴营业部	大兴区旧宫镇旧宫东路49号	100076	59295520
平谷支公司	平谷区府前西街16号	101200	69962161
怀柔支公司	怀柔区青春路21号	101400	69644466
密云支公司	密云区密云镇鼓楼南大街41号	101500	69044128
延庆支公司	延庆区妫水南街路东漂流总站北侧	102100	69144641
分公司营业部	东城区朝阳门北大街17号	100010	58195685
直属支公司	西城区西直门南大街2号成铭大厦3A层	100035	6119343
国际业务营业部	朝阳区建国门外大街1号国贸中心1座316室	100125	51622588
燕山支公司	房山区燕山迎风街三里金融综合楼	102500	69345633
经济技术开发区支公司	北京经济技术开发区同济中路2号狮岛索龙大厦103室、303室	100176	67884992
责任险营业部	西城区德外教场口街9号院	100120	82067568
金融街营业部	西城区宣武门西大街甲129号金隅大厦901室	100031	66410024
商务中心区营业部	朝阳区东三环北路19号中青大厦707室、708室	100020	65013939
中关村营业部	海淀区学院南路乙68号5层、6层	100081	62130635
特殊风险营业部	朝阳区驼房营西里甲2号2层	100016	84981988
重点客户营业部	东城区朝阳门北大街17号	100010	58195922
大型商业风险营业部	东城区朝阳门北大街17号	100010	58195259
东城营业部	东城区东直门外大街42号10层	100010	64168943
学院路营业部	海淀区学院南路乙68号	100081	62166331
广渠路营业部	朝阳区大黄庄南里甲8号楼205号	100024	65420883
劲松营业部	朝阳区华威里10号楼	100021	58615120
科学城营业部	丰台区科学城中核路1号03号楼	100070	83526226
重要客户营业部	东城区朝阳门北大街17号	100010	58195493
电子商务营业部	密云区经济开发区云西一街16号12层	100059	87511169

95518 营销服务部/电子商务营销服务部	海淀区学院南路乙 68 号 5 层	100081	62132773
大兴国际机场营业部	大兴区榆垡镇福顺街 21 号	102603	89291128
集团客户营业部	东城区朝阳门北大街 17 号	100010	58195500
涉外业务营业部	朝阳区安定路 39 号一幢 305 室	100029	64440311
中关村科技支公司	海淀区学院南路乙 68 号	100081	82102741

中国太平洋财产保险股份有限公司北京分公司

机构名称	地　　址	邮　编	电　话
东城支公司	朝阳区东土城路 13 号	100013	83507156
西城支公司	西城区展览馆路 3 号	100037	88380075
海淀支公司	西城区新外大街 2 号	100088	83507908
丰台支公司	西城区广安门外大街 87 号	100055	83507206
朝阳支公司	朝阳区霄云路霄云里 6 号楼城宝饭店	100016	84482495
昌平支公司	昌平区科技园区创新路 6 号	102200	89705469
通州支公司	通州区通惠北路 25 号	101100	83507818
顺义支公司	顺义区顺通路 27 号	101300	89495863
经济技术开发区支公司	北京经济技术开发区宏达北路 16 号 1 号楼 2 层	100176	67888921
商务中心区营业部	朝阳区百子湾路 18 号 1 号楼 1 层	100022	67716792
房山区营销服务部	房山区良乡长虹西路 29 号楼 1 层西侧大厅	102412	89310248
石景山区支公司	石景山区首特创业基地 A 座 1 层 139 号	100040	88697358
分公司营业部	西城区宣武门外大街甲 1 号 3 层	100052	83506158
平谷支公司	平谷区迎宾环岛东南角 1 号楼 1 层商铺 –8	101200	69966096
航港营销服务部	顺义区南法信镇机场北街 8 号院 2 幢航港国际大厦 122 号	101300	69450355 –610

中国平安财产保险股份有限公司北京分公司

机构名称	地　址	邮　编	电　话
昌平营销服务部	昌平区龙水路28号楼-1至2层	102200	57859106
大兴营销服务部	大兴区黄村镇兴业大街76号	102600	59731929
顺义支公司	顺义区双兴北区甲3号楼	101399	89429126
通州营销服务部	通州区富河园4号楼	101125	69559303
崇文支公司	东城区白桥大街22号北京工商联大厦四层408～413室	100062	67189032
第二营业部	朝阳区光华路5号院2号楼	100020	59710006
第一营业部	西城区金融大街23号12层	100140	59700010
房山支公司	房山区良乡政通路8号	102488	89363579
丰台支公司	丰台区海鹰路5号101室	100070	59710202
怀柔支公司	怀柔区府前街3-2号	101400	69682585
门头沟支公司	门头沟区滨河路127号	102399	18611346698
密云支公司	密云区银河花园376单元、7单元	100500	82128675
平谷支公司	平谷区平谷镇文化南街甲13号楼	101200	56916564
延庆支公司	延庆区恒安小区28号楼1至2层4单元	102199	15810393763

华泰财产保险有限公司北京分公司

机构名称	地　址	邮　编	电　话
西城支公司	西城区德胜门外大街125号（德胜园区）	100088	59375588

东城支公司	东城区龙潭路甲3号翔龙大厦1层A16、5层E17－E23	100061	67113332
朝阳支公司	朝阳区博大路25号院2号楼S02号	100028	58616743
海淀支公司	海淀区四季青镇常润路11号院北1号	100195	88436588
通州支公司	通州区梨园路23号	101101	81573903
顺义支公司	顺义区港馨家园50号楼1层2单元50－04	101320	89441566
房山支公司	房山区体育场路6号院体育培训中心楼底商1层4号	102401	89362879
大兴支公司	大兴区永华南里12号楼1层04号	102611	69269983

太平财产保险有限公司北京分公司

机构名称	地　址	邮　编	电　话
宣武支公司	西城区宣武门外大街20号海格国际大厦B座10层1001室	100053	83157370
丰台支公司	丰台区南四环西路188号十五区12号楼2层	100071	83670899
西城支公司	西城区南滨河路27号7号楼18层1810、1811室	100055	63319920
海淀支公司	海淀区蓝靛厂东路2号院2号楼金源时代商务众信2号楼	100097	88893759
通州支公司	通州区新华西街58号院3号楼7层718～720室	101199	

中华联合财产保险股份有限公司北京分公司

机构名称	地　址	邮　编	电　话
崇文支公司	东城区夕照寺中街4号星海宏昌大厦A座1层	100061	87194139

西城支公司	西城区莲花池东路106号汇融大厦B座901室	100055	63952008
宣武支公司	西城区广安门外马连道11号1001号	100055	63342601
朝阳支公司	朝阳区朝阳北路雅成一里19号楼603室	100123	85512057
丰台支公司	丰台区新宫体育健身休闲园8号中福丽宫品牌基地2号楼	100076	63899123
石景山支公司	石景山区古城北路5号	100043	68888002
海淀支公司	海淀区西四环北路15号依斯特大厦	100195	88432170
房山支公司	房山区拱辰街道政通路23号B座5层	102488	89354988
昌平支公司	昌平区东环路142号	100021	69749500
顺义支公司	顺义区怡馨家园29号楼1层	101300	69461367
通州支公司	通州区梨园镇梨园村委会南500米梨园创意产业楼	101100	60549180
怀柔支公司	怀柔区富乐小区北里25号	101400	69632621
大兴支公司	大兴区黄村镇富强路175号	102600	61219197
经济技术开发区支公司	北京经济技术开发区地盛西路6号BDA国际广场中改传媒大厦4层	100176	50980618
密云支公司	密云区新中街189号	101500	89036987
平谷支公司	平谷区文化南街9号	101200	89987899

永安财产保险股份有限公司北京分公司

机构名称	地　　址	邮　编	电　话
朝阳支公司	朝阳区朝阳北路145号红领巾公园南门西侧办公楼3层东侧	100025	65733667

丰台支公司	丰台区成寿寺南方庄71号润都大厦708~709房间	100081	63332768
密云支公司	密云区久润花园东区18号楼底商7号	101500	61098469
朝阳北路营销服务部	朝阳区朝阳北路145号红领巾公园南门西侧办公楼2层210~211房间	100061	65733688
大兴营销服务部	大兴区黄村镇滨河北里18号楼2层	102600	61216628

天安财产保险股份有限公司北京分公司

机构名称	地　址	邮　编	电　话
海淀支公司	海淀区莲花苑5号楼4层413室	100036	88574706
朝阳营销服务部	朝阳区朝阳北路104号2层	100016	57135857
顺义营销服务部	顺义区仁和镇顺通路27号2号楼1层、3层301室	101300	88574770
平谷营销服务部	平谷区平谷镇兴谷园小区19号楼1层商业2	101200	88574687
万寿路营销服务部	海淀区万寿路西街2号寰岛博雅大酒店2层205室	100036	88574697
复兴路营销服务部	海淀区万寿路西街2号寰岛博雅大酒店2层202室	100036	88574592

中国大地财产保险股份有限公司北京分公司

机构名称	地　址	邮　编	电　话
北京分公司	海淀区西直门北大街54号伊泰大厦4/5层	100082	61043999

第一营销服务部	东城区龙潭路乙3号伟图大厦2层209	100061	67168278
朝阳支公司	朝阳区北四环外小营路3号	100101	64913326
丰台支公司	丰台区星火路1号昌宁大厦20D房间	100070	52262559
顺义支公司	顺义区南法信大街118号院天博中心C座	101300	69450846
大兴支公司	大兴区永华南里12号楼1层06号	102600	69246690
平谷支公司	平谷区平谷镇新平东路140号	101200	61993266
通州支公司	通州区梨园路19号格兰晴天底商	101100	80873600
房山支公司	房山区良乡政通路12号拱辰楼宇招商基地B座206室、208室	102408	60305871

华安财产保险股份有限公司北京分公司

机构名称	地　址	邮　编	电　话
海淀支公司	海淀区紫竹院路81号院北方地产大厦6层604室	100089	58031290
朝阳支公司	朝阳区世纪东方嘉园104号楼1层3单元	100023	52097103
昌平支公司	昌平区回龙观镇科协家园住宅小区29号楼B座1层2单元	102208	88829888
丰台支公司	丰台区青塔西路60号1层	100039	63878976
通州支公司	通州区玉桥西里87号1层1底商46号	101101	52101085
朝阳第一营销服务部	朝阳区世纪东方嘉园104楼1层3单元	100023	52097103
丰台第一营销服务部	丰台区马家堡东路108号院10号楼1层	100068	58031291
顺义区营销服务部	顺义区仁和镇望泉家园12号楼1层2单元商业23	101300	89402473
丰台马家堡东路营销服务部	丰台区马家堡东路108号院10号楼1层	100068	58031290

安邦财产保险股份有限公司北京分公司

机构名称	地　址	邮　编	电　话
昌平支公司	昌平区白浮泉路甲12号1层	102200	13911932868
朝阳支公司	朝阳区东三环中路55号富力城双子座B座8层	100020	13910608634
崇文支公司	东城区幸福大街57号	100061	13910608634
大兴支公司	大兴区兴华大街2段3号院波普中心3号楼121室	102600	18601015962
东城支公司	东城区东水井胡同5号楼7层	100011	13910625833
房山支公司	房山区良乡拱辰南大街42号楼A座8层801~802室	102401	18601352139
丰台支公司	丰台区航丰路1号院2号楼时代财富大厦1303室	100070	18611098721
海淀支公司	海淀区西直门北大街32号院枫蓝国际大厦1号楼7层	100088	15810585817
怀柔支公司	怀柔区青春路61号院1号楼-1层13号	101400	69659836
密云支公司	密云区密云县长城大厦A段1~2层北侧西	101500	13311552556
平谷支公司	平谷区平谷镇东方国际公寓5号楼1至2层	101200	13501027057
石景山支公司	石景山区阜石路166号1号楼7层708~709号	100043	18901060107
顺义支公司	顺义区前进花园石门苑18号楼3单元	101300	13911699923
安通州支公司	通州区云景南大街144号1~2层	101100	15811122333
西城支公司	西城区太平街6号8层E-906	100053	63135727

永诚财产保险股份有限公司北京分公司

机构名称	地　　址	邮　编	电　话
西城支公司	西城区半步桥街48号5层508房间	100031	13581873829
昌平营销服务部	昌平区西环路16号豪恒大厦4层	102200	89783620
海淀营销服务部	海淀区知春路甲48号1号楼26A房间	100142	13811195578

阳光财产保险股份有限公司北京分公司

机构名称	地　　址	邮　编	电　话
朝阳支公司	海淀区晾果厂6号9层908室	100022	56406700
北京经济技术开发区营销服务部	北京经济技术开发区宏达北路10号1幢	100176	67884003
昌平营销服务部	昌平区鼓楼北街5－1至5－20号楼1至2层	102200	69746061
大兴营销服务部	大兴区观音寺南里海北路1号楼	102699	69243065
东城营销服务部	东城区安德路甲61号	100011	84129896
房山营销服务部	房山区房山区良乡嘉瑞通小区3号楼3－4号、3－5号	102401	69351831
丰台营销服务部	丰台区西四环南路72号11层	100071	51039406
平谷营销服务部	平谷区迎宾花园小区31号楼10号商铺	101200	69976001
顺义营销服务部	顺义区仓上小区37号楼1至2层2单元	101300	69440345
通州营销服务部	通州区云景东路甲437号	101100	81571169
延庆营销服务部	延庆区延庆镇石河营建材城综合楼南大2号	102100	69187890

都邦财产保险股份有限公司北京分公司

机构名称	地　址	邮　编	电　话
海淀支公司	海淀区晾果厂6号9层908室	100027	68097908

安盛天平财产保险股份有限公司北京分公司

机构名称	地　址	邮　编	电　话
怀柔支公司	怀柔区于家园南街6号院2号楼2号、3号	101499	60686636
石景山支公司	东城区东直门外大街46号26层2603室	100027	57453291
东城营销服务部	东城区东花市南里东区3号楼B07、BF07底商	100062	84608888

渤海财产保险股份有限公司北京分公司

机构名称	地　址	邮　编	电　话
顺义支公司	顺义区府前东街2号1号楼顺建大厦10层1002室	110300	81492122
朝阳营销服务部	朝阳区松榆南路54号	100122	87325700

安华农业保险股份有限公司北京分公司

机构名称	地　址	邮　编	电　话
分公司营业部	朝阳区望京西路甲50号1号楼卷石天地大厦A座11层1103单元	100102	64393218

大兴支公司	大兴区富强路2号1层	102600	64393093
怀柔支公司	怀柔区于家园南街6号院6号楼1层S4	100102	60685911
密云支公司	密云区东莱园环岛东北侧长城大厦商务楼3层331室	101500	69070966
顺义支公司	顺义区双兴北区甲3号楼3层	101300	69440128
昌平营销服务部	昌平区西环路29号楼3层	102200	64393098
房山营销服务部	房山区良乡拱辰南大街42号楼1层至2层08号	100102	64393007
平谷营销服务部	平谷区建设西街17号1幢	101204	89979005
通州营销服务部	通州区潞通大街188号-1层	101100	80854850
延庆营销服务部	延庆区康安小区30-03商业楼	102100	69148706

民安财产保险有限公司北京分公司

机构名称	地　　址	邮　编	电　话
海淀支公司	海淀区西直门北大街52号太平金融大厦11层	100082	82299999
平谷支公司	平谷区平谷镇西环南路1号楼3单元2号	101200	89988225

中国人寿财产保险股份有限公司北京市分公司

机构名称	地　　址	邮　编	电　话
分公司营业部	朝阳区广渠路3号中水电国际大厦7层701~705室	100022	13901054249
朝阳支公司	朝阳区静安里26号通成达大厦6层	100028	64823368
崇文支公司	东城区鼓楼外大街27号万网大厦4层	100120	84130362
大兴支公司	大兴区兴业街26号5层	100176	85253888

东城支公司	东城区鼓楼外大街27号万网大厦4层	100120	84130362
房山支公司	房山区良乡西潞北大街26号	102400	89369695
丰台支公司	丰台区南四环西路128号院4号楼	100078	67680198
海淀支公司	海淀区北四环中路229号海泰大厦	100083	82885253
顺义支公司	顺义区双兴北区33号楼1层	101300	69427867
通州支公司	通州区云景东路417号	101100	81573960
西城支公司	西城区半步桥街48号1层1101室	100054	63365157
宣武支公司	西城区半步桥街48号1层1101室	100054	63362328

华农财产保险股份有限公司北京市分公司

机构名称	地　址	邮　编	电　话
房山支公司	房山区良乡地区苏庄三里	102488	60342185
昌平营销服务部	昌平区昌平镇振兴路28号	102200	80113236
密云营销服务部	密云区鼓楼东大街3号山水大厦3层西侧	110228	69089777
平谷营销服务部	平谷区平三公路东鹿角桥北西侧拐角处（平三路临1号）	101200	51327238
顺义营销服务部	顺义区宏城花园12号楼1层5单元	101100	89418290
通州营销服务部	通州区张家湾镇通州工业开发区光华路16号北京方和正圆综合楼A栋521号	101100	58720450

长安责任保险股份有限公司北京市分公司

机构名称	地　址	邮　编	电　话
丰台支公司	丰台区西站南路80号院6号楼	100073	13911348911

海淀支公司	丰台区西站南路 80 号院 6 号楼	100073	18910729166
朝阳营销服务部	朝阳区小营路 5 号北京宏天宾馆 1711 室	100102	13051275391

英大泰和财产保险股份有限公司北京分公司

机构名称	地　址	邮　编	电　话
英大泰和财产保险股份有限公司营业部	东城区建国门内大街乙 18 号院 1 号楼英大国际大厦 7 层	100005	51968825
昌平支公司	昌平区北环路 2 号	102299	51967588
大兴支公司	大兴区富强路 2 号 1 层	102600	51967588
海淀支公司	海淀区厂洼街 3 号 B2028 室	100089	51967588
怀柔支公司	怀柔区富乐小区北里 25 号	101400	51967588
顺义支公司	顺义区府前东街 2 号 1 号楼顺建大厦 6 层	101321	51967588
通州支公司	通州区八里桥南街 89 号	101199	52047599
亦庄营销服务部	北京经济技术开发区永昌北路 13 号 1 幢 5 层北侧	100176	51967588

紫金财产保险股份有限公司北京分公司

机构名称	地　址	邮　编	电　话
海淀支公司	海淀区复兴路 65 号电信实业大厦 2 层	100036	88612831
平谷支公司	平谷区迎宾花园住宅小区 31 号楼 8 号	101200	88612868

信达财产保险股份有限公司北京分公司

机构名称	地　址	邮　编	电　话
昌平支公司	昌平区西关路 20 号 4 号楼 15 层	102200	58072866
大兴支公司	大兴区工业开发区金苑路 3 号金融大厦 4 层 D38 室	102600	13911376350
顺义支公司	顺义区华英园 9 号 5031 室	100082	89425675

浙商财产保险股份有限公司北京分公司

机构名称	地　址	邮　编	电　话
东城营销服务部	东城区东花市南里东区 8 号楼 4 层 402	100062	18611021202

富德财产保险股份有限公司北京分公司

机构名称	地　址	邮　编	电　话
朝阳支公司	朝阳区东四环中路 78 号楼 10 层	100102	84164186

中国人寿保险股份有限公司北京市分公司

机构名称	地　址	邮　编	电　话
西城后广平营销服务部	西城区后广平胡同 36 号	100035	66168576
西城南大安营销服务部	西城区南大安胡同 6 号中宏大厦	100035	66117760
西城阜成门营销服务部	西城区阜外大街 3 号东润时代大厦	100037	68001517

丰台海鹰路营业部	房山区长阳镇加州水郡120号住宅楼1层3号	100070	68001517
昌平东小口营销服务部	丰台区银地家园8号楼1层07	102208	68001517
海淀万柳中路营销服务部	朝阳区南沙滩66号院1号楼1层1－112号	100070	68001517
海淀世纪城营销服务部	海淀区冷泉林语山庄二区11号楼108号	100097	68001517
西城支公司	西城区后广平胡同36号	100035	66168779
金融大街营销服务部	西城区金融大街12号1层	100032	66575339
中关村大街支公司	海淀区中关村大街40号北京当代商城9层	100086	62573189
海淀温泉营业部	海淀区温泉镇白家疃西口温泉农机厂院内平房	100095	51799313
第七营销服务部	海淀区西三环北路72号院B座29层	100048	88820495
朝阳三元桥营销服务部	朝阳区东三环北路辛2号迪阳大厦	100027	84536263
知春路营销服务部	海淀区知春路6号锦秋国际大厦B座502室	100098	82800967
海淀黄庄营销服务部	海淀区中关村大街32号16层	100086	88820495
海淀支公司	海淀区知春路20号	100088	62056697
第六营销服务部	海淀区西三环北路72号世纪经贸大厦B座29层1～10号	100078	88820495
东城支公司	东城区东直门外东中街32号楼	100027	65005998
朝阳支公司	朝阳区朝外市场街20号11～13层	100020	65880125
朝阳金台北街营销服务部	朝阳区金台北街7号	100026	65005998
朝阳朝外营销服务部	朝阳区金台北街7号1幢2层	100020	85992497
电话销售中心	朝阳区朝外市场街20号中保大厦	100020	59646677
金台路营销服务部	朝阳区金台北街7号1号楼5层、6层	100026	65005998
营业部	朝阳区朝外市场街20号16层	100020	85613417
金台路营业部	朝阳区金台北街7号1号楼1层	100020	65022591
北京经济技术开发区支公司	北京经济技术开发区经海五路58号院5号楼3层	100023	65005998

石景山营销服务部	石景山区玉泉西里二区 2 号楼 1 层商业 07 单元	100049	88255987
石景山支公司	石景山区玉泉路玉泉大厦	100049	69855044
丰台西四环南路营销服务部	石景山区鲁谷路 74 号中国瑞达大厦	100040	68867453
北纬路营业部	西城区北纬路 1 号	100050	83160092
北纬路营销服务部	西城区北纬路 1 号	100050	83160952
丰台支公司	丰台区王佐镇福官路 8 号第 2 层、3 层、4 层	100074	83319230
阜成门支公司	西城区阜成门外大街 3 号国宾花园 6 号楼 3 层、4 层	100044	68001517
丰台云岗营销服务部	丰台区王佐镇福官路 8 号	100074	83315147
房山支公司	房山区良乡西潞潞北大街 26 号	102488	89350159
房山兴房营销服务部	房山区城关街道兴房大街 2 号院	102488	89350161
房山良乡营销服务部	房山区良乡西潞北大街 26 号	102488	89350161
门头沟支公司	门头沟区滨河路 64 号	102300	69855044
门头沟滨河营销服务部	门头沟区滨河路 64 号	102300	69861404
门头沟清水营销服务部	门头沟区清水镇下清水村东街	102300	69861404
密云支公司	密云区滨河路 22 号	101500	69025757
密云滨河路营销服务部	密云区滨河路 22 号	101500	69053372
密云东邵渠营销服务部	密云区东邵渠镇政府大街道南 50 米处	101500	69053372
密云新城子营销服务部	密云区新城子镇新城子村	101506	69024089
密云十里堡营销服务部	密云区明珠花园 6 号楼 1 层 4 单元 101 室	101500	69041890
密云巨各庄营销服务部	房山区良乡西潞北大街 26 号 1 幢 4 层	102488	69024089
密云太师屯营销服务部	密云区太师屯镇永安街 149 号楼 9 号	101500	69053372
密云河南寨营销服务部	房山区良乡西潞北大街 26 号 1 幢 3 层	102488	69024089
密云钳甲山营销服务部	密云县西田各庄镇钳甲山村	101511	69024089
平谷支公司	平谷区金谷园 21 号楼 16 号	101200	69984204

平谷府前大街营销服务部	平谷区金谷园21号楼16号	101200	89980552
顺义支公司	顺义区府前东街2号	101300	69466735
顺义站前街营销服务部	顺义区府前东街2号	101300	81481249
通州支公司	通州区玉带河大街22号	101100	69545575
通州马驹桥营销服务部	通州区马驹桥镇潼关一区311号	101102	69516373
通州次渠营销服务部	通州区次二村南6号一幢	101111	69516373
通州张家湾营销服务部	通州区张家湾镇太玉园B区028店铺	101100	69516371
通州漷县营销服务部	门头沟区滨河路64号1幢3层	102399	69516371
通州西集营销服务部	朝阳区金台北街7号楼1幢3层	10020	69516371
通州永乐店营销服务部	门头沟区滨河路64号1幢2层	102399	69516371
昌平支公司	昌平区创新路5号	102200	69723494
昌平鼓楼营销服务部	昌平区昌平镇创新路5号	102200	69723494
昌平政府街营销服务部	昌平区政府街18号	102200	69746602
南口营销服务部	昌平区昌平镇创新路5号2层202室	102200	69723494
昌平小汤山营销服务部	昌平区昌平镇创新路5号4层405号	102200	69723494
昌平十三陵营销服务部	昌平区科技园区创新路5号4楼第四职场	102200	69723494
昌平天通苑营销服务部	昌平区东小口镇天通苑二区1号楼7门	102200	69746402
昌平回龙观营销服务部	昌平区回龙观东大街336号院2号楼1层	102208	69723494
海淀西三旗营销服务部	昌平区科技园区创新路5号2楼第一职场	102200	69723494
安贞营销服务部	东城区安定路20号5号楼329室	100029	64450657
怀柔支公司	怀柔区商业街2号	101400	69648447
怀柔商业街营销服务部	怀柔区商业街2号	101400	69641944
延庆支公司	延庆区东外大街62号	102100	69180493
延庆东外大街营销服务部	延庆区东外大街62号4层	102100	69176734
大兴红星营销服务部	大兴区旧宫镇旧宫东路	102600	69295431

大兴黄村营销服务部	大兴区黄村镇兴业大街三段26号楼2层、3层	102600	69295431
大兴支公司	大兴区黄村镇兴业大街三段26号楼1层	102600	69295431

中国太平洋人寿保险股份有限公司北京分公司

机构名称	地　址	邮　编	电　话
东城支公司	东城区民旺园小区31楼强佑大厦7~8层	100007	83955386
海淀支公司	海淀区复兴路甲23号城乡华懋13层	100036	68298258
朝阳支公司	朝阳区安贞里二区1号楼	100029	64450228
通州支公司	通州区新华南路64号3层	101100	83954608
顺义支公司	顺义区仁和镇仓上街2号智能大厦B区10层1010室	101300	83954017
昌平支公司	昌平区昌平镇西环路29号5层	102200	83954188
中关村支公司	海淀区中关村南大街10号银海大厦5层	100081	68910665
大兴支公司	大兴区金星西路6号院1号楼12层	102600	83954201
密云支公司	密云县新中街42号	101500	83954252
西城支公司	西直门外新兴东巷15号金泰鑫侨大厦	100044	83954466
东城区东四营销服务部	东城区东四前炒面胡同33号瀚海科技大厦A座	100010	83955817
复兴门营销服务部	西城区复兴门内大街158号远洋大厦G层	100031	83955601

中国平安人寿保险股份有限公司北京分公司

机构名称	地　址	邮　编	电　话
东城恒基中心营销服务部	东城区建国门内大街18号恒基中心3层	100005	56316558
东城东方广场营销服务部	东城区东单三条8号东方广场东配楼	100005	65131066

东城雍和宫营销服务部	东城区藏经馆路11号	100007	64078251
通州恒通营销服务部	通州区九棵树东路107号	101100	
通州西海子营销服务部	通州区九棵树东路117号	101100	60553345
国峰营销服务部	朝阳区青年路西里3号院7号楼2层	100025	56316223
平谷金乡路营销服务部	平谷区平谷镇金乡路1号雅美奇商厦	101200	61993881
顺义龙府营销服务部	顺义区站前北街78号1号	101300	69439079
海淀北太平庄营销服务部	海淀区北太平庄路2号7号楼德恒商务会馆A座2~5层	100088	82022755
长春桥营销服务部	海淀区远大路6号1号楼2~5层	100081	56316316
海淀甘家口营销服务部	海淀区三里河路17号甘家口大厦13层	100037	88392193
大兴区兴政营销服务部	大兴区黄村镇兴政大街南区政府对面	102600	69200452
朝阳健德门桥营销服务部	朝阳区裕民路12号1号楼	100029	56709760
丰台科丰桥营销服务部	丰台区科学城中核路1号03号楼3~4层	100070	83659811
延庆板泉路营销服务部	延庆区延庆镇板泉路26号鑫妫川购物中心4层	102100	69173765
昌平永安营销服务部	昌平区西环路16号3层	102200	89747087
昌平天通苑营销服务部	昌平区东小口镇天通北苑北一区甲5号楼	102218	61750818
房山城关营销服务部	房山区城关街道农林路1号3层	102400	89332799
房山良乡营销服务部	房山区良乡拱辰北大街3号1号楼	102488	89360117
密云鑫盛营销服务部	密云区新南路新中街规划路西侧金地来酒店1~2层	101500	56316733
怀柔梅苑营销服务部	怀柔区青春路梅苑小区8号楼	101400	69686296
宣武区宣武门营销服务部	西城区宣武门东大街24号宣武门商务酒店南楼4~6层	100051	63156604
刘家窑龙兴营销服务部	丰台区方庄芳群园三区11号501南侧区域	100075	63156604
海淀区寰太营销服务部	海淀区中关村南大街甲12号1幢11层	100080	56316509

海淀苏州桥营销服务部	海淀区小南庄路怡秀园甲1号楼3~4层	100086	56316509
西城西单营销服务部	西城区背阴胡同甲35号3幢2~5层	100032	56316102
东城鼓楼营销服务部	东城区东水井胡同5号楼6层	100010	58646780
朝阳亮马桥营销服务部	朝阳区新源南路1-3号B座5~6层	100027	59761266
东城东四营销服务部	东城区前炒面胡同33号16号楼6~7层	100010	52190729
鲁谷路营销服务部	石景山区鲁谷路74号中国瑞达大厦5层	100025	56316223
丰台开阳桥营销服务部	丰台区开阳路一号瀚海花园大厦8~10层	100069	56310001
东城建国门营销服务部	东城区建国门南大街5号金龙大厦4号楼	100005	65599979
房山良乡政通路营销服务部	房山区拱辰街道政通路12号1号楼	102488	69368683
石景山玉泉路营销服务部	石景山区石景山路3号玉泉大厦2~3层西侧	100039	88257616

新华人寿保险股份有限公司北京分公司

机构名称	地　址	邮　编	电　话
海淀支公司	海淀区马甸东路17号16层	100088	82282766
东城支公司	东城区崇外大街新怡家园甲3号楼7层	100062	67087388
朝阳支公司	朝阳区团结湖南里15号恒祥大厦6层	100026	51399522
西城支公司	西城区西直门南大街2号成铭大厦	100035	66513028
石景山支公司	石景山区石景山路23号院16号楼中础大厦B座4层	100043	68684601
丰台支公司	丰台区莲花池西里11号4号楼3层	100073	84189000
和平里支公司	朝阳区东土城路14号建达大厦	100013	84189000
房山支公司	房山区拱辰街道西潞南大街5号3层301房间	102401	89369406
通州支公司	通州区云景东路1号3~4层	101100	59782700
大兴支公司	大兴区金苑路3号金融大厦2层B01室	102628	69299932

顺义支公司	顺义区仓上街2号智能大厦B区9层	101300	69424945
平谷支公司	平谷区平谷镇府前西街2号渔阳大厦	101200	69970193
昌平支公司	昌平区西环路78号	102200	80107796
西城区新外大街营销服务部	西城区黄寺大街甲23号院1号楼1层	100011	62079903
莲花桥营销服务部	海淀区莲花苑5号楼2层东侧房间	100036	84885375
潘家园营销服务部	朝阳区松榆北路7号院11号楼2层	100021	67498965
会城门营销服务部	东城区东四十条68号2层202房间	100007	84189229
密云区鼓楼营销服务部	密云区果园新里北区综合楼东侧1层	101500	69068746
延庆营销服务部	延庆区延庆镇高塔街58号5层	102100	69148752
怀柔营销服务部	怀柔区迎宾北路1号2层中部	101400	69544778
丰台南苑营销服务部	丰台区和义东里三区9号楼1层、3层	100076	67942808
回龙观营销服务部	昌平区回龙观西大街118号龙冠置业大厦A座1层A103－3号	102200	59812410
德外营业部	西城区黄寺大街甲23号院1号楼2层（德胜园区）	100011	62079905
冠城营业部	海淀区马甸东路17号17层	100088	62215601
保福寺营业部	海淀区中关村东路18号财智国际大厦1号楼3层	100083	52725052
公益桥营业部	丰台区芳群园四区21号楼2层东段201室	100078	67647096

泰康人寿保险股份有限公司北京分公司

机构名称	地址	邮编	电话
杨镇营销服务部	顺义区杨镇地区一街村委会南500米	101399	81484491
电话销售中心恒基中心	东城区建国门内大街18号恒基商场2层	100005	65181107

四季青营销服务部	海淀区水定路乙一号乐府家园 1 号楼 603 室	100039	13717715000
上地营销服务部	海淀区羊坊店路 21 号瑞海大厦 656 房间	100038	85730093
东城支公司	朝阳区东三环北路 17 号 13 层 1306 号	100027	65000898
西北旺营销服务部	海淀区马连洼梅园甲 3 号楼 3 单元 102 室	100085	63287695
长安支公司	东城区建国门内大街 18 号 3 层 006A 号铺位	100005	65184611
西城支公司	西城区高粱桥路 6 号 5 号楼 11 层	100044	13051998359
宣武支公司	西城区广义街 7 号楼 10 层	100053	66428866
朝阳广渠路支公司	朝阳区东三环南路 98 号高和蓝峰大厦	100022	58611786
朝阳安定路营销服务部	东城区东水井胡同 5 号楼 1216～1218 室	100010	66428866
朝阳支公司	朝阳区东三环中路 39 号建外 SOHO23 号楼 26 层	100031	66428866
丰台支公司	丰台区宋家庄 71 号院 1 号楼 13 层 1601～1602 室	100079	59627207
石景山支公司	海淀区莲花池东路 39 号西金大厦 803～804 室	100040	68655969
海淀支公司	海淀区中关村南大街 2 号北京科技会展中心数码 B 座	100086	51626811
门头沟支公司	石景山区体育场南路 2 号景阳宏昌大厦 628 室	102399	69852175
窦店支公司	房山区窦店镇窦店村	102402	69390236
房山城关营销服务部	房山城关农林路一号	102499	13716208585
燕化星城营销服务部	房山区燕山星城健德四里甲 25 号	102425	85730093
房山支公司	房山区良乡地区拱辰大街西侧五层	102488	89362945
房山燕山营业部	房山区燕山迎风南路甲 6 号	102500	69390236
西城第三营销服务部	西城区西直门南大街 2 号成铭大厦	100031	66428806
西集营销服务部	通州区西集镇西集村南门市场	101106	15382006033
管庄营销服务部	朝阳区管庄西里建东苑小区 18 号楼 203	100024	85730093
通州支公司	通州区通惠南路 6 号 8 号楼四层 1～2 室	101199	89501672

大孙各庄营销服务部	顺义区大孙各庄镇府前街7号	101308	81484491
顺义支公司	顺义区站前东街商业楼3号楼	101300	81484491
天通苑营销服务部	昌平区天通苑一区9号楼16单元	100031	66428866
回龙观营销服务部	昌平区建材路西城87号2号楼19层2单元	123003	66428866
昌平支公司	昌平区龙水路22号院1－13号楼	102299	69724975
西城第一营销服务部	西城区西直门南大街2号成铭大厦C19层	100035	85730093
大兴支公司	大兴区金苑路3号B21A房间	102628	61106110
怀柔支公司	怀柔区乐红园小区9号楼1层	101400	69460252
平谷支公司	平谷区平谷镇新开街23号1幢2～3层	101299	69985771
溪翁庄营销服务部	密云县溪翁庄碧水花园1楼	101512	13241631663
河南寨营销服务部	密云县河南寨镇政府北侧	101500	13681433084
密云支公司	密云县鼓楼东大街山水大厦1～2层	101599	69087811
西城第二营销服务部	西城区西直门南大街2号成铭大厦C2205室	100035	85730093
延庆支公司	延庆县延庆镇高塔街66号3层	102100	69181004

太平人寿保险有限公司北京分公司

机构名称	地　址	邮　编	电　话
海淀支公司	海淀区西直门北大街52号北栋0101号3～7层	100082	82299500
东城支公司	东城区朝阳门北大街6号首创大厦5层	100022	85283017
大兴支公司	大兴工业开发区金苑路3号多元商务大厦3层西侧	102600	60212006
平谷营销服务部	平谷区平谷镇新开街30号楼30－6	101200	69985817
昌平营销服务部	昌平区水库路G5号配套公建楼4层	102200	69721296
密云营销服务部	密云区鼓楼东区1号楼	101500	69040149

顺义营销服务部	顺义区仓上小区37号楼3层3单元	101300	81490702
良乡营销服务部	房山区良乡地区拱辰大街90号楼2层、3层	102488	69371789
通州营销服务部	通州区通惠南路6号8号楼3层	101100	52338222

民生人寿保险股份有限公司北京分公司

机构名称	地　址	邮　编	电　话
朝阳营销服务部	朝阳区东三环北路38号院2号楼5层	100026	59206571
顺义营销服务部	顺义区站前东街商业楼2号420室	101399	69427824
西城营销服务部	西城区羊皮市胡同乙1号221房间	100034	59206274
海淀支公司	海淀区苏州街1号8层830A	100080	59206570
通州营销服务部	通州区新华西街58号院3号楼1211房间	101199	80886731
平谷营销服务部	平谷区平谷镇新平北路51号4层	101299	69989152
密云营销服务部	密云区新东路277号2层	101599	69080153
怀柔支公司	怀柔区金台园甲56号5楼	101499	69698467
房山营销服务部	房山区拱辰大街98号8层1023室	102488	69363879
昌平营销服务部	昌平区东小口镇天通东苑三组团3号楼101号	102218	59206571

富德生命人寿保险股份有限公司北京分公司

机构名称	地　址	邮　编	电　话
昌平营销服务部	昌平区昌平镇昌盛园一区15号楼11号底商	102200	58978171
朝阳营销服务部	朝阳区八里庄西里98号15层	100025	58978171
大兴营销服务部	大兴区金苑路3号1幢4层D06	102600	61273570
东城营销服务部	东城区王家园胡同10号2层217室、233室	110101	65516830

海淀支公司	海淀区西直门北大街56号生命人寿大厦3层308室	100081	58978302
门头沟营销服务部	门头沟区永定镇冯村商业楼B区南侧5层2号	102308	69856351
石景山营销服务部	石景山区鲁谷路35号冠辉大厦3层	100082	68668323
通州营销服务部	通州区云景北里52号楼1709~1712号	101100	15611150132
延庆营销服务部	延庆区延庆镇妫水北街39号1幢B座1层	102119	58978166

光大永明人寿保险有限公司北京分公司

机构名称	地　　址	邮　编	电　话
东城营销服务部	朝阳区朝外大街22号9层	100027	64152828
丰台第二营销服务部	丰台区宋庄路71号院1号楼扑满山写字楼第19层	100079	57837363
良乡营销服务部	房山区拱辰街道西潞南大街5号同方大厦5层	102488	69351736
顺义第二营销服务部	顺义区石园南区33号楼4单元301室	101300	89440377
顺义营销服务部	顺义区石园南区33号楼4单元13层1304室	101300	89448534
西城营销服务部	西城区广安门外大街168号1幢7层	100055	57837200

合众人寿保险股份有限公司北京分公司

机构名称	地　　址	邮　编	电　话
北京电话销售中心	海淀区杏石口路9号1栋1层101	100195	59949733
昌平营销服务部	昌平区天通苑东一区6号楼	102218	13601331948
朝阳门营销服务部	朝阳区朝外大街乙12号昆泰国际大厦21层	100020	58797755
大兴营销服务部	大兴区黄村镇兴丰大街三段89号5层5020号	102600	69261418

房山营销服务部	房山区拱辰街道西潞南大街5号4层401~404号	102488	89369147
海淀营销服务部	海淀区杏石口路9号1幢1层	100195	58797755
平谷营销服务部	平谷区平谷镇新平东路7号	101200	89981078
神路街营销服务部	东城区东水井胡同11号楼4层5A11室	100010	58797755
顺义营销服务部	顺义区南法信大街118号院天博中心C座3902号	101300	69440460
通州营销服务部	通州区翠景北里1号楼1011号	101100	52102550

中国人民健康保险股份有限公司北京分公司

机构名称	地　址	邮　编	电　话
第二营销服务部	平谷区建设西街17号1幢	101200	89999305
第三营销服务部	通州区新城东里7号楼2层	101100	59867888
第五营销服务部	顺义区仓上街2号智能大厦A区2层209室	101300	59867903
第一营销服务部	西城区阜外大街7号国投大厦7层712~713室	100037	59867903
房山营销服务部	房山区良乡拱辰南大街42号楼A座商住楼（三段）9层6单元	102401	59867888
怀柔营销服务部	怀柔区青春路21号402室、411室	101400	69687796
密云营业部	密云区密云镇鼓楼南大街41号	101500	59867903

长城人寿保险股份有限公司北京分公司

机构名称	地　址	邮　编	电　话
良乡营销服务部	房山区良乡拱振大街47号拱振大厦6层	102401	69375838

中国人民人寿保险股份有限公司北京市分公司

机构名称	地址	邮编	电话
北京经济技术开发区支公司	北京经济技术开发区宏达北路12号创业园区A座一区3层315~316室	100176	67879877
昌平支公司	昌平区科技园区凉水河路8号楼4层401~419室	102200	13661318151
朝阳支公司	朝阳区甜水园东街18号楼3层北侧	100013	13910847173
东城支公司	东城区东四北大街343号瑞城亿兴大厦第9层	100010	13601131937
房山支公司	房山区良乡拱辰南大街42号楼A座商住楼（三段）7层6单元701室	102488	15001366766
丰台支公司	丰台区花乡四合庄1516－16地块T1办公商业楼8层	100073	57128971
海淀支公司	海淀区上地信息产业基地上地三街1号楼4层A段409号房间	100085	58892518
怀柔支公司	怀柔区青春路21号6层	101400	69688589
平谷支公司	平谷区平谷镇保安街61号	110226	69963291
石景山支公司	石景山区阜石路166号1号楼1208房间	100041	18611583555
通州支公司	通州区通惠南路6号10号楼3层5－1号室	101100	52338008
西城支公司	西城区北三环中路6号伦洋大厦10层1002房间	100120	13401024501
大兴区营销服务部	大兴区康庄路28号12层07/08号	102600	13811571846
密云县营销服务部	密云县鼓楼东大街27号信远大厦写字楼4层	101500	89086316
顺义区营销服务部	顺义区马坡镇复兴四街3号金蝶软件园A座3层305室	101300	13051380170
延庆县营销服务部	延庆县龙庆南路6号2幢	102100	60168368

昆仑健康保险股份有限公司北京分公司

机构名称	地址	邮编	电话
第二营销服务部	顺义区仁和镇府前东街2号1号楼6层603~604室	100024	13661275950
电话销售中心	通州区北苑南路16号13栋2号201室	100026	59296105

平安养老保险股份有限公司北京分公司

机构名称	地址	邮编	电话
中关村支公司	海淀区海淀北二街8号3层310室	100190	59733453

华夏人寿保险股份有限公司北京分公司

机构名称	地址	邮编	电话
北京电话销售中心	朝阳区高碑店乡西店村1069号1号楼401室	100010	4008004008
海淀营销服务部	海淀区中关村南大街6号5层503室、504室，7层702室	100086	63106600
平谷营销服务部	平谷区平谷镇金谷园8号楼8幢底商1号	101200	13381120193
宣武营销服务部	西城区宣武门外大街6号1430室	100052	63106600

英大泰和人寿保险股份有限公司北京分公司

机构名称	地址	邮编	电话
昌平营销服务部	昌平区西环路32-1至32-11号	102200	13911737317

朝阳营销服务部	朝阳区东三环南路甲52楼顺迈金钻6层B2室	100022	13910091746
海淀营销服务部	海淀区永定路乙1号院乐府商务大厦402室	100080	58977852

信泰人寿保险股份有限公司北京分公司

机构名称	地址	邮编	电话
大兴营销服务部	大兴区枣园东里40号楼12层3单元	102627	13810506001
通州营销服务部	通州区云景北里52号楼1215房间	101121	18701328566
西城营销服务部	西城区宣武门西大街甲127号5层503室	100037	52612004

阳光人寿保险股份有限公司北京分公司

机构名称	地址	邮编	电话
朝阳保险电话销售中心	通州区永顺镇商通大道1号及1号院2号楼1层	100022	59046980
朝阳营销服务部	朝阳区东三环中路20号乐城中心A座8层	100022	65268111
石景山支公司	石景山区石景山路22号万商大厦1210~1212房间	100043	68651225
顺义支公司	顺义区站前街1号院1号楼6层	101300	65268111
东城支公司	东城区灯市口大街50号好润大厦5层A1、B2及9层B单元	100006	65268111
通州保险电话销售中心	通州区通胡大街25号10号楼第4层	101117	57240682

幸福人寿保险股份有限公司北京分公司

机构名称	地址	邮编	电话
第一营销服务部	东城区珠市口东大街13号1层102室	100050	67094550

海淀支公司	海淀区西直门北大街32号枫蓝国际中心B座409室	100082	85239988

百年人寿保险股份有限公司北京分公司

机构名称	地　址	邮　编	电　话
东城营业部	东城区东直门南大街11号华普中心大厦1段A座16层1601室	100007	56759488

建信人寿保险股份有限公司北京分公司

机构名称	地　址	邮　编	电　话
第一营销服务部	通州区中山大街59号院1号楼1105室	101100	56459061

和谐健康保险股份有限公司北京分公司

机构名称	地　址	邮　编	电　话
朝阳支公司	朝阳区东三环中路55号楼5层	100022	13910633133

安邦人寿保险股份有限公司北京分公司

机构名称	地　址	邮　编	电　话
朝阳支公司	朝阳区青年路27号院2号楼2号底商	100025	59229989

（3）外资保险公司

机构名称	地　址	邮　编	电　话
史带财产保险股份有限公司北京分公司	东城区建国门南大街7号北京万豪酒店A座	100005	50868399
美亚财产保险有限公司北京分公司	朝阳区建国门外大街2号院3号楼51层5103～5104室	100004	59692888
东京海上日动火灾保险（中国）有限公司北京分公司	朝阳区新源南路3号平安国际金融中心A座23层01单元	100022	84442567
瑞再企商保险有限公司北京分公司	西城区西直门外大街1号西环广场T1座22层D2～D6	100044	59096188
三井住友海上火灾保险（中国）有限公司北京分公司	朝阳区东三环北路5号北京发展大厦1601室	100004	85598000
三星财产保险（中国）有限公司北京分公司	朝阳区建国路118号招商局大厦25层	100022	65685828
日本财产保险（中国）有限公司北京分公司	朝阳区东三环中路1号环球金融中心东楼406室、407室	100020	59817500
利宝保险有限公司北京分公司	朝阳区广渠路39号院2号楼3层03单元	100025	59100788
安盛天平财产保险股份有限公司北京分公司	东城区东直门外大街46号天恒大厦26层2603室	100027	84608888
国泰财产保险有限责任公司北京分公司	北京经济技术开发区荣华中路8号院4号楼1002室	100052	59336888
劳合社保险（中国）有限公司北京分公司	朝阳区建国门外大街1号国贸写字楼1座	100004	85264801
苏黎世财产保险（中国）有限公司北京分公司	朝阳区曙光西里甲5号院21号楼凤凰置地广场F座写字楼6层	100028	84547828

中宏人寿保险有限公司北京分公司	西城区复兴门外大街中化大厦4层	100045	58511881
中德安联人寿保险有限公司北京分公司	石景山区石景山路乙18号院2号楼13层	100025	59216000
工银安盛人寿保险有限公司北京分公司	东城区东四十条24号青蓝大厦12层部分和15层	100022	81026688
信诚人寿保险有限公司北京分公司	东城区王府井大街138号新东安广场第3座10层第1001～1027号	100738	85181888
交银康联人寿保险有限公司北京市分公司	朝阳区安慧北里逸园1号楼	100034	13661152272
中意人寿保险有限公司北京分公司	朝阳区光华路5号院1号楼11层1201和12层1501部分	100020	59303388
友邦保险有限公司北京分公司	朝阳区建国门外大街8号国际财源中心西塔	100022	57835556
中荷人寿保险有限公司北京分公司	东城区东长安街1号东方广场东方经贸城东一办公楼5层	100738	65216685
中英人寿保险有限公司北京分公司	朝阳区永安东里16号CBD国际大厦8层	100022	85672888
同方全球人寿保险有限公司北京分公司	朝阳区工体北路甲2号盈科中心A座12层1210～1217A室	100027	58164868
招商信诺人寿保险有限公司北京分公司	朝阳区建国路79号华贸中心2号写字楼17层	100022	85809055
长生人寿保险有限公司北京分公司	西城区平安里西大街28号中海国际中心	100034	63220122
恒安标准人寿保险有限公司北京分公司	东城区新怡家园甲3号楼8层	100016	59235588
华泰人寿保险股份有限公司北京分公司	西城区德胜门外大街125号德胜尚城大厦B座	100088	59375566
陆家嘴国泰人寿保险有限责任公司北京分公司	东城区白桥大街15号4层407～408室	100062	59620678
中美联泰大都会人寿保险有限公司北京分公司	东城区东长安街1号东方广场东二办公楼12层	100738	85180966
平安健康保险股份有限公司北京分公司	西城区金融大街23号6层610室	100032	59733211
中银三星人寿保险有限公司北京分公司	朝阳区霄云路36号1幢第9层03～07号房间	100027	58201621
汇丰人寿保险有限公司北京分公司	朝阳区建国门外大街8号国际财源中心A座11层1102单元	100022	59860000

北大方正人寿保险有限公司北京分公司	海淀区北四环西路52号16层1606室	100080	13810752588
复星保德信人寿保险有限公司北京分公司	朝阳区朝阳北路237号楼	100020	56300706

（4）外资保险公司分支机构

长生人寿保险有限公司北京分公司

机构名称	地　址	邮　编	电　话
顺义营销服务部	顺义区南法信镇顺平路南法信段9号院1幢5层505室	101316	57711900

工银安盛人寿保险有限公司北京分公司

机构名称	地　址	邮　编	电　话
国贸营销服务部	东城区东四十条24号青蓝大厦12层R部分	100022	84057168

同方全球人寿保险有限公司北京分公司

机构名称	地　址	邮　编	电　话
朝外大街营销服务部	朝阳区工人体育场北路甲2号盈科中心A座12层1201室	200027	58164868

华泰人寿保险股份有限公司北京分公司

机构名称	地　址	邮　编	电　话
北太平庄营销服务部	西城区德胜门外大街125号401B-8	100088	59375522

昌平营销服务部	昌平区八街双井胡同八街3号住宅楼1层6单元	102200	69726203
东城营销服务部	西城区德胜门外大街125号德胜尚城大厦B座3层北楼	100088	59375566
房山营销服务部	房山区拱辰街道拱辰大街53号	102488	59375158
西城营销服务部	西城区德胜门外大街125号德胜尚城大厦B座2层北楼	100088	59375566

恒安标准人寿保险有限公司北京分公司

机构名称	地址	邮编	电话
昌平支公司	昌平区天通苑西三区26号楼18门1层101室	102218	13910011703
第一营销服务部	东城区新怡家园甲3号新怡商务楼B座8层801~802室	100062	59235588

交银康联人寿保险有限公司北京市分公司

机构名称	地址	邮编	电话
昌平营业部	昌平区昌平镇昌盛园一区15号楼1至2层2号底商	102200	63220167

信诚人寿保险有限公司北京分公司

机构名称	地址	邮编	电话
信诚人寿保险有限公司北京电话销售中心	朝阳区京顺路5号曙光大厦C座4层	100020	85878699-6610
昌平营销服务部	昌平科技园区超前路甲1号11号楼6层608室	102200	85181888

海淀第一营销服务部	海淀区高粱桥斜街59号院1号楼14层	100044	85181888
平谷营销服务部	平谷区平谷镇新开街33号楼18－3号	101200	89999578
王府井营销服务部	东城区王府井大街138号新东安办公楼第3座8层819～827号	100006	85111958
新东安营销服务部	东城区王府井大街138号新东安办公楼第3座8层801～817号	100006	65888885

友邦保险有限公司北京分公司

机构名称	地　址	邮　编	电　话
昌平营销服务部	昌平区回龙观镇龙泽苑小区东门商业楼北楼3层	100029	58907888
大望路营销服务部	朝阳区建华南路6号院1号楼5层07单元	100022	65666331
光华路营销服务部	朝阳区建华南路6号院1号楼5层05单元	100022	65666331
建国路营销服务部	朝阳区建华南路6号院1号楼5层	100022	65666331
劲松营销服务部	朝阳区建华南路6号院1号楼5层01单元	100022	65666331
太阳宫营销服务部	朝阳区太阳宫中路12号楼2层202室	100028	64718760
永安里营销服务部	朝阳区建华南路6号院1号楼5层03单元	100022	65666331
长虹桥营销服务部	朝阳区东三环北路17号11层1104室	100027	65301269
东直门第二营销服务部	东城区东直门南大街甲3号8层804室	100007	64619828
东直门第一营销服务部	东城区东直门南大街甲3号8层803室	100007	64619828
长安营销服务部	东城区东直门南大街甲3号居然大厦8层801室	100006	85117775
通州营销服务部	通州区梨园地区梨园村轻轨南侧1号楼1号	101101	60557166

中荷人寿保险有限公司北京分公司

机构名称	地　址	邮　编	电　话
第二营销服务部	朝阳区建外大街永安东里甲3号通用时代国际中心1号楼2层	110105	58793777
东方广场营销服务部	东城区东长安街1号东方广场中二办公楼7层1、2室	100738	65216685

中美联泰大都会人寿保险有限公司北京分公司

机构名称	地　址	邮　编	电　话
中美联泰大都会人寿保险有限公司北京第二电话销售中心	东城区东直门南大街11号B座1002室及11层	100007	85180966
中美联泰大都会人寿保险有限公司北京第一电话销售中心	朝阳区管庄周家井大院内世通大厦B座	100022	85180966
中美联泰大都会人寿保险有限公司北京睿祺电话销售中心	朝阳区管庄周家井大院内世通大厦B座8~9层	100738	85180966－86300
东三环中路营销服务部	朝阳区东三环中路20号A座17层	100022	85180966

中银三星人寿保险有限公司北京分公司

机构名称	地　址	邮　编	电　话
朝阳第一营销服务部	朝阳区东三环北路甲2号8号楼19层1931~1939房间	100027	58201780

中意人寿保险有限公司北京分公司

机构名称	地址	邮编	电话
中意人寿保险有限公司北京电话销售中心	朝阳区光华路5号院1号楼11层1201内2单元	100026	65097028
大成营销服务部	东城区东直门外大街46号天恒大厦B座25层2508B	100027	58190088
东恒营销服务部	东城区东直门外大街46号天恒大厦25层	100027	58190088
国贸营销服务部	东城区东直门外大街46号天恒大厦B座25层2507A、2507B	100027	58190088

中英人寿保险有限公司北京分公司

机构名称	地址	邮编	电话
中英人寿保险有限公司北京朝阳电话销售中心	朝阳区西大望路3号院2号楼1层HS09－1	100022	85672888－257
中英人寿保险有限公司北京电话销售中心	朝阳区西大望路3号院2号楼1至2层HS09－1和2层HS09－2	100011	82235892
朝阳区营销服务部	朝阳区永安东里16号CBD国际大厦812室	100022	13718214831

招商信诺人寿保险有限公司北京分公司

机构名称	地址	邮编	电话
招商信诺人寿保险有限公司北京电话销售中心	东城区珠市口东大街4号	100050	85809055

新光海航人寿保险有限责任公司

机构名称	地址	邮编	电话
朝阳支公司	朝阳区建国路7号正嘉大厦6层	100022	57593666
电话销售中心	朝阳区建国路7号正嘉大厦6层	100033	59216666

中意财产保险有限公司

机构名称	地址	邮编	电话
营业部	朝阳区建国门外大街乙12号双子座大厦西塔26层	100022	59601818

（5）保险代理公司

机构名称	地址	邮编	电话
北京华盛京港保险代理有限公司	海淀区北四环中路229号海泰大厦557室	100010	82885815
鼎鼎保险代理有限公司	丰台区广安路9号院4号楼1108号	100020	53656837
北京金瑞卓森汽车保险代理有限公司	朝阳区利泽东园306号	100102	64392288
北京祥龙博瑞汽车保险代理有限公司	东城区长青园7号1栋3216室	100061	64650148
北京中天嘉华保险代理有限公司	朝阳区京顺路5号7号楼1层C106	100028	0472－5997373
北京耀莱汽车保险代理有限公司	朝阳区幸福二村40号楼－1至4层40－1内3层307室	100027	84389713
鼎泽保险代理有限公司	丰台区西三环南路59号518室	100071	63829393
盛世合众保险销售有限公司	海淀区杏石口路9号1幢2层201室	100195	59949002

融汇保险销售有限公司	朝阳区建国路甲92号－4至24层内14层1409室	100026	85660977
北京长久汽车保险销售有限公司	顺义区北京空港物流基地物流园八街1号2层B2－005房屋	101300	65732999
北京运通国瑞保险代理有限公司	密云区经济开发区兴盛南路8号院1号楼110室、116室	101500	67863577
利星行宝汇汽车保险代理（北京）有限公司	朝阳区望京街8号院1号楼801室	100102	84778000
北京美安保险销售有限公司	朝阳区亮马桥路32号10层1115室	100600	64646393
航联保险销售（北京）有限公司	东城区东直门南大街5号中青旅大厦8层801～803室	100007	58157000
北京嘉泽保险代理有限公司	朝阳区建国路93号院3号楼1505室	100026	58205506
北京财鑫保险代理有限公司	大兴区盛坊路4号1幢	100028	64475227
北京辰洋保险代理有限公司	海淀区北洼路西里19号A503室	100089	80793268
北京丰裕保险代理有限公司	东城区东中街58号1号楼2单元303室	100027	65544788
富德保险销售有限公司	丰台区赵公口甲13号2号楼2层	100082	87809196
阳光之音保险销售服务有限公司	通州区梨园镇小街三队综合楼3层A区	101101	81593211
宜信博诚保险销售服务（北京）有限公司	朝阳区建国路88号8号楼12层	100022	57951600
北京泰铭保险代理有限责任公司	西城区莲花池东路甲5号院1号楼11层2单元1104室	100038	51289200
北京华创明德保险代理有限公司	西城区广安门外大街248号机械大厦1号楼13层1303号	100022	56280923
世捷开元保险代理有限公司	石景山区八大处高科技园区西井路3号3号楼8737室	100041	57273371
阳光一家家庭综合保险销售服务有限公司	朝阳区朝外大街乙12号1号楼昆泰国际大厦9层	100020	58289877

北京仁怡保险代理有限公司	东城区中剪子巷 17 号 329A 室	100007	84012608
北京可为保险代理有限公司	朝阳区西坝河西里 28 号 1 号楼 B0903 室	100028	64475477
天汇通易保险代理（北京）有限公司	海淀区中关村南大街 1 号北京友谊宾馆 60834 房间	100873	68949820
北京华谊保险销售有限公司	丰台区广安路 9 号院 3 号楼 420 号	100062	65387075
北京精诚信联保险销售有限公司	西城区黄寺大街 26 院 6 号楼 2 层	100062	67195677
和谐保险销售有限公司	朝阳区东三环中路 55 号楼 20 层	100020	85256380
北京中联信保险销售服务有限公司	朝阳区工人体育场北路甲 6 号中宇大厦 1 层 010C	100027	85235948
北京金宏保险代理有限责任公司	西城区红莲南路 28 号 6－1 幢 B 座 0309 号	100055	64130456
北京博瑞和铭保险代理有限公司	朝阳区南新园西路 6 号 15 层	100029	67332018
北京钱袋网保险代理有限责任公司	海淀区太月园 1 号楼 5 层 504 室	100088	82800993
泛华联兴保险销售股份公司	朝阳区建国路 93 号院 9 号楼 4 层 405 室	100027	58299852
北京昕盈保险代理有限公司	丰台区万丰路 317 号	100039	86639611
北京钰城保险代理有限责任公司	东城区和平里中街甲 27 号 2 幢甲 608 室	100012	88027726
北京赛福特保险代理有限公司	朝阳区安立路 60 号院 2 号住宅楼 1502 室	100101	64827061
天勤保险代理（北京）有限公司	朝阳区幸福一村 55 号 1 号楼 1 层	100027	87665917
北京中金同安保险代理有限公司	海淀区永定路甲 4 号 5 号楼百乐宾馆永定路分公司 2323 室	100142	88591798
北京汇通金隆保险代理有限公司	石景山区双园路一号 1 号楼 608 室、610 室	100041	67684511
北京乐融保险代理有限公司	东城区南竹杆胡同 2 号银河搜候中心 10 层 11106 室	100044	56893300
北京瑞金恒邦保险销售服务股份有限公司	朝阳区东三环南路 19 号院 1 号楼	100022	68029246
国福家庭保险销售服务有限责任公司	西城区莲花池东路 106 号 2 单元 705 室	100055	66290713
北京众联荣盛保险代理有限公司	东城区夕照寺街 14 号 4 号楼 3 层	100023	59790423

北京京广保险代理有限公司	朝阳区朝阳北路235号楼4层	100020	85715028
北京易品保险代理有限公司	朝阳区东三环中路39号院18号楼23层	100026	85718581
天圆地方（北京）保险代理有限公司	东城区珠市口东大街4号3－11	100050	65818246
北京铭信保险代理有限公司	西城区黄寺大街24号院19号楼B420（德胜园区）	100035	82081236
新宝宇业（北京）保险代理有限公司	丰台区成寿寺路5号楼5层512室	100078	87527425
北京京铁保险代理有限公司	丰台区莲花池东路120－1号北京西站西附楼5301室	100055	51935012
北京北盛联合保险代理有限责任公司	朝阳区高碑店乡半壁店村惠河南街1008－B四惠大厦6045～6046室	100024	65884700
北京华夏经纬保险代理有限公司	朝阳区东三环中路59号楼601室	100022	58241666
北京立康保险代理有限公司	海淀区西直门北大街32号院1号楼8层	100081	59456934
北京诚信通保险代理有限公司	平谷区贾各庄村东南街甲6号	101200	89997999
北京保佳保险销售有限责任公司	朝阳区京奥家园132号楼4层1门401号	100080	51079873
北京吉顺佳保险代理有限公司	丰台区西四环南路46号国润商务大厦A座310室	100010	51661563
洋坤（北京）保险代理有限公司	怀柔区怀北镇西庄村308号	101408	82026960
北京美日保险代理有限公司	密云区经济开发区康宝路10－3号	100062	65387031
北京赛保通保险代理有限公司	东城区广渠门内大街16号906室	100062	67186899
北京金宇四越保险代理有限责任公司	昌平区昌平镇西环路78号4层418室	102200	60741812
北京高晟财富保险代理有限公司	朝阳区朝外大街甲6号4座23层2301内2305室	100010	58170806
北京海商保险代理有限公司	朝阳区东四环中路60号楼305室	100010	59648671
北京泰瑞保险代理有限责任公司	朝阳区望京中环南路甲2号17层	100012	84721125
北京财富之舟保险代理有限公司	大兴区大兴生物医药产业基地天华大街5号院13号楼5层507室	102600	60297165

北京永通保险代理有限公司	平谷区山东庄镇府前路9号	101200	89982282
北京京安恒信保险代理有限公司	丰台区纪家庙8号22号楼158室	100053	83554701
北京丽华保险代理有限公司	丰台区丰台镇北大街14号1号楼203室	100071	84124980
中驰保险代理（北京）有限公司	石景山区石景山路乙18号院3号楼6层	100070	67089666
纳捷奥保险代理（北京）有限公司	海淀区车公庄西路乙19号华通大厦B座北塔10层1027室	100048	51666898
北京恒荣汇彬保险代理有限公司	朝阳区光华路7号19层19B10单元	100079	57264419
英硕伦斯保险代理（北京）有限责任公司	西城区裕中西里42号楼303室、304室（德胜园区）	100027	67759836
北京宏利保险代理有限公司	朝阳区建国门外大街1号国贸中心1期16幢14层59室	100004	59630856
北京宝力诚保险代理有限责任公司	朝阳区安慧北里安园10号楼H座202室	100110	51667471
北京康硕保险代理有限公司	丰台区南苑北里二区6号楼2层201室	100076	59273405
北京精欣保险代理有限公司	海淀区东北旺西路8号中关村软件园8号楼3层316室	100191	64140848
中天信合保险代理（北京）有限公司	西城区新街口外大街8号101室（德胜园区）	100062	82086115
北京润康保险代理有限公司	西城区新街口外大街8号金丰和写字楼A座415室	100088	67186620
北京金鼎涛保险代理有限公司	海淀区彰化南路18号1号楼3层328号	100076	88840744
北京乐百家保险代理有限公司	大兴区西红门镇宏业路9号院5号楼12层1209室	100055	83724926
大童保险销售服务有限公司	朝阳区工体东路20号20层1单元	100031	57382999
北京阳光金元汇保险代理有限公司	朝阳区关东店南街2号0511室	100020	57282792
北京斌凝祥融保险代理有限公司	西城区广义街5号3层3－301室	100038	51916598
北京瑞宝寿康保险代理有限公司	朝阳区小关北里45号世纪嘉园1号楼17A	100029	84896216

北京交广保险代理有限公司	朝阳区幸福三村北街1号	100027	84515731
北京佰阳保险代理有限公司	朝阳区建国路89号院4号楼19层2205室	100080	56200171
北京远安保险代理有限公司	朝阳区霞光里66号院3号楼商业C06－2	100027	82231008
中京国际保险销售（北京）有限公司	平谷区南岔子街1号	101200	69982586
中利保险销售有限公司	朝阳区吉庆里14号楼	100020	59694588
北京金石保险代理有限公司	朝阳区亚运村北小营欧陆经典北区c座8层0902室	100101	84850879
五星在线保险销售有限公司	石景山区鲁谷路74号瑞达大厦12层M1203号	100040	50949658
北京胜易保险代理有限公司	东城区永定门内东街中里9－17号楼3030房间	100010	67018888
北京创富保险代理有限公司	朝阳区东三环中路39号院13号楼13层1603室	100022	51299166
北京环宇康泰保险代理有限公司	丰台区丰管路22号院12栋105号	100073	63339582
北京众合四海保险代理有限公司	朝阳区安华里二区13号楼101室	100011	59221533
北京爱马社保险代理有限公司	房山区良乡长虹西路翠柳东街1号	100075	56192574
北京睿峰都保险代理有限责任公司	房山区城关街道顾八路1区1号－W18	102400	89358985
北京金汉保险代理有限公司	海淀区四季青镇柴家坟78号	100097	68359251
北京佳盛保险代理有限公司	昌平区科技园区何营路8号院6号楼5层502室	102200	60748979
盛源兴保险代理（北京）有限责任公司	平谷区平谷镇王辛庄镇B34地块C－2号商务办公楼13层	101200	56866615
北京汇祥保险代理有限公司	朝阳区晨光家园306号楼9层901内9007室	100036	68211690
北京天岳保险代理有限公司	怀柔区青春路21号404室	101400	58773792
葆和（北京）保险代理有限公司	东城区安定门外大街183号4层N401	100020	56087928
北京乾安保险销售有限公司	海淀区西四环北路136号4幢平房3号	100055	88437573
保通时空（北京）保险代理有限公司	海淀区紫竹院路116号嘉豪国际中心D座606室	100033	58931833
北京金隅民生保险代理有限公司	朝阳区八里庄北里1号7号楼4层401室	102208	58917195

太阳联创保险代理（北京）有限公司	北京经济技术开发区文化园西路 6 号院 8 号楼 8 层 801 室	100013	87925664
天安佰盈保险销售有限公司	海淀区西翠路 17 号院 24 号楼 3 层 303 室	100097	56138448
北京市玉林保险代理有限责任公司	房山区西潞街道良乡西路苏庄三里 17 号楼 11 号	102400	69312808
北京义邦保险代理有限公司	密云县康馨雅苑 3 号楼 1 层 4 单元 102 室	101500	89080119
康宏碧升保险代理有限公司	西城区西直门外大街 1 号院 3 号楼 18 层 D8	100044	58085688
北京利亚保险代理有限公司	海淀区中关村南大街 2 号数码大厦 A 座 2706 室	100086	51727665
康盛（北京）保险销售有限公司	平谷区林荫北街 13 号信息大厦 1207、1208 室	101299	58614829
北京红枫鑫保险代理有限公司	朝阳区王四营乡道口村白鹿司 6 号 2 层	100010	67376379
北京众恒保险代理有限责任公司	大兴区黄村镇车站北里 51 号楼 1 层 102 室	102600	69208553
北京瑞安鸿泰保险代理有限公司	怀柔区杨宋镇凤瑞一园 1 号院和平路甲 8 号 1 层 14 单元	101400	61665978
汇泽保险销售服务有限公司	东城区朝阳门南小街 2 号楼 3 层 335 室	100010	58643561
全天候保险代理（北京）有限公司	顺义区仁和镇顺通路 25 号 5 幢 511－2 室	100024	69421005
北京市神舟保险代理有限公司	西城区新街口外大街 8 号综合楼 4 层 404 室（德胜园区）	100033	82358474
北京启盛保险代理有限公司	西城区莲花池东路 106 号汇融大厦 B 座 1105 室	100055	63958492
北京阳光千线保险代理有限公司	海淀区祁家豁子甲 2 号建德商务楼 117 室	100191	62369090
中佳保险代理有限公司	西城区南滨河路 27 号院 7 号楼 307 室	100055	63453588
北京润昌保险代理有限公司	朝阳区东大桥路 8 号院 3 号楼 15 层 1707 室	100097	57417232
安惠国际保险代理（北京）有限公司	东城区东四十条甲 22 号 1 号楼 A710 室	100007	4006786070
北京申根保险代理有限公司	东城区东大地街 1 号 24 号楼 2 层 B204	100020	64174035
汇银林泰（北京）保险代理有限公司	海淀区北三环西路 99 号院 3 号楼 7 层	100080	82553362
北京网信保险销售有限公司	朝阳区霄云路 28 号院 2 号楼	100027	0515－83067768
北京新月保险代理有限责任公司	昌平区科技园区永安路 26 号	102200	80119100

北京名阳保险代理有限公司	通州区宋庄镇1号楼徐辛庄大街1号331室	100079	65155189
北京利信保险代理有限公司	朝阳区首都机场西平街2号3层301室	100621	64097126
北京致用保险代理有限公司	西城区广安门南滨河路25号403室	100055	51656544－806
北京市金诚华夏保险代理有限公司	丰台区科技园区3A地块工商联科技大厦09B04～09B06室	100070	63743368
北京双诚保险代理有限公司	东城区东花市南里东区8号楼1单元615室	100022	87758893
金惠家保险代理有限公司	海淀区东升园公寓1号楼1层南部	100083	56320543
北京万家保险代理有限公司	海淀区阜成路115号北京印象1号楼205房间	100142	88128735
北京天地保险代理有限公司	海淀区中关村北二条13号6幢4层400号	100190	82671691
北京开元保险代理有限公司	海淀区巴沟南路35号京江阳光A座310号	100089	82551322
北京广安保险代理有限责任公司	平谷区平谷镇谷丰东路8号	101200	69988080
北京中逸保险代理有限公司	海淀区北三环西路48号1号楼A座12B	100086	51627409
北京资本动力保险代理有限公司	朝阳区东三环中路12号1号楼1401	100022	87710095
北京京恒福保险代理有限公司	海淀区学院路7号3层309	100083	62186351
北京国诚国际保险代理有限公司	朝阳区东风乡将台洼甲80号院内甲8号	100016	67713603
北京德信保险代理有限公司	朝阳区安慧里四区16号化工大厦916室	100723	84885211
北京华诚保险代理有限公司	海淀区北三环西路32号恒润国际大厦	100086	82624648
北京世纪隆盛保险代理有限公司	海淀区板井路69号世纪金源国际公寓东区10H	100097	88460345
北京国济保险代理有限公司	西城区北三环中路甲29号院2号楼华尊大厦B座	100029	62356665
北京康泰保险代理有限公司	西城区灵境胡同42号1号楼4218室	100074	58042817
北京恒泰保险代理有限公司	朝阳区秀水街1号建国门外外交公寓7－1－14	100200	85322837
北京格林保险代理有限公司	平谷区中关村科技园区平谷物流基地5号－050	100078	62366843
北京信泰保险代理有限公司	海淀区昌运宫4号豪柏公寓B1－701号	100044	88420460
北京泰洋保险代理有限公司	朝阳区吉庆里6号佳汇中心B座407号	100020	65531761

北京国恒保险代理有限公司	东城区建国门内大街18号办一22层04室	100010	65181028
北京平和保险代理有限公司	西城区阜成门外大街6号212室	100037	68008261
北京富邦保险代理有限公司	东城区胜古中路1号20号楼2层218室	100033	15857070
阳光保险代理有限公司	西城区阜成门外大街1号16层1643B室	100032	83988722
北京宏安信保险代理有限公司	石景山区西井路17号1号楼3层305房间	100083	82600499－801
北京京安保险代理有限公司	西城区西直门南小街国英1号425－1	100035	58561057
北京国人保险代理有限公司	朝阳区建国门外大街丙24号楼18层	100022	65666680
北京诚成保险代理有限公司	朝阳区东大桥路8号1楼3012室	100020	58701778
北京诚信保险代理有限公司	朝阳区东三环南路甲52号楼5层6C	100022	51660599
北京嘉信保险代理有限公司	朝阳区百子湾南二路88号1幢6层623室	100025	84012449
北京开诚保险代理有限公司	丰台区星火路1号5层508－1	100071	63861768
北京银华同邦保险代理有限公司	西城区宣武门西大街28号大成广场9门1917～1920室	100052	83139918
北京信安保险代理有限公司	朝阳区北辰西路69号峻峰华亭C座5层	100029	58772233
北京安平保险代理有限公司	西城区德胜门内西顺城街46号东101A	100035	66126609
北京恒信保险代理有限公司	怀柔区怀北镇西庄村308号	100122	84929744
北京国泰保险代理有限公司	朝阳区幸福一村甲55号	100027	64162696
北京国民保险代理有限公司	大兴区乐园路4号院2号楼1单元711室	100044	62538000
北京安邦保险代理有限责任公司	西城区六铺炕街一号1层	100120	82032385

（6）保险经纪公司

机构名称	地　　址	邮　编	电　话
北京指南针保险经纪有限公司	朝阳区湖光北街9号03层	100121	82559883
中铁汇达保险经纪有限公司	海淀区西四环北路15号1层106室、107室	100195	88436399

北京鼎立保险经纪有限责任公司	海淀区知春路51号慎昌大厦5层5079室	100024	88851866
中诚华峰保险经纪有限公司	海淀区西三环北路72号世纪经贸大厦B座22层07号	100037	67909568
黎明保险经纪有限公司	石景山区石景山路31号院盛景国际广场3号楼11层1105室	100070	57126871
国核保险经纪有限公司	西城区西直门外大街18号楼10层3单元	100033	58198888
国投保险经纪有限公司	西城区西直门南小街147号楼17层	100034	88006481
中化保险经纪（北京）有限责任公司	复兴门内大街28号凯晨世贸中心中座301～302室	100031	59568326
北京中海联合保险经纪有限公司	海淀区北四环西路52号15层1506房间	100080	51721189
北京普华盛世保险经纪有限公司	丰台区航丰路1号院2号楼15层1513室	100070	57126871
北京问鼎保险经纪有限公司	朝阳区胜古中路2号院6号楼2层209室	100022	58691652
北京海力保险经纪有限公司	丰台区政馨园一区2号楼8层822室	100033	56127490
三峡保险经纪有限责任公司	海淀区玉渊潭南路1号B座三峡大厦3层	100038	57081394
鼎昊（北京）国际保险经纪有限公司	丰台区南四环西路188号十区8号楼4层	100070	63703398
金晟保险经纪有限公司	朝阳区安定路10号中国有色大厦北楼2层	100029	64421991
北京吉泰保险经纪有限公司	海淀区紫竹院路81号院3号楼北方地产大厦6层609室	100089	88580566
北京方和万金保险经纪有限公司	海淀区北小马厂6号	100038	56213185
和德（北京）保险经纪有限公司	朝阳区东三环北路丙2号14层	100027	84464608
海正保险经纪有限责任公司	朝阳区光华路8号楼4层A428室、A436室	100022	52450450
北京大童保险经纪有限公司	平谷区林荫北街13号信息大厦802室	100031	57382999
北京奥创保险经纪有限公司	朝阳区洼里乡北苑北辰居住区B5区商业及办公11层	100107	84938008
银泰（北京）保险经纪有限公司	海淀区高粱桥斜街59号院1号楼17层1701室	100044	82149698

国泰路安保险经纪（北京）有限公司	西城区白纸坊西街20号圣都大厦1806室	100053	63585718
北京瑞和保险经纪有限公司	朝阳区东三环中路55号楼20层2306室	100022	85257153
安世联合保险经纪（北京）有限公司	石景山区石景山路20号2004A	100131	85385566
联华国际保险经纪（北京）有限公司	西城区闹市口大街1号院长安兴融中心3号楼519室	100031	59731672
永达理保险经纪有限公司	海淀区丹棱街18号创富大厦19层	100080	82647588
北京鞍汇联保险经纪有限公司	朝阳区东三环中路39号建外SOHO15号楼805室	100022	58695890
佳达保险经纪（北京）有限公司	东长安街1号东方广场东方经贸城东三办公楼1109室	100738	65334100
北京大唐泰信保险经纪有限公司	西城区菜市口大街1号13层1311室	100052	83956356
北京泰丰保险经纪有限公司	东城区东水井胡同11号楼3层3C02室	100010	67281839
北京协荣保险经纪有限公司	西城区南滨河路27号7号楼18层1806室	100055	83126679
新航保险经纪（北京）有限公司	朝阳区建国路88号7号楼710室	100022	85808907
北京丰融保险经纪有限公司	东城区朝阳门内大街288号院1号楼5层	100027	84476292
北京中兵保险经纪有限公司	海淀区紫竹院路69号17层1707单元	100089	68966743
北京关爱保险经纪有限公司	朝阳区建国门外大街22号赛特大厦12层1210室	100123	65158580
北京三角洲保险经纪有限责任公司	海淀区青云里满庭芳园小区9号楼青云当代大厦1811号	100086	62124086
北京同泰保险经纪有限责任公司	海淀区八里庄路62号院1号楼7层724室	100142	58221917
北京文晟保险经纪有限公司	朝阳区新源南路6号1号楼43层4303室	100073	84865183
北京华川恒健保险经纪有限公司	海淀区永泰庄北路9号永泰绿色生态园V6号院	100192	51582188
安润国际保险经纪（北京）有限公司	西城区阜成门外大街2号A1010	100037	68060129
北京广发保险经纪有限公司	密云县经济开发区兴盛南路8号开发区办公室501~615室	101500	69472620

正隆（北京）保险经纪股份有限公司	西城区佟麟阁路36号1幢1106房间	100044	027－87115465
北京鼎盛保险经纪有限责任公司	朝阳区酒仙桥路甲4号3号楼1003室	100125	65065338
北京阳光三泰保险经纪有限公司	石景山区政达路2号3层1单元	100040	59497070
赛诺保险经纪（北京）有限公司	昌平区昌平镇商业街66号1号楼2层229室	100097	80119057
诚合保险经纪有限公司	海淀区复兴路40号中国铁建大厦8层	100855	52689665
北京合利仁保险经纪有限公司	朝阳区建国路77号	100025	58220292
北京邦恒保险经纪有限公司	丰台区南四环西路188号15区15号楼6层	100070	57345109
北京赛福哈博保险经纪有限公司	海淀区八里庄路62号院1号楼2层	100038	63378585
北京大特保险经纪有限公司	朝阳区慧忠里103楼B座11层1103室	100101	82167356
北京中瑞惠银国际保险经纪股份有限公司	朝阳区东三环南路甲52号顺迈金钻大厦15层18C	100022	87729970
北京安平中鼎保险经纪有限公司	丰台区科技园富丰路4号工商联科技大厦b座2004室	100070	63784045
北京盛唐保险经纪有限公司	朝阳区高碑店乡半壁店村惠河南街1008－B四惠大厦3004～3006室	100023	56145295
北京中兴保险经纪有限公司	西城区广安门内大街6号8门	100053	87874667
北京中卫保险经纪有限公司	朝阳区安外外馆斜街甲1号泰利明苑A座	100101	85285599
安行保险经纪（北京）有限公司	西城区三里河一区5号院7号楼群房5－3号3层301室	100045	65387011
北京银河时空保险经纪有限责任公司	海淀区北四环西路9号银谷大厦812室	100080	82525388
北京中联恒信保险经纪有限公司	西城区太平街6号6层E－711室	100050	59361219
国安国际保险经纪股份有限公司	东城区黄寺大街甲6号天龙饭店5层	100013	64257976
鼎力（北京）保险经纪有限公司	东城区东长安街10号211A室	100006	62121521
英硕（北京）保险经纪有限公司	门头沟区石龙经济开发区永安路20号3号楼A－3895室	100088	62200812

道可特保险经纪（北京）有限公司	朝阳区八里庄西里100号住邦2000一号楼西区1601室	100025	85863605
中电投保险经纪有限公司	西城区西直门外大街18号楼3单元17层1701室	100044	56625687
中泰国际保险经纪（北京）有限公司	海淀区海淀大街8号中钢大厦7层716室、717室	100080	62686563
文津国际保险经纪有限公司	朝阳区东四环中路82号金长安大厦1座08层	100021	84554001
哈保保险经纪（北京）有限公司	朝阳区建国路93号院10号楼601室	100022	58203824
海亚（北京）国际保险经纪有限公司	朝阳区安慧北里小区秀园15号楼4层	100010	64912569
北京盟联保险经纪有限公司	海淀区翠微路12号5层1单元501室	101100	0755－25985060
北京信成和盛保险经纪有限责任公司	朝阳区大郊亭中街2号院华腾国际公寓5号楼12B	100124	63036418
国电保险经纪（北京）有限公司	西城区西直门外大街18号楼2层7单元202（德胜园区）	100044	58682591
中盛融安国际保险经纪（北京）有限公司	海淀区大柳树路富海中心3号楼富海国际港1501室	100081	62138771－813
北京华汇保险经纪有限公司	西城区香炉营头条33号院2号楼3层	100044	60250099
财富亿家（北京）保险经纪有限公司	东城区朝阳门南小街2号楼3层336室	100010	58643561
五矿保险经纪（北京）有限责任公司	海淀区三里河路5号五矿大厦B座410室	100044	88821652
北京金浩保险经纪有限公司	朝阳区亮马桥路39号1号楼8层C802室	100125	84534522
北京瑞信保险经纪有限公司	朝阳区安慧里二区12号楼院2幢226－1房间	100101	84832950/51
北京和政保险经纪有限公司	朝阳区小营路5号楼15层1538室	100101	65301358
北京乾泰保险经纪有限公司	西城区平原里小区20号楼413室	100035	63180208
全景保险经纪（北京）有限责任公司	朝阳区将台路6号丽都饭店内3层	100004	64373510
海峡联合保险经纪（北京）有限责任公司	海淀区蓝靛厂东路2号金源时代商务中心2号楼2单元5E	100097	88878991

海盟国际保险经纪（北京）有限公司	朝阳区东大桥路8号院3号楼4层	100020	64200617
北京秦华保险经纪有限公司	西城区广安门外大街168号中座1010室	100055	63985525
北京物融保险经纪有限公司	西城区阜成门外大街甲9号国宾酒店9层902室	100037	68008302
北京百川保险经纪有限公司	西城区天宁寺前街2号北院19幢205A	100055	63319211
北京恒丰保险经纪有限公司	西城区西四南大街砖塔胡同40号宝塔宾馆308室	100034	88891941
开源（北京）国际保险经纪有限公司	西城区富国街2号富国饭店1502室	100034	66123935
融超保险经纪有限公司	西城区阜外大街2号万通新世界广场A座1705号	100037	87615005
九州联合（北京）保险经纪有限公司	海淀区车道沟8号5号楼A420	100089	68473708
北京嘉信保险经纪有限公司	朝阳区百子湾南二路88号1幢7层704室	100025	84012135
北京美邦保险经纪有限公司	海淀区中关村南大街6号7层703室	100048	84473181
北京神州安泰保险经纪有限公司	通州区潞城镇宝佳路66号-010室	101117	88727711
金丰（北京）保险经纪有限公司	石景山区石景山路乙18号院3号楼5层	100040	88689990
北京木易保险经纪有限责任公司	西城区西直门外大街18号楼18层1单元	100089	52963666
中汇国际保险经纪股份有限公司	朝阳区东三环中路39号建外SOHO15号楼808室	100022	58691896
北京金诚国际保险经纪有限公司	海淀区西三环北路91号7号楼3层C02号房间	100048	52961111
北京盛安国际保险经纪有限公司	海淀区中关村东路18号1号楼11层A-1201室	100083	82600498-801
通联保险经纪有限公司	丰台区靛厂路汉唐国际大厦3层	100039	63713236
北京天时国际保险经纪有限公司	海淀区清华园街道清华大学33区12楼3层	100083	88578257
北京仁信智合保险经纪有限公司	丰台区南四环西路128号院3号楼	100070	83609322
北京安康保险经纪有限公司	朝阳区西坝河西里28号B205	100028	64477610
中盛国际保险经纪有限责任公司	东城区安定门东大街28号雍和大厦A座11层	100007	51239700
北京远安保险经纪有限公司	朝阳区东三环北路2号2层2FB072	100027	82231008

宏孚保险经纪（北京）有限公司	朝阳区拂林路9号D座1003室	100107	64466561
北京新城保险经纪有限公司	朝阳区北土城西路7号国恒基业大厦D座804室	100029	51663231
金联安保险经纪（北京）有限公司	昌平区东小口镇立汤路188号院3号楼19层2117室	102218	58608292
北京宏源保险经纪有限公司	海淀区清河朱房路临66号E栋1单元	100027	51401796
北京中泰鑫海保险经纪有限公司	西城区香炉营头条庄胜商住楼305室、328室	100052	83172500
领航国际保险经纪有限公司	朝阳区八里庄西里61号楼16层1604室	100032	58362067
北京金甲保险经纪有限公司	西城区西直门内南小街国英园1号楼707室	100035	58561769
泛华博成保险经纪有限公司	通州区安顺二街1号	101100	52858652
远通（北京）保险经纪有限公司	海淀区北四环西路9号2106－148号	100080	52720502
北京京泰安保险经纪有限公司	海淀区阜外亮甲店1号恩济西园10号楼西三门3305室	100142	68177335
北京中天保险经纪有限公司	西城区闹市口大街1号院2号楼长安兴融中心6C	100031	59799818
明亚保险经纪有限公司	朝阳区朝外大街22号泛利大厦5层501～502室	100020	85658565
北京润盛保险经纪有限公司	朝阳区东方东路8号	100024	64681372
北京鑫恒保险经纪有限公司	西城区西直门外大街1号院2号楼12层12C5室	100044	68563212
国联（北京）保险经纪有限公司	朝阳区北苑路170号5号楼1203室	100053	63202640
宜安（北京）保险经纪有限公司	朝阳区麦子店西路3号5层	100027	84476603
北京国采保险经纪有限公司	东城区东直门外大街48号1幢10层办公楼10K	100027	84477169
宇泰保险经纪（北京）有限公司	通州区潞城镇胡郎路80号110室	100022	65675665
北京润得保险经纪有限公司	朝阳区北小营欧陆经典万兴苑11座4层A室	100101	84851002
中铁保险经纪有限责任公司	西城区西绒线胡同28号天安国汇14层1410室	100031	59739002
北京东方保险经纪有限公司	朝阳区东三环中路39号院18号楼18－2801室	100021	59000271
航联保险经纪有限公司	东城区东直门南大街5号中青旅大厦9层	100007	58157000
北京富诚保险经纪有限公司	东城区广渠门南小街3号1单元1002室	100061	67169146

华富（北京）保险经纪有限公司	西城区金融大街35号1122室	100033	88092087
银河保险经纪（北京）有限责任公司	西城区金融大街35号国际企业大厦C座12层	100033	66568300
北京国中保险经纪有限公司	朝阳区建国门外大街18号D702号	100022	65691466
北京华育保险经纪有限公司	东城区朝阳门北大街8号2号楼11层	100010	65545008
北京亚泰胜达保险经纪有限责任公司	西城区金融街通泰大厦703室	100033	58626666
北京中金保险经纪有限公司	海淀区昆明湖南路9号南区7号楼5层	100097	88400426
北京永诚保险经纪有限公司	海淀区中关村南大街2号科技会展中心数码银座803室	100083	80812570
苏黎世保险经纪（北京）有限公司	朝阳区曙光西里甲5号院凤凰置地广场F座写字楼第6层605B单元	100028	84398000
北京金永泰保险经纪有限责任公司	海淀区西八里庄北里56号院西钓鱼台庄园3号楼4门401室	100141	88122415
北京安华保险经纪有限公司	门头沟区城子大街73－3	102300	58790790
北京东方华信保险经纪有限公司	西城区高井胡同16号北京惠福园宾馆203房间	100089	68366080
北京华夏保险经纪有限公司	石景山区石景山路31号院盛景国际广场3号楼711室	100007	65179916
北京中体保险经纪有限公司	东城区天坛东路50号国家体育总局训练局院内	100061	67162121
北京华融保险经纪有限公司	西城区阜成门外大街11号国宾大厦808室	100037	68002925
方胜磐石保险经纪有限公司	朝阳区西大望路15号4号楼7层701室	100022	67771270
宏达通泰保险经纪（北京）有限公司	海淀区车公庄西路甲19号华通大厦8层828室	100048	51662261
北京信德保险经纪有限公司	海淀区昌运宫4号豪柏国际公寓A1座2402室、2403室	100048	68436261
北京汇金保险经纪有限公司	朝阳区建国门外大街1号国贸中心1期16号楼422～425室	100004	51660028
扬子江保险经纪有限公司	顺义区天竺镇府右街6号	100125	57583450

华旅（北京）保险经纪有限公司	海淀区西四环北路158号慧科大厦东区8A	100142	88592081
德圣保险经纪有限公司	朝阳区南磨房路37号7层707室	100021	51908196
北京天道保险经纪有限责任公司	海淀区西郊半壁店59号1号楼4层4288室	100143	51502735
北京新域保险经纪有限公司	东城区崇文门外大街11号9层908室	100062	67092376
金安保险经纪有限公司	海淀区板井路69号世纪金源国际公寓东区11层12I室	100097	88430676
华信保险经纪有限公司	西城区宣武门内大街2号西楼办公1119~1124室	100031	83568356
昆仑保险经纪股份有限公司	丰台区角门18号枫竹苑二区1号楼1101室	100068	87571701
北京惠邦保险经纪有限公司	朝阳区裕民路12号中国国际科技会展中心C座901室	100029	82252371
康桥保险经纪有限公司	朝阳区惠新东街11号1幢5层	100021	64981671
北京康信保险经纪有限公司	朝阳区工人体育场北路8号院1号楼13层	100025	85861166
五洲（北京）保险经纪有限公司	东城区东长安街1号东方广场东二座1704－5A	100738	85188766
北京环球保险经纪有限公司	西城区西直门内南小街国英1号楼516室、518室	100035	58561188
中安联合保险经纪股份有限公司	海淀区高梁桥斜街28号7号楼	100044	52412269
北京惠保保险经纪有限公司	北京经济技术开发区同济南路19号2号楼4层B区	100122	57063999
世纪保险经纪股份有限公司	西城区宣武门外大街6、8、10、12、16、18号10号楼1937－1943A	100031	88086600
北京天和保险经纪有限公司	朝阳区北土城西路7号F座802室	100029	82275811
新时代保险经纪有限公司	海淀区花园路7号	100088	84979909
中铝保险经纪（北京）股份有限公司	海淀区西直门北大街62号9层	100082	82298566
民生保险经纪有限公司	朝阳区工体西路18号光彩国际公寓1号楼3A	100020	85259865
北京联合保险经纪有限公司	朝阳区静安里26号楼8层、9层	100028	64680488
英大长安保险经纪集团有限公司	西城区南横东街8号都城大厦12层	100052	63411499

江泰保险经纪股份有限公司	门头沟区石龙经济开发区永安路20号3号楼A－0291室	100875	62202788
达信（中国）保险经纪有限公司	朝阳区光华路1号北京嘉里中心北楼15层1506室	100020	65334178
华泰保险经纪有限公司	西城区金融大街11号中国再保险大厦14层	100033	66576588
标准（北京）保险经纪有限公司	朝阳区朝外大街乙12号1号楼昆泰国际大厦29层	100020	58289621
北京中衡保险经纪有限公司	平谷区黄松峪乡黄松峪东街402号430号房间	100010	85902387

（7）保险公估公司

机构名称	地址	邮编	电话
北京中明保险公估有限公司	丰台区马连道卫强校村118号万丰基业大厦469室	100071	63346872
盛华（北京）保险公估有限公司	北京经济技术开发区荣华南路16号1幢	100176	13363280950
北京大唐泰信保险公估有限公司	西城区菜市口大街1号1303室	100053	83956378
北京平信保险公估有限公司	丰台区航丰路1号院2号楼10层1017号	100070	61240198
北京爱马社保险公估有限公司	东城区忠实里南街甲6号楼A－1211	100075	87880659
北京普惠保险公估有限责任公司	朝阳区西大望路63号院7号楼7层	100020	59600111
北京汇明保险公估有限公司	丰台区丰管路16号9号楼	100071	63870331
北京俄杰斯特保险公估有限公司	丰台区丰台科学城恒富中街2号院1号楼3188室	100071	63814081
中至和保险公估（北京）有限公司	西城区太平街6号E座619室	100054	87877967
北京和泰保险公估有限公司	海淀区复兴路乙59号巨星大厦108室	100036	62669764
北京佳实德保险公估有限责任公司	海淀区复兴路40号中国铁建大厦5层东侧	100855	52689661
平衡国际保险公估（北京）有限责任公司	海淀区蓝靛厂东路2号金源时代商务中心2号楼B座5E－3室	100089	88878381
北京心海保险公估有限公司	西城区香炉营头条33号院2号楼3层3	100080	62538000－501
北京鑫恒保险公估有限公司	西城区西直门外大街1号院2号楼12层12C5	100044	68563212

北京金正保险公估有限公司	海淀区西三环北路91号7号楼C02－1号房间	100048	52961111
北京北极星保险公估有限公司	平谷区贾各庄村东南街甲6号	101200	69919999
北京正汇保险公估有限公司	朝阳区东三环中路39号建外SOHO15号楼802室	100022	59005459
中瑞国际保险公估（北京）有限公司	朝阳区安慧里二区12号楼院2幢226－2房间	100101	84832952
北京誉心保险公估有限责任公司	西城区珠市口西大街120号1号楼0605室	100050	83163518
北京全天候保险公估有限公司	顺义区仁和镇顺通路6号	101300	69421005
北京通宝行保险公估有限公司	石景山区政达路2号3层1单元	100040	83065677
北京邦业保险公估有限公司	朝阳区来广营西路甲8号3层	100022	85257312
北京华泰保险公估有限公司	西城区金融大街11号中国再保险大厦8层0803室	100033	66577488
北京华碧一清行保险公估有限公司	海淀区中关村大街1号13层1326－029室	100085	62019818
鼎信农业保险公估（北京）有限公司	顺义区金航中路1号院2号楼401室	101300	0411－84545909
北京保程保险公估有限公司	朝阳区五里桥二街1号院1号楼12层1214室	100085	52720503
北京安恒信保险公估有限公司	西城区南横东街8号都城大厦1106室	100052	63411487
北京中咨保险公估有限公司	海淀区上地信息路1号1－1幢A栋3层C区	100085	82826109
金联安保险公估（北京）有限公司	朝阳区樱花园28号楼（樱花集中办公区0279号）	100029	58608356
北京国信行保险公估有限公司	丰台区南三环西路万柳桥西北侧商业及行政办公综合楼13层	100070	87565219
北京仁济和保险公估有限责任公司	海淀区学院路7号8层809室	100191	66130459
北京德仁保险公估有限公司	朝阳区北苑路170号2号楼2－1603室	100022	58691977
北京天恒保险公估有限公司	海淀区北小马厂6号华天大厦2216室	100055	63986585
仁祥保险公估（北京）有限公司	海淀区车公庄西路甲19号华通大厦716室	100048	68482580
北京君恒保险公估有限责任公司	东城区东花市北里东区1号楼3段7层	100062	67164581
北京中达信保险公估有限公司	丰台区丰台镇东货场路38号11栋212室	100048	68428636
北京安诚保险公估有限公司	怀柔区怀北镇西庄村308号	100122	84924025
北京首证保险公估有限公司	西城区德胜门内西顺城街46号	100035	66562573

北京龙江保险公估有限公司	朝阳区东三环中路20号楼26层5室	100022	56707084
北京华信保险公估有限公司	西城区宣武门内大街2号华电大厦B座11层	100031	83568356
北京华大保险公估有限公司	顺义区后沙峪镇安富街6号	100053	58529266
竞胜保险公估有限公司	丰台区角门18号枫竹苑二区1号楼1201室	100068	87571701
嘉福（北京）保险公估有限公司	朝阳区百子湾南2路88号8层801室	100022	58693424
北京格林保险公估有限公司	西城区金融大街27号20层B段20层B2005室	100033	66215066
北京众信保险公估有限公司	朝阳区十里堡甲3号A座18层	100079	89696002
北京正和保险公估有限公司	大兴区亦庄镇工业园科创三街富士办公楼208室	100023	67892179
北京合信保险公估有限公司	丰台区政馨园一区2号楼7层711室	100079	13681182658
北京大陆保险公估有限公司	西城区车公庄大街6号3号楼468室	100044	57893588

（8）外国保险公司北京代表处

机构名称	地　址	邮　编	电　话
安保集团北京代表处	东城区建国门内大街7号光华长安大厦2座1726室	100005	65102125
澳大利亚康联保险集团北京代表处	朝阳区建国门外大街1号国贸大厦1座2908室	100004	65055023
澳大利亚万诚保险有限公司北京代表处	朝阳区建国门外大街1号国贸大厦1座2327～2328室	100004	65052255－307
百慕大博纳再保险有限责任公司北京代表处	东城区东方广场写字楼C1座1211室	100738	85185780
百慕大格林控股有限公司北京代表处	西城区武定侯街6号卓著中心1202F室	100033	88003707
加拿大永明人寿保险公司北京代表处	朝阳区金桐西路10号远洋光华国际大厦AB座10层A01室	100020	85906500
加拿大人寿保险公司北京代表处	东城区建国门内大街8号中粮广场B123室	100005	65264005
加拿大皇家银行人寿保险公司北京代表处	西城区金融街7号英蓝国际金融中心9层927室	100140	58399366

枫信金融控股责任有限公司北京代表处	朝阳区建国门外大街2号银泰中心写字楼15层1527室	100022	65637920
法国安盛公司北京代表处	西城区金融大街7号英蓝国际金融中心F907室	100140	66555983
法国安盟保险公司北京代表处	东城区建国门内大街7号光华长安大厦2座1022	100005	65102170
法国国家人寿保险公司北京代表处	朝阳区建外大街永安里8号华彬大厦1712室	100022	85288185
法国科法斯信用保险公司北京代表处	建国门内大街1号国贸中心写字楼1座2925室	100004	65057092
法国巴黎财产保险有限公司北京代表处	朝阳区建国门外大街1号国贸大厦2023C室	100004	85910181
法国兴业保险股份有限公司北京代表处	西城区武定侯街2号泰康国际大厦1601A	100010	58513984
法国安盟甘寿险公司北京代表处	朝阳区建国门外大街甲6号SK大厦10层02A单元	100022	85086280
德国安联保险集团北京代表处	朝阳区亮马桥路50号燕莎中心办公楼C211室	100125	64638052
德国通用再保险公司北京代表处	东城区东长安街1号东方广场东三办公楼1105室	100738	85186532
德国安顾保险集团股份公司驻中国总代表处	朝阳区亮马桥路50号燕莎中心1号楼C713A	100125	64627675－1032
其士保险有限公司北京代表处	西城区南礼士路丙3号楼海通大厦705室	100037	68000970
中银集团人寿保险有限公司北京代表处	西城区复兴门内大街1号中银大厦8号楼	100818	66533316
香港领航海上保险顾问有限公司北京代表处	朝阳区光华路1号嘉里中心北楼11层30室	100020	65997927
AIA Group Limited General Representative Office（香港友邦）	朝阳区建国门外大街8号楼5层503单元	100022	57835556－12087
中国太平保险控股有限公司北京代表处	海淀区西直门北大街52号太平金融大厦6层		
荷兰保险有限公司北京代表处	朝阳区东三环北路8号亮马大厦1座1508室	100004	65907568－201
全球人寿保险国际公司北京代表处	朝阳区东三环北路38号安联大厦2606单元	100026	85151248
忠利保险有限公司北京代表处	朝阳区建外大街乙12号双子座大厦西塔9层06室	100022	65673598
第一生命保险公司北京代表处	朝阳区建国门外大街26号长富宫中心办公楼8005室	100022	65139031
东京海上日动火灾保险株式会社北京代表处	朝阳区建国门外大街甲6号爱思开大厦1105室	110022	65630180

日本明治安田生命保险公司北京代表处	朝阳区建国门外大街26号长富宫办公楼6003室	100022	65139815
爱和谊日生同和保险公司驻中国总代表处	朝阳区呼家楼京广中心办公楼2912室	100020	65058960
日本生命保险公司北京代表处	朝阳区建国门外大街26号长富宫办公楼4007室	100022	65139240
三井住友海上火灾保险公司驻中国总代表处	朝阳区东三环北路5号发展大厦1608室	100004	65908500
日本住友生命保险公司北京代表处	朝阳区东三环北路5号发展大厦1幢7层719室	100004	65616120
韩国乐爱金财产保险有限公司北京代表处	朝阳区建国门外大街乙12号双子座大厦西塔EF层03号	100022	65632390
三星火灾海上保险公司北京代表处	朝阳区建国路118号招商局大厦25层	100022	65685828－1380
三星生命保险公司北京代表处	朝阳区建国路118号招商局大厦2801A室	100022	65668100－6101
韩国贸易保险公社北京代表处	朝阳区大望京科技商务园区宏泰东街浦项中心A栋29层2902室	100102	64106439
现代海上火灾保险有限公司北京代表处	朝阳区霄云路38号现代汽车大厦518室	100027	83600610
大韩再保险公司北京代表处	朝阳区建国路118号招商局大厦10层A2	100022	65906276
韩国韩华生命保险有限公司北京代表处	朝阳区光华路1号嘉里中心南楼10层	100020	65837900
教保生命保险株式会社北京代表处	朝阳区霄云路36号国航大厦2109室	100027	65058658
韩国东部火灾海上保险公司北京代表处	朝阳区霄云路36号国航大厦1011室	100027	84475427
韩国首尔保证保险株式会社北京代表处	朝阳区东三环北路8号亮马河大厦1座1208室	100004	65900288
韩国兴国生命保险株式会社北京代表处	朝阳区霄云路36号1号楼611室	100027	84475411
俄罗斯赢国斯达保险有限公司北京代表处	朝阳区亮马桥路42号光明饭店0405室	100016	64685852
俄罗斯天然气工业保险股份公司北京代表处	朝阳区建外大街甲12号15层1588室	100022	85233050
新加坡大东方人寿保险有限公司北京代表处	西城区月坛北街26号恒华国际商务中心写字楼710A	100045	58565501
西班牙曼福保险集团北京代表处	朝阳区工人体育场北路甲6号中宇大厦1809室	100027	59752558
西班牙曼福再保险公司北京代表处	朝阳区工人体育场北路甲6号中宇大厦1809室	100027	59752558
南非和德保险有限公司北京代表处	朝阳区东三环北路丙2号天元港中心B座1708A	100027	84464164

瑞士苏黎世保险公司北京代表处	朝阳区曙光西里甲5号院21号楼凤凰置地广场F座6层603A单元	100028	84398100
富邦产物保险股份有限公司北京代表处	朝阳区建国路91号金地中心8号楼12层1210室	100026	58658843
（台湾）国泰人寿保险股份有限公司北京代表处	朝阳区东大桥路9号侨福芳草地大厦B楼6层602单元	100020	83913425
新光人寿保险股份有限公司北京代表处	东城区建国门内大街7号1822室	100005	65102115
富邦人寿保险股份有限公司北京代表处	朝阳区建国路91号金地中心A座1209室	100026	58658847
台湾人寿保险股份有限公司北京代表处	西城区西直门外大街1号院2号楼16C11室	100031	58302588
中国人寿保险股份有限公司（台湾）北京代表处	西城区闹市口大街1号院长安兴融中心3号楼619室	100032	58528115
台湾台银人寿保险股份有限公司北京代表处	朝阳区建国路118号18层1833室	100022	59233755
台湾三商美邦人寿保险股份有限公司北京代表处	朝阳区建国路118号招商局大厦18楼1806室	100022	59233725
美国大都会人寿保险公司北京代表	东城区长安街1号东方广场东方经贸城东二办公楼12层1211A	100738	85189790
美国国际集团北京代表处	西城区金融大街7号英蓝国际金融中心	100033	58332368
美国信安人寿保险公司北京代表处	朝阳区建国门外大街1号国贸写字楼1座416室	100004	64629266
美国信诺保险公司北京代表处	朝阳区建国路甲92号世贸大厦A座908	100022	85809055
美国怡安保险（集团）公司北京代表处	朝阳区建国门外大街甲6号SV大厦1205室	100022	65630671
美国保德信保险公司北京代表处	朝阳区建国路118号招商局大厦29层290B	100022	65669800
美国北美洲保险公司北京代表处	西城区金融街35号国际企业大厦B座528室	100033	88091177
RGA美国再保险公司北京代表处	东城区东长安街1号东方广场东方经贸城西一办公楼15层1504室	100738	85182528－49166
美国展维住房抵押贷款保险公司北京代表处	朝阳区光华路1号嘉里中心北座11层	100020	65999159
美国联合保险公司北京代表处	西城区金融街35号国际企业大厦B座527室	100033	88091175

美国柏柯莱保险集团公司北京代表处	东城区东长安街1号东方广场东方经贸城东三办公大楼19层5室	100738	85189688
美国史带公司北京代表处	朝阳区建国门外大街1号国贸写字楼1座（16幢）11层11室	100004	65350319
美国法特瑞互助保险公司北京代表处	朝阳区建国路77号华贸中心3座24层	100025	85880198
美国国际金融保险公司北京代表处	朝阳区安立路80号马哥孛罗大厦606A	100101	59636798
美国联合健康保险公司北京代表处	朝阳区新源南路3号平安国际金融中心B座17层	100027	58291721
美国安森公司北京代表处	朝阳区建国门外大街乙12号双子座大厦（东）10楼1013室	100022	51235105
美国万凯公司北京代表处	朝阳区北苑路甲13号院北辰新纪元大厦2号楼1002B室	100107	84929668
美国韬睿惠悦特拉华控股公司北京代表处	朝阳区光华路1号嘉里中心29层2921室	100020	58216442
美国奥德赛再保险公司北京代表处	西城区武定侯街6号F2－1（A）1101内1206J	100033	88003720
英国保诚保险有限公司北京代表处	东城区长安街1号东方广场W1座610室	100738	85183098
英国耆卫公共有限公司北京代表处	朝阳区建外大街1号国贸写字楼1座1306室	100004	65057686
英国保柏金融公众有限公司北京代表处	朝阳区亮马桥路甲40号二十一世纪大厦3层A302室	100125	58571720
英国亚瑟J. 盖勒格英国有限公司北京代表处	朝阳区建国路乙118号京汇大厦3层A031室	100022	58902601

5. 其他

（1）小额贷款公司

机构名称	地　　址	邮　编	电　话
北京农投东方小额贷款有限公司	东城区朝阳门北大街6号首创大厦6层601室	100010	85283318

北京京融小额贷款股份有限公司	东城区光明路 11 号天玉大厦 807 室	100061	51902301
北京崇信农投小额贷款股份有限公司	东城区天坛东路 74 号 201A	100060	67166563
北京金瑞通小额贷款有限责任公司	东城区西花市南里东区 16 号楼 1 层商业 03 号	100062	87108131
北京润泽小额贷款股份有限公司	东城区朝阳门内大街 298 号	100010	59575137
北京鑫华小额贷款有限公司	东城区海运仓一号瀚海海运仓大厦 7 层 709 号	100007	51311833
北京祥云小额贷款有限责任公司	东城区安定门外大街 136 号地坛体育大厦 4 层	100011	82743638
北京文创小额贷款股份有限公司	东城区安定门东大街 28 号 2 号楼 2 层 207 室	100007	64097387
北京市国旭小额贷款有限公司	西城区丰汇园 11 号楼丰汇时代大厦东 602 室	100032	58362740
北京金正融通小额贷款有限公司	西城区西砖胡同 2 号院 7 号楼 3 层	100052	83521115
北京江川小额贷款有限公司	西城区阜成门外大街 7 号国投大厦 18 层	100037	68095633
北京邦信小额贷款股份有限公司	西城区阜成门内大街 410 号	100033	66071560
北京聚亿达小额贷款股份有限公司	西城区榆树馆胡同 4 号	100044	88362788
北京德盛行小额贷款有限公司	西城区南礼士路 66 号 1 号楼建威大厦 811 室	100045	83169919
北京市文化产业小额贷款股份有限公司	西城区车公庄大街 4 号北礼士路甲 129 号	100044	68998820
北京华远小额贷款有限公司	西城区北展北街 17 号楼 901	100044	88321229
北京恒源小额贷款有限公司	朝阳区望京北路 9 号叶青大厦 2 幢 203 室	100102	64391236
北京富安小额贷款有限公司	朝阳区东三环北路甲 2 号京信大厦 2 层 232 室	100027	84492068
北京市中金小额贷款股份有限公司	朝阳区广顺北大街 16 号院 2 号楼 9 层 909 室	100102	59780425
北京农投金阳小额贷款股份有限公司	朝阳区东三环北路 19 号楼 1505 房间	100020	59670699
北京商络小额贷款有限责任公司	朝阳区裕民路 12 号 1 号楼 10 层	100029	85183671
北京凤凰小额贷款股份有限公司	朝阳区新源南路 3 号 21 层	100027	56372222
北京朝汇通小额贷款股份有限公司	朝阳区东三环南路 17 号 B 座 8 层 D 室	100021	67498580
北京泛华小额贷款有限公司	朝阳区东三环北路向军南里二巷甲 5 号雨霖大厦 20 层	100027	51311777
北京市森福普惠小额贷款有限责任公司	朝阳区慧忠里 103 楼 6 层 610 室	100101	52906102

北京国融富安小额贷款有限公司	朝阳区东三环北路辛2号迪阳大厦12层1201室	100020	84537708
北京鑫锐小额贷款有限公司	朝阳区东四环中立82号金长安大厦2座2－1座2单元906室	100124	51311833
北京华夏汇通小额贷款有限公司	朝阳区东四环中立82号金长安大厦2座2－1座2单元906室	100124	59810733
北京诺安小额贷款有限责任公司	朝阳区光华路甲14号1幢1201内1502室	100020	51309991
北京金钊源小额贷款有限公司	朝阳区潘家园南里甲21号临106号	100021	53016888
北京市中关村小额贷款股份有限公司	海淀区海淀北二街10号泰鹏大厦9层	100080	82483630
北京农投诚兴小额贷款股份有限公司	海淀区北四环西路58号理想国际大厦703A	100080	82607838
北京鑫泰小额贷款股份公司	海淀区北四环西路66号中国技术交易所2005室	100080	62682320
北京亚联财小额贷款有限公司	海淀区科学院南路2号融科资讯中心A座4层401室	100190	62539666
北京乾元联合小额贷款有限公司	海淀区彩和坊路11号华一控股大厦1602B和1603室	100080	82870036
北京京投信业小额贷款股份有限公司	海淀区长春桥路5号北京北纬四十度大酒店1层	100089	51297777
北京市古今小额贷款股份有限公司	海淀区龙翔路甲1号601室、602室	100191	82038166
北京世欣仁达小额贷款股份有限公司	海淀区丹棱街6号523房间	100080	57569788
北京吉信小额贷款股份有限公司	海淀区海淀大街38号1层10号、2层10号	100080	88506868
北京玺鑫小额贷款有限公司	海淀区知春路1号学院国际大厦1117室	100190	82339666
北京京汇小额贷款有限公司	海淀区苏州街20号院银丰大厦2号楼4层	100080	89188791
北京农信小额贷款有限公司	海淀区中关村大街27号中关村大厦15层1506室	100081	62698801
北京拉卡拉小额贷款有限责任公司	海淀区丹棱街6号1幢708室	100080	56710999－282
北京丰花小额贷款有限公司	丰台区花乡黄土岗甲1号	100160	83677826
北京农投丰融小额贷款股份有限公司	丰台区西四环南路101号丰台科技园创新大厦2035室	100070	63719141

北京鑫福海小额贷款有限公司	丰台区南苑路15号大红门服装城写字楼4层	100076	87299651
北京金鹏丽行小额贷款股份有限公司	丰台区文体路58号	100073	63351678
北京乾元汇通小额贷款有限公司	丰台区丰管路50号	100071	83818403
北京国典永泰小额贷款股份有限公司	丰台区华源一里太平桥路15号103室	100073	84793608
北京丽泽创投小额贷款有限公司	丰台区丰北路77号	100071	63896666
北京金鼎盛小额贷款股份有限公司	丰台区海鹰路1号院1号楼302（园区）	100070	63799358
北京财富小额贷款有限公司	丰台区西四环南路8－1号1幢702－1号	100070	84210320
北京石金小额贷款股份有限公司	石景山区体育场南路2号828室	100040	52656198
北京金陵小额贷款有限公司	石景山区实兴大街30号院5号楼701室	100040	68647601
北京铭鑫小额贷款有限公司	石景山区西井路17号实验楼4层	100140	88794608
北京市盛丰小额贷款有限责任公司	石景山区时代花园东街8号院2号楼101～104室	100043	88937113
北京农投京西小额贷款股份有限公司	门头沟区蓝龙家园6号楼2层B区	102399	69866777
北京华财小额贷款有限公司	门头沟区双峪路35号院1号18层	102308	4008368099
北京华资小额贷款有限公司	门头沟区石龙经济开发区永安路20号1号楼12层1201室	102300	68372928
北京世欣瑞达小额贷款有限公司	门头沟区绿岛家园36号楼1层	102300	69866691
北京广联达小额贷款有限公司	门头沟区永安路20号石龙高科大厦3号楼	102308	56616887
北京大方小额贷款有限公司	房山区良乡长虹西路翠柳东街1号	102488	69382395
北京龙盛源小额贷款有限公司	房山区良乡长虹东路2号	102488	69378911
北京中金福小额贷款有限责任公司	房山区良乡长虹西路73号1楼101室	102488	89360914
北京泽惠小额贷款有限责任公司	房山区燕房路临99号	102599	69348156
北京润兴源小额贷款有限公司	房山区良乡西路26号2号楼1101室	102401	60357065
北京睿财小额贷款有限责任公司	房山区瑞雪春堂三里1号楼	102401	60338093
北京德信润鑫小额贷款有限公司	房山区拱辰街道政通路12号1号楼8层818室	102488	89362966
北京国能小额贷款股份公司	顺义区赵全营镇兆丰产业基地东盈路19号	101300	81499715

北京市旺泰小额贷款有限责任公司	顺义区赵全营镇兆丰产业基地东盈路19号3幢	101300	65996103
北京世欣顺达小额贷款有限公司	顺义区大孙各庄镇府前街10号	101308	61426799
北京农投顺通小额贷款股份有限公司	顺义区牛栏山镇腾仁路22号3幢206室	101301	61429057
北京市农投首诚小额贷款股份有限公司	通州区梨园路120号	101101	80818188
北京澳美小额贷款有限公司	通州区京洲园402号楼40号	101121	80815517
北京银泰小额贷款有限公司	通州区云景南大街22号	101121	81511486
北京聚隆源小额贷款股份有限公司	通州区运河西大街21号9号楼	101101	60540996
北京中融小额贷款有限公司	通州区宋庄镇草寺村村委会西南角200米205室	101119	68373378
北京德信隆小额贷款有限公司	通州区翠景北里1号楼1707室	101121	60520010
北京兴宏小额贷款有限公司	大兴区首邑上城小区吉星德亿底商210号	102600	69229131
北京市兴融小额贷款股份有限公司	大兴区黄村镇兴丰北大街143号	102611	69248008
北京兴瑞小额贷款有限公司	大兴区黄村镇兴丰大街三段118号	102611	69222292
北京亦庄国际小额贷款有限公司	北京经济技术开发区文化园西路8号院27号楼2层207室	100176	87162501
北京金泰小额贷款有限公司	大兴区东大路53号院2号楼103室	102600	89230873
北京亿兆小额贷款股份有限公司	北京经济技术开发区荣华南路19号中铁十九局1111室	100176	67806572
北京汇富小额贷款股份有限公司	大兴区庞各庄镇龙景湾乙区139号205室	102601	69233488
北京世欣智达小额贷款有限公司	大兴区青云店镇民营科技园敬业路1号3幢	102605	69228672
北京农投小额贷款有限公司	大兴区青云店镇民营科技园敬业路1号3幢3层302室	102605	50950834
北京菜篮子小额贷款股份有限公司	大兴区黄村镇海鑫路8号	102611	63269030
北京金典小额贷款股份有限公司	昌平区龙水路22号院28－6号	102299	69714409
北京资丰小额贷款股份有限公司	昌平区龙水路26号	102299	69743290
北京农投金通小额贷款股份有限公司	昌平区东小口镇天通苑西苑30号楼5门	102218	84820329

北京润丰元大小额贷款有限公司	昌平区东小口镇立汤路179号院1号楼	102208	65206795
北京农投谷成小额贷款股份有限公司	平谷区金谷园小区21号楼商铺－9号	101299	69973284
北京庄子天运小额贷款有限公司	平谷区紫贵庄园8号楼1～2层03～05室	101299	89978992
北京华清融鑫小额贷款有限责任公司	平谷区平谷镇新开街26－9号	101200	61995656
北京市利源小额贷款股份有限公司	怀柔区富乐北大街1号乐红园小区1号楼	101400	89688893
北京世欣腾达小额贷款有限公司	怀柔区九渡河镇黄坎村735号03栋01室	101403	69681030
北京农投国汇小额贷款股份有限公司	密云区鼓楼东大街19－6号	101599	89088111
北京惠丰融金小额贷款有限公司	密云区花园小区1－23	101599	69029540
北京中金城开小额贷款有限公司	密云区花园小区1－23	101599	52723268
北京城融小额贷款有限公司	密云区鼓楼东大街27号1至2层2号1层	101599	69062036
北京首融小额贷款有限公司	密云区鼓楼东大街27号1至2层2号2层	101599	69062036
北京农投庆融小额贷款股份有限公司	延庆区人民商场5层	102199	69145919
北京长江小额贷款有限公司	延庆区百泉街10号10幢118室	102199	60168666
北京科泰金荣小额贷款有限责任公司	延庆区延庆镇百泉街10号C幢117室	102199	82815177

（2）融资担保机构

机构名称	地　址	邮　编	有效期限
中国投融资担保有限公司	海淀区西三环北路100号北京金玉大厦写字楼9层	100048	至2016年3月31日
北京中关村科技融资担保有限公司	海淀区中关村南大街12号天作国际中心1号楼A座30层	100081	至2016年3月31日
北京首创融资担保有限公司	西城区闹市口大街1号长安兴融中心4号楼3层	100031	至2016年3月31日
中鸿联合融资担保有限公司	海淀区学院路30号科大天工大厦B座13层01～15室	100083	至2016年3月31日

北京瀚华融资担保有限公司	朝阳区东三环中路1号环球金融中心1单元1301内01～09单元	100020	至2016年3月31日
北京海淀科技企业融资担保有限公司	海淀区彩和坊路6号13层	100080	至2016年3月31日
中嘉联合融资担保有限公司	朝阳区东四环中路82号金长安大厦C座2806室	100022	至2016年3月31日
中硕融资担保有限公司	丰台区丰管路16号4号楼3001室	100071	至2016年3月31日
北京闽商融资担保有限公司	朝阳区望京中环南路9号3号楼5层501室	100102	至2016年3月31日
中保财富融资担保有限公司	东城区左安门内大街19号楼	100061	至2016年3月31日
北京联合开元融资担保有限公司	西城区金融大街7号英蓝国际金融中心5F516室	100125	至2016年3月31日
北京华夏兴业融资担保有限公司	西城区新街口外大街甲18号4层	100009	至2016年3月31日
中投国泰融资担保有限公司	房山区琉璃河镇房窑路14号104室	102400	至2016年3月31日
速融融资担保有限公司	北京经济技术开发区中和街14号B座403室	100022	至2016年3月31日
国能融资担保股份公司	丰台区马连道卫强校村118号512室	100026	至2016年3月31日
中桥融资担保有限公司	海淀区西三环北路100号1号楼11层1103室	100083	至2016年3月31日
北京康正恒信融资担保有限公司	朝阳区裕民路12号1号楼10层B1003室	100029	至2016年3月31日
北京三山永泰融资担保有限公司	海淀区西三环北路72号世纪经贸大厦B座809室	100029	至2016年3月31日
北京亦庄国际融资担保有限公司	北京经济技术开发区景园北街2号BDA国际企业大道56栋5层	100176	至2016年3月31日
中远信融资担保有限公司	西城区太平街6号4层E－507室	100050	至2016年3月31日
紫御湾融资担保有限公司	海淀区西三环北路100号5层	100044	至2016年3月31日
中国华海融资担保有限公司	朝阳区东三环北路霞光里18号佳程广场B座15层A单元	100027	至2016年3月31日
北京中天财智融资担保有限公司	朝阳区东三环中路7号A座517室	100020	至2016年3月31日
美嘉信融资担保有限公司	海淀区彩和坊路8号5层501室	100080	至2016年3月31日
北京首担融资担保有限公司	海淀区彩和坊路8号5层512室	100080	至2016年3月31日
中扶华夏融资担保有限公司	东城区北三环东路36号环球贸易中心B1207室	100022	至2016年3月31日

中诚润通融资担保有限公司	昌平区科技园区白浮泉路10号北控科技大厦405室	102200	至2016年3月31日
保福融资担保有限公司	海淀区中关村东路66号1号楼501室	100093	至2016年3月31日
中元金汇融资担保有限公司	东城区马家堡路1号901~906室	100077	至2016年3月31日
兴融融资担保有限公司	海淀区西直门北大街32号院2号楼8层803室	100082	至2016年3月31日
中金兴业融资担保有限公司	海淀区西三环北路87号6层1-601室	100089	至2016年3月31日
北京沃伦万联融资担保有限公司	西城区华远北街2号502室	100032	至2016年3月31日
黑龙江鑫正融资担保集团有限公司北京融资担保分公司	海淀区北洼路甲28号-1至10层全部	100089	至2016年3月31日
财富通融资担保有限公司	朝阳区雅成二里3号楼1层商业12	100022	至2016年3月31日
国瑞泰融资担保有限公司	西城区阜成门外大街22号1幢5层501-9~15室	100031	至2016年3月31日
北京中兰德融资担保有限公司	朝阳区建国路91号9号楼21层2110单元	100022	至2016年3月31日
北京鼎信创伟融资担保有限公司	怀柔区雁栖工业开发区雁栖路33号1幢	101400	至2016年4月28日
北京荣京融资担保有限公司	北京经济技术开发区荣京东街3号荣京丽都1幢A座4层	100176	至2016年5月6日
北京市农业融资担保有限公司	大兴区西红门镇北京燕南鹿鸣春大酒店308室	100037	至2016年5月12日
富登投资信用担保有限公司北京融资担保分公司	西城区武定侯街6号卓著中心3层307单元	100033	至2016年5月12日
中运顺通融资担保有限公司	石景山区八大处路高科技园区西井路3号2号楼489室	100044	至2016年5月18日
跃天财富融资担保有限公司	顺义区赵全营镇牛板路板桥段43号	101300	至2016年5月20日
中融诚融资担保有限公司	朝阳区十里堡甲3号B座15层16A	100025	至2016年5月27日
中海国发融资担保有限公司	丰台区莱户营58号28层2801~2803室	100176	至2016年6月9日
中国创投融资担保有限公司	北京经济技术开发区科创十四街99号33幢D栋2层2101号	100125	至2016年6月29日
北京中科智融资担保有限公司	朝阳区建国路91号院9号楼19层1901单元	100020	至2016年7月1日

北京银达信融资担保有限责任公司	昌平区沙河镇沙阳路北侧1栋418室	101400	至2016年7月25日
北京燕鸿融资担保有限责任公司	房山区良乡西路26号西潞时代大厦2层	102488	至2016年7月25日
财富时代融资担保有限公司	顺义区金马工业园区96号	100004	至2016年7月25日
北京久久红业融资担保有限公司	东城区安乐林路43号	100088	至2016年7月25日
北京兴展融达融资担保有限公司	大兴区永华路1号院2号、3号、4号1层101室	102600	至2016年7月27日
重庆市三峡担保集团有限公司北京融资担保分公司	西城区宣武门西大街甲129号1704~1706室	100031	至2016年8月5日
北京云政金融控股有限公司	密云区东源路10巷	101500	至2016年8月16日
中通瑞丰融资担保有限公司	顺义区顺通路38号1107室	101300	至2016年8月18日
恩义融资担保有限公司	丰台区康泽园小区17号楼01室	100075	至2016年8月18日
中源盛祥融资担保有限公司	海淀区西外大街168号腾达大厦2310室	100044	至2016年8月24日
北京密云农业融资担保有限公司	密云区鼓楼东大街北侧信远大厦3层	101500	至2016年10月10日
中瑞信融资担保有限公司	东城区安定门西滨河路9号中成集团大厦901室	100011	至2016年11月15日
北京诚信佳融资担保有限公司	丰台区西四环南路60号	100071	至2016年12月20日
北京资和信融资担保有限公司	平谷区兴谷工业开发区6区67号	100033	至2017年1月3日
北京安家世行融资担保有限公司	东城区东四十条68号西区3层303室	100007	至2017年1月4日
京乐融资担保有限公司	丰台区紫芳园六区5号楼2层3单元	100078	至2017年1月10日
德和德美融资担保有限公司	东城区永定门内东街中里9–17号8号楼	100024	至2017年1月29日
中元国信信用融资担保有限公司	朝阳区工体东路20号百富国际大厦1号楼27层	100021	至2017年1月30日
中利人和融资担保有限公司	顺义区大孙各庄镇府前街16号	101308	至2017年2月9日
御德金（北京）融资担保有限公司	平谷区镇罗营镇镇罗营东街5号	100006	至2017年2月9日
中保信合融资担保有限公司	朝阳区慧忠里417号	100101	至2017年2月9日
北京海大富林融资担保有限公司	朝阳区光华路8号B座5层502室	100026	至2017年2月15日
金达融资担保有限责任公司	东城区安定门东大街28号雍和大厦D506室	100007	至2017年2月21日
北京国华文创融资担保有限公司	东城区安定门东大街28号楼F座203室	100007	至2017年2月25日

华财正大融资担保有限公司	顺义区赵全营镇牛板路板桥段43号602室	101300	至2017年3月4日
北京晨光昌盛融资担保有限公司	昌平区科技园区超前路9号502房间	102200	至2017年3月12日
中铁融资担保有限公司	西城区华远街11号	100036	至2017年3月13日
中际钰贷融资担保有限公司	朝阳区朝阳公园路19号1幢1501内1506室	100025	至2017年3月15日
中融兴业融资担保有限公司	通州区漷县开发区鑫隅街705号	100026	至2017年3月18日
中保兴业融资担保有限公司	东城区灯市口大街10号219室	100082	至2017年3月18日
北京光彩融资担保有限公司	顺义区大东路6号121～130平房	101300	至2017年3月21日
仕达融资担保有限公司	东城区隆福寺街95号北京东四福苑宾馆3层8305室	100029	至2017年3月22日
清大华智融资担保有限公司	东城区王家园胡同10号	100044	至2017年3月22日
北京市住房贷款担保中心	海淀区北四环西路56号辉煌时代大厦7～8层	100080	至2017年3月27日
上合诚融资担保有限公司	朝阳区东三环北路3号B座216室	100020	至2017年3月28日
北京金正光彩融资担保有限公司	西城区西砖胡同2号院7号楼311～312室	100053	至2017年3月28日
中企信用融资担保有限公司	西城区北三环中路6号三幢伦洋大厦3层302室	100120	至2017年3月29日
中绿融资担保有限公司	东城区朝阳门北大街2号10层	100027	至2017年3月29日
中企联合融资担保有限公司	朝阳区建国路93号万达广场10号楼23层	100022	至2017年3月29日
朔天通淼融资担保有限公司	朝阳区西坝河西里28号英特公寓B座2层208室	100028	至2017年3月30日
北京鑫顺融资担保有限公司	顺义区大东路6号111～120平房	101300	至2017年3月30日
中鸿基融资担保有限公司	朝阳区东三环北路甲19号楼36层	100020	至2017年3月30日
北京同益达融资担保有限公司	朝阳区南湖东园122号博泰国际大厦A座1007室	100102	至2017年3月30日
中商汇融资担保有限公司	朝阳区延静里中街3号新建科研楼508～510室	101300	至2017年3月30日
中企达融资担保有限公司	朝阳区东四环中路82号金长安大厦3座2012号	100124	至2017年3月30日
北京国雄融资担保有限公司	朝阳区建华南路6号院3号楼106－2室	100050	至2017年3月30日
北京瑞宝鼎国际投资担保有限公司	西城区西直门外大街1号西环广场T317层B5	100085	至2017年3月30日
北京中联华水融资担保有限公司	丰台区星火路1号昌宁大厦11D2E	100070	至2017年3月30日
和协海峡融资担保有限公司	朝阳区建国门外大街甲12号1403单元	100600	至2017年5月2日

中际恒瑞融资担保有限公司	丰台区南四环西路123号	100070	至2017年5月2日
华诚联合融资担保有限公司	朝阳区新源南路六号京城大厦1701号	100102	至2017年5月7日
北京东方天元融资担保有限公司	朝阳区慧忠北里219号楼6层	100012	至2017年5月10日
华夏金谷融资担保有限公司	西城区金融大街35号国际企业大厦919室	100073	至2017年5月14日
北京金家园融资担保有限公司	通州区滨河中路265号1至2层265室	101100	至2017年5月17日
北京厚泽融资担保有限公司	朝阳区惠新里240号2号楼109A室	100029	至2017年5月21日
华尊融资担保有限公司	海淀区丹棱街16号海兴大厦C座1801室	100080	至2017年5月27日
东方宝利（北京）融资担保有限公司	朝阳区慧忠里103号楼B座1101室	100025	至2017年5月31日
国通融资担保有限公司	石景山区八大处路高科技园区西井路3号2号楼237室	101300	至2017年6月17日
华夏融资担保有限公司	朝阳区芳园里小区22楼前	100125	至2017年6月28日
中合中小企业融资担保股份有限公司	西城区平安里西大街28号楼中海国际中心12层	100034	至2017年7月3日
北京金成锦华融资担保有限公司	门头沟区石龙经济开发区永安路20号产业孵化中心3#科研办公楼B1－1925室	102300	至2017年7月11日
联合融信（北京）融资担保有限公司	北京市海淀区知春路6号锦秋国际大厦A座707	100088	至2017年10月16日
汇民融资担保有限公司	海淀区紫竹院路116号嘉豪国际中心A座1109室	100097	至2017年10月19日
北京宝越融资担保有限公司	西城区广安门外大街168号1幢12层	100055	至2017年12月4日
北京中小企业信用再担保有限公司	西城区平安里西大街28号楼17层	100034	至2018年2月19日
北京市融川融资担保有限公司	朝阳区光华里甲17楼	100020	至2018年4月2日
北京和众汇金融资担保有限公司	顺义区腾仁路22号3幢308室	101301	至2018年4月3日
北京中保国信融资担保有限公司	东城区滨河路1号8层807室	100020	至2018年9月4日
北京中技知识产权融资担保有限公司	海淀区北四环西路66号1509室	100080	至2018年9月21日
北京谷诚融资担保有限公司	平谷区乐园西小区7号	101200	至2018年11月17日
北京石创同盛融资担保有限公司	石景山区石景山路31号院盛景国际广场3号楼1218室	100040	至2018年11月19日

北京市文化科技融资担保有限公司	东城区东滨河路乙1号1号楼	100013	至2018年11月21日
重庆进出口信用担保有限公司北京融资担保分公司	朝阳区朝阳门外大街甲6号14层3座1408室	100020	至2018年12月22日
中能通达融资担保有限公司	东城区隆福寺街95号北京东四福苑宾馆5层8502号	100061	至2019年2月8日

（3）支付机构

机构名称	地　址	邮　编	电　话
北京环境交易所有限公司	西城区新街口外大街8号12幢516号	100032	66295776
北京金融资产交易所有限公司	西城区金融大街乙17号	100032	57896666
北京国际矿业权交易所有限公司	通州区中关村科技园区通州园光机电一体化产业基地科创东二街5号院51号楼101室	101111	56717016
中国林业产权交易所有限公司	西城区德外大街甲36号	100011	62030000
北京产权交易所有限公司	西城区金融大街甲17号	100033	66295566
中国民营企业交易中心有限公司	西城区红莲南路28号6－1幢3014室	100033	66290800
北京黄金交易中心有限公司	西城区宣武门西大街甲127号1号楼15层1501～1511室	100031	56930055
北京兰格钢铁电子交易有限公司	西城区广安门外北滨河路甲1号307室	100073	63959922
北京金马甲产权网络交易有限公司	西城区新街口外大街8号12幢（B座）002号	100033	83954972
北京全国棉花交易市场电子商务有限责任公司	西城区金融街33号通泰大厦B座12层	100052	4008106850
北京国家粮食交易中心有限公司	西城区广安门南街60号	100054	63565055－8001
联合产权交易所有限公司	朝阳区裕民路12号中国国际科技会展中心九层905室	100029	62026510
九歌艺术品交易有限公司	朝阳区东三环中路39号建外SOHO小区15幢24层2803室	100022	58692810

北京华彬艺术品产权交易中心有限公司	朝阳区建国门外大街永安东里8号华彬国际大厦2层	100022	85289401
北京大宗商品交易所有限公司	朝阳区东四环中路41号嘉泰国际大厦A座2层	100025	65202621
北京新传德国际版权交易中心有限公司	朝阳区呼家楼京广中心商务507室	100020	65974890
北京新华金融信息交易所有限公司	丰台区西站南路168号1113室	100073	83069800
北京新发地农产品电子交易中心有限公司	丰台区北京西站南路168号905室	100160	83717367
北京特许经营权交易所有限公司	石景山区石景山路20号19层1912室	100040	52656114
北京保险服务中心股份有限公司	石景山区石景山路20号中铁建设大厦20层	100027	85235649
北京贵金属交易所有限责任公司	石景山区实兴大街30号院17号楼7层57号	100040	52656221
汉唐艺术品交易所有限公司	石景山区八大处高科技园区西井路3号3号楼6888房间	100027	65546684
北京华商储备商品交易所有限责任公司	海淀区紫竹院路116号A座16层	100097	58931228
北京国际酒类交易所有限公司	海淀区玉泉路2号-35-37	100143	88289800
中国技术交易所有限公司	海淀区北四环西路66号1620~1621房	100080	62679600
北京软件和信息服务交易所有限公司	海淀区海淀南路甲21号中关村知识产权大厦A座2层	100080	61136010
中国工艺艺术品交易所有限公司	海淀区北二街8号6层710室	100050	56189890
北京粮油交易所有限责任公司	房山区琉璃河镇洄城村南京保路西侧	102401	89369859
北京石油交易所股份有限公司	房山区城关农林路1号	100032	4006167000
北京农村产权交易所有限公司	东城区王府井西街9号1层	100006	65237388
北京东方雍和国际版权交易中心有限公司	东城区安定门东大街28号雍和大厦2号楼1层、2层	100007	64097700
北京农副产品交易所有限责任公司	东城区王府井西街9号2层	100020	65532788
北京京农商品交易服务中心有限公司	顺义区仁和镇军杜路8号15幢	100161	83828757
北京八达岭国际葡萄酒交易中心有限公司	延庆县延庆镇庆园街65号	102100	56766346

北京邮票交易中心有限责任公司	丰台区方庄南路 2 号	100161	57539418
北京铁矿石交易中心股份有限公司	石景山区石景山路 31 号院盛景国际广场 3 号楼 2001 室	100043	57712888
中关村股权交易服务集团有限公司	海淀区新建宫门路 2 号	100080	59207227
北京中勃上达电子商务有限公司	朝阳区化工大厦 1104 室	100101	82032945
中新荣峰会（北京）艺术品交易中心有限公司	朝阳区科荟路 8 号 E 栋地下 2 层	101407	58248888
北京文化产权交易中心有限公司	东城区大江胡同 111 号 113－2 至 113－6 号	100051	50851007
北京红木交易中心有限公司	朝阳区建国路 27 号	100020	
北京国际浆纸交易中心有限公司	朝阳区广渠路 39 号院 1 号楼	100022	
北京茶业交易中心有限责任公司	西城区金融大街 33 号 B 座 6 层 606 号	100033	

（4）交易机构

机构名称	地　址	邮　编	电　话
北京环境交易所有限公司	西城区新街口外大街 8 号 12 幢 516 号	100032	66295776
北京金融资产交易所有限公司	西城区金融大街乙 17 号	100032	57896666
北京国际矿业权交易所有限公司	通州区中关村科技园区通州园光机电一体化产业基地科创东二街 5 号院 51 号楼 101 室	101111	56717016
中国林业产权交易所有限公司	西城区德外大街甲 36 号	100011	62030000
北京产权交易所有限公司	西城区金融大街甲 17 号	100033	66295566
中国民营企业交易中心有限公司	西城区红莲南路 28 号 6－1 幢 3014 室	100033	66290800
北京黄金交易中心有限公司	西城区宣武门西大街甲 127 号 1 号楼 15 层 1501～1511 室	100031	56930055
北京兰格钢铁电子交易有限公司	西城区广安门外北滨河路甲 1 号 307 室	100073	63959922

北京金马甲产权网络交易有限公司	西城区新街口外大街8号12幢（B座）002号	100033	83954972
北京全国棉花交易市场电子商务有限责任公司	西城区金融街33号通泰大厦B座12层	100052	4008106850
北京国家粮食交易中心有限公司	西城区广安门南街60号	100054	63565055－8001
联合产权交易所有限公司	朝阳区裕民路12号中国国际科技会展中心九层905室	100029	62026510
九歌艺术品交易有限公司	朝阳区东三环中路39号建外SOHO小区15幢24层2803室	100022	58692810
北京华彬艺术品产权交易中心有限公司	朝阳区建国门外大街永安东里8号华彬国际大厦2层	100022	85289401
北京大宗商品交易所有限公司	朝阳区东四环中路41号嘉泰国际大厦A座2层	100025	65202621
北京新传德国际版权交易中心有限公司	朝阳区呼家楼京广中心商务507室	100020	65974890
北京新华金融信息交易所有限公司	丰台区西站南路168号1113室	100073	83069800
北京新发地农产品电子交易中心有限公司	丰台区北京西站南路168号905室	100160	83717367
北京特许经营权交易所有限公司	石景山区石景山路20号19层1912室	100040	52656114
北京保险服务中心股份有限公司	石景山区石景山路20号中铁建设大厦20层	100027	85235649
北京贵金属交易所有限责任公司	石景山区实兴大街30号院17号楼7层57号	100040	52656221
汉唐艺术品交易所有限公司	石景山区八大处高科技园区西井路3号3号楼6888房间	100027	65546684
北京华商储备商品交易所有限责任公司	海淀区紫竹院路116号A座16层	100097	58931228
北京国际酒类交易所有限公司	海淀区玉泉路2号－35－37	100143	88289800
中国技术交易所有限公司	海淀区北四环西路66号1620室、1621室	100080	62679600
北京软件和信息服务交易所有限公司	海淀区海淀南路甲21号中关村知识产权大厦A座2层	100080	61136010
中国工艺艺术品交易所有限公司	海淀区北二街8号6层710室	100050	56189890
北京粮油交易所有限责任公司	房山区琉璃河镇洄城村南京保路西侧	102401	89369859

北京石油交易所股份有限公司	房山区城关农林路1号	100032	4006167000
北京农村产权交易所有限公司	东城区王府井西街9号1层	100006	65237388
北京东方雍和国际版权交易中心有限公司	东城区安定门东大街28号雍和大厦2号楼1层、2层	100007	64097700
北京农副产品交易所有限责任公司	东城区王府井西街9号2层	100020	65532788
北京京农商品交易服务中心有限公司	顺义区仁和镇军杜路8号15幢	100161	83828757
北京八达岭国际葡萄酒交易中心有限公司	延庆县延庆镇庆园街65号	102100	56766346
北京邮票交易中心有限责任公司	丰台区方庄南路2号	100161	57539418
北京铁矿石交易中心股份有限公司	石景山区石景山路31号院盛景国际广场3号楼	100043	57712888
中关村股权交易服务集团有限公司	海淀区新建官门路2号	100080	59207227
北京中勃上达电子商务有限公司	朝阳区化工大厦	100101	82032945
中新荣峰会（北京）艺术品交易中心有限公司	朝阳区科荟路8号E栋地下2层	101407	58248888
北京文化产权交易中心有限公司	东城区大江胡同111号113-2至113-6号	100051	50851007
北京红木交易中心有限公司	朝阳区建国路27号	100020	
北京国际浆纸交易中心有限公司	朝阳区广渠路39号院1号楼	100022	
北京茶业交易中心有限责任公司	西城区金融大街33号B座6层606号	100033	

（5）信用评级机构

机构名称	地　址	邮　编	电　话
大公国际资信评估有限公司	朝阳区霄云路26号鹏润大厦A座29层	100125	51087768
中诚信国际信用评级有限责任公司	西城区复兴门内大街156号北京招商国际金融中心D座7层	100031	66428877
联合资信评估有限公司	朝阳区建国门外大街2号PICC大厦17层	100022	85679696

东方金诚国际信用评估有限公司	西城区德胜门外大街83号德胜国际中心B座7层	100088	62299710
北京联办旗星风险管理顾问有限公司	朝阳区朝阳门外大街18号丰联广场A座27层	100020	85722387
中国诚信信用管理股份有限公司	东城区礼士胡同54号	100010	66428855
长城金桥金融咨询有限公司	西城区月坛北街2号月坛大厦B8	100045	68083498
联合信用管理有限公司北京分公司	朝阳区安慧里四区15号楼五矿大厦18层	100101	64912118
中国诚信信用管理股份有限公司北京分公司	东城区礼士胡同54号	100010	57602009
北京资信评级有限公司	西城区平安里西大街28号楼中海国际中心8层	100034	88366253
北京君维诚信用评估有限公司	海淀区苏州街49号盈智大厦301室	100080	62637501
北京银建资信评估事务所	西城区广安门南滨河路7号南楼406室	100055	63401197
北京中贸远大信用管理有限公司	东城区安外大街东后巷28号4号楼305~306室	100710	64260918
长城资信评估有限公司	海淀区板井路69号世纪金源国际公寓6-16C	100097	88433015
北京国融工发投资咨询有限公司	朝阳区惠新东街6号乡镇企业大厦6层	100029	57587414

（6）征信机构

机构名称	地　址	邮　编	电　话
中诚信征信有限公司	海淀区中关村南大街甲10号银海大厦7层南708A	100010	57602001
考拉征信服务有限公司	海淀区丹棱街6号1幢6层703室	100084	56710999
北京宜信致诚信用管理有限公司	朝阳区建国路88号9号楼4层502室、503室	100022	59644040
网信征信有限公司	朝阳区霄云路28号网信大厦A座10层	100027	57378172
北京海智金诚信用管理有限公司	朝阳区百子湾路苹果社区北区2号楼C520室	100020	57565285
中诚信源征信有限公司	海淀区车道沟一号青东商务区B座2层	100089	88510366
北京冠捷时速信用管理有限责任公司	西城区月坛南街26号院5007室	100045	68575707

中品质协（北京）质量信用评估中心有限公司	海淀区新街口外大街23号院西区办公楼2层	100082	65136954
金电联行（北京）信息技术有限公司	朝阳区朝朝阳门外大街乙6号朝外SOHOA座21层2105室	100020	58693750
中企评协企业征信中心（北京）有限公司	海淀区紫竹院南路17号中企联招待所118室	100048	68701836
东方安卓（北京）征信有限公司	丰台区南四环西路188号15区2号楼3层303室	100068	67668577
北京中数智汇科技有限公司	西城区德胜门外合生财富广场5层K区	100088	57729866
北京国富泰信用管理有限公司	北京经济技术开发区荣华中路11号2层	100176	67801612
北京东方金诚信用管理有限公司	西城区德胜门外大街77号等6幢83号711单元、712单元	100088	62299859
北京和融通征信服务有限公司	海淀区中关村大街28－1号9层	100086	62353131
全联征信有限公司	朝阳区北辰东路8号汇欣大厦B座911室	100090	62680322
元素咨询有限公司	海淀区北坞村路23号北坞创新园北区5号楼	100195	82602272
华夏信融信息技术有限公司	朝阳区北四环中路27号盘古大观10层	100101	56766264
北京联信征信咨询有限责任公司	东城区东土城路8号林达大厦B座9E	100013	64466458
律城信核（北京）信用管理有限公司	海淀区上地东路1号院1号楼2层201室	100085	56291732
独角兽信用管理（北京）有限公司	海淀区北洼路甲3号8516室	100089	66060577
厚普征信有限公司	海淀区中关村南大街理工科技大厦1406室	100081	68948552
国诚信（北京）征信有限公司	西城区木樨地北里甲11号楼1幢408室	100038	63906506
信和汇诚信用管理（北京）有限公司	朝阳区东三环中路39号建外SOHO23号楼B－1001室内01号	100022	58140952
百融（北京）金融信息服务股份有限公司	海淀区科学院南路融科资讯中心C座北楼20层	100043	82484868
北京邦银汇通征信有限公司	朝阳区建国门外大街6号安邦金融中心	100022	85256702
北京联源智信征信服务有限公司	海淀区杏石口路甲18号1幢4层西部4008号	100195	62621616
企乐汇征信有限公司	朝阳区西大望路1号温特莱中心A座16层	100022	56580666

中大信安能信用管理有限公司	海淀区中关村南大街2号A幢2909室	100086	53801040
北京恒昌普惠征信有限公司	朝阳区光华路7号19层19B8	100020	57112154
绿盾征信（北京）有限公司	西城区阜成门外大街2号1幢7层706室	100011	58566449
北京百誉信征信有限公司	海淀区上地十街10号1幢1层CE区	100085	50803996
北京宸信征信有限公司	海淀区复兴路甲65号－A5号楼1201室	100036	62135879
天创信用服务有限公司	朝阳区朝外大街甲6号万通中心D座7层	100020	59017300
华财征信（北京）有限公司	海淀区西直门北大街甲43号1号楼801室	100044	68177808
瑞思科雷征信有限公司	朝阳区建国路108号15层1503室	100022	85215367
北京信构信用管理有限公司	海淀区中关村南大街12号科海福林大厦506室	100081	84109836
北京国石天韵征信有限公司	台区南四环西路186号四区11号楼7层	100036	59423665
望洲征信服务有限公司	东城区建国门内大街28号4幢901B区	100005	57149768
国民征信（北京）有限公司	海淀区学院路30号中关村高端人才创业基地天工大厦B座18层	100083	59447848

（7）协会、学会、商会

机构名称	地址	邮编	电话
北京市银行业协会	海淀区车公庄西路乙19号华通大厦B座北塔8层	100048	88088014
北京证券业协会	西城区金融大街35号国企大厦C座17层	100032	66568614
北京保险行业协会	朝阳区向军北里28号院1号楼瀚海文化大厦6层	100020	65859118
北京保险中介行业协会	西城区西直门成铭大厦B2座18H	100035	66008027
北京市金融业文化建设协会	西城区月坛南街79号	100045	68559162
北京期货商会	海淀区紫竹院路31号华澳中心嘉慧苑1216室	100089	52722016
北京金融街商会	西城区金融大街33号通泰大厦B座616室	100033	66574347
北京CBD金融商会	朝阳区京广中心商务楼9层	100020	65978750

北京市金融学会	西城区月坛南街 79 号	100045	68559272
北京保险学会	朝阳区向军北里 28 号院 1 号楼瀚海文化大厦 6 层	100020	65859118
北京市城市金融学会	西城区复兴门南大街 2 号天银大厦 B 座 906 室	100031	66410543
北京市钱币学会	西城区月坛南街 79 号办公楼 2001 室	100045	68559317

（8）个人本外币兑换特许业务机构

机构名称	地　址	电　话
北京联合货币兑换有限公司	顺义区首都机场 2 号航站楼 G112 号	89929360
北京渤海通汇投资咨询有限公司	西城区西长安街复兴门外大街 19 号燕京饭店 1 层	52361356
艾西益商务服务（北京）有限公司	朝阳区北辰西路 69 号峻峰华亭嘉园 C－1502 室	58772738
北京悠联货币汇兑有限公司	朝阳区和平街东土城路 12 号院 2 号楼 405 室	64489696
环九州信用管理（北京）有限公司	顺义区首都机场（新航站楼）1 号 1 层 Y117C	64597872
通济隆外币兑换（中国）有限公司北京分公司	顺义区首都国际机场 2 号航站楼	64506418
北京中汇通兑投资管理有限公司	朝阳区工人体育场北路 8 号院 3 号楼 1 层 3111－1 室	85794301
北京优汇商务服务有限公司	朝阳区建国路 99 号 9 层 909 室	65832051
首科汇济融科技（北京）有限公司	朝阳区安翔北里甲 11 号院 1 号楼 B1007 室	64842522
上海汇元通商务服务有限公司北京分公司	东城区天坛路 46 号迤北地上 1 层 198 号	85728118
上海易兑货币兑换有限公司北京分公司	海淀区花园路 2 号 28 号楼 2 层 206 号	62800705
天津渤海通汇投资咨询有限公司北京分公司	朝阳区朝阳区酒仙桥甲 4 号 3 号楼 801 室、804 室	57732267

（二）机构简介

中国农业银行股份有限公司北京中关村分行

中国农业银行股份有限公司北京中关村分行（以下简称农业银行北京中关村分行）于 2015 年 12 月 4 日由中国银行业监督管理委员会北京监管局（以下简称北京银监局）批准开业，营运资金 100 万元。

经营范围：从事同业拆借、同业存款、同业借款；办理票据贴现；买卖政府债券、金融债券；代理发行、代理兑付、承销政府债券；买卖、代理买卖股票以外的外币有价证券；买卖、代理买卖外汇；金融衍生业务；代理及自营贵金属业务；总行在中国银行业监督管理委员会（以下简称银监会）批准的业务范围内授权的业务。

农业银行北京中关村分行内设公司业务一部、公司业务二部、公司业务三部、零售业务部、风险管理部、综合管理部、科技与金融部 7 个部门，共有员工 48 人。

行长：汪学军

地址：北京市海淀区知春路 6 号

邮编：100091

电话：010 - 82270080 - 1038

（李慧）

北京平谷新华村镇银行股份有限公司

北京平谷新华村镇银行股份有限公司（以下简称北京平谷新华村镇银行）于 2015 年 4 月 13 日经北京银监局批准正式成立，同年 11 月 16 日正式对外营业。

北京平谷新华村镇银行由安徽省马鞍山农村商业银行发起设立，注册资本为 20 000 万元。其中，马鞍山农村商业银行出资 11 000 万元，占比 55%；北京同创汽车部件公司、北京市谷财集团公司等 9 家企业出资 9 000 万元，占比 45%。

经营范围：吸收公众存款；发放短期、中期和长期贷款；办理国内结算；办理票据承兑与贴现；从事同业拆借；从事银行卡（借记卡）业务；代理发行、代理兑付、承销政府债券；代理收付款项及代理保险业务；经银行业监督管理机构批准的其他业务。

北京平谷新华村镇银行内设办公室、市场部、营业部、财务部和合规风险部 5 个部门，在册员工 26 人，

董事长：陈超

行长：张国际

地址：北京市平谷区迎宾花园 4 号楼 1 ~ 3 层

邮政编码：101200

联系电话：010 - 89999790

（朱云鹰）

法国外贸银行股份有限公司北京分行

法国外贸银行股份有限公司北京分行于2015年4月27日正式开业，营运资金为2亿元人民币等值的自由兑换货币。

经营范围：吸收公众存款；发放短期、中期和长期贷款；办理票据承兑与贴现；买卖政府债券、金融债券，买卖股票以外的其他外币有价证券；提供信用证服务及担保；办理国内外结算；买卖、代理买卖外汇；代理保险；从事同业拆借；提供保管箱服务；提供资信调查和咨询服务；经银监会批准的其他业务。

行长：贾卫

地址：北京市东城区东长安街1号东方广场东方经贸城东一办公楼12层2室

邮编：100738

电话：010－69000588

传真：010－85199169

（何龙）

美国富国银行有限公司北京分行

美国富国银行有限公司北京分行于2015年6月26日正式成立，营运资金为2亿元人民币等值的的自由兑换货币。

业务范围：吸收公众存款；发放短期、中期和长期贷款；办理票据承兑与贴现；买卖政府债券、金融债券，买卖股票以外的其他外币有价证券；提供信用证服务及担保；办理国内外结算；买卖、代理买卖外汇；代理保险；从事同业拆借；提供保管箱服务；提供资信调查和咨询服务；经银监会批准的其他业务。

行长：万茂佳

地址：北京市西城区金融大街7号英蓝国际金融中心7层F721～F723单元

邮编：100033

电话：010－59407888

传真：010－65179097

（何龙）

清华控股集团财务有限公司

清华控股集团财务有限公司于2014年7月8日获准筹建，2015年4月9日获准开业，注册资本金10亿元，清华控股公司持股100%。

经营范围：对成员单位办理财务和融资顾问、信用鉴证及相关的咨询、代理业务；协助成员单位实现交易款项的收付；经批准的保险代理业务；对成员单位提供担保；办理成员单位之间的委托贷款；对成员单位办理票据承兑与贴现；办理成员单位之间的内部转账结算及相应的结算、清算方案设计；吸收成员单位的存款；对成员单位办理贷款及融资租赁；从事同业拆借。

负责人：龙大伟

地址：北京市海淀区中关村东路1号院8号楼清华科技园科技大厦A座10层

邮编：100084

电话：010－82159898

传真：010－82159388

中国黄金集团财务有限公司

中国黄金集团财务有限公司于2014年8月19日获准筹建，2015年5月12日获准开业，注册资本金10亿元，中国黄金集团公司持股51%，中国黄金公司持股49%。

经营范围：对成员单位办理财务和融资顾问、信用鉴证及相关的咨询、代理业务；协助成员单位实现交易款项的收付；经批准的保险代理业务；对成员单位提供担保；办理成员单位之间的委托贷款；对成员单位办理票据承兑与贴现；办理成员单位之间的内部转账结算及相应的结算、清算方案设计；吸收成员单位的存款；对成员单位办理贷款及融资租赁；从事同业拆借。

负责人：刘冰

地址：北京市东城区安定门外大街 9 号 1 层

邮编：100010

电话：010－56353750

传真：010－56353769

中国核工业建设集团财务有限公司

中国核工业建设集团财务有限公司于 2014 年 11 月 24 日获准筹建，2015 年 5 月 12 日获准开业，注册资本金 10 亿元，中国核工业建设集团公司持股 10%，中国核工业建设公司持股 90%。

经营范围：对成员单位办理财务和融资顾问、信用鉴证及相关的咨询、代理业务；协助成员单位实现交易款项的收付；经批准的保险代理业务；对成员单位提供担保；办理成员单位之间的委托贷款；对成员单位办理票据承兑与贴现；办理成员单位之间的内部转账结算及相应的结算、清算方案设计；吸收成员单位的存款；对成员单位办理贷款及融资租赁。

负责人：陈书堂

地址：北京市西城区车公庄大街 12 号核建大厦 2 层东侧

邮编：100037

电话：010－88306215

传真：010－88306217

物美商业财务有限责任公司

物美商业财务有限责任公司于 2014 年 7 月 8 日获准筹建，2015 年 5 月 14 日获准开业，注册资本金 5 亿元，北京物美商业集团公司持股 70%，北京物美综合超市公司持股 15%，杭州天天物美商业公司持股 15%。

经营范围：对成员单位办理财务和融资顾问、信用鉴证及相关的咨询、代理业务；协助成员单位实现交易款项的收付；经批准的保险代理业务；对成员单位提供担保；办理成员单位之间的委托贷款；对成员单位办理票据承兑与贴现；办理成员单位之间的内部转账结算及相应的结算、清算方案设计；吸收成员单位的存款；对成员单位办理贷款及融资租赁；从事同业拆借。

负责人：许少川

地址：北京市海淀区西四环北路 158 号慧科大厦 12 层

邮编：100142

电话：010－88192008

传真：010－88306217

北京金融街集团财务有限公司

北京金融街集团财务有限公司于 2014 年 10 月 10 日获准筹建，2015 年 6 月 29 日获准开业，注册资本金 8 亿元，北京金融街投资（集团）公司持股 100%。

经营范围：对成员单位办理财务和融资顾问、信用鉴证及相关的咨询、代理业务；协助成员单位实现交易款项的收付；经批准的保险代理业务；对成员单位提供担保；办理成员单位之间的委托贷款；对成员单位办理票据承兑与贴现；办理成员单位之间的内部转账结算及相应的结算、清算方案设计；吸收成员单位的存款；对成员单位办理贷款及融资租赁。

负责人：任庆和

地址：北京市西城区真武庙路四条8号院

邮编：100045

电话：010－68065876

传真：010－68065889

首钢集团财务有限公司

首钢集团财务有限公司于2014年12月22日获准筹建，2015年6月29日获准开业，注册资本金20亿元，首钢总公司持股80%，北京首钢建设投资公司持股20%。

经营范围：对成员单位办理财务和融资顾问、信用鉴证及相关的咨询、代理业务；协助成员单位实现交易款项的收付；经批准的保险代理业务；对成员单位提供担保；办理成员单位之间的委托贷款；对成员单位办理票据承兑与贴现；办理成员单位之间的内部转账结算及相应的结算、清算方案设计；吸收成员单位的存款；对成员单位办理贷款及融资租赁。

负责人：王洪军

地址：北京市石景山区古城大街36号院1号楼

邮编：100043

电话：010－88295319

传真：010－88295318

中国铁路财务有限责任公司

中国铁路财务有限责任公司于2013年7月5日获准筹建，2015年7月13日获准开业，注册资本金100亿元，中国铁路总公司持股95%，中国铁道科学研究院持股5%。

经营范围：对成员单位办理财务和融资顾问、信用鉴证及相关的咨询、代理业务；协助成员单位实现交易款项的收付；经批准的保险代理业务；对成员单位提供担保；办理成员单位之间的委托贷款；对成员单位办理票据承兑与贴现；办理成员单位之间的内部转账结算及相应的结算、清算方案设计；吸收成员单位的存款；对成员单位办理贷款及融资租赁；从事同业拆借。

负责人：史跃梅

地址：北京市海淀区北蜂窝路5号院1－1楼

邮编：100038

电话：010－ 51875809

传真：010－51875819

中国电建集团财务有限责任公司

中国电建集团财务有限责任公司于2015年7月9日获准筹建，2015年12月10日获准开业，注册资本金50亿元，中国电力建设集团公司持股3%，中国电力建设公司持股94%，中国水电工程顾问集团公司持股3%。

经营范围：对成员单位办理财务和融资顾问、信用鉴证及相关的咨询、代理业务；协助成员单位实现交易款项的收付；经批准的保险代理业务；对成员单位提供担保；办理成员单位之间的委托贷款；对成员单位办理票据承兑与贴现；办理成员单位之间的内部转账结算及相应的结算、清算方案设计；吸收成员单位的存款；对成员单位办理贷款及融资租赁。

负责人：孙璀

地址：北京市海淀区西直门外大街168号腾达大厦8层

邮编：100044

电话：010－58368982

传真：010－88576268

（高遐天）

银河期货有限公司北京分公司

银河期货有限公司北京分公司（以下简称银河期货北京分公司）筹建于2014年10月，2015年3月2日正式开业。银河期货北京分公司作为银河期货公司的分支机构，行使对北京辖区现有及拟设营业部的日常管理职责，并负责对辖区内营业部的经营风险进行有效控制和管理。截至年末，银河期货北京分公司实现年收入1 679.10万元，净利润522.96万元。

经营范围：商品期货经纪业务、金融期货经纪业务。

机构设置：综合管理部、财务管理部、客户服务部及四个业务部门，共有员工25人。

负责人：秦霈

地址：北京市朝阳区朝外大街16号中国人寿大厦1303～1306单元

南华期货股份有限北京分公司

南华期货股份有限公司北京分公司（以下简称南华期货北京分公司）筹建于2014年10月，2015年3月19日正式开业。南华期货北京分公司作为南华期货有限公司的分支机构，分管哈尔滨、沈阳、大连、北京、青岛、郑州、兰州营业部。2015年，南华期货北京分公司日均权益7.3亿元，利润产值2 300万元。

经营范围：商品期货经纪、金融期货经纪、期货投资咨询、资产管理。

机构设置：创新业务部、农产品研发中心、综合办公室，共有员工101人。

负责人：唐启军

地址：北京市西城区宣武门外大街28号富卓大厦801室

邮编：100052

电话：010－63150242

传真：010－63150242

东方汇金期货有限公司北京分公司

东方汇金期货有限公司北京分公司于2014年12月开始筹建，2015年4月20日取得工商营业执照，6月25日取得经营许可证。

地址：北京市东城区西滨河路8号院7楼东塔5层07单元

邮编：100077

电话：010－59947928

传真：010－59947855

投诉电话：010－59947955

邮箱：beijingfengongsi@ dfhjqh. com

中信期货有限公司北京分公司

中信期货有限公司北京分公司于2015年4月开始筹建，同年5月19日正式成立。

经营范围：商品期货经纪、金融期货经纪、期货投资咨询和基金销售。

机构设置：内设3个业务部门和3个中后台部门，共有员工28人。

负责人：葛红（女）

地址：北京市东城区广渠门内大街47号雍贵中心A座

邮编：100062

电话：010－57762888

传真：010－57762999

大地期货有限公司北京分公司

大地期货有限公司北京分公司（以下简称为大地期货北京分公司）筹建于2015年10月18日，同年12月2日正式开业。

经营范围：商品期货经纪、金融期货经纪。

机构设置：客服部、财务部、资产管理部、投资咨询部，共有员工6人。

负责人：杨光（女）

地址：北京市海淀区车公庄西路乙19号6层621室

邮编：100048

电话：010－88019159

传真：010－88019597

混沌天成期货股份有限公司北京营业部

混沌天成期货股份有限公司北京营业部成立于2015年4月8日，年末客户权益规模4 366.8万元，累计开户数量123户，共有从业人员10人。

经营范围：商品期货经纪、金融期货经纪。

负责人：李宏涛

地址：北京市丰台区广安路9号院3号楼1311～1315号

邮编：100055

电话：010－63397982

传真：010－63397182

国联期货股份有限公司北京营业部

国联期货股份有限公司北京营业部于2015年9月1日设立。

地址：北京市朝阳区北辰西路69号8至9层3单元1009室

邮编：100029

电话：010－58773608

上海东证期货有限公司北京朝阳门营业部

上海东证期货有限公司北京朝阳门营业部于2015年2月开始筹建，同年9月正式营业。截至年末，总成交量275 768亿手，成交额165.84亿元，保证金余额0.56亿元，开户数量849个。

经营范围：商品期货经纪、金融期货经纪、期货投资咨询、资产管理、基金销售等业务。

机构设置：财务部、风控部、客服部、技术部、营销部，共有员工8人。

负责人：曲彤

地址：北京市朝阳区三丰北里7号悠唐国际B座19层

邮编：100020

电话：010－65539951

传真：010－63220398－616

兴业期货有限公司北京营业部

兴业期货有限公司北京营业部成立于2015年10月19日，年末客户权益规模764.81万，累计开户数量84户，共有从业人员6人。

经营范围：货经纪业务、资产管理业务。

负责人：梁慧勇

地址：北京市朝阳区朝阳门北大街20号兴业银行大厦25层

电话：010－69000863

传真：010－69000899

华金期货有限公司
北京朝阳路营业部

2015年10月20日，华金期货有限公司在北京设立了第一家分支机构——华金期货有限公司北京朝阳路营业部，许可证号：31761001。

经营范围：商品期货经纪、金融期货经纪。

负责人：李凯

地址：北京市朝阳区东三环北路泰康金融大厦10层1016室

邮编：100026

电话：010－58140611/010－58140610

网址：http：//www.huajinqh.com

中电投先融期货有限公司
北京营业部

中电投先融期货有限公司北京营业部于2015年11月正式设立并开业。

经营范围：经纪业务和资产管理业务。

机构设置：网络营销部、产业开发部、金融业务部，共有员工4人。

负责人：张翼翔

地址：北京市朝阳区东大桥路8号SOHO尚都北塔A座

邮编：100020

电话：010－53658278

传真：010－53658278

劳合社保险（中国）有限公司
北京分公司

劳合社保险（中国）有限公司北京分公司是劳合社保险（中国）有限公司经保监会批准在北京设立的分公司，于2015年1月9日获得保监会开业批准，2月9日完成工商注册登记，3月16日正式对外营业。

经营范围：经营除法定保险以外的下列直接保险业务；财产损失保险、责任保险、信用保险、保证保险等财产保险；短期健康保险、意外伤害保险；为支持总公司非寿险再保险业务及转分保业务为目的而进行的市场开发和相关客户服务。

机构设置：市场发展部、财务部、承保部、法律合规部、信息技术部、行政部，在职员工11人。

负责人：陈松林

地址：北京市朝阳区建国门外大街1号国贸写字楼1座

邮编：100004

电话：010－85264800

传真：010－85264816

（李响）

北大方正人寿保险有限公司北京分公司

北大方正人寿保险有限公司北京分公司于2015年3月23日正式开业。

经营范围：在北京市行政辖区内经营下列业务（法定保险业务除外）：人寿保险、健康保险和意外伤害保险等保险业务；上述业务的再保险业务。

机构设置：总经理室、个险业务部、团体保险部、财务管理部、医疗管理部、保单运营部、综合管理部，共有员工27人。

负责人：王立学

地址：北京市海淀区北四环西路52号方正国际大厦

邮编：100080

电话：010－62837333

传真：010－62692088

苏黎世财产保险（中国）有限公司北京分公司

苏黎世财产保险（中国）有限公司北京分公司于2015年7月6日正式挂牌营业。

经营范围：财产损失保险、责任保险（包括机动车交通事故责任强制保险）、信用保险、保证保险等财产保险业务；短期健康险、意外伤害险；上述业务的再保险业务。

机构设置：核保部、渠道部、理赔部、人事部、财务部、市场与企业传播部、法律合规部、行政部、IT部，共有员工19人。

负责人：陈力骁

地址：北京市朝阳区曙光西里甲5号院21号楼凤凰置地广场F座写字楼6层603C、607C

邮编：100028

电话：010－84547999

传真：010－84547766

泰山财产保险股份有限公司北京分公司

泰山财产保险股份有限公司北京分公司于2015年7月20日正式成立。

经营范围：财产损失保险；责任保险；信用保险和保证保险；短期健康险和意外伤害险；上述业务的再保险业务；经中国保险监督管理委员会（以下简称保监会）批准的其他业务。

机构设置：行政人事部、计划财务部、业务管理部、客户服务部、综合业务部等，共有员工12人。

负责人：叶桂君

地址：北京市西城区西直门外大街1号院3号楼23D1－D3A

电话：010－50838500

传真：010－50838500

安邦养老保险股份有限公司北京分公司

安邦养老保险股份有限公司北京分公司于2015年08月07日正式开业。

经营范围：团体养老保险及年金业务、个人养老保险及年金业务、短期健康保险业务、意外伤害保险业务、经保监会批准的其他业务。

机构设置：总经理室、银保业务部、团险业务部、综合管理部、运营部，共有员工 20 人。

负责人：魏巍

地址：北京市海淀区彩和坊路 11 号

邮编：100080

电话：010－85256650

传真：010－85257694－6650

复星保德信人寿保险有限公司北京分公司

复星保德信人寿保险有限公司北京分公司于 2015 年 8 月 19 日正式开业。

经营范围：人寿保险、健康保险和意外伤害保险等保险业务；上述业务的再保险业务。

机构设置：总经理室、银行保险业务部、个险业务部、综合财务部、运营部，共有员工 48 人。

负责人：王北蓉

地址：北京市朝阳区朝阳北路 237 号复星国际中心 28 层

邮编：100020

电话：010－56300888

传真：010－85715205

太保安联健康保险股份有限公司北京分公司

太保安联健康保险有限公司北京分公司于 2015 年 11 月 3 日正式开业。

经营范围：各种人民币和外币的健康保险业务、意外伤害保险业务；与国家医疗保障政策配套、受政府委托的健康保险业务；上述业务的再保险业务；与健康保险有关的咨询服务业务及代理业务；国家法律、法规允许的资金运用业务；保监会批准的其他业务。

机构设置：总经理室、合作业务一部、合作业务二部、直销业务部、营运部、综合部，共有员工 16 人。

负责人：周卿

地址：北京市东城区东方广场 C1 区 501 室

邮编：100005

电话：010－58045303

（秦琨）

北京睿财小额贷款有限责任公司

成立时间：2015 年 2 月 28 日

公司类型：其他有限责任公司

注册资本金：5 000 万元

经营项目：在房山区范围内发放贷款。

法人代表：田广良

地址：北京市房山区瑞雪春堂三里 1 号楼 1－1

电话：010－60338093

北京农信小额贷款有限公司

成立时间：2015 年 3 月 23 日

公司类型：有限责任公司（法人独资）

注册资本金：20 000 万元

经营项目：在北京市区域范围内发放贷款。

法人代表：杨健

地址：北京市海淀区中关村大街 27 号中关村大厦 15 层 1506 室

电话：010－62698801

北京中金城开小额贷款有限公司

成立时间：2015 年 4 月 16 日

公司类型：有限责任公司（台港澳与内地合资）

注册资本金：40 000 万元

经营项目：在北京市密云区内发放贷款；在北京市小城镇发展基金（有限合伙）重点扶植的北京市 182 个乡镇发放贷款。

法人代表：关雪玲

地址：北京市密云区花园小区 1－23

电话：010－52723268

北京诺安小额贷款有限责任公司

成立时间：2015 年 4 月 23 日

公司类型：其他有限责任公司

注册资本金：10 000 万元

经营项目：在朝阳区范围内发放贷款。

法人代表：张秦玚

地址：北京市朝阳区光华路甲 14 号 1 幢 1201 内 1502 室

电话：010－51309991

北京德信润鑫小额贷款有限公司

成立时间：2015 年 5 月 7 日

公司类型：有限责任公司（自然人投资或控股）

注册资本金：5 000 万元

经营项目：在房山区范围内发放贷款。

法人代表：史世驯

地址：北京市房山区拱辰街道政通路 12 号 1 号楼 8 层 818 室

电话：010－89362966

北京祥云小额贷款有限责任公司

成立时间：2015 年 5 月 29 日

公司类型：其他有限责任公司

注册资本金：10 000 万元

经营项目：在东城区范围内发放贷款。

法人代表：王学辉

地址：北京市东城区安定门外大街 136 号地坛体育大厦 4 层 A0406－145

电话：010－82743638

北京金钊源小额贷款有限公司

成立时间：2015 年 6 月 1 日

公司类型：其他有限责任公司

注册资本金：5 000 万元

经营项目：在朝阳区范围内发放贷款。

法人代表：梁德钊

地址：北京市朝阳区潘家园南里甲 21 号临 106 号

电话：010－53016888

北京拉卡拉小额贷款有限责任公司

成立时间：2015 年 6 月 16 日

公司类型：有限责任公司（法人独资）

注册资本金：60 000 万元

经营项目：在北京市区域范围内发放贷款。

法人代表：徐氢

地址：北京市海淀区丹棱街 6 号 1 幢

708 室

电话：010－56710999－282

北京文创小额贷款股份有限公司

成立时间：2015 年 7 月 21 日

公司类型：其他股份有限公司（非上市）

注册资本金：10 000 万元

经营项目：在东城区范围内发放贷款。

法人代表：葛莉

地址：北京市东城区安定门东大街28 号 2 号楼 2 层 207 室

电话：010－64097387

北京德信隆小额贷款有限公司

成立时间：2015 年 9 月 22 日

公司类型：其他有限责任公司

注册资本金：5 000 万元

经营项目：在通州区范围内发放贷款。

法人代表：赵继东

地址：北京市通州区翠景北里 1 号楼1707 室

电话：010－60520010

北京科泰金荣小额贷款有限责任公司

成立时间：2015 年 11 月 3 日

公司类型：其他有限责任公司

注册资本金：6 000 万元

经营项目：在延庆区范围内发放贷款。

法人代表：邱慧

地址：北京市延庆区延庆镇百泉街10 号 C 幢 117 室

电话：010－82815177

北京菜篮子小额贷款股份有限公司

成立时间：2015 年 11 月 5 日

公司类型：其他股份有限公司（非上市）

注册资本金：20 500 万元

经营项目：在北京市范围内发放贷款。

法人代表：白仙畔

地址：北京市大兴区黄村镇海鑫路8 号

电话：010－63269030

北京润丰元大小额贷款有限公司

成立时间：2015 年 11 月 6 日

公司类型：其他有限责任公司

注册资本金：10 000 万元

经营项目：在昌平区范围内发放贷款。

法人代表：杨晓青

地址：北京市昌平区东小口镇立汤路179 号院 1 号楼

电话：010－65206795

北京首融小额贷款有限公司

成立时间：2015 年 11 月 6 日

公司类型：其他有限责任公司

注册资本金：5 000 万元

经营项目：在北京市密云区范围内发放贷款。

法人代表：朱忠择

地址：北京市密云区鼓楼东大街 27 号 1 ~2 层 2 号 2 层

电话：010 －69062036

北京城融小额贷款有限公司

成立时间：2015 年 11 月 9 日

公司类型：其他有限责任公司

注册资本金：5 000 万元

经营项目：在北京市密云区范围内发放贷款。

法人代表：王俊杰

地址：北京市密云区鼓楼东大街 27 号

电话：010 －69062036

北京农投小额贷款有限公司

成立时间：2015 年 11 月 11 日

公司类型：有限责任公司（法人独资）

注册资本金：20 000 万元

经营项目：在北京市范围内发放贷款、财务咨询（不得开展审计、验资、查账、评估、会计咨询、代理记账等需经专项审批的业务，不得出具相应的审计报告、验资报告、查账报告、评估报告等文字材料）。

法人代表：江浩

地址：北京市大兴区青云店镇民营科技园敬业路 1 号 3 幢 3 层 302 室

电话：010 －50950834

北京红木交易中心有限公司

北京红木交易中心有限公司经北京市人民政府批准于 2016 年 1 月 28 日注册成立，注册资金 1 亿元，主要股东为北京富华永嘉置业有限公司、北京富华永利实业有限公司。

经营范围：提供红木等名贵硬木及其制品、艺术品的交易服务；道路货物运输；经济贸易咨询；技术服务；技术咨询；计算机技术培训；展览展示服务；红木检验、检测。

北京红木交易中心有限公司下设市场部、运营部、研发部、技术部、综合管理部、财务部等 8 个部门及上海和福建办事处，共计员工 40 人。

法定代表人：赵勇

地址：北京市朝阳区建国路 27 号紫檀大厦

邮编：100025

电话：010 －85752509

北京国际浆纸交易中心有限公司

北京国际浆纸交易中心有限公司经北京市人民政府批准于 2015 年 8 月 12 日注册成立，注册资本 5 000 万元，股东为北京京纸集团有限公司和北京一轻控股有限责任公司。

经营范围：纸张纸浆交易业务；装卸业务；道路货运代理；国际货运代理；会议服务；承办展览展示；市场调查；企业形象策划；项目投资；技术咨询、技术开发、技术推广、技术服务；货物进出口；技术进出口；出租商业用房；出租办公用房；物业管理。

总经理：王番

地址：北京市朝阳区广渠路 39 号院 1 号楼

邮编：100022

电话：010 －67043080

传真：010 －67043080

（三）北京金街协会、商会、学会活动简介

北京市银行业协会

组织机构与负责人

会　长：王金山（北京农村商业银行党委书记、董事长）

副会长：杨书剑（北京银行副行长）

龚　萍（中国工商银行北京市分行副行长）

滕红军（花旗银行（中国）有限公司北京分行行长）

专职副会长：李　阳

监事长：马　宁（中国光大银行北京分行常务副行长）

秘书长：李　阳

会员单位

2015 年末，共有会员 92 家。其中，中资会员 48 家（银行机构 40 家、非银行金融机构 8 家）；外资会员 44 家（银行机构 36 家、非银行金融机构 1 家、外资金融机构代表处 7 家）。

联系方式

地址：北京市海淀区车公庄西路乙 19 号华通大厦 B 座北塔 8 层

邮编：100048

传真：010－88018014

电子邮箱：office@ bbanet. org

重要活动

2 月 3 日，北京市银行业协会（以下简称协会）主办的“2014 北京榜样——首都银行榜样”表彰大会顺利召开，北京市委宣传部、首都文明办、中国银行业协会、北京市金融工会和 40 个会员单位的代表及 100 多名榜样候选人参加了会议。

2 月 5 日，协会召开第十次会员大会，76 家会员单位和 7 家准会员单位代表参加。会议选举产生了第七届理事会选任理事单位和监事会成员单位，北京农商银行成为新任会长单位；招商银行北京分行、国家开发银行北京市分行、中国农业发展银行北京市分行、天津银行北京分行、汇丰银行北京分行、花旗银行北京分行、东亚银行北京分行当选为第七届理事会选任理事单位；中国光大银行北京分行、中国民生银行北京分行、渣打银行北京分行当选为第七届监事会成员单位。

2 月 10 日，协会组织召开 2014 年度北京市银行业特色服务示范单位表彰暨经验交流会，各会员单位代表、获奖单位代表 150 余人参加了会议。41 家特色服务示范单位和 10 家优秀组织奖获奖单位受到表彰。

3 月 15 日，协会参加了中国银行业协会在京召开的《2014 年度中国银行业服务改进情况报告》发布暨文明规范服务千佳示范单位表彰会。北京地区有 48 家网点获得“2014 年度中国银行业文明规范服务千佳示范单位”称号，58 家网点获得“中国银行业文明规范服务五星级营业网点”称号，协会荣获 2014 年度中国银行业文明规范服务工作最佳组织奖。

3 月 23 日，协会召开利率市场化改

革及商业银行存款利率自主定价专题研讨会。中国银行业协会行业服务总监周永发出席并做总结讲话。26 家银行的相关部门负责人共计 40 余人参会，并就“商业银行存款利率自主定价的发展趋势及应对措施”展开了探讨交流。

4 月 22 ~ 27 日，协会连续组织开展了业务创新、客户营销、关爱特殊群体、网点管理四类特色服务示范单位经验交流活动。

4 月 29 日，协会召开个人理财业务经验交流会，17 家个人理财业务联席会成员单位的部门负责人参会。会议明确了新环境下银行理财业务转型的发展方向及业务开展思路。

5 月 8 日，协会召开“三农”金融服务政策解读研讨会。北京市农业委员会委三农政策研究室魏惠东主任、产业处齐智处长分别就现阶段的“三农”政策及“三农”金融问题进行了解读。

5 月 26 日，协会组织召开辖内外资银行外汇管理政策培训会。北京外汇管理部资本项目管理处工作人员就最新外汇管理政策改革进行了解读。

5 月 31 日，协会启动“2015 年度北京市银行业普及金融知识万里行”活动。

6 月 1 日，协会微信公众平台正式上线。为“2015 年北京银行业打击非法集资宣教活动”开设了微信公众号并开辟“打击私售”专栏，截至 8 月 31 日宣教活动结束，共刊发文章 116 篇，其中最大阅读量为 2 870 次，平均阅读次数达 141 次，总计阅读量达 16 405 人次。

6 月 10 日，协会联合《法制日报》共同举办“首都银行业合规化、法治化新常态研讨会”，邀请法律专家与各单位就合规建设中的相关问题进行座谈，18 家会员单位宣传部门和法律合规部门的负责人共 32 人参加了会议。

6 月 16 日，协会与北京晨报社联合主办 2015 年“城商行小微金融服务”论坛，7 家城市商业银行行长参加论坛，分享了各行在小微金融领域的成果，座谈了合力促进小微企业发展的工作思路。

6 月 25 日，协会召开私人银行业务经验交流会，16 家成员单位的私人银行业务负责人共 31 人参加了会议。本次会议的主题是“就 2015 年中国高净值人群调研结果，从各行产品体系、特色业务、公私联动、增值服务等方面交流获客经验”。

7 月 21 日，协会召开利率市场化中的商业银行定价管理研讨会，与会代表分别就当前新形势下利率市场化程度不断提高、互联网金融加速推进、风险管理难度加强等问题进行了探讨。

8 月 5 日，协会举办北京市银行业协会中关村国家自主创新示范区金融业务服务工作委员会成立大会。该委员会共有成员单位 31 家，中国工商银行北京市分行当选为主任单位。

8 月 14 日，协会召开金融资产创新发展研讨会暨 2015 年金融资产服务委员会高级管理人员工作会议。人行营业管理部姜再勇副主任到会并做了题目为《金融资产管理产品的流动性风险传导及其治理》的专题授课，各行领导分别结合本行的业务发展情况进行交流与沟通。

9 月 12 ~ 13 日，协会联合北京市残疾人福利基金会举办手语培训班，来自 17 家会员单位的 150 余名一线服务人员参加了培训。

9 月，协会启动“小微企业综合金融业务服务客户经理知识竞赛”，34 家单位的150余人参加了活动。北京银行、中国工商银行北京市分行、中国建设银行北京市分行、中信银行总行营业部、中国银行北京市分行、平安银行北京分行获得前6名。

10月8日，协会组织召开社区银行创新发展研讨会，37家银行相关部门的负责人共计60余人参加了会议。

10月8～28日，协会组织开展2015年度北京市银行业特色服务示范单位评选工作。通过对91家单位的材料初评、55家单位的现场测评，有49家单位达到特色服务示范单位的标准。

10月13日，协会召开北京市银行业服务小微企业媒体见面会，7家会员单位、13家主流媒体参会并进行了座谈。

11月11～13日，协会举办2015年银行高管培训班，共有40家会员单位的109名支行长及后备干部参加了培训。

12月1日，协会举办“财富管理——服务百姓生活”媒体见面会，8家会员单位、11家主流媒体参会并进行了座谈。

12月29日，中国银行业协会印发《关于命名中国银行业文明规范服务五星级、四星级、三星级营业网点的决定》，公布了全国星级网点。北京地区共命名了54家五星级营业网点、56家四星级营业网点和62家三星级营业网点。

（任浩杰）

北京证券业协会

组织机构与负责人

理事长：朱云来

秘书长：周　雷

会员单位

2015年末，共有会员单位457家。其中，证券公司19家，证券分公司52家，基金管理公司20家，证券营业部361家，证券投资咨询公司5家。

联系方式

地址：北京市西城区金融大街35号国际企业大厦C座17层

邮编：100032

电话：010－66568614

传真：010－66568583

网址：http：//www. sabbj. org

电子邮箱：bjzq@163. com

重要活动

1月22日，北京证券业协会（以下简称协会）召开“自律规范委员会第二次全体会议”，北京证监局、自律规范委员会22名委员、协会工作人员参加会议。会议审议通过了自律规范委员会副主任变更事项，讨论了2015年委员会工作计划。北京证监局的工作人员详细讲解了《证券营业部监管分类评价》的新要求、新变化。

3月4～6日，协会举办“北京地区OTC金融衍生品市场及交易工具培训”，北京地区证券、基金从业人员70余人参加。

3月11日，协会联合北京市金融工会在北京市总工会职工大学学术报告厅举办“高效工作、幸福生活之道”专题讲座。证券、基金行业职工近200余人参加了讲座。

3月19～20日，协会与中国证券业协会联合举办北京地区证券公司分支机构投诉处理培训班。北京地区证券、基金、投资咨询公司投诉处理或客户服务的相关负责人及业务骨干共300余人报名参加。中国证券业协会证券纠纷调解中心主任谈志琦、证监会投资者保护局王琨、原北京保险行业协会副秘书长王小河、中国银河证券公司经纪管理总部总经理陈笑天授课，并与学员们进行了交流。

5月13日，协会召开“投行质控业务委员会第一次全体会议暨成立大会”。会议围绕《议事规则》、2015年委员会工作计划展开讨论，对委员会未来工作提出建议；并按照《北京证券业协会专业委员会管理办法》，全体通过了主任委员相辉、副主任委员张海燕、石芳、王宗奇、张业丰的人选。

5~6月，协会联合上海证券交易所、中国证券业协会举办“期权总动员”系列培训班。来自北京地区的90余家证券经营机构的期权业务骨干及已开立沪市证券账户、具备或接近期权开户条件的个人投资者共700余人参加了培训。

6月9日，协会联合《证券日报》社召开“北京地区基金公司投资者保护工作交流会”，24家公募基金管理公司、4家具有公募基金业务资格的证券公司相关业务人员约50人参加了会议。中国证券投资者保护基金公司投教部工作人员就“公平在身边”投资者保护专项活动及成立证券期货纠纷调解组织等内容做了介绍，部分基金管理公司的工作人员介绍了智能机器人客服系统的使用情况。

6月17~18日，协会与中国金融期货交易所共同举办了两期“中金所周周开讲暨金融期货系列培训班”。北京证监局、北京地区50余家证券公司分支机构从事投资者教育、客户服务、市场开发等业务的负责人共350余人参加了培训。

6月24日，协会协助北京证监局机构处召开“北京辖区证券分支机构负责人专题培训”。来自北京地区的419家证券分支机构的430余名负责人参加了培训。会议要求辖区证券分支机构负责人进一步规范履职行为，增强守法合规和自我规范意识。

6月26日，协会举办“第四届北京证券业人力资源经理人联席会”，来自证券、基金行业的50余名人力资源经理人出席了会议。此次联席会联合上海财经大学商学院共同策划活动，与2015年北京金融业人力资源管理峰会同期进行，与会专家分别就不同人力资源相关专题进行了演讲。同时，第四届轮值主席信达证券人力资源部总经理冷梅接替了上届中信建投证券人力资源部总经理周笑予的联席会轮值工作。

7月8日，协会召开“合规专业委员会第三次全体会议”，北京证监局局长助理徐彬、合规专业委员会的委员和北京证监局机构一处、二处及协会相关工作人员参加了会议。

9月10~11日，协会召开“资管业务委员会第三次全体会议”，北京证监局徐彬副局长、资管业务委员会全体委员和北京证监局机构一处、二处及协会相关工作人员参加了会议。会议就国内宏观经济形势及国外主流资产管理公司的机构业务模式，由专家进行主题演讲；各位委员就在新形势下如何做大做强证券资管业务，有效防范风险展开研讨，并提出了有针对性的意见与建议。

9月17日，协会与中国证券业协会联合举办“北京地区证券公司分支机构经纪业务转型与财富管理培训班”，北京地区证券经营机构负责人及相关业务骨干共350人参加了培训。

9月22~29日，协会召开经纪业务委员会二届第二次和第三次主任委员会议。各位代表围绕证券经纪业务中“证券分支机构管理”和“人员管理”两方面展开讨论，并提出监管意见与建议。

10月13日，北京证监局、协会召开自律规范委员会第三次全体会议。协会介绍了金融产品报备工作情况；银河证券北京分公司总经理赵宏亮介绍了北京地区各家券商经营数据统计口径的调研情况；各位委员现场填写了调查问卷，拟对上报协会的经营数据口径进行统一。

10月15日，协会与香港交易所联合举办沪港通专题培训会，来自北京地区证券公司、证券营业部及基金管理公司的400多名“沪港通”业务一线工作人员参加了会议。会上介绍了香港证券市场特点、“沪港通”交易规则及港股公司行为操作实务，并就“沪港通”最新发展、当前市场热点等议题进行了交流。

10月29日，由协会主办，信达证券、安永亚太区共同承办的“证券行业企业年金与长期激励”专题研讨会在世纪金源香山商旅酒店举办。北京地区23家证券公司、基金管理公司的30名人力资源负责人或代表参会。研讨会围绕“企业年金解决方案”与“公司长期激励”两个主题，分别由安永亚太区、东兴证券、银河证券、太平洋证券及华商基金的业务负责人进行经验交流。

11月15日至12月15日，中国证券业协会在全国开展“远离非法证券活动，传递正能量”打非宣传月活动。协会迅速转发相关活动通知，并认真组织实施。11月30日至12月4日，协会通知会员单位领取宣传海报，并在营业场所悬挂张帖，共计发放海报520张；12月10～11日，协会分别对北京地区9家证券营业部进行了走访调研。

12月16日，协会组织召开北京辖区证券公司信息系统安全研讨交流会。协会合规专业委员会全体委员及北京辖区证券公司信息技术部门负责人、信息安全管理员参加了研讨和交流。

12月，北京证监局、中证中小投资者服务中心、协会自律规范委员会联合召开以“投诉快调”研讨会。会议确定了“小额纠纷快速解决机制”的额度限制为5 000元，明确了“投诉快调”推进工作的具体流程。12月末，中证中小投资者服务中心与81家证券公司在京设立的327家营业部签署了关于促进北京地区证券纠纷解决的工作备忘录。

2015年，协会通过与中国证券业协会证券纠纷调解中心合作、网上公示协会投诉受理电话和邮箱、转办证监会“12386”热线投诉等渠道，妥善处理投资者投诉纠纷。全年共收到各种投诉事件1 040件，其中中国证券业协会证券纠纷调解中心转办33件、投资者或协会会员反映投诉4件、“12386热线”投诉1 003件；共受理办结948件，达成和解684件，和解率72.1%。

2015年，协会共制作4期会刊，发行总量近8 000册，总刊数出版至第80期；同时加快电子会刊的更新速度。

2015年，协会对北京地区证券从业人员后续培训系统进行升级改造。在系统中增加了培训课程实时发布、参训人员在线报名、培训考试成绩统计、培训课程评价等功能。认真做好从业人员后续执业培训5学时选修课的培训工作，131家会员单位的10 413人报名参加了远程培训，其中10 381人考试成绩合格。

2015年，协会完成中国证券业协会交办的4次证券从业人员全国统考、7次证券从业资格预约式考试、2次注册国际投资分析师（CIIA）考试、2 次保荐人胜任能力考试、香港证券从业人员资格考试等项工作的巡考任务 24.6 万科次；完成中国基金业协会交办的 2 次基金从业人员全国统考工作的巡考任务 4.2 万科次。12 月末，协会秘书处向中国证券业协会汇报了下半年以来有关巡考工作问题和建议，完成与中国证券业协会、中国证券投资基金业协会的考务信息核算工作。

（王永刚）

北京保险行业协会

组织机构与负责人

会　长：陈志强（北京保险行业协会）

副会长：冯贤国（中国人民财产保险公司北京市分公司总经理）

苏少军（中国太平洋财产保险公司北京分公司总经理）

李　莎（女，中国人寿财产保险公司北京市分公司总经理）

赵松来（中国人寿保险公司副总裁兼北京市分公司总经理）

徐敏彬（中国平安人寿保险公司北京分公司总经理）

何承周（泰康人寿保险公司助理总裁兼北京分公司总经理）

监事长：王　兵（中国平安财产保险公司北京分公司总经理）

秘书长：陈志强

副秘书长：陆秀萍（女）

李　枫（女）

秘书长助理：陶　鲲

会员单位

2015 年末，共有会员公司 103 家。其中，财产保险公司 44 家，人身保险公司 58 家，专业性公司 1 家。

联系方式

地址：北京市朝阳区向军北里 28 号院 1 号楼瀚海文化大厦 6 层

邮编：100020

电话：010－65859118

传真：010－65925010

网址：http：//www. biabii. org. cn

电子邮箱：biabiibgs@126. com

重要活动

1 月 1 日，北京保险行业协会（以下简称协会）58 家人身保险会员公司共同签署的《北京地区人身保险销售从业人员销售资质分类管理自律公约》正式实施。2015 年末，北京地区共有 31 054 名保险销售从业人员取得了分红保险及万能保险销售资质，1 064 人取得了投资连结保险及变额年金保险销售资质。

2 月 1 日，“12378 保险消费者投诉维权热线”北京分中心上线运行。为承接该中心转办的保险消费者维权案件，协会制定相关转办事项处理流程，方便会员公司尽快通过行业调解处理各类投诉问题。2015 年末，协会受理的“12378”热线转办保险消费者维权案件共立案 854 件，占全年立案总量的 65%。

2 月 27 日起，协会与《中国保险报》联合推出“北京保险业服务首都经济社会与民生”系列报道。全年共计报道 10 期，内容包括责任险、健康险、特色农险等。

3 月 12 日起，协会与《京华时报》联合推出“保险纠纷调解室”栏目。通过对保险合同纠纷事件的介绍和剖析，为消费者解读保险消费过程中容易被忽视的内容。全年共解读 25 个案例，网络转载 300 余篇，点击量 4 300 多次。

4月2日，北京市第一中级法院终审驳回“长达汽修”保险诈骗团伙主犯的上诉，维持原判。该案件从立案侦查到终审判决历时2年多，为近年来北京地区破获的最大一起保险欺诈案件。案件侦办期间，协会多次组织会员公司召开案情协调会，并实地暗访，搜集案件证据，为警方侦破案件和最终判决提供了有力的证据。

4月15日，协会和北京保险中介行业协会联合对2012年起实施的行业自律文件《北京人身保险销售从业人员销售行为警示信息管理暂行办法》进行修订。修订后的文件首次将公司投诉未决案件中涉及的销售从业人员纳入到行业警示信息系统供会员公司进行查询。

4月29日，协会37家财产险会员公司共同签署的《关于北京保险行业向车险客户切实履行明确说明义务的自律公约》生效。为配合公约实施，北京地区车险客户身份信息电子识别系统同时上线运行。

5月27日，协会召开第八届会员大会暨理事会第二次会议。会议选举陈志强担任协会会长。

7月5日，协会、北京保险学会联合《中国保险报》、《京华时报》、《北京商报》、腾讯·大燕网等媒体，组织58家会员公司在朝阳公园开展“保险相伴·呵护无限—7·8全国保险公众宣传日”现场咨询主题活动。同时，还与腾讯·大燕网同步推出“保险相伴·呵护无限”网页专题。

9月29日，保监会联合最高人民法院召开“全国保险纠纷诉讼与调解对接机制建设工作推进会”。会议确定北京为开展“保险纠纷诉调对接工作”全国10家试点地区之一。

10月20日，协会与北京市第四中级人民法院举行“保险纠纷诉调对接签字仪式暨典型案例新闻发布会”，双方签署了《关于建立保险纠纷诉调对接机制的实施意见》。

11月4~13日，协会举办“2015年度北京地区保险公司高级管理人员培训班”，105家保险公司的高级管理人员共计250余人参加了培训。

11月20日，协会设计开发的“事故e处理”手机客户端正式上线运行。“事故e处理”手机客户端，适用于在北京市道路上发生的机动车之间、仅造成车物损失或人员轻微伤，且车辆能够移动的交通事故。使用“事故e处理”手机客户端处理交通事故分为三个流程：拍照取证、责任认定和保险理赔。

12月15日，协会召开第八届理事会第四次通讯会议。会议增补中国平安人寿保险公司北京分公司总经理徐敏彬为协会副会长，中国平安财产保险公司北京分公司总经理王兵为协会监事长。

2015年，协会积极推动北京地区商业车险电子保单试点工作。根据监管工作要求，协会组织力量配合各公司开展电子保单系统改造，并进行系统验收，定期从车险信息平台提取电子保单业务情况数据等。截至年末，北京地区共有10家公司通过系统改造验收，累计销售商业车险电子保单6 117张。

2015年，协会新增会员公司10家。分别是长江财产保险公司北京分公司、劳合社保险（中国）有限公司北京分公司、合众财产保险公司、中国铁路财产保险自保公司、利安人寿保险公司北京分公司、北大方正人寿保险公司北京分公司、弘康人寿保险公司、复兴保德信人寿保险公司北京分公司、中法人寿保险公司、太保安联健康保险公司北京分公司。

（郝伟杰）

北京保险中介行业协会

组织机构与负责人

会　长：李永奇（航联保险经纪公司董事长）

副会长：吕　阳（英大长安保险经纪公司副总经理）

于利民（华泰保险经纪公司总经理）

黄伟坚（北京联合保险经纪公司董事长）

胡永庆（华信保险经纪公司董事长、总经理）

李　铭（达信（北京）保险经纪公司总经理）

高鹏飞（中电投保险经纪公司董事、总经理）

陈　灿（昆仑保险经纪公司董事、总经理）

腾　毅（国电保险经纪（北京）有限公司总经理）

吴云涛（泛华保险销售服务集团公司监事）

张　琪（康宏碧升保险代理公司总经理）

董宝山（北京中达信保险公估公司总经理）

监事长：张志安（江泰保险经纪公司副总裁）

秘书长：陶立新

会员公司

2015年末，共有会员单位194家。其中，保险代理公司80家，保险经纪公司89家，保险公估公司25家。

联系方式

地址：西城区西直门成铭大厦B2座18H

邮编：100035

电话：010－66008027/010－66008028

传真：010－66113349

网址：http：//www. bjbxzjxh. org. cn

电子邮箱：bjbiia@126. com

重要活动

1月8日，北京保险中介行业协会（以下简称协会）向北京市社团办、北京保监局报送《关于协会第三届会员大会暨第三届理事会第一次会议的报告》。

1月19日，协会制定《贯彻落实北京地区人身保险销售从业人员销售资质分类管理办法工作意见》。

1月30日，协会召开第三届第一次会长办公会。会议审议通过了协会2015年重点工作、2015年财务预算、会长及副会长分工、协会专业委员会设置和主任及副主任建议名单、秘书长陶立新薪酬标准、协会副会长及常务理事单位调整会费的意见；讨论了4家会员单位担任常务理事的申请，同意增补诚合保险经纪公司为常务理事单位并提交常务理事会审议；通报了协会近期工作。

2月9日，协会修订了《北京保险中介行业协会薪酬管理办法》。

3月3日，协会向在京保险中介机构发布《关于签署〈北京地区保险专业中介公司人身保险从业人员销售分类管理自律公约〉的通知》。

3月10日，北京市社团办批准了协会法人变更事项，并核准了协会第三届理事会章程。

3月23日，协会向保险中介机构发

布《关于组织北京地区保险专业中介机构人身保险销售从业人员销售资质报名考试工作的通知》。

3月27日，协会根据北京地区“车险客户身份证采集系统”运行中存在的问题，撰写《关于保险中介机构执行“车险客户身份证信息采集工作”相关问题的反馈和建议》，报送北京保监局。

3月31日，协会召开第三届第一次常务理事会。会议审议通过了协会2015年重点工作、2015年财务预算；通报了协会会长、副会长分工，专业委员会机构设置、主任及副主任人选名单；审议通过了副会长人选、常务理事单位会费调整意见、诚合保险经纪公司增补为常务理事单位事项。秘书长陶立新汇报了协会近期开展的人身保险保险销售从业人员销售资质分类考试、参与北京市打击非法集资专项行动、开展行业自律维权等工作的进展情况。

4月13日，协会向在京保险中介机构发布《关于实施〈北京人身保险销售人员警示信息管理办法〉的通知》。

4月16日，协会召开京、港、沪、渝保险中介行业交流会。四家协会分别介绍了协会工作和当地保险中介市场的发展情况。

4月21日，协会组织“北京人身保险销售人员综合管理信息系统培训会”。北京保险行业协会人身险部夏立衔对《北京人身保险销售人员综合管理系统》进行了说明，对警示信息的报送、查询、撤销、统计及操作流程进行了讲解。63家保险代理公司和52家保险经纪公司的代表共119人参加了培训。

5月5日，经协会向北京市金融团工委报送推荐，江泰保险经纪公司唐莹荣获“北京市青年岗位能手标兵”荣誉称号。

5月27日，协会参加北京市金融工作局举办的“2015年保险与非银行金融机构融资服务对接会”。10多家会员公司参加了会议。

6月25日，协会举办“保险中介行业税收政策讲座”。邀请北京市国税局、北京市地税局的专家介绍“营改增”试点情况及个人所得税、印花税等热点问题。在京保险中介机构106家公司的150余人参加了培训。

6月30日，协会赴河北保险中介行业协会开展学习交流活动。副会长吴云涛、秘书长陶立新、保险代理专业委员会主任张亚兰与河北省保险中介行业协会会长丰华兵就两地保险中介市场、行业自律维权、企业依法合规以及协会建设等情况进行了交流与沟通。

7月1日，协会通过北京市民政局2014年度社会组织年检工作。年检结论为合格。

7月13日，协会召开“保险中介行业工作通报会”。北京保监局中介处处长崔振海通报了上半年北京保险中介市场监管情况，中国保险中介行业协会筹备组张领伟介绍了中国保险中介行业协会的筹备情况和拟成立的安平互助保险公司的情况。在京保险中介机构96家公司的114人参加了会议。

7月17日，协会向北京保监局推荐宜信博诚保险销售服务（北京）有限公司参加保监会“保险业学雷锋活动先进集体”评选活动。

8月7日，协会召开第三届第二次会长办公会和第三届第二次常务理事会。会长办公会讨论并同意将鼎泽保险代理公司、北京仁信智合保险经纪公司担任常务理事的申请提交常务理事会审议。常务理事会审议通过了协会2015年上半年工作总结和下半年工作计划、协会2015年上半年财务收支报告，审议通过了增补鼎泽保险代理公司、北京仁信智合保险经纪公司为常务理事单位，研究了协会的创新工作。

8月12日，协会召开保险公估专业委员会会议。会议讨论了成立北京地区保险公估定损中心建议方案，确定了设置筹备机构等相关事项。

9月10日，协会向北京市打非办报送“保险中介行业打击非法集资专项整治行动工作总结”。

9月24日，协会和北京市金融工作局联合举办“保险业支持首都经济社会发展　服务业扩大开放培训会”。北京市重大项目建设指挥部办公室李明处长、北京市商务委赵珲副主任分别就北京市棚户区改造和政府购买社会服务、服务业扩大开放试点情况进行了介绍。协会81家会员公司的88人参加了培训。

10月26日，协会秘书处王志敏参加了北京市金融团工委组织的赴韶山“重走革命路、重温革命史、学习革命先烈、加强理想信念教育”学习交流活动。

11月2日，协会制定《关于建立北京车险公共定损中心的实施意见》。

11月3日，协会召开第三届第三次会长办公会。会议听取了北京保监局中介处处长崔振海就贯彻落实《中国保监会关于深化保险中介市场改革的意见》对广州、深圳两地考察情况的通报。协会秘书长陶立新就北京保险中介市场情况，提出了协会如何创新服务的建议。

11月5日，协会召开保险经纪专业委员会会议。会议围绕贯彻保险业“国十条”，配合政府推动环境责任险、养老护理和食品安全责任险等相关责任险进行了讨论。

11月30日，协会向北京市金融工作局保险处报送《北京食责险试点方案（初稿）》。

12月7日，协会制作完成《北京保险专业代理服务手册》，发放给会员公司。

12月8日，协会会长李永奇、秘书长陶立新参加由香港保险中介行业协会主办的“大中华区保险中介协会北京交流会”。来自两岸四地保险中介协会的50多人参加大会议。

12月24日，协会组织“北京经济金融形势及未来发展展望报告会”。北京市金融工作局副局长张幼林围绕京津冀协同发展、北京服务业开放试点、北京金融业的整体现状等作了报告。协会会员单位和在140余家保险中介机构的180多人参加了报告会。

12月25日，协会与北京博派通达科技有限公司就网站更新改造达成意向，双方签订网页设计制作合同。

（左玉荣）

北京市金融业文化建设协会

组织机构与负责人

会　长：单　强（中国人民银行营业管理部党委委员、副主任）

秘书长：王远志（中国人民银行营业管理部宣传群工部部长）

监事长：王建红（中国工商银行公司北京市分行纪委书记、党委委员兼工委主任）

会员单位

2015 年，共有会员单位 29 家，其中包括人民银行营业管理部、北京银监局、北京证监局、北京保监局及 18 家银行、6 家保险公司的在京机构。

联系方式

办公地点：中国人民银行营业管理部

地址：北京市西城区月坛南街 79 号

邮编：100045

电话：010－68559162/010－68559505

传真：010－68559084

重要活动

3 月 27 日，北京市金融业文化建设协会（以下简称协会）召开 2015 年度工作会议，29 个会员单位的理事参加了会议。协会秘书长王远志就上一年度工作进行了回顾与总结，对 2015 年工作进行了部署安排，并提出了具体要求；与会代表围绕如何创新金融文化载体，促进金融文化与金融业务的深度融合，实现首都经济金融的不断发展、创新与繁荣进行了讨论；并对 2014 年度“丹柯杯”获奖论文进行了表彰。

3～4 月，根据北京市思想政治工作研究会的要求，协会积极参与北京市“丹柯杯”优秀调研成果评选活动，共收集各会员单位报送的论文 13 余篇参加评选。其中，中国农业银行北京市分行推荐的《人文关怀和心里疏导》获得一等奖；中国工商银行北京市分行推荐的《关于“85 后”新员工思想动态和管理模式的调研分析》等 2 篇文章获得二等奖；人民银行营业管理部推荐的《北京市金融系统青年员工认知认同和践行社会主义核心价值观调研》获得三等奖。

4～6 月，协会在全市金融系统组织开展金融文化活动案例征集工作。截至年末，共收到各会员单位评选上报的“金融文化活动案例”19 例。

（山峰）

北京期货商会

组织机构与负责人

会长：王化栋（宏源期货公司总经理）

副会长：苏　英（女）（专职）

许丹良（方正中期期货公司总经理）

姚　广（银河期货公司总经理）

吴立军（中钢期货公司总经理）

王永茂（格林大华期货公司总经理）

席　立（中信期货公司副总经理）

唐启军（南华期货公司副总经理兼北京分公司总经理）

秘书长：苏　英（女）（兼）

监事长：吴浩军（中粮期货公司总经理）

会员单位

2015 年末，共有会员单位 105 家。其中，公司会员 20 家，分支机构会员 80 家，特邀会员 5 家。

联系方式

地址：北京市海淀区紫竹院路 31 号华澳中心嘉慧苑 1216 室

邮编：100089

电话：010－52722016

传真：010－52722016－601

网址：http：//www. bjqh. org

重要活动

2 月 10 日，北京期货商会（以下简称商会）邀请巴西证券期货交易所国际事业部负责人以及亚洲区首席代表就巴西金融衍生品市场相关问题进行了交流，辖区从业人员 40 余人参会。

3 月 8 日，商会联合北京市金融工会组织进行职业服装搭配及职业化妆技巧培训，辖区 30 余位女性高级管理人员参加了培训。

3 月 30 日，商会联合大连商品交易所举办豆粕期权业务培训，辖区从业人员 100 余人参加了培训。为了配合豆粕期权上市媒体宣传，4 月 10 日，商会联合大连商品交易所举办媒体培训会，在京财经媒体记者共 30 余人参加了培训。

5 月 14 日，北京期货商会召开第四届第三次理事会。

5 月 23 日，由商会主办，中粮期货公司承办的第六届“中粮 · 期货杯”羽毛球比赛在京举行，共有 29 个单位、256 名运动员参加了比赛。

5 月 29 日，商会联合北京农民工教育促进会以及辖区 10 家期货机构协助昌平区智泉学校建立阅览室，为学生提供一个方便舒适的阅读环境。

6 月 24 日，商会分析师委员会举办第 116 期北京期货沙龙，邀请辖区证券、基金、期货行业的资深分析师进行股指期货业务解读，辖区从业人员 70 余人参加了活动。

7 月 19 日，由商会主办，银河期货公司承办的“第十届中国（北京）期货暨衍生品市场论坛”在京召开。本届论坛的主题是“经济新常态下衍生品市场的发展与创新”，并分设了“第八届期货高管年会”、“经济新常态下产业风险管理和财富管理”和“混业竞争下的资管创新与合作”三个分论坛。北京地区金融从业人员共 200 余人参加了本届论坛。

2015 年，商会联合大连商品交易所主办，辖区各期货机构承办了 24 场北京地区期货分析师系列沙龙活动，累计 840 余人次参加，基本实现了辖区期货分析师全覆盖。

（何鑫）

北京金融街商会

组织机构与负责人

理事长：陈耀先

会员单位

2015 年末，共有会员单位 208 家。

联系方式

地址：北京市西城区金融大街 33 号通泰大厦 B 座 616 室

邮编：100032

电话：010 - 66574347

传真：010 - 66574389

网址：http：//www. bfscc. com

电子邮箱：bfscc@ 163. com

重要活动

一、有效整合区域资源，健全服务体系，策划组织各类活动，增进区域机构之间、区域机构与政府之间的沟通与了解，扩大金融街的影响力

4 月 14 日，北京金融街商会（以下简称商会）举办 2015 金融街学术交流会——美国经济趋势研讨会。来自金融街区域的监管机构、中外资金融机构、企业集团等机构的首席经济学家、研究部门高级管理人员共 100 余人参加了研讨会。

4 月 24 日，商会与北京市公安局西城分局共同主办“2015 金融街互联网金融反欺诈研讨会”。会上，商会发起了《关于共同建立打击网络金融犯罪的倡议书》。来自公安部网络安全保卫局、北京市公安局网安总队、北京市公安局西城分局、中国人民银行、银监会以及银行系统的负责防范网络安全、反金融欺诈负责人

约90人参加了研讨会。

5月23日，由商会承办的“2015北京金融街徒步大会暨2015北京西城国际金融体育康乐节”在金融街举行。来自中央机关、北京市徒步协会、西城区直属机关、商会会员单位、金融街街道办事处的2 000余名体育爱好者参加了活动。

10月30日，商会举办2015金融街人力资源管理学习·交流·分享会，来自金融街区域50余家中外资金融机构、企业集团的人力资源部门负责人参加了会议。

2015年，商会共组织各类活动20次。金融街医疗服务共同体中心开通的人民医院和北大医院预约挂号平台，为金融街会员单位员工及家属提供预约挂号5 118人次。

二、区域社会公益平台日趋完善，“一本书”爱心活动圆满成功，树立了金融街良好的社会责任形象

6月6日，商会、金融街慈善基金会共同主办“2015金融街亲子义卖”，来自商会会员单位的40余个家庭参加了活动。本次活动所募集的款项全部通过金融街慈善基金会捐赠给西藏自治区拉萨市堆龙德庆县德庆中心小学。

三、完善区域信息交流平台，加强自身建设，推进金融街品牌建设

2015年，商会在《金融街》杂志和金融街在线网站两个区域信息交流平台的基础上，开始探索利用新媒体，创建北京金融街商会微信公众号，打造金融街全方位信息平台。

（史瑞）

北京CBD金融商会

组织机构及负责人

会　长：甘靖中（朝阳区人民政府常务副区长）

副会长：幸公杰（蒙特利尔银行（中国）有限公司副行长）

丁国良（汇丰银行（中国）有限公司副行长）

赖祥麟（友邦保险公司北京分公司总经理）

许宁跃（北京银行副行长）

马思中（中美大都会人寿保险公司首席代表）

姜　新（中国中期投资公司董事长）

韩巍强（中国国际金融公司董事总经理）

王慧轩（中国人民人寿保险公司副总裁）

监事长：刘雪斌（女，澳大利亚和新西兰银行（中国）有限公司北京分行行长）

秘书长：赵　捷（朝阳区金融服务办公室党组书记、主任）

副秘书长：李　蘅（北京恒言投资公司总经理）

会员单位

2015年末，共有会员单位116家，涵盖银行、信托、证券、保险、财务公司、汽车金融等多种企业类型。

联系方式

地址：北京市朝阳区京广中心商务楼9层

电话：010－65978750

传真：010－65978988

邮编：100020

网站：http//www. cbdjrsh. org/

重要活动：

3 月，北京 CBD 金融商会（以下简称商会）和北京期货商会联合举办北京地区期货公司高管沙龙。

7 月 11 日，由商会主办、梅赛德斯－奔驰汽车金融公司冠名的“2015 奔驰汽车金融—北京 CBD 金融杯”羽毛球精英赛在朝阳体育中心举行，30 余家金融机构的 100 余名选手参加了比赛。

8 月 15 日，商会举办“2015 北京 CBD 金融杯网球联谊赛”。

9 月 17 日，由中国社会科学院金融研究所和北京 CBD 商务节组委会共同举办的“2015 北京 CBD 国际金融圆桌会”在北京奥运塔召开，协会会员单位的 60 余位高级管理人员参会。本次金融圆桌会以“推动产融结合，金融服务实体经济”为主题。

10 月 29 日至 11 月 1 日，第十一届北京国际金融博览会在北京展览馆举行。商会作为协办单位之一，代表朝阳区积极参与各项活动，以视频、图片、文字等多种形式，展示朝阳区金融业“十二五”时期的发展成就。

11 月 12 日，商会召开第十一次理事和会员代表大会，80 余家会员单位的高级管理人员参加了会议。会议通报了商会 2014 年财务情况、《北京 CBD 金融商会十年工作回顾及下一步工作计划》；与会人员参观了商会十周年回顾展，观看了商会十周年回顾短片；中煤集团财务公司、北京控股集团财务公司、银河期货公司、新华资产管理公司、平安银行北京分行、西班牙桑坦德银行北京分行、澳洲联邦银行北京分行加入了商会。

“北京 CBD 金融商会”微信公众号正式开通。该平台目前包含金融资讯、商会动态、区域发展、关于商会等板块，《融金朝阳》电子版也将定期在平台上发布。

（梁晓）

北京市金融学会

组织机构与负责人

会　长：杨国中（国家外汇管理局副局长）

监事长：汪晓芳（女，中国工商银行公司北京市分行副行长）

秘书长：盛朝晖（清华控股集团财务公司总经理）

会员单位

2015 年末，共有团体会员单位 60 家。

联系方式

办公地点：中国人民银行营业管理部

地址：北京市西城区月坛南街 79 号

邮编：100045

电话：010－68559272

重要活动

5 月，北京市金融学会（以下简称学会）与人民银行营业管理部联合举办宏观经济形势学术报告会，邀请中国人民银行研究局刘向耘副巡视员作题为“当前宏观经济形势及值得研究的问题”的学术报告，金融机构、人民银行营业管理部各处室的 50 余名代表参会。

人行营业管理部金融研究处李宏瑾撰写的著作《市场预期、利率期限结构与间接货币政策转型》获得首届孙冶方金融创新著作奖。

8 月，学会拟定《北京市金融学会学术工作委员会工作条例》，成立北京市金融学会学术委员会，邀请知名经济学家厉以宁、中国人民银行金融研究局局长陆磊出任学术委员会顾问。

10月，由北京市社科联主办，学会承办的“京津冀协同发展与金融支持”学术论坛在京举办。论坛围绕“京津冀协同发展与金融支持”这一主题，探讨交流京津冀三地政府、人民银行、金融机构在支持京津冀协同发展方面的工作思路和工作进展，并就区域经济一体化中如何更好地发挥金融对区域经济发展的助推作用建言献策。来自北京市社科联、中国人民银行研究局、人民银行营业管理部、中国人民银行天津分行、中国人民银行石家庄中支、北京市发改委、北京银监局、北京证监局、学会部分会员单位、部分高校和科研机构等35家单位的代表近70人出席了论坛。

学会和人行营业管理部联合举办互联网金融专题报告会。此次会议由学会付喜国副会长主持并致辞，邀请中国人民银行研究局（所）综合部主任、互联网金融研究中心秘书长伍旭川博士作题为《互联网金融相关热点及意见解读》的学术报告，27家会员单位的50余名代表参会。

（宋晓源）

北京保险学会

组织机构与负责人

会　长：陈志强（北京保险学会）

副会长：冯贤国（中国人民财产保险公司北京市分公司总经理）

苏少军（中国太平洋财产保险公司北京分公司总经理）

李　莎（女，中国人寿财产保险公司北京市分公司总经理）

赵松来（中国人寿保险公司副总裁兼北京市分公司总经理）

徐敏彬（中国平安人寿保险公司北京分公司总经理）

何承周（泰康人寿保险公司助理总裁兼北京分公司总经理）

陶存文（中央财经大学保险学院副院长）

孙　健（对外经济贸易大学保险学院院长）

王雅婷（女，首都经济贸易大学金融学院院长助理）

王绪瑾（北京工商大学经济学院保险学系主任）

监事长：王兵（中国平安财产保险公司北京分公司总经理）

秘书长：陆秀萍（女）

副秘书长：李　枫（女）

秘书长助理：陶　鲲

会员单位

2015年末，共有会员公司115家。其中，财产保险公司44家，人身保险公司58家，非保险机构会员单位13家。

联系方式

地址：北京市朝阳区向军北里28号院1号楼瀚海文化大厦6层

邮编：100020

电话：010－65859118

传真：010－65925010

网址：http：//www. biabii. org. cn

电子邮箱：biabiibgs@126. com

重要活动

1月1日，北京保险学会（以下简称学会）会刊《北京保险》扩大发行量，加大对政府机关、高等院校、会员公司总经理室及三级机构的赠阅力度。

4月8日，学会2014年度重点课题结题及论文评选结果公布。全年共立项课题22个，完成课题论文18篇，通过课题验收并结题的论文11篇。共评选出一等奖1篇、二等奖4篇、三等奖6篇。

4月10日，学会编辑完成《北京保险业贯彻落实〈国务院关于加快发展现代保险服务业的若干意见〉论文汇编》。全书收录了44家会员公司高级管理人员的论文和心得体会共52篇。

5月17日，学会与北京保险行业协会组织10家会员公司的志愿者赴房山区爱百福盲童福利院做义工。

5月27日，学会召开第八届会员大会暨理事会第二次会议，学会会长、常务理事、理事以及委托代表100余人参加了大会。会议选举陈志强担任学会会长，陆秀萍为学会秘书长。

11月20日，学会举办“美国医疗健康保险”专题讲座，来自62家会员公司的82名健康险专业岗位管理人员参加了活动。

11月25日，学会启动《中国保险通志·北京志》编纂筹备工作，并组织召开北京保险方志工作座谈会。

12月20日，学会承担的中国保险学会年度课题《保险业信息技术发展与管理创新研究》顺利完成。

12月15日，学会召开第八届理事会第四次通讯会议，增补中国平安人寿保险公司北京分公司总经理徐敏彬为副会长，中国平安财产保险公司北京分公司总经理王兵为监事长。

12月18日，学会秘书处党支部召开“三严三实”专题教育实践座谈会，17名党员和部门负责人以上干部参加了座谈。

12月24日，2015年北京保险业“保险好照片”摄影评选活动圆满结束。学会为“保险好照片”一等奖、二等奖、三等奖获得者颁发了荣誉证书。

2015年，北京保险学会新增会员公司10家。分别是长江财产保险公司北京分公司、劳合社保险（中国）有限公司北京分公司、合众财产保险公司、中国铁路财产保险自保公司、利安人寿保险公司北京分公司、北大方正人寿保险公司北京分公司、弘康人寿保险公司、复兴保德信人寿保险公司北京分公司、中法人寿保险公司、太保安联健康保险公司北京分公司。

（郝伟杰）

北京市城市金融学会

组织机构与负责人

会　长：王珍军（中国工商银行北京市分行行长）

副会长：汪晓芳（女，中国工商银行北京市分行副行长）

监事长：王建红（中国工商银行北京市分行纪委书记）

秘书长：贯鹏华（中国工商银行北京市分行管理信息部总经理）

下设机构情况

北京市城市金融学会青年经济理论研究分会

联系方式

地址：北京市西城区复兴门南大街2号天银大厦B座906室

邮编：100031

电话：010－66410543

传真：010－66410543

重要活动

一、组织开展重点课题的研究、评选、表彰、推广工作

1. 2015年，按照中国工商银行（以下简称总行）2015年全国城市金融学会秘书长工作会议关于学会系统2015年度重点课题认领工作部署安排和限额规定，北京市城市金融学会（以下简称学会）秘书处组织理事单位认领了总行重点研究课题5个，并通过组织参加专题讲座、请总行专家指导和专项答疑等多种形式进行重点辅导。12月下旬，经请示主管行领导如期向总行学会提交认领的5个重点课题成果。

2. 组织开展2015年度北京市分行课题调研活动。学会根据总行2015年度重点课题研究工作的总体部署，组织开展北京市分行课题研究活动。全年共有58个理事单位提交课题成果229篇。

3. 完成2014年度课题评选表彰和成果推广。2月，印发《关于公布学会2014年度优秀调研课题评选结果的通知》，表彰了79篇获奖作者和7个活动组织单位。借助行内网讯平台，加大行内外研究成果的交流力度，全年共刊发外部研究报告115篇、优秀课题成果37篇、学会活动动态3条。向人民银行营业管理部《北京金融评论》、《北京金融年鉴》推送优秀成果15篇，其中已发表7篇。

二、完成学会换届工作

7月31日，学会召开会员大会进行换届改选，282名会员出席了会议。会议审议通过了第五届理事会工作报告、财务报告、财务审计报告和监事会报告以及章程修改报告和会费管理办法，以无记名投票方式选举产生了新一届理事会和会领导。王珍军当选第六届理事会会长、汪晓芳当选副会长，王建红当选监事长，贯鹏华当选秘书长。

三、开展金融消费者主题宣传教育和知识普及活动

1. 2015年，学会积极参与“金融知识万里行”、“金融知识进万家”等大型消费者权益保护公众宣教活动，协助举办各类宣教活动500余场。

2. 组织行内各部室、中心、经管支行参加总行和中国银行业协会分别举办的消费者权益保护网络知识竞赛。经初步统计，参与员工累计达1.1万人次，其中参加总行竞赛的约9千人，参加中国银行业协会竞赛的2 300人。

四、完成学会日常管理和外联单位工作

1. 1~3季度，完成学会换届（含年检）审计及执照年检工作。

2. 4月，完成《北京市金融年鉴》稿件的编写工作。

3. 完成优秀团体会员评比打分工作，并连续第五次被总行评为最佳团体会员。

4. 参加市社科联组织的参观“中国北京出版创意产业园区”、“北京社会公益汇”展览以及社会组织党建活动等。

（李杰）

北京市钱币学会

组织机构与负责人

会　长：姜再勇（中国人民银行营业管理部副主任）

监事长：温　桦（女，中国人民银行营业管理部内审处处长）

秘书长：李　杰（中国人民银行营业管理部货币金银处处长）

会员单位

2015年末，共有个人会员1 270人，团体会员32个。

联系方式

办公地点：中国人民银行营业管理部办公楼 2001 室

地址：北京市西城区月坛南街 79 号

邮编：100045

电话：010－68559317

传真：010－88655100

邮箱：zhidongli@ sina. com

重要活动

一、组织举办“筑起抗战的货币长城——纪念中国人民抗日战争暨世界反法西斯战争胜利 70 周年币章专题展”

9 月 8 日，北京市钱币学会（以下简称学会）与北京古代钱币展览馆合作举办的“筑起抗战的货币长城——纪念中国人民抗日战争暨世界反法西斯战争胜利 70 周年币章专题展”开幕。该展览共收入钱币及历史文物 500 多件（套），全部是学会会员个人的藏品。9 月 26 日，学会聘请中国钱币展览馆专家作题为《太行山抗日根据地货币述略》的讲座。该展览入选了国家文物局《2015 年度全国博物馆展览季活动推介目录》。

二、组织并支持会员开展学术研究，推出成果

1. 学会将近 5 年来举办讲座的内容进行精选加工整理，组织编写并出版了《聚德览胜话方圆—钱币知识论丛(一)》。该书被选定为学会进行钱币培训的专用教材。

2. 编写出版了《筑起抗战的货币长城》一书。该书由我国近代金融史学家、河北财经大学校长戴建兵教授撰写了总论（代序），并收录相关钱币图片 200 张。

3. 支持会员进行学术研究。年内学会会员王宗舜、钱立新、孙克勤、张绍龙等各自出版了钱币专著。学会帮助作者审读书稿，提出修改意见，查找资料，联系专家咨询请教，并在钱币爱好者中宣传推介，学会副秘书长李志东还为王宗舜先生的《钱币上的军事文化》撰写了序言。

三、坚持举办“会员活动日”活动

2015 年，学会组织举办钱币知识讲座 12 期。为满足会员和群众的要求，学会不断丰富讲座内容。5～8 月，分别邀请著名钱币学家戴志强、周卫荣、王永生先生就钱币鉴定、中国货币起源和丝路货币的文化内涵及其价值等内容进行授课。11 月 21 日，为配合 2015 版百元券的发行，学会副秘书长李志东作了题为《新版人民币特征简介兼谈当代纸币的防伪》的专题讲座，介绍了当今世界最新的纸币防伪工艺及其应用。增加钱币文化知识内容，如《文人与收藏》、《小件器物拓片制作》等。

四、做好学会日常工作

1. 按时向中国钱币学会推荐专家库专家。

2. 支持团体会员单位和个人会员开展钱币学术活动。4 月 9 日，在外交部老干部集币协会举办了一期讲座。

3. 为学会团体会员代表作了 2 次钱币知识讲座。内容分别是《纸币基础知识》和《抗日战争暨二战时期的货币斗争》，并结合讲座内容参观了相关的钱币展览。

（李志东）

（四）2015年度北京市金融系统先进单位、先进个人名录

“全国模范职工之家”获得单位

（中华全国总工会　总工发〔2015〕38号　2015年12月4日）

中国农业银行股份有限公司北京市分行工会委员会

中国建设银行股份有限公司北京丰台支行工会委员会

中国光大银行股份有限公司北京分行工会委员会

“全国模范职工小家”获得单位

（中华全国总工会　总工发〔2015〕38号　2015年12月4日）

中国民生银行股份有限公司北京中关村支行工会

中国光大银行股份有限公司北京丰台支行工会小组

“全国优秀工会工作者标兵”获得者

（中华全国总工会　总工发〔2015〕38号　2015年12月4日）

刘　瑕（女）中国工商银行股份有限公司北京市分行工会办公室主任

全国青年文明号

（银发〔2016〕94号　2016年3月29日）

（考核合格的全国青年文明号）

中国人民银行营业管理部清算中心技术运维科（原系统运行维护科）

“全国金融五一劳动奖状”获得单位

（中国金融工会全国委员会　金工发〔2016〕7号　2016年4月19日）

中国光大银行股份有限公司北京丰台支行

中国民生银行股份有限公司北京国贸支行

中国建设银行股份有限公司北京通州支行

“全国金融五一劳动奖章”获得者

（中国金融工会全国委员会　金工发〔2016〕7号　2016年4月19日）

潘振宇　中国工商银行股份有限公司北京西河沿网点支行行长

柴　援（女）　中国农业银行股份有限公司北京西城支行行长

王海燕（女）　中国银行股份有限公司北京市分行营业部总经理

苏　颖（女）　中国银行股份有限

公司北京市分行财富管理与私人银行部副主管

林　森　中国建设银行股份有限公司北京西四环支行大堂经理

魏　巍　交通银行股份有限公司北京市分行资产管理部高级资管产品与市场推广经理

马　宁（蒙古族）　中国光大银行股份有限公司北京分行副行长

姜　勇　中信建投证券股份有限公司北京东直门南大街证券营业部总经理

钟　泉　华融证券股份有限公司固定收益交易总部负责人

叶　菲　信达证券股份有限公司资产管理部固定收益总监

阿孜古丽（女，维吾尔族）　中国民族证券有限责任公司工会副主席

方华英　中诚信托投资有限责任公司信托创新部高级经理

“全国金融先锋号”获得集体

（中国金融工会全国委员会　金工发〔2016〕7 号　2016 年 4 月 19 日）

中国银河证券股份有限公司融资融券部

全国金融系统劳动竞赛示范单位

（中国金融工会全国委员会　金工发〔2016〕3 号　2016 年 3 月 3 日）

中国证券监督管理委员会北京监管局

中国工商银行股份有限公司北京市分行

中国农业银行股份有限公司北京大兴支行

中国银行股份有限公司北京市分行营业部

中国建设银行股份有限公司北京市分行

中国光大银行股份有限公司北京分行

招商银行股份有限公司北京万寿路支行

中国银河证券股份有限公司投资顾问部

中国民族证券有限责任公司零售业务总部

太平人寿保险有限公司北京分公司

中国人民银行青年文明号

（银发〔2016〕94 号
2016 年 3 月 29 日）

中国人民银行营业管理部办公室新闻宣传科

中国人民银行青年文明号

（银发〔2016〕94 号
2016 年 3 月 29 日）
（考核合格的中国人民银行青年文明号）

中国人民银行营业管理部国际收支处外汇收支统计科

中国人民银行营业管理部货币信贷管理处信贷管理科

中国人民银行营业管理部反洗钱处银行业金融机构监督科

中国人民银行营业管理部科技处应用系统管理科

中国人民银行青年岗位能手

（银发〔2016〕94 号
2016 年 3 月 29 日）

许梅英（女）　中国人民银行营业

管理部外汇综合业务处

“中国人民银行功德奖”获得者

（银办发〔2016〕78号
2016年3月24日）

贺鹏翔　中国人民银行营业管理部北京票据清算中心团支部书记

中国人民银行优秀共青团员

（银团发〔2016〕6号
2016年5月3日）

李　峥（女）　中国人民银行营业管理部外汇检查处

中国人民银行优秀共青团干部

（银团发〔2016〕6号
2016年5月3日）

李　佳（女）　中国人民银行营业管理部团委书记

秦　冉（女、蒙古族）　中国人民银行营业管理部国库处团支部书记

中国人民银行五四红旗团支部（总支）

（银团发〔2016〕6号
2016年5月3日）

中国人民银行营业管理部科技处团支部

中国银行业监督管理委员会先进集体

（人力资源和社会保障部
中国银行业监督管理委员会）
（人社部发〔2016〕35号
2016年4月14日）

中国银行业监督管理委员会北京监管局人事处

中国信达资产管理股份有限公司北京市分公司

中诚信托有限责任公司信托创新部

中国银行业监督管理委员会先进工作者

（人力资源和社会保障部
中国银行业监督管理委员会）
（人社部发〔2016〕35号
2016年4月14日）

郑　博（女）　中国银行业监督管理委员会北京监管局消保处政宣科科长

“北京金融五一劳动奖状”获得单位

（中国金融工会北京工作委员会
京金工发〔2016〕2号　2016年5月3日）

中国建设银行股份有限公司北京通州支行

国家开发银行股份有限公司北京市分行

太平人寿保险有限公司北京分公司大兴支公司

“北京金融五一劳动奖章”获得者

（中国金融工会北京工作委员会
京金工发〔2016〕2号　2016年5月3日）

马　宁（蒙古族）　中国光大银行股份有限公司北京分行副行长

魏　巍　交通银行股份有限公司北京市分行资产管理部高级资管产品与市场推广经理

苏　颖（女）　中国银行股份有限公司北京市分行财富管理与私人银行部副主管

“北京金融先锋号”获得集体

（中国金融工会北京工作委员会
京金工发〔2016〕2号　2016年5月3日）

中国工商银行股份有限公司北京市分行公司金融业务部

中国农业银行股份有限公司北京榆垡支行

中信银行股份有限公司总行营业部金融同业部

中国银行业监督管理委员会北京监管局外资银行监管处

中国民生银行股份有限公司北京建国门支行

中国人民财产保险股份有限公司北京市分公司来广营理赔分部

“北京金融模范职工之家”获得单位

（中国金融工会北京工作委员会
京金工发〔2016〕2号　2016年5月3日）

交通银行股份有限公司北京望京支行工会委员会

中国银行股份有限公司北京延庆支行基层工会委员会

中信银行股份有限公司北京珠市口支行工会分会

北京金融道德模范（学习创新）

（中国金融工会北京工作委员会
京金工发〔2016〕2号　2016年5月3日）

中信建投证券股份有限公司证券金融部

招商银行股份有限公司北京分行零售银行部

中国人民财产保险股份有限公司北京市分公司意外健康保险事业部

李　赟　中国农业银行股份有限公司北京市分行互联网金融部研发与创新部经理

张聪聪（女）　阳光人寿保险股份有限公司北京分公司客服室主任

北京金融道德模范（敬业奉献）

（中国金融工会北京工作委员会
京金工发〔2016〕2号　2016年5月3日）

中国光大银行股份有限公司北京分行运营管理部

招商银行股份有限公司北京分行风险管理部

中国银行业监督管理委员会北京监管局监察室

刘兰平（女）　交通银行股份有限公司北京市分行行政部物资管理员

刘　芳（女）　太平人寿保险有限公司北京分公司保费部续收专员

北京金融道德模范（助人爱亲）

（中国金融工会北京工作委员会
京金工发〔2016〕2号　2016年5月3日）

马文萱（女）　国家开发银行股份有限公司北京市分行客户二处二级经理

王　爽（女）　中国农业银行股份有限公司北京大兴支行公司业务部客户经理

北京金融系统先进工会组织

（中国金融工会北京工作委员会
京金工发〔2016〕2号　2016年5月3日）

中国光大银行股份有限公司北京分行工会委员会

中国农业银行股份有限公司北京延庆支行工会委员会

中国民生银行股份有限公司北京西长安街支行工会

北京金融优秀工会工作者

（中国金融工会北京工作委员会
京金工发〔2016〕2号　2016年5月3日）

刘　坤　国家开发银行股份有限公司北京市分行工会办公室主任

冯旭晨　太平人寿保险有限公司北京分公司工会干事

付军章（女）　中国银行业监督管理委员会北京监管局工会副主任

陈一鸣（女）　中国人寿保险股份有限公司北京市分公司工会干事

张慧聪（女、回族）　中国进出口银行北京分行工会委员

北京金融优秀工会积极分子

（中国金融工会北京工作委员会
京金工发〔2016〕2号　2016年5月3日）

张　璞（满族）　中国长城资产管理公司北京办事处工会副主席

魏　超（回族）　中国光大银行股份有限公司北京东高地支行工会小组长

张兰芳（女）　中国农业银行股份有限公司北京市分行科技产品管理部工会小组长

张雪梅（女）　中国建设银行股份有限公司北京经济技术开发区支行工会委员、工会小组长

刘红梅（女）　中国大地财产保险股份有限公司北京分公司工会委员